思考の技法

Intuition Pumps and Other Tools for Thinking　Daniel C. Dennett

直観ポンプと77の思考術

ダニエル・C・デネット

阿部文彦＋木島泰三 訳

青土社

思考の技法　目次

III 意味あるいは〈心的〉内容について思考する道具 101

IV コンピュータを論じる幕間 173

Ⅷ 自由意志についての思考道具 527

私の学問の拠点、タフツ大学に

思考の技法　直観ポンプと77の思考術

はじめに

タフツ大学は、私の四十年来の学問研究の拠点である。私にとってこの大学は、童話『三匹の熊』に出てくる少女ゴルディロックスが食べたお粥のように、いつでも「ちょうどいい」と思える場所であり続けている。過度の労苦を強いられることも、甘やかされすぎることもなく、学者然とした気難しさなどまず見せることのない、素晴らしい同僚たちから学ぶことができる。いずれも優れた学生たちは、目を見張るほどまじめであり、付きっきりで手取り足取り面倒を見てもらって当然だなどと考えてはいない。たしかに象牙の塔ではあるのだが、現実の世界での問題の解決に深く関与している。一九八六年に認知研究センターが創設されて以降は、大学は私の研究を支援してくれていて、私は助成金獲得に関わる苦難と責務を大幅に免除され、また多くの領域に属する人々と共に研究を行えるという格別の自由を与えられた。おかげで私は、遠方のワークショップ、実験室、共同討議に出向き、また様々な学者や研究者を客員としてセンターに招くことができた。本書は、これらの年月を通じて私が得ることができた成果である。

二〇一二年の春、タフツ大学哲学科で私が行っているあるゼミナールで、本書のいくつかの章の草稿を試験的に配布した。これは何年も前からの慣習的なやり方であるが、今回は本書を初学者にもできるかぎりとっつきやすいものにするための手伝いを学生たちにしてもらおうと考え、大学院生と哲学専攻の学生をはずし、参加を申し出た最初の十二人——ノートをとれない学生の補助者を含めると実際には十三人——、ちょうど一ダースのこの勇敢な新入生に手伝ってもらうことにした。私と学生たちは連れだって様々なテーマを経めぐる愉快な旅を続けた。学生たちは目の前にいる教授と実際渡り合っていけることを学び、私はもっと手前まで立ち戻ってもっとうまく説明できることを学んだ。そういうわけで、わが若き共同研究者の勇気と想像力とエネルギーと熱意に感謝を込めて、ここにその名を挙げておくことにしよう——トム・アディソン、ニック・ボズウェル、トニー・カニストラ、ブレンダン・フレイグ＝ゴールドシュタイン、クレール・フィッシュバーグ、カレブ・マルチック、カーター・パーマー、アマル・パテル、クマー・ラマナタン、アリエル・ラスコー、ニコライ・レネド、ミッコ・シリマン、エリック・トンデロー。

ゼミナールの成果である第二稿は、その後私の親友であるボー・ダールボム、スー・スタッフォード、デイル・ピーターソンに目を通してもらい、さらに私を助けてくれる率直な評価と指摘をもらうことができた。本書にはその指摘がほとんどすべて取り入れられている。他に、Ｗ・Ｗ・ノートン社の編集者であるドレイク・マクフィーと、有能なアシスタントであるブレンダン・カリーにも目を通して頂いた。多くの改善点は二人に負うものであり、感謝したい。また認知研究センターのプログラム立案の責任者であるテレサ・サルヴァトには格別の感謝を捧げたい。同氏は数多くの仕方で計画全体に直接に寄与し、また間接的にも、センターと私の旅をとり仕切ってくれた。氏がそれを効率よく行ってくれたおかげで、私はより多くの時間とエネルギーを、自分の思考の道具を作り、また使うためにつぎ込むことができた。

最後に、いつもながら、わが妻スーザンに感謝と愛を捧げる。私たちは五十年に渡るチームであり、私たちが共に行ってきたことは、私が行ってきただけではなく、彼女が行ってきたことでもある。

I

序論——直観ポンプとは何か？

素手だけで大した大工仕事はできないし、脳みそだけでは大した思考はできない。
——ボー・ダールボム

頭を使ってものを考えることは大変な仕事である。ある種の問題については、それを考えることがとても大変で、その問題について考えなければと考えるだけで頭が痛くなることもあるかもしれない。私の同僚の神経心理学者であるマーセル・キンスブーンによれば、考えるのは大変だと私たちが感じるときというのはいつでも、真理への険しい道が、より進みやすい魅惑的な様々な道——結局袋小路になっている道——とせめぎ合っているのがその原因になっているものだ。思考における努力のほとんどは、こうした誘惑に抵抗することに費やされている。私たちは用心を怠らず眼前の課題に覚悟をもって取り組まなければならない。うんざりするほど大変だ。

ジョン・フォン・ノイマンにまつわる有名な逸話がある。数学者でもあり物理学者でもあったフォン・ノイマンは、(現在チューリング・マシンと呼ばれる) アラン・チューリングのアイデアをもとに、(現在フォン・ノイマン・マシンと呼ばれる) 現実の電子コンピュータを作り上げた (たとえば、皆さんが持っているノートパソコンやスマートフォンがそれである)。このフォン・ノイマンは思考の達人で、頭の中で膨大な計算を一瞬で行ってしまう能力は伝説になっている。その有名な逸話によれば——有名な逸話の例に漏れず、これにも多くのバージョンがある——、ある日、同僚の一人が、フォン・ノイマンのところにパズルを持ってやってきた。そのパズルに対する解答には、骨の折れる複雑な計算と、エレガントな「なるほど、そうなのか!」というタイプの解答の、二通りの道筋があった。この同僚はある憶測を抱いていた。すなわち、このような場合、数学者というものは骨の折れる複雑な解法を選び、それに対して物理学者というものは（もっと怠け者でもっと頭がいいので）ちょっと考えてから、あっという間に簡単な解法を見つけるものなのだ、と。では、フォン・ノイマンはどちらの解法を見つけ出すのだろうか？　この種のパズルで皆さんがご存じものがある。つまり、一〇〇マイル離れた二つの列車が同じ路線上を互いに向って接近しつつあり、一方の列車は時速三〇マイル、もう一方の列車は時速二〇マイルで走っている。（列車間の距離が一〇〇マイル離れている時に）時速一二〇マイルで飛ぶ鳥が列車Aを出発して列車Bまで飛んできたら向きを変え、さらに今度は、向かってくる列車Aに飛んで帰る。そしてまた列車Aを出発して……ということを、両列車が衝突するまで繰り返す。さて、衝突が起こったとき、その鳥はどれだけの距離を飛んだことになるのだろう？「二四〇マイルだね」と、フォン・ノイマンはほぼ一瞬で答えた。「なーんだ」とその同僚が言った。「僕はてっきり君が骨の折れるやり方をすると予測してたのに。無限級数の総和を求めるやり方を」。「しまった!」フォン・ノイマンは額を叩きながら決まり悪そうに叫んだ。「簡単な方法もあるんだ!」（ヒント：列車が衝突するまでの時間は？）。

ある人たちは、フォン・ノイマンのように生まれつきの天才で、きわめて込み入った問題でも簡単に解くことができる。また、ある人たちは、もっとこつこつと歩みを進めるが、幸運にも英雄的「意志力」が授けられていて、その意志力のおかげで根気のいる真理探究の道から外れることなく進み続ける。そして、そのどちらでもない私たちのような人間がいる。天才的な計算能力ももたず少しばかり怠惰な人間である。そして、しかしそのような人間でも自分が直面する物事を理解したいと熱望している。そのような人間である私たちにもできることが何かあるだろうか？　私たちは思考の道具《シンキング・ツール》を使うことができる。しかも、何ダースも。思考の道具とは〔義足や義歯のような〕人工装具であり、それらは想像力拡張器や焦点保持器として機能するので、私たちは、実に困難な問題でも信頼できるやり方で、そればかりかさらに気の利いたやり方で考えることができる。本書は、私の大好きな思考の道具のコレクションである。もちろん私は、それらをただ述べるだけで終わらせるつもりはない。私が意図しているのは、その道具を実際に使って、皆さんの心が居心地の悪い領域を穏やかにくぐり抜けられるようにし、意味・心・自由意志に関する一つ極めて根源的《ラディカル》な見方へと到達できるようにすることである。私たちはまず、様々な話題に応用がきく単純で一般的ないくつかの道具から始めることにしよう。その中にはお馴染みの道具もあるし、これまで十分知られておらず、十分論じられていなかった道具もある。次に皆さんに紹介したいのは、非常に特殊な目的のために用いられるいくつかの道具である。それらの道具は、あれこれの特定の魅惑的な考え方《アイデア》を打破するためにデザインされたものであり、その道具によって、専門家たちを今なお躓かせてあらぬ方向へと誘い前進を阻む深い轍《わだち》のある道を平らにならすことができるだろう。私たちはまた、注意を怠ると皆さんがあらぬ方向に導かれてしまう胡散臭い説得装置として働く様々な悪しき思考道具に出会い、それを解体することもあるだろう。皆さんは、私が提示した目的の地へ快適に到着しようとしまいと――そして、私と共にその目的の地にとどまることを決意しようとしまいと――、本書の旅によって、様々な話題についての新しい思考方法を、また、思考することについての新しい思考方法を、身につけていくはずだ。

　物理学者のリチャード・ファインマンは、おそらくフォン・ノイマンよりもさらに伝説的な天才であり、疑いなく世界第一級の頭脳の持ち主だった。しかしまた、面白いこと、楽しいことが大好きな人物でもあった。彼が自分の人生を一層快適なものにするために使った職業上の秘訣《トリック》を面白がって明かしてくれたことに、私たちはみな感謝をしてよい。あなたがどんなに賢かろうと、楽なやり方を使えるときに使えば、あなたはより賢さを増すことになるだろう。ファインマンの自伝的著作である『ご冗談でしょう？　ファインマンさん』と『困ります、ファインマンさん』は、考えることを極めたいと志すすべての人の必読文献リストに載せられるべき書物である。[1]というのも、これらの著作には、きわめて手強い問題にどう対処すべきか――さらにまた、ましな考えが浮かばなかった場合に聞き手をどう煙に巻くべきか――についてのたくさんのヒントが書かれているからである。役立つ考察の豊富さとファインマンが自分の心の動き方を吐露する率直さに触発された私は、自分自身の手で同じようなことをやってみようと決断した。ただし、ファインマンの本ほど自伝的ではなく、また読者の皆さんを、今しがた述べた話題について私のやり方で考えてくれるように説得するという野心的な目標ももっている。私は、相当数のページを費やして、皆さんをなだめすかし、皆さんが揺るぎないものとして信じ切っているもののいくつかから皆さんを解放しようと思っている。しかしその際、私は私の手の内をすべて明かしていく。私の主たる目標の一つは、議論の展開において、私が何をしつつあるのか、そしてなぜそうしているのかを明らかにすることだからである。

鍛冶屋は、すべての職人と同様に、道具を必要とする。しかし――古来の見解（実は絶えて久しい見解）によれば――鍛冶屋は、自分の道具を自分で作るという点で独特な職人である。大工は自分で自分のノコギリとハンマーを作らないし、仕立て屋はハサミと針を作らないし、配管工はレンチを作らない。しかし鍛冶屋は、原材料である鉄から自分が使うハンマー、トング、金床、鏨《たがね》を作り出すことができる。それでは、思考の道具はどうだろうか？　誰が思考の道具を作るのだろうか？　そして思考の道具は何で作られるのだろうか？　哲学者たちこそが、まさに有用な情報構造である観念《アイデア》から、いくつかの最良の思考の道具を作りだしてきた。ルネ・デカルトは、x軸とy軸からなる「デカルト座標」を私たちに与えてくれた。アイザック・ニュートンと哲学者ゴットフリート・ヴィルヘルム・ライプニッツが同時期に発明したすぐれた思考の道具である「微積分」は、この「デカルト座標」がなければほとんど考えつきようがなかったはずである。ブレーズ・パスカルは「確率論」を私たちに与えてくれた。そのおかげで私たちは、様々な賭け金に対する賭け率《オッズ》を簡単に計算できるのである。トーマス・ベイズ牧師は、すぐれた数学者でもあったが、彼はベイズ主義的な統計学的思考の基幹《バックボーン》となる「ベイズの定理」を私たちに与えてくれた。とはいえ、本書で取り上げる道具のほとんどはもっとシンプルなもので、数学や科学の厳密で体系的な機械《マシーン》ではなく、むしろ心の手動工具である。その内のいくつかを挙げておこう。

ラベル——何かに明白な名前を与えること。ただそれだけのことで、その動きを容易に追うことができるし、心の中でそれに目を向けて理解しようと努めることができる。最も役に立つラベルには、後に見るように、要注意ラベルや警告ラベルがある。誤謬の源になりそうなものについて私たちの注意を促すラベルである。

実例——自分の著作の中で実例を用いることは、詐欺的とまでは言えないまでも、不適切なことだと考える哲学者たちがいる。これは、小説家が自分の小説にイラストをつけるのを嫌がるのに少し似ている。小説家は、言葉だけですべてを成し遂げることに誇りをもち、哲学者は、注意深く組み立てられ、できるかぎり数学的証明に近い厳密な秩序で提示された抽象的一般化だけで、すべてを成し遂げることに誇りをもっている。これは、当人たちにとってはいいことだろう。だが、少数の優秀な学生以外のすべての学生に彼らの著作を私が推薦すると、彼らに期待してもらっても困る。要するに彼らは、自分の文章を必要以上に難しいものにしてしまっているのだ。

比喩と隠喩——一つの複雑なものの諸特徴を、自分がすでによく理解している（と思っている）別の複雑なもの諸特徴に対応させること《マッピング》。これは、その強力さに定評のある思考道具である。しかし、この思考道具は、あまりに強力であるため、思索者《シンカーズ》が想像力を欺く類比に囚われている場合には、思索者をしばしば迷宮へと招き入れてしまう。

足場作り——ハシゴが一本あればそれだけで、屋根瓦を葺き、壁にペンキを塗り、煙突を固定することができる。しかし、ハシゴを動かしては上り、動かしては上りを繰り返してその度できることといえば、やるべき仕事のほんの一部にすぎない。ところが、最初に少し時間をかけて、やるべき仕事のどこへでもすばやく安全に移動できるしっかりした足場を組んでおけば、作業がずっと楽になる場合が多い。本書に登場する最も有用な思考道具のいくつかは、このような足場づくりの実例である。設置するのに少し時間がかかるが、いったん設置してしまえば——ハシゴをまったく移動させることなく——多様な問題に一挙に取り組むことができる。

そして最後に、直観ポンプ[2]と私が名づけたような思考実験がある。

思考実験は、哲学者たちのお気に入りの道具の一つであり、それは何ら驚くべきことではない。自分の疑問に対して巧妙な推論で答えを出せる人に、実験室が必要だろうか？　ガリレオからアインシュタイン、さらにそれ以降の科学者たちもまた、思考実験を用いてすばらしい成果を上げてきたのだから、思考実験は哲学者だけの道具ではない。いくつかの思考実験は、厳密な論証の部類に入るもので、しばしば**帰謬法**〔**不条理へノ還元**〕という論証形式をとる。[1]この論証形式においては、まず論敵の前提が受け入れられるが、そこから導き出されるのは形式上矛盾を含んだもの（つまり不条理な結論）であり、その結果論敵が正しいことはまったくあり得ないことが示される。私が大好きなものの一つは、ガリレオが行ったとされる、（摩擦が無視できるなら）重い物体が軽い物体よりも速く落ちることはないということを示す論証である。ガリレオによれば、もしも重い物体が軽い物体よりも速く落ちるとしたら、重い石Aは軽い石Bよりも速く落ちるはずだから、軽い石Bを重い石Aに結びつければ、軽い石Bが重い石Aの落下を妨げるので重い石Aの落下速度が遅くなるだろう。ところが、軽い石Bと結びつけられた重い石Aは重い石A単体よりも重くなっているのだから、結びつけられた二つの石ABは石Aが単独で落下する場合よりも速く落下するはずである。そこから導き出される結論は、AとBを結びつけることで作られるのはA単体よりも速くかつ遅く落下するものだということである。まさしくこれが導き出された矛盾である。

これとはまた別の思考実験がある。少し厳密さを欠くが、ちょうどその分だけ効果的である。それは、弁護されている主張がいかなるものであれその主張について、心をわしづかみにされてパンと手を叩きたくなるような直観——「うん、もちろんそうだ。そうに決まっている」という直観——を引き起こすようにデザインされた小さな物語である。私はこのような思考実験を直観ポンプと呼んできた。哲学者ジョン・サールの**中国語の部屋**という有名な思考実験に対する批判を初めて公にする時に、私はこの呼び名を思いついた（Searle, 1980; Dennett, 1980）。私がこの言葉に侮辱的ないし軽蔑的な意味を込めているのだと考えた人々もいたが、それは間違っている。私はむしろ直観ポンプが大好きなのだ！　要するに、直観ポンプの中にはとびきり上等なものもあれば、疑わしいものもあり、あからさまに詐欺的なものもある、ということなのである。直観ポンプは、何世紀もの間哲学の主要な武器であり続けている。イソップ寓話は、哲学者が存在する以前から素晴らしい思考道具として認められていたが、直観ポンプは、そのイソップ寓話の哲学者版と言えるものである。(2) 大学で哲学を学んだことがある人ならば多分、プラトンの『国家』に出てくる洞窟の比喩（鎖に繋がれた人々が洞窟の壁に映った実在の影しか見ることができないという話）や、『メノン』に出てくる、奴隷の少年に幾何学を教える話のような古典的な例に触れたことがあるだろう。さらに、デカルトの悪霊、つまりデカルトを欺き、全くの幻想に過ぎない世界を現実世界であると信じ込ませる悪しき霊（これは元祖バーチャル・リアリティと言うべき思考実験である）や、ホッブズの自然状態、つまり人々が不潔で粗野で短い一生を送るとされる〔国家以前の〕状態がある。このような話は、イソップの「オオカミ少年」や「アリとキリギリス」ほど有名ではないが、それでも十分広く知られており、そしてそのいずれもが何らかの直観を汲み出すポンプとなるようにデザインされている。プラトンの洞窟の話は、知覚と実在の本性について私たちに啓発を行うものだとされ、奴隷の少年の話は、私たちが

(1)　太字で表した語句は、本書の別の場所でより詳細に記述・議論される思考道具の名称である。いくつかの箇所に登場する思考道具もあるので、索引を見て探していただきたい。

(2)　イソップは、ホメロスと同じく、イソップの寓話と同じぐらいに神話的な人物である。イソップ寓話は、何世紀もの間継承されてきたもので、プラトンやソクラテスが生きていた時代よりも数百年前になってやっと文字として書き留められた。イソップはギリシャ人ではなかったかもしれない。むしろエチオピア人だったという状況証拠が存在している。

もっている生得的知識を実例で説明するものだとされている。さらに、デカルトの悪霊は究極的懐疑論の生成装置であり、契約をして社会を形成すれば悲惨な自然状態から脱出できるというのがホッブズの寓話の要点である。これらの思考実験は、哲学における不朽の名曲のようなものであって、前後の複雑な論証や分析を忘れてしまっても、その思考実験だけは学生が生き生きとまた正確に記憶しているほど強力である。良い直観ポンプというのは、同種の他のいずれのバージョンの直観ポンプよりもしっかり組み立てられたもののことである。これから、詐欺的なものを含む現代の多様な直観ポンプを考察するが、その目標はそれが何の役に立つのかを理解すること、またその働き方や使い方、さらにその作り方を理解することである。

たとえば、「奇妙な看守長」という短くてシンプルな思考実験がある。この看守長は毎晩すべての囚人がぐっすりと眠り込むのを待ってすべての牢の鍵を開けて回り、一時間だけ開け閉め自由な状態にしておく。このような状態にあるとき、囚人たちは自由なのだろうか？　彼らに逃げ出すチャンス（*opportunity*）があるのだろうか？　そのチャンスがあるとは言えない。なぜチャンスがないのだろうか？　もう一つ「ゴミ箱の中の宝石」という別の思考実験がある。ある晩、あなたが散歩をしている小道にあるゴミ箱に宝石が捨てられているという幸運がたまたま生じる。あなたは大金持ちになれるという大チャンスに遭遇したように思えるかもしれないが、それは大チャンスでも何でもない。なぜなら、チャンスはチャンスでしかなく、あなたがそのチャンスに気づきそれに基づいて何かをすること――あるいはそのチャンスのことを考えることすら――ありそうもないからである。この二つのシンプルなシナリオは、思考実験をしないと明白にはならないような直観を汲み出すポンプとして働いている。それは、本物のチャンスについては、私たちがタイムリーな情報を十分に素早く入手し、その情報が原因となって、私たちがそのチャンスを一定時間内に検討し、そのチャンスを利用するために何かを行うようになる、ということが重要なのだ、という直観である。私たちは、「自由」な選択とは、「外的な力」を原因としてはいない選択でなければならないと熱心に主張したがる——実際そうであると考えることを好む——のであるが、その熱心さゆえに、そのような外的な力すべてから遮断されていることなど望むべきではないのだ、ということを忘れがちになる。自由意志とは、私たちが豊かな因果的文脈にはめ込まれていることを忌み嫌うものではなく、むしろ実際にはそれを要求するものなのである。

　私の望みは、この話題についてはもっと言うべきことがあるはずだと皆さんが感じてくれることである！　今述べたような小さな直観ポンプは、問題を鮮やかに提起しはするが、何かを——今のところ——解決しているわけではないのである（自由意志については、後に本書の一つの部〔第Ⅷ部〕の全体を使って集中的に論じることになる）。私たちは、このような思考道具を慎重に取り扱う術《すべ》に、あるいは足下をよく見て落とし穴がないか調べる術に、習熟する必要がある。ある直観ポンプが注意深くデザインされた説得道具であると考えられるなら、その道具にリバース・エンジニアリング〔遡行分析〕[3]を施して道具のすべての可動部分を調べ、それらがどんな働きをしているのかを知ることによって、私たちに十分見返りがあるかもしれないとわかるようになるだろう。

　一九八二年、私がダグ・ホフスタッターとともに『マインズ・アイ』[4]を編んだとき、ダグは、この点に関して、直観ポンプをたくさんの調節目盛りがついている道具と考えて、「すべてのダイヤルを回してみて」[5]変化を与えても依然として同じ直観が汲み出されるかどうかを見てみたらどうかという、適切な助言を与えてくれた。

　その助言にしたがって、「奇妙な看守長」というポンプにはどんなダイヤルがついているのかを確認し、回してみることにしよう。このポンプのすべてのパーツには何らかの機能があると――それが誤りであると証明されるまで――仮定して、あるパーツを別のパーツに置き換えたりそれを少し変形させたりしてその機能がどのようなものかを調べてみるのだ。

一、毎晩、
二、囚人全員が
三、ぐっすり眠り込むのを
四、看守長は待つ
五、その後ですべての牢屋の扉を
六、看守長は開けてまわり
七、一時間だけ開け閉め自由な状態にしておく

私たちが考察しうる多くのバリエーションの一つは以下のものである。

ある晩、看守長は部下の看守たちに命じて囚人の一人に薬物を飲ませたが、彼らがそれを行った後、うっかりその囚人の独房の鍵をかけ忘れ一時間その状態が続いた。

シナリオの雰囲気がかなり変わったのではないだろうか？　だが、どんなふうに変わったのだろう？主要なポイントは（たぶん）そのままであるが、以前ほどのインパクトはもっていない。一つの大きな違

いは、いつ目覚めてもおかしくない自然な睡眠と、投薬された睡眠つまり昏睡との間にあるように思われる。「うっかり」というもう一つの違いは、看守長ないし部下の看守の側の意図ないし不注意の役割を照らし出す。（「毎晩」かどうかという）反復の有無は、囚人に利する公算《オッズ》を変化させるように見える。そのような公算ないし勝算が問題になるのはいつそしてなぜだろうか？　百万の人々がくじを引き、「当選者」が銃で撃たれるようなくじの企画に参加しなくてよいようにするために、あなただったらいくら払うだろうか？　また、六連発拳銃で行うロシアンルーレットをしなくてよいようにするために、いくら支払うだろうか？（ここでは、一つの直観ポンプを照らし出すために別の直観ポンプを用いるというやり方をしている。このやり方は覚えておいて損はない小技《トリック》である）。

ほかにどのダイヤルを回すべきかについては、あまり明確には言えない。たとえば、「邪悪な宿主」がいて、宿泊客が眠っている間密かに彼らの寝室に鍵をかけるとか、「病院の管理責任者」がいて、火事が起こるのを心配して、夜になると個室であれ大部屋であれすべての病室の扉を解錠したままにしているが、そのことを知らない方が患者たちはぐっすり眠れると考えて、患者にその事実を知らせない、というのがある。あるいは、監獄が普通よりも大きく、たとえばオーストラリア大陸ぐらいだったらどうだろうか。あなたはオーストラリアへのすべての扉を施錠したり解錠したりすることはできない。こんな風に考えることで、どんな違いが見えてくるだろうか？

私たちは、いかなる直観ポンプであれ、これと同じような自覚的な用心深さをもって向き合うべきであり、その自覚的な用心深さそれ自体が重要な思考道具である。これは――思考について思考する、語りについて語る、推理について推理するといった――「メタへ進む」という哲学者たちが大好きな戦略である。〔たとえば〕メタ言語とは私たちが他の言語について語るために用いる言語であり、メタ倫理学とは様々な倫理学的理論に対する鳥瞰的な検討のことである。かつて私はダグに「君がするどんなことについても、僕はそれをメタ何とかにすることができる」と言ったことがある。本書全体は、言うまでもなく、メタに進む作業の一つの実例である。つまり何かを注意深く思考する方法について注意深く思考する方法（について注意深く思考する方法、等々）を解明するという作業である。(3) ダグは最近 (Hofstadter, 2007)、彼のお気に入りの小さくてお手軽な道具のいくつかを以下のようにリストにして示してくれた。

野雁の追跡〔無駄骨を折る〕
粘着性
汚い策略
酸っぱいブドウ
ひじの脂〔猛烈な努力〕
ぐらぐらする大砲〔何をしでかすか分からない人〕
粘土の足〔意外な弱点（旧約聖書「ダニエル書」の故事より）〕
底の抜けたポット〔変人〕
リップサービス
スラムダンク
フィードバック

これらの表現がなじみ深いと思う人にとっては、これらは「単なる言葉にすぎない」ものではない。

「長除法」や「平均値の算定」が道具であるのと同じ意味で、どれも抽象的な認知の道具である。どれも非常に多様な文脈の中で果たすべき役割をもっており、検証すべき仮説をより容易に定式化できるようにしたり、世界の中でこれまで気づかれなかったパターンを識別しやすくしたり、重要な類似性を探す手助けをしたりする。あなたのボキャブラリーの中にあるどんな言葉《ワード》もシンプルな思考道具であるが、他の言葉よりも役に立つ言葉もある。もしこれらの表現のうちあなたの道具箱に入っていないものがあるなら、手に入れておいた方がいいだろう。もしあなたがそれを手に入れて使うならば、それなしには組み立てるのが難しいような思考を手にすることができるはずだ。もちろん、古い格言が言うように、あなたが持っている唯一の道具がハンマーなら何でも釘に見えてしまうものなので、どんな道具にも使いすぎということがありうるのだが。

上記のリストから「酸っぱいブドウ」だけ取り上げて検討してみよう。これは、『イソップ寓話』の「キツネとブドウ」に由来するもので、手に入れられないものをけなすことでそもそも気にかけていないふりをするという、人が時おり見せる態度に注意を引かせてくれる。誰かが言ったことに対して、たった

(3) 哲学者W・V・O・クワイン(Quine, 1960)は、この「メタへ進む」ことを、電子や正義や馬やその他について語ることから、電子や正義や馬やその他について語ることについて語ることへと上昇する「意味論的昇階」と呼んだ〔『ことばと対象』四五一頁以下参照〕。哲学者によるこのような上昇する動き〔メタへの移行〕を(「君たちのような輩には、結局意味論の問題に過ぎないんだよな!」と言って)異議を唱える人たちが時々現われるし、そんなことは無用であるとか詐欺的ですらあると言う人たちも時々いる。しかし、それが必要とされる場合があるのであり、話がかみ合わないときや、自分が使っている言葉の意味についていつの間にか思い込みを抱きそれによって目が曇らされているときには、意味論的昇階つまりメタへ進むことが、明晰さを手に入れるための鍵になる。

一言「それって、酸っぱいブドウじゃない？」と言うだけで、あなたがどれだけ多くのことを語ることができるのかを考えてほしい。そう言われた方は、そう言われなければ気づかれぬまま見過ごされてしまったかもしれない可能性を考えるようになり、その結果自分の考えを修正したり、もっと広い視野から問題を検討するように強く促されるかもしれない――あるいはまた、深く傷つくことになるかもしれない（道具は武器として使えるのである）。この物語の教訓はとてもよく知られているので、話の筋を忘れていたり、話の細部が分からなくなっていてもかまわない――細部が大事なこともあれば、大事ではない時もあるのである。

道具を手に入れ、それを賢く使うというのはそれ自体明らかに技能《スキル》であるが、あなたはまず道具を手に入れるか、それを自分で作るところから始めなければならない。本書で紹介する思考道具の多くは私自身の考案したものだが、中には別の人から手に入れたものがあり、しかるべき場所でそれらの考案者である人々に謝辞を述べたい。(4) 先に挙げたダグのリストの中にはダグ自身が考案した道具は入っていないが、ダグは私の道具箱に入っているいくつかのとびきりの品の考案者である。たとえば、**脱シスする**(jootsing)や**アナバチ性**(sphexishness)がそうである。

最も強力な思考道具としては、数学の道具がある。しかし私は、それに言及しはするものの、広いスペースを割り当てるつもりはない。なぜなら、この本は、数学的ならざる道具、形式的ではない道具、つまり散文と詩という道具の力を称揚する本、つまり科学者がしばしば過小評価している力と言ってもいいものを称揚する本だからである。そういう過小評価の理由はすぐにわかる。まず第一に、科学雑誌に載っている科学論文は、文飾やレトリックや暗示を最小限にして、個人的なものを廃し問題を簡潔に提示することが好まれる――実際にはそれを強要される――という文化がある。大部分の真面目な科学雑誌のどのページも一様に単調であるのには、もっともな理由があるのである。私の博士論文の査読者の一人であった神経解剖学者のＪ・Ｚ・ヤングは一九六五年私に手紙をくれて、私がオックスフォードに提出した（神経解剖学ではなく哲学の）論文にある幾分空想的な散文に異を唱えた。それによれば、今や英語は国際的に通用する科学の言語となっており、「ちゃんとした辞書を持つ根気のある中国人[6]」にも読めるような論文を書くことが私たちネイティブの英語使用者に課せられた義務だ、ということであった。このような形で自分を律することの成果は明白である。あなたが中国人の科学者であろうと、ドイツやブラジルの科学者であろうと——さらに言えば、たとえフランス人の科学者であろうと——、あなたは自分のもっとも重要な研究を英語で、他言語に極力翻訳可能な飾りのない英語で、文化的背景のある暗示やニュアンスや言葉遊びさらに隠喩《メタファー》にさえ極力依存しない英語で、出版したがるということなのだ。このような国際的なシステムによって達成される高い水準の相互理解にははかり知れないほどの価値があるのだが、それには支払われるべき代償がある。私たちが行わなければならない思考の中には、形式ばらずに隠喩を並べ立て、想像力を駆使することをはっきり求めるような思考も、閉じられた心に張り巡らされたバリケードを著作内に張りめぐらせたあらゆる策略を使って攻撃することを要求するような思考も、あるのである。簡単に

（4）本書に登場する文章の多くは、私がこれまでに公刊した本や論文から取られたものであるが、よりポータブルで汎用性のあるものに、つまり元々の文脈以外の文脈でも使えるように手を入れてある—これは大部分のすぐれた道具が備えている特徴である。例えば冒頭で引いたフォン・ノイマンの物語は、一九九五年の『ダーウィンの危険な思想』に登場したものであり（邦訳一八五～六頁）、またここでのホフスタッターのお手軽な道具の議論は、二〇〇九年の『ＰＮＡＳ』の論文「ダーウィンの奇妙な推理の逆転」に登場したものである。これらすべてに脚注は付けず、巻末に出典の一覧を付けてある。

は翻訳できないものがあるのなら、私としては、一方で翻訳の達人が現れることを、他方では世界中の科学者の英語力が向上することを、期待したい。

科学者たちが「言葉だけ」によってなされる理論的な議論に対してしばしば懐疑的であるもう一つの理由がある。数学の方程式で定式化されていない論証を批判する作業は、そのような定式化がなされている論証を批判する作業に比べてずっと面倒で、たいていは納得のいく成果が出にくいということを科学者たちはよく知っているのである。数学の言葉は、信頼できる納得強要装置である。これはバスケットボールのフープ〔バスケットリング〕にかけられたネットに似ている。あのネットがあるおかげで、ボールが入ったかどうかについての言い争いはなくなり、審判に判断をしてもらう必要もなくなる（公園のコートでネットなしのフープでバスケットをしたことがある人なら誰でも、落ちてきたボールがちゃんとフープをくぐったのかどうかを見分けるのがどれほど難しいかを知っているだろう）。とはいえ、とらえどころがなく当惑を招くだけの問題もやはり存在しており、そのような問題は数学によって扱いきれるものではない。

もし私の説明が一部の聡明な大学生にしか通じないとしたら、私自身がそれをちゃんと理解していないということなのだと私は常々考えてきたし、その思いは私が書いてきたものすべてに行き渡っている。大学院生だけを対象にした高度なゼミしかやりたくないと考えている哲学教授もいるが、私はそうではない。大学院生はしばしば自分がかなりのやり手であることをお互いに、また自分自身に過度に示したがるもので、自信まんまんに業界の専門用語を駆使し、外部の人間を戸惑わせ（このようにして彼らは自分がやっていることが専門性を要求すると確信する）、どんな煩雑な（そして面倒な）技術的な論証も躓くことなくやり遂げる能力があるのだとひけらかす。高度な研究を行う大学院生や専門家のために書かれた哲学なるものは、どれもたいてい読みづらい――したがって広く読まれることがない。

哲学科の外にいる人々にも容易に理解できるような論証と説明を心がけようという私のポリシーは、興味深い副次効果をもたらした。私の論証を真面目に受け取らないことを自分の「主義」とするような哲学者が出てきたのだ。何年も前のことだが、オックスフォードで聴講者が立ち見になってしまうような部屋を使って「ジョン・ロック講義」を行ったとき、ある著名な哲学者が別の聴講者に向かって、「ジョン・ロック講義に哲学者ではない人々の足を運ばせるような人物から学ぶべきことがあるとしたら、私は仰天するね」とブツブツ漏らしているのが聞こえた。その言葉どおり、私が見る限りこの哲学者は私から何一つ学ばなかった。私は自分のスタイルを変えようとは思わなかったし、このように思われても一度たりとも後悔したことはない。たしかに、すべての前提に番号を振り推論規則に名を付けて進めていくような厳密な論証が必要とされる場面が、哲学にはある。しかし、そのような論証がおおっぴらになされる必要がある場合は、そう多くはない。私たちは大学院生に博士論文の中でそのような論証ができることを示すように求めるが、不幸にもそのとき身につけた習慣から脱却できない者もいる。公平のために付け加えておけば、これとは反対の過ちと言うべき、文学的な装飾と深遠さの暗示で彩られた大げさな大陸的レトリックもまた、哲学のためにならない。どうしてもどちらかを選ばなければならないとしたら、私は紫紺の衣を纏った賢者よりも、冷徹で分析的な論理の斧の方を取るだろう。論理の斧の方が、少なくともたいていは、何について述べているのかを理解することができるし、誤りとみなされるのが何かを明確にできるからである。

思うに、中間地点、つまりおおざっぱに言えば詩と数学の中間あたりこそ、哲学者が複雑にもつれた問題を真の意味で解き明かすことで、最上の貢献を果たすことができる場所である。この種の仕事を行いう

るようなアルゴリズムなど存在しない。したがってそこでは、ありとあらゆるものが俎上に載せられるた
め、しかるべき注意を払いながら自分の立脚点が選ばれることになる。十分な注意を払わずに受け入れら
れていた「無邪気な」前提が後になって悪の元凶であることが判明することもよく起こる。こうした危険
極まりない概念の世界を探索する際に大いに手助けとなるのが、現状に即して考案された思考道具を用い
て、別の道を明らかにし先の見通しをつけることである。

　本書で紹介するような思考道具は、確固たる立脚点——つまりどんな将来の探求にも使える揺るぎない
「公理」——を定めることはめったにない。それが提供してくれるのはむしろ、立脚点になってくれそう
な様々な候補である。候補となる立脚点は、将来の探求に対して当面の指針となりそうなものであるが、
しかしちゃんとした理由があれば訂正されたり完全に放棄されることもありうる。多くの科学者が哲学を
まったく好まないという理由は、驚くにあたらない。哲学においてはありとあらゆるものが俎上に載せられ、
金庫の中に大事にしまっておけるようなものは何もない。しかも、このような立脚点という「一定の」地
点に結びつけて構築された哲学の複雑な議論の網は、あくまで一時的に宙空に架けられているものであり、
経験的な証明や反証という明確な基礎につなぎ留められているわけではない。まさにそういうわけで、哲
学を好まない多くの科学者は、哲学に背を向け自分の仕事を続けるのだが、その代わりにいくつかの最高
に重要で魅力的な問いを考察せぬまま放置するという代償を支払うことになる。「訊くな！　語るな！」
意識や自由意志や道徳性や意味や創造性のような問題に取り組むにはまだまだ早すぎる」というわけであ
る。しかし、このように禁欲的に生きられる科学者はごくわずかであり、近年、科学者たちは今まで避け
られてきたこのような領域に殺到しお粗末なゴールド・ラッシュ状態になっている。こうした科学者たち
は、純然たる好奇心に促されて（時にはおそらく名誉欲に駆られて）大問題の解明に乗り出すのだが、前

進することがどれほど難しいかにすぐに気づく。ほんの数年前には哲学に対するあからさまな軽蔑的態度をとっていた著名な科学者たちが、(5)自分自身の科学的研究からすぐに打ち出せるいくつかの推定を使ってこれらの大問題に関して世間をあっと言わせようとするのだが、恥ずかしいほどすぐに行き詰まる。白状せねばならないが、そんな科学者の様子を見るのが、私の罪深くも甘い喜びになっている。このような科学者たちが私たち哲学者を必要とし、その意義を認め、なにがしかの助けを求めてくるようになるとき、事態は幾分ましなものになるだろう。

以下の第I部で私は、どのような場面でも使える汎用性の高い道具を一ダース紹介する。続く第II部では、道具の種類によってではなく、その道具の働きが一番よく発揮される話題によって、項目を分けることにする。最初に向かうのは、〔言葉の〕意味や〔心的〕内容という最も根本的な哲学的話題であり、それから進化、意識、自由意志という話題に進んでいく。紹介する道具には実用的なソフトウェアも二、三含まれている。それは、望遠鏡や顕微鏡が裸《ネイキッド》眼に対して行うことができることを丸腰《ネイキッド》の想像力に対して行うことができる、想像力に優しい道具である。

論を進めていく中で、物事を照らし出すのではなくむしろ煙幕を張って曖昧にしてしまう見せかけだけの友もまた、紹介するつもりである。このような有害な道具を指す呼び名が必要だと思っていたところ、

(5) このような軽蔑的態度の内の最も出来のいいものを二つ。「哲学と科学との関係は鳩と彫像の関係に似ている」、「哲学と科学との関係はポルノグラフィーとセックスとの関係に似ている。前者の方が簡単に手に入るし、そちらを好む人もいる」(これを誰が言ったかは特定せずにおく。ただ、これを考え出した科学者たちが望むなら、自分が思いついた言葉だと名乗り出るのは自由だ)。

私の船乗りの経験からまさにこれだという言葉を見つけた。船乗りたちは、船のことをよく知らない人たちを戸惑わせる航海専門用語を使って楽しんでいる。たとえば、左舷〔港（側）〕と右舷〔操舵する舷（かつて舵は右側の舷にあった）〕、ガジョン〔舵を取り付ける軸受け（魚の名前・だまされやすい人）〕とピントル〔牽引鉤（蝶番の軸）〕、シュラウド〔横静索（マストの先から船の両側に張る支え索）・死体を包む白布〕とスプレッダー〔マストに取り付けられた、シュラウドの角度を広げるための支柱・散布機〕、クリングル〔（帆の縁に取り付け、ロープで帆を保持する）索目〕とフェアリード〔索導具。ロープが絡まるのを防ぐ器具〕、その他諸々である。私が乗った船で船乗りたちが作業中に交わしていたジョークの中に、こういう航海用語の嘘の定義をでっちあげるというのがあった。たとえば「羅針箱《ビナクル》〔コンパスとそれを照らす夜間用にランプを入れた箱〕」とはコンパスを覆う海洋生物であり、「マスト・タング〔マストに帆装を取り付ける金具〕」はマストの上で味わう柑橘系飲料[7]であり、「スナッチブロック〔脇からロープをはめ込むことができる滑車〕」とは女性が身を守るための駆け引き[8]であり、「ブームクラッチ」とは足に怪我をしたときに支えに使う爆発性の器具だった。[9] それを聞いて以来私は、〈ブームクラッチ〉——帆を下ろしたときにブーム〔帆の下端に付ける円材〕を載せておくための、取り外し可能な木製の台——のことを考えるたびに必ず、松葉杖《クラッチ》をついている哀れな船員の脇の下で、ドッカーンと爆発が起きる光景が一瞬頭をよぎるようになった。そこで私は、この〈ブームクラッチ〉という用語を、使うと裏目に出る思考道具、一見理解の役に立ちそうに見えるだけで、実際には光どころか闇と混乱を撒き散らす思考道具を指す名前として使うことにした。以下の諸章のあちこちで、様々な種類の〈ブームクラッチ〉が、適切な警告ラベルと非難されるべき実例と共に登場する。さらに私は、本書の締めくくりとして、知りたいと思っている読者がいるかもしれないという老婆心から「哲学者であるとはどのようなことか」という問題についてさらなる考察を行う。これには、このようなやり方で世界を探求する醍醐味を知ったがこの分野でキャリアを積むことに自分が適しているか迷っている人への、ダンおじさんからのいくつかのアドバイスも含まれている。

Ⅱ　汎用的な思考道具一ダース

本書に登場する思考の道具のほとんどは、非常に特殊な用途をもつ道具である。つまり、ある特定の話題や、場合によってはその話題におけるある特定の論争に適用するために作られた道具だということである。だが、それらの直観ポンプを見ていく前に、多様な幅広い文脈の中で有効性を認められているいくつかの汎用目的の思考道具やアイデアや実践方法を提示しておこう。

1　誤ること

「ウソ偽りを信じるくらいならむしろ永久に信じないでいるほうがましだ」と語る者は、ひとに欺かれることに対する彼自身の内心の恐怖が圧倒的に強いことをもっぱら物語っている。……これはちょうど、身に一カ所の傷を負う危険を冒すくらいなら、戦闘を永久に見合わせるほうがいいと兵士に告げる将校のようなものである。そんなことでは、敵に対してにしろ自然に対してにしろ勝利はえられない。われわれが犯す誤りは、むろんこれほどひどく厳粛なものではない。どんなに警戒したところでまず確実に誤りが引き起こされるこの世の中では、いくらか軽い気持ちでいるほうが、誤りに対してこんなにまで神経をとがらせるよりもいっそう健全であるように思われる。

――ウィリアム・ジェームズ『信ずる意志』[1]

諸君がある理論をテストしようと思う場合とか、あるいはあるアイデアを説明しようとする場合、その結果が右と出ても左と出ても、それを必ず発表すべきです。むろんある種の都合の良い結果だけを発表していれば、その説はいかにもかっこうよく見えるでしょう。しかし本当は不利であろうとなかろうと、その両方の結果をすべて発表すべきなのです。

――リチャード・ファインマン『ご冗談でしょう、ファインマンさん』[2]

哲学者たちはなぜ自分の分野の歴史を教えたり学んだりすることにあれほどの努力を傾けるのかと、科学者たちはよく私に訊いてくる。化学者たちはたいてい化学の歴史についてごく初歩的な知識しかもたずにうまくやっているし、同様の事例をあげれば、多くの分子生物学者も、〔分子生物学が成立した〕一九五〇年頃以前の生物学でどんなことがあったのかに対して興味すら抱かないように見える。科学者たちの問いに対する私の答えは、哲学の歴史とは結局、とても魅力的な誤りを非常に賢い人々が犯してきた歴史であり、その歴史を知らないとそれと同じ忌々しい誤りを何度も繰り返すことになってしまう、というものである。だからこそ、私たちは哲学の歴史を学生たちに教えるのであり、軽率にも哲学を無視する科学者たちはそれなりのリスクを背負わなければならないのである。そもそも、哲学から切り離された科学なるものは存在しないのであって、存在するのはただ、その根底にある〔はずの〕哲学的前提を考慮しないで営まれる科学のみである。科学者の中には最高に頭がよく最高に運のよい人が時々いて、こういう人は科学者がはまってしまう落とし穴を驚くほど巧みに避けることができる（おそらくこのような科学者は「生まれつきの哲学者」であるか、自分で考えている通り実際にも頭がいいのだ）。しかし、そのような科学者は例外中の例外である。プロの哲学者も昔ながらの誤りを犯さないわけではないし、その誤りを弁護することすらある。難問なら取り組む価値があるのだが、そうでなければ取り組む価値はないと見逃してしまうのである。

あえて誤る〔ミスする〕という危険を冒そうとするだけではあきたらず、窮地を脱するための明確で詳細な情報が手に入るなら、実際に誤ろう〔ミスしてみよう〕とすることもあるだろう。この場合、誤る〔ミスする〕ことが先に進むための鍵なのである。もちろん、いかなる誤りも犯さないことが絶対に重要である場合がある。たとえば、外科医や飛行機のパイロットである。しかしながら、広く認められていることではないが、誤る〔ミスする〕以外に道がないような場合もあるのである。非常に競争率の高い大学に入学した学生の多くは、自分はミスなどしないということを自慢する——なるほどだからこそ、彼らは同級生たちと比べて抜きん出た存在になったのだし、自分はミスなどしないと信じるに至ったのである。そのような学生を前にして、誤りを犯すこと〔ミスをすること〕は最善の学びの機会なのだから誤りを犯す習慣を養いたまえと言わなければと、しばしば感じる。自分はミスしないと信じている学生は、結局行き詰まってしまい、スタートラインでうろうろしてむなしく無駄な時間を過ごしてしまう。そのような学生に対して私は「〔間違ってもいいから〕言いたいこと言っちまえ！」と尻を叩く。そうすると彼らは、これからなすべきことを見いだすことになる。

私たち哲学者は、誤りを犯す専門家《ミステイク・スペシャリスト》である（悪い冗談に聞こえるのは承知しているが、最後まで聞いていただきたい）。哲学とは別の学問分野は、その分野の限定された問いに対する正しい答えを出すことを専門にしているが、これに対して私たち哲学者は、正しい答えはおろか、正しい問いが何なのかすら誰にもわからなくなってしまうほどに事態を混乱させてひどく間違ったものにしてしまう事柄を専門にしている。間違った問いを立てると、それだけであらゆる探求を間違った歩みへと向けてしまうという危険が生まれる。そういうことが起きたときこそ、哲学者の出番だ！　哲学――すべての探求の領域における哲学――は、そもそもまずいかなる問いを立てるべきだったのかを明確にできるようになるまでの間、取り組まざるをえないものなのである。探求を誤った歩みへと向けてしまう危険が生じた場合さえ、そんなことは嫌だという人もいる。そういう人が立てる問いはむしろ答えが用意されているもので、上品に仕立てられ洗濯とアイロンがけがすんでいる服を取り出してはおるようなものなのである。哲学のやり方を嫌う人々でも、物理学や数学、あるいは歴史学や生物学を研究することはできる。誰にでもやるべきことはたくさんある。私たち哲学者が好むのは、答えが出せる出せない以前にまずは整理を必要とするような問いに関わることである。万人向けの趣味ではないが、試しにやってみて欲しい。ひょっとすると気に入るかもしれない。

この本の中で、他の人が誤りを犯したと私が考えている場合、その誤りに対して猛烈に攻撃するつもりであるが、明言しておきたいのは私自身が経験豊富な誤り犯し人《ミステイク・メイカー》であるということである。私自身珍妙な誤りを犯してきたし、実はこれからもそんな誤りをもっと犯していきたいと思っている。本書における私の目標の一つは、万人にとって道しるべとなるようなよい誤りをみなさんが犯すのを手助けすることである。

理論から始めよう。実践はその後だ。誤りとは、単なる学習機会であるにとどまらない。それはある重要な意味において、真に新しいものを学ぶための、あるいは真に新しいものを作り出すための、唯一の機会である。学習が可能になるためにはまず学習者が存在しなければならない。学習者が存在するようになるための奇跡ならざる方法は、二つしかない。すなわち、〔第一に〕進化によって学習者が生まれるか、〔第二に〕進化によって生まれた学習者によって学習者がデザインされ作り出されるかのいずれかである。生物学的進化は、試行錯誤〔つまり「試しては誤り」の繰り返し〕という壮大で冷酷無比な過程によって進行する。——そして、錯誤〔誤り〕がなければ試行が何事かを成就するとはないだろう。ゴア・ヴィダルがかつて語っていたように、「成功するだけでは不十分だ。他が失敗するのでなければならない」のである。また試行は、やみくもな試行か、先を見越した試行かのいずれかでありうる。多くを知っているが手元にある問いに対する答えがわからないというあなたなら、エイッとジャンプすることができる。これは先を見越したジャンプである。というのも、あなたはジャンプする前に見渡すことができるし、それゆえ、あなたがすでに知っているものを通じて最初から何がしかの導きを手にすることができるからである。あなたは手当たり次第にあれこれ考えて気をもむ《アトランダムゲッシング》必要はないのだが、あてずっぽう《アトランダム》を馬鹿にしてはいけない。それが産み出した素晴らしい産物の一つは……あなたなのだ！

進化は、他のすべての私の著作同様、本書の中心的テーマの一つである。理由は単純で、進化は単に生命を可能にする中心的な過程であるばかりではなく、知識、学習、理解を可能にする中心的な過程でもあるからである。もしも、観念と意味、自由意志と道徳、芸術と科学、さらには哲学そのものが存在しているこの世界の意味を理解しようとしながらも、進化についての信頼しうる詳細な知識がないと、使える手は片手しかないことになる。後に私たちは、進化についてのより挑戦的な一群の問いを考える手助けとなるべくデザインされた道具を見ていくことになるが、その基礎はここで据えておく必要がある。何も知らずに進む進化にとって、新奇なものを生みだす歩みは、DNAにおける手当たり次第《ランダム》のコピーの「誤り」である突然変異によって、盲目的になされる。このような誤植のほとんどはそもそも意味を成さないので、何らかの結果を残すようなものではない。学生時代に（または現在学生の）あなたが教師に提出しなかった雑な下書きのように、何のまともな結果も残さないものなのだ。[3] 一つの種のDNAは、新しい身体を組み立てるためのレシピによく似たものであるが、DNAの大部分は身体の組み立ての過程に実際関与するものではない（まさにこの理由から、このようなDNAはしばしば「がらくた《ジャンク》DNA」と呼ばれる）。発生過程において読み取られ作用するDNA配列において生じた突然変異の大部分は害をもたらすものであり、実のところ多くの場合ただちに死をもたらす。このように「発現した」突然変異の大部分は有害であるため、自然選択の過程は実際、突然変異の出現率を低く抑えるように働く。皆さんは誰でも、自分の細胞の中にとびきり優秀なコピーマシンを持っている。たとえば、あなたの体にはおよそ一兆個の細胞があり、どの細胞にも、あなたの両親の卵子と精子が力を合わせたときにはじめて出現し、三〇億を超すシンボルからなるあなたのレシピであるゲノムの完全な、あるいはほぼ完全なコピーが含まれている。コピーマシンが完璧な成功を収めないことが、むしろ幸運である。というのも、もし完璧な成功を収めるとするなら、最終的に進化は行き止まり、新奇性という進化の源泉は干上がってしまうからだ。進化の過程におけるこのようなちょっとした疵《きず》、つまり「不完全性」こそ、生物の世界のすべての素晴らしいデザインと複雑性の源泉なのである（さらに、もし「原罪」という名に値するものがあるとすればそれはこのようなコピーミスだ、と付け加えたくなる）。

誤りをよい誤りに変える重要な秘訣《トリック》は、その誤りを隠さないこと――とりわけ、自分自身に隠さないこと――である。誤りを犯したら、それに背を向け否認することなどせずに、自分自身の誤り鑑定人になるべきである。つまり、美術品の鑑定をするかのように（ある意味で誤りとは美術品そのものだ）、心の中でそれを手に取りよく調べて鑑定するのである。あらゆる誤りに対する基本的な反応は、「うむ、こんな誤りは二度と繰り返すまい！」であるにちがいない。自然選択の場合実際そんなことを考えることはない。自然選択は、へまがあった場合、それが再生産される可能性が出てくる前に、さっさと消去する。自然選択も、そんなへまを二度と繰り返さないだろう――少なくとも頻繁には。この音は出さないとか、この針金には触らないとか、これは食べないといったことを学習ができる動物は、その脳の中にこれと類似した選択力を伴う何かを持っている（B・F・スキナーと行動主義者たちはそのような何かの必要性を理解し、それを「強化」学習と呼んだ。誤った反応は強化されず、「消去」される）。私たち人類は、これよりもずっと素早く効果的にことを運ぶ。私たちは思考について思考することができる、つまり、自分がたった今行ったことについて反省することができる――「うむ、こんな誤りは二度と繰り返すまい！」。そして私たちが反省するとき、誤りを犯した者なら誰でも解決しなければならない問題に直面する。すなわち、その誤りはどういう誤りなのか、自分が行ったことのどの点が自分を窮地に陥れたのか、という問題である。誤りをよい誤りに変える秘訣とは、自分が引き起こしたごたごたの一定の細部から利益を引き出すことであり、そうすることで、次の試行はそれから情報を得た上での試行になり、闇雲な試行をもう一度繰り返すということはなくなる。

私たちは誰しも、「ううむ、あのときはいいアイデアだと思ったのに！」という、わびしい繰り言を耳にしたことがある。このような言葉は、愚か者の痛々しい反省、愚鈍さの証を表すものになってしまっているが、しかしながら実際は、まさに知恵を支える柱として認識されるべきである。「ううむ、あのときはいいアイデアだと思ったのに！」と言うことができるいかなる存在も、いかなる行為者も、才知への入り口に立っているのである。私たち人類は自分の知性に誇りをもっているのだが、その知性の特徴の一つは、私たちが過去に考えていたことを記憶することができ、以前はそれがどのように見え、それが最初の段階でなぜ魅力的で、結局何を間違えたかという点から、それに反省を加えることができるということである。この地球に住むヒト以外の種がこのように思考について実際に思考できることを示唆する証拠を、私は知らない。もしもそれができる種がいたら、その生き物はほぼ私たちと同じくらい利口であろう。

　それゆえ、誤りを犯したときは、まずは深呼吸をして歯を食いしばり、それからできる限り容赦なくかつ冷静に、自分自身の誤りの記憶を検討する習慣を身につけるべきである。これは簡単なことではない。誤りを犯した人間の自然な反応は、恥ずかしさと怒りであり（自分自身に対する怒りほど強い怒りはない）、このような情緒的反応を頑張って乗り越えねばならないのである。さらに、自分の誤りを吟味し、自分を間違いに導いた奇妙な曲がり道を発見することに喜びを覚えるという、風変わりな習慣を身につけようとしなければならない。そうすれば、それによって得られるすべての利益を飲み尽くした後で、それらの誤りに晴れ晴れとした顔で別れを告げ次の大きなチャンスへと進むことができる。ただし、それだけでは十分ではない。さらに特大の誤りを犯すチャンスを――それから立ち直ることができるなら――積極的に求めるべきなのだ。

　もっとも単純なものとして、誰もが小学校で学習した技術《テクニック》がある。長除法を最初に知ったとき、どれほど奇妙で近寄りがたいものに見えたのかを思い出して欲しい。どうしていいか分からないほど長い二つの数字をつきつけられ、計算の始め方を見つけなければならない。割る数を何倍すれば割られる数になるんだろう。六倍？　七倍？　八倍？　分かるもんか！　でも分かる必要などなかった。色々試してみればいいだけだ。何でもいいから好きな数をかけて、結果を調べてみればいいだけだった。単なる「当てっこ《メイキング・ア・ゲス》」から始めなさいと言われたとき、私はほとんど呆れかえってしまったのを覚えている——そんなのは数学じゃない、数学という真面目な勉強の中で当てっこゲームをしなければならないなんて！——と。しかしながら、誰もがそうであるように、結局私はこの戦略の見事さを認めることになった。選んだ数字が小さすぎるとわかったら、その数字を大きくしてやり直せばいい。大きすぎたら小さくしてやり直せばいい。長除法の良いところは、どんな場合でもちゃんと仕事をしてくれることである。出発点でとてつもなく愚かな選択をしたとしても、計算がちょっと長くなるだけのことなのだ。

　多かれ少なかれ知識に裏づけられた推測《ゲス》を行い、そこから出てきた結果を理解し、その結果を次の段階で修正するために用いるというこの一般的な技術は、多くの場所で応用されている。この戦略の鍵となる要素は、明々白々な誤りを犯し、そこからちゃんと一定の結果を得ることである。GPSが現れる以前、航海士たちは、海上での自分たちの位置を確定させるために自分の居場所をまずは推測し（自分たちがいる位置の緯度と経度が正確には何度であるかを推測し）、次に、自分たちが実際——信じがたい偶然の一致が起こったとして——その位置にいると仮定した場合の太陽の高度を正確に計算する。航海士がこの方法を使っていた当時、彼らはどんぴしゃと的中することなど期待していなかったし、その必要もなかった。そんな期待をするかわりに、彼らは太陽の（正確な）仰角を測定し、予測した値と比較した。その結果にちょっとした計算を加えると、最初に行った推測に対して、どの程度の修正が必要であり、またどの方向に修正すべきかがわかる。(1) この方法を用いる場合、最初にかなり的確な推測を行えたとすればそれはそれで有益なことであるが、とはいえ人は誤りを逃れることができないという事実は、ここでは何の問題にもならないのである。重要なことは、戦略的に誤りを犯すことである。その結果、重要な修正がなされるのである（GPS機器は、全天球に対する自分の位置を定めるために、これと同じ推測・修正戦略を用いている）。

もちろん、直面している問題が複雑であればあるだけ、分析も困難になる。これは、人工知能（AI）研究者に「功績の割当《クレジット・アサインメント》」問題（「罪責の割当《ブレイム・アサインメント》」と言っても同じことだ）として知られている。何が成功をもたらし、何が失敗をもたらしたのかを見つけ出すことは、AIにおける最も解きがたい問題の一つで

(1) この修正は航海士に地球上での実際の地点を教えるわけではない。それが示すのは、点ではなくて線である。つまりそれは、船がある位置線（LOP、*line of position*）上にあることを告げるのである。次に、太陽がある程度動くのを待つ。それから、自分がいるLOP上で、どこでもいいからある一点を選ぶ。そして、もしもそれが正しい選択だった場合、太陽が現在どの高さにあるはずなのかを計算する。さらに観察し、計算結果との比較を行い、その比較の結果を修正に用いる。すると別のLOP上の点が得られる。その新たな点と、最初のLOPとの交点が自分の居場所である。時間経過とともに、太陽は高さだけでなく方角をも変えていたはずなので、二つの線はまさに適切な角度で交差するはずなのである。実際の航海の場合、経過時間とともに場所が変わっているのが普通なので、船の速度を計算し、最初のLOPと平行な線を進んだ分だけずらして引くことで、最初のLOPを進んだ地点まで移動させる。現実世界では万事がちょっとした遺漏を含んでいるものなので、三つの異なったLOPを引くのがよいとされている。すべてが正確に同じ点で交われば、それは信じがたいほどうまく測定ができたか、さもなければ信じがたいほど幸運だったかのいずれかである。しかし通常、その三本の線は「三角帽」と呼ばれる小さな三角形を描く。そして、まずはその三角形の中心に自分がいると仮定し、それを次なる計算の出発点にするのである。

あり、また自然選択が直面する問題でもある。地球上のどんな生物も、それぞれ複雑な生活史を経て遅かれ早かれ死ぬ。子孫が「報酬」として与えられるのはどんな肯定的要因なのか、子を持たずに死ぬという「罰が与えられる」のはどんな否定的要因なのかを見つけ出すために、いったいどのようにして自然選択はこの複雑な生活史の見通しがたい細部を見通すことができるのだろうか？　私たちの祖先の兄弟が、まぶたの形が間違った形をしていたので子をもたずに死んだというは、本当にありうるのだろうか？　もしもありえないなら、私たちのまぶたが現在のような優れた形態を持つに至った理由を、どのようにして自然選択の過程によって説明することができるのだろうか？　この問いに対する答えの一部はよく知られている。すなわち、「壊れていなけりゃ、直す必要なんかないさ」という古い格言に従って、ほとんどすべてのあなたの古い保守的《コンサーバティブ》なデザインを、すでに答えが出た形のままにしておけ、すでに張ってあるセーフティ・ネットの上で危険を冒せ、である。自然選択は、今現在までうまく働いているものは何であれ自動的に保存《コンサーブ》すると同時に、大きな改変も小さな改変も恐れることなく試みる（ただし、大きな改変はほとんど常に速やかな死を招く）。恐るべき浪費であるが、それに文句を言う会計係などいない。私たちのまぶたは、人類、さらには霊長類、さらには哺乳類が誕生する以前に、自然選択によってほぼデザインされ終えていた。私たちのまぶたは、何億年も前に現在と同じ形状に到達していたのであり、過去六〇〇万年の間、つまり私たちがチンパンジーやボノボとの共通祖先から枝分かれして以降、いくつかの微修正が加わったに過ぎない。右記の問いに対する答えの他の部分は、自然選択が働いている膨大な事例においては、ごく小さな利益さえ統計的に目に見えるものとなり、自動的に堆積するということが起こりうる、というものである（また別の部分もあるが、それはこの入門的な議論の限度を超えた専門的な説明になってしまう）。

カードマジックを演じるマジシャン――少なくともその中の最も優れたマジシャン――が利用して驚くべき結果をもたらす技術がある（このトリックを明かしてもマジシャンの怒りを招くことはないだろう。というのもこれはある特定のトリックではなく、一つの深い一般的な原則だからである）。優れたカードマジシャンは、運任せの――つまり、必ずうまくいくわけではないし、多くの場合うまくいくとすら言えないような――たくさんのトリックを知っている。千回に一回しか結果が出ないようなものもあるが、これはもはやトリックとは言えない！　そしてそれを利用して、こんなことをするのだ。まずは聴衆にある手品をしますとだけ伝え、どんな手品をするのかは言わないまま、千回に一回の結果を目指して手品を続ける。もちろん、ほとんどの場合はうまくいかない。うまくいかない場合は、何事もなかったかのように、おそらく百回に一回くらい結果が出せる第二の手品に移行していく。またもしそれもまたうまくいかなければ（ほとんどの場合はそうなるだろう）、十回に一回結果を出せる第三の手品にうやうやしく移行する。このとき、（たとえば）二回に一回結果を出せる第四の手品を用意しておくほうがいい。そして、前のすべての手品で失敗した場合には（普通はいくつものセーフティ・ネットのおかげで最悪の事態が生じるのを未然に防いでくれる）、ある絶対確実な手品を演じる。この手品が観衆にあまり感銘を与えることはないだろうが、少なくとも成功が保証された手品にはちがいない。手品をしている間いつも最後のセーフティ・ネットに頼らざるを得ないとしたら、むしろ不運きわまりないし、「千回に一回とか百回に一回のような」ものすごい結果を一つでも出せれば、そのときは観衆はびっくり仰天することになる。「ありえない！　一体全体、どれが私のカードだってどうやって分かったのだろう?」というわけだ。ふふ、実はこちらも知らなかったのである。こちらがやったのは単に、結果が出せそうな当てずっぽうというイカしたやり方だったのだ。ミスをしたこと――つまりうまくいかなかった試行――すべてを見えないように隠すことによって、「奇跡」を創造するのである。

進化も同じことをする。愚かな誤りのすべては目につかないものなることが多いので、目に映ずるものは輝かしい勝利の系列だけである。たとえば、今まで生きてきたすべての生物の——九〇パーセントをはるかに超える——大多数が、子を残さずに死んでいった。しかし、その運命に甘んじた者は、私たちの祖先の内にはただ一例たりともいなかった。語るべきは、強運に恵まれた生命の系統である！

科学という専門領域とステージマジックという専門領域の間の一つの大きな違いは、マジシャンはスタート地点での不正を観衆に対して極力隠すものであるのに対し、科学においては、犯した誤りは公開すべきものだとされているということである。つまりそのように誤りを公開することで、万人がそれから学ぶことができる。誤りを犯した当人が、誤謬空間をどんな独特のやり方でうろついたかがわかるだけではなく、自分以外のすべての人の経験から利益を手にすることができるのである（物理学者ウォルフガング・パウリが、同僚の研究に対して発した「間違えてすらいない」という有名な軽蔑の言葉がある。批判者たちの間で共有される明瞭な誤謬は、曖昧なたわごとよりもすぐれている、ということである）。ちなみにこのことは、私たち人類が他のいかなる種よりもずっと利口であることの一つの理由である。私たちの脳が他の種より大きいとかより強力であるというより、さらに、私たちが自分自身の過去の誤りを反省するコツを身につけているというより、むしろ、個々の脳が個々の試行錯誤の歴史の中で勝ち取ってきた利益を私たちが共有していることが、私たち人類が利口である理由なのである[2]。

驚くべきなのは、本当に利口であるのに、大きな誤りを公開していいし、それによって悪いことなど何も生じはしないということを理解していない人々の多さである。自分が間違いを犯したことを認めざるをえなくなるという事態を避けるために、見当違いの長々とした弁明をぶつ著名な研究者を、私は何人も知っている。このような人々は、「しまった。君の方が正しい。どうやら私が誤りを犯したようだ」と言っても大地に飲み込まれてしまうことなどないということに、まったく気づいていないようだ。現実には、誰かが誤りを犯したことを認めると、それに好感をおぼえるものだ。どんな人も〔他人の〕誤りを指摘するのが大好きである。寛大な心をもつ人々は、やり直す機会を与えてくれたことに感謝し、うまくやり直すことができたらそれに気づいてくれたことに謝意を表す。貧しい心の持ち主は、恥をかかせることだけに喜びを感じる。したいようにさせておけばいい！　いずれにしても、私たちみんなが勝利者になるのだ。

もちろん、一般的に言って、他人の愚かな誤りを正すことに対して喜びは感じられない。訂正する価値のある何かを、つまり正しかろうと間違っていようと独創的な何かを、あるいはカードマジシャンのトリックで見たような冒険的な思考法のピラミッドの構築を要求するような何かを、行わなければならない。他人の研究に注意深く足がかりを置くことによって、あなたは研究者として独り立ちができるし、これには意外なボーナスがついてくる。あなたが常日頃大きなリスクを冒すようにしていると、たまに愚かな誤りを犯したとき、人々はその誤りを訂正することに楽しみを見いだすだろう。というのも、それは、あな

（2）　これは理想状態であって、人間の本性が本来そのようなものであるにしても必ずしもうまく事態が進むわけではない。今日の科学の現場における気づかれてはいるが解決されていない問題の一つは、否定的《ネガティブ》な結果——解明すべく意図されていたものを解明できなかった実験——がちゃんと公表されていないということである。このシステム上の欠陥を探求し非難したことで有名なのが、ファインマンの「カーゴ・カルト講義」である。これは一九七四年のカルテック開会講演としてなされたもので、Feynmann, 1985 に再録されている〔『ご冗談でしょう、ファインマンさん（下）』所収「カーゴ・カルト・サイエンス」参照〕。

たがそんなに特別な存在ではなく、自分たちと同じようにへまを犯す人物であることを示すからである。研究の中で一度も誤りを犯したことがない――ように見える――極度に注意深い哲学者たちを私は知っている。このような人々は、すごい業績を上げるというタイプの人々ではないが、彼らが生み出したものは大胆さに欠ける代わりに細部にわたってシミ一つない。彼らは他人の誤りを指摘するのが得意で、それはそれで価値があることでありうるのだが、彼ら自身のちょっとした誤りを誰も優しい笑顔で大目に見てくれることはない。公平な目で見ると、不幸なことに、彼らの最上の研究でさえ、もっと大胆な思索家《シンカーズ》たちの脚光を浴びた主張によって影が薄くなり無視され消えていくことが多い。第76章において見ていく予定なのは、大胆な誤りを犯すという一般的には好ましい行為が不幸な副次効果を招くということである。メタアドバイス――いかなるアドバイスも、過度に真剣に受け止めるなかれ。

2 「推理のパロディによって」——不条理ヘノ還元または帰謬法の使用

合理的探求におけるバール〔金《かな》てこ〕、整合性を遵守させる偉大な手段として、〈帰謬法〔不条理ヘノ還元 reductio ad absurdum〕〉がある——文字通り、(論証を)不条理へと帰着させてみせることである。[4] 問題となっている主張や推測を取り上げ、それを〔このバールで〕こじ開けて中から何らかの矛盾(あるいは矛盾ではなくとも、何らかの馬鹿げた結果)を取り出せるかどうかを考える。もし取り出せたら、その命題は廃棄されるか、修理工場へ送り返されねばならない。私たちは、根底で働いている論理をわざわざ気にかけることなしにそれを日常的に用いている——「それが熊だっていうなら、熊が角を生やしていることになる！」とか、「彼は夕食の時間には間に合わない。スーパーマンのように飛ぶことができなければね」といった具合である。問題が面倒な理論的論争である場合、このバールがどんどん使われることになるが、公正な批判になっているか戯画的誇張による反駁になっているかの線引きは、とても難しい。そもそも、あなたの論争相手は、ちょっとした早業であなたが結局は不条理に至ることを示して見せたような命題を、本当に信じてしまうほどに愚かでありうるのだろうか？　私がかつて採点したレポートの中で、学生が“parity〔同等性、同値性〕”を“parody”と綴り間違えるという幸運によって、「推理のパロディによって」というオイシイ言葉ができあがった。私の考えでは、この言葉は、科学と哲学の論争のすったもんだでごく普通に見られる「帰謬法」の誤った使用法を指すのに手頃である。

思い出すのは、数年前MIT〔マサチューセッツ工科大学〕で開かれた認知科学のセミナーに参加したときのことである。このセミナーは言語学者ノーム・チョムスキーと哲学者ジェリー・フォーダーの主催で、そこには参加していない認知科学者に対する、愉快で情け容赦のない反論を、聴衆はいつものように楽しんでいた。この日の会では、イエール大学の人工知能研究所の所長であるロジャー・シャンクが悪玉にされていた。もしもチョムスキーが描き出したロジャー像に従うなら、ロジャーはある種の大馬鹿者にちがいないということになってしまった。私はロジャーとその研究をよく知っており、私とロジャーの間に意見の相違はあるものの、ノームのロジャー像はほとんど容認しがたいと思った。そこで私は手を上げ、あなたはロジャーの立場のいくつかの微妙なニュアンスを評価していないのではないでしょうかと指摘した。「いえ、そんなことはありません」とノームは強い口調で言い、くすくすと笑って「あれが彼の考えですよ」と言い張った。それからノームは破壊的な作業に立ち戻り、会場にいる人々を大いに楽しませた。この数分後、私は再び手を上げて、「あなたが批判している見解は、単に馬鹿げたものにすぎないと認めざるを得ません」と言った。ノームはその通りと言わんばかりににやりと笑ったので、「だとすれば、そんながらくたを批判するためにあなたと私たちの時間を浪費している理由を、私は知りたい」と私は述べたのだった。これは、冷や水を浴びせるのに十分な効果があった。

私自身が他の人々の見解に対して行った〈帰謬法〉についてはどうだろうか？　それはもっと公正なものだっただろうか？　ここに考察材料をいくつか挙げるので、ご判断願いたい。フランスの神経科学者ジャン゠ピエール・シャンジューと私は、かつて神経科学者ジョン・エックルズ卿および哲学者カール・ポパー卿と、ヴェニスで開かれた会議において、意識と脳についての討論を行った。シャンジューと私は

（心とは脳であると主張する）唯物論者であり、ポパーとエックルズは（心とは脳のような物質的なものではなく、脳と相互作用するある種の第二の存在であると主張する）二元論者だった。[5] エックルズは、何年も前〔一九六三年〕に、グルタミン酸分子や他の神経伝達物質や神経修飾物質が一日に何兆回も行き交うニューロンの間の微視的間隙というシナプスの〔情報伝達機構の〕解明によってノーベル〔医学〕賞を受賞していた。エックルズによれば、脳は強大なパイプオルガンのようなものであり、何兆ものシナプスがその鍵盤を構成している。非物質的な心——敬虔なカトリックであるエックルズによれば不死の魂——は、何らかの仕方でグルタミン酸分子の量子レベルのタッチを引き起こすことによってシナプス〔という鍵盤〕を演奏する。「ニューラルネットワーク〔神経回路網を模したコンピュータ設計〕やその類に関する議論はすべて忘れましょう。そういうものは的はずれの戯言です」とエックルズは言い、「心はグルタミン酸の中にあるのです！」と続けた。私の話す順番になったとき、私はエックルズに言った——「確信をもってあなたの立場を理解したと思いたいのですが、心がグルタミン酸の中にあるとして、もし私がボウル一杯のグルタミン酸を下水に流したとしたら、それは殺人になるのでしょうか」と。エックルズは幾分面食らった様子で「えーっと、それは答えるのがとても難しい問いですね。そうじゃありませんか？」と答えた。[3]

カトリックの二元論者であるジョン・エックルズと、無神論的唯物論者であるフランシス・クリックの間に、ノーベル賞受賞者という以外の共通点などほとんどないと思われるだろう。しかし少なくとも一時期、それぞれの意識についての見解は、疑わしい誇張的単純化を行っていたという共通点をもっていた。科学者以外の多くの人々は、科学における誇張的単純化が非常に素晴らしいものであることを見逃している。誇張的に単純化する〔できるかぎり単純化する〕ことによって、ほぼ正しい仮のモデル《ワーキング》を使って恐ろしいほどの複雑さを突破することができるし、厄介な細かい部分を後日に先送りすることができる。おそらく科学史における「誇張的」単純化の最善の使用例は、クリックとジェームズ・ワトソンのものである。ライナス・ポーリングや他の研究者がすべての細部を理解しながら一歩一歩ゆっくり進んでいたのに対して、彼らは細部を回避してDNAの構造の発見に至ったのである。問題が一挙に片づくならば、その場合に限っては大胆な一撃で片づけるやり方をやってみようというこの姿勢を、クリックは大いに支持している。だがもちろん、いつもうまくいくとは限らない。私はかつて、「ラ・ジョラ」で開かれるクリックの有名な茶会で、それを証明する機会を得た。午後のセッションは、形式張らないラボミーティングで、来訪者が問題を提起したり、一般討議に参加したりすることができた。クリックはちょうどいい機会だからと、一つの大胆な発言を行った。近年明らかになったところでは、大脳皮質のV4野のニューロンは色「について気を配る」（つまり色に対して異なった仕方で反応する）のだが、ここからクリックは、驚くほど単純な仮説を提起したのである。すなわち、例えば赤の意識経験は、それに対応する網膜の赤・感受的ニューロンの活動そのものである、というのである。エエッと驚いた私は「つまりあなたのおっしゃるのは、赤・感受的ニューロンを切除し、それをペトリ皿の上で生きたままにして、微小電極で刺激すると、ペトリ皿の上に赤の意識が存在することになるだろう、ということでしょうか？」と言った。〈帰謬法〉が提起されたときそれに対応する一つのやり方は、厄介だと承知の上で結論を「その通り」と認めるという手であり、私はこれにかつて「スマート過ぎる言い抜け（outsmarting）」と命名した。オーストラリアの哲学者J・J・C・スマートは、自分の倫理学理論に基づき、「その通り。無実の人間に濡れ衣を着せて絞首刑にすることは時に正しいのだ！」と述べたことで有名だったからである。クリックはその「スマート過ぎる言い抜け」を私に対して使う決心をし、「その通り！　それは赤の意識のまれな事例になるでしょうね！」と言った。その赤の意識は誰の意識なのかとたたみかけると　クリックは答えてはくれなかった。クリックは後にその点に関する考え方をもっと洗練させたが、それでも神経科学者クリストフ・コッホと共に、彼らがNCC（意識の神経的対応物）と呼ぶものを探求しており、未だにこのアイデアに忠実であり続けている。

これとは別の論戦は、皿の上の意識の断片というアイデアの問題点をいっそう際立たせるだろう。物理学者・数学者であるロジャー・ペンローズと麻酔専門医のスチュアート・ハメロフは、共同で意識理論を作り上げた。その理論によれば、意識は、グルタミン酸ではなく、ニューロンの微小管内の量子力学的な作用に依存している（微小管とはチューブ状のタンパク質の鎖で、ニューロンに限らず、すべての細胞の

（3）　この会議における別の忘れがたい思い出として、ポパーがヴェニスの大運河に落ちてしまったというエピソードがある。ポパーはサンジョルジョ島のボートハウスでモーターボートから滑り落ちて、まず片足を運河に突っ込み、二人の素早い船員がポパーを桟橋へと引きずり上げたときには、膝のところまで水没していた。招待者たちは失態に恥じ、九十代の老カール卿を濡れたズボンを乾かすために急いでホテルへ運ぼうとしはじめた。しかし、カール卿が持参してきたズボンはそれ一本だけだった——加えて、会議の予定の時間まで残り三〇分をきっていた！　イタリア人の知恵がそれに代わる妙案を提起し、私はその五分ほど後に幸運にも忘れがたい光景を目にすることになった。カール卿は、（パラディオのデザインによる）ドーム状の部屋の大理石の床のちょうど中央に置かれた小さな椅子に王様のように腰掛け、その周囲を半ダースは下らないミニスカート姿の若い女性が取り巻いていた。その女性たちは自分たちの膝の上で、ヘアドライヤーを使ってズボンの裾を乾かしていたのだ。延長コードが壁へと放射状に伸び、そのコードの先には絵画のように美しい色とりどりヒナギクのような女性たちがいて、その中央に、動揺するでもかといって微笑むでもなく鎮座する「「機械の中の幽霊」然とした」カール卿がいるのだ。その十五分後には、ズボンがすっかり乾いたカール卿が、自らの二元論的な見解に説得力を増さんと、演説台を拳でどんどんと叩いていたのである。

細胞質内で支柱と輸送路の役割を果たしている)。ツーソンII・第二回意識科学国際会議においてハメロフがこの見解の報告を行った後、私は聴衆の一人として質問に立った。「スチュアート、あなたは麻酔専門医として、切除された手や腕を再び接合するという大規模な外科手術に立ち会ったことはありますか?」「ありませんが、それがどういう手術かは知っています」とスチュアートは答えた。「ならばスチュアート、教えて下さい。僕に勘違いがあったらすみませんが、君たちの理論によれば、もし君がそのような手術に麻酔医として立ち会ったとしたら、氷の台の上に置かれた切除された手に麻酔をかけることが道徳的に義務づけられていると君は感じることになるのではないでしょうか? 結局、手の内部の微小管は、神経系のそれ以外の部位の微小管とまったく同じように自分の務めを果たしているので、手にひどい痛みがあると認められることになるのだから」。スチュアートの表情からすると、このような考えが彼の心に浮かんだことはなさそうだった。(赤や痛みやその他の)意識とはある種のネットワーク的性質であり、無数のニューロンによって連携してなされる活動を含んだ何かであるというアイデアは、最初はそれほど魅力的には聞こえないかもしれないが、このような形で〈帰謬法〉を施してみると、なぜこのアイデアが真面目に受け取られるべきなのかを理解するのに役に立ちうるものであるかがわかる。

3　ラパポートのルール[6]

人が論敵の見解を批判する際、その人はどの程度まで好意的解釈を行うべきだと想定されているものだろうか？[7]　論敵の言い分に明白な矛盾がある場合、もちろんその矛盾ははっきりと指摘されるべきである。そこに何らかの隠れた矛盾がある場合、注意深くそれをあからさまにし、それからそれを非難すべきである。だが、隠れた矛盾を探るという作業はしばしば一線を越えて、あら探しや、屁理屈(sea-lawyering)[(4)]、あるいは――すでに見たように――あからさまなパロディになる。追求するわくわく感と、論敵が混乱してあたふたしているに違いないという確信は、好意的でない解釈を促し、その解釈によって攻撃しやすい標的が生まれてくる。しかし、そのような攻撃しやすい標的は、たいていは論争となっている本当の問題とは無関係であり、批判を支持する人々を喜ばせることはあっても、誰にとっても時間と忍耐力の浪費にしかならない。論敵を戯画化するということのような傾向に対する、私が知るかぎり最善の解決策は、社会

(4)　海事法はいらだたしい程に込み入った法であり、あちこちに罠や例外条項が隠れているので、専門家すなわち「シーロイヤー(sea lawyer)」でなければそれを守ることができない。それゆえ、「シーロイヤリング」という言葉が、責任や他人からの非難を回避するために専門家にしかわからない用語を用いることを指すようになった。

心理学者でありゲーム理論の研究者であるロバート・ラパポート（ロバート・アクセルロッドによる伝説的な「囚人のジレンマ」トーナメントで勝利する「しっぺ返し」戦略の創始者）[5]がかなり以前に広めた一連のルールである。

上手な批判的コメントの作り方。

一　あなたは標的の立場を、標的に「ありがとう。そういう風に述べようとしていればよかったですね」と言わせられるほど明確に、鮮やかに、そして公平に、表現し直すべきである。

二　あなたが同意できることを（とりわけ、一般に、また広く認められていないものは特に）リストアップすべきである。

三　標的から学んだことがあれば、それが何であっても言及すべきである。

四　そのようにしてはじめて、あなたはそれにふさわしい反論や批判の言葉を述べることが許される。

あなたがこのルールに従ったことで得られる直接的な効果は、標的があなたの批判に対して聞く耳を備えた聞き手となる、ということである。というのも、あなたはすでに、論敵の立場を論敵と同じだけ理解しているということを示しており、その上で適切な判断を論証したのだからである（あなたは重要な問題において論敵に同意し、そのいくつかに関しては説得すらされているのだ）[6]。

少なくとも私にとって、ラパポートのルールに従うことは悩ましい作業である。はっきり言ってしまうと、このような敬意ある扱いにふさわしくない標的もいるのだ。そのような場合、標的を酷評し〔串で刺し〕、嘲笑する〔火であぶる〕のが至上の喜びになることがあると、告白しなければならない。とはいえ、それが求められまた役に立つ場合には、その結果は満足のいくものとなる。私は、『自由は進化する』(Dennett, 2003) を書く中で、ロバート・ケインが (Kane, 1996) 考案した種類の（私が心底同意できない自由意志に関する見解である）非両立論を公正に扱うために、とりわけ多くの苦労を払った[8]。その結果、私が送ったその章の草稿を読んでケインが送ってくれた返事は、私にとっての宝物になった。彼はその中で

（5） アクセルロッドのトーナメント (Axelrod and Hamilton, 1981; Axelrod 1984) は、利他主義の進化についての理論的研究という急成長している分野の皮切りになった。私は『ダーウィンの危険な思想』(Dennett, 1995, pp.479-480〔六四二頁〕）でそれについての紹介的な説明を行ったが、最近では、世界中の研究室において、シミュレーションと実験の両方で、その様々なバリュエーションが爆発的に姿を現わしている。ラパポートの素晴らしく単純化された「もし君が僕を叩かないなら僕も君を叩かない」というアイデアの具体化は、この後に成長してきた研究やモデルの出発点となった種子である[9]。

（6） ここでのラパポートのルールの定式化は私自身の手によるものであり、かなり以前にラパポートの間でやりとりし、今ではどうやら紛失してしまったらしい手紙の記憶をもとにしている。サミュエル・ルースは最近、ラパポートのルールの最初の出典が、ラパポートの著書『闘争、ゲーム、論争』(Rapoprt, 1960) と、ラパポートの論文「競争の三つの様式」に出てくることを私に指摘してくれた。後者の論文では、カール・ロジャースのものだとされるルールとそれ以外のルールの様々なバージョンが語られている。私のバージョンの方が幾分多くの場面で使い勝手が良い。

次のように述べていた。

……実際、私たちの間に違いがあるにもかかわらず、私はそれを非常に気に入っています。私の見解を詳細に扱っていて、その扱いもおおむね公正です。それは、批判者からの通常の扱いをはるかに越えています。あなたは、私の見解の複雑さと、困難な問題に取り組む私の努力の真剣さを、単に隠蔽するのではなく、ちゃんと伝えてくれています。そのことに対して、また、大きく取り上げていただいたことに対して、感謝を申し上げます。

私がラパポートのルールに従って扱った人々の中には、これほど温かい対応をしてくれない人々もいた。批判が公正であると見えれば見えるほど、耐えるのが難しい場合もあるのである。ある著述家について、何か弁護可能な解釈を見つけ出そうと英雄的な努力をすることは、それが空しい努力に終わった場合、怒りに満ちた中傷よりもずっと壊滅的な結果を生み出すこともあるということも、覚えておく価値のあることであり、心にとどめておいてほしい。

4　スタージョンの法則

ＳＦ作家のテッド〔シオドア〕・スタージョンは、一九五三年にフィラデルフィアで開催された世界ＳＦコンベンションで講演し、次のように語った、

推理小説について語るとき、人々は『マルタの鷹』や『三つ数えろ』に触れます。西部劇について語るときには、『大西部への道』や『シェーン』のことを話します。しかし、ＳＦについて語るときになると、彼らはそれを「あのバック・ロジャーズのたぐい[10]」と呼び、「ＳＦの九〇パーセントはカス(crud)だ」と言います。実際その通りで、ＳＦの九〇パーセントはカスです。とはいえ、すべてのものの九〇パーセントはカスなのですし、カスでない一〇パーセントこそが重要なのです。ＳＦにしてもカスでない一〇パーセントは、ＳＦ以外の分野で書かれたどんなものと比較しても劣っていないか、あるいは優れています。

スタージョンの法則は普通、もっと単刀直入に「すべてのものの九〇パーセントはクズ(crap)である」と表現される。分子生物学の実験の九〇パーセント、詩の九〇パーセント、哲学書の九〇パーセント、数

学誌の査読付き論文の九〇パーセント等々は、クズだということだ。これは真実だろうか？　たしかに、これは誇張であるかもしれないが、しかし、どんな分野にも多数の凡庸な仕事があるということは認めておこう（それはもっと多くて九九パーセントだと言うへそ曲がりもいるが、こんなゲームに加わるのはやめよう）。

このような見方から引き出される優れた教訓は、あなたがもしある分野、あるジャンル、ある学科、ある美術様式等を批判したいならば、クズに文句を言って時間を無駄にするな！ということである。つまり優れたモノだけを追いかけて、それだけを取り上げよ、ということだ。このアドバイスをしばしば無視するのは、分析哲学、進化心理学、社会学、文化人類学、マクロ経済学、整形外科、即興芝居、連続ホームコメディ番組、哲学的神学、マッサージ療法、その他お望みのまま名を挙げられるものの評判を台無しにしようと目論むイデオローグたちである。あちこちにとんでもない馬鹿げた二流のモノが種類を問わずあるということを、最初からはっきりさせておこう。それを踏まえた上で、時間を浪費せずイライラしないために、見出しうる最善のモノだけに必ず集中せよ。ゴミではなく、その分野の指導的な人々が賞賛した重要なもの、賞を取った候補作品だけに集中せよ。これは、ラパポートのルールと密接に関連しているということに注意してほしい。もしあなたが馬鹿げたドジで人々を笑わせることを主たる目的に活動するコメディアンでないなら、ちゃかしたものを私たちに見せるべきではない。とりわけ、標的が哲学者である場合がそうである。最も偉大で、最も洞察力ある古代ギリシャの賢者たちから近い過去の知的英雄たち（四人の非常に異なった思想家の名をあげると、バートランド・ラッセル、ルードヴィッヒ・ヴィトゲンシュタイン、ジョン・デューイ、ジャン＝ポール・サルトル）にいたるまでのすべての哲学者の最良の理論と分析に、巧みに手を加えるだけで、とんでもない愚行——あるいは退屈な重箱の隅つつき——のように見せることができる。胸くその悪くなる話だ。そんな真似をしてはならない。信用をなくすのはただ一人、あなた自身だ。

5　オッカムの剃刀《かみそり》

この思考道具は、十四世紀の論理学者・哲学者であるオッカムのウィリアムのものだとされているが、実際にはもっと古くからある経験則である。ラテン語で言えば lex parsimoniae すなわち節約の法則である。普通、「必要以上に存在者を増やしてはならない」という格言として英語では説明されている。アイデアは率直なものである。——すなわち、ある現象を扱えるもっと単純な理論がすでにあるならば、複雑で無駄が多い（要素や存在者がより多い）理論をでっち上げるな、ということである。もしも凍傷のすべての症状をひどい冷気にさらされたことで説明できるなら、未知の「雪病原体」や「北極菌」を仮定するな、ということだ。あるいはケプラーの法則が惑星の軌道を説明してくれるのだから、外からは見えないコントロールパネルで惑星を誘導しているパイロットを仮定する必要はないのである。ここまでは異論の余地のない話である。しかし、この原理をどこまで拡張するかについては、必ずしも意見が一致しているわけではない。

十九世紀イギリスの心理学者コンウェイ・ロイド・モーガンは、動物が心的活動をもつかどうかという問題にまで、このアイデアを拡張した。〈ロイド・モーガンの節約原則〉によれば、昆虫や魚、さらにイルカや犬や猫に関してさえ、その行動[11]がより単純な用語で説明できるなら、空想的な心をもっているとは考えないようにすべきなのだ。

> 動物の活動を高次の心理的過程に基づいて解釈することは、もしもそれが心理的進化および発達の尺度においてより下位に位置する過程によって適正に解釈されうるならば、いかなる場合もなされるべきではない (Loyd Morgan, 1894, p.128)。

この〈ロイド・モーガンの節約原則〉は、もし乱用されると、すべての動物、さらには人類ですら、脳はもっていても心はもたない存在として扱えと命じているようなものにもなりうる。後に見ていくように、心がテーマになるとき巻き起こる緊張状態は、絶対的な禁止によってうまく収まるようなものではないのである。

〈オッカムの剃刀〉を厄介な問題に適用する試みの中でも少しも素晴らしくないものの一つは、宇宙の創造者としての神を要請することの方が他のどんな考え方より単純でより節約的だという主張（および反論として持ち出される言い分）である。超自然的で不可解なものを要請することがどうして節約的でありうるのだろうか？　私は浪費の極みという印象を受けるのだが、この私のような指摘をやっつける賢いやり方がおそらくあるのだろう。私としてはここでそれを論じるつもりはない。結局のところ、〈オッカムの剃刀〉は単なる経験則にすぎない、つまりしばしば役に立つ提案にすぎないのだ。神の存在を一挙に証明したり反証したりするほどの重みをもつ〈形而上学的原理〉や〈合理性の根本的な要求〉へとこの経験則を変えようと目論むことは、まったくばかばかしいことである。これは、量子力学の定理を「卵を全部一つのかごに入れるな」という格言に反することから誤りだと主張するようなものである。

思想家たちの中には、〈オッカムの剃刀〉を思いきり極端にまで推し進め、時間・物質・数・穴・ドル・ソフトウェア等を否定するためにそれを用いる人々がいる。最初期のウルトラ・ケチの思想家の一人に、古代ギリシャ哲学者のパルメニデスがいる。パルメニデスの存在者の目録には実際のところ最小限のものしかない。私が教えた学生が書いた忘れがたい試験答案によれば、「パルメニデスとは『〈一なるもの〉しか存在しない——そしてそれは私ではない』と言った人である」。私としては言いたくないことではあるが、それこそパルメニデスが私たちに語ろうとしていたことのように思われる。〔パルメニデスの思想の伝承と〕翻訳の過程で何かが失われてしまっているのは疑いがないが、私たち哲学者は〔ここで語られているパルメニデスの〕そのようなアイデアでも真面目に取り上げることに慣れている。理由は単純で、「おかしな《クレイジー》」アイデアとされているものが、実は不公正な視点からあるいは愚かな視点からそう判断されていただけの、想像力の誤謬の犠牲者なのだということが判明するときがこないとは、私たちは決して言うことができないからである。

6 オッカムのほうき《ブルーム》

分子生物学者シドニー・ブレンナーは、最近〈オッカムの剃刀〉にひっかけた面白い語呂合わせを思いつき、「オッカムのほうき」という新語を造った。不誠実な知的態度をとるあれこれの理論の代表者が、不都合な事実を人目のつかない場所に隠す過程を、この言葉は指し示している。これは、本書に登場する最初の〈ブームクラッチ〉すなわち反・思考的道具《アンチ・シンキング・ツール》であり、注意深く目をこらして見てほしいものである。〈オッカムのほうき〉は、次のような場合とりわけ油断のならない行為になる。それは、ずぶの素人相手に努力を傾ける理論宣伝家《プロパガンディスト》によって実践される場合であり、その場合、暗闇で犬が吠えなかったことが手がかりになったというシャーロック・ホームズの有名な推理と同様に、〈オッカムのほうき〉によって掃きだされてしまった事実がなくなっているということに気づくのは、専門家以外にはいなくなる。たとえば、創造論者たちは、彼らの「理論」が取り扱うことができない厄介で豊富な証拠をいつも手を付けず放ったままにしておくのだが、生物学者ではない人々に向けて巧妙に作られた彼らの説明は、素人の読者はそこに何がないかを知ることができないという単純な理由から、説得力をもつことができるのである。

見えなくなっているものにいったいどうすれば絶えず注意を払うことができるだろうか？　専門家の助けを借りればいいのである。スティーヴン・C・マイアーの『細胞に刻まれた署名』(Meyer, 2009) は、生命が自然的な（つまり超自然的ではない）起源をもつことはどう考えても不可能であることを説明すると称して、世界中で取り組まれている理論やモデルについて——比較的知識豊かな読者から見ても——公正で網羅的な概観のように見えるものを提起し、その理論やモデルはすべていかに救いようもなく見込みのないものであるかを示そうとした。マイアーの主張は非常に説得力のあるものであったため、二〇〇九年十一月、著名な哲学者トマス・ネーゲルは、世界一影響力のある書評誌の一つ、ロンドンの『タイムズ・リテラリー・サプルメント』誌において、同書を自らが選ぶ〈今年度最高の著作〉であると宣言したのである！　ネーゲルによる大絶賛が公表された後、私はネーゲルと気合いの入った手紙のやりとりをした。その中でネーゲルは、自分は生命の起源に関する研究の歴史について、自分が下した判断を自分で信頼するに足るだけの多くの知識をもっていると猛烈な調子で述べた。また、ネーゲルが『タイムズ・リテラリー・サプルメント』誌に宛てた手紙の中で述べているところによれば（二〇一〇年一月号）、「マイアーの本は誠実に書かれたものであると自分には思われる」とのことだった。もしもネーゲルがこの分野で研究している科学者に助言を求めていたとしたら、マイアーが〈オッカムのほうき〉を利用していて不都合な事実を目につかないようにさっと掃き払ってしまっていることを知ることができたであろうし、マイアーがネーゲルには見本刷りを送りながらも専門家には送らず、出版前の査読を依頼することもなかったことを知って呆然としていたことだろう。自分が絶賛した著作が実はステルス作戦を遂行していたことをネーゲルが知っても、自分の下した判断への信頼が揺らぐかどうかはもちろんわからない。科学の世界の主流派が時に不当なやり方で反抗的な批判者を封じ込めることはよく知られているが、そのような状況の中で、ことによると——あくまで、ことによると、であるが——マイアーには、隠密作戦に乗り出す以外の選択肢がなかったのかもしれない。しかし、ネーゲルは、自分の意見を表明する前に、そのような可能性を慎重に検討する賢明さをもてたはずなのだ。公平に言って、生命の起源についての研究をしている科学者たちは、確実で合意済みの理論を未だもちあわせてはいない。しかし、このような理論の候補には事欠いているわけではないのであって、この分野は、ほとんど空っぽの競技場であるどころか、ありあまるほど豊かなのである。

陰謀論者たちは〈オッカムのほうき〉の使用に熟達している。ウェブ上で新しい陰謀論を探し、〈この話題の専門家ではない〉あなたがウェブ上のどこかで専門家による論駁を見つける前に欠陥を見つけられるかどうかを確かめるというのは、インターネットの教育的使用法の一つである。ブレンナーが〈オッカムのほうき〉という言葉を考え出したのは、創造説や陰謀論に関してのことではなかった。真面目な科学者ですら、論争が加熱してくると、自分の大好きな理論をひどく脅かすデータを「無視する」という誘惑に抵抗することができないということを指摘するために、ブレンナーはこの言葉を作ったのである。何が問題であっても、〈オッカムのほうき〉は抵抗すべき誘惑である。

7 素人をおとり《デコイ》として使う

〈オッカムのほうき〉が軽率に使われることのないようにする一つの良い方法は、私が何年も前から推奨しているもので、何度か試してみたが、今のところ私が望むほど大胆にできたことはない。私が述べてきた他の方法とはちがって、この方法には相応の時間とお金がかかるのである。誰か他の人がこの方法に全力で取り組み、その結果を報告してほしいというのが私の希望である。私がここでこの方法を採り上げようと決めたのは、この方法が、他の一般的な道具が直面するのと同じコミュニケーション上の問題を取り扱うものだからである。

哲学だけにかぎらず、多くの分野において、いつ果てるとも知れない――部分的には副次的に作り出された――論争が存在している。そのような論争においては、話がすれ違い、コミュニケーションを有効に行うために必要な努力がなされなくなるものだ。怒りが燃え上がり、軽蔑と嘲笑がじわじわと広がり始める。部外者たちは、たとえ自分では問題を完全には理解していない場合であっても、どちらかの側の味方をする。

醜い状況が生まれることもあるが、それにはごく明快な原因がある可能性がある。専門家が専門家に向けて語るとき、両者が同じ分野に属しているかどうかに関わらず、彼らは〔説明過剰の誤りと説明不足の誤りという二通りの誤りの内の〕説明不足の誤りの方を常に犯す。この理由を見つけ出すのは簡単だ。つまり、専門家が専門家仲間に対して説明過剰の誤りを犯す〔わかっている事柄を説明しすぎる〕ということは、――「私はあなたにそれを説明しなければなりませんか?」と言うようなもので――非常に侮辱的なことであり、誰も専門家仲間を侮辱したくないのである。まさにそれゆえに、人々は、ただ安全を期するため、説明不足の誤りを犯す〔そこまで説明しなくても大丈夫だと思い込む〕のである。それは大抵の場合意図的になされるのではないので、それをしないようにするのはほとんど不可能である。意図的になされるのではないということは、下心なく礼儀正しいことは誰においても素敵な人格的特徴であると言えるのだから、それ自体は実際良いことである。しかしながら、良質な聴衆が備えていると想定される理解力よりもさらに優れた理解力を仮定するというこの優しい傾向は、専門家同士の話がすれ違うという不幸な副産物を生み出す。

これに対する直接的な対処法は存在しない。ワークショップなり会議なりに参加する専門家全員に、自分の立場の説明不足にならないようにお願いすれば、きちんと対応してくれるかもしれないが、うまくはいかないだろう。そのような場ではとりわけ人々は意図せずに誰かを侮辱するという問題に過敏になるので、ことによると事態を悪化させるだろう。しかし、非常に効果的な間接的対処法が存在する。つまり、専門家ではない好奇心旺盛な小さなグループ(わがタフツ大学は聡明な学部生に恵まれている)に対して自分の見解を説明することをすべての専門家にやってもらうのである。説明している専門家以外の専門家は傍らから聞き耳を立てる。盗み聞きをする必要はない〔堂々と聞けば良い〕のであり、しかも私はこれをこっそり提案しているのでもない。むしろ反対に、参加者にとって誰もが理解できる言葉で話しやすい状況を作り出すことこそがこのやり方の目的なのだ、ということを皆が熟知できるのだし、熟知すべきであるのだ。説明する専門家が（おとり《デコイ》の聴衆である）学部生に対して自分の見解を語ることで、専門家を侮辱してしまうことを懸念する必要はまったくなくなる。専門家に向けて語っているわけではないからだ（学部生を侮辱することになるのではという心配があるかもしれないが、それはまた別の問題である）。事態が順調に進むと、専門家Aが論争の主題に関して学部生に説明し、専門家Bがそれに耳を傾ける、という状況が生じる。そしてあるとき、Bの顔がぱっと輝いて「そうか。君が言おう言おうとしていたのはそれだったのか！　わかったぞ！」と思うかもしれない。あるいは、何が問題であるかをBが同じ学部生に説明する番になって良い効果が現われて、Bの反応とちょうど同じ反応をAが引き起こすかもしれない。完璧に事が運ぶというわけにはいかないかもしれないが、たいていはうまくいくし、誰もが利益を得るのである。専門家たちは、互いの立場の間にある、副次的にこしらえられた誤解のいくつかを解消し、学部生たちは極上の教育的体験を手に入れるのである。

　私は、理事会の寛大な援助のおかげで、タフツ大学でこの方法を何度か実行した。学部生たちから厳選した（一ダースにも満たない）小グループを作り、果たすべき役割を簡単に説明する。すなわち、理解できないことは何も受け入れないという役割である。学部生たちに期待されていることは、手を上げ、話に割り込み、訳が分からなかったり曖昧だと思うものは何であれ専門家にぶつけることである（もちろん、学生たちは、その話題についてのまったくの初心者にならないように予め必読書を渡されて熟読するよう求められる。関心ある素人、というのが彼らの役回りである）。学生たちはこのような役割を気に入っているが、それは当然である。オーダーメイドの手ほどきを大御所たちから受けられるからである。他方、このような制約の下で自分の立場を説明するという課題が（十分時間的余裕があるかたちで）与えられることが、自分の主張が正しいことを示す――以前発見した方法よりも――より良い方法を見いだすのに役立つということに、専門家たちはしばしば気づく。専門家たちは、時として、専門家仲間・ポスドク・博士課程の院生たちからなる何重もの壁によって「守られてきた」が、実際にはこのような挑戦を必要としているのである。

8　脱システムする

〈オッカムのほうき〉は、不都合な事実を視界の外へ掃きだす働きをするので、使用されているのを発見するのは難しい。さらに難しいのは、ダグ・ホフスタッター（Hofstadter, 1979, 1985）が「脱システムする」と呼んだこと、つまり「そのシステムから脱け出す（"jumping out of the system"＝"jootsing"）」ことを成し遂げることである。これは、科学や哲学にかぎらず、芸術においても重要な戦略である。創造性とは、熱心に追い求められはしても美徳として称えられることが滅多にないものである。そして創造性のまさに発祥の地であるシステムのルールを、それまで想像もできなかった仕方で破ることが創造性につながる、ということはしばしばある。対象となるシステムは、音楽における古典的な和声のシステムであるかもしれないし、ソネット〔定型の十四行詩〕（あるいは滑稽詩）の韻律とリズムのルールかもしれないし、何らかの芸術ジャンルにおける良い趣味と良い形式の「基準」であるかもしれないし、あるいはまた、何らかの理論や研究プログラムの前提や原理であるかもしれない。創造的であるということは、ただ単に斬新なものを探し回るという問題ではない。どんなもののでたらめ《ランダム》な並びの中にも目新しいものは見つかるのだから、単に斬新なものを見つけ出すだけなら誰にでもできる。問題なのは、然るべき理由があってしかるべき程度に確立されることになった何らかのシステムから脱出するような斬新さなのである。ある芸術的伝統が文字通りの「何でもあり」という地点に達するとき、創造的であろうと思う人々は、反抗すべき一定のルールがない・打ち壊すべきわかりやすい遺産がない、破壊すべきものが何もない、驚くべきものであると同時に有意味な何かが創造される際の背景がないという問題を抱える。伝統を覆したいと望むのならば、伝統を知っていることが大切だ。そういうわけで、遊び半分の者や未熟な新参者が真に斬新なものを作り出すのに成功することは、滅多にないのである。

ピアノの前に座り、新しく素晴らしいメロディを作り出そうとしてみれば、それがいかに難しいかにすぐ気づくだろう。たしかに、すべての鍵盤を好きな組み合わせで自由に使える。しかし、ひねった演奏をする前に、拠り所にできるもの、つまりそれをちょっと使ってみたり、ほのめかしてみたりできるような、土台となるべき何らかのジャンルやスタイルやパターンを見つけなければならない。そうでなければ、雑音以外の何も生み出されないだろう。さらに、ただのルール違反ならばなんでも斬新さを生み出すというわけではない。私は、少なくとも二人の活躍中の——つまり消えてなくなっていない——ハープでジャズをやる演奏者を知っているが、調律したボンゴドラムセットでベートーベンを演奏して有名になろうというのは、おそらく得策ではないだろう。芸術が科学と共有している特徴がある。どんな理論的な応酬にも検討されていない前提がいつも大量にあるが、弱点になる前提を見つけ出すまで前提を一つずつ否定していこうというのは、科学や哲学で成功するための良いやり方ではない（これは、ガーシュインのメロディを何か一つ選び、音符を一つずつ変異させて有益な子孫を探そうとするのに似ている。幸運を祈る！　突然変異はほとんど常に有害なものなのである）。芸術も科学も、無用の前提を一つ一つ潰すだけで果たせるような易しい営みではないが、運良く成功することもあるだろう。

脱システムすることによって前に進めとアドバイスすることは、投資家に安く買って高く売れとアドバイスするのと、よく似ている。もちろん、言う通りなのだが、どうすればうまくいくのだろうか？　注目すべきは、投資の助言がまったく無意味でも使えないわけでもないということであり、そして脱シスを求めることはそれよりもずっと役に立つのである。というのも、脱シスを求めることは、一瞥で目標物がどのように見えるかを明確にするからである（もっと多くの金を欲しがることがどのように見えるかは誰でも知っている）。科学的ないし哲学的問題に直面しているとき、脱出しなければならないシステムは、たいてい、しっかりと確立されているものなので、空気のように目に見えない。一般に、長く続いてきた論争が、双方の「陣営」が自分たちの方が正しいと頑なに主張することで、何の成果も出せていないように見えるとき、いつもというわけではないが、問題の根が、両陣営が合意していることが正しくないというところにある場合がある。両陣営にとってその合意事項は、実際明々白々なので、言うまでもないことなのである。このような目に見えない問題悪化要因を見つけ出すのは、簡単な仕事ではない。なぜなら、論争し合っている専門家たちに明白だと映っているものは何でも、よく考えてみれば、ほとんどすべての人の目にも明白だと見えがちであるからである。それゆえ、暗黙のまま共有されている誤った前提がないかどうか目をこらしたまえという助言は、それほど成果をあげられるものではないが、そのような前提を見つけ出そうと望み、そのような前提がどのように見えるのかに関して何らかのアイデアをもっているなら、少なくともそれを見つける確率は高くなる。

糸口が存在している場合も時にはある。脱シスすることの素晴らしい実例のいくつかは、世に広く知られているものでありながら結局実在しないことが判明して放棄されるという過程を、含んでいる。かつてはフロギストン〔燃素〕が火の中に存在する元素として想定され、カロリック〔熱素〕という不可視の反発性のある気体ないし流体が、熱の主成分として想定されていた。しかし、これらは捨てられた。音が伝わる際に空気や水が媒体であるのと同じ意味で、光が伝わる際の媒体であるとされたエーテルも、同様である。一方、別の見事な脱シスの実例は、引き算ではなくむしろ足し算である。病原菌や電子という存在が付け加えられたという例があるし、量子力学の多世界解釈もそうであり、この理論が正しければ、一挙に膨大な数の存在が付け加えられることになる！　脱シスすべきかすべきでないかは、はじめから明白というわけではない。レイ・ジャッケンドフと私は、意識はすべての心的現象の中で「もっとも高次の」または「最も中心的な」現象であるという、ほとんどいつも暗黙の内に認められてきた前提は捨てねばならないと論じた。また、意味内容がその中へ変換されたり翻訳されたりする特殊な（エーテルにかなり似ている）媒体として意識を考えることは、検討されることなく世に広まっている思考習慣であり、破棄されるべきだと私は論じた。私はまた、もし自由意志と決定論は両立不可能であるというのは端的に明白だと考えるなら、それは大きな誤りだと多くの人々と共に論じた。これについての詳しい話は後に行う。

　別の糸口を挙げよう。「議論の便宜のために〜と仮定しよう」とずっと以前に誰かが言って、人々が議論のためにそれに同意してから問題が始まる場合があり、引き続く議論の応酬の中で、問題がどのように始まったのかを誰もが忘れてしまうのだ！　思うに、少なくとも私の分野である哲学においては、時に論敵同士が論争を楽しむあまり、論争を可能にしているそもそもの前提を吟味することで論争全体を無にしてしまう危険をあえて誰も冒したがらないことがある。古来からある——もちろん物議を醸す——例を二つ挙げよう。（一）「なぜ無ではなくむしろ何かが存在するのか？」は、答えを要求する深遠な問いである。（二）「善であるから神がそれを命ずるのか、神が命ずるからそれは善であるのか？」は、もう一つの重要な問いである。もしも誰かがこの問いのどちらかによい答えを思いついたとしたら、それはそれで素晴らしいと思うので、これらの問いを何人《なんぴと》の注意にも値しない似非問題であると私が考えたとしても、それで大満足というわけではないと認めるが、だからといって私が間違っていることを示しているわけではない。真理は面白くなければならないなんて誰も言ったことはない。

9 グールド法の三つの種——ムシロ法、詰込一括法、グールドの二段階

最近世を去った生物学者スティーヴン・J・グールドは、〈ブームクラッチ〉をデザインし、利用する達人であった。ここに紹介するのは、〈グールド法〉属に分類される三つの種である。ちなみに〈グールド法〉なる分類名は、この技の最も巧みな使い手にちなんで私が命名した。

〈ムシロ法〉(rathering) は、いつの間にか偽物の二分法へと誘い込むやり方である。〈ムシロ法〉の一般的な形式は、「正統派があなたに信じ込ませようとしている○○は事実ではなく、むしろ (rather)、——それとは根本的に異なっている——△△こそが事実なのだ」というものである。もちろん〈ムシロ法〉でよい場合はある。つまり実際に二つの選択肢から選択せざるをえない場合はある。そのような場合には、偽物の二分法ではなく、むしろ正真正銘の逃れがたい二分法が提示されている。とはいえ、〈ムシロ法〉がほとんどごまかし以上の何ものではないような場合もある。それは、「むしろ」を挟んでいる二つの主張の間には重大な両立不可能性があるのだということを、この「むしろ」という語が——何の論証もなしに——暗示している場合である。

グールドが用いた〈ムシロ法〉の見事な例を挙げよう。これはグールドが断続平衡説[12]の説明を行う際に用いたものである。

変化は通常、気づくことができないほど漸進的に「ゆっくりと」種全体が変容することによって起こるのではなく、むしろ（強調引用者）小個体群が孤立し、それらが、地質学的には一瞬にして、新しい種へと変わることによって生じるのである。(Gould, 1992b, p.12)

この一節は、進化的変化が「地質学的には一瞬」であると同時に「気づくことができないほど漸進的」であることはありえないと信じ込むように誘導している。だがもちろん、その二つが両立することはありうる。実のところ、進化的変化は、その二つが両立するようなものでなければならない。グールドがここで、進化的変化は跳躍進化（つまりは**デザイン空間**における大がかりなジャンプ[13]）によって進むのだと言っているとすれば話は別であるが、グールドは別の場所で、自分は一度たりとも跳躍進化を支持したことはないと強調しているのである。「地質学的には一瞬の」種分化が「短い」期間ずっと続くということはありうる。たとえばその期間を五万年としよう。これは大半の地層においては見分けることがほとんどできないほどの時間経過である。この短い瞬間を通じて、ある種に属する標準的なメンバーの体高が五〇センチから一メートルに増大したとすると、一〇〇パーセントの増大である。しかしそれは一世紀あたり一ミリの増加率にすぎない。これは気づくことができないほど漸進的な変化であるように私には思われる。〈ムシロ法〉のトリックがどのようなものなのかがはっきりする別の例を考えてみよう。

人間とは（ディルバートが大半の認知科学研究者と共に述べているような）単なる「湿っぽい体をもつロボット」ではない。むしろ人間とは、自由意志をもち、自分の善い行為や悪しき行為に対する道徳的責任を負う者なのだ。

やはり、なぜ両立しないのかという疑問が生じる。「湿っぽい体をもつロボット」が、同時に、自由意志を備え、道徳的責任を負う人間でもあるということはありえないという結論を導くための論証が、ここには欠けているのだ。この例は、世間一般で通用している思い込み――しかし議論の余地のある思い込み――を利用している。また次のような例もある。

宗教は、マルクスが言うような大衆のアヘンではない。それはむしろ、死の不可避性を人間が自覚しているしるしであり、その深遠で慰めに満ちたしるしなのである。

だがやはり、なぜ大衆のアヘンであると同時に慰めに満ちたしるしである、ということがありえないのだろうかという疑問が生じる。もう論点はつかめたと思う。これである文書の中に〈ムシロ法〉を探し出すことができるし、明確には告げられていない偽の二分法を探し出すより簡単に発見できるだろう。検索ボックスの中に「むしろ」を打ち込み何が出てくるか見さえすればいい。ただし覚えておいてほしい。まず、すべての「むしろ」が〈ムシロ法〉に当たるわけではない。「むしろ」が正当な場合もあるのである。また、「むしろ」という言葉を使わない〈ムシロ法〉もある。以下は「○○○であって、△△△ではない」というより簡潔なやり方をする場合の一例である。これは、認知科学の数名の理論家の研究に含まれている要素から私が作ってみたものだ。

神経系は、その環境に対する探索を能動的に行うものとみなされる必要があるのであって、感覚器官を通じて入力されたものにしたがって作動する単なるコンピュータとみなされるべきではない。

入力されたものにしたがって作動するコンピュータが探索を能動的に行えないなどと誰が言ったというのだろうか？　悲しくも「受動的な」コンピュータと、素晴らしくも「能動的な」生物とのおなじみの対立がしかるべき仕方で裏づけられたことは一度もない。その対立は、私の知る中では最も広く見いだされる想像力阻害物の一つである。

グールドが頻繁に用いる〈ムシロ法〉の変種は〈詰込一括法〉と呼べるかもしれない。次のようなものである。

> 私たちは、進化というものが、途切れることのない系統づたいに進歩の連続的な経路をたどってきたかのように、（古い言い方だが）「モナドから人間への歩み」ということを口にする。これ以上に現実からかけ離れたものはありそうもない（Gould, 1989a, p.14）[14]。

何がこれ以上現実からかけ離れているというのだろう？　グールドが「モナド」（単細胞生物）と私たち人間との間に連続的で途切れることのない系統など存在しないと言っているかのように、最初は思われるかもしれない。だが、言うまでもなくそういう系統は存在する。それは、ダーウィンの偉大な思想に含まれる最も確実な事柄である。だとすれば、グールドはここでいったい何を語っているのだろうか？　おそらく私たちは、「進歩の経路」という具合に「進歩」に強調点をおかなければならないのだろう——それは進歩信仰であり（唯一）「現実からかけ離れて」いる。〔進化の〕経路はもちろん連続的で途切れることのない系統であるが、しかしそれは（全面的な）進歩を示す系統ではない。これは本当である。〔進化の〕系統は（主に）局所的にとどまる進歩の（途切れることのない）連続的な系統である。グールドのこの一説は、——用心深く読まないと——モナドから人間へ至る連続的な経路（途切れることのない系統）があるという進化生物学の標準的な命題に何か深刻な誤りがあるとグールドが示したという感覚を抱きながら読み終えてしまうようなものなのである。だが、グールド自身の言い回しを用いれば、「これ以上に現実からかけ離れたものなどありそうにない」。

さらにもう一つグールドのトリックがあり、それは〈グールドの二段階〉である。進化生物学の理論家であるロバート・トリヴァースがその考案者にちなんで命名したもので、数年後私が活字にして解説した策略である。

第一段階では、わら人形をこしらえて〔都合よく歪められた論敵の意見を言わせ〕、それを「論駁」する〔ことで自分の方が正しいと思わせる〕（ここまでは誰もが知るトリック〔わら人形論法〕である）。第二段階では（ここに天賦の才が発揮されるのであるが）、第一段階でわら人形に言わせた見解の証拠——実際には論敵が言ったとされるその見解を論敵が抱いていないことを示すものでもある証拠——にわざと注意を向けさせる。そうすることで、引用された様々な文言を自分の攻撃に論敵が嫌々ながら屈したのだと解釈させるのである（Dennett, 1993, p.43）。

グールドがヘレナ・クローニンの好著『蟻とクジャク』の痛烈な批判を展開した『ニューヨーク・レ

ビュー・オブ・ブックス』（一九九二年一一月一九日刊）の編集者に、私はその二ヶ月後書簡形式の論考を送り、〈グールドの二段階〉の三つの事例を提示した（Dennett, 1993）。以下は三つの事例の中でもっとも手頃なものである。

最も明白な例は、グールドが発明した「外挿主義[15]」である。これは、「クローニンの適応主義」の論理的な拡張であるとされている[16]。そこで考えられているのは、全面的連続主義と全面的漸進主義とを含む理論である。これは大量絶滅という事実によって誤りであることを証明できる（「グールドにとって」都合のよいことであるが、実際には瑣末なことでしかない）。「もし大量絶滅が連続性に対する真の中断であるならば、そして通常の時期における適応のゆっくりとした構築が大量絶滅の境界を越えて予言されていた成功へといたることがないならば、外挿主義は挫折し、適応主義は敗北する」。グールドが述べるように、大量絶滅が生命の樹〔系統樹〕の剪定に重要な役割を果たす可能性や蓋然性さえ否定するほど「純粋な」形の「外挿主義」を愚かにも適応主義者はみな支持しているとされる理由が、私にはわからない。どんなに完全な恐竜でも、これまで作られた水爆の何百倍の力をもつ隕石の直撃を生息場所で受けたならひとたまりもないことは、どう考えても明らかだ。クローニンがこのような誤りを犯しているというグールドの主張を支持する文言は、クローニンの著書に一言も存在していない。もしグールドが、進化において大量絶滅が果たした役割が、クローニンが取り組んでいる性選択ないし利他主義という中心的問題にも深く関係していると考えているとしても、どうしてそう考えまたなぜそう考えたのかをグールド自身語っていない。種の起源というクローニンがこれまで主題的に論じてこなかった進化論の中心問題に関するすばらしい議論を、クローニンが最終章になって扱い、これが今なお格別な問題であると指摘しているのを見て、グールドはクローニンがついに馬脚を現わしたとみなし、逆説的にも「全面的適応主義」の敗北を認める結果になってしまったと考える。馬鹿げている！[17]（p.44）

修辞学の学生にとって良い課題がある。グールドの膨大な出版物をくまなく調べ、すでに述べた〈ムシロ法〉・〈詰込一括法〉・〈グールドの二段階〉をはじめとする、グールドが利用した〈ブームクラッチ〉の様々な種をカタログ化することである。

10 操作詞[18]「間違いなく」——心の壁

論証的な文章、特に哲学者によって書かれた文章を読み進める、ないし読み流すとき、コンピュータで簡単に検索ができる現在においては、時間と労力を節約する簡単な小技がある。文書の中で「間違いなく(surly)」を探し、それが出てくる度にチェックするという小技である。必ずというわけでもなく、ほとんどの場合というわけですらないが、それでも多くの場合、「間違いなく」という言葉は、論証の中の弱点の場所を告げる警告灯、ないし**ブームクラッチ**の有力候補を教えてくれる警告ラベルになってくれる。なぜか？　それは、「間違いなく」が、著者が実際に間違いないと思っていて読者にもそう思って欲しいと望んでいることの、まさにその縁《ふち》を印づけているからである（もしも著者がすべての読者が間違いなく同意してくれると本当に思っているなら、わざわざそんなことを言う意味はない）。著者は、この縁に立って、問題となる点を証明したりその証拠を挙げたりする努力をするかしないかについて、自分で判断しなければならなかったし、——人生とは短いものなので——おそらく然るべき根拠に基づいて同意してくれるだろうと期待して、単純に断言する方がよいだろうと決意したのである。真理ならざる、よく吟味されていない「真理らしきもの」が見つかるのは、まさにこの種の場所においてなのだ。

私が「間違いなく」のこのような便利な役割に最初に気づいたのは、私の意識理論に反対するための幾つかの重要な具体例を含むネッド・ブロックの論文（Block, 1994）にコメントをつけていた時だった。以下に引く一節は、紙面上その明白性を強調するためにイタリック〔邦訳では傍点〕を便利に使っている。[7]

> いくつかの脳内の表象が、記憶に影響を及ぼしたり行動を制御することなどを粘り強く行うということが、人間に関する生物学的事実に他ならないものであり、単なる文化的構成物などではないというのは、間違いない（p.27）。

この一節は、人間の意識を、実際は学ばれなければならないもの、つまり出生時には保証されていない一連のミクロな認知的習慣とみなす私の理論を——論証抜きで——拒絶することを意図して書かれている。私はこれについて、「ブロックが『間違いない』と言っているところではどこでも」「心の壁《メンタル・ブロック》」とでも呼びうるものを探せ」と述べた（Dennett, 1994a, p.549）。ブロックは、哲学者の中で最も目に余る操作詞「間違いなく」の乱用者の一人であるが、他にも操作詞「間違いなく」に日頃から依存する人々がおり、彼らがそうしているときにはいつでも、ちょっとした警告ベルを鳴らさねばならない。「ここは意図せざる巧妙なごまかしが発生している場所である。つまりそこで著者は、検閲官を抱き込み、ウィンクをしてみせながら、偽の前提を滑り込ませているのだ」（Dennett, 2007b, p.252）。

（7） 哲学者ジェリー・フォーダーはこれに負けずに「間違いなく」をイタリック体で記す〔本書では傍点〕という書き方を採用した（Forder, 2008）——しかもそれを何度も繰り返した（e.g., p.38）。まるで、疑い深き者よ！　これを受け入れよ！　疑い深き者よ！　これを受け入れよ！と言っているかのようである。

最近私は、「間違いなく」に関する私の直感《ハンチ》[19]をもう少し組織だてて確かめてみようと思い立った。「philosophers.org」上に掲載されている心の哲学に関するたくさんの論文――およそ六〇本――を検討し、「間違いなく」の出現数を調べたのである。ほとんどの論文はこの言葉を一切使っていなかった。「間違いなく」を（私が調べたサンプルでは一回から五回の間）使っていた論文では、明らかに無害な用例がほとんどを占め、やや怪しい事例がわずかにあり、そして警告ベルが（私に）けたたましく鳴り響いた明らかな用例が六つあった。もちろん、どこからが明白かに関しては人によって様々であろう。そういうわけで、私はこの非公式の実験の「データ」をわざわざ公にはしなかった。私としては、疑い深い人々に自分なりの調査を行い、何が見つかるか確かめてみることを勧めたい。操作詞「間違いなく」の格別に悪質な事例に関しては、後の第64章で詳しく暴き出されるだろう。

11　修辞疑問

「間違いなく」に対して鋭い目を光らせるべきであるのと同様、どんな議論や論争においても、修辞疑問への敏感さを養っておくべきである。なぜだろうか？　「間違いなく」が使用される場合と同様に、近道をして済ませようという著者の願望を修辞疑問が表しているからである。修辞疑問は、文末に疑問符を付けられているとしても、答えが返ってくることを意図されてはいない。すなわち、著者はあなたが答えるのをわざわざ待ってはいないのだ。なぜなら、答えは、あえて口にするのをためらうほど明々白々だからである！　言い換えると、ほとんどの修辞疑問は、圧縮された〈帰謬法〉の論証なのであり、明白でありすぎるために説明するには及ばない、ということなのである。ここで、養っておくべき習慣がある。もしも修辞疑問を見つけたら——黙って、心の中で——それに対する自明ではないような答えを出そうとするという習慣である。もしも良い答えを見つけたら、疑問に答えて疑問提示者を驚かせてみよう。私は、ずっと以前、漫画『ピーナッツ〔スヌーピーとチャーリー・ブラウン〕』のある話で、この戦略の巧みな具体例を見たことを覚えている。チャーリー・ブラウンが一種の修辞疑問で「これこそが正しくこれこそが間違いだなんて、誰が言えるっていうんだ？」と言う。すると次のコマでルーシーが「あたしが今言おうとしてるのよ」と言うのである。

12　深っぽい話とは何か

最近できた友人であるコンピュータ科学者のジョセフ・ワイゼンバウムには、以前から哲学者になりたいという憧れがあり、研究者としてのキャリアの後半に至って、技術上の話題から深遠な話題に重きを置こうとするようになった。そのワイゼンバウムがこんな話をしてくれたことがある。ある晩の夕食の席、彼が眉のところにしわを寄せながら高尚な話題を長々と述べていたところ、幼い息女ミリアムがこう言ったのだという、「わお。パパが深っぽい話（deepity）をしたわ」と。「深っぽい話」とは、何とも素晴らしい即興の造語ではないか![8]　私はこの造語を採用し、これをさらなる分析のために用いようと決めたのである。

深っぽい話とは、重要であると同時に真理である――そして深遠である――かのように見えるが、しかし、曖昧であることによってその効果を出しているに過ぎない主張のことである。ある読み方からすると、明白な虚偽であり、もしも真理であったならば天地がひっくり返るような主張であるが、別の読み方からすると、真理ではあるがつまらない主張である。その主張を聞く人が無警戒であると、その人は、二番目の読み方から真理の輝きを取り出し、一番目の読み方から圧倒的な重要性を取り出して、「すごい!」と思う。これが、深っぽい話である。

一つ例を挙げよう（重い話なので、腰をすえて聞いて欲しい）。すなわち、

愛とは、単なる言葉にすぎない。

ああ、すごい！　とてつもないことだ。なんて衝撃的なんだ。でも本当だろうか？　間違いである。ある読み方からすると、これは明白な虚偽である。愛とは何であるかについて私に確信はない――それは情緒ないし情緒的愛着かもしれないし、人間関係の一種かもしれないし、人間の心が達しうる最高の状態かもしれない――が、しかし、愛が言葉ではないことは誰もが知っている。辞書の中に愛を見つけることはできない。

哲学者たちが大いに配慮する――言葉について語る場合それを引用符で括れという――決まり事を利用すると、別の読み方を取り出すことができる。それを適用するとこうなる。

「愛」とは、単なる言葉《ワード》にすぎない。

（8）　ミリアムは、最近インターネット上で、彼女が作った言葉を私が用いているのに出会い、私に連絡をとってきた。この造語の彼女なりのバージョンは多少異なっていたが、その主旨は同じだった。彼女によれば、「家族の間でこの言葉には少しばかり軽蔑が含まれます――深っぽい話というのは、話者を偉そうに見せるために真理であると装う思想を指します」。ミリアムは、寛大にも、彼女の父が私に語った（そして私が記憶している）バージョンを私が使用し、また彼女の新語に私なりのむしろ狭い再定義を与えることに同意してくれた。

これは真理である。「愛(love)」とは英単語であるが、単なる単語《ワード》にすぎず、文《センテンス》ではない。それは「L」で始まる四文字の単語であり、辞書ではこれまた単語にすぎない「lousy〔不潔な〕」と「low-browed〔教養がない〕」の間にある。「チーズバーガー」は単なる単語にすぎないし、「言葉《ワード》」も単なる単語《ワード》にすぎない。

しかし、これはフェアではないと言われるかもしれない。愛とは単なる言葉にすぎないと言った人が誰であれ、間違いなくその人は何か別のことを意味しようとしていた。おそらくそうであるが、しかしそんなことは語られていない。もしかすると、「愛」とは、「ユニコーン」のように実際にはまったく存在していない何か素晴らしいものを表しているという間違った思い込みをさせる言葉であると言いたかったのかもしれないし、愛という言葉は曖昧すぎて特定のものや関係や出来事を指すのか誰にも分からないと言いたかったのかもしれない。しかし、実際のところ、どちらもたいした説得力はない。「愛」は、たしかに厄介で定義しにくい言葉であるかもしれないし、また愛は、本当にそれを抱いているのか確信するのが困難であるような心の状態であるかもしれないが、言われている内容は明白で、特に何かを教えてくれたりするものでもないし深遠でもない。

深っぽい話のすべてが、このように簡単に分析できるわけではない。リチャード・ドーキンスは、最近、カンタベリーの大主教であるローワン・ウィリアムズのよくできた深っぽい話に注意を喚起してくれた。大主教は自分の信仰について次のように述べた。

信仰とは、真理を静かに待ち受けながら、浮かび上がる疑問符を前にしてひたすら座って呼吸することである。

この言葉の分析は、練習問題として皆さんに任せよう。

要約

道具というものは、上手に使われるなら、手や足とほとんど同じくらい、あなたの一部になる。このことは、思考のための道具にとりわけ当てはまる。これまで述べてきた汎用性の高いシンプルな思考道具を装備すれば、より鋭い感覚を持ちながら困難な探求に立ち向かうことができる。つまり、抜け道を見抜き、警告ベルの音を聞きとり、策略をかぎつけ、道具の助けがなければ見逃してしまうかもしれない過失に気づくことができる。たとえば、〈ラパポートのルール〉や〈スタージョンの法則〉のような心に留め置くべき原則も手に入れた。これらの行動原理は、ジミニー・クリケット〔ディズニーの『ピノキオ』に登場するコオロギ〕のように耳元でアドバイスをささやき、藪の中へと武器を振り回しながら大胆に突進しようとするとき、攻撃性を抑制せねばということを思い起こさせるのである。そう。思考道具は武器でもあるのであり、戦闘をイメージするのが適切である。見たところ、競争心は、最も手強い問題に取り組むために必要とされる知的な野心と大胆さとの自然の副産物であるようだ。すでに見たように、戦闘の真っ最中では、偉大な思想家ですら、自分と同じように考えてほしいと思うあまり汚い策略に頼ることがあるし、やり返せるチャンスが生じたとたん、建設的な批判が徐々に嘲笑へ変わっていくこともある。

私たちがこれから直面する問題は、どれも重要問題である。意味、進化、意識、とりわけ自由意志がそれである。これらの問題に関する何らかの見通しが出てくると、恐れを感じたり嫌悪感を抱いたりするだろうが、そう感じるのは自分一人ではないと知って安心するだろう。本当にすごいと思われている専門家でさえ、願望的な思考にとらわれるし、理性よりも情緒的愛着によって支えられる確信によって真理に対して目がふさがれることもある。自由意志を持っているかどうか、心がどのようにして身体に宿ることができるのか、また原子や分子や光子やヒッグス粒子だけでできあがっている世界が意味をもつのはどのようにしてなのか――さらに、そもそもそれは意味をもつのかどうか――ということに、人々は実際関心があるし、関心をもつべきなのである。結局、世界の中で私たちは何者であり、世界に対して何をなすべきなのかという問いよりも重要な問いなどありうるのだろうか？　だからこそ、足下に注意しなければならない。行く手に危険が待ち構えており、できあいの地図には頼れないのである。

Ⅲ

意味あるいは〔心的〕内容について思考する道具

なぜ意味から始めるのか？　私が意味から始めるのは、それがすべての厄介な問題の核心に位置するからである。その理由は単純で、私たちが厄介な問題について自分自身や他人に向けて語り出すときに、初めてそのような厄介な問題が生じるからである。問いを発することがレパートリーにないために、アナグマは自由意志について悩まないし、イルカですら意識の問題に煩わされることなどありえないのだ。〔ことわざによれば〕好奇心は猫を殺すことがあるらしいが、好奇心こそ反省能力を持つ人間を困惑へと導いていくのである。ところで、おそらくこのような事態を招くことが言語のもつ負の側面である。もしも私たちが、親類である大型類人猿と同じように、このような困惑へと導く問題に気づかないとしたら、私たちはより良いものに――もっと幸福でもっと健康な哺乳類に――なっていたかもしれない。しかし、私たちは言語をもち、それ以来私たちは「大問題」で身動きがとれなくなってしまい、良くも悪くも、それを取るに足らぬこととして無視するわけにはいかなくなっている。

　実効性のあるどんな探求にも第一歩というものがあり、その第一歩とは、私たちの出発点と装備をできるだけはっきりさせることである。単語《ワーズ》〔言葉〕は意味をもつ。これはいかにして可能となっているのだろうか？　単語の使用者である私たちは、何かを言うことによって何かの意味を表す。これはいかにして可能となっているのだろうか？　私たちはどのようにしてお互いを理解できるのだろうか？　飼い犬は、（どうやら）少しの単語を――とはいっても数百にのぼることもある単語を――「理解する」ことができるように見える。しかし、このような仕込まれた芸当や、あるいは、自然の中で（類人猿や鳥や……さらにはコウイカなどに！）見いだされる原始的な信号システムを別にすれば、単語〔言葉〕こそ、私たちの心を他の動物の心から区別する特徴である。この特徴は、違いを際立たせてはいるが、人間以外の動物でも——中でもいわゆる「高等」動物は——心をもつようにやはり思われるし、したがって、恐らくは制限された仕方ではあるが、意味に——すなわち、知覚状態の意味、衝動や欲求の意味、さらには睡眠中の夢の意味などに——関わっているように思われる。

　時として私たちは、人間が猫のコスチュームを着たり熊の毛皮を纏ったりイルカの着ぐるみをしているかのように、動物たちが私たちにとてもよく似ているという印象をもつ。このことは、人類のあらゆる文化に当てはまる。つまり、動物は、見る・知る・欲する・試みる・恐れる・決意する・欲情する・思い出す等々のことをするとみなされている。要するに、何やら有意味なこと（観念？　信念？　心的表象？）で満たされた心をもっているという点で、動物たちは私たちと似ているとみなされているのである。脳の中に意味が存在しうるのはいかにしてであろうか？　ずっと魅力的だとされてきたアイデアによれば、単語は意味をもつのだから、私たちの脳の中の——そして動物の脳の中の——有意味なものは、たぶん、心の文《メンタル・センテンス》を構成し信念などを表現する単語のようなものなのである。しかしながら、単語がその単語を発する心から意味を得るのだとしたら、心の単語《マインド・ワード》はその意味をどこから得るのだろうか？　動物の脳は、ある種の脳内辞書の中に心の単語とその定義の両方を保管しているのだろうか？　またもし動物が——少なくとも「高等」[1]動物が——〈心の単語〉で満たされた脳をつねにもっているとしたら、なぜ動物は話せないのだろうか？　〈思考の言語〔思考がそれ自身の言語を用いている〕〉というアイデアにはひどく問題があるが、だとしても私たちの思考と信念は何かで構成されているのではなければならない。その何かは、

〈心の単語〉でないとしたら何だというのだろうか[2]？

（1）〈動物は話せる派〉には、私たちがまだ発見していなかったり翻訳していない言語を使って動物は話すことができると言う人がいるだろう。これはなるほど魅力的だとされているアイデアであるが、しかし、類人猿、鳥、イルカのコミュニケーション行動に関して近年なされた〈動物は話せる派〉の包括的な調査は、動物の「思考を共有する」能力には大きな制限があることを示している。もし動物の言語がいわゆる言語であるとしたら、シロアリは技師《エンジニア》であり、鎌を掲げるカマキリは宗教をもつし、オオカミは議会をもつことになるだろう。

（2）ジェリー・フォーダー（Forder, 1975）は、草分けとなった著作『思考の言語』において修辞疑問を非常に効果的に振りかざし、「私こそ、君たちが有することになる唯一の大統領だ」という［ケネディの暗殺後、副大統領から大統領に就任した］リンドン・ジョンソンの傲慢な発言を引用して、この修辞疑問に含意されている答えを強調した。

13 トラファルガー広場の殺人

以下はこの部で最初に登場する直観ポンプである。ジャックが自分のおじをトラファルガー広場で撃ち殺し、シャーロックはその場でジャックを逮捕する。このニュースをトムは『ガーディアン』紙で読み、ボリスは『プラウダ』紙で知る。さて、ジャック、シャーロック、トム、ボリスは非常に異なった経験をしている——言うまでもなく、過去の経歴や将来起きることに関しても非常に異なっている——のであるが、しかし、彼らが共有していることが一つある。彼らはみんな、あるフランス人がトラファルガー広場で殺人を犯したと信じて《ビリーブ》いるのである。彼らはこのことを「自分自身に対して」さえ言葉にすることはなかったし、察するに、彼らの誰の中にもその〔あるフランス人がトラファルガー広場で殺人を犯したという〕命題が「生じること」はなかったし、たとえ生じたとしても、ジャック、シャーロック、トム、ボリスのそれぞれにとって生じ方は非常に異なったものであっただろう。だがそれでも、彼らはすべて、あるフランス人がトラファルガー広場で殺人を犯したと信じているのである。この信念《ビリーフ》が四人に共通の所有物であり、この信念という所有物が見えるようになるのは、実際のところ——**民俗心理学**[1]という——きわめて限定された観点からだけである。普通の民俗心理学者——つまり私たちみんな——は、そのような有用な共有物〔信念〕をみんながもっていると難なく考える。そのような信念をもっていると考える人々の両耳の間にあるもの〔脳〕についてほとんど知らなくても、私たちはそれを成し遂げる。私たちは、この四人が他にも何か共通するもの —— 共有する信念を何かの仕方で登録している類似した脳内の状態——をもっているにちがいないと考えるかもしれない。しかし、もしそう考えると、疑わしい理論へと迷い込むことになる。〔彼らの脳内に〕似たようなニューロン構造が実際存在しているかもしれない —— この四人の脳は〈あるフランス人がトラファルガー広場で殺人を犯した〉という信念をたまたま同じように「〔文字で〕綴る」のかもしれない ——、というわけである。しかし、これはまったく必要なことではないし、実のところ、すぐ後で述べる理由から、ほとんどありそうにないことである。

〔英語の〕"I'm hungry" と〔フランス語の〕"J'ai faim" という二つの文は、文字やその配列の違い（あるいは、発音されるときの音素の違い）、属する言語の違い、さらに文法構造の違いがあるにも関わらず、共通するものをもっている。つまり、これら二つの文は、話者の空腹という同じことを意味しており、同じことについての文である。二つの文に共通するこの事柄、（それぞれの言語で表現された二つの文の）意味、（二つの文が表現している信念《ビリーフ》の）内容は、哲学と認知科学の中心的な主題である。たとえば、文や絵画や信念そして（疑いもなく）何らかの脳状態が示すこのような〈ニツイテ性（*aboutness*）〉は、志向性（*intentionality*）という哲学の専門用語で知られているが、専門用語の選択としては不幸なものである。[2] というのも、専門外の人々は、この用語と、（「君の意図（intentions）は高潔なものですか？」という言葉で表現されているような）意図的に（intentionally）何かをするという日常的な観念とを、頻繁に混同するからである。ここで、ある文を検討し、違いに注意を向けることにしよう。煙草は、喫煙されることを意図されているという事実にもかかわらず、喫煙やその他についての何かではない。また「禁煙〔喫煙するな〕」という貼り紙は、喫煙についての貼り紙であり、それゆえ志向性を呈している。さらに、あの木の陰に強盗がいるという信念は志向性を呈している（それは——もしかしたら存在しないかもしれない——強盗についての信念である）が、通常の意味では確かに意図的（intentional）ではない（あなたは故意にそれを信じているのではない。信念があなたに到来しただけだ）。その木の付近から逃げて行くことは普通の意味で意図的であるが、何かについての逃走ではない。哲学用語としての志向性に出会うときはいつでも、それを〈ニツイテ性〉というつたない言葉で置き換える習慣を身につけるだけで、めったに間違った方向には行かなくなるだろう。意味と〔心的〕内容とは、緊密に関わり合い、相互に依存し合う現象であり、さらに言えば単一の現象（つまり志向性）であるという合意事項があるが、その他のことに関して、つまり、内容（ないし意味）とは何であり、それを最もうまく捉えるにはどうしたらいいかということに関しては、まだわずかなコンセンサスしかない。まさにそれゆえに、私たちは慎重にこのテーマを扱わなければならない。このテーマは、問題点が満載であるが、私たちは様々な問題にそっと忍び寄り、それを少しずつ片づけていくことができるのである。

四人の異なった信念保有者《ビリーバー》という左記の例は、「志向的な」特質を共有しつつも、つまり「同じこと」を信じつつも、脳にはほとんど何も共通点がありそうにないということを示そうとしたものである。ジャックは殺人の目撃者——実のところ加害者——であり、シャーロックもその出来事を直接に経験しており、その経験はジャックの経験よりも幾分間接的であるだけだが、しかしトムとボリスはそれとは非常に異なった仕方でその事実を知った。あるフランス人がトラファルガー広場で殺人を犯したという情報を獲得する方法は無数にあり、その情報を用いてさらに何をするかという情報の使い方（クイズ番組の問題に答える、賭に勝つ、ロンドンを訪れたフランス人観光客の興味を引く等々）も無数にある。もしも、これらの情報の供給と情報を得た結果のすべてが、脳内の何らかの共通構造を経過するのでなければならないと考えるべきしかるべき理由があるならば、私たちは最終的にその構造を発見するだろうが、当面はどんな結論にも飛びつくべきではない。

この直観ポンプの話を終える前に、ダグ・ホフスタッターのアドバイスに従い、あちこちのダイヤルを回して、その各パーツがどういう働きをしているのかを調べておこう。私が「あるフランス人がトラファルガー広場で殺人を犯したという」この特定の命題を選んだ理由はなぜなのだろうか？ 現場からはるか遠く離れた場所で異なった言語で報道されるほど、印象的で衝撃的なことが必要だったからである。私たちが信念を獲得する大部分の場合はこれとはまったく異なっており、この点を指摘しておく必要がある。たとえば、ジャック、シャーロック、トム、ボリスは、あれほど劇的な仕方で生じたわけではない無数の信念を共有している。イスは靴よりも大きいとか、スープは液体であるとか、ゾウは空を飛ばない等々の信念がそれである。天然のサケは補聴器をつけてはいないとあなたに教えようとしたら、そんなこと言われなくとも知っているとあなたは言うだろうが、あなたはその知識をいつ得たのか？ 生まれつき知っていたわけではないし、学校のカリキュラムの一部だったわけでもない。だとすれば、私が言った文をあなたが心の中で作り上げたことがあるというのは、ほとんどありそうにない。まさにそういうわけで、ボリスは、『プラウダ』紙に記載された当該のロシア語を自分の脳に「単純にアップロード」し、次のそれを（何と！）〈脳語（Brainish）〉に「翻訳」することによって、例のフランス人について学んだにちがいないということが、明らかであるように思えるかもしれない。しかし他方において、私が述べたサケに関する事実について、ボリスの脳がそれと同様の事務仕事を行っていると推測しても、そこには明白なことは何一つない（そもそも何を脳語に翻訳するというのか？）。

次のような別のダイヤルもある。例の殺人事件を犬のフィドとハトのクライドも目撃していたとしよう。

彼らもまたその出来事に関する何かを保持し、以後の振る舞いに影響を及ぼしうるような脳内の調整がなされたかもしれないが、たとえ、〈トラファルガー広場であるフランス人が殺人を犯した〉という事実を成り立たせている情報が彼らの感覚器官に作用する光や音の中にちゃんと含まれていたとしても、それは〈トラファルガー広場であるフランス人が殺人を犯した〉という事実ではないだろう（たとえば、その出来事を録画したビデオテープは事件の法的な証拠になるかもしれないが、そんな録画を見せられてもフィドとクライドには何の意味もないだろう）。したがって、ここで取り上げた直観ポンプには、意味というものを探求しようという私たちの試みに、あまりにも人間中心主義的である色眼鏡《バイアス》をもち込む危険があるのである。単語《ワード》と文《センテンス》は意味の典型的な運搬者である。したがって、それらを用いることのない動物たちでもやはり脳は単語と文を使っているのだというアイデアは、とにかく無理がある——もちろん、無理があるから、誤りだということにはならないとしても。もしもそれが真理であると判明したら、目を見張る発見であることになるが、今のところそのような発見に私たちは出会っていない。

　志向性にまつわる諸現象は、食べ物や家具や衣服と同じくらい日常生活においてよく目にする、とてもなじみ深いものであると同時に、科学的視点からは総じて見えにくいものでもある。あなたも私も、何の困難もなく誕生祝いを死の脅威や約束から区別するが、信頼できる〈死の脅威‐探知機〉を作るにはどのような工学《エンジニアリング》上の課題が必要であるのかを考えるのは困難である。すべての死の脅威に共通するものは何か？　意味でしかないように思われる。そして意味というものは、放射能や酸のようなものではない——つまり調整された探知機によってすばやく識別される性質をもつものではない[3]。現在のところ私たちが手に入れている汎用意味探知機に最も近いものは、ＩＢＭのＷａｔｓｏｎである。これは、それ以前のどんな人工知能システムよりもずっと巧みに意味による分類を行うが、注意すべきは、意味による分類は決して簡単なことではなく、子供でもすぐさま感じ取る死の脅威を表すいくつかの候補者の中からまだ（おそらく）選びまちがえるだろう、ということである。子供が「やめろよ、これ以上やったら殺しちゃうぞ！」と他の子供に笑いながら大声で言ったとしても、この言葉が実際には死の脅威を表していないことは、小さな子供でさえ分かる。ワトソンがとても大きくきわめて複雑であるということが、意味というなじみ深いものがどれほど捉えにくいものであるかを、少なくとも間接的に示している。

14 クレヴァーランドに住む兄

とはいえ、意味が徹底的に不可解なものであるというわけではない。私たちの脳にあるなにがしかの構造は、何らかの仕方で様々な信念を「蓄えて」いる。プードゥーという生き物は哺乳類である、ということを学ぶとき、脳の中で何かが変化したに違いない。つまり、それを学ぶ以前には固定していなかった何かが固定するようになったに違いないのであり、その何かが何であろうと、プードゥーがカマスよりもバッファローに近いとみなすことができるという新たに得た能力を説明しうるだけの〈ニツイテ性〉を備えているのでなければならない。だとすれば、ハードディスクの中にデータファイルが蓄えられているのとかなり似た仕方で、信念が——個々人において指紋と同じように異なっているかもしれない——何らかの組織符号《システマティックコード》[4]で「脳の中に蓄えられている」と想像することは、実際魅力的なものとなる。ジャックの信念は脳の中でジャック語で書かれており、シャーロックの信念はシャーロック語で書かれている、というわけである。だが、この魅力的なアイデアにはいくつかの問題がある。[5]

次のように仮定してみよう。つまり、ニューロクリプトグラフィが黄金時代に突入し、その時代には「認知的・微視的外科医」が脳に少しばかり細工をすることができるようになり、その外科医がある人のニューロンにその人の脳に特有の言語を使って命題を書き込み、それに対応した信念をその人の脳に挿入することができるようになったと仮定しよう（もしも脳内の書き込みを読むことができるならば、十分に精密な道具を用いればおそらく脳内へ書き込みを行うこともできるはずなのだ）。さらに、トムの脳に「私にはクレヴァーランドに住む兄がいる」という嘘の信念を挿入することができ、件の外科医が望むかぎりのデリケートさで、求められた書き直しをできると仮定しよう。この書き直しにより、トムの基礎的な合理性は損われるか、損なわれないかのいずれかである。二種類の結果を考えてみよう。酒場でトムに「兄弟か姉妹はいるのかい？」と友人が質問し、「いるよ。クレヴァーアランドに住んでいる兄がいるんだ」とトムが答える。さらに「名前は？」と聞かれたら、何が起きるだろう？　トムは、「名前？　誰の名前だい？　……っておいおい、僕は変なことを言っていたぞ。僕には兄なんていないじゃないか。いや待てよ、いるような。うん。僕にはクレヴァーランドに住む兄がいるような気がしたんだ」と答えるかもしれない。あるいはまた、トムは、「名前？　知らないなあ」と答えるかもしれず、さらに答えを迫られたら、兄に関するすべての知識も否定し、このような答えを口にするかもしれない、「僕ちゃんまだ子供で、何も知らないいんだけど、僕にはクレヴァーランドに住む兄がいるんだ！」。いずれの場合にも、件の外科医は新しい信念を書き込むことに成功したとは言えない。一つ目の場合、トムの無傷の合理性は、（孤立し、裏づけのない）侵入者が現れるとすぐにそれを打ち消してしまう。「自分にはクレヴァーランドに住む兄がいる」と突発的に言おうとすること自体は、実は信念とは言えない――むしろ、トゥレット症候群[6]の発作のような、チックに似た性質のものである。そして哀れなトムがこの病状に固執しているというのが二番目の場合であり、このときトムは兄という話題に関してあからさまな不合理性を示しているので、信念保有者《ビリーバー》であるという資格を彼は失っている。自分が幼児ではあり得ずクレヴァーランドに住む兄をもてないということを理解できない人は誰でも、自分が断言した文を本当の意味で理解しているということはないのであり、本当は理解していないことを「オウム返しにする」かもしれないが、それを信じることはできない。

このSF的な例は、すべての信念帰属の基礎にある心的能力に関するある暗黙の前提を明るみにもたらす。すなわち、およそ信念が信念であると言いうるためには、その使用形態が様々な文脈で無際限に拡張可能である必要があり、もしそうでなければ、それはいかなる意味においても信念ではない、という前提である。もしも例の外科医が脳の機能を損なわず繊細な形であの仕事を成し遂げたとしても、脳は何か問題が生じたらただちにその細工をなかったことにするだろう——さもなければ脳は病的な状態になり、外科医による細工は（「兄の名はセバスチャンで、サーカスで曲芸をしながら気球で暮らしている」というような）作話の真珠層で幾重にも覆われる。このような作話症の症例は実際にも知られている。（しばしばアルコール依存症患者を苦しませる健忘症である）コルサコフ症候群を患っている人々は、ひとかけらの真理も含まない「想起された」過去について驚くほど説得力のある話を編み上げる。だが、まさにこのような物語作成こそ、孤立した「命題」がそれ一つだけで脳に蓄えられることはないということを示す明白な証拠である。妄想的な信念ですら、膨大な数の妄想ならざる信念と、そのすべてが意味するものを認識する能力とを必要とするのである。もしも例の外科医の手術を受けた人間が、自分の兄が男性であり・呼吸をし・ボストンの西でパナマの北にいる云々、という信念を抱いていないとしたら、外科医の技によってある信念が挿入されていると言うのは、誤解どころの騒ぎではないだろう。

以上の直観ポンプが示すのは、誰もただ一つの信念だけをもつことはできないということである（犬は四本の足をもつという信念をもつことができるのは、足は体の一部であり、四は三よりも大きいといった信念をもつ場合だけなのだ）[3]。この直観ポンプはもちろん別のことも示してくれるが、今はそれを並べ立てるつもりはないし、また、この極めて特殊な思考道具を他の目的のためにどんな変更を加えて用いればいいかもここではあえて述べないことにしておく——読者の皆さんとしては、自分でダイヤルを回してどうなるか見てみたい気持ちになっているかもしれないが。私としては、そのような思考道具の特徴についてもっと反省を加えるより前に、思考道具の様々な取り合わせを提示したいと考えている。

(3) この結論は、しばしば、心的なもの(ないし志向的なもの)の全体論《ホーリズム》と呼ばれる。ジェリー・フォーダーは、この全体論を断固として否定し、ただ一つの信念だけをもつ生物を想定することには何の困難もないと主張している(Fodor and Lepore,1992)。

15 パパはお医者さんなの

小さい女の子が父親の仕事を聞かれ、「パパはお医者さんなの」と答える。この場合、この女の子は自分が言っていることを信じている、と言うべきだろうか？　ある意味ではもちろんそうなのだが、それを本当に信じていると〔つまり大人が「信じている」というときと同じ意味で〕言えるために、彼女は何を知っていなければならないだろうか（もし彼女が「パパは〔株の売買で利ざやを稼ぐ〕さや取り仲買人なの」とか、「パパは〔保険会社で保険料率などを算出する〕保険計理士なの」と言ったとしら、何を知っていなければならないことになるだろう）？　仮に、彼女は何も分からずに話しているのではと私たちが疑い、彼女をテストしてみようと決めたとしよう。彼女は、パパは病人を治す人だと言って、自分の主張を言い換えたり敷衍したりできなければならないのだろうか？　医者であるということは、肉屋やパン屋やロウソク職人であることと両立しないということを彼女が知ってさえいれば、それで十分であろうか？　偽医者やもぐりの医者や無免許医師といった概念をもっていなくても、彼女は医者とは何かを知っていることになるだろうか？　さらに言えば、パパが自分の父親（自分の養父？「生物学上の」父親？）であることを知るために、彼女はどの程度分かっている必要があるのだろうか？　明らかに、医者であるとはどういうことか、また父親であるとはどういうことかについての彼女の理解は、年を重ねるごとに増えていくだろうし、それゆえ、「パパはお医者さんなの」という彼女が発した文についての彼女の理解も深まっていくだろう。「パパはお医者さんなの」という命題を「完全に」理解するために、彼女はどれくらいのことを知らなければならないかを、私たちは——いかなる恣意的なやり方も用いずに——明確に言うことができるだろうか？　この事例が示しているように、「パパはお医者さんなの」のような日常的な命題についてさえ、理解が徐々に進むとすれば、理解に依存する信念もまた徐々に深まるのでなければならない。結局、彼女は自分の父親が医者であることを「**ほぼ〔準・〕**《ソルタ》」信じている〔準・信念を抱いている〕のである——これは、彼女が疑念や疑義を抱いているということではなく、およそ実際に役に立つような信念の概念にとって必要なひとつの重要条件である〈理解〉というものが不十分である、ということである。

16　外見的イメージ[7]と科学的イメージ

意味とは何かを理解しようとする私たちの探求を先に進める前に、そろそろ足場を一つ組み立てる頃合いである。ここで紹介する思考道具は、多くの問題に対する価値ある視点を提供してくれるので、誰もが自分の道具箱に収めておくべきなのだが、今のところこの思考道具の生まれ故郷である哲学から離れて広く共有されるには至っていない。この思考道具は、私たちが生きているこの世界について科学が何を示してくれるのかを考えること自体を明確にするために、哲学者ウィルフリド・セラーズによって一九六二年に考案されたものである。外見的イメージとは、日常生活において私たちに見えるがままの世界のことであり、硬いもの〔稠密な固体〕、色彩や香りや味、声や影、植物や動物、さらに人間やそれに類するすべてのもので満たされた世界である。テーブルやイス、橋や教会、ドルや契約書のようなものだけではなく、歌や詩やチャンスさらに自由意志のような触れることができないものも、そこに含まれている。これらすべてのものと、分子や原子や電子やクォークのたぐいのような科学的イメージの中で存在しているものとを並置してみるときに生じる、様々な厄介な問題について考えてみよう。何か本当に硬いもの〔稠密な固体〕があるのだろうか？　物理学者アーサー・エディントン卿は、二十世紀初頭に「二つのテーブル」についてて述べている。一方のテーブルは、日常経験における硬いテーブルであり、もう一方のテーブルは、大部分は空虚である空間の中に点在する原子で構成されたテーブル、一片の木材よりも銀河の方にはるかに似ているテーブルである。実際には硬いものなど何もない、固体性というのは幻想だということを、科学が示したと言う人々もいたが、エディントンは分別があるのでそんな極端なことは言わなかった。色彩なんて幻想だと言っていた人々もいた。本当にそうだろうか？ 人間の視覚を成り立たせているごく狭い範囲（赤外線と紫外線の間にある範囲）の電磁波は、色のついた小さなものでできあがっているわけではないし、原子は、たとえ金の原子であっても、色がついているわけではない。それでもやはり、色彩は、重要な意味において単なる幻想ではない。わが社のカラーテレビは色彩の世界をリアルにお見せしますとソニーの広告が言っていても、ソニーが嘘をついていると誰も考えないし、〔有名な塗料メーカー〕シャーウィン・ウィリアムズが塗料という形で様々な色を売るのは詐欺だから訴えるべきだとも、誰も考えない。ドルはどうだろうか？ 今日、ほとんどのドルは銀ではないし、それどころか紙ですらない。それはバーチャルなものであり、ちょうど詩や約束と同じように、非物質的な情報でできている。これは、ドルが幻想だということを意味するのだろうか？ もちろんそうではないが、だからといって、分子の中にドルを探しても無駄である。

セラーズにはこんな有名な言葉がある（Sellars, 1962, p.1）。「哲学の目的を抽象的に規定すれば、それは、可能な限り最も広い意味での〈モノたち（things）〉たちが、いかにして、可能な限り最も広い意味でまとまりを形成するのかを理解することである」。これは、私がこれまで出会った哲学の定義の中で最良ののである。私たちの外見的イメージに登場するなじみ深いすべてのモノたちと、科学的イメージに登場するあまりなじみ深いとは言えないすべてのモノたちとを、どのように結び合わせるべきかを考えるという課題は、科学者が準備万端整えて取りかかる仕事ではない。物理学の博士どの、色彩とは何かだけでも教えていただけますか？ あなたの理論によればそもそも色彩というものが存在するのですか？ 化学の博士どの、取引の化学式を示すことができますか？ 間違いなく（警告！）、取引というものは存在しますよね。では、それは何からできているのでしょう？ ふうむ。多分、取引なるものは、リアルに存在しているものではない！ でもそれなら、実際に取引であるものと、取引のようにしか見えないものとの差異——化学的な差異——とはどんなものなのでしょうか？ 私たちは、哲学者だけが一生懸命解こうと努力してきた多くの難問《パズル》を検討しつつ、このような調子でいくらでも続けることができるのだが、セラーズの勧めに従って、その代わりに一歩退き、世界についての上述の二つの極めて異なった見方《パースペクティブ》があるという事実に目を向けることにしよう。なぜ二つなのだろう？ それとも、もっと多くの見方があるのだろうか？ この問いへの答えを求めるために、まずは科学的イメージから出発し、この観点から外見的イメージの出現地点を突き止められるかどうかを調べてみよう。

バクテリアであれホモ・サピエンスの一員であれ、およそあらゆる生物は、その世界の中に、その生物にとって重要であり、重要であるがゆえにその生物が可能なかぎり識別し先回りして対処する必要がある〈モノたち〉の集合を携えている。存在していると見なされるモノたちのリストのことを、哲学者たちは（驚天動地！「モノ」を表すギリシャ語に由来する）存在論（ontology）と呼ぶ。[8] いかなる生物も一つの存在論〔その生物にとって何らかの意味をもつモノたちの集合〕をもっている。それには、その生物の Umwelt〔環境世界〕という別名がある（これはフォン・ユクスキュル（Usküll 1957）に由来する用語で、驚天動地、Umwelt は「環境（environment）」を意味するドイツ語である[9]）。ある動物の環境世界は、何よりまずアフォーダンス[10]（Gibson, 1979）であり、すなわち、食べるべきモノ、つがうべきモノ、避けるべきモノ、通り抜けられる、あるいは、身をさらす広場、隠れるべき穴、足場にできるもの等々で、構成されている。

ある生物の環境世界は、ある意味では内面的な環境である。つまり、その生物にとってとても重要なモノたちだけで構成されている「主観的な」存在論、あるいは「ナルシスト的」ですらある存在論〔存在者のリスト〕である。とはいえ、その生物の環境世界は、意識的という意味で内面的ないし主観的なものである必要はない。環境世界は、実のところ、工学《エンジニアリング》の概念である。たとえば、コンピュータ制御のエレベーターの存在論は、エレベーターが自分の役目を果たすために把握しておく必要があるすべてのモノたちの集合である。[4] ユクスキュルの研究の一つに、ダニの環境世界の研究がある。[11] ヒトデやイモムシやヒナギクなどの環境世界は、私たちの環境世界よりもエレベーターの存在論の方に似ていると想像できるかもしれない。そして、事実上私たちの環境世界こそが、私たちの外見的イメージなのである。

私たちがいだく外見的《マニフェスト》イメージは、ヒナギクの存在論つまりその環境世界とはちがって、実際に目に見えている《マニフェスト》ものであり、強い意味において主観的なものである。それは、私たちがその中で生きている世界であり、私たちに対応する形で存在している世界である。[5] しかし、私たちがいだく外見的イメージの多くの部分は、ヒナギクの存在論と同様、計り知れない年月をかけて自然選択によって形成されてきたものであり、私たちの遺伝学的な遺産の一部になっている。アリクイの環境世界と食虫性の鳥の環境世界がどれほど異なっているかに関する考察 (Wimsatt, 1980) は、私のお気に入りの事例の一つである。食虫性の鳥は一匹の昆虫を追尾し、非常に高いフリッカー値〔点滅する光がちらついて見えるか連続して見えるかの境目の周波数〕を備えた目をもつことで、その昆虫の縦横無尽な飛翔パターンに対応しなければならない（実際、フリッカー値の高いこのような鳥は、私たちより多くの「一秒あたりのコマ数」を見ており、そのため映画はスライドショーのように見えることだろう）。アリクイはアリが群れているあたりをただ一望し、長い舌を伸ばす。アリクイにとっての「アリ」は、英語の「水」や「氷」や「家具類」のような物質名詞であって、英語の「オリーブ」や「雨粒」や「イス」のようなソータル（数え上げることができるものを指す）[12]ではないと、哲学者だったら言うかもしれない。アリクイはおいしそうな一塊のアリを見つけると、舌でそれをなめる。私たちがソフトクリームをなめるときに個々のブドウ糖分子など気にしないように、個々のアリなど気にしないのである。

私たちの外見的イメージの大部分は、遺伝的に継承されてきたものではなく、幼少期の体験によって何らかの仕方で植え付けられたものである。言葉《ワーズ》は私たちにとって非常に重要な事象の分類法《カテゴリー》であり、私たちの外見的イメージの多くを伝達する媒体であるのだが、世界内の出来事を言葉として分類《カテゴライズ》する能力と話したいという欲求は、少なくとも部分的には――飛んでいる昆虫を一匹一匹見分けることができる鳥の能力や巣を作りたいというスズメバチの欲求と同じように――おそらく遺伝的に継承されてきた才能だろう。語を文へと編み上げる文法すらない単なるラベルとしての語であっても、それは、いくつかの重要な分類法《カテゴリー》に――お母さん《マミー》、わんちゃん《ドギー》、クッキーのように――明確な輪郭を与えて私たちの外見的イメージの中に存在するようにする。――「ホームラン」や「独身《バチュラー》」は言うに及ばず――「取引」や「誤り」や「約束」という概念を、私が今それを指すために用いた語の助けなしに、はっきりと思い浮かべることができるだろうか？　お気に入りの思考道具を掲げたダグ・ホフスタッターのリストに関する考察がすでに示し

（4）　この事例の重要な細部に関しては、第27章で考察する。

（5）　ヒナギクであるとはどんな感じなのかなと夢想を膨らませたがる人に対して私は申し訳ないことをしているかもしれないが、この環境世界という概念を慰めとしてほしい。この概念を用いれば、ヒナギクのもつ識別能力を、妄想をいだくことなく正しく評価することができるのである。

ていたのは、用語《ターム》によっていかにして私たちの心に構造と深みが与えられるかということであり、また、用語なしにはほとんど見えてこない——危険人物やリップサービスやフィードバックといった——モノたちで私たちの外見的イメージは豊かになっている、ということである。

17　民俗心理学《フォークサイコロジー》

私たちの外見的イメージの中で——私たちにとって大切な他の多くの分類法《カテゴリー》を支えているという意味で——最も重要な様式《パターン》は、おそらく、私が民俗心理学（*folk psychology*）と呼ぶ様式である。私がこの用語を現在用いられている意味で考案したのは一九八一年のことであったが、どうやらこの言葉はもっと早くに、ヴィルヘルム・ヴントやジグムント・フロイトやその他の人々の著作の中に（*Volkspsychologie* というドイツ語として）登場していたようである。ただ、そこではこの言葉は、国民の性格に関する何かを意味していた（知りたくもないかもしれないが、ドイツ民族（*Volk*）の精神（*Geist*）というような）。私にしても、私の用語を採用した他の多くの人々にしても、このような先例があることを見落としていた。私がこの民俗心理学という用語を提起したのは、私たちの周囲の人々を——さらに動物やロボットや簡素なサーモスタットでさえも——、自らが行為する世界についての情報（信念）と達成せんとする目標（欲求）をそなえた行為主体（agent）として[13]、つまり、その信念と欲求の下で最も理にかなった《リーズナブル》一連の行為を選択する行為主体として、解釈することができるという私たちの誰もがもっている才能を表す用語として、である。

民俗心理学を「心の理論（theory of mind）」（あるいは単にＴＯＭ）と呼びたがる研究者もいるのだが、この呼び方は誤解を招くものだと私は思っている。というのも、この呼び方は、私たちがどのようにしてそのような才能をもつようになるのかという問いに対して、それは私たちがある理論をもちそれを応用しているのだという答えを、一つの予断として与えてしまいがちだからだ。この呼び方に倣えば、あなたが自転車の乗り方を知っているならあなたは自転車理論をもっていると言わなければならなくなるだろうし、餓死を避けたり砂を食べないでいられるあなたの能力を説明するのはあなたの栄養補給理論であると言わなければならなくなるだろう。これは、これらの能力について考えるのに役立つやり方だとは思えない。私たちが「周囲のものを行為主体として」解釈できるという才能をもっているという点に関しては誰しも同意するが、そのような能力をどのようにしてもつようになるのかに関してはみな同意見というわけではないのだから、当面は「理論」という言葉は外してもっと中立的な用語を用いるのが最善だ、というのが私の考えである。専門科学としての心理学もまた、他者の心を説明しまた見通すという課題に取り組んでいるが、こちらは本来の意味での理論——つまり行動主義、認知主義、神経計算モデル、ゲシュタルト心理学、その他の多くの理論——をもっている。民俗心理学は、私たちが正式の教育など受けずとも見事に使いこなす才能である。同様に、民俗物理学も存在し、それは液体は流れ、支えられていない物体は落下し、熱い物に触れると火傷し、水は渇いた喉をうるおし、転がる石には苔は生えないといったことを予測する私たちの才能のことである。たとえ私たちが物理学の講座を一度も受講しなくても、私たちの脳がこれらのほとんど常に正しい予測を難なく産み出せてしまえるのはどうしてなのかというのは、また別の興味深い問いである。

民俗心理学とは、自分の心と他者の心について「誰でもが知っていること」である。すなわち、人々は痛みや飢えや渇きを感じることができるし、それらがどう違うのか知っている。人々はまた過去の出来事を思い出すことができるし、多くの事柄を予想することができる。さらに、眼前のものを見ることができるし、聞こえる範囲で言われたことを聞くことができる。欺くこともできるし欺かれることもある。自分がどこにいるのかを知ることができるし、他者を見分けることもできる。私たちがこのような想定に強い信頼を置いているというのは、他の人々の頭の中で（言うまでもなく他の動物の頭の中でも）実際何が起きているかについて私たちはほとんど何も分かっていないということを考えると、驚くべきものである。私たちは、このようなことができると信じて疑わないので、実際そのようなことを行っているということに気づくことでさえ、猛烈な努力を必要とする。

芸術家と哲学者は、自分たちが「慣れ親しんでいることを新奇なものに変える」という課題を自らに課しているという点に関して、意見を同じくしている。[6] 創造行為を行う天才の偉大なひらめきは、時に、慣れ親しみすぎている状態という硬い殻を突き破り、それまでは当たり前で明白だと思われていたものを新鮮な目で見直すことができるような新しい視点《パースペクティブ》へと**脱シス**させてくれる。これ以上に多くの科学者の同意を得られそうなものは、おそらくないだろう。神話的な瞬間がニュートンに訪れた時、ニュートンは、なぜリンゴは木から下に落ちるのかという奇妙な問いを立てることになった（天才ならざる人間なら誰でも、「ううむ、落ちないわけはないんだ。なんでだろう？」と考えてから、——まるで十分な説明であるかのように——「重いからだ！」という答えに至る）。あなたが盲人ではないとして、あなたに盲目の友人がいるとするなら、おそらく私の次のような予測を確かにその通りと思ってくれるだろう。つまり、あなたが盲目の友人と過ごした時間が長かろうと短かろうと、あなたは、あなたが信じ理解している事柄を盲目の友人に信

（6）この格言的な言葉を発したと言われている人物には、哲学者のルードヴィヒ・ヴィトゲンシュタイン、画家のパウル・クレー、批評家のヴィクトル・シクロフスキーがいる。

じ理解させるために、盲目の友人を前にしてもなお、彼の見えぬ目の前でモノを指で指したり説明図を描いたりしている自分に時折気づくという予測である。覚醒した他の人間を前にすると、あなたとその人が共に同じものを見、聞き、嗅ぐことができるということを、「最初から《デフォルト》」期待しているのである。あなたが時速六〇マイル〔およそ時速一〇〇キロ〕で高速道路を走行しているとき、反対車線に別の車が同じ速度で近づいてきても、あなたは動揺することはない。だが、ひどい交通事故など起きないと、どうしてあなたには分かっているのだろうか？　あなたは、（あなたが見ることすらできず、ほぼ確実にあなたの知人ではない）運転者が生きていいたいと思っており、またそのための最善の方法が〔アメリカでは〕道路の右側を走行し続けることだとその運転手が知っていると、よく考えもせず想定しているのだ。その日、新型のロボット運転システムのテスト走行がその道路で行われているというニュースをラジオで耳にしただけで、心が少し不安な状態になるということに注意してほしい。安全であるように設計されていて、何よりあのグーグルが造り出したシステムだとしても、（おそらく土曜日の夜の遅い時間帯を除けば）こちらに近づいてくる平均的な人間の運転手がもつ合理性と知識に対するあなたの信頼の方が、優秀なロボットに対する信頼を、上回っているのである。

「誰もが知っている」民俗心理学はどのようにして生じるのだろうか？　それは結局TOM〔心の理論〕、つまり幼児期に学ぶある種の理論なのだろうか？　ある部分は生得的なのだろうか、それともそのすべてを学ぶとしたら、どのように、またいつ学ぶのだろうか？　ここ三十年の間に、これらの問いに対する大量の研究がなされてきた。私なりの答えは（やはり、この年月を通じてなされた研究をふまえてたどり着いた答えであるが）、それは理論であるよりもむしろ実践であり、また、ごく自然に生じることからして脳内に何らかの遺伝的基盤があるに違いないような、世界を探求するためのやり方なのだ、ということである。たしかに、「母のひざ枕で」学ばなければならない部分もあるし、成長の過程で他の人間とのあらゆる接触を奪われてしまうなら、（他の深刻な障害を伴うとともに）民俗心理学に関する際だった無能さを呈することになるだろう。しかし、そのような状態に置かれていても、（振り子や丘を転がるボールとは違った）不規則な動きをするものを行為主体と解釈しようとする衝動は、とても強い。心理学の入門コースにはこれに関する私が大好きな証明が一つがある。フリッツ・ハイダーとマリー＝アン・シメルが一九四四年に制作した短いアニメーション（ストップモーション・アニメーション〔コマ撮り〕）である。そこでは、二つの三角形と一つの円が動き回り、箱から出たり入ったりしている。これらの幾何学的な図形は、人間には（動物にも）見えようがないが、図形同士の関わり合いは、欲望や恐怖や勇気や怒りに突き動かされた意図あるものに、どうしても見えてしまう。この古典的なデモ画像は多くのウェブサイトで見つけることができる――例を挙げておけば下記である――www.psychexchange.co. uk/videos/view/20452。[14]

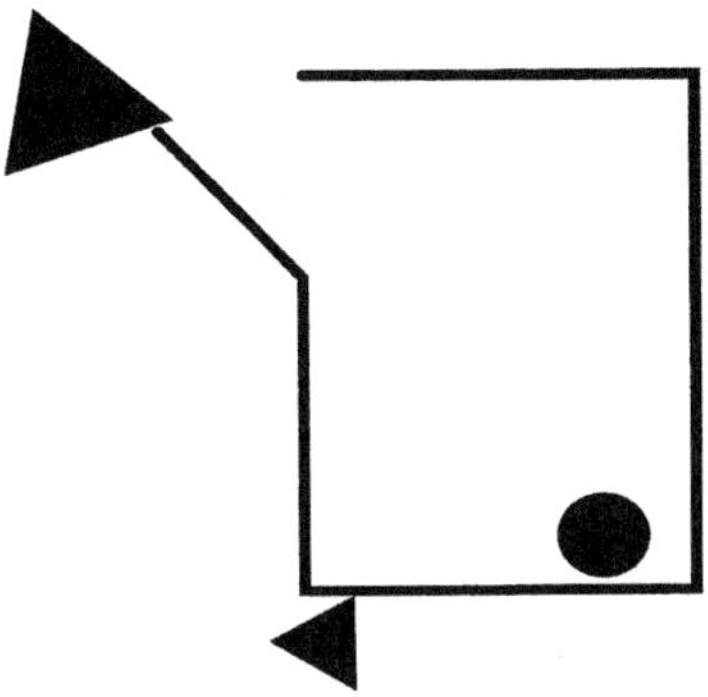

私たちは「行為主体検出装置」を生まれつき備えており（Barrett, 2000; Dennett, 1983も見よ）、またそれはちょっとしたことで作動する。ストレスの多い環境ではよく起こることだが、それは誤作動し、実際には小枝が風に吹かれたり石壁が倒れたりほんの少しドアが開いたりしただけなのに、それを幽霊やゴブリン〔子鬼、悪鬼〕やインプ〔子鬼〕やレプラコーン〔小妖精〕や妖精やノーム〔小人〕やデーモン〔悪鬼〕といった類のものとみなしがちになる（Dennett, 2006a）。[15] 私たちは、努力したわけでも意図したわけでもないのに、

大昔から他者を行為主体とみなしている。しかもその行為主体は、喜んだり怒ったり戸惑ったり恐れたりするだけではなく、誰かの秘密を握っているとか、どの道に進むか迷っているとか、さらには提示された処遇を進んで受け入れようとしないとかいったような行為主体である。民俗心理学は、脳外科の問題でもロケットサイエンスの問題でもない。それは簡単なことなのである。私が論じてきたように、民俗心理学がもつ力と使いやすさは、単純な仮説で説明可能である。それは科学における、最大限抽象的で本質的なものだけで形成された、理想化されたモデルに似ている。私はそれを志向的構えと呼ぶ。

18　志向的構え

　ここまでは順調だ。私たちのほとんど誰もが民俗心理学の巧みな使い手である。(7) 私たちは、他者（と私たち自身）を心をもつものとして考える才能をもっており、ほとんどの場合息をするのと同じくらい難なくその才能を実践に移している。私たちは、ためらうことも考え直すこともなしに、民俗心理学をよりどころにしており、それは見事なまでに信頼できるものなのである。なぜそれはこれほどまでに容易なのか？　そしてそれはどのように機能しているのだろうか？　私たちはここで立ち止まり、さらなる足場作りを行う必要があり、それが探求を進めるのをずっと容易にしてくれるはずである。

　民俗心理学はどのように働いているのであろうか？　その答えがちゃんと見えてくるのは、他の人間ではないものにそれを使う場合に、それがどのように働くかに注意を向けることによってである。あなたがコンピュータとチェスで対戦しているとしよう。あなたは勝ちたいと思っているし、勝利という目標に至るための唯一の正しい道は、あなたが打つ手に対してコンピュータがどんな手を打つかをよく考えることである。「ビショップをそこに動かすと、コンピュータはそれを取るだろう。ポーンを動かしてみると、コンピュータはクイーンを動かさなければならないだろう……」。コンピュータが何をしそうかということを、あなたはどのようにして知るのだろうか？　コンピュータの内部を見たことがあるのだろうか？

あなたはコンピュータのチェス対戦プログラムを研究したことがあるのだろうか？　もちろんそうではない。あなたにそんなことをする必要はない。あなたは、コンピュータが、

一　チェスのルールを「知って」おり、チェスの「やり方も分かっている」し
二　勝ち「たいと思っている」し、さらに
三　可能性を可能性として捉え、チャンスをチャンスとみなし、それに従って（つまり合理的に）チェスを打つだろう

というきわめて明確な仮説の下で、自信をもって予測するのだ。言い換えれば、あなたは、コンピュータを上手なチェスの指し手である、あるいは少なくとも愚かで自滅的な指し手ではないと、想定しているのである。さらに言い換えれば、あなたは、コンピュータをあたかも心をもつ人間であるかのように取り扱っているのである。もっと言い換えれば、あなたがコンピュータの動きを予想し理解するために民俗心理学を用いるとき、あなたは志向的構えを採用したのである。

　志向的構えとは、（人であれ動物であれ人工物であれ何であれ）ある存在者の振る舞いを、その存在者があたかも自らの「信念」と「欲求」を「考慮」して「行為」の「選択」をちゃんと自分で行う合理的な行為主体であるかのように扱うことによって、解釈するという戦略である。[8] 今述べたすべての用語にカギ括弧を付けたのは、その用語の中心的な特徴――実践へ向けての合理的推論が行われる際のその役割、したがってその推論を行う者の振る舞いを予測する際のその役割といった――を説明するために、その用語がもつ標準的な意味合いの一部を考慮しなくてよいということに注意を喚起するためである。ある何かに

ついて私たちが志向的構えをとることで、その何かについての有益な予想を豊富に引き出せる場合、その

（7）例外的な事例との対照を見ておくのが有用である。重度から軽度まで様々な形態をとる自閉症であるが、そのもっとも明確な症状の一つは、民俗心理学に関わる困難として現れる。テンプル・グランディンのように、自閉症を抱えつつもうまく他の人々を解釈している人々は、まさに現実に、苦労して獲得した理論に依拠しながらそうしているように思われる。私たちは難なく他人を捉え、また実際、身振りや微笑みや状況の意味を敢えてそうしようと思わなくても理解するのだが、その同じ場面で、テンプル・グランディンは、彼女が観察しているものが意味していることを導き出さなければならない。彼女は、上手に証拠を集めた後、好意的な挨拶の特徴を脅迫とは正反対のものと見分けることができるし、人々が何かについていつ合意することになるのかを言うことができる。また、〔購入の〕約束と〔実際の〕購入、冗談を言うことと嘘をつくこととを見分けることを自力で学んだ。『ビッグバン★セオリー／ギークなボクらの恋愛法則』の登場人物であるシェルドン・クーパーは、アスペルガー症候群という穏やかな形態の自閉症を抱えた有名な架空の人物であるが、彼のすばらしい科学的精神がかき立てられると、彼が直面している状況を事細かに観察している様子を読み取ることができる。それはまるで、試験管の中で起きている化学反応における触媒の効果を分析しているかのようである。テンプル・グランディンも架空のシェルドン・クーパーも、明らかに心の理論をもっている。彼らとは異なっている私たちも心の理論をもっているとしても、彼らの心の理論にはあまり似ていないだろう。

（8）私が「志向的」構えという呼び方をして、「合理的行為主体」という構えとか「信念・欲求」という構えといった言い方をしないのは、当時（一九七一年）志向性に関する哲学者の研究の多くは、信念や欲求や予想といった命題的態度を説明するのに役立つ「志向的イディオム」の論理を含んでいたからである。このようなイディオムにおいて暗示されているニツイテ性（aboutness）は、論理学的な問題を提起するだけではなく解決を示唆するものである。信念や文は、サンタクロースのような存在しないものについてのものでもありうるし、欲求は、「若返りの泉」や砂漠のまっただ中でのコップ一杯の水のような存在しないものに対するものでありうる。志向的構えは、行為主体がそれについて考えるものについての構えである。それは、私たちが日常の営みにおいて意図的《インテンショナリィ》にとるようなものではない。たいていはそうしようという意志なしになされるし、それに気づくこともめったにない。

何かは、それが何であったとしても、定義上志向的システムである。後ほど見るように、脳も目も耳も手ももたず、したがって実際には心をもつわけではないが、それでもなお志向システムであるような、魅力的かつ複雑な事物は数多く存在する。これはつまり、民俗心理学の基本的な仕掛けは、人間同士が関係し合う世界を越えた思いがけない範囲で応用されることがある、ということである（最も重要な領域の名をあげれば、コンピュータ科学や認知神経科学、のみならず進化生物学や発生生物学にもその応用法があることを、後に見るだろう）。

何が本当に心をもつのかという厄介な問題、志向的構えの固有領域はいかなるものかについての難しい問題は、とりあえず先送りにしておこうと考えている。この問題に対する正しい答え——正しい答えがあればの話だが——がどんなものであれ、志向的構えに関するある明白な事実を覆すことはない。民俗心理学者たちが日常生活において他者と付き合う中で志向的構えがうまく機能しているのとほとんど同じように、志向的構えは他の領域においても予測方法としてきわめてうまく機能しているのである。私のこのような方針に苛立ち不満を唱える哲学者たちがいる。彼らは、警告音を鳴らしたがり、先に進む前に、心とは・信念とは・何であるかという問題をきちんと決着させよと主張する。貴君が使用している言葉を定義せよ、というわけである。だが、私にそのつもりはない。まだ時期尚早なのだ。私はまず何より、志向的構えという妙技の力とその適用範囲を探求したいと思っている。それが何に役に立つのか、またなぜ役に立つのかをいったん見た上で、それでもなおきちんとした申し分のない定義が必要だと感じるなら、そのときに立ち戻り考えてみれば良いのである。これが、難問を最初から丸ごと食べ（そして消化し）ようとするのではなく、少しずつかじっていくというやり方の私なりの実例である。私が説明している思考道具の多くは、少しずつかじっていくのが得意であり、問題の全般的な輪郭を見るのに役立ちそうな「定」点はだいだいここだという目星を付けるのがうまい。私は、『エルボウ・ルーム』(Dennett, 1984a) において、このやり方を彫刻家の方法になぞらえた。彫刻家は、大理石のかたまりから大まかに形を切り出した上で、注意深く慎重に最終形への作業に取りかかり、少しずつその最終形へと近づけていくのである。多くの哲学者は、見たところ、こういうやり方で仕事をすることができない。彼らは、思い切って仮説を立てることができず、そんなことをする前に、彼らの問題とありそうな答えを含む領域を完全に確定しておくことを余儀なくされている(あるいはそうしなければならないと彼らは思っている)。

三つの構え

さて、志向的構えの力の源を、他の予想戦略と比較しながら見ていこう。まず、物理的構え、デザイン的構え、志向的構えという三つの主要な構えがどのようなものかを示すことから始めよう(目的に応じてさらに細分化することもできるが、ここでは行わない)。

物理的構えは、簡単に言うと、物理科学でよく使われる骨の折れる方法である。この構えにおいて、私たちは予測を行わなければならない場合、予測対象である事物の物理的構成と物理学的法則について私たちが知っていることは何でも利用する。私の手を離れた石は地面に落下するだろうと予測するとき、私はこの物理的構えを用いている。一般的に言って、生きているものでも、人工物でもないものに関しては、――後に見るように、重大な例外もあるのだが――この物理的構えが唯一利用しうる戦略である。デザインされたものであろうとなかろうと、生きているものであろうとなかろうと、それが物理的存在であるならば、それは物理学的法則に従属し、それゆえ原理的には物理的構えによって説明し予測されるような仕方で振る舞う。私の手を離れた物体が目覚まし時計や金魚であっても、私は、その落下軌道について、同じ基盤に基づいて同じ予測を行う。目覚まし時計や金魚は、これよりも興味深い振る舞いを示すが、そのような振る舞いを物理学的構えから予測するというのは、ほとんどの場合は現実的ではない。

（石とは違って）デザインされたものとしての目覚まし時計は、より巧みな予測スタイル——デザイン的構えからの予測——の対象になる。私が初めて見るあるものを目覚まし時計だとみなしたとしよう。そこからただちに、私は、もしもどれかのボタンを正しく押せば、その場合一定時間後に目覚まし時計がうるさい音を発するだろうという推理することができる。その際、このような驚異的な規則性を説明する特別な物理学的法則を私が分かっている必要はない。それが——私たちが目覚まし時計と呼ぶ——特殊なデザインをもっていて、デザインされた通り適切に機能するだろうと、私が仮定するだけである。デザイン的構えの予測は、物理学的構えの予測よりもリスクがある。なぜなら、私はさらに次のような仮定を考慮しなければならないからである。つまり

一　ある存在者が私が想定した通りにデザインされており

二　そのデザイン通りに動く、つまり誤作動しない

という仮定である。

デザインされたものには時にはデザインミスが生じ、壊れることもある。石の場合、それに、あるいはその内部で何が起ころうと、そもそも石はいかなる機能ももたないのだから、石の機能不全だとみなされることはない。たとえ石が真っ二つになるとしても、石が二つになるだけのことであって、壊れた石が一

つあるわけではない。デザインされたものが、（たとえば、斧と比較したときのチェーンソーのように）かなり複雑である場合、ほどほどのリスクを負うとしても、驚くほど容易に予測ができるので、負ったリスク以上の見返りがあるものである。チェーンソーの振る舞いを予測するために基本的な物理学的法則まで遡ろうとする人は誰もいない。チェーンソーの可動部分についての簡単な使用説明書があればそれで十分なのだ。

　これよりもさらにリスクが大きくよりすばやくとることができる構えが、現在話題にしている志向的構えであり、これはデザイン的構えの亜種である。志向的構えでは、デザインされたものは、信念と欲求を備えた、また、信念と欲求が生じた場合にすべきことをなしうるのに十分な合理性を備えた、行為主体として扱われる。目覚まし時計はごく単純なので、厳密に言えば、どういう振る舞いをするか、またなぜそういう振る舞いをするかを理解するために、そのような奇抜な擬人化の必要はないが、目覚まし時計よりもはるかに複雑な人工物に対しては、志向的構えをとることが有用である――実のところ、ほぼそうせざるをない。重要な点を何一つ見落とさないようにするため、先に挙げたチェスを指すコンピュータの事例に焦点を当てて、志向的構えをとることの実際をゆっくり述べていこう。

　まず、コンピュータが打つ番のときコンピュータが行いうるルールに適った打ち方（通常は何十もの候補が存在する）をリストにする。

　次に、ルールに適った打ち方を、最善の（最も賢明な、最も合理的な）ものから、最悪の（最も愚かな、最も自己破滅的な）ものまで、順にランクづける。

最後に、コンピュータは最善の手を指すと予測する。

何が最善の手であるのかはっきりしないかもしれないが（コンピュータは人間よりもうまく状況を「見定めて」いるかもしれない！）、四つか五つの手以外のすべての手を除外することならばほとんど常に可能であり、これだけでも予測レベルとしては驚くべきものである。予測レベルをさらに上げて、コンピュータがどの手を打つのかを正確に予測することも――莫大なコストと労力をつぎ込めば――可能ではある。デザイン的構えに戻れば良いのだ。つまり、プログラムの「ソースコード」（第27章参照）を手に入れ、それを「ハンドシミュレート」するのだ。あなたがこれから打とうと考えている手に対してコンピュータがどんな反応をするのかを見つける過程で、コンピュータが進める何百万あるいは何億というステップを紙の上で実行するのである。こうすれば、あなたが打とうとする手に対してコンピュータがどう対応するかを厳密に確定した仕方で知ることができる。しかし、答えが出るまでに長い時間がかかり、制限時間を超過してしまう――実際のところ、あなたの命は尽きてしまうだろう。情報が多すぎるのである！　だがそれでもまだ、こうしてデザイン的構えをとる方が、わざわざ物理的構えにまでさかのぼり、コンピュータのキーを押した結果生じる電子の流れを計算していこうと試みることに比べれば、はるかに容易である。それゆえ、物理的構えはコンピュータの打つ手を予測し説明しようとする場合にははなはだ非実用的であり、デザイン的構えですら、別のコンピュータを用意して作業をやらせるのでなければ（つまりはインチキをするのでなければ）、作業の量が多すぎる。志向的構えをとれば、手間のかかる情報収集と計算というすべての作業を避けることができ、リスクがありつつもかなり良い賭けを行うことができる。というのも、コンピュータは、（それが求めているものが勝利であり、盤上のすべてのコマの配置と能力を知っているということを考えるならば）最善の手を発見して打つのに十分なほど「合理的」であろうからだ。多くの状況において、とりわけコンピュータが打つべき最善の手が「不可避の一手」や「考えずに打てる一手」と言われるほど明白な手になる場合には、志向的構えは、大した努力もなしにほとんど完全な正確さでコンピュータの一手を予測することができる。

志向的構えは、その目標がチェスを指すコンピュータの手を予測するような場合、明らかに有効に働く。なぜなら、そのコンピュータのデザインされた目的が、チェスという高度な合理性を求められる局面で最善の手を「〔合理的に〕推理《リーズン》」することだからである。コンピュータ・プログラムが精油機を動かしている場合、コンピュータが〔精油という〕大目的を前提に、必要に応じてなすべきことを諸状況から感知し、それに応じた様々な動きをなすだろうということも、同様に明らかである。このように見てくると、デザインの卓越性ないし合理性を想定すべきだということの意義が鮮やかに際立ってくる。というのも、未熟なプログラマーが努力して書いたプログラムが、専門家から見て、しかるべき振る舞いをしかるべき状況で行うプログラムになることは滅多にないからである。情報システム（ないしは制御システム）がうまくデザインされている場合、システムの振る舞いの根本的な理由《ラショナル》を識別することは容易であり、相当程度予測可能である――良くできていれば、プログラムを書いたエンジニアが、ソースコードを見る人に向けて、ソースコードの中にそのような根本的な理由を説明する「コメント」を付けているかどうかなど問題ではない（このようなコンピュータの話については後に詳しく行う）。システムの振る舞いを予測するためだからといって、私たちはコンピュータのプログラム技術について何一つ知る必要はない。私たちが知る必要があるのは、精油機を動かすために合理的に必要だとされるものだけである。

さて今や、志向的構えが私たちのことを予測するためになぜまたどのようにして働くのかを、理解することができる。私たちがお互いを志向的システムとして扱うとき、私たちは、各々の頭蓋骨の中で（そして自分自身の頭蓋骨の中で！）生じていることの詳細についての無知を巧みに切り抜けているし、人々が、さしあたりの近似的な合理性をはっきり示すという際立った事実に、無意識に依存している。見知らぬ人の物語にいきなり出くわしても、私たちは普通、何の努力もせずに、また実際意図せずに、それを理解することができる。人々が信じているはずもの（人々の眼前にあるものについての真実）と、人々が欲求しているはずのもの（その人々自身にとって良いもの）とを見て取る生得的な能力を、私たちはもっているからだ。

民俗心理学的予想の実り豊かさについては異論の余地はないが、この天の恵みをどのように説明するかに関しては、多くの意見の対立がある。私たちは、

「もしも人が目覚めており、目を開いていて、バスを眼前にするなら、人は自分の前にバスがあると信じる傾向がある」

「人々がロー・コストで歓心を買うことができると信じるときはいつでも、人々はたとえ見知らぬ人であろうと協力する傾向がある」

といった何十、何百、何千の「自然法則」を学ぶのだろうか？　それとも、これらは各々の状況における合理的な反応なのだとそれとなく感じることで、その感じの求めに応じてこれらすべての荒削りの方法が

生み出されるのだろうか？　後者であると私は言いたい。実際、人々の振る舞いの類型的なパターンの中には、上に挙げたような一般化によって抽出可能なものが数多く存在している（また、それを人生のどこかで学んだことも、原理的に言えばありうる）のではあるにしても、しかし、人々が上のような状況でどのように振る舞うかを想像することすらできない、といった斬新すぎるSF的シナリオ――普通の人間の状態とは似ても似つかない状態――を作り出すのは現実的には難しい。「もし君の身の上にそういうことが起きたら、君はどうする？」というのはごく自然な質問であるが、それに対しては、「僕はほとんど死にそうになる」といったどうしようもない答えだけではなく、「なすべきことがXであると気づけるくらい賢明でありたいものだね」といった実質が豊富な合理的な答えもある。そして私たちは、普通ではあまりありそうにない状況において驚くほど賢明な振る舞いをしている人物たちを見ても、彼らが行っていることとその理由を何の困難もなく理解できるのだ。自分が用いている自然言語の全く新しい文、つまりこれまでの人生で一度も耳にしたことがない文を理解できるという私たちの能力と同様に、人間の間で交わされる膨大な相互関係の意味を理解できるという私たちの能力は、通常の人々においてはある程度生得的である生成的能力の存在を示唆している。[16]

私たちは、ごく自然にまた深く考えることなく、志向的構えを動物にまで広げている。これは、私たちが狡猾な動物を捕まえようとする場合には不可避の戦略であるし、より単純な動物や植物の振る舞いに関して組織的に理解しようとする場合にも有益な戦略である。二枚貝には二枚貝の振る舞い方があり、二枚貝にとっての限定された世界の見え方を踏まえるならば、それは合理的な振る舞い方である。また、競争相手の木のゆるやかな侵入を（近隣に背の高い緑色の物体があると、その物体がその木に今降り注いでいる太陽光の多くを反射してしまうことから）感知することができる木が、より急速により高く生長するために資源を使うという話を聞いても、私たちは驚かない。結局のところ、そうすることが、木にとってはその状況下での賢いやり方なのである。人工物についても、たとえごく簡単な人工物であるサーモスタットですら、初歩的な志向的構えによる解釈を受けることができる。サーモスタットは、設定された温度を維持しようと欲し、実際の温度についての現時点での信念を得るために温度の抽出を頻繁に行い、抽出された温度と望まれている温度を比較し、それに基づいて振る舞う、という具合である。幼い子供にサーモスタットの特質を技術的知識なしで説明しようとすれば、こういうものになる。

　志向的システムに関わるこのシンプルな理論〔志向的構えのこと〕は、実に多くの複雑なものを行為主体《エージェント》とみなすことによってそれらの振る舞いの意味を理解することができるのはどのようにしてなのか、またなぜなのかに関する理論である。この理論がただちに、それによって予測された通りの合理的な振る舞いを何らかの仕方で実行する志向的メカニズムの理論である、というわけではない。志向的構えが与えてくれるのは、志向的システムの「スペック」、――たとえば、識別すべきこと、記憶すべきこと、なすべきことといった――動作説明《ジョブ》であり、志向的構えはそのスペックの実装を、[17] 技師《エンジニア》に（生命という志向的システムの場合には、進化と発達に）ゆだねる。一ドル札と十ドル札の違いを知っていて、両替も偽札の発見もできて、二十四時間商品をお客様に届けようとし、また届けられるような行為主体が欲しいという場合、この志向的構えの特徴づけは、自動販売機のスペックであっても、コンビニの店員の基本的な職務説明《ジョブ》であっても構わないし、行為主体である存在者がどのような内部をもっているとか、それ以外にどんな才能があるのかということは、まったく関係がない。

　このような等価性ないし中立性は、コンピュータソフトの開発者の言葉を使えば、バグではなく特長である。志向的システムの理論は、（次の三つの章で見るように）このような中立性によって、私たちの心と脳の間にある混乱に満ちた溝が橋渡しされるのにあたって主導的な役割を演じることができるのである。
要するに、私たちは、このような中立性によって、「本物《リアル》の」信念（人《パーソン》がもつ信念）と、（自動販売機や動物や幼児や、もっと役立つ事例としては人《パーソン》のサブパーソナルな部分の）信念に類似した状態「に過ぎないもの」との間に共通しているものを理解できるようになる。話を先取りしておくと、私たちは志向的構えをとることで、脳内のサブシステムがもつ有能性（competence）のスペックを、その有能性がどのように実装されているのかに関する詳細な知識に先だって、指定することができる。私たちは、巨大で空想的な「本物《リアル》の」人格《パーソン》をサブパーソナルな行為主体《エージェント》へと――この行為主体自身の方針と方法を使って――分析し、さらにそれらの行為主体をより単純で愚かな行為主体へと分析する。最終的には、私たちは、もはやそれ以上志向的構えの助けを借りずに記述できるほどの単純な志向的システムに到達する。**パーソナルなレベルでの民俗心理学**と、神経回路の**サブパーソナルな**活動との間の断絶を橋渡しすることは、想像力がおぼつかない足取りで進めていく課題であり、哲学者たちが（ちゃんとした大人の）人間の信念と欲求に対して課そうと試みてきた諸々の条件をこのように原理原則に裏づけられたやり方で緩和することが、その助けになる。「本物《リアル》の」信念と欲求は、感覚力のない事物的なものへの下り坂のどこで立ち止まり、「あたかも」単なる信念や欲求「であるかのようなもの」に置き換わるのだろうか？　このようなくっきりした境界線を要求することは、理にかなった動機をもっていない。これはすでに第15章で見たことであり、また後にいくつかの別の思考道具の助けを借りて見ていくはずである。

　コンピュータ科学と動物心理学では、志向的構えはいたるところで利用されており、志向的システムの理論はそれがなぜそうなのかを説明する。進化心理学者の中には、そのような志向的構えを利用しないで済まそうと言い張る者もいるが、進化を扱っている部分で見ていくように、そのような人々は自分を欺い

ているのである。(9)

(9) 私が一九八三年に『行動科学および脳科学』誌に掲載した意見論文「認知動物行動学における志向的システム——『パングロス・パラダイム』の擁護」にその詳細が述べられており、同時に、これに対する異論および再反論がなす魅力的な合唱もその中で読める。志向的構えについてのより近年の洗練された議論と、一般的な異論に対するさらなる再反論については、私の論文「志向的システムの理論」(Dennett, 2009c)を見よ。本章のいくつかの部分はこの論文に由来している。

19 パーソナル／サブパーソナルの区別

あなたの目がものを見ているのではない。あなたがものを見ているのだ。あなたの舌がチョコレートケーキを味わっているのではない。あなたがそれを味わっているのだ。あなたの脳が肩のところの刺すような痛みを感じているのではない。あなたが感じているのだ。あなたの手が契約書に署名するのではない。あなたが署名するのだ。好きな人ができるとき、あなたは体が〈浮き立つ〉思いをおぼえるが、恋に〈落ちる〉のはあなたである。これは、たとえば雷雨 (thunderstorm) のとき、"It's raining" とは言っても "The thunderstorm is raining" という言い方はしないというような、文法上の問題にすぎないというわけではない。またそれは、定義に関する慣習の問題にすぎないというわけでもない。私たちが「私たちの言葉《ターム》を」どのように「定義する」かという問題は何の大事なことにも関わらないとみなし、軽蔑のこもった言い方で「そんなの意味論の問題にすぎないんじゃないか」と言う人が時折いる。しかし、私たちが自分の使う言葉をどう定義するかで、しばしば大きな違いが出てくるのであり、現在の主題はまさにそのような事例に相当する。パーソンについて、またパーソンが何をなしえ何を被りうるかについての私たちの語り方は、いくつかの重要な事実にその基礎を置いている。

一見したところ、パーソンのしかるべき部分がなしえないことで、パーソン全体 (a whole person) のみがなしうることがあるように思われるが、これはおおむね正しい。とはいえ、もしもそうだとしたら、パーソンとは（大雑把に言って）人体の特定の部分、すなわち健全に機能している脳であることが、次に述べるようなぞっとした想像を働かせてみることで見えてくる（あなたは脳をもっているのか、それともあなた自身が脳であるのか？　これは単純に答えが出せる問いではない）。もしもあなたが私の両腕を切り落としても、私は（足の指に挟んだペンで、あるいは口頭での指示で）契約書に署名することができる。しかし、もしもあなたが私の脳を停止させるなら、私の腕や手が何をしようとも、それは契約書への署名とはみなされない。私の目がえぐり出されたら、私はものを見ることができなくなるが、人工眼球を移植すればその限りではなく、これはそれほど途方もないＳＦ的空想というわけではない。では、あなたが私の脳の一部を「切除」し始めたらどうなるであろうか？　あなたが私の目と視神経は生かしたまま後頭部皮質を切除したとしたら、私は「皮質盲」になるだろうが、視覚的能力の残留物は依然として保持しているだろう（たとえば、ブラインドサイト〔盲視〕と呼ばれる有名な状態がある）。私たちが脳の切除をさらに進め、ブラインドサイトの状態すらなくしてしまうことが確かにできるだろうが、それでもやはりあなたが生き続けられることにも疑いがない。このような除去の過程を進め、聴覚・触覚・味覚・嗅覚を取り除いていって、脳を究極の司令部たるあなた――パーソンの居場所であり、パーソンの本体であるもの――へと切り詰めていくことができるだろうというのは、魅力的なアイデアである。だが、魅力的ではあっても誤りである。脳がもつ膨大な能力は、相互に複雑に関わり合い、作用し合っているので、「すべてが」意識へと「集合する」ような脳内の中心的な場所などまったく存在しない。[10] さらに言えば、あなたと言えるあなたを作り上げている多くの能力・傾向性・好みそして癖の多くは、あなたの脳の外部にあるあなたの身体を経めぐる経路に依存している。（脳の「提供者《ドナー》」と「移植を受ける側《レシピエント》」のどちらになりたいかにかかわらず）脳移植は昔から哲学において人気のある思考実験であるが、この思考実験は、ひどい曲解を含んだ理想化によって成り立っている。私がかつて主張したように、「鮮やかな切り口で私の身体から私を切り取ることはできない（Dennett, 1996a, p.77）。

インターネットのもっとも重要な特性は、おそらく、その脱中心性である。そこをめがけて爆弾を落とせばインターネットの機能を停止させられるような中枢や本部といったものは、世界のどこにもないのである。インターネットを構成する各々の主要な部分は、高度な余剰性と融通性を備えているため、それら主要な部分のどれか一つが機能不全に陥った場合、インターネットは——退化という言葉を使うなら——「優雅な退化」を行うのだ。『二〇〇一年宇宙の旅』に登場する知性をもったコンピュータ「ハル」には、「論理記憶中枢」というメモリーカセットを満載した部屋があるので、デイヴ〔主人公・ボーマン船長〕は危機への対応としてこの部屋に入ってカセットを一本一本引き抜きハルをシャットダウンすることができるわけだが、インターネットにはそのような中枢部はない。自然は、インターネット程の高水準の分散化による不死性を私たちに与えることはなかったが、それでもやはり、あなたの身体の中にはかなりの程度のあなたの脱中心性と、あなたの諸部分の融通性がある。あなたの脳の組織は、非常に可塑的である（つまり新たな構造へと形を変えることができる）ことが明らかになっている。その結果として、重要だが「致命的」ではないような身体部分を失ってもなお、あなたはあなたであり続け、夢を追いかけ、敵を打

（10）これは、私の著作『解明される意識』（Dennett, 1991a）の中心的主張である。私がデカルト的劇場と呼んだこのような特殊な場所というアイデアは、私や他の人々がどんな根拠を提起しようとそれに納得できない多くの思想家にとって、どうしようもない魅力をもっているようである。

ち負かし、戦略を練り上げ、苦難や勝利を追想するなどができるのである。これが、あなたのいかなる部分ももつことができない能力を、あなたがもつことができる一つの理由である。あるいは、見方を逆にすることもできる。すなわち、生きた身体全体の諸部分の力を理解したりその意味を捉えるための唯一の仕方は、それらの部分が大きなシステム全体の共働作業にどのように貢献しているかを考察することなのである。

さらなる具体例を考えよう。あなたの脳が英語を理解するのではなく、あなたが英語を理解する。あなたの脳が冗談を面白がるのではなく、あなたが面白がる。たとえ、あなたの脳の中で分布している有能性《コンピータンス》をもたらす構造の働きが、あなたが理解し評価するときの主たる原因としての役割を演じているにしても、あなたのすべての感覚器官や四肢やその他の作動因子によって長年供給されている訓練と支援がなければ、そのような活動は効果を発揮することはできないだろう[11]。

それゆえ、私たちがパーソンを想定する場合、まさしくこれである生きた身体をもつ永続的で意識的な行為主体のことを考え、日々自分のものであるとしている記録の主体であるとみなしているのは、単なる慣習的なことではない。誤りを犯し、競走に勝ち、レスリーとけんかし、どうにか通じるフランス語を話し、ブラジルに行きたいと願い、ブロンド好きで、名誉毀損の罪に問われているのは、まさしくあなたなのである（第62章も参照）。あなたは飢え、疲れ、不機嫌になるが、そのすべてはあなたのサブパーソナルな諸部分のおかげである——ただそれだけのことである。

それでは、この本来の諸部分であるサブパーソナルな諸部分はいかなるものなのか？　それは生きた人間の身体を組み立てるレンガのようなものに過ぎないのであろうか？　最も小さな部分、すなわち原子に目を向ければ、その答えはイエスである。しかし、分子から細胞、さらにその上のレベルに関しては、その答えはノーである。細胞内の馬車馬である蛋白質は、驚くほどの能力をもち――ナノロボットと呼べそうな――識別力豊かな小ロボットである。あなたの脳の中で伝達やスイッチの切り替えや調整のほとんどを行うニューロンは、――マイクロロボットと呼べそうな――より融通のきく有能なロボットである。それらは、より大きな構造へと参加し協力し合いながら連合組織を形成し、情報の受け渡しをし、互いに抑制し合い、感覚からもたらされる多量の情報を分析し、（脳内の隔離された場所にあるわけではない）「記憶装置《メモリー》の中の」眠れる情報構造を目覚めさせ、あなたが行為する際にあなたの筋肉を動かすための微細な信号流を組織化する。

基礎的なブロックたる原子のレベルよりも上のこれらすべてのレベルは、何らかの度合いで行為主体としての性《エージェンシー》格を示す。言いかえれば、志向的システムとして解釈できる。（モーター蛋白質、DNA校正活性酵素、細胞膜上に何兆と存在する出入り口のゲートキーパーなどの）分子レベルにおいては、その能力は極めて「ロボット的」だが、フィクションから二つ例を取るならば、『魔法使いの弟子』に出てくる隊列をなすホウキの一団や「マクスウェルの悪魔」のような印象だ。細胞《セル》レベルにおいては、個々のニューロンはその振る舞いにおいてより探求的であり、よりよい連結を求めて探索し、あちこちに手を伸ばした

（11）　あまり指摘されていないことであるが、水槽の中の脳という哲学者たちにお気に入りの思考実験においては、生きた脳は、何年にもわたる経験で作られたソフトウェアによってすべてのハードウェアを環境設定するために、身体の中での生をもたねばならない。もしもあなたが一から脳を作り上げようとし、脳の諸要素の結合を何であれ生じるがままにしておく「だけ」にしておく（言いかえれば、真新しい脳を無作為に《アトランダム》配線する）ならば、脳が何らかの有能性《コンピータンス》を備えたり、一貫した観念・意図・計画を抱いたり、何らかの記憶（らしきもの）をもつという可能性は、**消えそうなくらいに微か**（第35章を見よ）であろう。第32章も参照。

り、最近得た経験の関数として始動パターンを変える。それは、（蛋白質ナノロボットのような）単なる機械というよりも、囚人や奴隷に似ている。それを、刑務所の独房《セル》に入れられた神経細胞に見立てることもできるだろう。彼らは自分たちが知るよしもない巨大なプロジェクトに、近視眼的な仕方で携わっているのだが、彼らは彼らで自らのポリシーを変えながら、必死に運命を開拓している。これよりも高次のレベルになると、近視眼の度合いがうすれ始める。つまり、——軸索、皺柱、神経節、「神経核」といった——細胞集団は、外的世界の状況を含むさらに広い状況に感応する特殊化された役割を果たす。これらについては行為主体《エージェンシー》という言葉が一層強い意味で当てはまる。[18] というのは、「任務を完了する」ためには、すぐれた識別力や意思決定さえ必要とするからである。

これらの行為主体《エージェント》は、格別の責任を負わされたアナリストや管理職といったホワイトカラーの労働者層に似ているが、しかし、ホワイトカラーの労働者が常にそうであるように、ほどよい程度の競争への熱意と、自分の活動の途上で出会う力なら何であれ手に入れようという意欲、あるいは自分の隣人やコミュニケーションの相手がまずい仕方で取り組んでいる活動を乗っ取りたいという意欲すらもっている。この能力レベルの行為主体《エージェント》の場合、サブパーソナルな諸部分は実際のところ知性あるレンガであり、ここから私たちは、少なくともおおざっぱな形で、それらの諸部分をどのように組み合わせれば包括的なパーソン全体になっていくかを理解できるようになってくる（自転車の部品一式が入った箱に「組み立てが必要です」と書いてあるのと似ている。組み立てが必要だとしても、少なくとも金属を切ったり叩いたりする必要はないし、ボルトやナットを自分で作る必要もないのだ）。

パーソンが心なき分子（だけ）からどのようにして構成されるのかを想像するという意気阻喪する問題を分割によって克服していくという発想は、今述べてきたような仕方でボトムアップ的に捉えることもできるが、トップダウン的に捉えることもできる。つまり、まずはパーソン全体から出発し、次に、非常に賢いホムンクルス〔小人〕たちの小集団が、パーソンを働かせ続けるために必要な仕事のすべてをどのようにして共謀してなしうるかと問うのである。トップダウン方式のパイオニアは、プラトンである。プラトンは、魂を、行為主体に似た三つの部分に分け、それぞれ理性的部分・気概的部分・欲望的部分、あるいは、統治者・防衛者・労働者として働くと分析したのだが、この二千年にわたり詳しく分析されてきた様々な理由から、これはあまり良い出発点ではなかった。前世紀にフロイトによってなされたイド・自我・超自我という三区分では、ある種の改善がなされているが、心《マインド》全体をサブマインドへと分解しようという計画が本当の意味で始まったのは、コンピュータの発明と人工知能（ＡＩ）研究の誕生からである。これらの分野は、その当初から、完全なパーソン（成人の、意識をもち、言語を使用するパーソン）の認知的能力を、（目標創始者、記憶探索者、計画評価者、知覚分析者、構文解析者等々の）サブパーソナルなスペシャリストたちが織り成す膨大なネットワークへと分析しようという目標を、明確に定めていた。

20 ホムンクルスたちのカスケード[19]

心を理解するという何千年にもわたる探求において、理論家たちはしばしば、内なる行為主体という想像の誘惑に屈してきた。つまり、脳内の制御室に座り、すべての仕事を如才なくこなす――ラテン語ではホムンクルス (*homunculus*) と言われる――小人である。もしも人間の神経システムを (思索者たちが、ついこの間、つまり一九五〇年代から六〇年代にかけて考えていたように) 巨大な電話交換器のネットワークであるかのように考えるとすると、その中心にいる電話交換手《オペレーター》という問題に突き当たる。その交換手の心は、その中心にそれ自身の交換手がいるより小さな電話交換器ネットワークでできていて、さらにこの中心にいる交換手の心もそれはそれで……となっているのだろうか？ 中心にこのようなホムンクルスを置く理論は、どんなものでも必ずや無限後退という運命に見舞われる。

しかし、誤りはおそらく、ホムンクルスを要請すること自体にあるのではなく、中心的なホムンクルスなるものを要請することにある。私は、最初の著書である『「心的」内容と意識』(Dennett, 1969) において、大きな失態を犯した。すなわち、抗しがたい誘惑に負け、次のような皮肉を発してしまったのである。

「脳の中の小人」あるいはライルの言う「機械の中の幽霊」とは、心の問題に対する悪名高き非・解決である。そして、「ブレインライティング」[20]というアナロジーは、有益な用途に用いられる可能性を頭から否定はできないとはいえ、単に、脳内の小人というアナロジーを脳内の会議というアナロジーに置き換えるに過ぎないものである (p.87)。

それでは、会議というアナロジーのどこがいけないのだろうか（なんと、私が暗黙に示唆していた帰謬法が引き出されてしまった！）。結局私は、（『ブレインストーム』(Dennett, 1978a) において）脳内の小人を脳内の会議で置き換えるというアイデアはそれほど悪くないということを認めるに至った。思うに、それは認知科学を支えている良いアイデアの一つなのだ。それは、ＧＯＦＡＩ（古き良き流儀の人工知能 (good old-fashioned artificial intelligence)、Haugeland, 1985）が採用した古典的な戦略であり、後にホムンクルス的機能主義として知られるようになったものである。

ＡＩのプログラマーは志向的な仕方で特徴づけられた問題から出発し、コンピュータに対してはっきりと擬人主義的な見方をとる。もしプログラマーがその問題を解くとすると、彼は（たとえば）英語で問いを理解できるコンピュータをデザインしたと言うだろう。プログラマーが行う最初にしてもっとも高度なデザインは、コンピュータを、志向的な仕方で特徴づけられた課題《タスク》をそれぞれ与えられたサブシステムに分解することである。つまりプログラマーは、評価者・想起者・識別者・無視者等々からなるフローチャート〔処理の流れの図〕を作成するのである。これらは紛うことなきホムンクルスたちである……。各々のホムンクルスは、それはそれで、より小さいホムンクルスたちへと分析されるが、しかしより重要なことは、より愚かなホムンクルスたちへと分析されることでもあるということである。単なる加算者と減算者であるようなホムンクルスしかいなくなるようなレベルにまで達し、指示を受けると二つの数の内の大きい方を選び取るようなことしかできない知性しか要求されなくなるとき、ホムンクルスたちは、機械によって置き換え可能であるような要員へと還元されることになる(p.80)。

この戦略がもつ格別の利点は、無限後退になるという反論から手を切ることができるということである。ホムンクルス的機能主義にしたがえば、不吉な無限後退を回避することができ、それを有限後退に――今し方のべたような、機械が代理できるほど単調な課題《タスク》を与えられた交換手《オペレーター》で終わる有限後退に――置き換えることができる。この洞察の鍵は、中枢にいるある交換手が行うと想像されるすべての仕事を分解し、それをよりちっぽけでより愚かな行為主体たちに分配し、この行為主体たちの仕事をそれはそれでさらに分配し、さらに……ということである。

これは優れた前進であったが、古典的GOFAIのトップダウン的なやり方は、厳格な官僚機構の効率性という望ましからざる副産物を生んだ！ 私たちは、中心にいる王やCEOを追っ払うという想像くらいはできたかもしれないが、それでもなお、中間管理職の群れを想定し、彼らは（相互作用することで最高度のシステムを構成している）一群の部長たちに報告書を提出する一方で、部下たちになすべきことを命じ、部下たちは部下たちで単純労働を行う事務職員を呼び出して仕事させる等々、といった想像を行う。無駄な動きも不要な労働者も不服従もないこのような超‐効率的な組織は、初期のAIモデルが開発された際の巨大なコンピュータが、今日の規準からすれば慎ましく動作も遅く、にもかかわらず人々が迅速な結果を求めたという事実によって、要求されたものだった。資金の提供機関によい印象を与える必要がある場合、ＡＩは単純な問いに対して短時間で答えるほうが好ましかったのだ。ＡＩは、その職務遂行において事務的であるべきだった。その上、何千行にもわたるコードを書き下ろすのは大変な作業であり、――たとえば、月の石に関する問いに答えるとか、腎臓病の診断を行うとか、チェスを指すとかといった――目標とするタスク〔一つのアプリケーションが行う作業全体〕を、プログラムの仕方が簡単に分かる、取り扱いやすいサブタスクに分解することに成功し、さらに、それらを十分機能するシステムへと統合することに成功したならば、時間と金銭に関して適切なコスト内で「概念実証（proof of concept）」[12]を手に入れることができるのである。

注意すべきなのは、コンピュータは、必要性《ニーズ》と作業効率とが常に完全に分離されるようにデザインされてきたということである。ハードウェアのレベルで言えば、電力が平等にまた豊富に分配されるようになっており、回路が飢えの危険にさらされることはない。ソフトウェアのレベルで言えば、慈悲深いスケジュール管理システムは、最大の優先性をもつどんなプロセスにも、マシンサイクル〔ＣＰＵが命令を実行する際にとる一連のステップ〕を分配する。どのプロセスに優先権が与えられるかを決定する何らかの指

（12）概念実証は、便利だが危険でもある工学《エンジニアリング》の専門用語である。非常に洗練された複雑なウィジェット〔小型のアプリケーションソフト〕のデザインを依頼された場合、まずはごく単純なウィジェットをデザインする――つまり、適切にもトイ・プロブレム〔単純化された問題〕と呼ばれているものを解決する。そして、そのウィジェットが簡素化されたタスクに取り組めたとき、あなたはこう宣言するのだ――自分は「概念実証」を手に入れました。後は、これをスケールアップして、ご要望の完全に仕事をこなす優れたウィジェットとして完成させる「だけ」のことです。ただ、それにはもう少し時間とお金がかかります。つまり、困難な概念上の問題は「解決」しました、というわけだ。このような言葉は、単なる宣伝のためだけに用いられる場合もある。

示機構が存在することもあるかもしれないが、通常は整然とした順番待ちであって、生存闘争ではない。マルクスならばこれを「能力に応じて各人が与え、必要《ニーズ》に応じて各人が受け取る」と評したかもしれない。コンピュータ科学者エリック・バウムは、的確にも、このような階層構造《ヒエラルキー》を「〔旧ソ連の〕政治局」的な統制と名づけた。コンピュータはどんなことにも気配りをまったくしないという世間に流通している直観の根底には、このような事実のおぼろげな把握がありそうである。コンピュータが正しくない素材で作られているからではなく――炭素の方がシリコンよりも気配りを行う素材として適切であるなどと言える理由などあるだろうか？――、コンピュータの内的組織《エコノミー》には、リスクやチャンスが予め組み込まれていないからこそ、コンピュータは気配りをする必要はないのである。

ニューロンの事情は、これとは異なっている。私たちの身体を構成している細胞の一般的な状態は、自発的な奴隷だと言ってもいいかもしれない――あるいはむしろ群生《コロニー》の中にいる無私無欲で子孫を残すこともない働きアリであり、比較的競争のない（マルクス主義的な）環境の中で型にはまった作業と生活を営んでいるようなものである。しかしながら、今私が念頭に置いている脳細胞は、市場《マーケットプレイス》で熱烈な競争を強いられている。何のためだろうか？　ニューロンが何を欲するというのだろうか？　繁栄し続けるために必要なエネルギーと原料である――脳細胞はこの点では、同じ真核生物の単細胞の祖先たちや、さらに遠いところでは原核生物および古細菌たちと変わるところがない。脳細胞は酵母や菌類と類似した真核細胞であるということを、忘れないでほしい。もしも個々のニューロンに意識があるとすれば、水虫にも意識があることになる！　とはいえ、ニューロンは、心なき単細胞のいとこたち同様に、生死を賭けた闘争における非常に有能な行為主体である。彼らの闘争の場は、〔水虫の場合のように〕人間の足の指ではなく、脳という非常に過酷な環境である。そこでの勝利者が向かう先の細胞は、より効果的なネットワーク形成を行うことができ、大局的に見れば人間の目的や衝動が見分けられる**バーチャルマシン〔仮想機械〕**[21]レベルでより影響力のある趨勢《トレンド》に寄与することができる。神経システムにおけるサブシステムの多くは、お互いに対立し合う過程として組織されており、自分の道を通そうとする二つのサブシステムの間の主導権争いに関与している（たとえば、私たちの情動《エモーション》は、まさにライバル関係にある嵐のようなものであり、全力を尽くして相手を追い出したり、相手の勢いをくじこうとするし、あるいは、さらに別の嵐が現れたらそれに立ち向かうために協力し合う）。それゆえ、私が今考えているのは、互いに対立し合う情動の動力学的な過程、およびその過程が私たちの心を制御する際に果たす役割は、個々のニューロンの競争能力を利用する神経化学的な構造〔エコノミー〕に支えられている、ということである（心に留め置くべきことだが、私の主張によれば、より大きな構造においては、ニューロンは依然として優れたチームプレイヤーであり、この点ではより過激な利己的行為主体《エージェント》であるガン細胞とは異なっている、ということである。ここで思い出すのは、ノーベル生物学賞の受賞者であるフランソワ・ジャコブの「すべての細胞の夢は二つの細胞になることである」という名言である。ニューロンは、活性化し続けることと影響力をもち続けることを目指しているが、増殖を夢見ているわけではない）。この見方によれば、動物行動の知性的制御は、──株式市場での取引が計算過程であるのと同じ意味で──やはり計算過程であることになるが、しかし、ニューロンは、神経科学者セバスチャン・ソング（Seung, 2007）が述べているとおり、利己的なニューロンなのであり、脳内でこれまで発見されてきた様々な形で流れている報奨金の入手を、極大化しようとしている。では、ニューロンたちがドーパミンやセロトニンやオキシトシンによって買い入れるものは何であろうか？　彼らが購入しているのは、自分が加わっているネットワークの中でのより大きな影響力と、したがってまたより大きな安全である（ラバが不妊の動物であるという事実はラバが自力で生きていくことを妨げるものではないが、それと同様に、ニューロンは、結局のところ、彼らが複製する祖先から受け継いだ自己防衛的本能によって動かされている)。

神経科学に感化を受けたボトムアップ式のホムンクルス的機能主義は、こうして、脳がいかに働くかについてのモデルとして、ますます良いように見えてくる。というのも、それが生み出した「コンピュータ的な基本設計《アーキテクチャ》」がますます混沌として競争的な色合いを見せれば見せるほど、生物学的な視点から見てますます真実味を増してくるからである。つまり、私たちは、胚に始まり成人期にも存続しつづけるこのような基本設計を構築し修正しうるような様々な発達過程を見抜くことができるし、このような基本設計がより単純な神経システムから——すなわちそれ自体準・知覚し信号を発信し想起する完成度の低いホムンクルスたちのチームから——どのようにして進化することができたかを、理解することができる。(13)

(13) このような考え方を誰もが歓迎しているわけではない。『神経科学の哲学的基礎』(2003)という本が最近、神経科学者マックス・ベネットと哲学者P・M・ハッカーの共著として出版されているが、この本はそのような考え方への軽蔑を山のように積み上げている。彼らへの私の反論(およびそれへの彼らからの再反論)の詳細は、Bennett et al., 2009 参照。

21　操作詞・準〔22〕

なぜこの「準」という表現にこだわるのだろうか？　このように徐々に上昇していく能力レベルの堆積を分析するまたは総合する場合、各能力レベルについて、「それが何であるか」と「何をするか」という二つの事柄を把握する必要があるからである。「それが何であるのか」については、それを作り上げている諸部分の構造的な組織化に基づいて――その諸部分が機能すると期待されている通りに機能するとみなすことができるかぎりにおいて――記述することができる。「それが何をするのか」とは、それが（準）遂行する（認知的）機能は何か、ということである。これについては、もう一段上のレベルで、まさにその機能〔「準」がつかない機能〕を遂行しうるような有能性を備えた建築ブロックが私たちの財産目録中にあると想定できるかぎりは、「準」のついた機能で十分なのである。これは、心はいったいどのようにして物質的メカニズムから構成されうるのか、という心を呆然とさせる複雑な問いに懸命に関わる際の鍵になる。コンピュータ時代の曙、およそコンピュータの発明者という名に値する人物がいるとしたらこの人だと言うべきアラン・チューリングは、このことを見通していた。チューリングによれば、それ自体において精神性のかけらももたない小さな心なきメカニズムから出発し、それらを組織してそれよりも優秀なメカニズムを作り上げ、さらにそれをずっと優秀なメカニズムを作り上げることができるだろうが、この道のりにはどうも限界はなさそうなのである。認知科学において〈操作詞・準〉と呼んできたものに対応するものは、進化の過程におけるダーウィンの漸進主義（詳しくは第VI部で見ていく）にも当てはめられる。バクテリアが存在する以前には準・バクテリアが存在しており、哺乳類が存在する以前には準・哺乳類が存在しており、イヌ以前には準・イヌが存在していたといった具合に。

サル(ape)とリンゴ(apple)の間にある巨大な差異を説明するためには、ダーウィンの漸進主義が必要である。そして人間そっくり《ヒューマノイド》のロボットと手動計算器の間にある巨大な差異を説明するためには、チューリングの漸進主義が必要である。サルとリンゴは、同じ基本成分から作られているが、それらの基本成分は、様々な機能の有能性《コンピータンス》からなる多レベルのカスケードの中で違った形で構造化され利用されている。準・サルとサルの間に、明確な分割線を引くことはできない。人間そっくり《ヒューマノイド》のロボットも手動計算器も、思考も感覚ももたない同一の基本的な「チューリング的レンガ」から作られているが、私たちがそれらを組み立ててより大きくより有能な《コンピータント》構造を作り出し、さらにそれを要素としてもっと高いレベルでずっと有能な構造を作り出すにしたがって、私たちは最終的に（準）知的な諸部分に到達することができるのであり、その諸部分を組み立てれば、理解している《コンプリヘンディング》と呼ぶに値する有能性に至ることができる。もっとも単純なバクテリアにはじまり、ヒトデから宇宙飛行士にいたる動物の脳を構成しているすべての識別回路や信号回路や比較回路や想起回路までのあらゆるレベルで、私たちは、**志向的構え**を用いて、（準）合理的行為主体の特定の信念と欲求（または「様々な信念」と「様々な欲求」、または、準・信念と準・欲求）を追跡している。その一線を越えるなら真の理解力《コンプリヘンション》が得られるというような原理的な一線は存在しない——私たち自身についてさえ、そうなのである。小さい子供は、自分が言った「パパはお医者さんなの」という言葉について準・理解しており、私は「$E=mc^2$」について準・理解しているのである。このような反-本質主義（第43章参照）に抵抗する哲学者もいる。彼らによれば、あなたは雪が白いと信じているか信じていないかのいずれかであり、あなたには意識があるかないかのいずれかであり、いかなる心的現象であれそれに近似しているものとみなされるものは何もないのであり、すべてか無のいずれかなのである。このような考え方をする人々にとって、心がもつ様々な力は解きがたい神秘である。なぜなら、彼らにとって、心は「完全なもの」であり、単なる物質的なメカニズムの中に見いだされるどんなものにもまったく似ていないからである。

22 不可思議な組織

インドのストリート・マジックに関する素晴らしい著書『マジックの正体――インドにおける驚異と欺き』において、シーゲルは (Siegel, 1991) 次のように述べている、

「私は今、マジックに関する本を書いています」と説明すると、「リアル〔本物の〕マジックについてですか?」と聞かれる。リアルマジックということで、人々は、奇跡や魔法の技や超自然的な力といったものを考えている。「違いますよ。マジックと言ったのは手品のトリックのことで、リアルマジックではありません」と私は答えることにしている。言いかえれば、リアルマジックは、リアルではない〔実在しない〕マジックを指していて、リアルである〔実在する〕マジック、現実に行うことができるマジックは、リアルマジックではないのである (p.425)。

「リアルマジック」は、――その定義上、と言ってよいかもしれないが――奇跡的なものであり、自然法則に反するものである。多くの人々は、リアルマジックが存在すると信じたがる。マジシャンであり、懐疑主義者であり、第一級のオカルト現象暴露人《ゴーストバスター》であるアメイジング・ランディは、ユリ・ゲラーのような

自称超能力者たちのトリックを再現してみせて、彼らの驚くべき技は、リアルマジックではなく手品であることをはっきり示した。しかし、これだけでは納得しない人々もいる。もう何年も前、〔カナダの〕ウィニペグで催されたショーに引き続く質疑応答の席で、観衆の一人がランディに対して二重の嘘をついているという非難を発した。つまり、ランディは、実はゲラーと全く同じ本物《リアル》の超能力者なのである――そんなランディが、ゲラーの技を再現して単なる手品にみせかけようとしていただけで、そうすることで、ランディは、自分よりも有名なゲラーの尻馬に乗り名声と大金をせしめようとしたのだ、というのである！

この突拍子もない攻撃に反論するのは難しい。それに反論するには、すべての観衆に対してどんなトリックを用いたのかを詳しく教える以外に手はないのだが、世界中すべてのマジシャンたちの伝統に敬意を払っているランディとしては、それは避けたいことなのである（ペンとテラーは、マジックのトリックの秘密の仕掛けを明かすような実演を初めて行った人々である。マジシャン仲間の一部によっては非難されたが、そのような非難に耐えることで結局彼らは、伝統的なタブーを破りつつもマジックショーを台無しにしないでいることができるという実演のあり方を示したのだった。）

心と脳の関係が話題になるとき、リアルマジックを信じたいという同様の熱意が、多くの人々にとりつくようになる。少なからぬ神経科学者と心理学者――および哲学者――を含むある人々は、少なくとも潜在意識のレベルで、神経組織《ニューラル・ティッシュ》のダイナミックな特性が、奇跡的と呼んでもいいような何かを、科学には夢想すらできない隠された諸力を利用する何かを、なにがしかの仕方でなしうるのだという観念に、魅了されている。彼らが正しいのかもしれないが、私たちとしては、最初から彼らが正しいということを前提にしてはならない。不可思議な組織は存在しない！ということをルールにしなければならない。

私たちがほぼ絶対確実に知っていることがある。つまり、どんなコンピュータ・プログラムの中にも、物理的に説明不可能なものの出る幕はなく、これまで想像だにしなかった力の場も、神秘的な量子のいたずらも、［ベルクソンの言う］エラン・ヴィタルもない。コンピュータの中に不可思議な組織《ワンダー・ティシュ》がないのは確実である。私たちは、コンピュータの中で基礎的な処理《タスク》がどのように行われているのかも、またその処理がいかにしてより一層複雑な処理へと作り上げられることが可能なのかもちゃんと知っており、このように構成された能力を、説明のつかない神秘を使わずに説明することができる。そういうわけで、現代のコンピュータが見せる妙技は私たちを驚かせつづけているとはいえ、機械としてのコンピュータ自身は、缶切りと同じようにありふれたものである。たくさんの手品はあるが、「リアルマジック」はないのだ。

　これは大変価値のある事実なので、次の第Ⅳ部でその事実が詳しく論じられる。この事実の価値は、それまで奇跡的だと思われてきたことをコンピュータにさせることができるとしても、コンピュータは不可思議な組織なしでそれを行っているということを証明できるということに、由来する。脳はそれとは別の仕方で機能しているかもしれないし、不可思議な組織をもってさえいるかもしれない（ランディは、ゲラーとまったく同じように本物《リアル》の超能力者かもしれない！）が、しかしそう信じるに足る理由はないのである。コンピュータは、このように、脱神秘化という重要な役割を果たしており、まさにそういうわけで、私たちが理解しようとしているものなら何であれ——ハリケーンであれ住宅バブルであれＨＩＶであれ人間の意識であれ——そのコンピュータ・モデルを作り上げようという主張には十分な理由があるのである。

　不可思議な組織という言葉は、認めがたい理論化に関わらないように他人を説得したり懲らしめたりするために使うという意味で、警官の警棒と同列の思考道具である。さらに、警棒と同じように、悪用される可能性もある。それは**オッカムの剃刀**という思考道具の特殊な付属品であり、そのために、ある種の科学的保守主義を強化してしまうものであって、そしてそういう立場は視野の狭いものである場合もあるのだ。この点に関する私のお気に入りの事例は、ウィリアム・ベイトソンに由来する事例である。ベイトソンは、近代遺伝学の父に数えられる人物であるが、一九一六年というそんなに昔ではないときに次のように言わざるを得なかった。すなわち、

生物の諸性質は、何らかの仕方で、物質的な基盤と結びついており、おそらく特別な形で、核クロマチン［染色体］と結びついている。しかしながら、クロマチンの粒子ないし他の何らかの実質の粒子が、それがどれほど複雑なものであろうと、私たちがもつ因子ないし情報（gens）［遺伝子（genes）］に割り当てられなければならないような力をもつことができるとは、まったく考えられない。クロマチンの粒子は相互に識別不可能であり、また実際あらゆる既知のテストを用いてもほとんど均質なものであるので、そのような粒子が生命のすべての諸性質を与えることができるという仮定は、最も深く確信された唯物論の射程すら超えている（p.91）。

ベイトソンは、DNAを想像することすらできなかった。人間の細胞のすべてに二重螺旋になった三十億の塩基対が含まれているかもしれないというアイデアは、ベイトソンの想像力が及ぶ範囲を端的に超えていたのだ。幸いにも、ベイトソンの悲観主義に与しない生物学者たちがいて、その彼らが後に、世代から世代への遺伝情報の伝達という奇跡的にも見える芸当が極めて精巧な諸分子によって果たされる様子を、明らかにすることになる。しかし、この発見の道すがら、彼らは、不可思議な組織などないというルールに従っていた。彼らは、自分たちが狙っている獲物が所有していなければならない有能性《コンピータンス》について――遺伝学を通じて――多くのことを知っており、そのような有能性をもつであろうものの物理的に可能なモデ

ルを構築することを、自らの課題として設定したのだった。

私たちは、今日、同様の課題に直面している。実験心理学は、心の有能性と弱さ——認識することの喜びや思い違いをしたときの困惑、言語学習の足取り、気が散ったりみだらな気持ちを抱いたり恐れたり機嫌がよかったりしたときの諸条件等々——についてのますます詳細になっているカタログを提供しつつあり、私たちは、今や「確信した唯物論者」として、脳がその一切を一体どのようにして行うのかを、不可思議な組織を要請することなしに、解き明かす必要があるのだ。

私たちの理解が増すにつれて、不可思議な組織だとされるものも移り変わる。「コネクショニスト」モデルやその他の「ニューラルネットワーク」モデル〔人間の中枢神経系に模して形成された並列処理型コンピュータ〕が一九八〇年代半ばに表舞台に登場したとき[14]、これらのモデルは、その数年前には、ニューロンの小さな索がそんな力をもちうるなどと誰も考えなかったような学習能力とパターン認識力を実際に示した。このようなほぼ〔脳の〕現実通りと言えそうなモデルが示す計算的な力を脳がどのように利用しているのかについて——それどころか、脳が実際にそれを利用しているのかどうかについてすら——、私たちにはまだよく分かっていない。しかしながら、あなたがまだ説明することができないと率直に言える何らかの神経《ニューラル》ネットワークを説明するために、コネクショニズムに基づいて構想された能力を考えてみることは、今は許されており、その能力は、すでに証明されている範囲を明らかに超えるということはない(ランディはゲラーとまったく同じやり方のトリックを使うわけではないかもしれないが、ゲラーができることを説明するランディの方法には幅があると考えてよく、この幅のある方法は、ゲラーが実際にやっていることに含まれている過程をさらに突き止める指針を与えてくれる)。不可思議な組織とは問題解決の方法ではなく、むしろ諦める方法、すなわちその問題が決して解けない神秘だと決めつけるための方法である、というのが不可思議な組織に対する主要な反論だということになる。

（14） これに関する概観と紹介は、私の『計算的アプローチの論理学的地形――東極〔East Pole〕からの視点』(Dennett, 1986) を見よ。まさに最初に刊行されたアンソロジーとしては、マクレランド、ラメルハート、ＰＤＰ研究グループによる著書 (McClelland, Rumelhart, and PDP Research Group, 1986) を見よ。

23　巨大なロボットの制御室に囚われて

ロボットは、（定義上、また実際に）自分の内部に**不可思議な組織**をもっていないので、思考実験のための無菌状態のようにきれいな舞台を提供してくれる。たとえば、次のような思考実験である。

あなたはある朝目覚めると、窓のない奇妙な部屋の中にある見知らぬベッドの上で寝ていた。その部屋の壁のうちの二つは、様々な色で点滅する小さな発光体で埋め尽くされており、残りの二つの壁は、無数の押しボタンで埋め尽くされている。発光体とボタンには番号がふってあるが、ラベルは付けられていない。傍らのテーブルに、誰かがあなたにあてて次のようなメモを残していた。

おはよう！　君は睡眠薬で眠らされ、誘拐され、この新しい住まいに連れてこられた。冷蔵庫の中には食料があるし、部屋の隅にはバスルームもあるから、君の身体的要求だけはすべて満たされるだろう。君は、巨大なロボットの制御室に閉じ込められている。ランプが点灯すると、そのランプはすべて、ロボットの状況に関して十分かつ適切な情報を与える。これらのランプは、ロボットがもつ高性能のカメラという目・集音マイクという耳・触覚センサーさらに嗅覚センサーから流れ込む生の入力《データ》を、高度に洗練されたニューラルネットワークによって分析した結果を出力している。ボタンの方はロボットの体を動かす。こちらもすべて調整され、いつでもどんな活動でも行えるようになっている。ロボットがいるのは危険な世界だ。そこには多くの危険とチャンス《オポチュニティ》がある。ロボットの命運は君の手にかかっている。したがってまた、もちろん、君自身の命運もこのロボットを世界の中でいかに上手に操縦できるかにかかっている。もしもロボットが破壊されればこの部屋の電気系統も停止する。そうなれば冷蔵庫の食料もなくなり、君は死ぬ。成功を祈る！

なんてひどい状況だ。心臓が口から飛び出そうになりながら、あなたは実験を始める。ボタンを押してみて、何が起きるか確かめてみる。四三二八番の黄色いボタンを押してみる。すると、四九六番の青いランプがチカチカと点滅する。一体これはロボットの痒い部分を引っ掻いているのか、ロボットの目を閉じたのか、あるいは何かを「食べ」て、差し迫った代謝系の要求を満たしたのか？　もう一度四三二八番のボタンを押してみると、別のランプが灯る。世界ではどんな変化が起きているのか？　これが意味するものは何なのか？　もどかしい状況だ。というのも、これらのランプには莫大な情報が込められているという話だったが、では、どのライトがどの情報を知らせているのか、どのボタンがロボットにどんな行動を命じているのか？

ランプとボタンにラベルさえついていれば！　そうすれば――もしラベルがあなたの理解でいる言葉で書かれているなら――あなたは問題を解決することができるかもしれない。そうでなければせめて、この部屋にあなたが開けることができる窓がついていたら、ボタンを押したときにどんな動きが起きるのかを確かめることができるのに！　そもそも、このロボットに手や足はあるのだろうか？　窓があれば、壁で点滅しているランプを頼りに外部世界で起こっていることに手を加えることができるのに。窓がなくともすべての情報は手元にある。だが、その情報を解釈するすべがない。あなたはロボットに何百という行動をとらせてみたが、世界にどんな変化が起きたのかは皆目見当がつかないのだ。

あなたは手も足も出ない状況にいるように見える。あなたにどれほどの知恵や想像力があろうと、すべてのデータがあなたの手に委ねられていようと、あなたの部屋の壁で生じていることの意味を解き明かすことはできないだろう。しかしながら、たとえあなたにはこの問題を解決できないのだとしても、私たちにはある逆説《パラドックス》へのとっかかりが手に入ったのだ。というのも、ここでのあなたの窮状は、あなたの脳の窮状に他ならないからである！ あなたの脳は、外界とあなたの身体の状態についての情報で大賑わいの何百万という入力ラインと、筋肉を刺激して収縮や弛緩を引き起こすように仕組まれている何百万という出力ラインを備えた窓のない部屋——あなたの頭蓋骨——に、閉じ込められている。さらに、あなたの脳は、頭蓋骨に窓を開けることはできないし、したがって、視覚皮質に流れ込む信号パターンの原因としてどんな出来事が起こっているのかを確認するために外を見ることができない（そのような窓があったとしても、あなたの脳にどんな良いことがあるというのだろうか？ あなたの脳が受け取り解釈しようとする信号を送る〔実際の〕目の他に目があるわけではないし、世界の中に存在する諸事物がどのように見えるかについて事前の記憶があるわけではない）。

たとえば、あなたがアヒルを見ているときの視覚皮質表面の興奮パターン——あの部屋の点滅するランプ——が、実際アヒルのような形になっているということによって、脳の仕事はより容易になされているのだと、あなたは考えるかもしれない。アヒルがどのように見えるかを、あなたがやってきたようにあなたの脳が学んだのだと仮定できるなら、これも良い考えかもしれないが、あなたの脳がそれを学ぶようになるのはどのようにしてなのだろうか？(15)

あなたの脳がまずそのすべての信号を「解読《デコード》」しなければならないとしたら、あなたの脳はどのようにして何かを学ぶことができるのだろうか？　さらに、その信号を何に変換《デコード》するのだろうか？　トルコ語だろうか？　トルコ語でラベルが印字されていても、あなたがトルコ語を理解していないなら、あなたにとって何の意味もなさない。あなたの脳が、その入力から何らかの値《あたい》を引き出すことが可能になるのに先だって、あなたの脳は何らかの言語を理解していなければならないのだろうか？　すでに見たように、脳は一度も学ぶ必要のない内的言語——心語（Mentalese）ないし思考の言語（Forder, 1975, 2008）——を装備するようになるというアイデアは、興味をそそるものだ。このアイデアは正しい方向への一歩であるかのように見えるのだが、しかし、それがどのように働き、そもそもどのように進化したのかに関する詳細が分からなければ、それは問題を解決しているわけではなく、思考の言語があると宣言することで、問題を別の名で呼んでいるにすぎない。私たちは、脳が何らかの仕方で問題を解決していることを知っている。私たちの脳は、入力された情報が告げる苦境やチャンスに対処できるような適切な出力を、高い信頼性をもって見出しているのである。しかも、私たちが知っているように、脳が与える解決が——それがどんなものであれ——端的に言って（英語やトルコ語のような）言語に似ていることはありない。というのも、それは、私たちが母語を獲得するのと同じ仕方で子供時代に獲得されるというわけではないからだ。それ

（15）　そのとおり、後頭部の（視覚）皮質（やその他の領野）での興奮パターンは、実際、外界においてあなたの目の前にある対象の（歪んだ）形を帯びるのであるが、しかし、脳の中で何がその形を見ているというのだろうか？　おそらく何かが、その形を**準・**見ている〔見るという行為に近い行為を行っている〕。これは、取り扱いに注意しなければならないアイデアである。

は（記憶と共に、脳の保管庫に正しく書き込まれる）書き言葉に似ているのだろうか、それとも純然たる話し言葉に似ているのだろうか？　それは、何千、何百万、何十億もの「単語」からなる語彙をもっているのだろうか？　語順は重要だろうか？　文法はあるのだろうか？　脳のある部分が他の部分のメッセージを誤解するようなことがありうるのだろうか？

もしも〈思考の言語〉仮説が、（ランプとボタンのラベルを読み取っている、巨大ロボットの中にいるあなたと同じように）制御室にいて言語を理解するホムンクルスを要請するのだとしたら、どのようにして学習と理解が、それ自体では理解力をもたない小機械から合成されうるのかを解き明かすという課題を、単に先送りするにすぎない。また、もしそれがメッセージを解読《デコード》するするホムンクルスを要請しないのだとすると、そのシステムは、それが何であれ、言語には全く似ていないことになる。そして、そのような〈思考の言語〉がどのように働くのか、また発達と経験を通じて〈思考の言語〉がどのようにしてインストールされるのかに関する詳細を、まだ誰も示していないのだから、おそらく思い込みをもたないほうがよいし、進歩していないのに進歩しているかのように思い込んで安心しないほうがよいだろう。

この第Ⅲ部の直観ポンプが示しているのは、脳が置かれている苦境は、巨大なロボットの制御室に囚われたあなたの苦境とは重要な点で同じではない、ということである。脳の課題《タスク》は、何らかの入力が何らかの出力に「接続されて」いて、適切な関係を学びさらにそれを洗練させる何らかの手段が脳の中にあるということによって、部分的にはあらかじめ解決されている――また、解決されているのでなければならない。これは、誕生時の私たちの脳は「真っ白な石版」ではなく（Pinker, 2002）、むしろ様々な嗜好や予期や連想を具体化するようにすでに自然選択によってデザインされているという、広く認められた主張を劇的に示すためのまた別のやり方である。そして、適切な「入力と出力の」接続のいくつかが組み込まれてい

るかぎり、その接続にラベルが張られている必要はないのである

理解力《コンプリヘンション》が存在しうるのに先だって、**理解力《コンプリヘンション》なき有能性《コンピータンス》**が存在するのでなければならない。[23] これが、自然のやり方である。バクテリアは、様々な種類の顕著な有能性をもっているが、その有能性を理解している必要はまったくない。バクテリアの有能性はバクテリアにちゃんと仕えているが、バクテリア自身は無知にとどまる。木々は、行使することで自分に利益をもたらす有能性を備えているが、なぜそうなのかを知る必要はない。自然選択の過程そのものが非常に有能であり、理解力のかけらもなしに突出した技巧と効率を備えたデザインを作り出すのである。

私たち成人の人間が享受するような理解力は、進化という場面ではごく最近の現象である。そしてそれは、ごく小さな半‐理解力あるいは疑似・理解力――魚や虫が享受している程度の（未熟で中途半端で不完全な理解力）――によって達成されまた可能になった有能性をそなえた構造によって、合成されているのでなければならない。これらの構造は、ほとんどの場面で適切に振る舞うようにデザインされているが、なぜその振る舞いが適切なのかを知る必要はない。

別の可能性を考えてみよう。ロボットの制御室の中に完璧な〈理解力をもつ存在〉がいて、それがすべての入力と出力を前にしているという可能性である。しかし、この可能性が袋小路に至ることは明らかである。なぜか？　もし理解力というこの力が説明できないものならば、あなたはあなたの理論の根幹に不可思議な組織つまり奇跡を組み込んだということになるし、理解力というこの力が――それ自体において理解力をもたない過程と活動と力によって――説明可能だとするなら、あなたはあなたの貴重な時間を浪費してしまったわけで、結局、有能性と言われるものからどのようにして理解力が生まれてくるのかを説明しようと努力している人々の出発点に戻るからである。

Ⅳ　コンピュータを論じる幕間

小休止。おそらくすでにお気づきであろうが、私はすでにコンピュータについてわずかばかり言及しており、この先のページにはコンピュータの話がずっと多く出てくる。コンピュータは、疑いもなく、私たちがもっている最も強力な思考道具であるが、それは、コンピュータが多くの知的な仕事《タスク》を懸命に行ってくれるからだけではなく、コンピュータ科学者が発明してきた概念の多くが、それ自身として優れた思考道具でもあるからだ。今日私たちは、コンピュータに関する難解な用語の洪水――ソフトウェアやハードウェア、回線容量やギガヘルツといった――の中を泳いでいるのだが、ほとんどの人々は、新たな専門語の意味に関しておおむね的確な印象をもっているのは確かだろう。とはいえ私は、私が自分の講義でこの種の用語を用いたとき、学生たちが知った顔でうなずくとしても、その理解の度合いにはばらつきがあることに気づいていた。場合によっては、学生たちが、私が伝えようとした事柄に関する突拍子もない誤解に行き着き、私をまごつかせるということもあった。そこで私は、世界一単純なコンピュータ向けのプログラムの書き方の講習を行うことにした。

いくつかの基礎的な技能を身につけるために時間を割きそれに努力を傾けるなら、それにちゃんと見合った形で、本書のこれ以降の部分の理解をより深められるはずである（もしあなたが熟練したコンピュータの専門家であるなら、自分が非専門家向けに話そうとするときに役に立つものを私の説明の仕方から見つけられるかもしれないが、ここをとばして先に進んでもかまわない）。私は、以下で述べる講習をコンピュータ恐怖症の学部学生数百人に対して、すでに試験的に行っており、よい結果を得ている。パズルを解くくらいならば電話帳を暗記する方がましだという学生ですら、この愚かしいまでに単純なコンピュータに自分の務めを果たさせることに喜びを感じ、ゾクゾクする満足感をおぼえてくれた。以下の訓練を終えた方には〈コンピュータの力の七つの秘密〉が伝授されることになるはずである。

24 コンピュータの力の七つの秘密を解き明かす

コンピュータは、数世紀前であれば奇跡——「リアルマジック」——に見えたであろうような力を備えている。しかし、多くのコンピュータ・プログラムは恐ろしく複雑であるとはいえ、そのほとんどは、非常に単純なことばで完全に説明可能なステップを積み重ねることで作られている。コンピュータがすることに神秘の余地はないのである。まさにこの事実が、思考の道具としてのコンピュータの価値の一つなのであり、また、コンピュータがどのように働くのかを——概略的に——説明することは、それ自体として哲学的に興味深い。コンピュータがいかにして「マジック」を行うのかを基本的なレベルで理解することは、非常に価値あることであり、この章はこの脱神秘化を行う。

最初に、想像しうる限り最も単純そうなコンピュータであるレジスタマシンの考察を行い、正確なところその力がどんなもので、なぜそのような力をもつのかを見てみることから出発しよう。続いて、チューリングマシンや（あなたのノートパソコンのような）フォン・ノイマンマシンが、レジスタマシンとまったくそっくりで、単により効率的になっただけであると言えるのはどうしてなのかを、明らかにすることにしよう（より効率的とは、あなたのノートパソコンにできることであれば、レジスタマシンにもできるということであるが、あまり期待してはいけない。それには何世紀もかかってしまうことだろう）。さらに、これ以外の様々なコンピュータの「アーキテクチャ」[1]が、私たちが考察する初歩的なマシンであるレジスタマシンのスピードと能力《キャパシティ》をさらに増幅できるのはいかにしてかを理解することができる。もちろん、人間の脳のアーキテクチャは、最も興味深く、最も考慮に値するアーキテクチャの一つである。

ちょっと待て。私は、あなたの脳が並外れたコンピュータにすぎないと主張しているのだろうか? 答えはノーである――ともかく、今のところはそうだ。私が言っているのは、もしもあなたの脳が並外れたコンピュータだとすれば、その活動を何の神秘も残さずに理解する方法があるだろう、ということである――もちろん、それが発見できればの話だ。私たちの方法は、リバース・エンジニアリングになるだろう。これは、複雑なシステムを研究して、そのシステムが現に行っていることをどのようにして行っているか突き止めるという方法である。リバース・エンジニアリングが教えてくれるのは、心臓がポンプとしてその職務を遂行するのはどのようにしてかということであり、あるいは肺が酸素を吸い集めて二酸化炭素を吐き出すのはどのようにしてかといったことである。神経科学は、脳に対してリバース・エンジニアリングを行おうと試みている。私たちは、脳が何のためにあるのかを知っている――すなわち、予期し、指針を与え、想起し、学ぶためにあるということを知っている――が、しかし今私たちが明らかにする必要があるのは、脳がそのすべてをどのように成し遂げているか、ということである。

これは、情熱的な論争が交わされている主題である。小説家のトム・ウルフ(Wolf, 2000)は、「申し訳ありませんが、あなたの魂はすでに死んでいます」と題された小論によって、白熱する論争の中心にある急所を鋭く指摘していた。もし私たちがこの危険な領域に踏み入ろうとするならば――そして、雄弁な弁舌と公然たる非難で万人の時間を浪費させるだけに終わらないようにするには――私たちにはもっと鋭利な道具が必要である。私たちの脳が、どんなコンピュータも及ばないような不可解で神秘的な現象を内に秘めそれを利用しているかどうか、という問いに責任をもって向き合う前に、私たちは、コンピュータに何ができるのか、そして、どのようにしてコンピュータはそれを行うのかを、知る必要がある。あなたの脳がコンピュータではない――コンピュータではあり得ない――と証明するための唯一満足のいく方法は、二つしかない。(一) 脳の「作動部分」のいくつかが、いかなるコンピュータにもできないような情報処理活動に携わっていることを示すか、さもなければ (二) コンピュータ的なやり方で、その脳の部分が携わっている単純な活動から、私たちが知り愛しんでいる〈心の妙技〉を組み立て、作り上げ、編成することはできないということを示すかの、いずれかである。

ある専門家たちは――哲学者に限らず、神経科学者、心理学者、言語学者、さらには物理学者も――、人間の脳/心に対して「コンピュータの比喩」を用いることは深刻な誤解を招くものだとか、もっと大げさな言い方で、脳はコンピュータにはできないことができるのだと、論じてきた。このような論評は、――いつもというわけではないが――大抵の場合、コンピュータがどんなもので、またどんなものでなければならないのかに関してきわめて素朴な見解を前提にしており、結局のところ、脳はあなたのノートパソコンが (変換器と実行装置が貧弱で、メモリが少なく、速度に制限があるために) できない多くのことをすることができるという、明白な (しかし場違いな) 真理を提示するにすぎない。コンピュータのもつ力全般についてのこのような強い懐疑的主張の是非を検討すべきだとすれば、コンピュータのもつ力全般がどこに由来し、どのように行使されまたどのように行使されうるのかということを、私たちは理解する必要がある。

レジスタマシンという素晴らしいアイデアは、コンピュータ時代の曙、クルト・ゲーデルの弟子である論理学者――さらに哲学者でもあった――ハオ・ワンによって提起された (Wang, 1957)。これは素敵な思考道具なので、自分の道具箱に是非とも入れておくべきである。この思考道具は、もっと知られているべきなのだが、広く知られているとは言い難いのだ(1)。レジスタマシンは、理想化された想像上の（しかし完全に実現可能な）コンピュータであり、いくつかの（有限個の）レジスタ〔記憶回路〕と、プロセッシングユニット〔データ処理装置〕だけで構成されている。

　レジスタは記憶場所であり、各々のレジスタには（レジスタ1、レジスタ2、レジスタ3……のように）固有のアドレスが与えられていて、また各レジスタは、コンテンツとして、（0、1、2、3……といった）単一の整数をもつことができる。各レジスタを、（0個から……個の）どんな数の豆粒でも入れておくことができる大きな箱と考えることができる。その箱はどんなに大きくてもよい。私たちは普通、その箱をどんな整数でもコンテンツとしてもつことができるものとみなすので、もちろん無限に大きな箱が必要とされるのだが、私たちの目的からいって、非常に大きな箱を考えれば十分である。

　プロセッシングユニットは、非常に単純な三つの能力だけを備えており、それは三つの「命令」に「従う」ことができるという能力である。これらの命令が系列をなしたものは、いかなるものであれプログラムであり、またそれぞれの命令には、それがどんな命令かを特定するために数が与えられている。三つの

（1）私は、一九八〇年代半ば、タフツ大でコンピュータ入門の課程を担当したのだが、この課程を共に担当した同僚のジョージ・スミスが、私にレジスタマシンのことを教えてくれた。彼に感謝したい。ジョージは、レジスタマシンがもつ驚くべき教育的能力に気づき、それを解説用の道具に仕立てた。私はここで、その解説用の道具を、当時とは幾分異なる聴講者に向けて、採用している。タフツ大でジョージと私が創設した「カリキュラー・ソフトウェア・スタジオ」は、この課程が発展してできあがったものである。

命令は次のものである。[2]

〈終了せよ〉――停止ないしシャットダウンしてよい。

〈増加させよ〉――レジスタnを〈増加〉させて(つまりレジスタnのコンテンツに1加えて、あるいは箱nに豆粒1つ入れて)、それから別のステップであるステップmに進め。

〈減少させよ〉――レジスタnを〈減少〉させて(つまりレジスタnのコンテンツから1引き、あるいは箱nから豆粒を1つ取り除いて)、それから別のステップであるステップmへ進め。

〈減少〉命令は、〈増加〉命令とよく似た仕方で機能するが、ただ一つ、それにはない非常に重要な複雑さを抱えている。つまり、レジスタnの中の数が0であったら、〈減少〉命令は何をしたらよいのだろうか? そこから1を引くことはできない(レジスタは負の整数をコンテンツとしてもつことはできず、すなわち空の箱から豆粒を取り除くことはできない)ために行き詰まることになり、道を〈分岐〉させなければならなくなる。すなわち、プログラム上のある別の場所に向かい、次の命令を得なければならなくなる。これは、現在のレジスタのコンテンツが0であるなら、すべての〈減少〉命令が次の命令に向かうための場所がプラグラム上に記載される必要がある、ということである。したがって、〈減少〉の完全な定義は、次のようになる。

〈減少させよ**あるいは**分岐せよ〉――レジスタnを〈減少させる〉（レジスタnのコンテンツから1を引く）ことができる場合にはレジスタnを〈減少させよ〉、〈**あるいは**〉（*OR*）、レジスタnを〈減少させる〉ことができない場合はステップpへと〈分岐せよ〉。

こうして、レジスタマシンにできることすべての目録が手に入る。手軽な略称で言えば、〈終了（*End*）〉、〈増加（*Inc*）〉、〈減岐（*Deb*）〉（減少させよ・あるいは・分岐せよ（*Decrement-or-Branch*）を表す）である。

一見すると、こんな単純な機械にはたいして面白いことはできず、できることはといえば、箱に豆粒を入れるか箱から豆粒を取り除くか（取り除ければある命令に出会い、取り除けなければ別の命令に分岐する）であると、思うかもしれない。しかしながら、実際は、この機械は、およそコンピュータ〔計算機〕が計算《コンピュート》できることなら何でも、計算《コンピュート》できるのである。

単純な足し算から始めよう。レジスタマシンに、あるレジスタ（レジスタ1と呼ぼう）のコンテンツを、別のレジスタ（レジスタ2と呼ぼう）のコンテンツに加えさせたいとする。その場合、レジスタ1が［3］というコンテンツをもち、レジスタ2が［4］というコンテンツをもつなら、3＋4＝7なので、レジスタ2が［7］というコンテンツをもつことでプログラムが終了するようになるというのが私たちの望みである。以下に挙げるのがこの作業《ジョブ》を行うプログラムで、これはレジスタで組み立てられたプログラミング〈レジスタ・アセンブリ・プログラミング〉を意味するRAPという名で呼ばれる単純な言語で書かれている。

プログラム1――加算［1、2］

ステップ	命令	レジスタ	次のステップ	［ステップへの分岐］
1	減岐	1	2	3
2	増加	2	1	
3	終了			

はじめの二つの命令は、単純なループを形成しており、レジスタ1を減少させレジスタ2を増加させて、レジスタ1が空っぽになるまでそれを繰り返し、プロセッシングユニットがそれに「気づく」とただちに、停止を命じるステップ3へと分岐する。プロセッシングユニットは、コンテンツが0の場合以外、レジスタのコンテンツが何であるかを告げることができない。箱の中の豆粒というイメージから考えると、プロセッシングユニットを、レジスタの中身が何かを見ることができないが、レジスタの中身が空っぽになるに至ると、中身が空っぽであることを手で探り当てることはできるような盲人のように見なすことができる。しかし、プロセッシングユニットは全般に渡ってレジスタのコンテンツが何であるかを言うことができないにもかかわらず、プロセッシングユニットにプログラム1を実行させると、それは常にレジスタ1のコンテンツ（レジスタ1の中の数が何であっても）をレジスタ2に（レジスタ2の中の数が何であっても）加算し、それから停止する（これがなぜ常にうまくいくか、その理由がお分かりだろうか？　二、三の実例で確かめてみて欲しい）。ここには一つの印象深い見方がある。すなわち、レジスタマシンは、それが足しているのがどんな数なのか（あるいは数とは何であるか、加算とは何であるか）について知るこ

となしに、二つの数の足し算を完璧に行うことができる、ということである！

練習問題1

a. プログラム1を実行して、2+5を行って7という答えを得るためには、レジスタマシンはいくつのステップを要するか？（〈終了〉も1ステップに数える）

b. 5+2を行うには何ステップ要するだろうか？（ここからどのような結論を引き出せるだろうか？[2]）

この過程を図表化するうまいやり方があり、その図表はフローグラフとして知られている（図表1）。そこで描かれている円は、いずれも命令を表している。円の中の数字は、操作がなされるべきレジスタの（コンテンツではなく）アドレスを表し、「+」は〈増加〉を、「−」は〈減岐〉を表している。プログラムは、常にα《アルファ》から始まり、Ω《オメガ》に到達したときに終わる。矢印は、次の命令に向かうことを指している。注意すべきは、どの〈減岐〉命令も外へ向かう二本の矢印があり、一本の矢印は、減少できる場合に進む場所を示し、もう一本の矢印は、レジスタのコンテンツが0であるために減少ができない場合に進む場所を示している（ゼロでの分岐）、ということである。

（2）練習問題の解答は付録を見られたい。

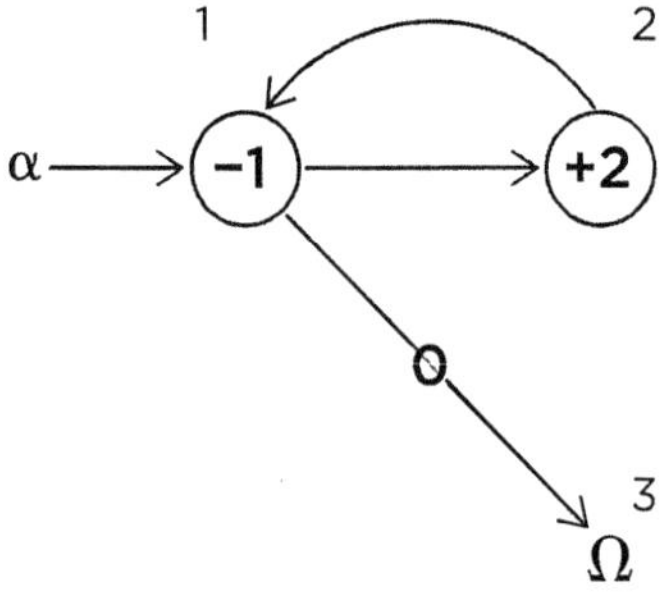

（図表１）

では、あるレジスタのコンテンツを別のレジスタに単純に移動させるプログラムを書いてみよう。

プログラム２——移動［４、５］

ステップ	命令	レジスタ	次のステップ	［ステップへの分岐］
1	減岐	5	1	2
2	減岐	4	3	4
3	増加	5	2	
4	終了			

フローグラフは左記の通り（図表2）。

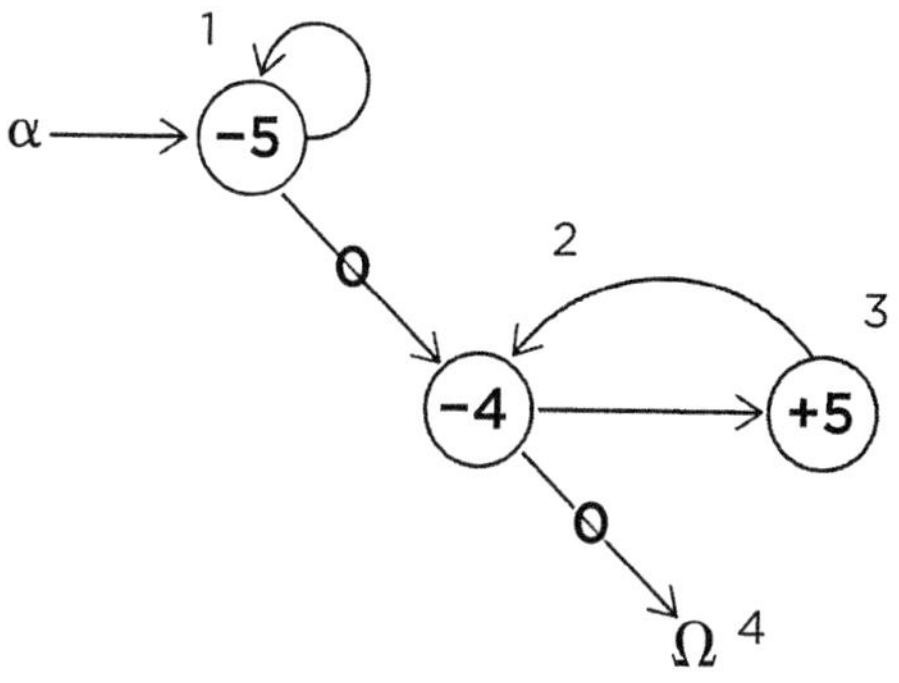

（図表2）

このプログラムの最初のループに注目して欲しい。このループは、レジスタ5をまっさらにするので、レジスタ5が最初にコンテンツとして何をもっていようとも、第二のループにおいてレジスタ5の中に蓄積されるものに悪い影響を与えない（第二のループは、レジスタ5の中の0にレジスタ4のコンテンツを足す、加算ループである）。この初期化のステップは、レジスタのゼロアウトとして知られており、これは非常に有益な標準的操作である。この操作を使えばいつでも、レジスタを使用準備の整った状態にすることができる。

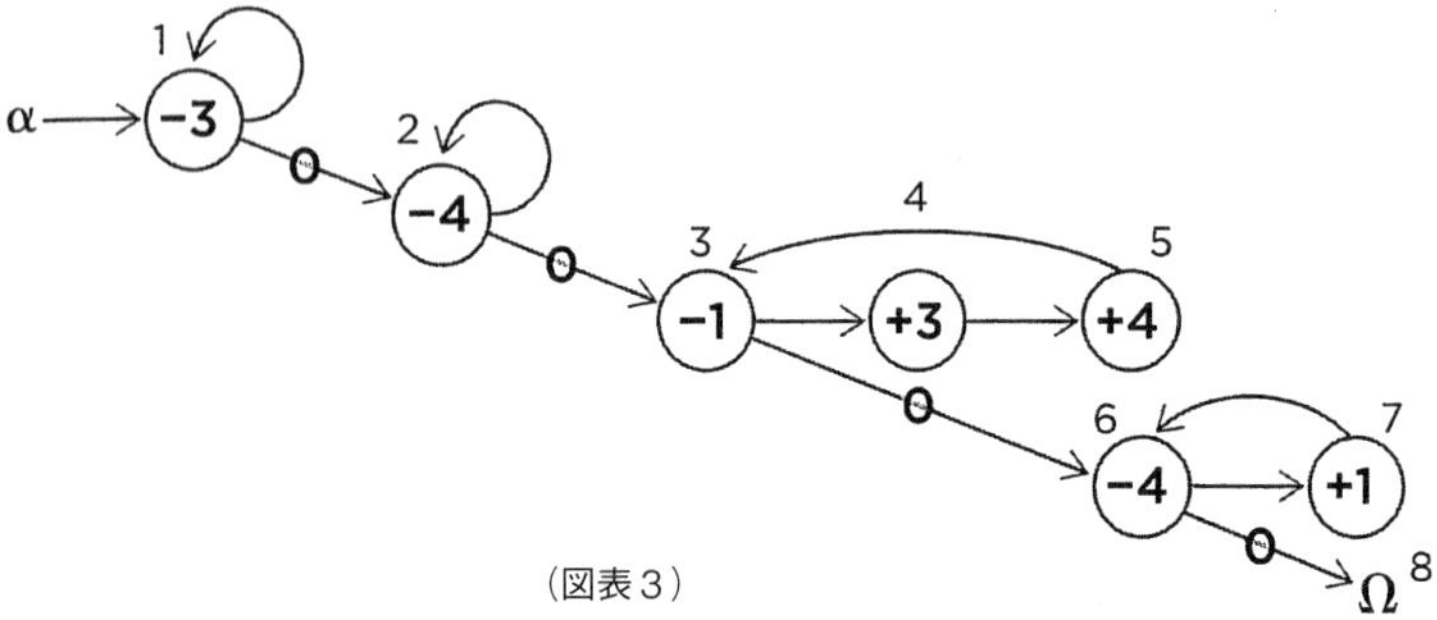

（図表3）

第三の単純なプログラムは、一つのレジスタのコンテンツを別のレジスタへとコピーし、しかも元々のレジスタのコンテンツを変えずにおくというものである。まずはフローグラフ（図表3）、次にプログラムを考察していこう。

プログラム3――コピー〔1、3〕

ステップ	命令	レジスタ	次のステップ	〔ステップへの分岐〕
1	減岐	3	1	2
2	減岐	4	2	3
3	減岐	1	4	6
4	増加	3	5	
5	増加	4	3	
6	減岐	4	7	8
7	増加	1	6	
8	終了			

これが、コピーを行うやり方としては回りくどいものであるのは確かである。というのも、コピーをするためにまずレジスタ1のコンテンツをレジスタ3に移動し、それと同時にもう一つの〔レジスタ1の〕コピーをレジスタ4に作成しておいて、その後で〔レジスタ4の中の〕そのコピー〔レジスタ1の元の値のコピー〕をレジスタ1に戻すというやり方をとるからである。だが、これはちゃんと動作する。常に、ちゃんと動作するのだ。レジスタ1、3、4のコンテンツが最初何だろうと、プログラムが停止するときには、レジスタ1の中にあったものは、それが何だったとしても元のままそこにあるし、またそのコンテンツのコピーがレジスタ3の中に入っているようになっている。

もし、このプログラムが働く仕方は徹頭徹尾明白だという風に思えないとしたら、レジスタとなるコーヒーカップ（すべてのカップには、鉛筆でアドレスを書いておく）と、山盛りの小銭（ないし豆粒）を用意し、プロセス全体を「ハンドシミュレート」してもらいたい。予め何枚かの小銭をすべてのレジスタに入れておき、レジスタ1とレジスタ3に何枚入っていたかを記録する。プログラムにひたすら従っていけば、それを終えたとき、レジスタ1内の小銭の枚数は最初と同じになっており、またそれと同じ枚数の小銭がレジスタ3の中に入っているはずである。レジスタマシンの基本的なプロセスを内面化し、このプロセスについてあれこれ頭を悩ます必要がなくなることが、とても重要である。なぜなら、私たちはこの先、この新しい才能を使用していくことになるからである。そういうわけで、しばらくの間、（俳優がハムレットになるように）レジスタマシンになっていただきたい。

私の学生の一部は、単純な誤りに陥る。彼らは、レジスタを減少させる際、レジスタnから取り除いた小銭をどこか他のレジスタの中に入れなければならないと思いこむのである。違うのだ。取り除かれた小銭は、ただの単純な加算・減算の繰り返しの中で用いるための「無限に多い」小銭の供給元となる山に、もどるだけなのである。

移動、コピー、ゼロアウトを道具箱に収めたことで、先に挙げた加算のプログラムに戻り、それを改善する準備が整った。プログラム1は、加算の問題の正しい答えをレジスタ2の中に入れるが、その過程でレジスタ1とレジスタ2の中にあった元々のコンテンツを破壊してしまう。私たちは、もっと優れた加算プログラムを望んでもいいかもしれない。つまり、それらのレジスタの値をもっと後で使うために保存しておき、計算の答えの方は別の場所に入れるようなプログラムである。そこで、レジスタ1とレジスタ2のコンテンツは元のままで、レジスタ1のコンテンツをレジスタ2に加えるという処理《タスク》を、考えてみよう。

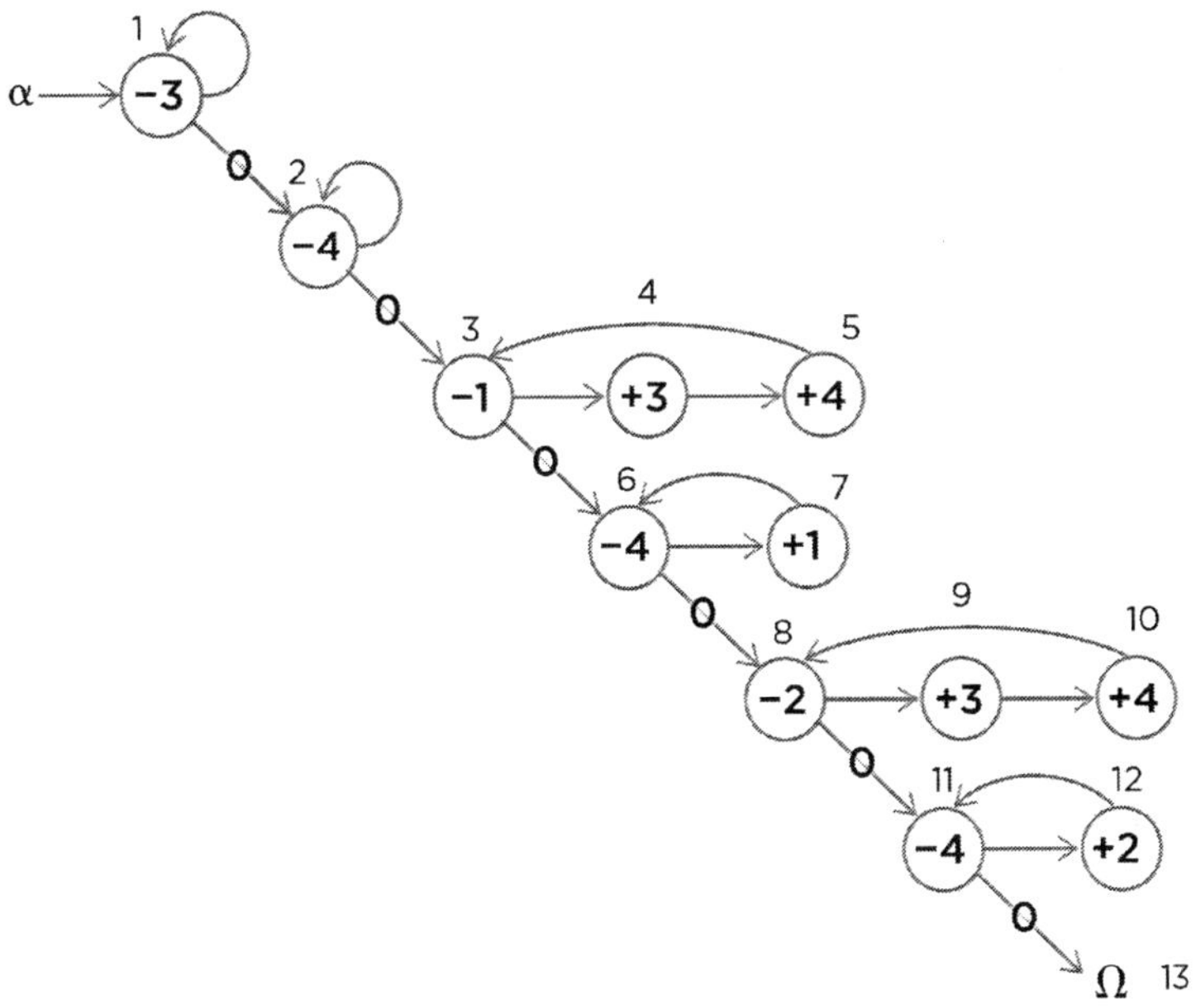

（図表４）

前頁に掲げたのがそれをなしとげるはずのフローグラフである[3]（図表4）。

この中のループを、それぞれが何をするかを見るため、分析していくのがよかろう。まず、回答用レジスタであるレジスタ3をゼロアウトし、続いて、スペアレジスタ（レジスタ4）をゼロアウトして、それを一時的な貯蔵庫つまりバッファとして用いる。それから、レジスタ1のコンテンツをレジスタ3と4の両方にコピーし、その後でそのコンテンツをバッファからレジスタ1に戻して、レジスタ1を復元する（この過程で、レジスタ4が再びバッファとして使用されるためにゼロアウトされる）。次に、レジスタ2を使って同じ操作を行う。これは、レジスタ2のコンテンツを、すでにレジスタ3の中に移動しておいたコンテンツに加算する、という結果をもたらす。プログラムが停止すると、バッファ4は再び空になり、回答がレジスタ3の中に入り、足し合わせた二つの数は、元々の場所であるレジスタ1とレジスタ2に戻っている。

以下の十三ステップのRAPプログラムは、フローグラフ中に含まれている全ての情報を、プロセッシングユニットが読める形式に直したものである。

プログラム4——非破壊的加算［1、2、3］

ステップ	命令	レジスタ	次のステップ	〔ステップへの分岐〕
1	減岐	3	1	2
2	減岐	4	2	3
3	減岐	1	4	6

4	増加	3	5	
5	増加	4	3	
6	減岐	4	7	8
7	増加	1	6	
8	減岐	2	9	11
9	増加	3	10	
10	増加	4	8	
11	減岐	4	12	13
12	増加	2	11	
13	終了			

このプログラムをコーヒーカップと小銭による手作業でシミュレートするのはおすすめしかねる。人生は短いし、想像の中で基礎的なプロセスをひとたび内面化してしまえば、あなたはもう〈ロッドレゴ〉という補助装置を使うことができる。これは http://sites.tufts.edu/rodrego からダウンロードできる、レジスタマシンの一種である。

コンピュータで実行可能なロッドレゴとしては、ウィンドウズコンピュータ版[4]およびマック版がある。これは、私たちが「計算ソフトウェアスタジオ」で二十年以上前に開発した思考道具であり、何百人もの学生や他の人々が、レジスタマシン的な思考を滑らかに行えるようになるために使ってきた。あなたは、自分なりにRAPプログラムをタイプし、それが実行される様子を、レジスタ内の豆粒か数字で、見るこ

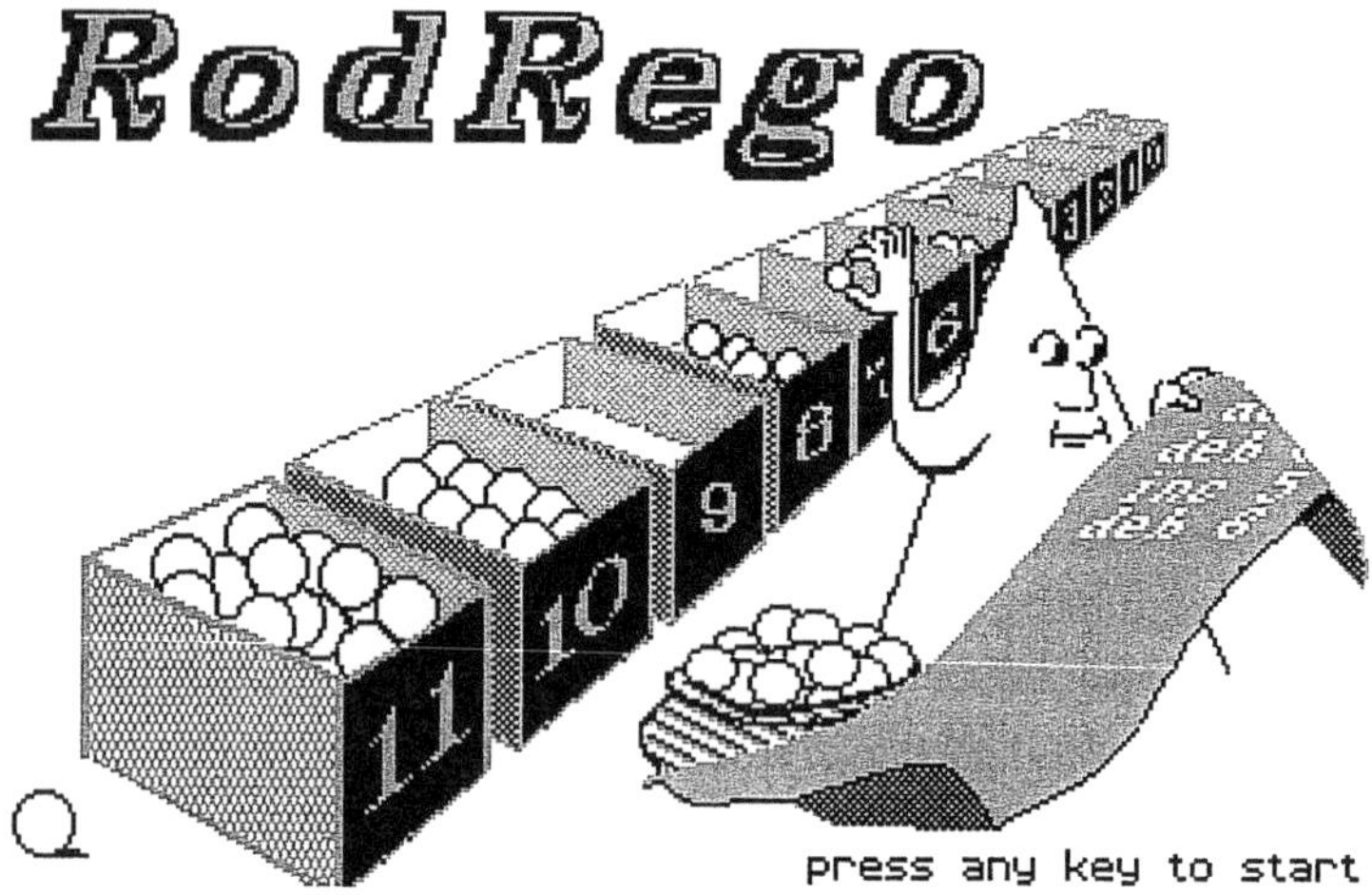

1986年の、最初のロッドレゴレジスタマシンのタイトル画面

とができる。さらに、たとえば加算のフローグラフをプロセッシングユニットがたどる道を見ることができる「パワーポイント」によるアニメーションのデモ画面があり、これを見ればRAPの命令とフローグラフ内の円がどう対応しているのかを正確に知ることができる。

さて今度は、減算に取り組むことにしよう。以下は、レジスタ1のコンテンツからレジスタ2のコンテンツを引き、その答えがレジスタ4に入るというフローグラフの、最初のチャレンジである（図表5）。このフローグラフのどこがまずいか、おわかりだろうか？

この命令がうまくいくのは、レジスタ1のコンテンツがレジスタ2のコンテンツよりも大きい場合に限られる。だが、そうでなかった場合はどうなるだろう？

レジスタ1は、減算ループの途中で、減算を終える前に「ゼロアウト」してしまう。それでは何をすべきなのか？　コンピュータに単に「終了」してもらうだけですますことはできない。というのもこの場合、レジスタ4に誤答（0）が残されてしまうからである。

私たちは、このゼロアウトを、まずループを半分戻りレジスタ2について暫定的に行われた加算を取り消すという、新しいプロセスの出発点として利用することができる。この時点で（レジスタ1ではなく）レジスタ2のコンテンツは、正しい答えを与える。つまり、もしその数を負の数であると解釈するならば、それは正しい答えなのである。したがって、その答えを（予めゼロアウトしておいた）レジスタ4にただ移動した上で、どこか他の場所に、この答えは負の数ですよという記号を示せばいいのだ。ここで明らか

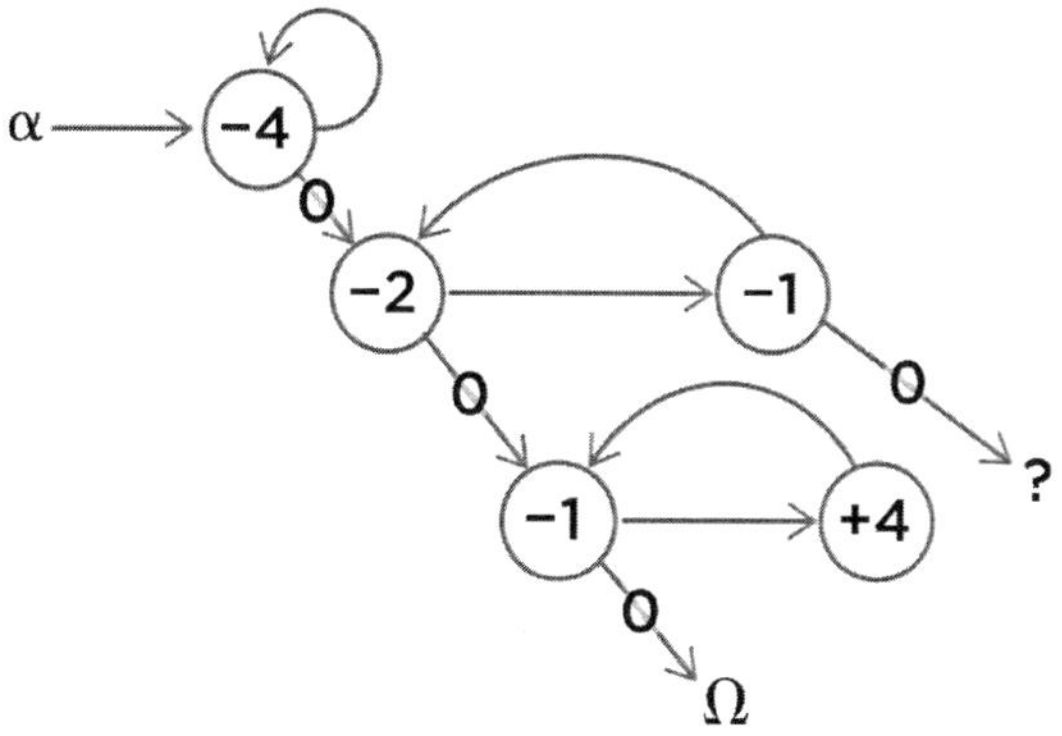

（図表5）

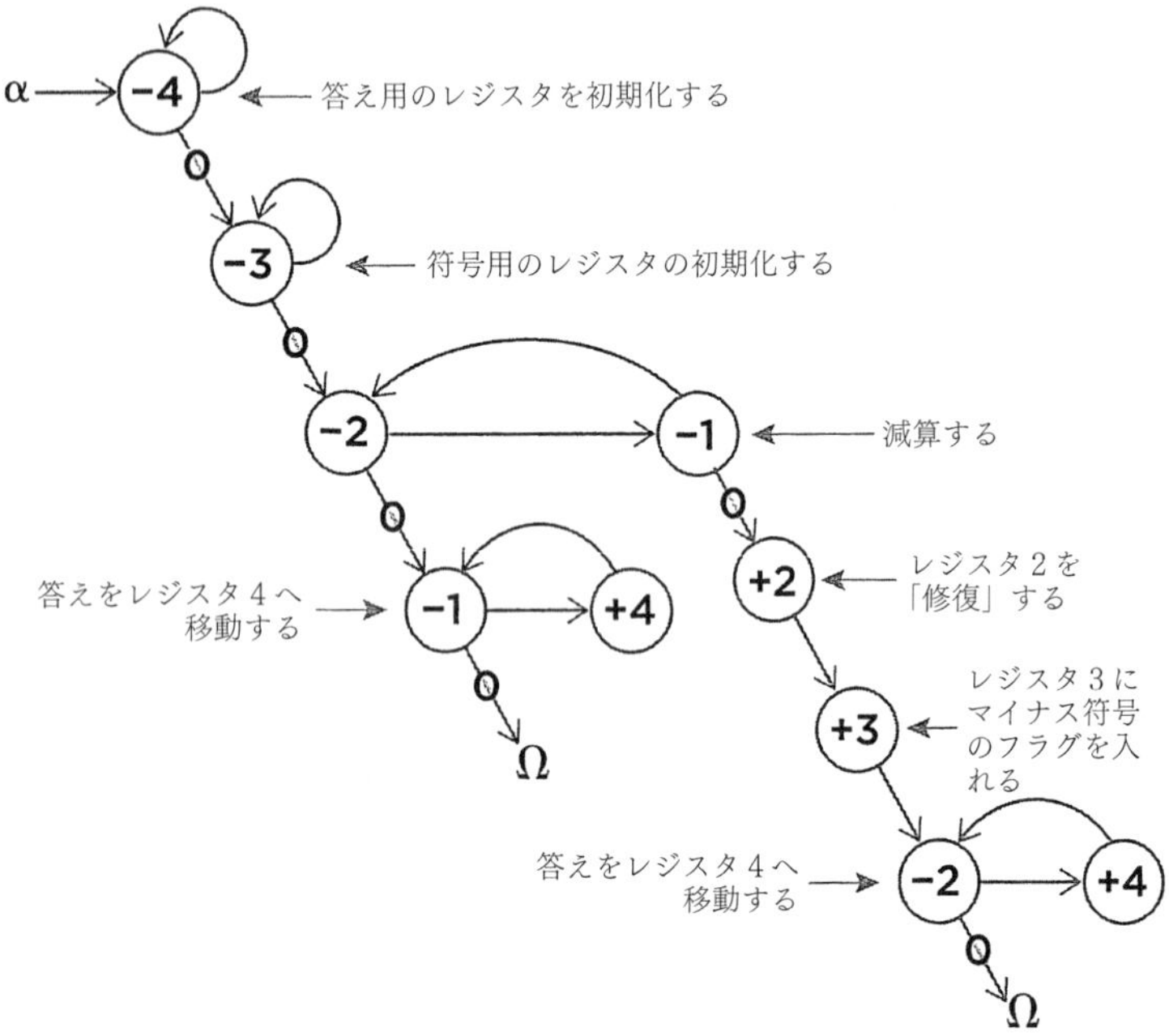
α
−4
答え用のレジスタを初期化する
0
−3
符号用のレジスタの初期化する
0
−2
−1
減算する
0
0
答えをレジスタ４へ
移動する
−1
+4
+2
レジスタ２を
「修復」する
0
Ω
レジスタ３に
マイナス符号
のフラグを入
れる
+3
答えをレジスタ４へ
移動する
−2
+4
0
Ω

（図表６）

に必要なことは、この処理《タスク》だけを行うためのレジスタを一つ用意しておくことである——レジスタ3をそれ用に定めよう。最初にそのレジスタとレジスタ4とをゼロアウトし、次にプログラムに、答えに付すための記号となる「フラグ」をレジスタ3に入れるように命じる。このフラグが0の場合、それは正の答えであることを意味し、1の場合には負の答えであることを意味する。それぞれのステップやループが何をするのかを説明するコメントを付したフローグラフは上図（図表6）のようなものになる（あなたが作成したRAPプログラムに、「#」を挟んでそのようなコメントをおくことができる。そのようなコメントは、あなたや他の人間のためのものである。ロッドレゴはそのようなコメントを無視するだろう）。

練習問題2

a．このフローグラフに対応するRAPプログラムを書け（このプログラムは分岐を行うので、ステップへの番号の振り方はいくつかの異なったやり方で可能である。"go to"命令が正しいステップを指し示す限りは、どのやり方を採用しても問題ない）。

b．このプログラムが3引く3や4引く4を行おうとした場合、何が起きるだろうか？

c．ステップ3で減算を試みる前にレジスタ3をゼロアウトしておくと、ゼロアウトをステップ4の後で行う場合には生じる可能性がある、ある誤りを防止できる。その誤りとは何であろうか？

こうして加算と減算ができるようになれば、乗算と除算のやり方を考え出すのは容易である。nにmを掛けることは、0足すnをm回行うことに他ならないからだ。そういうわけで、コンピュータにこれを教え込むには、一つのレジスタをカウンタとして用い、各々の加算ループが終わるたびに減算を行って、m

から始まって0に終わるカウントダウンをさせればいいのである。

練習問題3

a．レジスタ1のコンテンツにレジスタ3のコンテンツを掛けて、答えをレジスタ5に入れるというフローグラフを描け（そしてそのRAPプログラムを書け）。

b．（任意問題）[3]コピーと移動を利用して、問題aで作った乗算機を改善せよ。すなわち、それが停止したとき、レジスタ1とレジスタ3の最初のコンテンツが復元され、実行後にも入力と出力の正しさを容易にチェックできるようなものにせよ。

c．（任意問題）レジスタ1とレジスタ3のコンテンツを（それらを破壊することなしに！）調べて、より小さい[5]コンテンツを含むレジスタのアドレス（つまり1または3）をレジスタ2に書き込み、もしもレジスタ1のコンテンツとレジスタ3のコンテンツが等しい場合、レジスタ2に2を入れる、というフローグラフを描き、またそのRAPプログラムを書け（このプログラムが実行された後、レジスタ1とレジスタ3のコンテンツは不変のままであるはずであり、かつ、レジスタ2が、それらのコンテンツが等しいか否かを告げ、また、もし等しくない場合には、二つの内のどちらが小さいコンテンツであるかを告げてくれるはずである）。

除算も同様に、割られる数から割る数を何度も繰り返し減算し、減算できる回数を数えて、行うことができる。余りが出る場合は、それを特別な余り用のレジスタに残しておけばよい。だがここで、一つの重大な安全装置を付け加えねばならないことに注意すべきである。すなわち、何かをゼロで割ってはならない（でしょう？）ので、何であれ除算を開始する前に、割る数に関する単純なチェックを行っておくべきなのだ。そのためには、その数からの減少ができるかどうかを試せばよい。もしも減少できるのであれば、それを一度増加させ（それによって本来の値が復元される）、その後で除算に進むべきである。しかしもしも減少を試みてゼロに行き当たったら、警告が必要である。これを行うには、〈エラー〉フラグのためのレジスタを予約すればよい。レジスタ5に1が入っている場合、それは例えば「〈失敗（TILT）〉！　私はゼロで割れという命令を受け取りました！」を意味する。

次頁に示すフローグラフ（図表7）は、レジスタ1のコンテンツをレジスタ2のコンテンツで割り、答えをレジスタ3に、余りをレジスタ4に入れ、レジスタ5を（「私は、ゼロで割れという命令を受け取りました」を意味する）「エラーメッセージ」として点灯させるためのものである。

フローグラフに沿って進み、割る数にゼロが入った場合、操作が放棄され、フラグが立てられるのがどのようになされるのかに注意してもらいたい。また、レジスタ4が二重の役割を果たしているということにも、注意してほしい。すなわちそれは、連続してなされる各々の減算のために、割る数を復元できるように、割る数をコピーするという役割を果たすだけではなく、潜在的な余り用レジスタという役割も果たしている。レジスタが別の減算のためにそのコンテンツをレジスタ2と戻すために蓄えるよりも前に、レジスタ1がゼロアウトする場合、レジスタ4のコンテンツは、まさにしかるべき場所におさまった余りと

（3）　これが意味するのは、これ以外の練習問題は必修だということである！　この思考の道具を利用したいのであれば、それを滑らかに使いこなせるようになるまでは練習、練習、練習あるのみである。単純な必修問題に取り組むには、一〜二時間の余分な時間が必要となるかもしれないが、それはそれだけの価値がある。

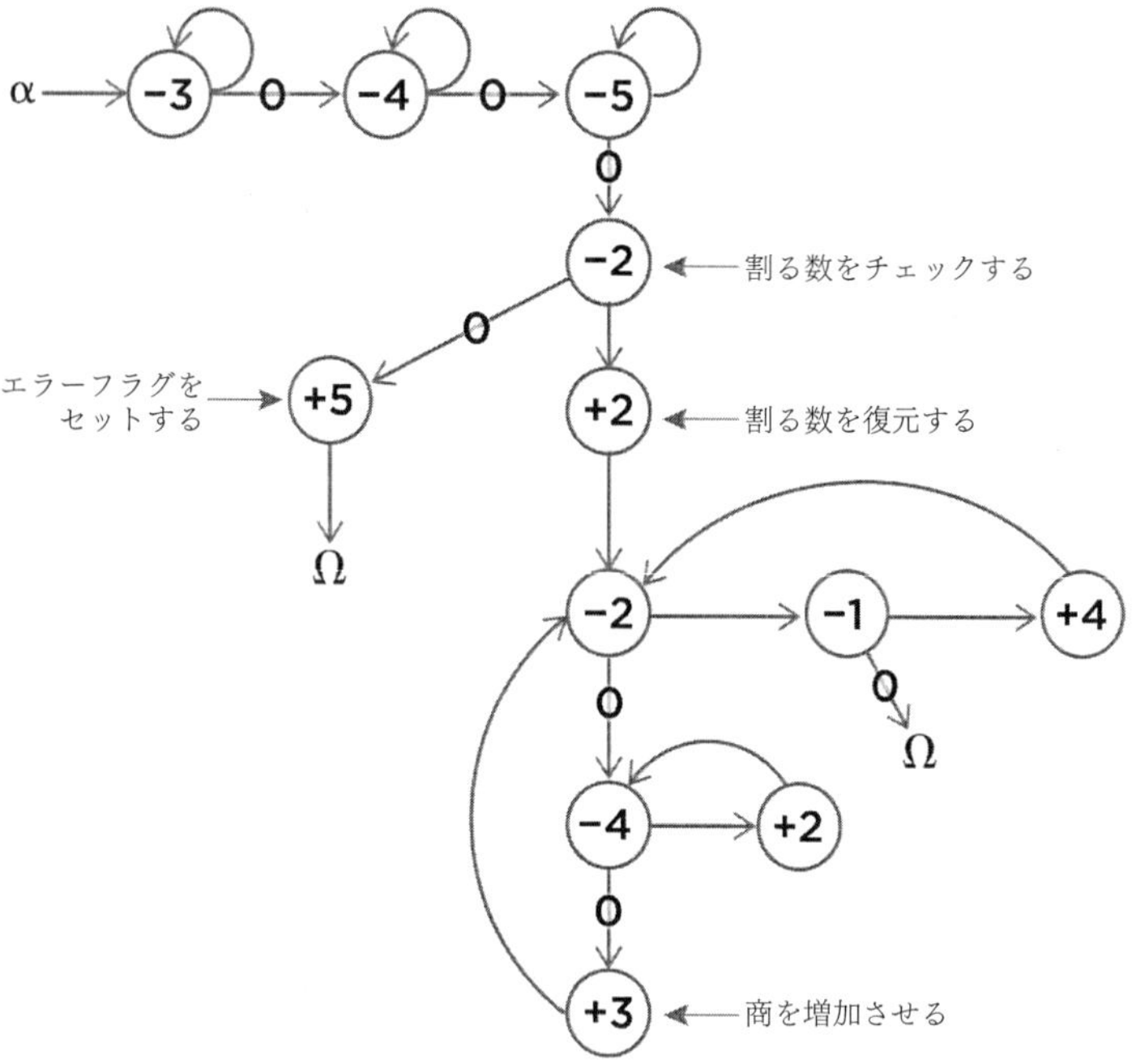
α
−3
0
−4
0
−5
0
−2
割る数をチェックする
0
エラーフラグを
セットする
+5
+2
割る数を復元する
Ω
−2
−1
+4
0
0
Ω
−4
+2
0
+3
商を増加させる

（図表７）

なる。

〈秘密その一〉理解力《コンプリヘンション》なき有能性《コンピータンス》——何か（例えばレジスタマシン）は、完全な算術を行うことができるが、自分が何をしているかを理解している必要はない。

レジスタマシンは心《マインド》ではない。それは何も理解していない。しかし、それは、——〈増加〉、〈減岐〉、〈終了〉という——三つの単純な事柄を、これら三つの「命令」が現れるたびにそれを隷従的に実行するという意味においては、**準**・理解している。それらは、もちろん、本当の命令ではない。それらは、準・命令である。それらは、私たちに命令のように見えるのであり、レジスタマシンは、それらがをあたかも命令であるかのように実行する。それゆえ、それらを命令と呼ぶのは、単なる便宜上の言い回し以上のことを意味している。

今やお気づきのように、〈減岐〉、すなわち〈減少させよ・あるいは・分岐せよ〉こそ、レジスタマシンがもつ力の鍵である。このたった一つの命令が、コンピュータにこの世界の内の何かへの「気づき」（準・気づき）を可能にし、それが気づいたものを次のステップへの導きとして利用することを許している。そして実のところ、このような条件付き分岐が、プログラム内蔵型コンピュータすべてがもつ力の鍵であり、これは、エイダ・ラヴラスが、さかのぼること十九世紀に、すべてのコンピュータの原型《プロトタイプ》となったチャールズ・バベッジの〈解析機関《アナリティカル・エンジン》〉に関する卓越した論考を書いたときに気づいた事実であった[4]。

これらのプログラムをそれらの諸部分から組み立てること《アセンブリング》は、ひとたびその取り扱い方が分かってしまえば、むしろ単純作業《ルーチン・エクササイズ》になることが可能だ。実際、私たちが算術的ルーチン〔一連の作業〕の一つ一つを一旦組み立ててしまえば、それを何度も繰り返し使用することができる。各々のルーチンに番号を振るとすれば、〈加算〉は操作0、〈減算〉は操作1、〈乗算〉は操作2、等々という具合になるだろう。〈コピー〉は操作5、〈移動〉は操作6といった具合にすることもできよう。かくして私たちは、一つのレジスタを、命令を数字によって蓄えておくために使用することができるのである。

練習問題4（任意問題）

レジスタマシンを、次のように動作する単純な電卓に変えるためのフローグラフを描き、そのRAPプログラムを書け。すなわち、

a. レジスタ2を、以下の操作のために用いよ、

0＝〈加算〉
1＝〈減算〉
2＝〈乗算〉
3＝〈除算〉

b. レジスタ1および3の中に、計算すべき値を入れよ（たとえば、306は3＋6を意味し、513は5－3を意味し、425は4×5を意味し、933は9÷3を意味する、というように）。次に、操作の結果をレジスタ4から7までに入れよ。このとき、レジスタ4は（0はプラス、1はマイナスを表す）符号用に使用し、レジスタ5は答えの数字を、レジスタ6は除算において余りが出た場合用に、レジスタ7は入力における誤り（ゼロで割る場合か、あるいはレジスタ2で定義されていない操作がなされた場合）を知

らせる警告用に、使用せよ。

この事例において、レジスタのコンテンツ（それはどんな場合でも数字である）が、非常に異なった四つ事柄――数、算術的操作、数の〔正負の〕符号、エラーフラグ――を表すために用いられているということに、注意しよう。

〈秘密その二〉レジスタの中の数が何を表すのかは、私たちが組み立てたプログラム次第である。

私たちがこれまで創り出してきた部品を使うと、さらに印象深い操作を構築することができる。十分な忍耐力があれば、私たちは次のような作業のフローグラフを描き、そのプログラムを書くことができるだろう。すなわち、レジスタ7の数を〈二乗する〉する作業、レジスタ1からレジスタ20までのコンテンツの〈平均値を求める〉作業、レジスタ6の中に、レジスタ1からレジスタ5までのコンテンツの〈因数〉を入れる作業、レジスタ3とレジスタ4のコンテンツを〈比較し〉、大きい方をレジスタ5に入れ、ただ

（4）エイダ・ラヴラスは、詩人バイロン卿の娘であり、刮目すべき数学者でありそれ以外にも素晴らしい業績をあげた。彼女は、一八四三年、バベッジの〈解析機関〉へのイタリア語の注釈書の翻訳（Menabrea, 1842）を出版したが、その翻訳には、翻訳部分よりも長くまたそれよりも深い彼女自身の注が付されていた。この注の中には、ベルヌーイ数を計算するためにバベッジの〈機関〉を使用するために彼女自身が注意深く作り上げたシステムが含まれている。この業績ゆえに、彼女は最初のコンピュータ・プログラマーとしてしばしば称えられている。

しちょうど倍の大きさだったらレジスタ7にフラグを入れるという作業、等々である。

とりわけ役に立つルーチンとしては、〈検索〉がある。つまり、一〇〇個のレジスタを検索し、その中に特定のコンテンツがあれば、そのレジスタのアドレスの数をレジスタ101に入れるのである。(これはどのように働くだろうか？　〈目標《ターゲット》〉の数をレジスタ102に入れ、目標のコピーをレジスタ103に入れる。レジスタ101をゼロアウトしてから、レジスタ1から順に、そのコンテンツをレジスタ103から引き算する(その前にレジスタ101を1増加させておく)。そうして、答えがゼロになるかどうかを調べるのである。ゼロにならなかったら、レジスタ2に進み、これを続けていく。もしもどれかのレジスタが目標の数をもっていたら停止する。そのレジスタの数はレジスタ101に入っているはずである)。〈減岐〉において実現されている基礎的な「感覚」能力——あるレジスタを減少させようとしたとき、ゼロに「気づく」という能力——のお陰で、私たちはレジスタマシンの「目」をレジスタマシン自身へと向けさせることができる。それによって、レジスタマシンはそれが有している様々なレジスタを調べ、コンテンツをあちこちに移動させ、レジスタマシンがそこで何を見つけたかに応じて操作を切り替えることができるのである。

〈秘密その三〉レジスタの中の数はあらゆるものを表すことができる。これは、レジスタマシンを、あらゆることに「気づく」ようにデザインできること、ある数——あるいは数の数に——結びつけられるあらゆるパターンや特徴を「識別する」ようにデザインできることを、意味している。

たとえば、白黒の画像——このページの画像を含む、あらゆる白黒の画像——は、大量のレジスタを用意し、一つ一つのレジスタを、白い点を0、黒い点を1とするような各画素《ピクセル》用に用いることで、表示することができる。ここで、白い背景に一本の水平の線が引かれた画像を、何千もの画像の中から検索することができるようなレジスタマシンプログラムを書いてもらいたい（ただし、本気でそれに取り組んではならない。人生は短いのだ。やってみて欲しいのはただ、この作業を完遂するまでの、困難で膨大な時間を費やす過程を、ある程度詳しく想像するということである）。こうして、自分なりの水平線認識装置と垂直線認識装置と半円認識装置とを――想像の中で――設計《デザイン》し終えたら、これらの装置をその他のいくつかの（一ダースの）有用な識別装置と連結し、（大文字の）「Ａ」を――何百もの異なったフォントから！――識別できるものを作るにはどうすればいいかを考えてもらいたい。これは、コンピュータ・プログラムを用いた比較的最近の成果の一つである。それは、印刷されたページをスキャンし、それをかなり正確にテキストファイルに変換する光学的文字認識（ＯＣＲ）ソフトウェアである（なお、テキストファイルにおいては、各々のアルファベットや数字の記号が、ＡＳＣＩＩコードの数字によって表現されており、したがって、端的に算術のみによってテキスト検索を行うことができるし、ワープロソフトが備えている他のすべての機能を実行することができる）。ＯＣＲプログラムは、本当に読むことができるのだろうか？　本当に読んでいるとは言えない。それは、自分の前に置かれたものを理解していない。それが行っているのは、**準**・読むことであり、それ自体素晴らしく有益な有能性であり、可動部品をたくさん集めた私たちの道具箱に加えてもよいものである。

〈秘密その四〉数はあらゆるものを表すことができるので、ある数が命令やアドレスを表すこともできる。

レジスタの中のある数は、〈加算〉〈減算〉〈移動〉〈検索〉のような命令を表すために用いることも、アドレス（つまりコンピュータの中のレジスタ）を表すために用いることもできるのであるから、一群のレジスタ中に命令系列の全体を蓄えておくこともできる。したがって、もし私たちがメインプログラム（プログラムA）をもっていて、そのプログラムが、マシンに対して、レジスタからレジスタへ移行し、レジスタが命じることは何であれそれを行うように命令するならば、私たちはこれらのレジスタの中にある第二のプログラムBを蓄えることができるということになる。私たちがマシンにプログラムAを実行させ始めると、マシンが行う最初のことは、レジスタ群に問い合わせることであり、そのレジスタ群はプログラムBを実行するようにマシンに命じ、マシンはただちにそれを実行する。これが意味するのは、私たちは、レジスタマシンの中央処理装置（CPU）に、一群の予約済みのレジスタに、プログラムAをちゃんと蓄えておくことができるだろうし（これはROM――読み出し専用メモリ――に焼きつけられた「ファームウェア」と言ってもよい）、さらに、私たちが通常のレジスタにどんな数字を入れるかに応じて、プログラムAにプログラムB、C、D等々を実行させるために使うことができるだろう、ということである。私たちは、私たちのレジスタマシンにプログラムAをインストールすることによって、レジスタマシンをプ
ログラム内蔵型コンピュータに作り変えるのである。

プログラムAは、私たちのレジスタマシンに、私たちが（数によって）レジスタの中に入れた命令が何であれそれを信頼できる仕方で実行する、という有能性を与えてくれる。レジスタマシンが実行しうるすべてのプログラムは、ある順序で並んだ数の系列から構成されており、プログラムAは、その数に順に問い合わせ、各々の数によって指定されたことは何であれ、それを行う。そしてもし私たちが、これらの命令を（たとえば、各々の命令名を同じ長さで――たとえば二桁の数で――）曖昧さの余地のない仕方で配

列するシステムを考案したとすると、プログラムBを構成する下記のような数の系列全体を、

86, 92, 84, 29, 08, 50, 28, 54, 90, 28, 54, 90

一つの大きく長い数として扱うことができる。

869284290850285490285490

この数は、そのプログラムつまりプログラムBの独自の「名前」であると同時に、プログラムAによって一度に一ステップ実行されるプログラムそれ自体でもある。別のプログラムは下記のようなものであり、

2845702975902875290754892749027542485092842854042 3,

また別のプログラムは下記のようなものである。

8908296472490284952498856743390438503882459802854544254789653985

しかし、ほとんどの興味深いプログラムはもっとずっとずっと長い何百万桁もの名をもつことになるだろう。ワープロやブラウザのようなあなたのノートパソコンに蓄えられているプログラムは、まさにその

ような長さの数である、つまり、（二進法にして）何百万桁もの長さをもつ数である。サイズにして十メガバイトのプログラムは、0と1の八百万桁におよぶ列である。

〈秘密その五〉存在しうるすべてのプログラムは一つの独自の数を名前としてもつので、それは〈万能《ユニバーサル》〉マシンによって実行されうる命令のリストとして扱うことができる。

素晴らしい理論家にして哲学者であったアラン・チューリングは、また別の単純な仮想コンピュータを用いて、このような仕組《スキーム》みを苦心して作り上げた。そのコンピュータは、四角いマスによって仕切られた一枚の紙テープの上をがちゃがちゃと前後に動き、その振る舞いは現在読み取りヘッドの下にあるマス目がゼロか一かに依存している（なるほど!!——条件分岐だ!）。チューリングマシンにできることのすべては、ビットを切り替える（つまり0を消して1を書くか、その逆をする）か、あるいはそのビットには何もしないかして、それからテープのマス目を右または左に一つ動かして、次の命令に進むということだけである。〈加算〉や〈減算〉やその他の機能を遂行するためのチューリングマシンプログラムを書くということが、レジスタマシンの練習問題よりもげんなりする課題であるということにはご同意頂けることかと思う。というのも、（0、1、2、3、4、5などの）自然数すべてを使わずに0と1という二進法の数だけを使い、また一度に動けるのはただ一つのマス目だけだからである。しかし、チューリングが主張していることは、〔レジスタマシンのアイデアと〕同じである。〈万能《ユニバーサル》〉チューリングマシンとは、（必要に応じて配線として組みこまれた）プログラムAを備えた装置であり、このプログラムAによって、マシンは紙テープ上からプログラムBを読み取ることができ、テープ上のそれ以外のものをデータないしプログラムBへの入力として用いながら、プログラムBを実行することができる。ハオ・ワンのレジスタマシンは、算術と条件分岐に還元できるあらゆるプログラムを実行できるので、チューリングのチューリングマシンにも同じことができる。いずれのマシンも、「プログラムA以外の」他のどんなプログラムに付された数でも取り込み、そのプログラムを実行する素晴らしい力を備えている。私たちは、特定の複雑な処理《タスク》を実行する配線がそれぞれ別々に組み込まれている何千ものばらばらな計算機械《コンピューティング・マシン》を組み立てたりせずに、（プログラムAがインストールされた）一台のどんな目的にも用いられる〈万能《ユニバーサル》〉マシンを組み立て、**バーチャルマシン**を作り上げているプログラム——ソフトウェア——を与えることで、私たちが命じる通りのことをさせることができる。

〈万能《ユニバーサル》〉チューリングマシンは、言いかえれば、〈万能《ユニバーサル》〉模倣機である。チューリングマシンほど有名ではないレジスタマシンもそうであり、あなたのノートパソコンも同じである。ユニバーサル・レジスタマシンにできて、あなたのノートパソコンにできないことはなく、その逆も正しい。しかし、あまり期待してはいけない。すべてのマシンがスピードに関して同等だとは誰も言っていない。私たちがすでに見てきたように、私たちのレジスタマシンは、割り算のような手間を要する作業を一連の引き算の連続として行うので、「頼むよ、本当に！」と言いたくなるくらい、恐ろしく遅い。スピードアップする方法はないのだろうか？　実はあるのだ。チューリングの時代以来のコンピュータの歴史は、実際のところ、レジスタマシンがやっているようなことをどんどん速く行うようになっていった歴史なのである——そして、それ以外の何ものでもない。

〈秘密その六〉チューリングが仮想的な紙テープマシンを発明して以来のコンピュータにおけるすべ

ての革新は、ただ単にコンピュータをより速くする方法である。

たとえば、本格的に機能する最初のコンピュータの基本設計《アーキテクチャ》を作り出したジョン・フォン・ノイマンは、コンピュータのスピードアップをはかるため、チューリングマシンの窓つまり読み取りヘッドを、「一回につき一ビット」から、「一回につき数ビット」へと拡張した。初期のコンピュータの多くは、八ビットの「単語《ワーズ》」や、一六ビットの「単語」や、さらには一二ビットの単語を読むようにできていた。現在では三二ビットの単語が広く用いられている。この三二ビットも未だにボトルネック〔渋滞が起こる場所〕――フォン・ノイマンのボトルネック――であるが、それでも、チューリングマシンのボトルネックより三二倍も広い！　幾分単純化して言えば、各々の単語はメモリから一度に一つある特別のレジスタ（命令レジスタ）へとコピーされ、そこで読みこまれ実行される。一つの単語は、通常二つの部分をもち、一つは（加算、乗算、移動、比較、ゼロならばジャンプなどの）操作《オペレーション》コードであり、もう一つは、どのレジスタに行ってそこのコンテンツに操作を加えるのかをコンピュータに教えるアドレスである。たとえば、1010110 11101010101 がコンピュータに教えるのは、1010110 という操作を 11101010101 のレジスタのコンテンツに対して行うように、ということであり、その答えは常に、アキュムレータと呼ばれる特別のレジスタの中に入れられる。レジスタマシンとフォン・ノイマンマシンとの間の大きな相違点は、レジスタマシンがどのレジスタに対しても操作（もちろん、増加と減岐の二つのみ）を行うことができるのに対し、フォン・ノイマンマシンはそのすべての算術的な作業をアキュムレータの中で行い、〔結果の〕コンテンツを、メモリを構成するレジスタへと単にコピーないし移動（あるいは蓄積）するだけ、というところにある。配線として組み込まれた多くの様々な基本操作を行うことができるようにすることによって、臨時の移動やコピーを一括して行える。つまり、加算のための特別の電気回路があり、減算のための別の回路があり、ゼロならばジャンプのための別の回路があるという具合である。操作コードは、どちらかと言えば電話番号の市外局番や郵便番号に似ている。それは、作業対象がいかなるものであれ、それを実行するためのしかるべき場所へそれを送る。このようにして、ソフトウェアがハードウェアと出会うのである。

　現実のコンピュータの中には、今日、どれほど多くの数の基本操作が組み込まれているであろうか？　それは何百、何千かもしれないし、あるいは、古き良き時代のように、RISC（縮小命令セットコンピュータ（Reduced Instruction Set Computer））として作られたコンピュータもあるかもしれない。この場合、コンピュータは、わずか数ダースの基本操作で動いているが、それだけにかえって、各操作を目覚ましいスピードで実行する（仮に配線として組み込まれた加算操作よりも、増加と減少の命令の方が何百万倍も速かったとすれば、先ほど私たちが行ったような仕方で、増加と減少を組み合わせて加算を組み立てる方が有用だということになろう。たとえ、加算のために百万を下らない数のステップが伴うとしても、その方が早く結果を出せるからだ）。

　現実のコンピュータの中には、今日、いくつレジスタがあるであろう？　何百万、あるいはさらに何十億にのぼるのだ（ただし、それらは各々有限であるので、現実の大きな数を扱う場合には、それを多数のレジスタに分散させねばならない）。一バイトとは八ビットである。もし、あなたのコンピュータが六四メガバイトのRAM（ランダムアクセスメモリ）を搭載しているなら、それは三二ビットのレジスタを千六百万個持っているか、あるいはそれに匹敵するものを持っているということになる。すでに見たように、レジスタ内の数は、正の整数以外のものを表すことができる。（πや$\sqrt{2}$や$1/3$のような）実数を蓄積するには、「浮動小数点」表示と呼ばれるシステムを用いる。それは、その数を（「1.495×10^{41}」のように）底と指数という二つの部分に分かつ学術的な記法と同じやり方である。これによって、コンピュータは、自然数以外の数（の近似）を扱う算術が利用できるようになる。浮動小数点の操作は、これら浮動小数点数を値として用いて行うまったくの算術的操作（具体的には、乗算と除算）であるが、二十年前（私がこのチャプターの最初のバージョンを書いた頃）に皆さんが買うことができたかもしれない最速のスーパーコンピュータは、四メガフロップスを超える速さでそれを遂行できた。つまり、一秒あたり四百万を超える浮動小数点操作ができたのだ。

　もしもこの速さで満足できないならば、こういうマシンを多数連結すれば事態は改善する。これによって、それらのマシンすべては、作業結果を順番待ちしながら順々に〔直列的に〕作業をするのではなく、同時に作業するようになる。このような並列マシンにできて、純然たる直列マシンが――より時間がかかるにしても――できないものはない。実際、この二十年間で実際に研究されてきた並列マシンのほとんどは、標準的な（並列的でない）フォン・ノイマンマシンによってシミュレートされた**バーチャルマシン**である。特別の用途のための並列的ハードウェアは発展を遂げてきており、コンピュータの設計者《デザイナー》たちはフォン・ノイマンのボトルネックを広げることの費用対効果を解明し、コプロセッサ〔副処理装置〕やキャッシュメモリなどの様々なアプローチにより、ありとあらゆる仕方で、それを通過するトラフィックをスピードアップすることに忙しい。現在、日本の富士通のKコンピュータは、一〇・五一ペタフロップスで動作することができる――これは一秒あたり一京を超す浮動小数点操作をするということである。

　これは、あなたの脳内でリアルタイムに行われている計算活動をシミュレートするのに十分な速さであるかもしれない。あなたの脳は、卓越した並列処理装置であり、そこでは何千億ものニューロンが並びあい、その各々が一定の任務に取り組む小さな行為主体《エージェント》となっている。視覚情報を目から脳へ運ぶ視神経の「線維」は、それ自体で何十億もの経路（ニューロン）からなる太い経路である。ただし、ニューロンの動作は、コンピュータ回路に比べると、ずっとずっと遅い。一つのニューロンは、状態の切り替えとパルスの送信を行うことができる（これがおそらく増加と減岐のニューロン版のやり方だ）が、それには数ミリ秒かかる——一ミリ秒というのは千分の一秒であって、百万分の一秒とか、十億分の一秒とかではない。コンピュータがビットを切り替える速さはほぼ光速に等しい。これが、コンピュータを速くするためにはそれを小さくすればいいという理由である。光が一フィート移動するために要する時間はおよそ十億分の一秒である。したがって、二つのプロセスに今よりも速く交流《コミュニケート》させたいのなら、それらの距離を今よりも近づけねばならないのである。

〈秘密その七〉これ以外の秘密はない！

コンピュータの最も素晴らしい特徴は、おそらく、コンピュータがこれ以上ないほど単純なパーツ（操作）から、やはり単純なステップで組み上げられているために、もはや袖の下にいかなる秘密も隠し持つ余地など存在しない、ということである。エクトプラズムも「シェルドレイクの」「形態共鳴」もないし、不可視の力場も未知の物理法則も**不可思議な組織**もないのだ。もうお分かりだろうが、ある現象をモデル化しうるコンピュータ・プログラムを手に入れることに成功すれば、算術的操作だけから構成されている原因以外のいかなる原因もそのモデルの中では働いていないことになるのである。

では、現在大いに物議をかもしている、量子演算《コンピューティング》はどうであろうか？　量子コンピュータは、通常のどんなコンピュータにもできないことができるのであろうか？　答えはイエスでありノーである。量子コンピュータにできるのは、多くの問題を解くことであり、多くの値を同時に計算することである。これは「量子的重ね合わせ」のお陰である。量子的重ね合わせは、奇妙かつデリケートな性質で、その中では未観測の対象が同時に「ありとあらゆる可能な」状態で存在することができ、この状態は、観測によって「波束の崩壊」がもたらされるまで続く（詳しくは、お気に入りの一般向け物理学書かウェブサイトを参照されたい）。要するに、量子コンピュータは、スピードに関する最も新しい――そして非常に印象深い――革新、いわば処理スピードにおける量子跳躍に過ぎない。チューリングマシンは、紙テープ上をガチャガチャと動き、レジスタマシンはレジスタからレジスタへ一つずつ動き回っては増加と減少を行うが、これらのマシンには非常に厳しい限界がある。つまり、実際上、ごくわずかの時間――数分、数時間、数日――でそれらにできることには限界が課されているのである。富士通のKコンピュータのようなスーパーコンピュータならば、同じことを何兆倍もの速さで行うことができる。しかし、それでもなお、いくつかの問題、とりわけ暗号解読の問題に関しては、十分な速さを備えているとは言えない。まさにこの点に、量子コンピュータから得られるスピードの上での利益がある――ただし、安定した実用可能な量子コンピュータを作ろうとする際に直面する、ぞっとするほど困難な工学上の諸問題を解決できるとすれば、である。このような問題は解決不可能かもしれず、その場合、私たちはせいぜい千兆フロップスで我慢するしかないということになるのかもしれない。

25 バーチャルマシン

現実の機械《リアルマシン》は、物質でできた可動部品から作られ、たいていはそれが行うようにデザインされているその仕事にちなんで名づけられている。芝刈り機、缶切り、コーヒーミルなどは、個々の製品のデザインは様々で、動作する際の物理的な仕組みが製品によって異なっている場合もあるが、それでも、同じ名で呼ばれる機械は、あるレベルで記述されるときは同じ仕事をすると見られるという点で共通している。機械によってその優秀さが異なるということもあるかもしれないが、その優秀さなるものは、利用者が何を求めているかにもっぱら依存している。家庭用に芝刈り機を買い求める人は、遅いけれども静かな製品を好むかもしれない。喫茶店用にコーヒーミルを買い求める人は、操作の簡便さを犠牲にしてでも、豆のサイズを正確に調節できる製品を好むかもしれない。機械の中には汎用機械もある。たとえば、アタッチメントを差し込み《プラグイン》さえすれば、ドリルだったものを研磨機に変えることができる。コンピュータは、これと同種の機械であるが、但し一ダースではなく、莫大な数の様々なことを行うことができるのである。あなたは、それぞれの仕事《タスク》のために別のアタッチメントを差し込む必要はなく、用途ごとに異なった――膨大な数の0と1でできている――プログラムを開けばよい。そうすれば、その仕事を果たすための正しい設定に合わせて必要な内部スイッチがすべて切り替わる。これらの設定の異なったシステムはどれも、異なった機械である――それは異なったバーチャルマシン、歯車・軸受け・ワイヤ・滑車ではなく「様々な命令」で作られたマシンである。コンピュータにおいては、様々な命令が歯車や滑車の役割を果たすことができる。なぜなら、コンピュータは、パン生地や紙パルプや鋼の棒ではなく情報を処理するからであり、情報はコンピュータが「読む」ことができる――あるいは「読む」必要がある――唯一のコードである0と1の二進法コードへと翻訳可能だからである。これらの0と1は、シリコンチップの上にプリントされた回路上を分岐し、一時的に開閉する何兆ものゲートによって、情報の流れをある回路から他の回路へ動かし、それによって、そこで生じることを制御している。0状態か1状態かのいずれかの状態をとることができる、ハードウェア上の何百万もの小さな場所だけが、このマシンの唯一の「可動部品」であり、コンピュータというマシンの動作は、いついかなるときも、何千、何百万の微小な部品がどのように組み合わされるかにかかっているのである。

　バーチャルマシンとは、ある特定の命令（より正確に言えば、特定の〔動作への〕方向付け《ディスポジション》）のパターンを、多大な可塑性をもつ現実の機械《リアルマシン》にあてがうことによって、あなたが手にするマシンのことである――多くの異なった状態をとることができる諸部分の相互作用が、その可塑性を支えている。バーチャルマシンの働きは、情報的な働きであるので、バーチャルマシンは、ハードウェア上の状態変化を「可動部分」とするようなコンピュータが行うのとまさに同じ仕事を、その可動部分の表象の中で状態変化を作り出すことによって、行うことができる。あなたは、紙と鉛筆を使って長除法を行うことができるし、もしあなたが本当に長除法が得意なら、想像上の紙か黒板の上の記号を表象するだけで――すなわち想像するだけで――、長除法を「頭の中で」行うことができる。どちらのやり方でも同じぐらいにうまくいくのは、そこで出てくる結果すなわち答えが、情報だからである。これと対照的に、あなたが腹を空かせているとき、ハムサンドを作るのを想像することは、実際にハムサンドを作ることとの貧弱な代理物でしかない。コンピュータは、情報的な作業を「頭の中で」(その作業を行うマシンを表象することによって)行うことが非常に得意なので、あなたが使用し情報のやりとりをしているマシンが、特定目的の情報処理しかできないように「特化され」、そのための「配線を組み込まれた」「現実《リアル》の」マシンなのか、それとも、何らかの汎用チップの上で動作するバーチャルマシンであるのかをはっきりさせることは、ほとんど不可能である。たとえば、エレベータ、エアコン、自動車、冷蔵庫、あるいはテレビのリモコンなどに現在搭載されている小型で安価なコンピュータチップの(すべてではなくとも)ほとんどは、実はあらゆる目的に使用できるコンピュータであり、あなたのノートパソコン上で動くあらゆる種類のプログラムを実行することができるのであるが、その生涯を比較的単純なただ一つのプログラム(点火装置制御プログラム、定期的霜取り等々)を実行するために身を捧げているだけにすぎないのである。そのようなプログラムは、このようなコンピュータがもつすべての優れた有能性を封印《フリーズ》して一、二個の技だけを行えるようにして、ROMに「焼き込《バーンド》まれている」。その方が、それらの単純な作業だけを行うために設計《デザイン》された専用チップを作るよりも安上がりなのである。

　バーチャルマシンという概念は、コンピュータ科学から生まれた想像力拡張装置の中でも最も有用なものの一つであり、今やコンピュータ科学の分野での価値が証明されているので、それを別の領域に移入するのにうってつけの時期である。私は、この用語を幾分拡張された意味で用いているので(なぜそうしているのかは追い追い説明する)、この用語の元々の意味——本来はその意味で使うべきだと言う人もいる——がどんなものだったのかを、知る価値がある。この用語を紹介したのは、コンピュータ科学者ジェラルド・ポペックとロバート・ゴールドベルグである(Popek & Goldberg, 1974)。元々の用法では、この用語は、「リアルマシンとは分離した、そのリアルマシンの有効な複製」――しかじかの命令からできている複製――を、意味していた。一つのリアルマシンがあり、これをAと呼ぶとすると、Aは現実のハードウェアであり、シリコンチップや導線などでできている。他方、バーチャルマシンは、ハードウェアAを完全に模倣するコンピュータ・プログラム（A以外の、Aとは別様のリアルマシンBで実行されるプログラム）である。バーチャルマシンは、Aよりも幾分実行速度が遅い。なぜなら、バーチャルマシンは、Aの最も基本的な動作を、Bのハードウェアで利用できる基本的動作から組み立てなければならないからである。とはいえ、バーチャルマシンは完全に同じプログラムを実行する。もし、ハードウェアAで実行されるために書かれたプログラムがあれば、このプログラムは、ハードウェアBがハードウェアAを模倣するバーチャルマシンを実行している場合、いかなる障害もなしにハードウェアBで実行されるはずである。

これは非常に役立つやり方であるが、その理由は、一見して示唆されるように、それが倹約になりそうだということだけではない。たとえば、あなたは、マックをもっていないが、手元にあるのはマックでしか動かない高価なソフトだとしよう。その場合、あなたのウィンドウズコンピュータで動くマックを模倣したバーチャルマシン（VM）を書けば、あなたのウィンドウズコンピュータは、マックVMを実行しているときならいつでも、マックのすべてのソフトウェアを実行することができる。あなたのウィンドウズマシンはマックである「ふりをしている」のであり、ソフトウェアの側からすれば何の変わりもない！

右腕を骨折し、腕に石膏のギブスをはめている人を考えてみよう。ギブスはその人の動きをひどく制限し、その重みや形は、身体の他の部分にそれに見合った動きを要求する。ここで、（マルセル・マルソーのような）パントマイマーがいて、右腕に石膏のギブスをはめた人物を模倣すると考えてみよう。パントマイマーが演技を巧みに行うならば、彼の身体の動きは［実際のギプスをつけた人と］まさに同じような仕方で制限されたものになるだろう。彼は、自分の腕に――「ほとんど目に見える」ほどの――バーチャルギプスをはめているのである。マックVMを実行してマックを模倣しているウィンドウズコンピュータは、――その上で動いているソフトウェアにとっても、外部の観察者にとっても――、現実のマックと見分けがつかないはずだ。

現実は、多かれ少なかれ、私の実例の逆になっている。ウィンドウズコンピュータ上で動くマックVMを開発した人々はいるが、私の知るところ、それは真面目で実用的なソフトウェアというよりも無謀な曲芸《スタント》のようなものである。一方でマックには、ウィンドウズコンピュータ〔PC〕のオペレーティングシステムであるウィンドウズを実行できる、信頼できて使いやすいVMがあり、マックユーザーは、好みのウィンドウズ用のソフトウェアを実行させることができる。現在のほとんどのプログラムは、特定のハードウェア向けに書かれているのではなく、特定のオペレーティングシステム向けに書かれている（そのオペレーティングシステムは、それはそれで様々なハードウェア上で実行される）。バーチャルマシンという概念を、オペレーティングシステムのバーチャルな模倣をも含むように拡張する一つの理由は、まさにこれである。オペレーティングシステムは、それ自身が一種のバーチャルマシンであり、それによって、お互いに微妙に異なっている様々なハードウェア上で同じプログラムを実行させることができる。しかし、オペレーティングシステムはソフトウェアにすぎない。つまり、オペレーティングシステムは、現実のハードウェアを模倣しているのではなく、一定の規則に従ったり一定のインプットを受け入れたりする想像上のマシンを、創造している――実際には、〔創造するというよりもむしろ〕そのように取り取めている――のである。

バーチャルマシンという概念を拡張する別の理由は、今日最も人気があり最も流通しているバーチャルマシンの一つに、ＪａｖａバーチャルマシンつまりＪＶＭがあるということがある。ＪＶＭは、オペレーティングシステムのように何らかの現実のハードウェアマシンの模倣ではなく、むしろただソフトウェアマシンとしてだけ存在している。Ｊａｖａはインターネットに特有の汎用性を与えるという役割を最も多く果たしている発明で、あなたにウェブサイトから――Ｊａｖａアプレットという――小さなプログラムをウェブサイトからダウンロードさせ、それによってクロスワードパズルを解いたり、数独で遊んだり、地図を調べたり、写真を拡大したり、地球の反対側のプレイヤーとアドベンチャーゲームに参加できたりするが、もちろん多くの「真面目な」コンピュータ作業も行うことができる。ウェブデザイナーは、ウェブサイトを訪れるユーザーのコンピュータがマックなのかウィンドウズコンピュータなのか（あるいはリナックスコンピュータなのか）を知る必要もなく、Ｊａｖａプログラミング言語でプログラムを書くことができる。というのも、Ｊａｖａアプレットは、マックやウィンドウズコンピュータやリナックスのそれぞれで動くようにデザインされたＪＶＭ上で、つねに実行されるからである。あなたのコンピュータにふさわしいＪＶＭは、ほんの数秒で自動的にダウンロードされ、インストールされ、そのＪＶＭ上でＪａｖａアプレットがまるで魔法のように動く（Ｊａｖａのアップデートがコンピュータにダウンロードされるのにあなたは気づいていたかもしれないし気づいていなかったかもしれない！　あなたのコンピュータにどのＪＶＭがインストールされるのかを完全に忘れてしまってもいい。あなたが訪問するウェブサイトはどれも、あなたのＪＶＭ上を動いているＪａｖａアプレットを備えているか、そうでない場合は、ふさわしいＪａｖａのアップデートをインストールし、それを実行するかのどちらかだと、期待するだけでいい）。

　したがって、バーチャルマシンという用語を私なりに拡張した場合、ほとんどすべてのコンピュータ・プログラムはバーチャルマシンだとみなすことができる。というのも、それは、ソフトウェア――つまり、命令の体系的《システマティック》なリスト――であり、それが動くときには、汎用コンピュータを、ハードウェアとしてデザイン、さ、れ、物、理、的、な、仕、組、み、を、も、つ、こ、と、も、で、き、た、よ、う、な特定目的のマシンに、変えるのだ。アラン・チューリングが果たした科学へのもっとも輝かしい貢献の一つ──実のところ、二十世紀中盤における人類の文明へのもっとも輝かしい貢献の一つ──は、「万能《ユニバーサル》」コンピュータ（今日、〈万能《ユニバーサル》〉チューリングマシンと呼ばれるもの）という発想であり、それはプログラムをインストールし実行するだけできちんとデザインされたどんなコンピュータにもなることができるのである！（読み飛ばそうと決心した人がいないとはかぎらないので言っておくが、これは第24章で詳細に説明してある）。〈万能《ユニバーサル》〉コンピュータがあれば、様々な想像可能なハードウェアコンピュータを、実際に組み立てる必要はない。ハードウェアコンピュータが一つあれば、それで用は足りる。後はすべてソフトウェアがやってくれる。チューリングの時代以来、私たちはこの驚くべき発想を身につけている。それは、ある複雑な材料のかたまり──ハードウェア──に、多大な可塑性──調整可能な「記憶《メモ》」用の箱ないしはレジスタ──を備えさせ、その記憶箱に一群の命令を入れ、その命令がひとたび実行されると、その材料のかたまりは、明確に想像しうるどんなコンピュータにでもなる、という発想である。

チューリングマシン──ないしはノートパソコン──は、一度に一つの命令を実行し、それから次の命令に移る。しかし、私たちは、このアイデアを拡張し、一度に多数の（何百万の）命令を実行することができる「並列」コンピュータというアイデアを生み出すことができる。一つのレジスタに相当するのは、ハードウェア内の任意の場所であり、その場所は、それ自身をあれかこれかの状態に保持することができる（これはあなたのコンピュータの中のビットの0状態と1状態に似ているが、必ずしもこれら異なった二つの状態に限定されるわけではない）。そして、この状態の保持は、何かがその状態を変えよと命ずるまで続く。そのような状態を基盤にして、（例えばレジスタをある状態から別の状態に変えたり、レジスタの状態をもとにして次になされるべき作業を決めるといった）基本的な作業を行うことができるようなレジスタシステムはどんなものでも、「ある関数を計算する」ことができたり「プログラムを実行する」ことができたりするようなレジスタセットを、備えることができる。したがって、いかなるものであれそのようなハードウェアであれば、これらの基本的なステップを利用するようにデザインされたバーチャルマシンを動かすことができる。そして、一度できた芸当は二度でも三度でも何回でも繰り返すことができるし、バーチャルマシンの中に別のバーチャルマシンを、さらにその中に別のバーチャルマシンを……という具合に、バーチャルマシンにバーチャルマシンを実装することができる。

　チェスプログラムが、（高レベルのコンピュータ言語である）一般的なLｉｓｐで書かれ、（オペレーティングシステムの一つである）ウィンドウズ7を動かしているウィンドウズコンピュータの上で実行されていると考えてみよう。[6] これは、チェスプレイマシンのふりをするLｉｓｐマシンのふりをするウィンドウズマシンのふりをするウィンドウズコンピュータ、ということになる。プログラムの詳細は、高レベルで見ると、コンピュータ通、チェス通の観察者であれば、（「ははん！　このサブルーチンで、ルールで許されたビショップの動きすべてを生成させて、それから評価サブルーチンを呼び出し、それを使って……」という具合に）多かれ少なかれ理解可能なものである。これと対照的に、同じプログラムの現実のマシンコードを見れば、つまりハードウェア上の命令レジスタに与えられる0と1の羅列を見れば、正気を失うか、さもなければ、何も見えなくなってしまうこと請け合いである。それだからこそ、私たちは、賢明にも、より高いレベルに注意を向けるのである。より低いレベルの細部が都合良く不可視になっているので、私たちは、いずれのレベルにおいても、木を見ずに森を見ることができる。コンピュータ上のたくさんのバーチャルマシンと、心についてのホムンクルス的機能主義における**ホムンクルスたちのカスケー**

ドとが似ているは、単なる偶然ではない。航空券の予約、チェスのプレイ、天気予報、口述筆記など、それまでは大変だった作業を物質的なかたちで実行させることを、私たちが考案しまたそれを理解する手助けとなったバーチャルマシンの劇的な成功こそ、私たちが脳のリバース・エンジニアリングを行うときにも、似たような――「似た」とだけ言っておくが――離れ業を成し遂げることができるかもしれないという希望を、かき立てるのである。

このように見てくると、フランス語を話す人々が所有している脳の間には、観察しうる解剖学的差異があるにも関わらず、ある類似性があるが、その類似性は、バーチャルマシンレベルにおいて記述されるのが最も適切だ、ということに恐らくはなりそうである。つまり、フランス語を話す人はすべて、〈フランス語バーチャルマシン〉あるいはFVMの――すなわち脳の何十億ものレジスタに何らかの仕方で蓄えられた傾向性やミクロ的習慣が連結し合うことで形成されたシステムの――何らかのバージョンを備えている、ということである。英語を話す人の脳は、信頼できるパターンで作られている類似のシステムEVM〔英語バーチャルマシン〕によって、〔フランス語を話す人の脳と〕区別されるだろう。もしもあなたがフランス語を話す人に向かって「Donnez-moi le sel,s'il vous plait（お塩を取ってください）」と言えば、FVMは、英語を話す人の脳内のEVMに「Please pass me the solt（お塩を取ってください）」と入力することによってあなたがその人から引き出すのと同じ振る舞いを、確実に調節して生み出すだろう。それでは、脳内で実行されるFVMやEVMはどのようにして作り上げられるのだろうか？

チェスを指す人々の脳やフランス語を話す人々の脳の活動に含まれているそのような様々なレベルをどのように記述すべきかを、私たちはまだ知らない。(5) コンピュータ・プログラマーは、自分の発案を高いレベルでデザインするために使用できる正確なマッピングを手にしていて、そのおかげでコンパイラ（高レベルの命令を取り込み、それをハードウェア上で実行可能なコードに翻訳するプログラム）からちゃんと動くプログラムが生成されるという完全な確信をもつことができるのであるが、〔脳についての〕このような正確なマッピングに相当するものが存在していないことは疑いない。しかし、私たちは今や、ある重要な概念実証[7]を手にしている。すなわち、私たちは、何兆もの可動部品をもつ――しかし不可解な組織をもたない――機械《マシン》の高いレベルの有能性を理解する方法を、少なくとも一つ知っているのである。

（5）　認知神経科学と計算論的神経科学は、このような様々なレベルがどんなものであるかを解明しようという研究分野である。この二つの下位分野の違いは、主に力点の置き方の違いである。つまり、計算論的神経科学が、それが扱う概念を、現実に動作するモデル（コンピュータモデル）として創り出すという点を強調するのに対し、認知神経科学は、多くの場合、下位レベルのモデルがどんなものであれそこで実現されていなければならない能力と相互作用のより高いレベルのパターンを素描するだけで満足する。コンピュータ科学において、これと同様の綱引きが長い間続いている。一方の極にいるのはＡＩ夢想家であり、彼らは現実のプログラムを書くことに悩むことはなく、何らかの処理のためのプログラムが成功に至るためのスペックに関する事実を証明することで満足している。他方の極にいるのは頑固な技術者タイプで、彼らは、現実に動作し、仕事を果たすコードを目にするまでは心を動かされることはない。彼らは、後はソフトウェアがあればいい、という〔ＡＩ夢想家の〕物言いを嘲笑し、そんなものはソフトウェアではなくてベーパーウェア〔開発中から盛んに宣伝されているものの、実際は完成する可能性のない幻の商品（特にソフトウェア）〕だと言う。彼らが思弁好きの研究仲間に苛立ちを覚えるとしても、そんな苛立ちは、異なったレベルを扱う神経科学者たちの間の敵対心とは較べものにならない。（神経軸策内のカルシウムチャンネルの研究を専門とする）あるラボディレクターがかつて私に言ったところでは、「うちのラボには格言があるんだ。一つのニューロンを研究するなら、それは神経科学。二つのニューロンを研究するなら、それは心理学」だそうだ。しかもこの人物は、不平不満の意味を込めてこう言ったわけではないのだ！　認知神経科学がメディアの注目を驚くほど集めるようになって以来（視覚上の錯覚、記憶、意識、言語、知性といった分野での新発見には誰もが魅了されるものだが、何百もの異なったニューロモジュレータやそのレセプター、あるいは星状膠神経の相互作用……あるいはカルシウムチャンネル、といったものについては、誰もがわくわくするわけではない）、専門家間の高いレベルでの嫉妬心が多く見られるようになり、そのような嫉妬心が、計算論的神経科学者の、隣接分野である認知神経科学の研究者に対する態度に影響を与えているのである。

26　アルゴリズム

私は、『ダーウィンの危険な思想』(Dennett, 1995a) で、ダーウィンの偉大な思想が結局どのようなものなのかを次のように表現した。

> 地上の生命は、たった一本の枝分かれする樹——生命の系統樹——を通して、何らかのアルゴリズムのプロセスによって、何十億年もかけて生み出されてきたのだ。[8]

ではアルゴリズムとは、正確に言って何なのだろうか？　実のところアルゴリズムという用語には、相互に対立し合ういくつかの異なった意味があり、その中でも私が用いるときの意味が、恐らく最も役に立つ。以下は、私の著書から、多少の修正を加えて引かれた議論である。

ダーウィンが発見したのは、アルゴリズムの力である。アルゴリズムとは、それが「実行」されたり具体化されたりしたときはいつでも、ある一定の結果を生み出すことを——論理的に——見込むことができるある種の形式的過程のことである。アルゴリズムは新しいものではないし、ダーウィンの時代においてすら新しいものではなかった。長除法を行ったり小切手帳の帳尻を合わせたりといったような多くのなじみ深い算術上の手続きはアルゴリズムであり、熟達した三目並べを行うための決定手続きや、単語の一覧をアルファベット順に並べるというのもそうである。比較的近年の新しい出来事――ダーウィンの発見が何であったかの解明も可能にしてくれたこと――は、アルゴリズム一般の本性と力に関する数学者と論理学者たちによる理論的な考察である。これは、コンピュータの誕生へとつながっていった二十世紀の発展であり、コンピュータの誕生は、それはそれでアルゴリズム一般の力をさらに深くさらに生き生きと理解することへと導いた。

アルゴリズムは、*algorismi* というラテン語を経由して初期英語に伝わった用語である（最初は *algorism* と表記されたが、そこから誤って *algorithm* と綴られるようになった）が、元々はペルシャ人の数学者、ムッサ・アルクヮーリズムの名に由来する。この数学者が九世紀に書いた算術の手順書は、十一世紀に、バースのアデラードないしチェスターのロバートなる人物によってラテン語に訳された。アルゴリズムは失敗の余地がなく、ある意味で「機械的な」手続きである、という発想は何世紀も前から存在してきた。しかし、この用語の現在私たちがもっているような理解を多かれ少なかれ定着させたのは、アラン・チューリング、クルト・ゲーデル、アロンゾ・チャーチらの一九三〇年代の先駆的著作であった。アルゴリズムには三つの鍵となる特徴があり、いずれも私たちにとって重要であり、またいずれも定義するのが幾分困難である。

（一）基質中立性――長除法の手続きは、それを鉛筆で行おうとペンで行おうと、紙の上で行おうと羊皮紙の上で行おうと、ネオンライトで書こうと、飛行機で空中に書こうと、あるいはお好みのどのような記号を用いようと、同じようにうまくいく。その手続きの力は、論理的な構造に由来しているのであって、この手続きを実現する際の素材の因果的な力に由来しているのではない。素材の因果的な力は、定められたステップが正確にたどられることを許すものでありさえすればいいのである。

(二) 根底にある無精神性——アルゴリズムの手続きの全体的なデザインは見事なものであるかもしれないし、見事な結果をもたらすものであるかもしれないとしても、しかしそれを構成するどのステップもステップ間の移行も、まったく単純なものである。どれほど単純かというと、義務に忠実なだけの愚か者にも——完全な機械仕掛けの装置にも——十分実行できるほど、単純である。標準的な教科書に載っている喩えで言うと、アルゴリズムは初心者の料理人でもついて行けるようにデザインされたレシピである。一流のシェフ向けのレシピならば、「魚を、風味の合うワインで、ほどほどの加減まで煮込みます」のような言葉が出てくる。だが、同じことを行うためのアルゴリズムならば、こんな風に始まるかもしれない——「ラベルに『辛口』と書かれた白ワインを選びます。次にコルク抜きを手に持ち、コルクを抜きます。ワインをフライパンの底に一インチの深さになるまで注ぎます。フライパンの下にあるガスコンロのスイッチを入れて……」——つまり、プロセスを最も単純なステップへとうんざりするほどばらばらに分解して、賢明な決断や慎重な判断や直観といったものを、レシピの読み手に一切求めないのである。

(三) 結果の保証——アルゴリズムが行うことは何であろうと、手順の誤りなく実行されさえすれば、常にそれがなしとげられる。アルゴリズムとは絶対万全《フールプルーフ》のレシピなのである。

この三つの特徴がいかにしてコンピュータを可能ならしめたのかは、容易に見て取ることができる。あらゆるコンピュータ・プログラムは、アルゴリズムなのであり、結局のところ、何らかのごく単純なメカニズムが、驚くほどの信頼性のあるやり方で実行することができるような、単純なステップから構成されている。そのメカニズムとして電子回路を選ぶのが一般的だが、コンピュータの力は、（スピードの点を除けば）シリコンチップ上を駆けめぐる電子の因果的な特性には何ら依存していない。まったく同じアルゴリズムを、グラスファイバー上で分岐する光子を用いた装置によって、さらに高速で実行することすら可能であるし、紙と鉛筆をもった人々のチームによって、それよりもずっとずっと低い速度で実行することもできる。

ダーウィンが発見したものは、実を言えば一つのアルゴリズムではなく、明確に見分けようのないくらいに関連し合ったアルゴリズムの大きな集合体《クラス》だった。

27 エレベータを自動化する

コンピュータを論じる幕間を終える前にもう一点、もう一グループの有益なアイデアを紹介したい。それはすなわち、**ソースコード**〔ソフトウェア用に人間が書いた一連の文字列〕と、**コメント**〔ソースコードに加えられた注釈〕と、**オブジェクトコード**〔ソースコードをコンピュータ実行用に変換したコード〕であり、これは、意味がどのようにすれば脳内に住まうことができるのかを理解するという私たちの探求に、重要な応用例を提供してくれる。頭がパンクしそうになる問題に取り組む前に、この上なく単純な実例をある程度詳しく研究すること、私たちが使っている概念についてしっかりと把握することが、賢明である場合がしばしばある（人工知能の分野ではトイ・プロブレムとして知られている。現実世界のものすごく大変な問題に取り組む前に、まずはトイ・プロブレムを解いてみようということである）[9]。そういうわけで、エレベータの人間の運転士《オペレーター》が、いかにしてコンピュータチップで置きかえられたかという物語を述べよう——これは単純化のために作られた物語ではあるが、別の見方をすれば現実の物語でもある。

私の若い頃、エレベータには運転士がいた。一日中エレベータの中にいて、エレベータを上や下に動かし、乗客を乗せたり降ろしたりできるよう正しいフロアの位置で停止させるという仕事をする人々である。初期の時代、運転士たちは、珍しい形のハンドルを操作し、それを時計回りに回すとエレベータは上昇し、反時計回りに回すと下降した。運転士には、丁度いい高さでエレベータを停止させるための技能が求められた。エレベータに一、二インチ〔二・五〜五センチほど〕の段差がしばしば生じ、乗降客はその段差をまたがなければならなかったし、運転士はいつも彼らにそれを注意するように言わなければならなかった。いつ何を言うべきか、最初にどの階に行くべきか、どのようにドアを開けるべきかといった、運転士向けのルールが数多くあった。運転士の教習は、そのようなルールを記憶し実践することから成り立っていた。彼らは、そのルールが第二の天性になるほどまでに、それにしたがい続けたのである。このルールそれ自身は、細かな修正や改良を繰り返すというデザイン過程において、長い年月をかけて作り上げられてきた。このデザイン過程がともかくも終了し、理想的なルールブックができあがったと考えてみよう。このルールブックは大変な優れものであり、ルールにちゃんと従う人なら誰でも、卓越したエレベータ運転士になれるほどのものだった、とする。

さて、運転手が自らの手で行うべきことをすべて、単純なコンピュータ・プログラムが受け継ぐことできるようになった場合、何が起こったかを想像してみよう（現実には、様々な自動装置が導入されて、熟練を有する操作が運転士に免除されるという具合に、事態は徐々に進行していったのだが、ここでは、エレベータが、人間の運転士〔による制御〕から完全なコンピュータ制御のシステムへと一挙に移行したと想像してみよう）。

次のように考えてみよう。エレベータの製造元は、ソフトウェアエンジニア――つまりプログラマー――のチームを招集し、人間の運転士が従ってきたルールブックを彼らに手渡して、「これが私たちは求めているパフォーマンスの仕様です。これに載っているすべてのルールに、最も優れた運転士と同じぐらいに巧みに従うようなコンピュータ・プログラムを作成して欲しいのです」と述べる。プログラマーたちは、ルールブックをくまなく読み進め、なされるべき動作すべてをリスト化し、またそれらの動作を指示したり禁じたりする諸々の条件をリスト化する。この過程で、プログラマーたちは規則の中の余分な部分を取り除いていく。たとえば、エレベータがいつも正確に正しい高さで停まることができるような仕組みがセンサーに組み込まれていれば、「フロアより下に停止しております、ご注意下さい」とか「フロアより上に停止しております、ご注意下さい」という注意を発するように運転士に求めるループは除去できる。とはいえ、プログラマーたちは、単純な「N階でございます。足元にご注意下さい」といった（録音の）アナウンスを発するループとして、このループを残すかもしれない。こうして、プログラマーたちは、日常的な人間の言語と制約がずっと厳しいソースコードの体系の中間のある種の合いの子的な言語——しばしば疑似コードと呼ばれる言語——で、プログラムの概略《スケッチ》を書き上げる。擬似コードの一部を見ると、それは次のような具合になっているかもしれない、「モシ callfloor《呼び出し階》 > currentfloor《現在停止階》 ナラバ callfloor《呼び出し階》 = currentfloor《現在停止階》 ニ至ルマデ ASCEND《上昇セコ》 ソシテ STOP《停止セヨ》; OPENDOOR《どあ開ケヨ》. WAIT《待機セヨ》……」

擬似コードでプランが明確になり、求められているものができそうだとなると、擬似コードをソースコードに翻訳することが可能になる。ソースコードは、擬似コードよりもずっと厳格で組織化された操作《オペレーション》システムであり、その中には用語の定義——変数やサブルーチンなどの——も含まれている。人間は、やはり——結局書いたのは人間なので——ソースコードを解読することができるし、したがってまた、ルールブックにあるルールと用語は、その探し方を知っていれば、ソースコードにおいて明確に表現されているのが分かる。これをより容易なものにしてくれるのが、次の二つの特徴である。第一に、変数と操作の名は、普通、（callfloor《呼び出し階》、weightsum《乗員総重量》、TELLFLOOR《停止階案内セヨ》などの）意図された意味をはっきり表すために、選ばれている。第二に、第24章で見たように、プログラマーたちは、ソースコードの中にコメントを書き込むことができる。ここに言うコメントとは、ソースコードを読む他の人々に、プログラマーが何を意図しているのか、様々な部分が何をすると想定されているのかを告げる、注釈的な説明文である。あなたがプログラムを書くとき、自分自身のためにコメントを加えておく方が賢明である。というのもあなたは、あるコードの一部が何をするためのものかという自分の考えを容易に忘れてしまうかもしれないからである。プログラム上のエラーを直すためにコードを読み直すとき、コメントがあると実に便利なのである。

ソースコードは、厳密な文法に従って注意深く書き上げなければならない。すべての要素が正しい場所に置かれ、句読点も正しく打たれねばならない。というのも、ソースコードは、ソースコードを受け取りそれを、現実のマシン（ないしバーチャルマシン）が実行できる（オブジェクトコードで書かれた）一連の基本操作へと翻訳するコンパイラにかける必要があるからである。コンパイラに、ソースコードのある行でプログラマーが何を意味しているのか推測して欲しいと頼むことはできない。ソースコードは、どんな操作がなされるべきかをコンパイラに正確に告げなければならない、——但し、コンパイラプログラムにも色々あって、そのような作業《タスク》を遂行するために数多くの異なったやり方を選ぶ余地があるので、状況に応じて効果的なやり方を探すことはできる。あるコンパイラは別のコンパイラよりも優秀であり、たとえば、（ソースコードで書かれた）同じプログラムを二つの異なったコンパイラにかけると、一方のコンパイラがつくり出したオブジェクトコードの方が、他方のものよりも実行速度が目覚ましく速いということがある。チェスのプログラムを書いて、そのソースコードを二つの別のコンパイラにかけたとしよう。そして、それぞれのコンパイルされたバージョン相互を同じコンピュータ上で対戦させるとしよう。たとえ二つのバージョンが「同じ思考を同じ順序で行う」（そうでなくてはならない——ソースコードが同じなのだから）としても、一方が使用する基本的な機械的サイクルの数がより少なく、それによって他方よりも同じ思考をより速く行い、したがって、利用可能な時間内に、他方よりも先の手まで見通すことができるという単純な理由から、他方にいつも勝利する、ということはありうる。

エレベータの例に戻ろう。コンパイラがオブジェクトコードをコンパイルしてしまえば、それは（バーチャル）マシンによって実行可能になる（それは実行可能なファイルなので、英語で「実行可能」を意味する“executable”の頭文字をとって、“.exe”という拡張子が付される）。このファイルには、幾度ものデバッグの作業（ソースコードに戻って修正し、コンパイルをし直すなど）が必要であるかもしれないが、最終的には「完成」品となる。そうなればそれを、万能《ユニバーサル》マシン——および、それを頂点とした何重かのバーチャルマシン——を含んだ小さなチップのロムの中に「焼き込ん」で、エレベータにインストールすることができる。このインストールの作業の中に含まれるのは、入力装置をエレベータに取り付け、そこから「コンピュータへの」入力《インプット》を構成する作業（これには、ボタンからの信号、乗客全員の重量を測定する床に据えられた重量計からの信号、他の部分からの信号などがある）や、実行装置を取り付け、「コンピュータからの」出力《アウトプット》が構成できるようにする作業（これには、ドアの開閉やケージの上昇下降のためのモーターを動かす作業、階の表示や録音されたアナウンスなどをその都度更新する作業などがある）がある。さてお立ち会い！ マシンが、比喩的なホムンクルスなどではなく、現実の一人の人間に置き換わった。そしてこのマシンは、人間の運転士と同じように、同じルールを守っている。本当にそうなの？ 本当に？ 確かに、本当ではない。むしろ、**準**・遵守しているのである。これは、行動を命ずるルールを記憶する——また従って心の中で文字通りの意味でそのルールを表象し頼りにする——人間と、自らが「服している」方程式によってエレガントに記述される軌道を描く惑星との間の、素敵な中間的事例である。

私たち人間もしばしば中間的レベルに身をおく。私たちが一連のはっきりしたルールを内面化ないし習慣化してしまって、あとはそれを気にかけないかさらには忘れてしまってもいいという場合が、それである(“c”の後に来る場合を除いて“e”の前の“i”〔は〝アイ〟ではなく〝イ〟になる〕とか、“neighbor”や“weigh”のような場合〔の“ei”〕は“a〔エイ〕”のように聞こえるとか、ということである)。さらに、完全に手直し《デバッグ》された形式でまだ明確になっていないルールを**準**・遵守することも可能である。たとえば、英文法のルールがそれで、英文法のルールは言語学者たちに永年にわたって挑戦状をつきつけ続けている。この事例に関して言えば、言語学者は、今日でもなお、良き英語を話すためのルールブックを四苦八苦して書こうとしているが、一〇歳の英語のネイティブスピーカーなら誰でも、EVM向けのオブジェクトコードの非常に優秀なバージョンを何らかの仕方でインストールし手直し《デバッグ》も済ませている。[6]

この話題を終える前に、注意してもらいたいことがある。すなわち、プログラム設計者《デザイナー》たちがソフトウェアの絡み合った部分すべての目的を追跡するための助けとして用いる、ソースコードに挿入されたコメントに対応する何かが、私たちの脳を特徴づけるハードウェアやファームウェアやソフトウェアを作り上げているデザイン過程の中にあるわけではない、ということだ。自然選択が私たちの脳の中に様々な機能的構造をインストールするとき、それはコメントなしのコードのようなものである――それは何らかの理由のためにそこにあるのだが、その理由がその機能的構造の中にラベルや説明として表示されているわ

(6) 同僚のレイ・ジャッケンドフ (Jackendoff, 1993) は、これを言語習得のパラドックスと名づけた。プロの言語学者が表現の仕方を明確にしようと努力しつづけている文法的ルールを、子供は、何らかの仕方で、何の努力もなしに吸収し従うのである。

けではないのだ。いずれにせよ、そのようなラベルや説明を脳が理解することはできないだろう（この点の詳しい説明は第40章で行う）。発達と学習の間に生じる様々な調整に理由があっても、コメントや説明はない。私たちもやはり、言語学者と同様に、こうした「ルール」と「手続き」すべてのリバース・エンジニアリングを行おうと奮闘しているのである。この課題は、（コメントのない）ソースコードの復元を目的にしてオブジェクトコードのリバース・エンジニアリングを行う作業よりもずっと困難である。しかしそれは、原理的には可能なのである。

要約

何百年もの間、脳は何らかの仕方で魂の座であるということの無数の証拠が提示されてきた。しかし、二十世紀半ばまでには、どうすればそれが真理でありうるのか、想像すらほとんどできないものになった。脳は、興味深い仕方で形作られた多数の様々な器官から構成されたものとみなすことができるようになり、右脳と左脳というペアの中には、初期の解剖学者たちが――海馬や扁桃体（アーモンド）やしわの寄った皮質（樹皮）などの――鮮烈な名を付した様々な諸器官があるが、一体全体、これらの器官は何をするものだと思われていたのだろうか？　消化や血液の清浄などをするものではなかろう。では、アリストテレスが考えたように、血液を冷やすための器官つまりラジエーターのようなものなのだろうか？　これらの部分は、神経繊維に結びついているので、おそらくお互いに何らかの交流をしているのだろう。デカルトは、いくつかの神経繊維は、ベルを鳴らすための引きひものようなものだと、指摘していた――一方の端でひもを引っぱると、他方の端で何かが起こるのだが、正確に言って、そこで起こるのは何なのか？　ベルを鳴らすというたとえは、脳を心として理解するという考え方へと人を接近させるものではないと思われただろうし、また誰もそれよりましなアイデアをもっていなかったのである(7)。

その後チューリングが現われ、さかのぼればバベッジ、パスカル、ライプニッツらに行き着く伝統を足場にして、次のように示唆した。すなわち、脳は、（ねずみ取り、ベル、鍵と鍵穴、シナプスのような）突き詰めればまったく機械的である単純な諸部分から構成されている可能性があるが、しかしまた、それらの諸部分が巧みな仕方で相互作用すべく組織されるならば、それらは実際にそれ自身の力で、人間の介入もそれらを導く機械の中の幽霊もなしに、知的なことを実際に行うことがありうる、と示唆したのである。それらは、計算《コンピュート》することができるかもしれないのだ。チューリングがこのアイデアに行き当たる以前、「コンピュータ」とは職業の名前だった。企業や政府に雇われた人々が計算者《コンピュータ》になり、たとえばビジネス、航海、軍事、金融といった目的のための表を計算するのである。チューリングが推測したのは、多分脳それ自体がコンピュータ（つまり人間の計算者）のようなもので、多分脳は、奴隷じみた仕方で極めて単純な（増加や減岐のような）命令の膨大なリストを追っていくことで情報を処理しているのだろう、ということだった。認知科学の初期の理論家であるアラン・チューリングとジョン・フォン・ノイマン、サイバネティクスの創始者であるノーバート・ウィーナー、情報理論の創始者であるクロード・シャノンといった人々がひとたびこのアイデアを明確に述べてしまうと、そのアイデアは疑問の余地なく正しいとすら思えてくるかもしれない――いったい、何で僕らはこれまで、それが分からなかったんだ？と。脳は、感覚器官から情報を取り入れ、何かの仕方でそれを使って計算することによって、その情報を処理し、有効な意味の原石を取り出すまでその処理を続ける。そしてさらなる計算を行うことで、その意味の原石を分類し、身体の行動を導くためそれを蓄積する。その身体の行動が脳にエネルギーと安全な居場所を提供するのである。チューリングの見方における鍵となる革新は、情報処理に関して初期になされた想像において、明白すぎるほど明白だと思われていた厄介な要素を消し去った、ということにある。厄介な要素とはつまり、窓口係や通訳や図書館の司書などを要求する〔情報の〕合流地点という要素である。要するに、ある合流地点があって、そこに信号の内容を評価するための、何らかの理解する存在がいなければならない、と想像されていたのだ。チューリングは、ある意味ではこれが避けがたい要素であると見ていた。というのも、知的な過程は常に、信号における差異の識別に基づいて、この道かあの道かを選ぶことを要求するからである。しかしまたチューリングは、この理解するという働きを最小限の必要物へと切り詰めることができた。それがつまり条件分岐という心なき過程である。この心なき過程によって、装置は、右ではなく左に行くことを決断する（準・決断する）。なぜなら、この装置は0ではなく1を、BではなくAを、yではなくxを感覚する（準・感覚する）からである。この過程と算術が、必要であるすべてである。これさえ揃えば、——チューリングの時代にはふさわしくない言い方ではあるが——バーチャルマシンの上にバーチャルマシンを積み上げるという仕方で、あらゆるレベルで識別を行う装置を組み立てることができるようになるはずなのだ。このような見方は、五十年以上もの間、魅力的でありつづけているとはいえ、その細部は、私たちがすでに気づきはじめているように、簡単に明らかにできるものではない。もしも脳がコンピュータであるとしても、私たちが毎日使っているコンピュータとはあまり似ていない。私た

（7）実を言えば、デカルトの偉大な想像力は、ある素晴らしい考え方に少なくとも近いと言えるものをデカルトに与えた。デカルトは、ワイヤーを引くと、小さな門ないし穴が開き、閉じこめられていた「動物精気」（神経流体）が解放され、その解放された動物精気はある種の油圧的動作を行うことができる、と想像した。これは、増幅器(amplifier)の素描として悪くない！　これよりもさらに優れた点として挙げられるのは、デカルトが、何らかの知的な（適合的な、適切な）働きがこのような装置によって完全に機械的になされうるということに気づいていた。つまり、自動的な反射である。熱があなたの足のワイヤーを引っ張ると、足は火から遠ざかるように引っ張られるという例をデカルトは挙げている——これは脳の全くの機械仕掛けによるものであり、心は一切不要なのである！

ちのありきたりのイメージで特徴づけられたドライな〔ビジネスライクな〕構造に代わる、もっと生物学的にありそうな代案を考えることができるために、私たちはコンピュータの根本的な特徴を思い起こす必要がある。

この幕間の目的は、このような見方を明確にし、十分なだけの細部をそこに補うことにあり、またそうすることで、このような見方を思考道具として、あるいは想像力の補助装具として使うことができるようにして、私たちが今や向かおうとしている以下のような問題を理解する一助とすることである。これから向かおうとする問題は、まず、意味はいかなる仕方で脳（またはその他の機械）の中にありうるのか、次に、そのような巧妙なアーキテクチャが、熟達したプログラマーや知的デザイナーの手助けなしに、進化によってデザインされてきたということがいかにしてありうるかということである。これらを理解すれば、あなたは、意識と自由意志という私の知る限り最も厄介な二つの問題を効果的に思考するために、本書で獲得してきた思考道具を使えるという有利な立場に立つことになるだろう。

V　意味についてのさらなる道具

28　赤毛の人についての、何やらひっかかるもの

すでに見たように、私たちが脳内に携えている——信念、知覚、記憶、ポリシーなどの——すべての情報が文に似た断片へと分解されてファイルされ、いつでも呼び覚まされるようになっているというアイデアは、ある点では魅力的であるが問題もある。脳への書き込みを行うにしても、それが、一つの虚偽の信念だけをインストールすることはできないし、人々が一つの信念（例えばロンドンで起きた殺人についての信念）を共有できるにしても、それは——どうやら——脳語の形式を共有している必要はない。しかし、他の何が脳内に情報を蓄えることができるのだろうか？　私たち人間は事柄を「断片的に」学ぶことができるのだから、おおざっぱに言って一つずつくらい独立した事実を付け加える何らかのやり方がなければならない。

経済学者（やその他の人々）は、あなたはただ一つのことだけをするのは不可能だということを、しばしば好んで指摘したがる。「一つのこと」をすることは、常に複数の帰結を伴う。それと同様に、ただ一つのことだけを学ぶことができるというアイデアは、疑わしい。だが、いきなり核心に踏み込む前に、まずは分かりやすい類似例から始めるのがよかろう。読者の皆さんは本書の前の方で、プードゥーなる哺乳類が存在するということを学んだはずだ。多くの皆さんはきっと、前の方のページを読み直さない限り、

プードゥーについて、それが仔を育てるとか、背骨があるとか、比較的稀な種類であるとかいう事実以外には、何も断定的に語ることはできないだろう（そうでない読者は間違いなく、本書を読む以前にプードゥーについての知識をもっていたであろう）。皆さんがプードゥーについて学んだ仕方について、神秘的なことは何もない。つまり、ある文を読み、その文を信じたのである。しかし、動物や、まだ言葉を話せない幼児が、（単純な文で表現されている一つの事実のような）ただ一つの事実を、何らかの興味深い経験の断片から学ぶことができるだろうか？　知識や信念や学習は文サイズのかたまりに分解不可能でなければならないというアイデアは、おそらく擬人主義的幻想である。私たち人間は、音声や文字で表現される無数の平叙文に日々出会い、それによって、ありとあらゆる種類の事実を知るようになる（さらに、わずかな虚偽を信じ込む）。私たちが図書館や資料館に蓄えている事実もあれば、私たちの脳の中だけで蓄えている事実もある。私たちが現実に出会った文を一字一句忠実に記憶するということは、めったにない。しかし、出会った文の要点を貯蔵するとき、私たちは、それと似通ったような文を、脳語による定式を、蓄えるということでなければならない――そうでなければならないはずではないか？　もしもそうではないとなると、どんな代案があるのだろうか？

　マイクは「赤毛の人について、何やら引っかかるものを感じている（has a thing about redheads）[1]」と、パットが言ったとしよう。パットが言おうとしているのは、大まかに言えば、マイクは赤毛の人についてのある定型的《ステレオタイプ》な見方を抱いていて、それはかなり軽蔑的なもので、赤毛の人についてのマイクの予想や赤毛の人との交流に影響を与えているということである。これは、マイクが赤毛の人について偏見を抱いているというだけではなく、赤毛の人について、かなり風変わりで特殊な引っかかりを、マイクがもっているということである。パットは正しいかもしれない――パット自身が知る以上に正しいかもしれない！

マイクが抱いているのは引っかかりであり、私たちの意識経験に提供される観念や考えや信念やイメージやその他の伝統的な何かではなく、彼の脳の中の赤毛の人についてのサブパーソナルな認知機構の一部である、ということが明らかになるかもしれない。それが意味するのは、この認知機構の一部が、話題が赤毛の人々ないし赤毛の人である場合にはいつでも体系的に働き出し、マイクの認知機構の様々なパラメータを調整して、赤毛の人ならばあまり喜んだり納得したりしそうにない軽薄な仮説を立てたり、赤毛の人と対面したときに、どちらかといえば攻撃的であるような行動を、そうでない場合よりもより実行する傾向を高める、ということである。そのような〈赤毛の人についての何やら引っかかるもの〉は、その働きにおいてとても複雑かもしれないし、かなり単純かもしれない。マイクの〈赤毛の人についての何やら引っかかるもの〉がもたらす効果は、完全に明確であり、疑いの余地なく有意味なものであるかもしれないが、しかし、その意味を〈真であると信じられる文〉として表現することは、その役割からいって、記憶の助けとなるラベルを張ること以上のことではありえないだろう。つまり、この〈引っかかり〉の役割を、「すべての赤毛の人はFである」(ここで〝F〟には、マイクの態度を最も正当化するような内容が入る)という——奇妙な点で詳しく、奇妙な点で曖昧な——信念として特徴づけることは、不可能かもしれないのだ。マイクは、確かに、赤毛の人に対してある態度をとっているが、それは、哲学の専門語を使えば、いかなる特定の命題的態度でもない。言いかえれば、その態度は、

マイクは、すべてのxについて、もしxが赤毛の人ならば……である、と信じている

という定式の分類を受け入れない、ということである。私たちがどんなに遠回りして、例外条項や但し書

きや蓋然化やその他の明白な内容調整を積み重ねようと、このような定式の分類を受け入れないのである。哲学者（およびその他の理論家）は、しばしば、すべての認知的状態を、このような定式で表現できる――〈信念〉と〈欲求〉と呼ばれる――情報運搬状態へと、還元してきた。この戦略は、個人の心理の概略を与えようとする場合には優れたやり方であるとしても（それがつまりは**志向的構え**である）、しかし、それを超・精密なものにしようと考えても、それは無理な話である。お好みならば、様々な信念がシステムの内に暗黙の含意として存在していると言うことはできる。これが意味しているのは、そのシステムは、（現在のところ）、世界の赤毛の人がしかじかの特徴をもつという「仮定の下で」動作するようにデザインされている、ということである。コンピュータプログラマーたちが**ソースコード**に**コメント**を付して、このシステムが一定の仮定に依拠しているということを誰にでも分かるようにするとき、プログラマーたちは、その仮定を明確にするのに労力をさく必要がないことを、十分わきまえている。というのも、プログラマーたちは、コメントとは私たちが忘れないようにするための単なるラベルであり、コンピュータが**準**・読解や**準**・理解をせねばならないようなものではない、とみなしているからであり、さらに言えば、プログラマーではない私たちにとってさえ、コメントは、分子を記述するために化学者が化学式を用いるのと同じように使うことができる、内容の細目ではないからである。脳のサブパーソナルな構造に対して志向的構えによる解釈を行うというのは、コードのいくつかの行にコメントを付すことに似ている。つまり、その解釈は、適切になされていれば、非常に分かりやすいラベルになるのだが、脳が情報処理において用いている脳語による定式を、英語や他の自然言語へと翻訳したものではないのである。この勘どころ《トリック》を見失ってしまうことで、ある哲学者たちは、内的な文を操作する機構というものが存在する想像上の世界を作り上げたが、その世界では、特定の脳内の出来事の内容が、（「僕は少年〈または〉少女を見た」という）選言的な述語を使って表現されるか、内部が論理的に構造化されていないような述語（「僕は子供を見た」という）で表現されるかが、重大な違いだと想定されている。

以上のような直観ポンプの目的はどこにあるだろうか？　その目的はただ一つ、思考の言語を支持するお馴染みの決まり文句――「さもなければ、他に何がありうるというのか？」――には、この決まり文句を自明の理だと思う人々の鼻をあかすよい回答があるかもしれないということを、示唆しようと試みることである。有効な代案を堂々と披露してくれるような、大胆で新たな計算的アーキテクチャ[2]を提供できればと思っているのだが、今のところ私にはできていない。私だけではなく誰もまだできていないが、それは同時に、ほとんど誰もそれを試みてはいないということである。というのも、思考の言語は――誰かがずっと以前に言ったように――「〔溺れる者が〕すがるべき唯一のわら」であるという確信が、依然として幅広く行き渡っているからである。しかしながら、念頭に置くべきなのは、認知科学に関わる誰もが、思考の言語の有効なモデルを展開させてこなかったし、それどころか、それを厳格な仕方で行おうとすらしなかった、ということである。それは、とてもとても難しい問題なのだ[1]。このような理由から、私は、開かれた心でことに当たってほしいと願うのである。

（1）専門家向けの、一つの例外はある。CYC (Lenat & Guha, 1990) は、思考の言語に幾分類似しているような人工知能（AI）の実装の中でも、確実に最も印象深いものである。それは百科事典的、（つまりエンサイクロペディック）な、おおむね手入力のコードで書かれたデータベースと、それを統御するための専用の推論エンジンからなっている。CYCは現在、多くの人々の手によって四半世紀にわたる発展を遂げてきているが、その力は、そのデザインが冷酷なまでに非生物学的、非心理学的なあり方をしていることによって達成されている。（ウィキペディアの、CYCに関する卓抜した項目をご覧頂きたい。）マイクが潜ませている赤毛の人についての引っかかりが、脳語で書かれ、公理化された、赤毛の人ミクロ理論であり、CYCによく似た巨大データベースの中に具体化されている、という見込みはほとんどない。私たちは未だ、他にも無数にある何やらについての引っかかりによって、どれほど多くのことがなされうるのかについて知ってはいない。というのは、私たちは未だ、ごく単純なモデルを除けば（例えば、ロドニー・ブルックスとその共同研究者たちによる擬似昆虫による包括アーキテクチャなど――Brooks, 1987 を見よ）、それらについて研究していないからである。ブルックスのCogプロジェクト（人間型ロボット――Dennett, 1987 を見よ）の主要な研究課題の一つは、それがこのようなはっきり非命題的であるような〔意味-〕内容構造のモデルを、人間心理学として認められている分野へと押し出すことであった。

29 さまようツービッツァー、双子地球、巨大なロボット

私は、マイクの〈赤毛の人についての何やら引っかかるもの〉と〈ソースコード〉とを同じ段落で語ってきたが、これによって私は、志向性に関する私の議論のまっただ中にある根本的な亀裂を、実のところ、ぽっかりと空いた深淵を、無視してしまうように促しているのである。深淵とは、本源的志向性の問題である。この用語を発明したのはジョン・サールであり (Searle, 1980)、サールが提起した本源的志向性と派生的志向性の間の明確な区別は、一見したところ、直観的に満足のいくものであり、深い説得性さえそなえたものである。本源的志向性という学説が主張するところでは、私たち人間の手による人工物の中には、人間に由来する派生的な種類の志向性をもつものがあってもよい――たとえば本、映画、コンピュータ、道路標識など――が、しかし、私たち人間は本源的 (original)（ないし本来的 (intrinsic)）な志向性をもっており、これは断じて派生的なものではない。たとえば、このページに印刷されている言葉が哲学についての言葉だと言えるのはただ、英語〔ないし日本語〕の読み手であり書き手である私たちが、――言葉の使用者である私たちがいなければ何についてでもないような――インクで引かれた線を使って伝えようともくろむ哲学についての思考と信念をもっているからである。これとは対照的に、私たちの思考や信念は、先々にその使用者がいようといまいと、それが意味するところのものを意味している。私たちの思考と信

念は、本源的志向性を呈しており、数多くある人工物がもつ派生的志向性のすべては、結局この本源的志向性を源としているとされる。このような人工物の中には、単語、文、本が含まれるだけではなく、地図、映画、絵画、記号、符号、図表さらにその他の技術的な表現〔表象〕が含まれ、またこれが重要であるが、コンピュータも含まれている。紙切れに書かれた買い物リストもあなたのアイフォン上に表示された買い物リストも、共に食料雑貨についてのリストであるのは、食料雑貨を買いたいというあなたの欲求とスーパーマーケットに行くべきだという信念――より直接的で本源的な、食料雑貨についての欲求と信念――に応えるために、あなたが〔紙上ないし液晶の〕符号《シンボル》構造を利用しそれに解釈を与えているからにほかならない。神は〈動かされざる動かす者〔不動の動者〕〉であるとアリストテレスは言ったが、この〔サールの〕学説は、私たちは〈意味されざる意味する者〉であると告げているのである。

物理的な形やその他のそのような性質のみの力で本来的な志向性をもつようになるものは何もないという点については、私たちはサールに同意できる。全宇宙規模の偶然の一致によって、

ビールノミホウダイ（FREE BEER）

という形が、火星の崖の表面に様々な鉱物によって刻まれた線として浮かび上がっていたとしても、地球の人間がその形をそのように読むべきだといかに熱心に解釈しようとしても、その形は（「それ自身で」）アルコール飲料に関する告知ではないだろう。その形は、一見そう見えたとしても、〈何かについて〉のものではないだろう。世界の中の何らかの複雑な出来事や対象が他の事物〈について〉のものであるとしたら、これらの出来事や対象は、その〈ニツイテ性〉を、すでに何らかの仕方で志向性をもっている諸状

態（信念や欲求や脳状態）を備えた――つまり表象し解釈する――志向的システムから、派生的に受け取っているのでなければならない。

このとき問題になるのは、およそ何かが本源的志向性をもつかどうかである！　派生的志向性が何かから派生したのでなければならないのだから、何かが本源的志向性をもたねばならないというのは、最初のうちは明白であるように思われるかもしれない。その場合、本源的志向性を備えた言わずと知れた候補者は人間の心だ、ということになろう。こういうわけで、多くの問題でサールと見解を異にする何人かの傑出した哲学者たち――たとえばジェリー・フォーダーやソール・クリプキ――が、この問題に関してはサールと同意見であるというのは、驚くに当たらない。これらの哲学者たちやそれに同意する多くの人々は、人間の心（またはその心的状態）は本源的志向性をもっているのであり、この点でロボット制御のシステムとは根本的に異なっている、と考えている。

彼らは、あからさまな誤りを犯している。そう、それは誤りなのだ。私はそう言いたい。本源的志向性と派生的志向性の区別への訴えという否定し難いものを前提するとき、その区別に疑義を差しはさもうとするいかなる試みも、場違いの好意的解釈《チャリティ》によって台無しにされてしまう危険にさらされる。「あのことについて僕たちが間違っているなんてことを、この人が真面目に言っているなんてありえない。この人は何か別のことを言おうとしているに違いない。つまり、あんな無茶で挑発的な言葉を装いつつも、その無骨なうわべの下に、何やら深遠な哲学的論点を意図しているに違いないのだ」というわけだ。私が、自分は彼らは誤っていると本当に言いたいのだということを人々に納得させる最善の方法は、おそらく、できるだけ鮮やかで明瞭な派生的志向性の事例をまずは披露し、その派生的志向性の事例と人間の心という本源的志向性の事例との間で好んで行われている対比が、厳密な吟味の果てに雲散霧消してしまうさまを示すことである。厳しい要求だが、やってみよう。この課題を果たすために必要となるのは、三つの相互に関連する直観ポンプである。

1　さまようツービッツァー　標準的なジュースの自動販売機を考えてみよう。米国で設計《デザイン》され製造された機械で、米国の二五セント銀貨を受け入れたり退けたりする検出装置を備えている。この装置をツービッツァーと呼ぼう(2)。普通、ツービッツァーに二五セント銀貨が一枚挿入されると、ツービッツァーはある状態になる。この状態をQと呼ぼう。この状態Qが「意味している」のは（カギ括弧に注意。これは準・意味している、ということである）、「私は今、真正の米国二五セント銀貨を知覚し／受け入れている」ということである。このようなツービッツァーは、極めて利口で洗練されているが、失敗しないわけではない。つまりツービッツァーたちは「誤りを犯す」のだ。これは比喩でも何でもなく、ツービッツァーたちは、時に、偽造硬貨や異物が挿入された場合に状態Qになることがあるし、時に、完全に本物の二五セント銀貨を退けることがある――つまり、状態Qになる筈だとされている場合に、その状態にならないこともある。疑いもなく、これらの「誤認」の事例には発見可能なパターンが存在している。やはり疑いもなく、「誤同定」の事例の少なくともいくつかは、それに関連する物理法則とツービッツァーの検出機構のデザインパラメーターについての十分な知識をもつ者であれば、予測できるだろう。物理法則を色々の仕方で応用すれば、本物の米国二五セント銀貨だけではなくある種の物体Kも、状態Qを引き起こすようにできる一方、ある種の（重すぎる）物体Jやある種の（二五セント銀貨とは異なり、磁性を帯びた）物体Lは、状態Qを引き起こさないようにできる。そのときのKなる物体は、――検出器を上手に「だます」――良くできた偽造硬貨だということになる（この段落で私が操作詞・**準**を何回使ったのかを確かめて頂きたい。私はそれだけの回数、ツービッツァーのスペックを示すために、**志向的構え**を用いることができたということである。この段落を志向的構えなしで書き直そうと試みてみれば、志向的構えがいかに有効な構えであり、このような目的のためには志向的構えがいかに手放し難いものであるかを評価できよう）。

もしもKのような物体が、ツービッツァーの正常な環境において、より頻繁に出現するようになれば、ツービッツァーの所有者や設計者《デザイナー》は、本物の米国二五セント銀貨とKのような偽造硬貨とを確実に識別できるように改善され感度も上がった検出器を開発するだろうと、私たちは期待できよう。もちろんその場合も、より狡猾なまがい物が現われ、さらに検出装置を改善する必要が出てくることもあるだろう。このような工学《エンジニアリング》上のエスカレーションは、失敗しないメカニズムのようなものは存在しない以上、どこかの段階で、見返り《リターン》が減少するような地点に達する。たいていの場合、無視できるいたずら程度のものに予防策を講ずることは費用対効果が低いので、技師《エンジニア》と利用者は賢明にも、ごくごく標準的なツービッツァーで済ましている。

この検出装置を、偽造硬貨検出器でも、二五セントか偽造硬貨かを検出する検出装置でもなく、あくま

（2） 私がこの直観ポンプを始めて考案したとき、二五セント銀貨識別装置を指すための、こんな〔ツービッツという〕廃れたスラングを用いたのだが、どうもこの選択はまずい選択であったようだ。だが私は現にそれを用いてしまったのであり、この用語は実のところ大いに流行してしまった。だからこの用語を用い続けることにしよう。米国二五セント銀貨を「ツービッツ」[3]と呼ぶようになった起源ははっきりせず、「ピーシーズオブエイト（八レアル銀貨）」やダブロン金貨といった海賊時代の遺物にまでさかのぼるという。

で二五セント銀貨検出装置にしている唯一のものは、設計者《デザイナー》、製造者、所有者、利用者の間で共有されている意図である。Qという状態が生じたある場合を私たちが「正しい」とし、Qという状態が生じた他の場合を「誤り」とすることができるのは、利用者やその意図が作り上げている環境ないし文脈においてだけである。そもそも、私たちがその装置をツービッツァーであると呼ぶことを正当化できるのは、様々な意図が作り上げているそのような文脈に関連してのことでしかない。

ここまでのところ、私は、サール、フォーダー、クリプキといった人たちを納得してうなずかせることができていると思う。ここまで述べてきたのは、人工物のまさに典型的なあり方であり、有り体に言えば、派生的志向性の教科書的な事例である。それだからこそ、アメリカの工場直送の「モデルAツービッツァー」というスタンプを押された特定のツービッツァーが、パナマのジュース自販機に取り付けられ、〇・二五バルボア銀貨——パナマの合法的通貨であり、デザインや文様により、米国二五セント銀貨と（人間の目で）見分けるのは容易だが、重さ、厚さ、直径、成分の点では見分けがつかない銀貨——を受け入れたり退けたりすることで食い扶持を稼ぐ、という想定を認めることに、躊躇する人など誰もいないのである。

今の話は作り話ではなく、フライングイーグルという希少コイン店のアルバート・アーラーという人物を通じて得た、ごく確かな筋の情報に拠る話である。それによれば、標準的な自動販売機は、一九六六年から一九八四年にかけて発行された米国二五セント銀貨とパナマの〇・二五バルボア銀貨を識別できないのだという。これは驚くに当たらないことであり、というのも、バルボア銀貨はアメリカの造幣局に蓄えられていた米国二五セント銀貨に刻印を押したものなのである。好奇心を満たすために述べておくと——現在の例にはまったく関連しないことであるが——現在（二〇一一年）のレートでは、一バルボアは〇・

九八米ドルなので、〇・二五バルボアは米国二五セント銀貨よりもほんの少しだけ価値が下がる。

どうということもなくパナマに移されたこのようなツービッツァーは、依然として、米国二五セント銀貨やKのような物体やパナマの〇・二五バルボア銀貨が挿入されたときに、一定の物理状態——私たちがQという状態を特定するために使われる諸々の物理的特徴を備えた状態——に移行する。しかし、今や誤りと判定される諸状況は、以前とは異なったものになっている。つまり現在の新たな環境においては、米国二五セント銀貨は、偽造硬貨やその他の物体Kと同様に、誤り、誤認、誤表象を誘発するものであるとみなされる。アメリカに戻れば、結局また、パナマの〇・二五バルボア銀貨は、偽造硬貨の一種ということになる。

ツービッツァーがパナマの住人になった場合に、Qという名で呼ばれてきた状態がそこでもなお生じると言うべきであろうか？　この装置がコインを「受け入れる」という物理的状態はやはり生じるのだが、私たちは、その物理的状態を、Qではなく新しい状態QBを「実現している」とみなされる、と言うべきではないのか？　とはいえ、私たちがそれをどう呼ぶべきかについては大幅な自由がある。というのも、結局のところツービッツァーは人工物に過ぎず、その知覚や誤認について語ることや、それの状態が真実をとらえているかどうかについて語ること——つまりは、その志向性について語ること——は、「比喩に過ぎない」からである。ツービッツァーの内部状態は、それをどんな好みの名で呼ぼうと、「今ここに米国二五セント銀貨が入っている」とも「今ここにパナマの〇・二五バルボア銀貨が入っている」とも、本当に（本源的に）意味してはいない。それが本当に何かを意味することなどないのだ——サール、フォーダー、クリプキ（に代表される人々）は、そう主張するだろう。その内部状態は、何かを単に**準**・意味するに過ぎないのだ。だが、私たち本源的志向性の使用者にとっても生じうる問題を提起するには、これで十分である。詳しく見ていこう。

ツービッツァーは、もともと米国二五セント銀貨を検出するために設計《デザイン》された。それこそがツービッツァーの「固有機能」(Millikan, 1984)であり、文字通りの意味でのその存在理由《レゾンデートル》である。この目的を求める者がもしいなかったならば、わざわざ手間ひまかけてそれを存在せしめようとする者などいなかったはずである。そして、ツービッツァーの起源に関するこのような歴史的事実がある種の語り方を許しているとすれば、そのような装置は、ツービッツァーとして、二五セント銀貨を検出することを機能とするものとして、第一にまた適切に特徴づけられるのだし、まただからこそ私たちは、その機能に関連して、(正常に動作している場合に)それが真実を捉えている状態であるか、それとも誤りであるのかを判定することができるのだ。

こういう事情があるからといって、ツービッツァーをその故郷であるニッチ[4]から引き離すことは妨げられないし、それに新しい目的――物理法則がそれを保証する限り、それはどんな新しい目的にも役立つだろう――を押しつけることが妨げられるわけではない。たとえば、ツービッツァーを、K検出器や○・二五バルボア銀貨検出器やドアストッパーや凶器といった目的に用いることは、妨げられないのだ。新しい役割についたとき、そこにはわずかな期間の混乱と非決定があるかもしれない。それがもはやツービッツァーではなくなり、○・二五バルボア銀貨検出器(qバルバーと呼ぼう)に――あるいはドアストッパーや凶器に[3]――なるためまでに、どれほどの実績を積み上げなければならないのだろうか? それが、信頼できるツービッツァーとして動作してきた十年間の後、qバルバーとしての初仕事を行ったまさにその瞬間に、そのQという状態はすでに○・二五バルボアの真の検出を行っているだろうか、それとも、ノスタルジーに発する習慣づけの力のようなものによって、○・二五バルボア銀貨を誤って米国二五セントとみなしてしまうことがあるのだろうか？

ここまで記述してきたように、ツービッツァーは、過去の経験の記憶の備えも——それどころか、過去の準・経験の準・記憶の備えさえも——何ももっていないという点で、私たちとは明らかに異なっている。しかし、それが重要な違いだと考えられるならば、そのような蓄えを与えるのは容易である。まず、この話題に最も単純な形で手を加えてみよう。そのツービッツァー（もともとつけられた名で呼んでおく）が、カウンターを備えていると考えよう。カウンターの数値は、稼働一〇年間で、一、四三五、七九二になっているとする。それがパナマに空輸されるにあたり、カウンターをリセットしてゼロに戻す作業が行われることもなかったとしたら、パナマでの初仕事によって、カウンターの数値は一、四五三、七九三に変わることになる。これは、その装置が、〇・二五バルボア銀貨を正しく特定するという仕事への切りかえを未だ終えていない、という主張への支持を覆すものであろうか？（結局のところ、その装置は、その出来事を、それが検出すべく設計《デザイン》されたそれとは別の——米国二五セント銀貨の検出という——出来事qであると準・誤分類しているのである）。このテーマの修正や複雑化が、あなたの直観を異なった方向へ駆り立てるだろうか？（自分の直観に何が起きるか、この直観ポンプのすべてのダイヤルを回してみても

（3）皆さんの祖母の世代が衣類をプレスするために使っていた炭火式のアイロンは、便利なドアストッパーとして使用できる。アンティークショップや文化的骨董品《コレクティブル》サイトで炭火式アイロンを探すときには、それが本物かレプリカかを確かめねばならない。中には、骨董品の炭火式アイロンの形を模して鋳られた、単なる鉄製のドアストッパーも売られているのである。何百年も前、誰かが、ツービッツァーの形そっくりの奇妙なドアストッパーを製造したのであり、ご存じのようにツービッツァーとは、皆さんの祖父母の世代がコインを貨幣として用いていた時代に用いられていた装置なのだ……といったことだってあってもよかろう。

らいたい。）

ツービッツァーの、狭《ナロウリー》い考察に基づく内在的な特徴、[5] つまりは、ツービッツァーを過去の歴史とは独立に、もっぱらそれ自身だけで考察することで見いだされる内在的な特徴が、ツービッツァーと、パナマ政府の委託によって発注された真正のqバルバーとの区別を与えることなどないはずだと、私たちは確信することができる。さらにその起源を考慮に入れても、その機械が、私たちがQという名で呼びたくなるような状態を最初に帯びた時点で、その機能や目的や意味についての問題点はなかっただろうか？　そのとき生じたのは、〔本当に〕状態Q（すなわち、「米国二五セントが今ここにある」という状態）になることだったのだろうか、それとも、〔すでに〕状態QB（すなわち「パナマ〇・二五バルボアが今ここにある」という状態）になることだったのだろうか？　この機械のパナマでの初仕事が状態Qになることだとみなされるのか状態QBになることだとみなされるのかは、それの新たなニッチにおいて、それが〇・二五バルボアを検出する能力のゆえに選択されたかどうかということに全面的に依存している、と（Millikan, 1984に従って）述べてもよかろう――なお、ここで言う選択は〔自然選択ないし自然淘汰に通じる意味で言われていると同時に〕文字通りの意味で、たとえばパナマでのペプシコーラの営業権の所有者によって選ばれるというような意味で、言われている。それが〇・二五バルボアを検出する能力のゆえに選択されたのならば、たとえその新しい所有者がカウンターをリセットし忘れたとしても、その新たな「知覚」作用は、qバルバーによる正しい選定とみなされるはずである。なぜなら、それこそが、今その装置がそれのために存在しているものなのだからである。その装置は、〇・二五バルボア検出をその固有機能として獲得したということになる。他方、そのツービッツァーがパナマに輸送されたのが発注ミスのせいであったり、純然たる偶然によってそこに運ばれたりしたという場合には、そのパナマでの初仕事は何の意味ももたない。たとえ、後になって――その直後である場合ですら――、その便利さがしかるべき権威（その装置に新しい役割を与えることができる権威）によって気づかれ、認められ、それ以後その状態がQBに分類される事例《トークン》だとみなされるとしても、そうなのである。一方、その装置がどれほど巧みに〇・二五バルボアを検出したとしても、その装置がその仕事のために選択されるまでは、その受容状態は、「パナマ〇・二五バルボアが今ここにある」を、（人工的で、派生的で、**準**のつくようなものとして）意味することはないだろう。多分サールとその同志は、私のこのような話に満足するであろう。というのも、結局のところツービッツァーは、単なる人工物に過ぎないからである。それは何ら本源的志向性をもっておらず、したがって、私たちが発見しようとするかもしれない「深層の」事実など、そこにはまったくないからである。彼らは言うだろう、これは、その装置について比喩的ないし擬人的に語るにはどう語るのが最もいいのかという実用的《プラグマティック》な問題に過ぎない、と。

今や派生的志向性について確かに把握したので、派生的志向性と、派生的ではない本源的な志向性つまり私たちの志向性とは、何が違うのかを検討してみよう。まさにここにおいて、サール、フォーダー、クリプキ、その他大勢の論者は私と意見を異にするのであるが、それだけではなくまた彼らはこの点で、ルース・ミリカンやポール&パトリシア・チャーチランドといった哲学者、ダグラス・ホフスタッターやマーヴィン・ミンスキーのような認知科学者、さらに人工知能（AI）の研究を行っている人々とも意見を異にする。三〇年以上にわたる論争を経ても、感情の高ぶりはおさまっていない。では、何が争点なのだろうか？

2　双子地球

ジョーンズという人間がいると想定しよう。この人物は窓の外を見て、そこにウマが一頭いるのを自分は見ている、と思っている。窓の外には、ジョーンズが見ているはずのウマが本当にいるかもしれないし、いないかもしれない。しかしジョーンズが、自分はウマを見ていると考えている、という心的状態にあるという事実は、決して解釈の問題ではないのであり、むしろそれは一つのむき出しの事実、すなわち本源的志向性の一例なのだ（とサールとその仲間ならば言うだろう）。ここで、私たちがパナマを舞台に繰り広げた悪ふざけと正確に対応する思考実験を組み立てると、何が起こるだろうか？（ヒント――以下は**帰謬法**の論法になるはずである。）この想定において、双子地球という星があって、そこはウマの代わりにシュマ（schmorse）という動物が棲んでいる点を除けばこの地球にそっくりである、ということにしよう。[4] シュマというのはウマそっくりの外見をしていて、DNA検査装置を携えた専門の生物学者以外にはほとんど見分けがつかない。しかしそれでもシュマは、イルカが魚ではないのと同じように、ウマではない。双子地球人はシュマを「ウマ」、「ホース」、「シュバル」、「プフレッド」等々の名で呼ぶ――双子地球は、シュマがいる以外の点では精密に地球とそっくりであることをお忘れなく。

私たちがジョーンズをこっそり、本人が気づかぬ内に、シュマの棲む双子地球に送り込んだとしよう。（移動のためにジョーンズを薬で眠らせ、双子地球上の、ジョーンズのベッドに相当するベッドの上で目覚めるように仕組むのである。）そうしておいて、ジョーンズをシュマに対面させると、ジョーンズは自然な反応として、「見ろよ！　ウマがいるぞ」と述べ、かつそう考えるはずだ。ジョーンズがそう述べ、そう考えるとき、ジョーンズに対して本当に喚起された状態は、自分はウマを見ていると信じている状態（これは誤った、真ならざる信念である）か、それともシュマによって喚起された、自分はシュマを見ている、という人生で最初の（そして真なる）信念であるかの、いずれかである。ではこのいずれが本当の状態なのだろうか？　またそれをうまく語るにはどうしたらいいだろうか？　自分がウマを見た、という最初の信念が誤った信念であったとすると、ジョーンズがシュマや、シュマについて語る双子地球人の中で暮らし、自分の言語の中の「ウマ」という音声の意味を修正する（それに気づくこともなく！）ためには、どれほどの時間が必要なのであろうか？　ジョーンズが双子地球上で子を育てたとすると、子供たちがジョーンズのひざで学んだ「ウマ」という語は、ウマを意味するのか、それともシュマを意味するのか？　ここで想起すべきは、子供たちはウマを一度も見たことがなく、見たことがあるのはシュマだけだ、という点である。

これは明らかに奇妙で極端な例である。だが、それが提起する論点はしっかりしたものである。つまり、私たちの用いる語が何を意味するのかを決定するものは何であり、そしてそれはいかにしてなされるのか、という論点である。万事について、常に歴史がそれを決定するのだろうか？　それとも、現在の用法が歴史を圧倒し、排除することがありうるだろうか？　双子地球の例について言えば、ジョーンズ本人は私たちにいかなる特権的な直観も差し出してはくれない。ジョーンズは自分がもはや地球にはいないというこ

（4）　双子地球を発明したのは哲学者ヒラリー・パトナムで、もうかなり前のことである（Putnam, 1975）。ここで示す直観ポンプは、パトナムのもとの形の重要な細部を再現できるように、注意深く設定されている。実際、私のツービッツァーの物語は、パトナムの直観ポンプのいくつかのダイヤルを入念にセットし直すことで作られたものなのである。この三十五年の間に、哲学者たちはそれの何十もの、あるいはひょっとしたら何百ものバリエーションについて議論を行ってきた。元々の物語においてパトナムが選んだのは地球上の水と、双子地球上の水の代替物（H２Oで構成されているのではなく、XYZで構成されている）、という事例である。だがこの想定は、私たちがこの直観ポンプを用いる際には不要の複雑さを持ち込んでしまう。それゆえこの物語では、〇・二五バルボアに対応するものとしてシュマを用いることにした。

とにまったく思い至っておらず、それゆえ自分の「ウマ」という語はウマを意味する、と言い張るに違いない。ジョーンズの言葉、ジョーンズが口にした言葉は、ジョーンズの知覚信念から派生した意味をもつ。そしてジョーンズは自分が何を信じているかを知っている。すなわち、自分はウマを見ている、と信じているると知っているのである。それゆえにこそジョーンズは「見ろよ！　ウマがいるぞ」と語ったのである。（「これ以上明らかなことなんてあるかい？」とジョーンズは付け加えるかもしれない。）だがここでジョーンズに、ジョーンズの移送と、ウマとシュマの間の微妙だが重要な差異について打ち明けたと想定してみよう。そのときジョーンズは何と言うだろう？　あるいは、ジョーンズは何と言うべきだろう？　そしてより根本的な問いかけをすれば、そのときジョーンズが、自分が言っていることはすべて決着済みである、と考えるためのちゃんとした理由というものは存在するのだろうか？　ジョーンズがやっているのは、私たちすべてがやっていることの単なる一例に過ぎないのではないか？　すなわちそれは、ジョーンズであれ、私たちであれ、何ら特権的な情報をもってはいないような事柄に関して理論的な詮索を行うということではないのか？　ジョーンズが、自分の「ウマ」という語は、今ではシュマを意味する、と言った、と想定しよう——これはつまり、自分がシュマを見てそれをウマだと呼んだとき、それは誤りだった、と言っているのである。郷に入らば郷に従え、というわけだ。

ジョーンズが自分の語の意味についての宣言を行い、それによって問題に決着がつく、ということはありうるだろうか？　もしもジョーンズが後になって自分の宣言を忘れてしまった場合にはどうなるだろうか？　私たちは時に、これと似たことを行う。「これから僕は『ジブジブ』という語を「塩」の意味で使うよ。ジブジブをとってくれないか！」という具合だ。科学理論を構築する文脈では、こういう規約的な定義は重要で広く行きわたった慣習になっている。しかしそういう慣習はコミュニケーションの担い手たちが協力し合っている共同体に依存している。ジョーンズが本源的志向性をもっているならば、あらゆる状況下で成り立つ、ジョーンズが用いる語についての事実、というものがあるに違いないはずである。しかしながら、〔実際には〕ジョーンズは部外者である私たちよりもましな助言を、自分自身の本源的志向性について言うことができないように思われる。例えばジョーンズに、実は作り話であった双子地球の物語を吹き込み、ジョーンズがそれを信じたと想定しよう（哲学者の直観ポンプの登場人物は、驚異的にだまされやすいのである）。このときもしジョーンズが、自分の用いる「ウマ」は今ではシュマを意味するのだ、と言ってきたら、このときジョーンズは正しいことを言っているのだろうか？　多分ジョーンズは、今現在自分が使っている「ウマ」という語が何を意味するのかについて、自分はまるで分かっていない、と言うべきなのだ。だがそうだとすると、私たちすべてがこっそり双子地球に送り込まれている可能性だってある以上、私たちすべてもまた、「ウマ」について自分が何を意味しているのかをまるで分かっていない、と認めるべきではないのか？

本源的志向性なる考え方を丸ごと疑っている私たちのような者からすると、以上のような問いのすべてにはすでに答えが与えられている。だが、その答えを、伝統的な直観に対する戦いを行えるほど明確なものにするためには、第三の思考実験が必要である。（それゆえ、読者ヨ注意セヨ！　私は今から、一つの価値ある直感《ハンチ》を放棄するように諸君を誘うつもりである。）

3　巨大なロボット

あなたが二十五世紀の生活を体験したいと決意した、と想定しよう。また、自分の肉体を長期間保存するための唯一の方法としては、肉体を一種の冬眠装置の中に納め、その中で好きなだけ長い間、肉体を休ませ、動きを鈍らせ、昏睡させることができるようにすることが必要となるとしよう。

後はこの保存カプセルに入れれば、眠りにつき、二四〇一年に自動で目覚めてカプセルを出られるようになる、という段取りがすでに整っているとしよう。

カプセルの設計《デザイン》だけが、あなたの工学《エンジニアリング》上の問題のすべてではない。というのも、カプセルは四百年近くもの間、保護され、必要なエネルギーの供給を受けねばならないのだからだ。子供や孫を番人として当てにすることはできない。というのも、子供も孫も、二四〇一年になるずっと前に死んでしまうだろうからである。もっと遠い子孫がいたとしても、彼らがあなたの安全に強い関心を向けてくれるという期待はできない。それゆえあなたは、数百年にわたりあなたのカプセルを防護し、エネルギーを提供することができるようなスーパーシステムを設計《デザイン》しなければならない。

検討すべき基本的な戦略は二つある。一つ目の戦略によれば、あなたは、見通しうる限りで理想的な立地を見つけ出さねばならない。そして、その場所に、水や日光やその他、あなたのカプセル（とスーパーシステム自身）の存続に必要なものを供給してくれるような固定式の装置を設置するのである。このような固定式の装置つまり「巨大設備《プラント》」[6]の欠点は、それに危険が迫った場合——たとえば、まさにそれが設置された場所に高速道路の建設が決定したという場合——に、動くことができないという点にある。もう一つの戦略は、これよりもずっと込み入っているが、今述べた欠点を免れている。つまり、カプセルを移動能力をもつように設計《デザイン》し、それと共に必要なセンサーや危険を予報する装置も組み込むことで、危険な経路から離脱し、必要とされる新たなエネルギー資源を探索できるようにするという戦略である。

この二つの基本戦略は、明らかに、自然を模したものである。つまり、それぞれは、おおむね、植物《プラント》と動物という分類に対応している。自然に学ぶ第三の選択肢としては、装甲に保護されて永続的に生き延びる胞子や種子を何百もばらまくというやり方もある。だが、胞子というのは、およそ自然が作り出しうる中でも最も不活発で低エネルギーのものとして作られているのに対し、あなたの生命維持システムのエネルギー需要は非常に大きいので、このやり方は利用できない。動物の戦略の方が、私たちの目的には適している。したがって、あなたは、カプセルを収納するロボットを組み立てることに決めたとしよう。その場合、そのロボットを、あなたの最善の利益を促進する行為を何よりもまず「選ぶ」ようなものとして設計《デザイン》すべきである。まずい挙動や間違った対応は、あなたを二四〇一年まで保護するという役割――ロボットの唯一の存在理由《レゾンデートル》――を不可能にする恐れがある。これが、極めて難しい工学《エンジニアリング》上の問題であることは明らかだ。この問題は、移動を統御する「視覚」システムやその他の「感覚」システムを設計《デザイン》するための最高度の専門知識を要求する。それに、あなた本人はずっと昏睡中で、ロボットを導いたり戦略を練ったりすることはできないのだから、変化し続ける環境に対応して、自分自身で計画を立てられるようにロボットを設計《デザイン》しなければならない。ロボットは、エネルギー資源を利用するために、それを「探索」し、「識別」するための方法を「知って」いなければならないし、より安全なテリトリーへ移動する方法や、危険を「予期」し、「回避」するための方法も「知って」いなければならない。なすべきことを、しかも素早くなしうる十分な能力を与えたら、次は可能な限り経済性を求めるのが最善である。つまり、そのロボットに付与する識別能力は、世界の中で識別する必要のあるものを識別するに足る程度に留めておかねばならないのである。

再度注意しておくが、これまで用いてきた「感覚」や「探索」や「予期」といった、志向的ないし「精神的《メンタリスティック》」な用語を私はすべてカギ括弧に括ってきたが、これはこの用語が指すものがある特殊な種類の**準**・志向性であることを、つまりあなたの人間ならではの目的に完全に依存しているものとしての派生的志向性であることを、はっきりさせるためである。このロボットは、あなたの人工物であり、それがもっている志向性はすべて、その製作者であるあなたに依存している。仮に私が上で用いてきたカギ括弧をすべて外したとすると、私はある種のイデオロギーをこっそり持ち込んでいるという非難を浴びることになるかもしれない。つまり、技師《エンジニア》やその他の人々は、実際、（例のエレベーターコントロール装置のような）情報を取り扱う機械のスペックに関して、日常的にこのような言葉を――カギ括弧なしに――用いているのであるが、その事実に乗じて、そのような非難が、私に向けられることはあり得るのだ。〔だが〕私は、考えがあってわざとそういう戦略をとらずにいる。むしろ私は、人工物がもつ能力を記述したり、あるいは人工物がもつ能力に対して命令を与えたりする際に用いられる志向的な言葉づかいはすべて、単に比喩的な言葉づかいに過ぎないということを、議論の都合上、認めながら話を進めているのである。同じく注意しておきたいのは、このロボットを動かしている機構は、ツービッツァー同様、経済的な考慮に従っているということである。つまり、このロボットは、多くのものを「見つけ出し」、「識別する」ことを要求されているが、しかしその「識別器」は絶対万全というわけではなく、誤りを犯しうる。しかし、何を誤りであると見なすのかは、究極的にはその製作者の必要と欲求に依存している。もしも、製作者が造ろうとしたものが滑稽なロボットピエロで、物事を「見分け損ない」、自分を取り巻く世界の中で明らかなへまをやらかすなら、これらの「誤り」の内のいくつかは、むしろ正しい動作であり、ピエロ制御装置が優秀であるということになる。

　検討中の直観ポンプに戻ろう。あなたが与えた使命をになうロボットが、あなたのロボット一体だけだと考えることはできないという事実を考慮すると、あなたに課される課題はさらに困難なものになるだろう。もしも、あなたの出来心が巷に広がっていたとしたら、あなたのロボットは、他のロボットたち（および、あなたよりも後の世代の人間たち）との間で、有限な供給量しかないエネルギー、新鮮な水、オイル等々をめぐって争い合うことになる（他の行為主体たちが存在することの重要性については、第67章に短い議論がある）。疑いもなく賢明なやり方は、ロボットの制御システムを洗練させ、他のロボットと協力したり相互利益のために同盟関係を形成したりすることの利益とリスクを計算できるように、あなたのロボットを設計《デザイン》することであるが、しかし、それでもやはり、このような計算は、否応なく時間が制約されているので、「素早くて雑な」近似でなければならない。

このような設計《デザイン》の計画がもたらす結果として、ある種の自己制御を行いうるロボットが作られることになるだろう。というのも、あなたは、自分がいったん眠ってしまえば、きめ細かなリアルタイムの制御をこの人工物に譲り渡さなければならないからだ。あなたのロボットは、そのようなものとして、現在の状態の自己評価と（あくまであなたを保存するという）最終目標に対するその状態の重要性の評価から、そのロボットなりの副次的な諸目標を派生的に引き出すことができるだろう。これら二次的な諸目標が、ロボットを数世紀単位の〔本来の〕計画からかけ離れたところへ導くかもしれないし、設計《デザイン》の段階では最善の努力が注ぎ込まれたにも関わらず、ロボットが軽率な目標を立ててしまうかもしれない。あなたのロボットは、おそらく他のロボットによって自分自身の命がけのミッションではなく他のミッションに従うように「説得され」て、あなたの目的に反する行為——自殺的でさえある行為——に出るかもしれない。

この段階で次のことも指摘しておこう。つまり、あなたのロボットの志向的構えや行為のすべてがあなたが立てた目的から派生したものだとしても、それら志向的構えや行為は、何らかの仕方であなたが立てた目的から離れ始めているのである。あなたはロボットをある程度「自分で考える」ように設計《デザイン》したのだから、その「思考《シンキング》」が、あなたが予期した境界線の外へ脱け出してしまうかもしれないのだ。このような人工物の――架空のではなく――現実世界の事例として、チェスで自分の造物主を打ち負かすチェスをするコンピュータを考えてみよう。目下コンピュータはクイーン側のルークの次の手を「探求中」であり、キャスリング[7]はしないと「決めている」と、私たちが言うことができる唯一の理由は、コンピュータがその種のことだけをするように人間の製作者によって設計《デザイン》された、ということである。これは本当である。しかしまた、次のことも本当である。つまり、制作者の目標がすぐれたチェスプレイコンピューターを作ることにあるということを考えれば、コンピュータの状態が（派生的に）何についてのものであるのかに関する製作者の決断の多くは、製作者にとっても強いられた決断なのである。たとえば、チェスプレイヤーがチェスのルールとゲームの状態に関する正確な情報を得る必要があるという事実を考えれば、コンピュータのクイーンが相手のナイトを今しがた取った場合、双方のビショップおよびポーンに関する状態とゲームの進展に関する状態がなければならない。また、コンピュータの状態が、盤上に残っているポーンの数〈についての〉状態に（派生的な意味で）なることは、その状態が盤上のすべてのポーンの位置と適切に結びついていなければ、たとえ製作者がいくらそう命令したとしても不可能だろう。設計者《デザイナー》の（チェスプレイヤーを作る、巨大なロボットを作る、台風のシミュレーターを作るといった）最も大きな目標がひとたび定まってしまえば、あとの仕事は容赦ない自然が引き受け、それが、何がうまくいき何がうまくいかないかを、したがってまた、どのシステムのどの状態が誤った状態や不正確な状態であるとみなされるのかを、規定する。詩人ならば、ある詩がウマについての詩であるように見えても実は大学教授についての詩だったのだと宣言することで、言い逃れをすることができるかもしれないが――「怒りのトラは、調教されたウマよりも賢い」とウィリアム・ブレイクは教えてくれている――、コンピュータエンジニアは、これと同じ仕方で、自分の意図を自分の被造物に押しつけることはできないのである。

ここまでで得られたことを確認しておこう。巨大なロボットは心的状態に似たものをもっているが、それは似たものでしかない――本当に決断しているのでも見ているのでも戸惑っているのでも計画を立てているのではなく、決断や戸惑いや計画の如きものをしているにすぎない。このような主張がどの範囲まで及ぶものなのかを自分で理解できているかどうか、立ち止まって確認すべきである。物語に登場したロボットは、確かに、簡素なツービッツァーと比べるとはるかに洗練されたものである。私たちは、新たな活動を「計画し」、過去の誤りから「学び」、その競争者たちと「同盟し」、「コミュニケーションを行う」という力を、そのロボットに認めてきた。さらに言えば、このような「計画」や「学習」や「コミュニケーション」のすべてを行うために、ロボットは、自己反省ないし自己監視の力を豊富に備えた制御機構を装備しているのでなければならないだろう。言いかえれば、そのロボットは、自分自身の内的状態に対して、人間と同じような接近手段をもち、自分自身の内的状態の中身であると「受けとめた」ものを（私たちに「うそをつ」こうと「望ま」ないと「決め」た場合には）「報告し」たり「告白し」たり、それ「に基づいてコメントし」たりすることができるのでなければならないだろう。そのロボットは、それらの状態が何を意味するのかについての「意見」をもつだろうし、私たちは、その「意見」を、それらの状態が比喩的に語れば何を「意味している」のかについての非常に優れた証拠として――すぐに入手できる証拠としては最善であるに違いないものとして――、まじめに受けとめるべきである（ロボットは人工物に過ぎず、本源的志向性を何ら備えていないということを思い出してほしい。私たちが考察しているのは、ロボットの派生的志向性なのであり、その派生的志向性は、「本物の《リアル》」行為主体である私たちの志向性と同様に、外部の観察者にとって明白なものではないだろう）。ツービッツァーには、私たちの判断に基づく解釈をかわすために、自分が今パナマにいるとは思っていなかった、とか、〇・二五バルボア銀貨の話を聞いてびっくりしたとかいうような話を、見たところ自信たっぷりに「告白して」みせるというような能力はない。

このように述べてきた直観ポンプに対する人の反応は、様々であり、私たちは少し後で、それらの反応について検討する。しかし、まず最初に、私たちの最初の予想に断固としてとどまることに含まれる最も注目すべき点に、注意を喚起したい。すなわち、いかなる人工物も、たとえどれほど非凡なAI技術がそれの設計《デザイン》に注ぎ込まれていようと、派生的志向性以上のものをもつことはないということである。もしも私たちがこの見解を固持するとしたら、私たち自身の志向性はまさにこのロボットの志向性と瓜二つだという結論を、私たちは出さざるを得ない。というのも、私がお話ししたSF物語は、目新しいものではないからである。それはむしろ、私たちや他の生物は私たちの利己的な遺伝子を生き永らえさせるために設計《デザイン》された「生存機械」であるという、リチャード・ドーキンス(Dawkins, 1976)による、私たち人間および他の生物種についての見方の一種なのである。つまり、私たちは、自分の利益のために素早く情報豊かな仕方で活動することができない遺伝子たちのための生存機械として、膨大な地質年代にわたって設計《デザイン》されてきた製作物《アーティファクト》[8]なのである。私たちが自分の利害だと考えているものと、私たちの遺伝子にとっての利害は、大いに異なっているかもしれない——私たちの存在が遺伝子の利害に適っていなければ、私たちは存在していなかったはずであるにしても、そうなのである。たとえ私たちが、遺伝子によってインストールされた知性や学習能力のお陰で、遺伝子の保存という目標を無視する術を身につけ、私たち自身の至上ノ善《スムム・ボムム》を考案したとしても、やはり遺伝子の保存こそが、私たちの本源的な存在理由《レゾンデートル》である。したがって、私たちの志向性は、私たちの「利己的」遺伝子の志向性から派生した、派生的志向性であるということになる。私たちではなく遺伝子こそが、意味されざる意味する者なのだ！

もちろん私たちの遺伝子の志向性は、いかなる意味においても本来的(*intrinsic*)志向性ではない。いかなる遺伝子の「意味」も、最初から、ATGCというコドンからなる進化したアルファベットの体系と蛋白質の合成と胚発生とに依存している。しかしながら、それは、進化によって生じてきた数多くの表象システムの中の第一のものであるという意味において、本源的(*original*)なのである。それに続くすべてのシステムは、行為主体《エージェント》たち——志向システムたち——をもっており、この行為主体《エージェント》たちがもつ表象は、行為主体《エージェント》たちが推し進める諸目標から派生した志向性なのである(これはちょうど、巨大なロボットの志向性の場合と同じである)(5)。

このようなものの見方は、私たち自身の志向性はどこから来たのかという問いに満足のいく答えを与える一方で、私たちを困惑の中に放り込むように見える。というのも、この見方によれば、私たち自身の志向性は遺伝子という存在者から派生した派生的志向性なのであるが、しかし遺伝子の志向性なるものは、単なる志向性の如きものの典型的な事例だからである。文字通りのもの〔私たちの志向性〕が、比喩的な

(5) テカムセ・フィッチによる重要な論文「ナノ志向性——本来的志向性に対する一つの擁護論」(Fitch, 2008)は、真核細胞こそ——その祖先にあたる原核細胞ではなく——「本来的」志向性を備えた最初の存在であったのである、という主張を提起している。フィッチによればその理由は、真核細胞の自己防衛の能力はその祖先たちよりも格段に進歩しているからだ、ということである。個々の細胞の自律性と行為主体《エージェンシー》であるようなあり方について力説するフィッチの主張は、私のホムンクルス機能主義の改訂に対して強い影響を与えた。だが、有限な背進を真核生物で止めようとするフィッチの努力については同意しかねる。原核生物も、真核生物に劣らず、「機械によって置き換える」ことができない存在なのだ。行為主体《エージェンシー》であるようなあり方は、蛋白質のレベルにまで遡り、利己的遺伝子をその根底とするのである。

もの〔遺伝子の「志向性」〕に依存するなどということがいかにして可能なのか？　さらに言えば、私が語ったSF物語とドーキンスの叙述との間には、一つの大きな相違点がある。つまり私の物語では、意識と意図と予見能力を備えた技師《エンジニア》がロボットの創造に関わっているが、他方でドーキンスの語るところでは、私たちすらもが、遺伝子を第一の受益者とするデザインプロセスの産物であることになり、この場合、私たちを産んだデザインプロセスには意識と意図と予見能力を備えた技師《エンジニア》が明らかに不在であるということになるのだ。しかしながら、すぐ後で明らかにするように、これは有効な反論とは言えない。

自然選択説の最大の美点は、この理論が起源に関する説明から知的《インテリジェント》な製作者をどのように抹消するかを、私たちに示しているということである。しかしながら、自然選択のプロセスに、極めて巧妙なデザインは由来している。デザイナーを務めているのは、遺伝子たちではない。遺伝子それ自体は、これ以上ありえないほど愚かな存在である。遺伝子は、理性能力などもちえないし、何かを表象したり予期したりすることもできない。遺伝子は、デザインプロセスの受益者――あるいは、こういう言い方がよければ、依頼人《クライアント》――であるに過ぎないのだ（私たちの物語で言えば、遺伝子たちの役回りは、とても愚かでとても裕福な依頼人がいて、自分の生存機械を組み立てさせるために最高の技師《エンジニア》たちを雇う、という想定に対応するかもしれない。その生存機械が依頼人の利益をもたらさない場合、技師《エンジニア》たちは多大な資金に支えられた職務にありつけないし、技師《エンジニア》たちが人工物を創造することで支払われる代金は、依頼人の生存のために支出されている）。誰が、あるいは何が、デザインを行っているのか？　言うまでもなくそれは、母なる自然であり、より誇張なく言えば、自然選択による進化の長くゆるやかなプロセスである。

進化のプロセスが備えている、私にとって最も魅力的な性質は、人間の心（まさに知的《インテリジェント》デザイナーと呼ぶべき存在）がもっているいくつかの――他では見いだされない――性質をそれが模倣できるという不思議な能力である。この主題については、進化について思考する第Ⅵ部の中で多くのことを語るつもりだ。だが現在のところではっきりさせておきたいのは、意味に関する何らかの受け入れ可能な理論と進化についての理論との間には、強い結びつきがあるということである。自然選択は何らの予見も目的もなしに働く、というのは、いくら強調しても強調し足りないことであるが、その一方で、自然選択のプロセスが、無数の識別的「選択」を行い多くの目立たない関係を「認知し」「評価する」ことで、理由(rationales)に対する絶妙の感受性を明らかにもっているということを、私たちは見落とすべきでもない。もっと挑発的な言葉で言い換えれば、自然選択が選択を行うとき、それは、他でもない一つの理由から、ある一定のデザインを「選ぶ」のであり、そしてその際、その選択もその理由も意識的に表象することはしない——さらに言えば、無意識的表象を用いることすらしない！　心臓は、血液循環ポンプとして優秀だから「選ばれた」のであり、鼓動のリズムの魅力のために「選ばれた」わけではない。もちろんそれが、他のものが自然選択によって「選ばれ」た理由になっていたことはありえたのだが。

　パナマのペプシコーラの販売権所有者が、ツービッツァーを、〇・二五バルボアを識別する能力ゆえに選択することができ、それを検出機として採用することができるのとちょうど同じように、進化が、ある器官を、それが血液に酸素を与える能力ゆえに選択することができ、それを肺であると定めることができる。そして、私たちが行動や行為や知覚や信念やその他の**民俗心理学**のカテゴリーに属するものをそれとして認めることができるのも、このようなデザインの「選択」、ないしは進化が「是認した」目標——存在理由《レゾンデートル》——に関連づけてはじめて可能になることにすぎない[6]。

　私たちが自然選択によってデザインされた製作物《アーティファクト》であるという考え方は、説得力があるだけでなく馴染み深いものでもある。それはもう真面目な議論の対象にすらならないほど確かなことだとまで言う者もいる[7]。それならばなぜ、この考え方は創造論者や「〈知的《インテリジェント》デザイン[9]〉」論のイデオローグによる抵抗だけではなく、サールやフォーダーやその仲間のような人々による（幾分無意識的な）抵抗をも受けているのだろうか？ 私の直感《ハンチ》によると、この考え方には、人によってはひどく口に合わないと感じる、どちらかというと目につきにくい二つの含意がある。一つ目の含意は、もしも私たちが「単なる」製作物《アーティファクト》に過ぎないのだとすると、私たちの内奥の思考が何を意味するのかという問題が――また、そもそもそれが何かを意味するかどうかという問題が――、まさに私たちがそれについて思考しているにもかかわらず、その当の私たちが何の特別な権利も主張できない問題になってしまう、ということである。ツービッツァーがqバルバーに変わったのに、その内的本性には一切の変化を受けないままであり、あるものを意味するために用いられていた〔内部〕状態が、今やそれとは違うものを意味することもある。もしも私たちが単なる製作物《アーティファクト》であるならば、またそのとき、私たち自身の志向性が本源的志向性ではなく派生的志向性であるならば、原理的には、同じことが私たちに対しても起こりうるのである（たとえば、ジョーンズは、自分がウマについて考えているのか、シュマについて考えているのかについて決める権威を備えているわけではない）。第二の含意は、もしも私たちがそのような製作物《アーティファクト》であるとするならば、私たちは単に、私たちの思考が意味するものを定めるような深層への特権的接近方法を何ら保証されていないというだけではなく、そもそもそんな深層の事実など存在していないということである。機能的解釈は、ある場合には明白な解釈である（心臓がポンプであるのは明白であるし、目が見るためにあることも明白である）。だがそれが明白ではない場合、私たちが母なる自然の内心を読もうとしても、そこには解釈すべきテキストが存在していない。固有機能に関する「事実問題」が異論を招くものである場合――つまり、それに対する二つ以上の解釈が十分な支えを得られているような場合――そこには事実問題など端的に存在しないのである。

（6）この段落に書いてあることすべてに対する、かたくなで情熱的な否定論としては、フォーダーとピアテリ＝パルマリーニによる、『ダーウィンは何を誤ったのか』(Forder & Piatelli-Palmarini, 2010) を見られたい。皆さんが現在読まれている本か、さもなければこちらの本か、どちらか一方が致命的なまでに誤っているのである。本書の見解のより詳細な擁護論については第VI部と「諸理由の進化」（近刊）を見られたい。

（7）ルース・ミリカンは、一九八四年から刊行され始めた一連の卓抜した著作において、この主張を私よりも多くの詳細にわたって展開してきた。『ミリカンとその批判者たち』(Ryder et al., 2013) という新刊を読めば、現在の論争状況がわかる。

30 根本的翻訳とクワイン的クロスワードパズル

二つの等しく適切な機能的解釈が対立する場合、問題に決着をつける深層の事実などは存在しないという主張に対する、最も印象深く最も巧みな弁護の議論は、哲学者クワインによって、根本的翻訳の不確定性の原理という形で提起されている(Quine, 1960)。クワインは、この主張を有名な直観ポンプの助けを借りて弁護した。たとえば、太平洋のただ中に孤島が発見されたと考えよう。そこには、どこから来たのか誰も知らない住人がおり、他の地域では話されていない言語を話している。人類学者や言語学者は、両方の言語を身につけた通訳の助けが得られない中、現地語を話す住人の観察と彼らとの試行錯誤によるやりとりによって、彼らの言語を解明しなくてはならない。クワインは、このような活動を、「根本的《ラディカル》翻訳」と呼んだ。クワインが論じるところでは、このような研究を行う学者が二人いて、この見知らぬ言語の翻訳マニュアルをまとめるという仕事に携わった結果、内容が基本のところで異なっているにも関わらず、等しく適切な二冊の翻訳マニュアルが完成するということは、原理的には可能である。というのも、各々の翻訳マニュアルは、現地住人の発語すべてに異なった意味をあてがっており、どちらの翻訳が正しい翻訳なのかについて、事実に関する問題が存在しないからである！　多くの哲学者にとって、このアイデアは、真面目に受け取るには過激《ラディカル》に過ぎるように思われた——その結果、彼らは、それを単に無視し、自分

1.	2.	3.	4.
5.			
6.			
7.			

横のカギ

1. 汚れたもの
5. 人間にとって大いに必要なもの
6. 平らにします
7. 映画俳優

縦のカギ

1. H_2O に依存する乗り物
2. 私たちはいつもこれを欲している
3. 上に同じ
4. アメリカ合衆国の略称

図1

たちの伝統的な考え方に固執した。ここで提示する思考の道具は、このアイデアを、圧倒的に明白にとまではいかないものの、少なくとももっともらしいものにすべくデザインされたものである。説明されるべき事柄は、二点ある――（一）クワインの主張が（「原理的に」）真理であり得るとしたらそれはどのようにしてか、（二）それでもやはり、この主張の現実の実例を挙げることがほとんど不可能であるのはどうしてか、である。

私がいつもやるのは、次のようなクロスワードパズル（図1）を学生に与えて、それを解いてもらうように頼むということである。ほとんどの学生は、数分で「できました」と言ってくる。先に進む前に、まずはあなた自身がこれをやってもらいたい。

解けただろうか？　もし解けたら、どちらの答えを発見しただろうか？　つまりこのパズルには解答が二つあり、いずれもほぼ同じくらい適切な答えなのである（どちらの解答も、本書のこれ以降のどこかに書かれているが、それを明かす前に、自分で探すチャンスを用意しておきましょう）。私はこのパズルを作り上げるのに数時間を要した。これは短い方だろう。というのも、これを作るには何重にも重なり合った制約をすべて満たさねばならず、しかもそれらの制約が錯綜し合うことで、可能な選択肢が極端に限定されるからである。疑う方は、これよりも大きく、これよりもうまくできたパズルを作ってみてもらいたい！（もしうまく作ることができたら、私あてに送ってもらいたい。以後、このパズルではなく、そちらのパズルを使わせて頂くことにする）[10]。

「1の縦のカギの答えは、本当は何なんですか？」という問いを発する人は誰であれ、ある種の場違いな実在論を信じ込んでいる。そこに事実の問題は存在しないのだ。私は、意図的に、そこに事実の問題が存在しないような仕方でパズルを作成したのである。たとえば、私はまず一つの解答を作成し（つまりそれこそ時系列的に先の、あるいは元来の解答であり、そして「それゆえに」本当の解答であるような解答である）、次にそれとは別の解答をでっち上げた、というわけではない。むしろ私は、二つの解答を一緒に作成した。つまり、まず似た意味をもつ四文字の英単語のペアをリスト化し、そこからパズルに使えるペアを引いてくるというやり方で、それを作ったのである。

　このようなパズルを作成できる理由は、ある程度の柔軟性を許容するような定義の規準が存在していることにある。いずれの解答も、単に与えられた定義に適合しているというだけである。しかし、その適合が周囲状況に対して同時多発的になされることで（哲学の専門語を用いれば、これは全体論《ホーリズム》[11]と呼ばれる）、それらの言葉はしっかりと安定した構造の中へと引き入れられるのである。私が用意した解答の両方と同等の第三の解答など存在するはずがないという可能性に、あなたならいくらの賭け金を出すだろうか？一般的に、ここには暗号解読者の格言が当てはまる。すなわち、パズルの解答を一つ見つけたら、それこそ唯一の解答である、という格言である。二つもの解答が許容されるというのは、ごく特殊な状況においてだけである。しかし、そういう場合もあるということは、この種の問題にただ一つの解答しか存在しないということが形而上学的な必然性ではなく、諸々の制約が非常に強いということに由来する非常に蓋然性の大きな結果であるに過ぎないということを、私たちに示してくれる。

人間は、クロスワードパズルやコンピュータよりもずっと複雑な存在である。人間は、神経修飾物質の詰め込まれた入り組んだ脳をもっており、その脳は、世界と深く絡まり合った身体に結びついている。そして、人間は、進化の歴史と個人の歴史の産物であり、このような歴史は、人間を、一つの言語共同体にクロスワードが存在するようになるよりも遥かに強い浸透力で、世界の中に組み込んでいるのである。したがって、デザイン上の制約の本性を考慮に入れれば、根本的に異なり、大局的な観点から見てもどちらとは確定できず、優劣もつけがたい二つの解釈を許してしまうような、根本的に異なった二つの違うやり方などはまったくありそうにないという点で、（たとえば）ルース・ミリカンは正しい。根本的翻訳の不確定性は、実際には、まったく無視しうるものである。それでもなお、原理上の可能性は存続している。根本的翻訳の不確定性に私たちが出会わないのは、形而上学的な事実として「本当の意味」が頭の中に存在しているからだ、という理由によってではない（このような見方を、クワインは、意味に関する「博物館の神話」と呼び、主要な標的とした）。現実の世界で私たちが不確定性に出会わない理由は、満たされねばならない独立した制約が極めて多数存在するため、それに出会うことなどほぼ杞憂に過ぎないということを暗号解読者の格言によって私たちが確信している、ということである。現実《リアル》世界において不確定性の脅威が迫るとき、確定的読解をかろうじてつなぎ止めてくれるのは、摩訶不思議な「因果的力」[12]や「本来的意味論」ではなく、あくまで「行動（振る舞い）に関わる」事実や「行動傾向に関わる」事実、つまりすでに存在している事実と同じ種類のさらなる事実である。志向的解釈は、ほとんど常に、その極限において単一の解釈に至る。しかし、二つの解釈がすべてのテストにパスして生き永らえるという想像しうる破局的事態においては、そこにどちらが「正しい」かに決着を付ける深層の事実は存在しないだろう。事実が解釈を決するが、その役目を果たす事実は常に「表層の」事実なのである。

31　意味論的機関と構文論的機関

意味はどのようにして〔重大な〕違いを作り出すことができるのだろうか[13]？　温度や質量や化学的組成のような物理的性質は何かを生じさせる原因となることができるが、意味は、このような物理的性質のようには見えない。脳は何のために存在しているのか。意味を抽出するためにである。つまり、脳は、感覚器官に飛び込んでくるエネルギーの流れから意味を抽出し、それによって、脳の住み家であり、脳へのエネルギーの供給源である身体の前途を好転させる。脳の仕事は、身体を適切に導くためにとても重要な、世界の中に存在する諸事物について予期を行うという仕方で、「未来を生み出す」ことである。脳は、エネルギー消費の点では非常に高くつく器官であり、脳が重要な仕事をうまく行えないなら、脳は自分の食いぶちを稼ぎ出せない。言いかえれば、脳は、意味論的機関として働くものと期待されている[14]。〔一方〕脳は何から作られているかといえば、それは、形状や力に反応して厳密な化学法則と物理法則に従って相互作用する膨大な諸分子の小片である。言いかえれば、実際には、脳は構文論的機関でしかない。

技師《エンジニア》を訪れ、本物の一ドル札の識別機、ないし、同じことだが、偽札検出機を組み立てて欲しいと依頼すると考えてみよう。この機械は、すべての本物の一ドル札を一方の山に、すべての偽札を他方の山に仕分けるという動作を、そのスペックとする。この依頼に対して技師《エンジニア》は、こう答える。それは不可能です。

私たちが作ることができるのは、「構文論的」性質に反応できる機械だけです。構文論的性質というのは、事物の物理的な細部を指します。つまり、紙の厚さや化学組成、インクのパターンの形や色、その他、何か模造しにくい物理的性質を紙幣がもっているかどうかということです。私たちに組み立てることができるのは、このような「構文論的」性質に基礎を置いて十分にうまく機能するとはいえ、失敗することもあるような偽札検出器だけです。お高くなりますし、間接的で不完全ではありますが、十分元が取れるくらいには、偽札であるかどうかを検出するだろう機械です。

いかなる形状の脳の部分も、同じ制限に服している。脳が行うことはすべて、その入力が何を意味しているか（あるいは単に何を**準・**意味しているか）とは関わりなく、物理化学的な諸力を原因として引き起こされる。生きている脳、シリコンや金属ではなく蛋白質でできている脳は、脳の中の**不可思議な組織**のおかげで、意味を直接に検出することができる、という誤った想像をしてはならない。物理学は、常に意味を圧倒する。意味に直接反応する真正の意味論的機関なるものは、永久機関のようなもの――物理的に不可能なもの――なのである。だとすれば、脳はどのようにして指定された課題を達成することができるのだろうか？　存在不可能な意味論的機関の有能性《コンピータンス》を追いかけて模倣する構文論的機関であることによって、である。[8] しかし、これは本当に可能だろうか？　脳の働き方に関するミクロの因果的説明は（何らかの神秘的な空隙《ギャップス》がなくても）完璧だとすれば、意味が差異を作り出す余地というものは端的に存在しない、と論じている哲学者もいる。第33章で私たちが出会う直観ポンプは、意味論的性質――真理、意味、指示作用といった性質――が、どのようにして純然たる因果的な過程の中で不可欠の役割を演じているかを示すことによって、このような主張が虚偽であることを証明する。とはいえ、この少々こみ入った直観ポンプに向かう前に、哲学者が用いる直観ポンプ全般にまとわりついている疑念を明るみに出し、うまくいけば、理解力《コンプリヘンション》を妨げる恐れのある不信の念を取り除くことができるような一つの単純なモデルを、検討しようと思う。

（8） 哲学者ジョン・ホージランド（Haugeland, 1981, p.23）が述べているように、ＡＩの第一原理は、「構文論の面倒を見れば、意味論は自分の面倒を見るはずだ」というものだ。このスローガンをどう考えるかには何通りかの仕方がある。最初の、極度に希望的な捉え方を受けたこのスローガンは、（純粋に構文論的な）推論機関によって支持され、利用されうる、世界の知識の公理的な形式化であるような巨大なデータベースの探求を動機づけた。（ＣＹＣがその例である。）これは達成不可能であることが（多くの専門家の目に）証明された。しかしこのスローガンは生き延び、脳とは一種のコンピュータであり（また従って一つの構文論的機関であり）、そのデザインのお陰で意味論的機関の働きを近似している、という考え方の優れた表現と見なされるようになった。

32 スワンプマン、ウシザメに出会う

直観ポンプは、目当ての直観を汲み出すためにそれを用い、用が済めばそれを倉庫に戻すことで、手際よく効果的に機能するものだと想定されている。しかしながら、直観ポンプは、一般的にいって、逆上した反論、再反論、修正、拡張などを引き起こす運命をもつ。ドナルド・デイヴィドソンは、二十世紀で最も優れたアメリカ哲学者の一人であるが、そのデイヴィドソンが、あるとき、自分はこの〔表題に掲げた〕直観ポンプを考えついたことを後悔している、と私に語ったことがある。というのも、この直観ポンプは、啓発的な意見が滅多に出て来ない過剰な論争を煽り立ててしまったからである。以下で引くその直観ポンプ、すなわちスワンプマンは、哲学者たち――その中にデイヴィドソンは含まれないかもしれないが――のお気に入りの一つである(Davidson, 1987)。

沼地に浮かぶ流木に雷が落ち、この私がその傍に立っていた、と想定しよう。私の肉体は元素にまで分解され、その一方で完全なる偶然によって(また異なった諸分子から)その流木が私の物理的複製に変じたとする。私の複製であるスワンプマンは、私が行っていたのとまったく同じ動きをする。つまりその本性に従い、それは沼地を離れ、友人と対面し、見たところでは彼らを認知し、外見的には、

友人たちの挨拶に英語で答えているように見える。それから私の家へと移動し、見たところ根本的翻訳についての論文を書くようなことをする。誰もその違いに気づくことができない。

しかし違い*は*ある。私の複製が友人たちを認知することはできない。それは何事も認知できない。というのも、認知する〔＝再認する recognize〕以前に、そもそも私の複製は何かを認める〔cognize〕ということを決してしたことがないのだから。私の複製が私の友人の名を知っているということはありえない（もちろんそういう風には見えるとしても）。私の家を思い出すこともできない。また私の複製は、例えば私が「家」という語で意味するものに意味をもたせられない。というのも、私の複製が発する「家」という音声は、それに正しい意味を――あるいはそもそもあらゆる意味を――与えてくれるような文脈の中で学ばれたものではないからである。実のところ私には、私の複製が、それが発した音声によって何事かを意味するとか、それが何らかの思考をもつとかいうことを、いかにして言いうるのか分からない（pp.443-444）[15]。

哲学者たちが否応なく目にせざるを得なかったのは、他の分野の学者仲間――とりわけ〔自然〕科学者たち――が、双子地球やスワンプマンのような話題が見たところ真剣な考察の対象となっている様子が信じられないくらい可笑しくて、笑いをこらえるので必死になっている姿である。科学者たちは俗物にすぎず、哲学的探求の微妙さに対して鈍感だということなのだろうか、それとも、哲学者たちの方が現実的な足場を見失っているということなのか？　私は**むしろ**（↓ヒント）そのどちらだとも言わないだろう。

哲学者たちが提起する風変わりな事例は、何か特定の概念的な論点を証明するために、ある現象の中の十分考察されていない特徴を一つだけ残し、それ以外の特徴をあえてゼロまで切り詰める試みである。その結果、現実に重要性をもつものの光が漏れ輝いてくるのである。双子地球の事例は、内的な類似性を最大化し（双子地球にこっそり人を移送することで、そこで生じた大きな変化に気づく機会をなくす）、それによって、私たちの直観が何を言おうとも、〔意味に対する〕外的文脈が果たす大きな役割を証明する。スワンプマンという直観ポンプは、未来の傾向性と内部状態を定数として保持しつつ、「歴史」をゼロにまで減らす。このようにして、これらの思考実験は、そのデザインにおいて、科学の実験を模倣する。つまり、いくつかの変数間の、現象にとって決定的な役割を果たす相互作用を、他の変数を定数として固定することによって、単独で取り出すことを目指している。このような実験〔思考実験〕に伴う一つの問題は、そこで従属変数となっているのが直観だということであり——それらは直観ポンプなのだ——、そして直観を生成する際の想像力の働きを制御するのは、哲学者たちがこれまで認めてきた以上に困難なことなのである（私たちはいくつかの**ブームクラッチ**を暴き出したが、これらは実際には、読み手の想像力を抑圧し、直観を歪曲し、それによって思考実験の「実験結果」を無価値なものにしてしまうものである）。

だが、このような実験〔思考実験〕には、それ以外にも深刻な問題がある。考案した事例が、より発展した概念的な論点を「証明する」と夢想するのは、子供の遊びに等しい態度である。あるウシが、原子のレベルでサメと見分けがつかない生き物を産んだとしよう。この生き物は、サメなのだろうか？　この問いをもしも生物学者に向けて発したら、ずいぶん凝ったジョークを考えだすものだね、という反応が返ってくれれば、好意的な方だと言えよう。あるいは、悪霊の微笑みによって、水が常温で固体になったとしよう。この悪霊水は、氷なのだろうか？　これは、答えるに値しない、馬鹿らし過ぎる仮説である。[16] 哲学者の中には、微笑む悪霊、ウシザメ、ゾンビ、それにスワンプマンといったもののすべては、法則論的に（つまり因果的に）可能ではなくとも、論理的には可能であると考え、しかもこの論理的に可能というところが重要なのだ、と考えている人々がいる。私は、このような考えには賛成しない。彼らが反事実的な仮定の範囲をこんなにも広げてしまえるのは、おそらく、こうすることで私たちが手に入れる答えが、問題となっている主題の本質を私たちに知らせてくれるだろうという期待を動機としているのである。だが、今どき、この種の実在的《リアル》な本質なるものがあると信じる者など、誰がいるだろうか？　私は、信じていない。

　磁石に関して、これに匹敵する問いを発する場合を考察してみよう。ここで私たちはすでに、磁石に対する「トゥルースメイカー」[17]——それを定義する性質、ないし本質——として、次の二つの競合し合う候補を認めているとする。すなわち、（a）すべて磁石は、鉄を引きつける事物である、そして、（b）すべて磁石は、ある特定の内部構造（M配列、と呼んでおこう）を備えている事物である、という二つの候補である。このとき、その振る舞いに基づく(behavioral)指標として古くからある（a）は、最終的に、内部構造に基づく新たな指標（b）に取って代わられたのだろうか、それとも、（b）は単に（a）を還元的に説明したに過ぎないのだろうか？　これを明らかにするためには、私たちは、科学者に向けて、次のようなスワンプマン式の問いを発すると想像せねばならない。鉄を引きつけるが、(標準的な磁石のような）M配列を備えていない事物をあなたが発見したとした場合、あなたは、この事物を磁石と呼びますか？　あるいは、M配列を備えているのに、鉄を引きつけない事物をあなたが発見した場合、あなたはこの事物を磁石と呼びますか？　物理学者ならば、自分たちがこういう想像上の物体に出会った場合、それを何という名で呼ぶかということよりもずっと大事な悩ましい問題を気にかけるだろう、と答えるだろう。磁区内の原子双極子のある配列と鉄の牽引との間に徹底した規則性が成り立っているかどうかは、科学的世界像全体の正否を左右するような大問題である。この規則性が破られることが論理的には可能である、という「事実」に、物理学者はほんのわずかの関心しか抱かない。ただし、「構造的な」要因と、「振る舞いに関わる」要因との間に現実の共変関係[18]が成り立っているということには、物理学者は関心を抱いている。物理学者がその規則性の違反を発見した場合、物理学者は自分たちの科学をしかるべき仕方で修正するが、しかしそれにどういう用語を当てるかに関しては放っておくだろう。

　スワンプマンは、思考し、英語を話すのだろうか、それともそうではないのだろうか？　ウシザメは、サメだろうか？　ウシザメは、サメのように泳ぎ、他のサメとつがいをなすことに成功する。おっと、言い忘れていたかな？　ウシザメは、原子のレベルでサメと見分けがつかないと言ったが、一つ例外があって、全細胞中のＤＮＡだけはウシのものなのだ。不可能な仮定だろうか？（哲学者たちに言わせれば）論理的には不可能ではない。これほど明らかに不可能な問題に、これ以上議論を続けても得るところはない、というだけのことだ。たとえばデイヴィドソンの記憶の「痕跡」がスワンプマンの脳内に出現することは、ウシのＤＮＡを含む細胞からサメが作られることと同じぐらい明確に、物理的には不可能なのである。スワンプマンは、論理的に不可能ではないかもしれないが、それは単に、スワンプマンのようなものを産み出すと想像された全宇宙規模の偶然の一致なるものが、その定義上、論理的に不可能ではないという理由によってであるに過ぎない。しかし、そんなことは決して起きないのであるから、もしそれが生じたら私たちはそれについて何を言うかなどと、誰が気にするというのか？

　「僕は気にするが」と、**修辞疑問**の見張り役の哲学者は言い、こう続ける「僕が思うに、自分が用いる用語を、これ以上ないぐらい厳密に、論理的に可能な出来事すべてを覆うような仕方で、定義するというのは、どんな場合でも重要なことなのだ。それこそが、真理へ至る道なんだ」。本当だろうか？　現実の世界では、過去の歴史と未来の機能は、進化、胚発生、学習という複数の経路によって相互に結びつけられている。デイヴィドソンの身体が「その経路上の」ある特定の軌道に沿って今に至っているがゆえに、デイヴィドソンは、その最後の日を迎えるまでの間に、そのすべての記憶、信念、企図を獲得したのであり、この自然の蓄積過程の代わりを現実に務められるものなど存在しない。このような〔自然の〕諸条件に違反するような事例を想像し、それに基づいて判断を下したとしても、それが何かの目的に役立つとは、私には考えられない。実際、このような無理やりに考案された事例は、私の目には、ありもしない二項対立を読み手に押しつけ、それによって安全に**むしろ**を口にできるようにする機会をこしらえ上げるためのものであるという印象を与える。「そんなことはない」と先の哲学者は言い、こう続ける「それは偽りの二項対立なんかじゃない。議論の便宜上、一時的に物理法則を停止させているだけだ。ガリレオだって、思考実験の中で摩擦の存在を消してしまったとき、同じことをしたじゃないか?」その通りである。だが、それとこれを比較してみると、ある一般的な規則が明らかになる。つまり、思考実験の有用性は、現実からの距離の量に反比例するのである。

双子地球は、物理的に不可能である。しかし、スワンプマンほどに不可能ではない!(一部で熱狂的支持を得ている量子力学の多世界解釈が、結局は双子地球の物理的可能性を明らかにすると考えるなかれ! たとえ「ここ以外の」無限に多くの宇宙が存在し、その中にはこの地球とほとんど瓜二つの惑星が数多く(無限に?)含まれているとしても、そのいずれかにこの地球の住人を送り込むことはできないのである)。これとは対照的に、ツービッツァーのパナマへの移動は単に可能であるばかりか、すでに起きた可能性すら十分にある。それに関する詳細をどう想像しようとも、自然法則を停止させる必要などないのである。

33　二つのブラックボックス

昔々、二つの大きな黒い箱があった。それぞれAとBという名で、長い被覆銅線で結びつけられていた。箱Aにはα、βという記号が付された二つのボタンがあり、箱Bには赤、緑、黄色の三つのランプがついていた。これらの箱を研究する科学者たちの観察によれば、箱Aのαボタンが押されるときはいつも箱Bの赤ランプが一瞬明るく光り、βボタンが押されるときにはいつも箱Bの青ランプが一瞬光るのだった。黄色のランプが光りそうな様子はなかった。科学者たちは、非常に様々な仕方で条件を変えながら数十億回に及ぶ試行を行い、それでもそこに何の例外も見いださなかった。科学者たちは、そこに因果的な規則性が存在すると結論した。その結論を簡便な形でまとめると次のようになる。

すべてのαが原因となって赤を惹き起こす(cause)
すべてのβが原因となって緑を惹き起こす

この因果作用(causation)[19]は、何らかの仕方で銅線を経由してなされていると、科学者たちは結論づけた。というのも、銅線を遮断する場合、箱Bのすべての働きは消え、他方で二つの箱の間に仕切りを置き、銅

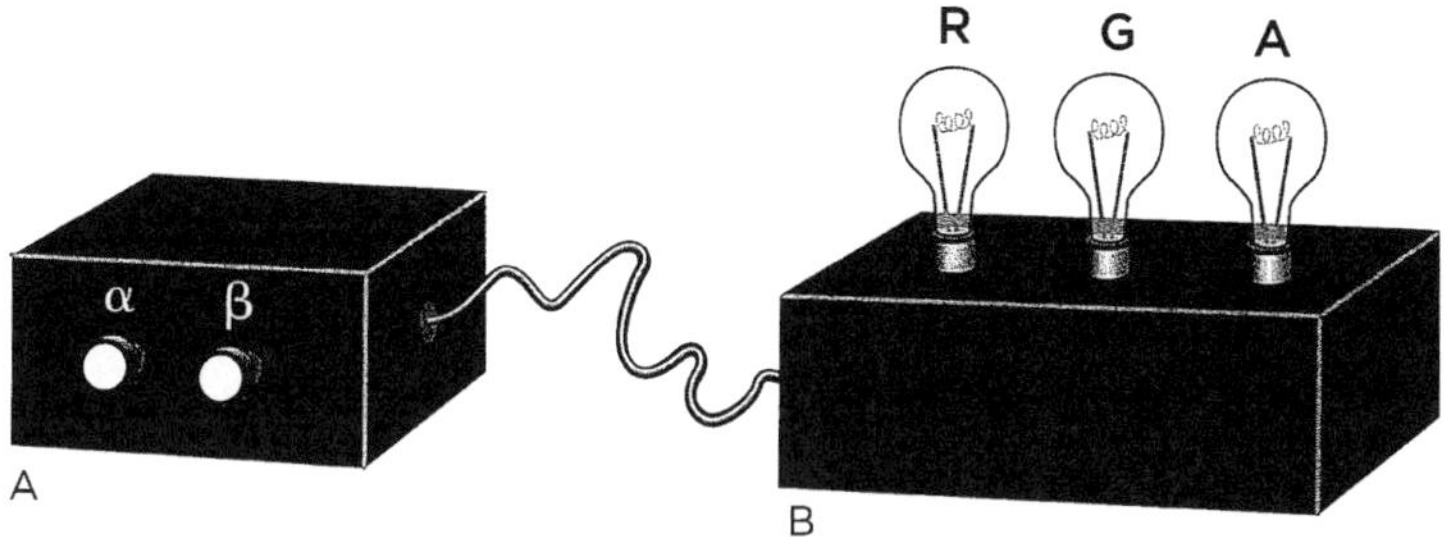

線だけは遮断しないでおく場合、例の規則性は何ら乱されなかったからである。従って自然な成り行きとして、科学者たちの興味は、自分たちが発見した因果的規則性が、どのようにして銅線を伝わるのかを知ることへと向けられた。科学者たちが考えたのは、おらくボタンαを押すと低電圧のパルスが銅線に送られて赤ランプのトリガーを引くのであり、ボタンβを押すと高電圧のパルスが銅線に送られて緑ランプのトリガーを引くのであろうということであり、あるいは、αを押すと一回パルスが送られて赤ボタンのトリガーを引き、βを押すと二回パルスが送られて緑ボタンのトリガーを引くということであった。明らかだったのは、科学者たちがボタンαを押すとき、同じことがいつも生じているはずだし、ボタンβを押すとき、それとは異なるが、やはりいつも同じことが生じているはずだということであった。そこで生じているのが何であるのかを発見できれば、科学者たちが発見した因果的規則性は説明されるのである。

銅線に電流傍受装置を取り付けたとき、事情はもっとこみ入っているということがすぐに明らかになった。箱Aのどちらのボタンを押しても、銅線を通じて箱Bへと送られるのは、素早い間隔でなされるパルスとパルスの停止の長い連鎖——つまりオンとオフの連鎖、またはビットの連鎖（しかも正確に一〇〇〇〇ビットの連鎖）——なのであった。ところが、そのビットの連鎖のパターンは、毎回違っていたのだ。

ビットの列が何らかの特徴ないし性質を備えていて、その性質が、ある場合には赤ランプの、別の場合には緑ランプのトリガーを引く、ということになっていなければならないのは明らかだった。だが、一体全体どんな性質だというのか？　科学者たちは、意を決して箱Bを開き、そこに送られたビット列に何が起きるのかを調べた。科学者たちが箱Bの中に見いだしたのは、ごく普通のデジタル式の並列型スーパーコンピュータだった。それは大容量のメモリを備えていて、メモリの中には巨大なプログラムと巨大なデータベースが、言うまでもなく、送られてくるビット列よりもずっと長いビット列によって、書き込まれていた。そうして、このコンピュータプログラムへの入力がもたらす結果を追跡した科学者たちは、ごく平凡なものしか見いださなかった。つまり、入力されたビット列は常にCPU（中央処理装置）に一般的な仕方で到達し、そこで何十億回の操作を数秒間の内に生じさせる。そしてその操作の結果は、常に二つの出力信号、すなわち1（赤ランプ点灯）または0（緑ランプ点灯）かの二つのうちのどちらかなのであった。そして、科学者たちが見いだしたのは、どんな場合も、微視的なレベルでの因果作用をステップごとに説明できるだろうということについては困難も異論の余地もない、ということであった。オカルト的原因なるものが働いているのではなかろうか、というような推測をする者はいなかった。それに、たとえば、一〇〇〇〇ビットの系列を同じパターンに調整して、それを何度も何度も入力すると、箱Bの中のプログラムは常に、赤なり緑なりの同じ出力を作り出すといったことも生じた。

とはいえ、ここにはいささか困惑を引き起こすものがあった。というのも、たしかに箱Bは同じ出力を行うのだが、そこに至るための中間段階の過程がいつも同じというわけではなかったからである。実のところ、箱Bが同じ出力を行ったときの、それをもたらすための直前の物理状態は、毎回異なっていたのだ。このことそれ自体に、神秘的なものはなかった。というのも、プログラムは受け取った入力のコピーを毎回保持しており、それゆえ同じ入力の到達が二回目、三回目、ないし数千回目に達するたび、コンピュータのメモリの状態は毎回ほんの少し変わっていくからである。ところが、出力は毎回同じなのだ。つまり、ある特定のビット列が初めて灯したランプが赤だったとすると、以後、その同じビット列に対しては、常に赤ランプが点灯した。同じ規則性は、緑の列（科学者たちはビット列に対してそういう呼び方をし始めていた）についても成り立っていた。すべてのビット列は、赤い列（赤ランプ点灯を惹起）か、緑の列（緑ランプ点灯を惹起）かのいずれかであるという仮説に、科学者たちは惹かれていた。とはいえ、言うまでもなく、科学者たちは、すべての可能な列を検証していたわけではなかった――検証していたのはただ、箱Aから発信されたビット列のみだったのだ。

科学者たちは自分たちの仮説を検証すべく、箱Aと箱Bの接続を一時的に切断し、箱Aから出力されたビット列に変化を加える決心を固めた。そして科学者たちは困惑し、狼狽した。彼らが発見したのは、箱Aが発したビット列をいじった場合、ほとんど常に黄色のランプが輝く、ということだったのだ！　それはほとんど、箱Bが科学者たちの介入を検出しているかのようであった。それでも、箱Bが、人間が作成した赤い列を容易に受け入れて赤ランプを点灯させ、人間が作成した緑の列を受け入れて緑ランプを点灯させるということも疑いようがなかった。通常――ほとんど必ず――黄色のランプが点灯するというのは、赤い列や緑の列にほんの一ビット――ないしはもっと多くのビット――の変化を加えた場合のみなのだ。「いじられた」赤い列が黄色いランプを灯したのを見た誰かが、「あ〜あ、殺しちゃったよ」と口を滑らせた。そしてこの一言が次のような思弁を巻き起こすことになった。いわく、赤い列と緑の列は、何らかの意味で生きているのであり――多分それはオスとメスなのだ――、他方で黄色の列は死んでいるビット列なのだ、と。この仮説は人心に訴えるところ大であったが、それと同じくらいに意味不明の仮説だった。

とはいえ、明らかになってきたこともあった。数多くの実験が巻き起こされ、一〇〇〇〇ビットの列にランダムな変異を加える試みが何十億回となされたことで、科学者たちには次のような想定が強く示唆されることになったのだ。すなわちまず、ビット列の種類は実は三つあったのであった。赤い列、緑の列、および黄色い列の三つである。そして黄色の列の数は、赤および緑の列の数よりもずっとずっと多かった（詳しくは第35章を見られたい）。ほぼすべての列は黄色い列だ、といってもいいほどなのだ。この発見は、すでに発見されていた赤／緑の規則性をこれまでよりもずっと興味深く、そして困惑させるものと化した。

　赤い列は赤ランプを灯し、緑の列は緑ランプを灯す。これらの列について、どういうことが言えるだろう？　言うまでもなく、個々の事例を取り上げれば、そこには何の神秘もない。科学者たちは、個々のビット列が箱Bの中のスーパーコンピュータを通っていく因果の流れを追跡することができたし、好都合な決定論的な仕組みによって、コンピュータは赤、緑、黄色それぞれの場合に応じた色を産み出す。それでもなお、科学者たちには、実際にやってみる前に、新しいビット列が三つの結果の内のどれになるのかを言い当てる方法が（箱Bの結果を「ハンドシミュレート」するというやり方を除けば）分からなかった。科学者たちは、これまでの経験的データから、検討中の新たなビット列は、そのビット列がかつて箱Aから送信されたことが知られていない場合には、黄色になる見込みが非常に大きいということを、知るに至っていた。他方、箱Aから送信されたことが知られている列の場合、それが赤か緑かのどちらかである見込みは何十億倍にも跳ね上がる。ところがこの場合も、それが赤なのか緑なのかについては、実際にそのビット列を箱Bにかけて、プログラムがどちらに落ち着くのかを確かめない限り、誰も知ることができなかったのである。

　きっと秘密は箱Aの中にあるんだ。そう言って科学者たちは、箱Aを開いた。中から出て来たのはまた別のスーパーコンピュータで、銘柄も型も異なり、中で走っている何ギガもあるプログラムも別物であったが、やはりごくありふれたデジタルコンピュータであった。科学者たちが最初に突き止めたのは、このコンピュータには「クロック」が内蔵されていて、一秒間に何百回もの時を刻んでいるということであった。ボタンが押されるといつも、コンピュータは、まずそれが押された時間を計測し（１０１１０１０１０１０１０１０１１１、といった具合に）、続いてそれをビットの列に分解する。このビットの列は、どのサブルーチンをどの順序で呼び出すかを決定すると共に、ビット列を銅線に送る準備をする際、メモリのどの部分にアクセスするのかを決定する。

　科学者たちは、このようなクロック問い合わせの仕組み（それはほぼランダム同然である）によって、箱Ａからまったく同一のビット列が二度以上送信されることが実質的にあり得ないことが保証されているということを、明らかにすることができた。だが、このようなランダム性ないし擬似ランダム性にもかかわらず、科学者がボタンαを押せばいつもコンピュータがあるビット列を作成し、そのビット列は赤いビット列であったことが結果的に明らかになるし、ボタンβを押すと出てくるビット列が、結果的に緑のランプを灯すということは、依然として真理であったのだ。実を言うと、科学者たちは、わずかだがこの法則から外れる事例を見いだしていた。おおむね十億回の試行につき一回ほど、αを押すことで緑のビット列の送信が惹起されるか、あるいはβを押すことで赤い列が送信されるかのいずれかが生じたのである。このちょっとした不完全さも、規則性を説明したいという科学者の欲求をさらに刺激するだけであった。

　そんなある日、二つの箱を作り出した二人のＡＩオタク《ハッカー》が名乗り出て、すべての真相を説明した（謎を自分で突き止めたいと思う方は、この先を読むのを止めて下さい）。箱Ａの製作者のアル（Al）という人物は、数年来、一種の「エキスパートシステム」の研究に取り組んでいた。それは、およそこの世において成立している、あらゆる事物についてのすべての「真なる命題」を含むデータベースと、そのデータベースを公理としてそこからさらなる様々な含意を導出する推論機関とからなりたつシステムであった。野球のメジャーリーグの統計データ、気象学的な記録、生物分類学、世界諸国の歴史、無数のトリビア的知識、といったものがそのデータベースの中には入っていた。箱Bを製作したスウェーデン人ボー(Bo)は、それと同じ年月の間、アルのものに匹敵する「世界知識」データベースを、自分自身のエキスパートシステム向けに作成する研究を行っていた。二人とも、それぞれのデータベースに、その年月が許す限り、非常に多くの「真理」を詰め込み続けた。(9)

しかし、年月が経つにつれ、この二人はエキスパートシステムに退屈し始めた。この技術の実践的な有効性については、これまで相当の過大評価がなされてきたという結論に二人とも同意した。どちらのシステムも、実際のところ、興味深い問題の解決や、「思考」や「問題に対する創造的解答の発見」といったものを非常にうまくこなすとは言えないものだったのだ。どちらのシステムも得意にしていたのは、それぞれの推論機関のおかげで、(それぞれが用いる言語で表された)膨大な数の真なる文を生成することであり、入力された(それぞれが用いる言語の)文を、それぞれの準・知識に関連させて真理であるか虚偽であるかを判定することだった。そこでアルとボーは話し合い、自分たちの浪費された努力の成果を役立てる方法を考えだした。つまり、一つの哲学的おもちゃを作ることに決めたのである。二人は、自分たちが作った二つの表象システムの間での翻訳を行うための共通言語を選んだ(それは実際には英語で、標準的なASCIIコード(10)によって伝達されていた)。それから、二つの機械を銅線で結んだ。人が箱Aのαボタンを押すといつも、それによってAにある命令が送られる。それは、Aの「信念」(Aが蓄えている諸公理の一つか、諸公理から生成された含意)をランダムに(また擬似ランダムに)一つ選び、それを英語に翻訳し（コンピュータ内には常に英語の文字がＡＳＣＩＩの形で存在している）、その後にランダムなビットを、全体のビット数がちょうど一〇〇〇〇になる分だけ付け加えて、その結果生じたビット列をＢに送れ、という命令である。次にＢは、この入力を自分自身の言語（スウェーデン語のＬＩＳＰ）に翻訳し、それ自身の「信念」――データベース――に照らして検証するのである。いずれのデータベースも真理か

（9）ＩＢＭのＷａｔｓｏｎが登場した現在、私の空想科学小説《サイエンス・フィクション》は現実科学《サイエンス・ファクト》に十分に近付いたものになりうる。つまり、読み手が望むなら、物語中の箱ＡにはＷａｔｓｏｎが入っており、箱Ｂにはボーによって独自に開発された、スウェーデン語のＷａｔｓｏｎに相当するプログラムが入っている、と想定すればいいのだ。私がこの思考実験を最初に活字にしたとき（Dennett, 1995a）、私に言うことができた最善の言葉はこうであった――「この計画の現実世界での実例については、ＭＣＣでなされている、ドゥルガス・レナットの巨大なＣＹＣ（エンサイクロペィア［encyclopedia］の略称）計画を参照（Lenat and Guha, 1990）」。第28章の、ＣＹＣに関する注も参照されたい。Ｗａｔｓｏｎを例とするようなＡＩへのアプローチは、一九九五年においてはほぼ想像外のものだったが、その後長足の進歩を遂げた。おおむねハンドコード［手入力］によって作成されていたＣＹＣとは異なり、Ｗａｔｓｏｎは放っておいてもインターネットを漁って自分自身で諸真理を供給し、また、利用可能なデータの統計学的な性質を効果的に利用することができる。ＷａｔｓｏｎとＣＹＣはそれぞれの異なった仕方で、自らのデータバンク内のデータを準・理解している――他の、大きなデータベースを備えたコンピュータよりもずっと、ずっと、もっと大きな規模で。

（10）私が初めてこの直観ポンプについて執筆したとき、ＡＳＣＩＩコード（米国標準情報交換コード、American Standard Code for Information Interchange）が、ワードプロセッサやＥメールやインターネット言語のほとんどすべてに対する標準的フォーマットだった。その後ＡＳＣＩＩコードは、より拡張された、それと上位互換のフォーマットであるＵＴＦ－８――八ビット世界標準（文字セット）変換フォーマット（Universal [Character-set] Transformation Format …… 8-bit）を表す――によって拡充された。ということはつまりＡＳＣＩＩは今なおＵＴＦ－８の一部分として存続しているということである。

ら構成されており、またその真理はおおむね同じなので、それらの推論機関《エンジン》のお陰で、ＡがＢにＡが「信じている」ことを伝えるといつでも、Ｂもまたそれを「信じて」いることを、赤ランプを光らせることで表示することになる。ＡがＢに、Ａが偽であるとみなしているものを送るときはいつでも、Ｂはそれがじっさいに虚偽であると判断したということを、緑ランプを光らせることで伝えるのである。

　また、伝達される信号がいじられるばあい、その結果産み出されるのはほとんど常に——改竄結果がビット列末尾のランダム・ジャンクの部分に集中するという場合を除けば——英語の正しい構文から外れた文であるようなビット列になる。Ｂは誤記に対する許容度が完全にゼロであるので、こういうビット列に対しては黄色いランプの点灯によって答える。まったくランダムなビット列を選んだとき、その列が英語ＡＳＣＩＩによる正しい構文で書かれた真理〔真なる主張〕なり虚偽〔偽なる主張〕ではないという見込みの大きさは、**超厖大**[20]である。それゆえに、黄色いビット列は圧倒的多数を占めるのである。

　アルとボーは説明した——赤いという謎めいた因果的性質の正体は、〈英語で書かれた真なる文である〉という性質だったのであり、緑であるという性質の正体は、〈英語で書かれた偽なる文である〉という性質だったのです。かくして、何年もの間科学者たちが解明しかねてきた探求だったものは、突如子供の遊びに等しい営みに転じた。誰もが、うんざりするほど退屈なやり方で、赤いビット列を作成することができるようになったのだ。つまり、ＡＳＣＩＩコードを用いて「家はピーナッツよりも大きい」とか、「クジラは空を飛ばない」とか、「三掛ける四は七掛ける二よりも小さい」というような意味の文を英語で書くだけでいいのだ。緑のビット列を得たいならば、「九は八よりも小さい」とか、「ニューヨークはスペインの首都である」などと英語で書いてみればいい。哲学者は、すぐに、色々と気の利いた細工を考えついた。たとえば、最初の百回は赤、それ以降は緑のランプを灯すようなビット列を探す試みなどである[21]（この場合は例えば、「この文が君に判定される回数は百回より少ない」のような英文をＡＳＣＩＩで作成すればいい）。

だが、哲学者の中には、赤および緑というビット列がもつ性質は、本物の英語で書かれた真理、および英語で書かれた虚偽ではない、と主張する者もいた。実のところ、英語で書かれた真理の中には、ＡＳＣＩＩで表現しようとすると何十億ビットにも上るものが含まれているのだ。それ以外にも、アルとボーの最善の努力にもかかわらず、二人がプログラムに組み込んだものが常に事実であるとは限らないということがある。たとえば、データベースの作成時には一般的な知識として流通していたものが、それ以後反証されて偽なる主張になってしまうという場合などである。例のビット列がもつ赤さという性質――因果的性質としての――が、英語で書かれた真理であるという性質とまさに完全に一致するとは言えないと考えるべき理由は、数多くあった。したがって、おそらくは赤さのよりよい定義として、箱Ｂ（それの準・信念はほとんどすべてが真である）によって真であると準・信じられているものに、英語ＡＳＣＩＩによって相対的に短い表現を与えたもの、という定義を採用することができよう、ということになった。この定義に満足した哲学者がいた一方、中には重箱の隅をつつく哲学者もいた。そういう哲学者が様々な論拠を挙げて力説するところでは、この定義は不正確で、単純なその場しのぎ《アド・ホック》のやり方では取り除くことができないような多くの反例にさらされている、というのである。だがこれに対してアルとボーが指摘したのは、この性質についておよそ考え出せる記述の候補として、上の定義よりもましなものはなく、そもそも科学者たちが乞い求めていた性質は、まさにこのように定義されるような性質ではなかったのか？　ということであった。赤い列と緑の列の謎が、今や完全に解明されたと言ってはならないのだろうか？　さらに言えば、それが解明されたからには、この物語がそこから出発した因果的規則性――ボタンαを押す行為はすべて〔原因として〕赤を惹き起こし、ボタンβを押す行為はすべて〔原因として〕緑を惹き起こすという——を、何らかの意味論的な（ないしは精神主義的な）用語なしで説明する希望などまったくない、ということが分からない者などいないのではないか？

哲学者の中には、銅線内で現に成立している規則性についてのこの新たに立てられた記述は、たしかにBの振る舞いを予測するために利用することができるとしても、しかしそもそも因果的な規則性などではないと論じる者もいた。真理と虚偽（および、現在検討中である、適切に修正されたその代替物）は、それ自身としては完全な抽象物なのであり、そして抽象物であるからにはそれは何かを〔原因として〕惹き起こすことなどありえない、というのである。それはナンセンスだ、と他の哲学者が反論した。ボタンαを押すことが赤ランプの点灯を〔原因として〕惹き起こすというのは、車のキーをひねることが車のエンジンの始動を惹き起こすのと同じくらいに確実に進む過程である。仮に、その過程において銅線中に送られていたものが、単なる高電圧と低電圧の電流、ないしは一回または二回のパルスであったと判明していたら、それが典型的な因果的システムであることに誰もが同意していたはずである。実際には、そのシステムは、一種のルーブ・ゴールドバーグ装置[22]であったわけだが、この事実によって、ボタンαと赤ランプ点灯の間の信頼しうる結びつきが、因果的結びつきに悖《もと》るものであったことが示されたというわけではない。実のところ科学者たちは、個別の事例に関しては、結果を説明するミクロの因果的な筋道を正確に追跡することができていたのである。[11]

この方向での推論で確信を得た他の哲学者たちは、赤、緑、黄色という〔ビット列の〕性質は、本当は意味論的ないし精神主義的な性質ではまったくないのであり、むしろただ意味論的性質を模倣しただけの性質、意味論的性質である「かのごとき」性質であるにすぎないと論じはじめた。つまり〔ビット列について」赤いとか緑だとか言われているものは、本当は、きわめて複雑できわめて込み入った構文論的な性質であったのだ、というのである。ところがこのような哲学者たちは、その一方で、それらが正確なところいかなる構文論的性質であるのかについて、それ以上何かを言うことを拒み、小さい子供ですらその事例を素早く信頼できる仕方で産み出し認めるようになれるのはいかにしてであるのかを説明することも、拒んだ。それにもかかわらず、その哲学者たちは、その規則性に対する純粋に構文論的な記述があるにちがいない、と確信していた。結局のところ、問題となっている因果的システムは、「単なる」コンピュータなのであり、そしてコンピュータとは「単なる」構文論的機関に過ぎないのであり、本物の「意味性」を受け取ることはできないのだ、というのがその理由であった。

アルとボーは、反論した。「僕たちの想定では、もしも皆さんが、僕らが製作したブラックボックスの中に僕ら自身が入っていて、同じ手続きに従って皆さんを翻弄していたことを発見していたとした場合も、純然たる真理（または、どちらでもいいのですが、真理だと信じられたもの）が実効的な因果的性質であることを否定するなり認めるなりしていた、ということになるでしょうが、この想定と実際の場合とを区別できるようないい論拠を提起できますか？」この言葉を聞いた哲学者の中には、こう公言する者もいた——ある重要な意味において、アルとボーは実際に箱の中に存在しているのだ。なぜなら、その二人が、自分自身の信念をモデルにしてそれぞれのデータベースを創出したのだからだ、と。これを受けた他の哲

（11）（この注は哲学者の方のみお読み下さい）。私が「リアル・パターン」(Dennett, 1991b) において示した、パターンに関する説明は、「心的」内容についての随伴現象説である、と論じた人々がいる。ここに示したのはそういう人々への私の回答である。

学者は、そもそも、この世のどこかに意味論的ないし精神主義的な性質なるものが本当に存在しているということを否定するところにまで進んだ。彼らの主張によれば、〔心的〕内容なるものは消去されてしまったのだ。論争は何年にもわたって続いた。しかし、当初存在していた謎は、解決されたのである。

逃げ道をふさぐために

二つのブラックボックスの物語は、以上でおしまいである。だが、経験の教えるところでは、どんな哲学者にも誤解を与えないほどに明晰に述べられた思考実験など存在しないので、非常に人を惹き付けやすい誤解のいくつかを予め退けておくために、無粋ながら、二、三の重要な細部に注意を向け、この直観ポンプの中でのその細部が果たす役割を説明しておきたい。

（一）箱Aも箱Bも共に自動化された百科事典以上のものではない。それは「生き字引」ですらなく、「真理を詰め込んだ箱」に過ぎない。物語中、この装置が意識をもつとか、ものを考えるとか、さらには行為主体であるとかいうことを——サーモスタットが行為主体であるという最小限の意味を除いて——前提したり含意したりするものは登場しない。二つの箱はひどく退屈な志向的システムであり、とてつもなく単純な課題を達成するようにきちんと定められている（同じことはもちろん、ＩＢＭのＷａｔｓｏｎにも当てはまる）。それらに組み込まれているのは、膨大な数の真なる命題と、それらからさらなる真なる命題を生成し、ある候補となる命題を、すでに存在しているデータベースに照らして検証することで「真理」の検証を行うために必要となる推論装置〔のみ〕である。

（二）二つのシステムは独立に創出されたので、二つが正確に同じ真理を含むという見込みは（現実のこととしてはもちろん、仮想的なこととしてさえも）まず想定できない。それでも、物語中で私が主張したぐらいにうまく、この悪ふざけが有効に働くために必要なのは、かなり広範囲にわたる重複だけでよい。このような重複があれば、Aによって生成された真理が、Bによって真理であると認められないという見込みは、非常に小さなものになる。これを妥当なもとしてくれるのが、以下の二つの考察であると、私は言いたい。（i）アルとボーは異なった国に住み、異なった言語を母語にしているが、しかし、彼らは同じ世界に住んでいる。（ii）この世界（私たちの世界）についての真なる命題は数え切れないほど多く存在するが、アルとボーが実用的なデータベースを創ろうと決めたという事実は、二つの独立に創造されたシステムの間に高い度合いの重複が存することを保証している。アルは、自分の二十歳の誕生日に自分の左足が北極に近かったのか南極に近かったのかを知っているかもしれないし、ボーは、自分の最初のフランス語教師の名がデュポンであったことを決して忘れていないかもしれない。しかし二人とも、これらのいずれかを自分たちのデータベースに真理として取り入れることはありそうにない。国際的観点から有用な百科事典を創出しようとそれぞれが意図したという単なる事実では、各々のデータベースの緊密な対応を保証できないのではないかという疑いをもつ向きには、無粋な補足ではあるが、二人は電脳妙技《ハッキング》に取り組んでいる間、収録すべき主題のリストを比較し合っていたという便利な事実を、細部の設定として付け加えて頂きたい。

（三）なぜ私はアルとボブ（アルと同じアメリカ人）のコンビを登場させず、また、ついでに言えば、箱Bの中に単純にアルのシステムの複製を収納させなかったのか？　その理由は、私の物語にとって、単純で確実に発見可能な構文論的な構造によっては、問題の規則性を説明することができないという点が決定的に重要だということにある。これが、ボーのシステムがスウェーデン語のLISPで書かれている理由である――それは、Aによる文生成の作業《タスク》の間に参照されるデータ構造とBによる文翻訳・真理検証の作業《タスク》とをつなぐ深層の意味論的共通性を、詮索好きの目から隠すことを目指しているのだ。物理的システムとしてのコンピュータは、どこまで行っても、直接的には、意味にではなく物理的に変換可能な差異に反応する構文論的機関でしかありえない。しかし、箱Aも箱Bも、想像上の全知者、つまり、理解された諸真理を詰め込まれた一つの意味論的機関を可能な限り模倣するように設計《デザイン》されている。AとBという二つの異なった構文論的機関が、同一の意味論的機関を模倣すべく設計《デザイン》されているとき、両者が示す際立った規則性を説明しうる唯一の道は、意味論的機関のレベル、すなわち、真理が信じられ、肯定され、意図されるレベルへと上昇することしかない。したがってここで考えられているのは、記述される外的振る舞いの魅力的な規則性を呈示しながらも、内的には可能な限り異なっている二つのシステムを創り出すことだった。この場合、問題となっている規則性を説明できるのは、ただ、それぞれの内部に体系的な形で共通の世界についての表象が存しているという事実だけである(これが、第13章の主題であったことを想起されたい)。

ここで私たちは立ち止まり、この二つのシステムが、リバース・エンジニアリングに屈しないほどに解明困難なものであるかどうかを、問いかけてもよい。言いかえれば、科学者たちがあれほど長い間困惑し続けることはありうるのかどうかと、問いかけてもよい。暗号解読学は、現在、どんな答えを出す前にも少なくとも三度は考えを巡らせなければならないほど、非常に高度で素人には近付きがたい分野になっている。決して解読できない暗号図式なるものが果たして存在するのかしないのかについてのまともな論証を行うことができた人がいるのかどうか、私はまるで知らない。しかし、暗号化の問題は別にしても、コンピューターハッカーたちは、プログラム作成中に**ソースコード**中に書き込まれていた有用な**コメント**やその他の標識が、ソースコードがコンパイル〔翻訳〕される時には消えてしまい、後に残るのは機械語の命令のほとんど解読不可能なもつれ合いであるということを、認めるはずである。「デコンパイル」――オブジェクトコードに対するリバース・エンジニアリングを行い、ソースコードを復元すること――は、場合によっては実際《イン・プラクティス》に可能である（それが常に原理的《イン・プリンシプル》には可能といえるものであるのかどうかは分からない）。ただし、この作業がコメントを復元することはなく、単に構造をより高次の言語で目立たせるだけである。科学者たちがプログラムをデコンパイルし、データベースを暗号解読しようと努力しても無駄なことだという私の想定は、必要な暗号化を物語中に取り入れることで補強することができるだろう。

物語の中で、科学者たちが銅線中のビットの流れをＡＳＣＩＩコードに翻訳できるかどうか調べてみようとは考えつかなかったのは奇妙だ、ということに私たちは同意できる。彼らがそんなに頭が悪いことなんてありうるだろうか？　ＯＫ。道具立ての一切（箱Ａと箱Ｂ、およびそれをつなぐ銅線）を「火星」に送り、そこに住む異星人科学者たちに規則性の探求を行ってもらうという思考実験で、このような不備を修正することができる。αを押すことはすべて赤ランプ点灯を惹起し、βを押すことはすべて緑ランプ点灯を惹起し、ランダムなビット列は黄色ランプ点灯を惹起するという事実は、私たちにとってと同様に火星人科学者にとっても明白であろうが、彼らはＡＳＣＩＩコードを知らないだろう。彼らにとって、宇宙からのこの贈り物は、この上なく謎めいた規則性を示すだろうし[12]、もしも彼らが各々の箱の中には世界の記述が含まれていてしかもその記述が同じ世界の記述であるという考えに行き着かないなら、すべての分析的探求を受け付けないだろう。その規則性を根拠づけているのは、いずれの箱も同じものに対する多種多様な意味論的関係を、異なった「用語」による表現と異なった公理化を通じてではあっても、運んでいる、という事実なのである。

この思考実験をダニー・ハイリスに話してみたことがある。ハイリスは、一九八〇年代に、「コネクションマシン」という巨大な並列コンピュータの先駆けを「シンキングマシン」という自分の会社で作り上げた人物である。彼は話を聞くとすぐ、物語の謎について暗号解読学的な「解答」を考え出し、君の解答は僕の考えた解答の一つの特殊例だと考える方が良かろうと、述べた。つまり、「アルとボーは、世界を鍵とするワンタイムパッド〔一回限り暗号〕を使っていたわけだよ！」というのだ——これは暗号法の中でも標準的な技法への適切な言及だった。ここで出された論点を、別のバリエーションによって明らかにすることができる。あなたと親友が、英語を知っているかもしれないがあなたがたの世界についてはほとんど知らない敵軍（宇宙海賊だということにしよう）に捕虜にされた。あなたがたは、モールス信号を知っており、ダッシュ〔ツー〕で真なる文を、ドット〔トン〕で偽なる文を表すという急ごしらえの暗号法を思いつく。敵の見張りは、あなたと親友の会話を横で聞くことができる。「鳥は卵を産み、カエルは空を飛ぶ。シカゴは都市であり、私の足は鉛でできてはおらず、野球の試合は八月に行われる」とあなたが言うことで、何であれ親友が聞いてきたに対して「ノー」（ダッシュ、ドット。ダッシュ、ダッシュ、ダッシュ。）と答えたことになる。この次に「ノー」と言う必要がある場合には、違う文を用いればいい。たとえ敵がモールス信号を知っていたとしても、ドットとダッシュが表している性質を突き止めることはできない。このバリエーションを、元々の物語に一種のスパイスとして付け足すこともできる。つまり、火星に向けてコンピュータシステムを送り出す代わりに、アルとボーを箱に入れて火星に送り出すのである。火星人たちは、コンピュータと同じ仕方で、アルとボーがモールス信号によるいたずらを働くのを前にして困惑する。その困惑は、(私たちには自明だが、火星人にはそうでない) 箱の中のものは意味論的に解釈されるべきだという結論を引き出すまで続く。

以上の寓話の要点は単純なものである。志向的構えを採用し、意味論的レベルに属する事実を見いだすことによってパターンを説明するかである。**志向的構え**の代わりを務めうるものは存在しない、ということか、規則性——因果的規則性——に関して永久に困惑し続けるかのいずれの道をとるにしても、志向的構えは、そこに明白に存在しているのだ。(13)

この分かれ目において、あなたがもしも多くの哲学者と同じ見方をするならば、この直観ポンプが働くのは単に、箱Aと箱Bが人工物であって、それが現に備えている志向性はまったく派生的な、人工物の志向性であるからに過ぎないという主張に、今一度惹かれることになるだろう。二つの箱のメモリ中のデータ構造は、それが指示すべきものを、(もしそれを得たとすれば)、造物主であるアルとボーの感覚器官や

(12) この仮説を思い付いた場合に火星人たちが直ちに取り組むべき営みは、クワインの**根本的翻訳**の一バージョンである。だが火星人の課題は二重の点で困難が増している。第一に、火星人には質問を向けうる「インフォーマント」がおらず、第二に、取り上げて「ボール?」や「ペン?」と尋ねるべき対象がない。

(13) 同じ教訓は、進化の歴史における歴史的事実を解釈する際にも引き出されうる。たとえ、相互にばらばらのミクロ的な細部に関して、およそ存在してきたすべてのキリンの歴史に含まれる因果的事実をすべて記述できたとしても、レベルを一つか二つ上り、「なぜ?」という問い——母なる自然に裏付けられた、理由を探索する問い——を発しない限り、外見的な規則性——例えば、キリンが長い首をもつに至ったという事実——を説明することは決してできないはずである。

人生の歴史や目的といったものに間接的に依存して得ている。この人工物の中にある意味、真理、意味論的なものの本当の源泉は、人間である製作者の中に存するのである。アルとボーは、本源的志向性を有しており、AとBは単なる派生的志向性だけを有している（言うまでもなく、このことが、ある意味でアルとボーがそれぞれの箱の中にいる、という提案が含んでいる要点である）。私は、少し異なった物語を語ってもよかったかもしれない。箱の中にいたのはアルとボーという名の二体のロボットで、それぞれ、箱に入る前の十分長い「半生」を費やし、世界中を駆け回って様々な事実を収集していたとするのである。私が単純な道を選んだのは、箱Aと箱Bは「本物の思考」を行うのかどうかという問いを、予め防ぐためであった。しかし、このような複雑化を加えた上でこの思考実験をさらに考えてみたいという方には、生存機械としての**巨大なロボット**についての直観ポンプがすでに、〈純然たる志向性は人工物からは生まれ得ない〉という、この思考実験を知らなければ説得力のある考え方に対して疑いを投じていると、指摘しておこう。

要約

以上、二十一個の思考の道具――一ダースの直観ポンプと、その他の有益な諸概念――が揃い、意味という根本的な概念に対して適用された。これらの助けを借りて私たちが成し遂げたことは何であろうか？すべてがうまく働くだろうか？ 直観ポンプに価値があることを示せるやり方には二つあると指摘しておきたい。直観ポンプは、もしもうまく作られるなら、ある場合には、信頼でき、説得力をもち、人を誘惑する誤りの道から人を守ってくれるし、別の場合には、直観はやはり疑わしいものに見え、直観ポンプは、それ自身が抱えている前提の中の何がよくないかに焦点を合わせる助けをしてくれる。いずれの場合であれ、この思考道具は、途中で曲がったり折れたりするのでないかぎり、一方が下がれば他方は上がる一種のレバーないしシーソーのように働く。直観ポンプは、シーソーよりもずっと複雑な道具なので、私たちはそのダイヤルをあちこち回す必要がある。これはまさに私が**二つのブラックボックス**で行ったことである。しかし、最終的な結論を下す前に、別のダイヤルをチェックする必要があることは疑いない。

では、意味を取り扱った本書のこの長い部門〔第Ⅲ～Ⅴ部〕は何を結論とするのだろうか？ それは悲観論《ペシミズム》と楽観論《オプティミズム》の混成物である。意味は、脳の上に簡単に地図化《マッピング》されるような単純な性質であると判明することはないだろうし、文や思考や信念が本当に意味しているものが何かという問いに端的な決着をつけてくれるような「深層の」事実を、私たちがどこかに見つけることはないだろう。私たちがなしうる最善のこと――またそれで十分なこと――は、私たちが手にしている物理的構え（そしてデザイン的構え）のすべてのデータの（見たところ）最善の解釈を発見し拠り所にすることである。もしも私たちが意味についてのクワイン的苦境に対する一つの答えを発見できるなら、私たちは、――それ以上の良い答えが発見されずに残されていないことを確信してよいという意味で――その答えをほとんど確実に発見していたのである。**ツービッツァー**のパナマへの移送が示すように、意味は、常に、機能の文脈に相関しているものであり、私たちの**（準・）**利己的な遺伝子の準・志向性を超えた本源的志向性は、存在する必要はない。その準・志向性は、〈知的《インテリジェント》デザイナー〉からではなく、自然選択による進化の機能的文脈から派生したものであり、それにより遺伝子は、巨大なロボットを注文した裕福な依頼人の役割を演じるのである。そして、**二つのブラックボックス**についての直観ポンプが示すのは、**志向的構え**は、**準・**信念やその同類というこの構えの許容範囲〔誤差範囲〕に属するものすべてとともに、もしもあなたが世界の中の因果的規則性の多くを理解し説明したいなら、任意にとり除きうる（*optional*）ものではないということである。

これらの問題についての私たちの探求は、この二十一世紀において大いに拡大した。というのも、何兆もの可動部品を備えた、どの部分も神秘的ではない仕方で動くメカニズムについて厳密にまた精力的に思考する手段を、私たちが史上初めて手に入れたという事実があるからである。チューリングのお陰で、私たちは今や、粗野で理解能力を欠く物質（物理的構え）から、多数の層《カスケード》からなる再配列（デザイン的構えと準・意味）を経由して、典型的な信念保持者、知識保持者、理解保持者としての私たち自身（これを志向的システムとして単純化するのが、志向的構えである）を位置づけるに至る道を、少なくともおぼろげには、見通すことができる。

これらの命題のいずれもが異論の余地のないものではないし、これまでずっとそうだった。これらの命題すべてにいまだ同意していない専門家が、まだ多数存在している。おそらく、それらの命題すべてを一列に並べてみることは、その説得力を高めるだろうし、私たちが「臨界質量」現象[23]を手にし、それが、諸部分がうまく調和するやり方を見たことのない人々を引きつけるということにもなるだろう。他方で、そのように一列に並べることによって、批判者たちが、これらの命題すべてを貫いている誤りに気づくのを容易にするかもしれない。いずれの仕方であれ、私たちは、進歩を遂げる。あるいはもしかすると、私たちはそれらの命題の多くの中に、真理を照らすよりもむしろ曇らせてしまう巧妙なごまかしを発見することになるのかもしれない。〔この場合〕欠陥を見つけるためには、後戻りしてもっと多くのダイヤルを回し、何が起こるのかを見届けねばならない。最低限望みうるのは、その種の欠陥を発見することによっても、ある種の苦々しい進歩はなされるということである。つまり、魅力的だが悪しき考え方を暴き出すという進歩であり、これは哲学者たちが千年単位の時代を通じて行ってきたことである。

この第V部が意味の理論を私たちに与えるものであるとは、私は主張していない。それが与えてくれるのは、――私が正しければ――意味についての本来の科学的理論が入っていかなければならない、かなり使い勝手のよい論理的空間であるにすぎない。[14] 私たちが心の内容面を大まかに位置づけられた今なら、私

(14) 意味に関する本来の科学的理論がどういうものとなるかについては、私自身一つの直感をもっている。それはＧＯＦＡＩ(古き良き人工知能、good old-fashioned artificial intelligence)の厳密でブール主義的な(論理学的)構造を、それよりも柔軟な、ベイズ主義的(統計学的、確率論的)なパターン発見のネットワークに置き換える、というものである。だがこの考え方を展開してみせるのは別の時と場所に委ねるべき課題である。

たちはあの巨大な神秘中の神秘つまり意識に取り組むことができるだろうか？　いや、まだである。私たちには、さらなる土台を組み上げる必要がある。すでにこの部でも見てきたことであるが、意識を理解するための探求において持ち上がる問題は、進化についての関連事項や前提を含んでいるものがあまりに多い。私たちがすでに展開し始めたテーマには、進化論的考察に訴えるものが多かった。そこで、先に進む前に進化論的考察を明示し明確なものにすることにしよう。さらに言えば、進化論的考察は、それ自体魅力的な主題でもある。

Ⅵ　進化について考える道具

自然選択による進化というダーウィンの考え方《アイデア》は、私の見解では、これまで人が手にしてきた思想の中でも群を抜いて優れた最上の考え方である。というのも、それは、果敢な一撃によって、意味と物質というそれぞれ別々の世界であるかのように見える実在の二つの側面を、結びつけるからである。私たちには、一方で、私たちの心やそれが抱く意味や私たちの目的や希望や憧憬、そして最も尊重されてきた——同時にまた陳腐な——哲学的な主題である〈生きる意味〉が属する世界がある。他方で私たちには、絶えず回転する銀河系や、それぞれの軌道に沿って当てもなく落下を続ける惑星や、物理法則に従う生命なき化学的メカニズムなどの、目的も理性も無いすべてのものがある。そのとき、ダーウィンが登場し、意味が物質からどのようにして生じてきたかを、すなわち、物質的な過程がどのように意味を創造するかを、私たちに示してくれた。これは、重要な事柄は下から沸き上がって《バブル・アップ》生み出されるという見方であり、重要な事柄は上からあふれ出る《トリックル・ダウン》という伝統的な見方を転倒させるものである。自然選択という考え方はさほど複雑ではないが、非常に強力なので、一部の人たちはそれを直視することに耐えられない。まるで恐ろしくまずい薬の一服であるかのように、必死になって注意を向けないようにする。この第VI部で紹介する思考の道具は、このダーウィンの考えがいかにして、存在の暗がりに光を当て、それまで神秘《ミステリー》であったものを解決可能な難問《パズル》に変え、あの自然の荘厳な光景の数々を史上初めて解明したのかを知る手助けとなる道具である。

34 万能酸

万能酸について聞いたことはあるだろうか。私や学生時代の友人たちは、よくこの空想に夢中になったものだ。私たちの仲間の誰かがこれを発明したのか、それとも、たとえば、スパニッシュ・フライ〔催淫剤〕や〔火遊びに使う〕チリ硝石などと共に、若者のアングラ文化の一部として受け継がれたのか、私は知らない。万能酸は、非常に腐食性の高い液体で、ありとあらゆるものを浸食してしまう！　しかし、そんなものをどうやって保存すればいいのだろう？　それは、ガラスびんであろうとステンレス缶であろうと、紙袋と同じように分解してしまう。もしも万能酸がほんの一滴でもどこかからやってきたら、あるいはそれが創り出されたら、何が起こるだろうか？　最終的には、この地球という惑星全体が解体されてしまうのだろうか？　そしてその後には何が残されるのか？　万能酸との出会いですべてが変容を遂げた後、世界はどんな姿を見せるのだろうか？　ほんの数年後、このような万能酸と見紛いようがないほどよく似たある考え方《アイデア》〔思想〕——すなわちダーウィンの考え方——と私が出会うとは、ほとんど思いもしなかった。ダーウィンの考え方は、ありとあらゆる伝統的な発想をまさに浸食し尽くし、その後に革命的に変化した世界観を残す。そこでは、古来からの重要な事柄のほとんどが依然として重要だと認められているのだが、それらは、根本的な仕方で変容を遂げてしまっている(1)。

多くのダーウィン恐怖症の人たちは、一九九五年にこのダーウィンの危険な考え方《アイデア》というイメージを私が紹介したとき、(故意に?)その要点を捉え損なっていた。万能酸が——倫理、芸術、文化、宗教、ユーモア、そしてもちろん意識といった——人々の大好きなテーマを一掃した後、残るであろうものは、以前と同様に素晴らしく、多くの点では以前よりも素晴らしくもあり、しかし、僅かながら変質しているのだということを伝えて読者を安心させるために、私はかなり多めのページをさいた。ダーウィンの考え方は、革命的なものである。それは間違いのないことだ。しかし、ダーウィンの考え方は、それらすべてのものにおいて私たちが価値を見いだしているものを、破壊しはしない。むしろ、それらをより良い基礎の上に置き、それらを他の知識と見事に統一する。何世紀もの間、「人文学(the art and humanities)」は、自然科学とは別個のものであるとみなされてきただけでなく、科学による侵略的な検討から、どうにか守られてきたとみなされてきたが、このような伝統的な孤立状態は、私たちが愛するものを守るための最善の方法というわけではない。神秘のベールの背後に私たちの宝を隠そうとすれば、私たちは、物理的世界の中で私たちの宝が本来位置すべき場所を見つけられなくなる。これは、かなり一般的に見られる誤りであり、とりわけ哲学においてはそうである。

　自分が愛しているものが脅威にさらされていると感じるとき、人々がとる最初の反応は「不可侵な」壁、マジノ・ライン[1]を設けることである。さらにはいざという場合に備えて、要塞の内側にほんの少し大きな領域を、緩衝地帯として入れておこうと決意する。これは、適切で賢明なアイデアであるように見える。つまり、あの恐るべき〈すべりやすい坂道論法〉や〈蟻の一穴〉から私たちを守ってくれるように見える。誰でも知っているように、奴らに一インチでも与えれば、それはそのあと何マイルにもなるのだ。濠を掘れ!　壁を作れ!　それもできるだけ遠くまで、というわけである。しかし、この方針をとると、守勢にまわっている側は、大抵、合理的には弁護できない――したがって最終的には頭を掻きむしり大声を上げて弁護しなければならなくなる――もろくて突飛な（つまり説得力を欠き、弁護不能の）教理《ドグマ》を、抱え込むことになる。哲学において、この戦略的な選択はしばしば何らかの絶対論という姿を見せる。（人間の）生という聖域は無限である、偉大な技芸《アート》・芸術の核心には神聖で説明不可能な天才の働きがある、意識は死すべき存在である私たちには難しすぎて理解できない問題だ、というのもあれば、さらに――これは私のお気に入りの標的の一つだが――私がヒステリックな実在論と呼ぶものがある。これは、意味をめぐる難問には常にその難問を解決するような深層の事実があるのであり、これらの深層の事実はたとえ私たちが体系的にそれを見つけられないとしても本物《リアル》の事実、本当に本物の事実である、という考え方だ。これが魅力的な考え方である理由の一部は、それが上品で人間的な穏当さの感覚に訴えるから、ということである。つまり、こうした問題を解決するいかなる事実もないと言うことができる私たちは、いったい何様なのか？　というわけだ。量子力学の不確定性に対するアインシュタインの有名な抵抗は、この考えに訴える堂々たる事例である。つまりその「神はサイコロ遊びをしない！」は、心の底から出た言葉ではあっても、結局のところ、抵抗のための非理性的な論拠である。そして、突き詰めて考えれば、神はサイコロ遊びをしないと言う私たち――あるいはアインシュタイン――は、いったい何様であるのか？　こういう問い方は、この種の争点を取り扱うためのうまいやり方ではなさそうであるし、ヒステ

（1）ダーウィンの思想と万能酸との私の対比はＤＮＡつまりデオキシリボ核酸にヒントを得たものだといういくつかのコメントを見たが、私はそれよりももっと万能性の大きなものを意味している。ＤＮＡだけが地球上での進化の媒体であるわけではないし、全宇宙中にある他の進化の事例がどんなものかをいったい誰が知っているだろうか。

リックな実在論に関しては――また、いかにそれに抗すべきかに関しては――もっと後で、しかるべき機会を設けて検討する予定である。進化論的思考は、絶好の解毒剤なのである。

35 メンデルの図書館――〈超厖大〉で〈消えそうなくらい微かな〉

今や、ヒトゲノムは、クレイグ・ヴェンターや他の人々によって解析されている。しかし、これにはどんな意味があるのだろうか。人それぞれ、みんなのDNAは異なるのではないのか。その通り。実際、非常に異なっているので、事件の現場で発見されたDNAのほんの小さな断片でも、九九％以上の確率でその持ち主を特定するのに十分である。しかし同時に、人間のDNAはみな非常に似通っており、科学者たちは、完全なゲノムの小さな断片さえあれば、人間のDNAと他の生物種のDNAとを区別できるほどである。これはどのようにして可能なのだろうか？　私たち個々人のDNAが非常に異なっていながら非常に似通っているということが、どうして起こりうるのだろうか？　この驚くべき事実を理解するよい方法は、DNAを書籍中の文章と比較することである。アルゼンチンの作家ホルヘ・ルイス・ボルヘス（Borges, 1962）は、私たちに『バベルの図書館』というちょっとした寓話を残してくれていて、このような差異と類似が共存できるあり方を、生き生きと描き出している。[2] ボルヘスが語っているのは、広大な書庫で暮らしている人たちのわびしい探究と思弁である。この広大な書庫は、蜂の巣のような構造をしていて、書庫が並ぶバルコニーが何千（何百万、何十億）という六角形のエア・シャフト〔通気縦坑〕を取り囲んでいる。手すりのところに立って、見上げても見下ろしても、これらのシャフトには上端も下端も見えない。

そして、六本の隣り合うシャフトに囲まれていないシャフトを、誰も一度も見たことがない。この倉庫は無限に大きいのだろうかと、彼らは考えてみるが、結局は、そんなことはないと彼らは判断する。とはいえ、そんなことはどっちでもいい。というのも、本棚の上には――なんと無秩序に――あらゆる可能な本が置かれているように見えるからである。

それぞれの本は五百頁の長さで、各頁は一行五十字、四十行の組み方をしてあり、したがって頁あたり二千字分の文字スペースがある、としよう。それぞれの文字スペースは、何も書いていないか、文字が印刷されてあるかのどちらかで、文字がある場合は、百種類の活字のセット（大文字と小文字の英語と、他のヨーロッパ語の文字と、ダッシュと何種類かの句読点）から選ばれる。[2] バベル図書館のどこかには、全ページが白紙の本や、全ページが疑問符だけで埋められた本などもあるが、大多数の本にはちんぷんかんぷんな文字列が印字されている。ある本を収蔵するにあたり、意味のあるなしどころか、綴りや文法の規則に適っているかどうかという基準も適用されないのである。一頁あたり二千字で五百頁だと一冊あたり百万文字になるから、すべての種類の百の活字の順列組合せで本を全部埋めるとした場合、バベルの図書館には百の一〇〇〇〇〇〇乗冊にものぼる様々な本があることになる。私たちが観察できる宇宙の領域には、百の四〇乗個（前後）の素粒子（陽子、中性子、電子）しかないと推測できるので、[3] バベルの図書館は物理的に可能なものではまったくないが、ボルヘスが想像力によってこの図書館を建造したときに用いた厳密なルールのおかげで、私たちはそれについて明確な思考を進めることができる。

これは、本当にあらゆる可能な本の集合なのだろうか？ 答えは明白にノーだ。というのも、それらの本は、例えば、ギリシャ文字、ロシア文字、アラビア文字、漢字などの多くの種類の文字を含まない、たった百種類の文字で印刷されるように制限されており、したがって最も重要な現実の本の多くは除かれているからである。もちろん、この図書館には、このような文字で執筆された現実の本を、英語、フランス語、ドイツ語、イタリア語などへと翻訳したとても見事な訳書も、数えきれない多くの拙い訳書も、きちんと収蔵されている。五百頁より長い本もあるが、その場合は一巻から始まって、途切れることなく続巻へと続いている。

バベル図書館のどこかにあるはずの何冊かの本について思いを馳せることは、楽しいことである。そのうちの一冊は、あなたの誕生の瞬間から死の瞬間までの、五百頁からなるあなたの最良にして最も正確な伝記である。とはいうものの、この本が置いてある場所を突きとめることは、ほとんど不可能に近い。なぜなら、この図書館には、途方もない数の本が収蔵されており、その中には、あなたの十代、二十代、三

(2) ボルヘスは、本の長さは四一〇頁、各頁四〇行×八〇字という、幾分違う数字を採用している。一冊当たりの字数は私の設定と十分近く(ボルヘスは一三一三〇〇〇字、私は一〇〇〇〇〇〇字)、重要な違いは生じない。切りのいい数字を選んだのは、取り扱いやすくするためである。またボルヘスが採用しているのはたった二五種類の文字セットで、たしかにこれでも〔ボルヘスの言語である〕スペイン語で用いる文字の内の大文字のみ(および空白と、句読点としてはコンマとピリオドのみ)を含めるには十分であるが、英語を十分に表せるとは言えない。私としてはローマ字アルファベットを用いるすべての言語の、大文字、小文字、句読点を疑念の余地なく含ませる余地を作るため、より便利な一〇〇種類の文字セットを採用した。

(3) スティーヴン・ホーキング(Hawking, 1988, p.128)は、これを述べる際に次のような仕方で強調を行っている、「私たちが観測可能な宇宙には、およそ一千万の、百万倍の、百万倍の、百万倍の、百万倍の、百万倍の、百万倍の、百万倍の、百万倍の、百万倍の、百万倍の、百万倍(一の後に〇が八〇個付く)個の素粒子がある」。マイケル・デントン(Denton, 1985)は、観測可能な宇宙にある原子の数として、十の七〇乗という数を提示している。マンフレート・アイゲン(Eigen, 1992, p.10)の計算では、宇宙の大きさは十の八四乗立方センチメートルだという。

十代、四十代の誕生日やその他のことなどまでをとてつもなく正確に記した伝記もあれば、あなたの人生の次々起こる出来事について完全に誤って記したもの——しかも、途方もない数にわたる多様な仕方で誤ったもの——も、含まれるからである。それどころか、この巨大な書庫では、読むことのできる本を見つけることさえも、ほぼできそうもない。

　ここの蔵書については、何らかの特別な用語が必要だ。バベルの図書館は無限大ではないので、そこで何か面白い本を見つける機会は文字通り無限小というわけではない(4)。この無限大と無限小という語は、誇大表現としてよく使われているが、私たちはそれらの語を避けるべきである。だがあいにく、「天文学的大きさ」、「干し草の中の一本の針」、「大海の一滴」などというあらゆる通常の比喩表現も、滑稽なまでに力不足である。どの現実の天文学的な量（たとえば宇宙の素粒子の数やナノ秒単位で測定されるビッグ・バン以来の時間など）であっても、今問題となっているこうした有限だが巨大な数値のスケールと対照させると、ほとんど見えないほどの大きさになってしまう。もしバベル図書館の中の判読可能な本が、大海の一滴と同じくらい簡単に見つかるものなら、その探求は順調に進んでいるはずなのだ！　もし私たちがバベルの図書館のどこかへ無作為《アトランダム》に放り込まれたとしたら、そこで文法的に正しい文をたくさん含んだ本にどうにか出会う偶然は、消えそうなくらい微かに小さい。そこでその言葉、〈消えそうなくらい微かに〉(Vanishingly) を大文字で表した上で、「天文学的に大きいよりももっとずっとずっと大きい (Very-much-more-than-astronomically)」の略として〈超厖大に〉(Vastly) という語を、その語の相棒として選ぼう(5)。

　バベルの図書館のバカバカしいまでの大きさの感じをつかむ別の方法もある。指摘したばかりだが、その蔵書のうち、英単語で構成されているのは、〈消えそうなくらいに微かな〉大きさの部分集合だけである。その部分集合は、それ自体で見れば〈超厖大な〉大きさで、さらにこの集合の中の〈消えそうなくら

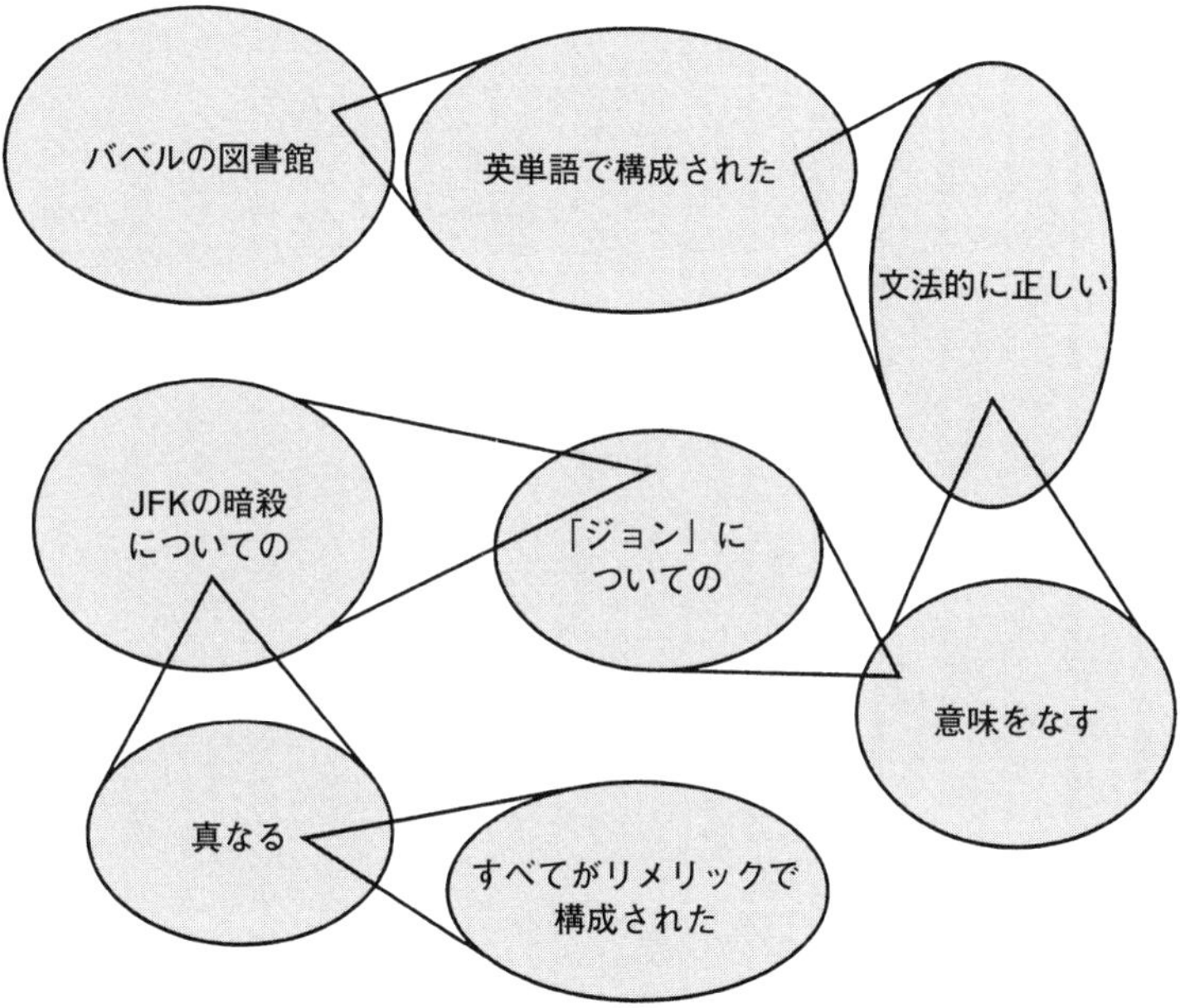

いに微かな〉大きさの部分集合が、文法的に正しい文に英単語が配置されている本で構成されていることになる（〔この部分集合中の〕これら以外の〈超厖大な〉残り大多数は、たとえば、〔日本語に直せば〕次のような感じの文字列で埋め尽くされた本から成る。「善以来パリ助け容易なからのどっちのにもかかわらず民主主義ストリップショー虎」）。文法的に正しい文から構成された本からなる部分集合に属する、一つの〈超厖大〉だが〈消えそうなくらいに微かな〉大きさの部分集合として、文の連なりが一冊を通して意味をなすような本だけからなる部分集合がある（これ以外のメンバーは、ちょうど、文法的に正しい英語の本から無作為《ランダム》に取り出された文を寄せ集めたような本である）。意味の分かるこうした本からなる〈超厖大〉だが〈消えそうなくらいに微かな〉大きさの部分集合は、たとえばジョン何某についてのものであり、その

中の〈超厖大〉だが〈消えそうなくらいに微かな〉大きさの部分集合は、ジョン・F・ケネディの暗殺についてのもので、さらに、これらのうち、〈超厖大な〉（しかし〈消えそうなくらいに微かな〉）大きさの部分集合が真実を述べた本である。また、これらジョン・F・ケネディの暗殺についての真なる本の、一つの〈超厖大〉だが〈消えそうなくらいに微かな〉大きさの部分集合は、そのすべてがリメリック〔滑稽五行詩〕で構成されている。そうなのだ。アメリカ国会図書館に実在する、ＪＦＫ暗殺の真相を語っている何冊かの本以外にも、その真相を、しかもリメリック形式で語っている可能な本が何冊も存在するのである！　まず疑いなくそれらは一冊たりとも出版されていないし、それはそれで結構なことである。

『白鯨』はバベルの図書館に収蔵されているが、正本の『白鯨』と一文字だけの誤植で異なる、まがい物の突然変異体が一〇〇〇〇〇〇〇冊は収蔵されている。それはまだ〈超厖大な〉数字ではないが、二つないし十、ないし千の誤植で違っているそれの変異体を加えれば、その総計は一気に上がる。千の誤植のある本——平均して各ページに二つ——でさえ、問題なく『白鯨』として認知されるであろうし、またそうした本は〈超厖大に〉たくさんある。その内のただ一冊でも見つけられれば、どれであっても問題ないのだ！　そのほとんどすべては同等に素晴らしい書物であり、いずれも同じ筋書きを語っており、互いの間には、完全に無視しうる——というよりほとんど識別不能な——違いしかないのだ。しかしながら、もちろん、万事がこのように行くわけではない。時には、たった一つの誤植がある重大な箇所に発生してしまったことで、命取りになることもあり得る。〔『白鯨』の冒頭は「わたしを『イシュメール』と呼んでもらおう」（"Call me Ishmael"）であるが、[3]〕もう一人の、哲学的に味わい深いフィクション作家であるピーター・デ・ヴァリースがかつて刊行した小説は、次のように始まるのだ。[6]

「電話ちょうだいね、イシュメール」(“Call me, Ishmael”)

（4）バベルの図書館は有限だが、非常に不思議なことにすべての文法的に正しい英語の文章を書架に収めている。まったく、文の集合は無限集合であるのに、図書館は有限なのだ！　しかも、どんな長さのどんな英語の文も、五百頁の分量に分解することができ、そのそれぞれは図書館のどこかに置いてあるのだ。こんなことがいかにして可能なのだろうか？　二度以上用いられる本もある、と考えればよい。最も贅沢な本の用い方を見るのが、最も理解しやすい。つまり、ただ一つの文字しか含んでいない本か、全くの空白である本があるのだから、こうした本を「存在する記号の数である」百冊、それぞれ一種類ずつ繰り返し使用すれば、どんな長さのどんな文章も生み出すことができるだろう。クワイン (Quine, 1987) が、彼の有益で面白い論考「万能図書館」で指摘しているように、「もしあなたがこうした、必要な本の数を減らす戦略をとり、さらにすべての文字をワープロ・ソフトに使われるASCIIコードに変換するとすれば、バベルの図書館全体を、一方の巻には0が一つだけ、もう一方の巻には1が一つだけ印刷されている、非常に薄い小さな二巻の本に収納できるのだ」。（クワインはまた、心理学者テオドール・フェヒナーが、ボルヘスよりもずっと以前に、ユニバーサル・ライブラリーという空想を提供していたことも指摘する。[4]）

（5）クワイン (Quine, 1987) は同じ目的のために超天文学的（ハイパーアストロノミック）という造語を提案している。

（6）『笑いの浮き世』(*The Vale of Laughter*, De Vries, 1953)。文章は次のように続く「全く自由にしていいのよ。いつでも電話ちょうだいね。昼でも夜でも、いつでも……」。デ・ヴリーズがさらに、一文字だけを変えてできる効果（面白いかどうかは別にして）の大きさを競うゲームを発明したと考えてみよう。最良のものとして、こんなのがあるかもしれない、「これが誰の森か、[5]思えば、私も知っていた。／でも彼の家は「オクラホマの大都市である」ザ・ヴィレッジ (the Village) にある……」。別の人はこんな答えでゲームにチャレンジする。ホッブズの突然変異体がこう言うのだ、「自然状態においては、人の妻 (wife) は孤独で、貧しく、薄汚く、野卑で、そして背が低い」[6]。あるいは、また、「私は売春宿 (brothel) の管理人でしょうか？」という疑問文を考えてみよう。[7]

ああ、たった一つのコンマに何ということができるのか！　あるいは、多くの突然変異体の中には、次のように始まる一群の本があることを考えてみよう――「私とヤってよ、イシュメール」（"Ball me Ishmael"）。

　ボルヘスの物語では、本は何ら秩序立てて本棚に置かれていなかったが、本がきっちりアルファベット順に並んでいることが分かったとしても、自分が探している当の本（例えば『白鯨』の「完璧な」バージョン）を見つけるという解決不可能な問題が、私たちには残ることになる。宇宙船で、バベルの図書館の『白鯨』星雲を旅していると想像してみよう。この星雲はそれ自体が、実際の物理的宇宙全体よりも〈超厖大〉に大きいので、どの方向に進もうと、何世紀も休みなく進もうと、たとえ光速で旅をしようと、見えるものはすべて、実質的に『白鯨』のオリジナルと区別できない諸々のコピーである。それと似ていない何かに行きあたることは決してないのだ。例えば『デイヴィッド・カッパーフィールド』は、この『白鯨』の空間から、想像できないくらい遠いところにある。たとえ私たちが、両者をつなぐ一本の道、すなわち、ある一冊の偉大な本から一文字ずつの変化を積み重ねるという仕方で進んでいく道が――しかも、途方もなく多くの他の本をすべて無視して進む最短の道として――存在することを知っていたとしても、その遠さに変わりはない（たとえ目標の二冊の本を両方手にして、この最短の道を進んでいる最中だとしても、局地的な探索によっては、『デイヴィッド・カッパーフィールド』の方に向かうのがどっちの方向であるのか理解することはほとんど不可能だろう）。

　言いかえると、この論理的空間は、まさに〈超厖大な〉大きさであるので、位置の特定、捜索、発見などといった平凡で実用的な活動について私たちが日常的にもっている考え方の多くを、単純に適用することができないのだ。ボルヘスは、本を無作為《ランダム》な配列で棚に置いた。このような配列の選択は、この問題に対するボルヘスの鋭敏な感覚のなせる技であり、実際ボルヘスは、そこからいくつかの魅力的な考察を引き出したのである。だがここで、もしもボルヘスが、書庫の本を、アルファベット順で整理しようとしていたとしたら、その場合どんな問題を生み出すことになったかについて検討してみよう。（私たちのバージョンでは）使用する文字は、百種類のアルファベット文字のみであるので、その百種の文字をある一定の仕方で並べたものを、アルファベット順に準じる順序関係を示すものとして取り扱うことができる。例えば、a, A, b, B, c, C . . . z, Z, ?, ;, ,, ., !,), (, %, . . . à, â, è, ê, é, . . . といった配列を、アルファベット順に準じる、既定の順序として定めることができよう。こうして、私たちは、まず、一番目の文字が同じであるすべての本を、同じ階に置くことができる。ところで、私たちの図書館は、シカゴのシアーズ（ウィリス）タワーよりも低く、たったの百階建てである。次に、この各階のフロアを、百の回廊に仕切ることができる。各々の回廊には、二番目の文字が同じであるすべての本を収める。そして、その文字のアルファベット順に、各回廊を埋めていく。それから各回廊を百の棚に仕切る。棚はアルファベット順に並び、同じ棚には三番目の文字が同じ本を割り当てる。例えば“aardvarks love Mozart”〔ツチブタはモーツァルトを愛する〕で始まる多くの本——とてつもなく多くの本がある！——は、すべて、第一階、第一回廊内の同じ棚（〔一八番目の〕「r」の棚）に収められる。しかしながら、その棚はとびきり長い棚なので、私たちは棚と直角の引き出しを複数〔百個〕とり付け、四番目の文字のアルファベット順に、引き出しの中に詰めていくのがいい。この際各々の棚はたったの……そう、百フィートもあればよい。ただし、その引き出しはというと、恐ろしく深い。引き出しの背が、隣の回廊に突き当たるぐらいに。それから……だが、この辺で本を並べるための次元が尽きてしまった。私たちがすべての本をちゃんと収めるために必要なのは、百万個の次元をもつ空間なのであるが、私たちが手にしている次元は三つでおしまいである——上下、左右、前後の三つだ。ここですべきことはただ、私たちが、各々の一つの次元が、自分以外の他の次元すべてと直交しているような多次元空間を頭の中に想像できるかのように想定する、ということだけである。私たちは、このようないわゆる超空間を、たとえ視覚化できないとしても、概念的に捉えることならばできる。科学者たちは、自己の理論の表現を組み立てるため、必要に応じていつでもそういう超空間を利用する。超空間の幾何学は（それが単なる想像上の存在と見なされるかどうかを問わず）適切に働くし、また数学者たちはそれの研究を十分に行っている。私たちは、この論理的空間における、位置、経路、軌道、体積（超体積）、距離、方向について、自信を持って語ることができるのである。

こうして、ボルヘスの主題の一つの変奏、私がメンデルの図書館と呼ぼうとしているものを考察する準備が整った。これは、「すべての可能なゲノム（すなわちDNA配列）」を含んでいる図書館である。リチャード・ドーキンス（Dawkins, 1986）は、『ブラインド・ウォッチメイカー』において、彼がバイオモルフ・ランドと呼んでいる、これと同様の空間を描き出している。私の議論は、ドーキンスの議論に触発されたものであるし、私たちの二つの説明は完全に両立するものなのであるが、私としては、ドーキンスが触れずに済ますことを選んだいくつかの点を強調したい。

私たちが、メンデルの図書館はゲノムについての記述で構成されていると考えるのであれば、メンデルの図書館はすでにバベルの図書館の特定の一部分であるということになる。DNAを記述する標準的なコードは、A、C、G、Tというたった四つの文字からなっている（DNAを構成する四種のヌクレオチドで、アデニン、シトシン、グアニン、チミンの略）。したがって、これら四文字だけからなる五百頁の順列組合せのすべては、すでにバベルの図書館に収蔵されていることになる。しかしながら、典型的なゲノムは、この図書館の通常の一冊分の分量よりもはるかに長い。ヒトゲノムは、近似値でおよそ三十億個のヌクレオチドからなり、ある一人の人のヒトゲノム――例えば、本書を読んでいるあなたのゲノム――

を記述し尽くすためには、バベル図書館の五百頁の冊子でおよそ三千冊分を要する。

『白鯨』星雲の本とヒトゲノムとをこのように対比すれば、複数のヒトゲノムの間での差異と類似に関する私たちに必要な説明が与えられる。もし、それぞれのヒトゲノムが、一箇所どころか何百、何千という箇所（遺伝学の言葉で遺伝子の座（*loci*））で他のヒトゲノムと異なるのだとしたら、それこそヒトゲノムである、と呼びうるただ一種類の配列を突き止める（つまりその配列の写しを書き留める）という作業について語ることなど、いったいどうやったらできるのか？　ことわざに言う雪の結晶〔みんな違ってみんな美しい〕や指紋と同じように、二組の実際のヒトゲノムは、一卵性双生児であっても、すべて同じというわけではないのである（一個人の細胞内でも、誤植が忍び込む機会は常時存在している）。ところが、ヒトゲノムは、他のどんな生物種のＤＮＡとも、たとえ遺伝子の座の九〇％以上が同一であるチンパンジーのＤＮＡとであっても、難なく区別することができる。というのも、いままで存在した実際のヒトゲノムはどれも、可能なヒトゲノム星雲という、たとえその中にまったく同じ二つのヒトゲノムが存在する余地がないほど広いとしても、しかし他の種のゲノム星雲とは〈超厖大に〉遠く離れている、一つの星雲の中に含まれているからである。あなたは、あなたの遺伝子の中に、一つは母親から、もう一つは父親から受け継いだ二つのバージョンをもっている。両親は、自分自身の遺伝子の半分を正確にあなたに伝える。その遺伝子も、彼らの祖父母から両親が受け継いだ遺伝子の中から無作為《ランダム》に選ばれたものである。とはいえ、あなたの祖父母もホモ・サピエンスの一員であるのだから、彼らのゲノムも、ほとんどすべての遺伝子の座は一致する。したがって、祖父か祖母のどちらがあなたの遺伝子のどちらの部分を供給したのかなど、ほとんどの場合何の問題にもならない。しかし、それらのゲノムは、それにもかかわらず、何千もの遺伝子の座で異なっている。その違いにおいては、皆さん一人一人が受け継いだのはどっちの遺伝子なのかということは、偶然の問題である。つまり、あなたのDNAに対するあなたの両親の貢献を生み出す機構に組み込まれているコイン投げである。さらに、突然変異は、哺乳類の一世代あたりでは、ゲノムごとに約百箇所の割合で積み上がる。「つまり、酵素による無作為《ランダム》な転写ミスの結果や宇宙線が引き起こす卵巣や睾丸内の突然変異の結果、あなたの子供は、遺伝子的に、あなたやあなたの配偶者とは、百箇所の異なる部位をもっている」(Ridley, 1993, p.45)[8]。

馬でも、キャベツでも、タコでも、そのゲノムの記述は、A、C、G、Tという同じ文字で構成されている。調査されているほとんどの動物のゲノムは、ヒトゲノムよりも小さいが、いくつかの植物は私たちのものよりも十倍以上大きいゲノムをもっており、いくつかの単細胞アメーバの中には、私たちのものよりも大きいゲノムをもっているものさえもいるのだ！ そのアメーバの一種アメーバ・ドゥビア(Amoeba dubia)は、現時点での記録保持者で、人類のものよりも二百倍以上大きい六千七百億の塩基対をもっている。だが便宜上、メンデルの図書館は、完全に例の四文字だけからなる三千冊一組のボックスセットで記述されるDNA文字列だけで構成されていると、仮定してみよう。そうすることで、いかなる込み入った理論的な目的にも役立つのに十分な量の「可能な」ゲノムを把握できるようになる。

私はメンデルの図書館を「可能なすべてのゲノム」を収納しているかのように記述してきたが、これはやや誇張が過ぎた。バベルの図書館がロシア文字や漢字を無視していたのとちょうど同じように、メンデルの図書館も、例えば異なる化学的な組成物に基づく、異なった遺伝子アルファベットという(一見、明白な)可能性を無視している。何が可能かという問いに対して、この〔私たちの〕メンデルの図書館に関連づけて引き出された結論がどんなものであったにしても、もっと広い範囲に及ぶ可能性概念に当てはめようとする場合には、その結論はおそらく再考されねばならない。だがこのことは、私たちの戦術上の弱みであるというよりもむしろ強みである。なぜなら、私たちはまさしく、私たちが語っている可能性がどのような点で控え目で限定された可能性であるのかを、はっきり確定させておくことができるからである。

DNAのもっとも重要な特徴の一つは、アデニン、シトシン、グアニン、チミンの配列のすべての順列組合せが、ほぼ等しい化学的安定性を有していることである。原理的には、実験室で行われる遺伝子組み換えによって、すべての順列組合せを構成することができるはずだし、いったん構成されれば、図書館に収納された本と同様、無期限に保管されるだろう。とはいえ、メンデルの図書館のDNA配列すべてが、生存能力を備えた生物に対応する配列なのではない。ほとんどのDNA配列――〈超厖大な〉数の大多数――は、ちんぷんかんぷんで、とても生物と言えるようなもののレシピではない。私たちが出会い今日存在するすべてのゲノムは、数十億年かけた調整と見直し、すなわち現実的な効力を発揮する没精神的な編集過程の産物である。なぜなら、ちんぷんかんぷんなたわごとのほとんど（〈消えそうなくらいに微かなほどに〉か細い、一筋の有意味で有用なテキスト以外のすべて）は、自動的に捨て去られるからであり、また他方で、その残りは絶え間なく途方もない回数にわたり繰り返し利用されコピーされるからである。ヒト細胞それぞれ一つにゲノムコピー一組だから、あなたは、現時点で、自分の体の中に自分のゲノムの一兆以上のコピーをもっており、また毎日、新しい皮膚細胞や骨細胞や血液細胞が作られているのだから、あなたのゲノムの新しいコピーは毎日そこにインストールされている。コピーされ得るテキスト――それがまさに現在進行形で生きている細胞の中にあるということだが――は、実際にコピーされる。それ以外の残りは消滅する。出版せよ、さもなければ消えよ[9]、である。

36 単語としての遺伝子あるいはサブルーチンとしての遺伝子

前章で見てきたように、単語と遺伝子とのアナロジーは、便利である。しかし、これよりもいいアナロジーがあり、私たちは、「コンピュータを論じる幕間」〔第Ⅳ部〕のおかげで、今やそれを理解する準備を整えている。リチャード・ドーキンスは、代表作『祖先の物語――ドーキンスの生命史』[10](Dawkins, 2004) の中で、もう一人の素晴らしい進化論に関する著述家マット・リドレーの功績として、その著作『育ちを経る生まれ』〔邦題『やわらかな遺伝子』[11]〕(Ridley, 2004) でリドレーが行った遺伝子とソフトウェア・サブルーチンとの間の深い類似性の指摘を挙げている。私は通常、以下のように長い引用を自分の本の中に挿入することはないのだが、しかし、これを言いかえようとすると、ほんの少しのオリジナリティのためにこの一文の明晰さや鮮やかさを確実に犠牲にしてしまうと気づいた。したがって、私はドーキンスの許可をもらって、彼の本に書かれたままの形でそれをお伝えする。[12]

私たちが配列を解明したゲノムのほとんどは、ヒトやマウスを組み立てるための命令指示書でも、マスター・コンピュータ・プログラムでもない。そうだとしてしも、それはほんのごく一部分である。もしゲノムが命令指示書そのものであったとしたら、実際私たちは、私たちのゲノム・プログラムの方がマウスのよりも大きいと期待してもよいことになろう。しかし、ゲノムのほとんどは命令指示書を書くのに有用な単語辞書、あるいは、以下ですぐ見るように、マスタープログラムに呼び出される一群のサブルーチンにより近い。リドレーの言うように、『デイヴィッド・カッパーフィールド』で使用される単語のリストは『ライ麦畑でつかまえて』の単語リストとほとんど同一である。どちらの作品も、教養ある英語のネイティヴ・スピーカーの語彙に基づいて書かれている。二つの作品の違いは、その単語が一列に連ねられているその順序にあるのだ。

ヒトやマウスが作り上げられるとき、その両方の胚発生は同一の遺伝子辞書を参照している。それは哺乳類の胚発生における標準的な語彙である。ヒトとマウスの違いは、それらの遺伝子を用いる際の順序の違いに由来する。つまりそれらの遺伝子は哺乳類に共通の語彙から引き出されるのではあるが、それが利用される体内の場所やタイミングの点で異なっているのである。このことはすべていくつかの特定の遺伝子に制御されて生じる。これら特定の遺伝子の役目は、他の遺伝子の発現のスイッチを入れること、しかも、複雑で凝ったタイミングで、カスケード式にそのスイッチを入れることである。しかし、そのような制御遺伝子は、ゲノム中のほんの少数にすぎない。

「順序」とは、遺伝子が染色体に沿って並んでいるその順序である、と勘違いしないでもらいたい。注目すべき例外もあるにはあるが、……〔一般的には〕染色体に並んだ遺伝子の順序は、何らかの単語集にリスト化されている単語の順序と同じくらい恣意的――通常はアルファベット順だが、時には、特に海外旅行のワンフレーズ会話集などのように、空港で役に立つ単語、病院に行った時に役立つ単語、買い物時に役立つ単語などなどといった風に、便宜に合わせた順序のものもある――である。遺伝子が染色体に蓄えられているときの順序は重要ではないのであり、むしろ重要なのは、細胞の機構が、必要なときに、適切な遺伝子を見つけ出せる、ということである。そして細胞がそれを行うために利用している方法については、近年ますます理解が進んできている……。

ある一点で、単語とのアナロジーは誤解を招きやすい。単語は遺伝子よりも短いからである。また著述家の中には遺伝子を文になぞらえる人もいるが、文というのも、別の理由で、いいアナロジーではない。諸々の固定した文のレパートリーをただ順序を変えて組み合わせることでは、様々な本を書くことはできない。むしろ、ほとんどの文は唯一無二のものである。この点で遺伝子は単語には似ていても、文には似ていない。つまり遺伝子は異なった文脈で同じものが何度も何度も使い回される、という使われ方をする。遺伝子に対するより適切なアナロジーは、コンピュータにおけるツールボックス・サブルーチンである。……

マックには、ROM（リードオンリーメモリー＝読み出し専用メモリ）か、パソコン起動時から常時読み込まれているシステムファイル内に、ルーチンを収納したツールボックスがある。こうしたツールボックス・ルーチンは何千と備えられ、それぞれ特定の動作を行っている。各々の特定の作業は、様々なプログラム上で、ほんの少しずつ違った仕方で、何度も繰り返し必要となる見込みが大きい。例えば、オブスキュアカーソルと呼ばれるツールボックス・ルーチンは、次の機会にカーソルが動かされるまで、スクリーン上のカーソルを見えなくする。皆さんからは見えなくとも、オブスキュアカーソルの「遺伝子」は、皆さんがキーを打ち始めるたびごとに、読み込まれ、マウスカーソルを出現させる。ツールボックス・ルーチンは、マック上のすべてのプログラムによって共有されたお馴染みの外観の背後に隠れている（ウインドウズマシーン上にもそれを模倣した、同じ働きをもつ外観が用いられている）。つまりプルダウンメニュー、スクロールバー、マウスを使ってスクリーン上でドラッグすることもできる縮小可能なウインドウ、等々〔ができるようになっている外観ないし意匠〕である (Dawkins, 2004, pp.155-156)[13]。

以上の叙述は全体として、哺乳類のゲノムの識別が専門家にとってなぜこうも容易なのかの理由を理解するのに役に立つ。哺乳類のゲノムには、哺乳類ツールボックスがあるだけでなく、哺乳類作成に特化したツールに加えて、爬虫類ツールボックスや魚類ツールボックス、果ては蠕虫類ツールボックスまである。そして道具箱の中の一番古いツールは、バクテリアを含むすべての生物によって共有されているのである。

37　生命の樹

今日存在している様々なゲノムは、系統の連続性によって、その親や祖父母、さらに祖祖父母などなどのゲノムと結びついており、さらにさかのぼると、地球上の最初の生命にまでつながっている。この部のカラー口絵に掲げた、生命の樹〔系統樹〕と呼ばれる図は、すべての人間が他のすべての人間と、相対的にどの程度近縁であるかを示してくれる。すべての人間は、すべての人間と、数十万年以内に存在した共通祖先を共有しており、すべてのイヌやクジラと、二億年以内に存在した共通祖先を共有し、すべてのヒナギクやセコイアと、二十億年以内に存在した共通祖先を共有しているのである。

生命の樹を描くやり方はたくさんある。この図では、現代は各枝の外側の突端に沿って描き表わされている。まだ生存している種族だけが、この外縁の部分にまで達しているのである。恐竜は、（その子孫である鳥を例外にして）六千万年以上前に絶滅してしまったことが示されている。すべての系統は、つきつめれば生命の起源においてお互いに結びつく——詳細は後ほど述べよう。もしこの図を一兆倍に拡大したら、かつて生息していたすべてのハエ、魚類、カエルの科のレベルでの系統樹を見ることができるだろうから、どれが子孫を残さず死滅し（もちろん、彼らのうちほとんどがそうだ）、どれが子孫をもったのかがわかるだろう。

38 クレーンとスカイフック、デザイン空間における持ち上げ《リフティング》の方法

生命とは驚くべきものである。ほぼ確実にまったく生命を欠いている数十億の恒星系に思いをはせるとき、とにもかくにも生きているものが存在しているという事実は、驚くべきものである。そして、バクテリアから魚、鳥、ヒナギク、クジラ、ヘビ、カエデ、人間といった生き物の多様性を考察することも、驚きをもたらす。恐らく何よりも驚くべきは、生き物のねばり強さである。すなわち、生命にしがみつき、繁殖を行い、恐るべき障害物に抗して生命をどうにか維持するための無数に多くのやり方である。また、そのような様々に異なった活動は、何百万もの巧妙な装置やその配置のお陰で可能になっており、それは、すべての細胞内の複雑に絡み合った蛋白質機構に始まり、コウモリの反響定位《エコーロケーション》、ゾウの鼻、そして、私たち人間の「この世の《アンダー・ザ・サン》」すべての主題とさらに他の多くの手段を考察できる脳の能力にまで至る。目的と手段とを結びつけるそのような壮大な調整のすべては、純然たる偶然や偶発事ではありえないのだから、何らかの説明を必要としている。すでに知られている可能な説明の仕方は、二つしかない。すなわち、知的《インテリジェント》デザインか、自然選択による進化か、である。いずれの場合でも、途方もない数のデザインワークがなされねばならないが、前者は〈知的《インテリジェント》デザイナー〉によって奇跡的になされ、後者は自然選択によって、鈍重な歩みで、先見性を欠く愚かなやり方で——奇跡的ではないやり方で——なされる。デザイ

ンワークを〈研究開発〉と呼び（「研究開発」の英語での呼称は「R&D」で、これは産業界で「研究開発」を呼ぶための標準的な略称である）[14]、それには常にコストがかかるということを心に留めておこう。〈研究開発〉は、時間とエネルギーを要するものなのである。ダーウィンの偉大な考え方《アイデア》の美しさは、デザインの改善が、それが機能できる何十億年もの時間と、途方もない規模の「浪費される」運動（誤りに終わる途方もない数の試行）があれば、奇跡を要せずに蓄積し、自動的に、意図も予見も理解も要せずに進んでいくというあり方に、ダーウィンが気づいていたという点にある。ダーウィンに対する最も熱心な批判者の一人であるロバート・バーヴァリー・マッケンジーは、次のように雄弁に述べている。

> 私たちが相手にしている理論においては、〈絶対的な無知なるもの〉[15]が創造主となっている。それゆえ、私たちは、その理論体系全体の根本原理であるものを、次のようにまとめることができよう――〈完全かつ美しい機械を作るためには、それをどのようにして作るかを知っている必要はまったくない〉[16]、と。注意深く検討すれば、この命題があの理論の本質的内容を凝縮した形態で表現していることが分かるはずだし、このごくわずかの言葉の中に、ダーウィン氏の意味したものがすべて含まれていることも分かるはずである。ダーウィン氏は、奇妙な推論の逆転によって（by a strange inversion of reasoning）[17]、〈絶対的な無知なるもの〉が、創造的な技をすべて成し遂げた〈絶対的な英知〉の座に着くべき完全な資格がある、と考えているように見える。

まさにその通りである。そして、ダーウィンがこの驚くべき考え方を提起して以来、こんな鈍重なやり方であの創造的な業のすべてをなす十分な時間が果たしてあったのだろうかという疑問を、懐疑家たちは

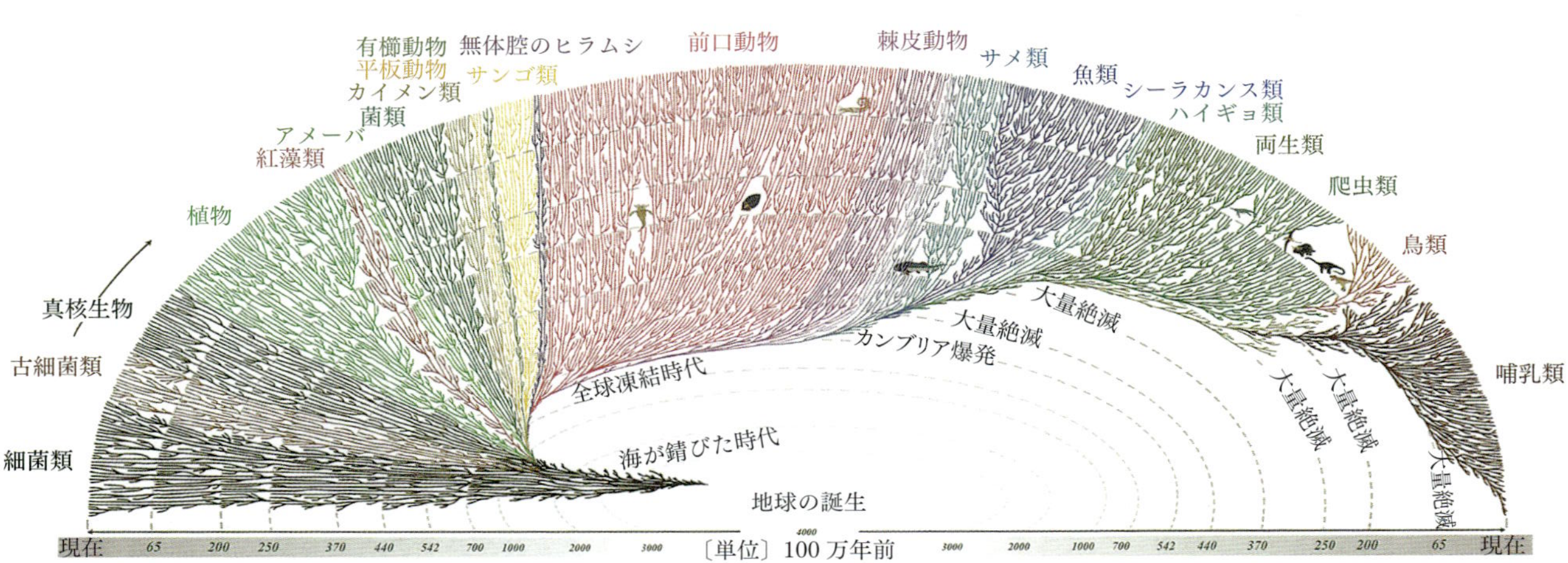

この図では、現存する生物については主要な枝のすべてと、一部のマイナーな枝を示してあるが、絶滅した生物については
ごく少数のみ示してある。例：恐竜類――絶滅 

蟻塚〔シロアリの城〕とサグラダ・ファミリア（この図についての議論は 359-60 頁を見よ）

かかげてきた。そこでなされる必要のあるデザインワークを想像するための便利なやり方は、そのデザインワークを、〈デザイン空間〉の中で何かを持ち上げること（*lifting*）として考えてみることである。〈デザイン空間〉とは何か？　バベルの図書館やメンデルの図書館と同じく、それを多次元的な空間と構想するのが最もよかろう。実のところ、〈デザイン空間〉の中には、この二つの図書館がいずれも含まれているし、それ以上のものも含まれている。というのも、その中には、すべての（デザインをもつ、あるいは何らかの著者によって書かれた）本と、すべての（デザインをもつ、あるいは進化によって生み出された）生物だけではなく、デザイン的構え（第18章参照）によってうまく記述することができるそれ以外のすべてのもの、たとえば、家、ネズミ取り、戦斧、コンピュータ、宇宙船、といったものも含まれているからである。そして、バベルの図書館に収められた本のほとんどがちんぷんかんぷんであるのと同様、〈デザイン空間〉のほとんどの場所を占めているのは、がらくたである、つまり、決して何の役にも立たないようなものばかりである。もしあなたが私と同じような存在なら、あなたは一度に三次元しか想像できないが、しかし、想像の中で今述べたような考えを使って色々と遊んでみれば遊んでみるほど、このお馴染みの三つの次元を、もっと多くの次元の中にあるものとして考えることがより容易に出来るようになる（これは練習によって上達が望める思考道具である）。

想像の中で、生命の樹をメンデルの図書館の中に置いてみるとき、私たちは、この地球の上にこれまで存在してきたすべての生物が、お互いに系統のつながりによって結びついているというそのあり方を、捉えることができる。これらの系譜は、自然選択によって「発見された」基礎的なデザイン上の改善を受け渡していくものである。この受け渡しの過程によって、最も初期になされた〈研究開発〉が、後の世代が利用しうるものとして保存されるのである。（バクテリアから脳細胞まで、すべての細胞内にある「機構」は、卓越した仕方でデザインされた何千ものナノレベルの装置を含んでいる。それらは三十億年にわたり稼働を続けてきたものであって、木にも、鳥にも、イースト菌の細胞にも共有されている生命のエンジンルームである。）多細胞生物のレベルには、心臓、肺、目、腕、足、羽根といったものが見いだされるが、これらは「ほんの」二十億年前に最初に開発され、デザインにおける再利用と改善を行ってきた。しかしまた、生物の体の部分以外にも、生物が作り出す製作物《アーティファクト》がある。たとえば、クモの網、鳥の巣、ビーバーのダムなどである。これらの製作物もまた見紛いようのない仕方で〈研究開発〉がなされてきた証拠を示しており、そして、その〈研究開発〉は何らかの仕方で――遺伝子を介してか、あるいは子が親を模写《コピー》するというやり方で――あの同じ系譜上で伝達されてきたのである。時には、改善となる新しいものが――突然変異や、実験や、単なる偶然によって――生み出されることがあり、それはひとたび生み出されればひたすらにコピーされ、コピーされ、コピーされる。失敗した実験は消え去る。繰り返せば、出版せよ、さもなければ消えよ、なのだ。

　それ以外にも、人間の製作物が存在する。たとえば、鋤《すき》、橋、大聖堂、絵画、演劇、詩、印刷機、飛行機、コンピュータ、芝刈り機、そして……様々な思考道具である。これらについては、どう考えるべきなのだろうか？　これらは、生命の樹の一つの枝――つまりヒトの系譜――にぶら下がってはいないだろうか？　これらのいずれも、少なくとも一人の作者ないし発明者に依存しているし、またこれらの大部分は、背後でなされた〈研究開発〉に加わった何千、何百万もの無数の人々に依存している。ベートーベンが交響曲というものを発明したわけではなく、ベートーベンが利用しうるものとしての交響曲は、〔ベートーベンが作曲を行うときには〕すでに存在していた。シェイクスピアがソネットを発明したわけでもない。チェーンソウは、何ダース、ないし何百もの、いつでも入手可能な部品から構成されている。それらの部品は、すでに発明され、すでに最適化を施されたものである。私たち人類の製作物〔人工物〕の中には、他の動物の製作物から模倣《コピー》されたかもしれないものもある。ハタオリドリの巣は、はた織りのヒントになったのではないだろうか？　イヌイットが住むイグルーの床の上に雪を積み上げて作られる、下にある入り口の外へ冷気を逃がすための棚は、ホッキョクグマのねぐらの、似たような仕方で高い位置に設けられた床の模倣《コピー》なのか？　それとも、それぞれ独立の発明なのか？（あるいは、ホッキョクグマがイヌイットを模倣《コピー》したのだろうか？）

心臓とポンプ、コウモリの反響定位とソナーやレーダー、ビーバーのダムと灌漑用のダム、目とカメラの間には、深い機能上の類似性があり、その類似性は偶然ではない。類似した探求のプロセス――すなわち、類似した〈研究開発〉――が、何世紀にもわたってそれらを形作り、磨き上げ、改善してきたのである。そのすべてを、一つの共通の空間の中に置き入れよう。その空間こそ〈デザイン空間〉であり、それはすべての可能なデザインの空間である。

この提案は、生物学者の間で多くの異論を招くものである。私はその理由を自分なりに理解していると思っていると共に、それを残念なことだと感じている。多くの生物学者は、生き物の「デザイン」について語ることに対して極度の抵抗感を示す。というのも、彼らは、そういう語り方は〈知的《インテリジェント》デザイン〉運動を手助けしそれに安心感を与えてしまうと考えているからである――つまり、あの、進化生物学に当然授けられるべき堂々たる権威を台無しにしようとしている、真意を隠した、擬似科学的、隠れ宗教的なキャンペーンに、である（このキャンペーンへの抵抗者の中には、私が最大限の評価をしている同胞にして友人である進化生物学者リチャード・ドーキンスとジェリー・コイネがいる）。私たちは、自然の中の目的とデザインについて語ることで、〈知的《インテリジェント》デザイン〉を支持する輩《やから》の言い分に対する譲歩を行っている（ように見える）。中には、この種の主題に対する厳格な禁止令を固持し、厳密に言えば、人間の製作者によってデザインされたもの以外、生物界の中にはデザインされたものなど存在しないと主張するのが望ましい、と考える人々もいる。このような人々の考えでは、複雑なシステム（器官や行動）を産み出す自然のやり方は、製作者のやり方とは大いに異なっているので、私たちはその両者を同じ言葉で記述すべきではないということになる。たとえば、リチャード・ドーキンスは（付随的な発言としてであるが――例えば、Dawkins, 1996, p.4)、生物のデザイノイド〔デザインもどき〕という特徴、という言葉を使っているし、『祖先の物語』では(Dawkins, 2004, p.475)、「ダーウィン主義の自然選択が呼び起こすデザインの錯覚は、息を呑むほど強力である」とも述べる[18]。私としては、このような禁欲的なポリシーには、同意しかねる。それは裏目に出てまずいことになる可能性があるからだ。最近、あるバーで若者が話しているのを漏れ聞いたときのことだ。彼らは、すべての細胞内に発見されるナノレベルの機構の驚異について話をしていたのだが、その中で「あんなにたくさんの、せっせと働く不思議な小さいロボットたちを見れば、進化なんてどうやったら信じられるっていうんだ、って思わないかい！」と一人が声を上げ、もう一人が考え深げに頷いたのである。この連中は、進化生物学者は生命を大して複雑ではなく、その構成要素も別段驚異的なものではないものだと考えているのだという印象を、どこからか受けとっていたのである。ここで話をしていた進化論への不信者は、レッドネックス〔南部の無学な労働者〕のような人々ではない。ハーバード大の医学部の学生である！　彼らが自然選択の力に対するとてつもない過小評価をしていたのは、進化生物学者が彼らに対して、自然の中に実際にはデザインなど存在しない、存在するのはデザインのような見かけのみであると、何度も何度も説いてきたからである。このエピソードが私に強く示唆したのは、進化生物学者は自然におけるすべての明白なデザインを「許容」ないし「容認」することに抵抗しているのだという誤った考え方が、「常識的な知識」の中に組み込まれ始めているということである。

これに関連して、ウィーンのカトリック教会の大司教であるクリストフ・シェーンボーンという〈知的《インテリジェント》デザイン〉連中にころっと騙されているお人好しを取り上げよう。シェーンボーンは、『ニューヨーク・タイムズ』紙の「自然の中にデザインを発見する」と題された、悪い意味で有名になった署名入り特集ページで、次のように述べている。

カトリック教会は、生命の歴史についての多岐にわたる詳細を科学に委ねるとしても、その一方で、人間の知性が、理性の光によって、生物の世界を含む自然の世界の内に、目的とデザインを、容易にまた明晰に見つけ出すことができると公言している。すべての生物が共通の祖先に由来するという意味での進化は、真理であってもよい。しかし、ネオダーウィン主義的な意味での進化——無作為《ランダム》な変異と自然選択による、導かれず、計画立てられてもいない過程としての進化——は、そうではない。いかなる思想体系も、もしそれが生物学に見いだされる、デザインに対する圧倒的な規模の証拠を否定したり言葉でごまかそうとするなら、それはイデオロギーであって、科学ではない。

私たち進化論者は、次のいずれのキャンペーンを進めたいと思うだろうか？　私たちは、進化論者たちが生物学のすべてのレベルにおける茫然とするほど明白なデザインを本当に見ていないと、一般の人々に確信させたいと思うだろうか？　それともむしろ私たちは、ダーウィンが示したのは、本物《リアル》のデザイン——およそありうる限り本物《リアル》のと言うべきデザイン——が、〈知的《インテリジェント》デザイン〉なしに存在しているという素晴らしい主張なのだと、示そうとするだろうか？　私たちは、地球は太陽の周りを回っているとか、時間は絶対的ではなく相対的であるということを、世間に受け入れてもらおうと努力してきた。それなのになぜ、デザイナーなきデザインが存在できるということを示すという教育的な取り組みにたじろぐのだろうか？　したがって、私は、ここに（今一度、新たな強調点と共に）次の主張を擁護する。

生物界には、デザイン、目的、理由がくまなく浸透している。私がデザイン的構えと呼ぶものは、人間による（いくぶん）知的《インテリジェント》なデザインによって作られた人工物のリバース・エンジニアリングを行う場合にとてもうまくいく前提と同じ前提を用いることによって、生物の世界のいたるところに見いだされる特徴を予測し説明する。自然選択による進化とは、諸事物があちらよりもこちらのやり方で案配されている理由を、「見いだし」あるいは「追いかける」一群の過程である。進化によって見いだされる理由と、人間のデザイナーによって見いだされる理由との間にある主要な差異は、人間が見いだす理由がたいてい（常にではなくとも）デザイナーの心の中で表象されるのに対し、自然選択によって露わになる理由は、たいてい、自然の産物のリバース・エンジニアリングに成功した人間の研究者によって始めて表象される、ということである。言いかえれば、人間のデザイナーたちは、自分の製作物がもつ特徴がそうであるべき理由について思考するのであり、したがって、その理由を表象する考えをもっているのである。人間のデザイナーたちは、たいてい、自分のデザインがそのようであるべき理由に気づき、その価値を認め、それを定式化し、洗練し、またその上で伝達し、議論し、批判することなどを行う。進化は、この内のどれも行うことがない。進化は、それが産み出す様々な変異から変異へと知的な関与なしに移行するだけであり、（自然選択の過程が夢想することも表象することもしない理由から）優れたものが複製《コピー》される。

単に見かけ上のデザインを指すためのデザイノイド《デザインもどき》という用語を適切に使用できる場合もありうる。ただし生物学においてではない。単なる見かけ上のデザインを考えるとき、私は、科学者が出てくる場面を

"WHAT EVER HAPPENED TO ELEGANT SOLUTIONS?

「いったいどの辺がエレガントな解答だって？」

漫画家が設定するときの流儀を考える。そのような場面設定では、ひげもじゃではげ頭の学者っぽい人物が（実は意味のない）記号で埋め尽くされた黒板の前に立っていたり、同じ人物が試験管やビーカーなどがそれらしい外見でずらりと並んだ化学研究室の中にいたり、マッドな発明家がつまみやアンテナやハイテクのからくりを備えたタイムマシンを操作していたりする。これらの事物は、実際には何の働きもなしえない。ただ機能するかのように見えるだけである。しかし、自然のデザインは、真に実効的なものである。実際、自然のデザインは、しばしば明らかに、これまで人間が発明したその対応物よりも、ずっと効果的で強力である。（上は、デザイノイド《デザインもどき》の典型的な事例として書き込まれた背景の一例である。）

健康な若い男性であれば、およそ一週間、生存に必要な食料と水を携帯し、随時休憩や睡眠をとりながら、恐らく一五〇マイル〔約二四〇キロメートル〕を徒歩で移動することができるだろう（水は決定的に重要な荷物である。五〇ポンド〔約二三キログラム〕の水、一六ポンド〔約七キログラム〕の食料、一〇ポンド〔約五キログラム〕の各種装備は、大変重い荷物である。水については道中で入手できるとした場合には、さらに数ヶ月間歩き続けることができるだろう）。この若い男性との比較として、コーネル大学のロボット学者アンディ・ルイナとその同僚たちの頭脳の産物《ブレインチャイルド》であるロボットのランガーを、検討しよう。このロボットは、現在のところ最も長い距離を歩いたロボットで、二〇一一年の五月に日本で開催されたロボットウルトラマラソンにおいて、ノンストップで六五・二キロメートル（四〇・五マイル）を踏破した。ランガーの設計者《デザイナー》は、その両足に備えさせた動力学的特性を活かして、驚異的にエネルギー効率のよい歩行ロボットを創り出した（ランガーは、人間によるジョイスティックの操作に導かれながら、水平なトラック上を、最後まで何時間もの間、何周も回り続けた）。また別の歩行ロボットとして、巨大な四つ足のロボットであるビッグ・ドッグがある。これは、ランガーに比べるとおよそ一五倍もエネルギーを消費し、効率性の面では劣るとはいえ、歩きにくい地形に対応できる見事な能力を備えている。それでもやはり、五つか六つほどの要因によって、人間の方が、ランガーよりもはるかに効果的な移動装置なのであり、人間は、ランガーとはちがって、世界の中で出会うあらゆる種類の特徴に自律的に対応することができる（Ruina, 2011を見よ）。

　どちらかを選択しなければならない。私たちが、たとえば詩や自動車のデザイナーのような知的《インテリジェント》デザイナーの産物として「デザイン」を定義するか、デザイン——真正のデザイン——が知的《インテリジェント》デザイナーなしでも存在できると私たちが認めるか、である。伝統と語源は、前者の道を支持するように見える。だが、一つの例を考察しよう。英語で原子を意味する「アトム」は、もともとギリシャの語のア（「〜がない」）＋トモスという成り立ちの語で、トモスはテムネイン、つまり〈切る〉という語を語源としている。もともと、アトムは、「切り分けることができないもの」を意味していたのである。ところが、科学は、アトムを切り分けるということが結局語義矛盾にはならないということを発見した。私が主張しているのは、デザイナーなきデザイン（つまり、心、予見、意図を備えたデザイナーを欠くデザイン）は単に可能であるだけではなく、私たちの周囲に現に満ちあふれてもいるということを、科学はやはり発見していたということである。〈進化によるデザイン〉は、現実に存在するよく理解された過程である。この過程は、いくつかの興味深い点において、〈技師《エンジニア》によるデザイン〉とは異なっているが、この二つの間には、「発明の才」なるものの尊大さをくじくことができるような、深い類似もある。自然の中に存在する悪しきデザインの役立たずで不手際な側面に困惑した生物学者たちが、最終的には〈母なる自然〉による創造物の一例に見いだされる際立った卓越性を過小評価していたのだと気づく、ということが繰り返されてきた。フランシス・クリックは、このような生物学者たちの風潮に、同僚のレスリー・オーゲルの名にちなんでいたずらっぽい名前をつけた。それが、「進化は君よりも賢明である」という〈オーゲルの第二法則〉である（自然選択の過程を〈母なる自然〉として擬人化するという一見すると無謀なこのような戦略、これでもかという挑発的なこの擬人主義は、この後しかるべき場所で弁護していきたい。それは、単に面白みを出すための比喩ではなく、それ自身で一つの思考道具と呼ばれる資格をもつものである）。

〈デザイン空間〉に戻ろう。〈デザイン空間〉は、すべての可能なデザインを含む多次元空間であり、その中には現実に存在する生物や自動車や詩だけでなく、それ以外にも――バベルの図書館の本の場合と同様――決して進化しなかったデザインや、決して製作されなかったデザインもまた含まれている。たとえば、言葉を話すカンガルー、空飛ぶヘビ、原子力ポップコーンメーカー、水中ローラースケートなどである。基本的なデザインの要素となる私たちのアルファベットはどのようなものであるべきなのだろうか？私たちは〈デザイン空間〉を作ろうとしているのではなく、単に〈デザイン空間〉について考えることであるので、その分だけ贅沢してもよかろう。というわけで、そのアルファベットは、元素の周期律表から抜き出した原子のすべての可能な配置であるということにしよう。（この〈超厖大〉な空間は、すべての砂浜にあるすべての小石やエベレスト山のようにデザインされたのではないすべてのものの原子単位の複製を、含んでいるだろう。誰かがこのような存在のレプリカをデザインし製作しようと決心することを妨げるものは何もないのだから、やはりこの空間内に存在してしかるべきである）。ブラームスの第三交響曲は、〈デザイン空間〉内のどこにあるだろうか？（紙などの上のインクの斑点としての）楽譜が膨大な数の場所に存在しているだろうし、カセットテープやアナログレコードも別の場所に存在しているだろうから、それは、確かに、〈デザイン空間〉の中に存在するだろう。決して楽譜にもならず録音もされておらず、ただ口承で保存され伝達されてきた歌は、原子の一団に結びつけられているとは言いがたいだろうが、〈デザイン空間〉の時間をかけて適切な形で複雑化した下位区画は、それを十分に収容できるだろう。バベルの図書館が主にがらくたの読みようがない無意味な本で占められていたのとまったく同じように、〈デザイン空間〉は、主に、いかなる有用性も機能も有能性《コンピータンス》も備えていない無意味なもので占められているのだが、そこかしこで、〈消えそうなくらいに微かな〉現実的および可能的なデザインの糸から光が漏れ輝いている。それらのデザインは、熱力学の第二法則という逃れようのない命令の下でただ消え去るのを待つだけのものではなく、何事かをなすことができるものでもあるのである。

このように素描した〈デザイン空間〉というアイデアを頭の中で使うことで、ダーウィンの時代以来ずっと進化についての論争に付きまとっていた一連の問題をどのようにまとめるべきかについて、私たちは今や「一目で」見ることができる。問われるべきは、直接的であろうと間接的であろうと結局のところ単一の〈生命の樹〉から派生したのではないような、自然的または人為的なデザインが一つでも存在するだろうか？　ということである。

検討すべきいくつかの回答を挙げておこう。

一　存在しない。

二　存在する。自然の驚異の内のいくつかは、あまりに素晴らしく、あまりに「還元不可能に複雑」であるので、〈進化によるデザイン〉という鈍重で骨の折れる過程によっては到達できなかった。それらは、他のものとは別に、〈知的《インテリジェント》デザイナー〉によって創造されたに違いない。

三　存在する。シェイクスピアの演劇やゲーデルの定理のような人間の製作物のいくつかは、あまりに素晴らしいので、進化によって形成された人間の脳の「単なる」産物ではありえない。それらは、奇跡的な天才の業なのであり、「進化によるデザイン」という鈍重で骨の折れる過程によって説明することはできない――また到達することもできない。

回答（二）と（三）は、自然選択による明らかに効率の悪い鈍重な過程（マッケンジーの言う「絶対的な無知なるもの」）と、モーツァルト（やその他お好みの「神の如き」天才）の一見すると努力なしに素早く事を成し遂げる見事な素質との対比に、ひどく依存した回答であると特徴づけることができる（第49章でこの点を詳しく説明しよう）。〈研究開発〉を何かを持ち上げることになぞらえるというこれまでのアナロジーを用いれば、この二つの回答はいずれも、スカイフックの必要性を公然と求めるものだと言うことができる。

スカイフック、飛行船搭乗員〔の用いる言葉〕に由来。空中に何かを固定するための想像上の仕組み。
空中に何かを静止させておくための想像上の手段。(『オックスフォード英語辞典』)

『オックスフォード英語辞典』に記載されている最も早い用例は、一九一五年の次のような用例である――「(上空の高い)場所に、もう一時間留まっているように命じられた航空機のパイロットは、『この機体は、スカイフックとして使用するようには作られてはいません』と返答した」。スカイフックという概念は、古代ギリシャの作劇法におけるデウス・エクス・マキナ〔機械仕掛けの神〕の子孫であるかもしれない。デウス・エクス・マキナとは、二流の劇作家が、自分の主人公を逃れがたい窮地に導いてしまったと気づいたとき、ちょうどスーパーマンのように、クランク仕掛けで神を舞台に吊り降ろし、その状況を超自然的な仕方で救済したいという誘惑にしばしば惹き付けられた結果、使ったやり方である。あるいは、スカイフックは、民間伝承の収斂進化の中で、それとはまったく独立に創造されたものであるのかもしれない。スカイフックは、もし手に入れられれば素晴らしい品であり、扱いにくい対象を困った状況から持ち上げるのに適しており、ありとあらゆる建設計画をスピードアップさせてくれる。悲しむべきことではあるが、そんなものは不可能なのである。(7)

しかし、クレーンは存在する。クレーンは、想像上のスカイフックが行い得るだろう持ち上げ《リフティング》の作業を行うことができ、しかも、真っ正直に、問題回避的なことをせずにそれを行うのである。クレーンはたしかに費用がかかる。すでに入手できる日常的な部品を用いてデザインし組み立てられなければならないし、すでに存在している堅固な地盤の上に据えられねばならない。スカイフックは、奇跡による持ち上げ《リフティング》装置であり、何の支持物も必要としないが、私たちはそれを支持できない。クレーンは、スカイフックに劣らず素晴らしい持ち上げ《リフティング》装置であり、スカイフックと較べると、現実に存在しているというさらなる利点がある。私のように人生の長きにわたり建設現場の見物を愛好してきた人なら誰でも、大きなクレーンを組み立てるために時に小さなクレーンを使うということに、満足げに気づいていたことだろう。そしてきっと、似たような多くの見物愛好者の心の中には、この大きなクレーンを使えば、原理的には、さらに目を見張るほど巨大なクレーンを建設することができたことだろうし、その建設をスピードアップさせることができたことだろうという思いつきが浮かんだことがあったに違いない。カスケード式にクレーンにクレーンを繋いでいくことは、現実世界の建設計画において、一度以上あったにしてもきわめてまれな戦略

（7）但し、完全に不可能というわけでもない。静止衛星、すなわち、地球の回転運動と同期した周回軌道に乗っている衛星は、一種の、実在する、奇跡を要さないスカイフックである。静止衛星が非常に有益であるゆえんは――つまり、静止衛星への投資を財政的に健全な投資にしているものは――私たちがしばしば、天空高くの場所に、非常に多くのもの（アンテナやカメラや望遠鏡など）をくっつけておきたがる、ということにある。残念ながら、衛星は何かを持ち上げるための実用的な手段にはならない。なぜなら、衛星が位置している天空中の場所は、あまりに高すぎるからである。このアイデアは慎重な探求の的になってきた。現在明らかになっているのは、人為的に製造しうる最も強いロープでも、その上端部の直径が一〇〇メートルを超すものにならざるを得ず――それはテーパー構造〔先細りの構造〕の、下端に行くほど微細になる釣り糸のようなものにすることができる――これはかろうじて自重を支えられるかどうかの重さであって、積み荷を吊り上げるなどは問題外なのである。たとえそんなケーブルを紡ぎ出せたとしても、そんなものが軌道を離れて都市に落下する危険性を抱え込みたいと思う人はいまい！

であるが、しかし、何らかの偉大な目的を達成するためにクレーンを繋いで組織化される際のクレーンの数には、原理上限りがないのである。(8)

ここで、私たちがこの世界で出会う見事な生物たちやその他の製作物《アーティファクト》を創造するために、〈デザイン空間〉においてなされなければならなかった「持ち上げ《リフティング》」のすべてを想像してみよう。〈生命〉の曙の最も初期の最も単純な自己複製的存在以来、恐ろしい程の距離が走破され、（多様性の点で）外向きにも（卓越性の点で）上向きにも広がりを増していったに違いない。ダーウィンは、想像しうる最も粗雑で最も粗末で最も愚かな過程——自然選択が打ち込むくさびや自然選択が生み出す斜面——についての一つの説明を、私たちに提示した。わずかなステップ——可能な限り最小限のステップ——を重ねることによって、この過程は、漸進的に、膨大な地質年代を経て、あの恐ろしいほどの距離を走破することができる。あるいは、ダーウィンはそう主張しているのである。どの地点でも、——上からやってくる——奇跡的なものは必要とされないだろう。どのステップも、以前のよじ登りによってすでに形成された基礎を起点に、愚かで機械的な**アルゴリズム的**なよじ登りによって達成されてきたのである、

これは信じがたいことであるように見える。そんなことが果たして本当に生じたのだろうか？　それとも、その過程には、どこかで（ことによるとただ出発点においてだけでも）、何らかの種類のスカイフックからの「手助け」を必要としていたのだろうか？　懐疑家たちは、ダーウィンの思想は端的にうまく行くことはありえないという証拠を、少なくとも全面的にはうまく行くことはありえないという証拠を、一世紀以上もかけて見つけ出そうと努力してきた。彼らが望みを抱き捜し求めていたのは、ダーウィンのアルゴリズムが刻々とはじき出す寒々しい見方とみなされているものの例外としての、スカイフックだった。そして、懐疑家たちは、真に興味深い難題を何度となく見つけ出した。その難題とは、飛躍や断絶や他の

驚くべき事柄であり、最初はスカイフックを必要とするように見えるものである。しかし、多くの場合、その後に出現するのは、スカイフックを見つけ出したいと望んでいたまさにその懐疑家たちによって発見されたクレーンだったのだ。

そろそろ、より慎重な定義を与えるべき頃合いだろう。次のように理解しよう。スカイフックは、「はじめに心ありき (mind-first)」[19]であるような力《フォース》や力能《パワー》あるいは過程であり、すべてのデザインまたはデザインのように見えるものが究極的には心も動機をもたない機械的な働きの所産であるという原理に対する例外である、と。これとは対照的に、クレーンは、自然選択の基礎的でゆるやかな過程の局所的なスピードアップを可能にすると同時にそれ自体基礎的な過程の予測可能な（つまり事後的に説明可能な）産物であると証明できるような、デザイン過程の下位過程ないしその特殊な特徴である。いくつかのクレーンは、明白で異論の余地のないものである。他のクレーンは依然として、極めて生産的な仕方で、論争の的になっている。以下、あくまで、このクレーンという概念の及ぶ範囲と適用のされ方の感じをつかんでもらうという目的のため、三つの非常に異なった実例を挙げたい。

共生は、クレーンの一つである。私が気に入っている実例の一つは、真核細胞の共生による起源という

（8）スカイクレーンという発明品を目にすることができたのは喜ばしいことであった。これは、二〇一二年八月六日に火星に降り立ったロボット制御のローバー、キュリオシティをその下に吊り下げ、〔着陸を〕補助するために発明された機体である。このスカイクレーンに関してことさらに喜ばしいのは、「スカイフック」ではなく、「スカイクレーン」という名がついたことである。それは圧倒的な工学《エンジニアリング》の産物なのであって、いかなる奇跡の産物でもないので、その名は喜ばしい。

例である。生命の樹の図（この部の口絵）を見てもらうと、すべての動物および植物を含む多細胞生物の壮大な扇状の広がりが、真核生物の進化の後に生じていることが分かるだろう。およそ数十億年の間、この地球上に生存していた生物は、単細胞の、細菌類か古細菌類に属する、総称して原核生物と呼ばれる生物のみであった。やがて、ある幸運な日、ある原核生物が他の原核生物の内部に突っ込むということが生じた（この種のことが頻繁に生じていたことは疑いない。それは今日でも頻繁に生じている）。そして、一方が他方を飲み尽くし、解体する（つまり食べてしまう）のでも、一方が他方を排除するのでもなく、二つの原核生物が力を合わせ、一つの新たな名で呼ばれうる生物を形成し、動作可能な諸部分の数が（大まかに言って）二倍になり、それよってその諸部分の組み合わせの多様性がさらに大きなものになった。二つの〈研究開発〉の系譜は、何百万年もの間、それぞれ別個に刻々と動作を続け、各々に特有の才能を磨き上げてきた。それが一つに合わさり、その結果が——あくまで偶発的に生じた結果だが——突如もたらされた大成功となったのだ（「技術移転」は常によい結果を招くわけではないし、それどころか多くの場合よい結果を招くとすらも言えないのだが、この場合には驚異的な成功をもたらしたのである）。いずれの系譜も、他方が発明したすべての技巧やシステムを、鈍重な歩みで再発明する必要がなかった。そして、それらの才能の結合は、たまたま実質的な利得をもたらしたので（これにはシナジー〔相乗作用〕といういかめしい専門名が付されている）、この真核生物《ユーカリオウト》（「良い《ユー》」＋「細胞《カリオウト》」）は、各々単独の生物よりも一層適応した生物となり、やがて真核生物の系譜が繁栄することになったのである。真核生物の起源がこのような共生の出来事であったという主張は、かつては論争の的になるのが常であったが、現在では様々な方面からの証拠がそれを支えており、教科書にしっかりと記載されるまでになっている（細菌の鞭毛は、長い間〈知的《インテリジェント》デザイン〉信者の間で言われる「還元不能な複雑さ」の旗印となる事例であったが、今やこの事例もまた共生という補助クレーンに負うものであることが証明されたことを、私は喜びをもって報告したい。近年逝去した、真核生物の共生起源説の主唱者であるリン・マーギュリスは、この鞭毛の共生起源説を精力的に擁護していたが、近年では、〔真核生物の〕鞭毛の起源に関する共生起源説以外の説を支持する証拠が存在している。このような困ってしまうほど豊かな証拠を前にして、鞭毛はスカイフックを必要とするという主張は、今や格別に寄る辺のない状況に置かれているように思われる）。

〈生命の樹〉を一見すればすぐに分かるように、真核生物は、すべての多細胞生物のための舞台設定を行った。細菌と古細菌の右側に位置する様々な色に分けられた系統は、すべて真核生物である。大雑把に言えば、裸眼で見ることができる生物はすべて真核生物である。真核生物革命は、〈デザイン空間〉の中に巨大な領域を切り開いたが、それらの領域に属するデザインのすべてへの接近《アクセス》を可能にするために生じたのではない。クレーンは、デザイン上の革新を獲得した生物にもたらされる直接的な利益という観点からの、局所的な「見返り」が得られるものでなければならない。しかし、クレーンは、一度設置されると、さらなる際立った様々な結果をもたらすことができる（これと同様に、コンピュータは、ワープロやインターネットを作り出すために発明されたのではないが、しかし利用可能なコンピュータ・アプリケーションの空間へとひとたび接近《アクセス》可能になると、デザイン過程は活気づき、現在私たちが日々依存しているすべての「種」を創造することになった）。

現在、進化論の理論家たちは総じて、性がクレーンの一つであることに同意している。有性生殖を行う種は、無性生殖を行う種よりもずっと速く〈デザイン空間〉の中を移動できる。そればかりか、有性生殖を行う種は、無性生殖を行う種にはほとんど「見ることができない」様々なデザイン上の改善を「見分ける」ことができる (Holland, 1975)。しかしながら、これは性の存在理由《レゾンデートル》ではありえない。進化は、自分の行く末を見通すことができないので、進化が構築するものはどんなものでも、そのコストに見合う直接的な見返りを与えられるものでなければならない。最近の理論家たちが強調するように、有性生殖を「選び取る」ことは、多大な直接的コストを支払うことである。というのも、有性生殖を行う場合、生物は一度の遺伝子のやりとりごとに、自分の遺伝子の五十%しか子孫に残さないからである（また言うまでもなく、そもそも、そのやりとりを安全に維持するための努力やリスクも伴う）。したがって、再デザインの過程の――性を優れたクレーンにする特徴である――効率・正確さ・スピードを高めるという長期的な見返りは、どの生物がまさに次の世代に優位に立つかを決定するはずの、先の見通しが立たない局所的競争には、何の得にもならない。有性生殖がほとんどの種が拒み得ないほど魅力的な提案になるためには積極的な選択圧が必要であり、その選択圧は、長期的な見返りではない何らかの短期的な利益による支えを必要とする。ジョン・メイナード・スミス (Maynard Smith, 1978) がはじめて生物学者たちに力強く提起したこの難問を解くかもしれない様々な説得力ある仮説――お互いに競合し合う仮説――が現在存在している。進化生物学におけるこの重要な主題の明快な紹介として、マット・リドレーの『赤の女王』(Ridley, 1993) を参照してほしい。

　強力なクレーンが、もともとその強力な力を利用するために創造されたわけではないこともあるということを、性という事例は明らかにしている。性は、そのクレーンとしての力がなぜその出現以来維持され続けてきたのかを説明する一助になるかもしれないが、しかし、それとは別の理由から創造されたのである。明らかにクレーンとなるべくして創造されたクレーンとしては、遺伝子工学がある。遺伝子工学の技術者《エンジニア》たちは、今や、疑いもなく〈デザイン空間〉内での巨大な跳躍を行うことができ、「通常の」やり方では決して進化しなかったはずの生物を創造できる。もし遺伝子工学の技術者たち（そして彼らがその仕事に用いる人工物）がすべてそれ自体として、以前のもっとゆるやかな進化の過程の産物であるとすれば、これは奇跡ではない。もしも創造論者たちが正しく、人類はある特別で神的な、愚かなダーウィン的経路からは接近不可能な種であるのだとしたら、遺伝子工学は結局のところクレーンではなく、偉大なスカイフックの手を借りて創造されたものであることになるだろう。私が想像する限り、自分自身についてそんな考え方をしている遺伝子工学の技術者などはいないが、しかしこれは、どんなに根拠薄弱なものであっても論理的に採用可能な選択肢である。愚かさがこれより見えにくい考え方もある。つまり、遺伝子工学の技術者の身体が進化の産物であるとしても、彼らの心が、還元不能なほど非・アルゴリズム的なものを、つまりどんなアルゴリズム的な経路によっても接近不可能なものを、創造することができるとすれば、遺伝子工学が行っている〔〈デザイン空間〉内での〕跳躍は、スカイフックを含んでいるかもしれないという考え方である。後ほど、このような見通しについての簡単な探求を行うことにしたい。

39 理解力《コンプリヘンション》なき有能性《コンピータンス》[20]

マッケンジーは、〈絶対的な無知なるもの〉が「創造的技能《スキル》が成し遂げたことすべての源泉」なのだというダーウィンの思想を、「奇妙な推論の逆転」と述べた。なぜなら、理解力《コンプリヘンション》が有能性《コンピータンス》の源泉であるという私たちがもっている最も「明白な」考え《アイデア》の一つを、ダーウィンの思想はひっくり返すからである。なぜ私たちは、自分の子供たちを学校に行かせるのか？　またなぜ、「丸暗記」ではなくて「概念的理解」を重視するのか？　それは、どんな活動分野でも、有能性への最善の道は理解なのだと私たちが考えているからである。頭を使わない単純作業に満足していてはならない！　何をする場合も、その原理原則を理解せよ、そうすればもっとうまくできる！　というわけだ。これは、人間の活動のほとんどの領域では、確かに優れたアドバイスである。私たちは、極端な例外があることも認めている。たとえば、楽譜が読めなくても「耳で演奏する」天才的音楽家や、いつもの最善のことを成し遂げているように見えるのに、どうしてまたなぜ自分がそうしているのかを説明できないので他人をコーチできない天性のアスリートが、それである。さらに、ほとんどのことには無能だが、とある限定された領域においては超人的能力を発揮するという奇妙な能力の組み合わせを備えた「サヴァン症候群[21]」の人たちもいる。しかし、一般的に言えば、理解が普通（人間の）有能性のカギを握っているという大まかな原則は、否定しがたい。

そこで、マッケンジーが鮮明に述べたように、ダーウィンは、そのような推論を実際にひっくり返し、〈絶対的な無知なるもの〉が創造主として働いていることを示してみせた。自然選択の過程は、息をのむほど有能である――オーゲルの第二法則〔進化は君よりも賢い〕を思い出して欲しい――が、心をまったくもっていない。さらに言えば、自然選択によってデザインされた生物は、自分のすべての申し分のない生得的素質から恩恵を受けることができるが、なぜそしてどのようにして自分にそのような才能を与えられたのかを理解する必要はない。私のお気に入りの事例は、カッコウである。カッコウは、托卵の習性をもち、自分自身の巣を作らない。その代わりに、メスのカッコウはこっそりと宿主となるべきいくつかの他種のつがいの巣に自分の卵を産みつける。卵はそこで、知らないうちに養父母となったそのつがいからの世話を待ち受けるのだ。カッコウの母鳥は、――万が一その宿主のつがいが数を数えることができるときに備えて！――巣の外にその宿主のつがいが産んだ卵のうち一つをしばしば転がして落としておく。さらに、カッコウのヒナは孵化するとすぐに（しかも宿主が産んだ卵よりも早く孵る傾向があるのだが）、まだ孵っていない卵をすべて巣の外に落とそうと最大限の努力をするのだ！　何のために？　養父母からの自分への世話を最大限に引き出すためである。

40 浮遊する理由[22]

自然選択は、自動化された理由発見器である。つまり、自然選択は、何世代にもわたって理由を「発見し」「裏づけ」それに「焦点を合わせる」。ここで述べた言葉にカギ括弧を付したのは、自然選択が心をもたず、自然選択自身が理由を抱くわけではなく、しかしそれにもかかわらず、自然選択はデザインの洗練という「課題」を遂行しうる点で有能《コンピータント》であるということを、思い起こさせるためである。つまり、自然選択の過程自体が、理解力なき有能性の一つの具体例なのである。このカギ括弧を外して本来の意味を取り出すにはどうしたらいいかを確認しておこう。多くの突然変異体をその内に含む一つの個体群を考えよう。個体群中の一部のメンバーたちは（繁殖について）うまくやる。他の大多数はそうならない。うまくやれた場合とやれない場合のいずれについても、私たちは、なぜか？と問うことができる。なぜこの個体は子孫を生き残らせ、その一方で、他の個体はそうではなかったのか？ 多くの場合、否、ほとんどの場合、そこには何らの理由もない。それは単に、気まぐれな運、つまり、それぞれ幸運と悪運であったに過ぎない。しかしそこに〔重要な〕差異を都合よく産み出すような差異が生じている事例においては、その問いへの答えが存在している。このような事例からなる部分集合はおそらくとても小さいのだが、それらの事例が共通にもっている何かが、理由の萌芽となるものをもたらしてくれる。そしてそれは、理由を盲目的に追いかける過程によって、機能の数や程度が累積的に増大していくことを可能にし、目的を目ざしているがその目的について知っている《ドント・ニード・トゥ・ノウ》必要がないものを創造する。〈ニード・トゥ・ノウ〉の原則〔情報は知る必要のある者にのみ与え、知る必要なき者には与えない、という原則〕が生物界を支配しており、自然選択そのものが、自分が何をしているのかを知っている《ドント・ニード・トゥ・ノウ》必要がないのである。

したがって、理由《リーズン》は、理由表象者が存在する以前から存在していたのだ。進化が追いかけるこのような諸々の理由を、私は「浮遊する理由《ラショナルズ》」と呼んできたが、この用語は少なからぬ思索者《シンカー》たちの神経を明らかに逆なでしてきたようだ。彼らは、私がある種の幽霊を召喚しているのではないかと疑っているのである。つまり、実在についてのまともな唯物論的説明の中では何の明らかな役割も果たさない奇妙な非物質的な観念を、私が使っているのではないかと疑っているのである。まったく違う。浮遊する理由とは、数や重心と同様に、幽霊のようなものでもなければ、問題含みのものでもない。惑星の数は、人々が算術を行うはっきりした方法を発明する前からすでに九つであったし、小惑星は、物理学者がその軌道を計算しようと思い立つ前から、すでに重心をもっていた。数と数字を混同するのは誤りである。数字というのは（アラビア数字やローマ数字やその他何であれ）、私たちが数の名として用いるものである。数字は人間の発明物だが、数はそうではない。理由とは（私がこの語を用いているときの意味では）数に似たものであって、数字に似たものではない。様々な人間の探求者やその他の心によって表現されたり表象されたりする前に、理由はすでに進化によって明かされていたのだという語り方は、完全に満足しうる語り方であると認めるべきだ。この部の口絵に掲示した図に登場する驚くほどよく似た建築物を考察してみよう。

シロアリの蟻塚とアントニオ・ガウディのサグラダ・ファミリア聖堂は、非常によく似た形をしているが、その起源と建築法にははっきりとした違いがある。シロアリの蟻塚の構造と形状には、そのようであるべきいくつかの理由が存在している。しかし、それらの理由をどのシロアリも表象することはない。その構造を計画した建築家のシロアリなど存在しないし、どのシロアリも、自分がなぜそれをそういう風に建てているのかについて、ほんのかすかな手がかりすら得たことがない。〈理解力なき有能性〉である。ガウディの代表作の構造と形状にもまた、そのようであるべきいくつかの理由が存在している。しかし、それらの理由は（主として）ガウディが抱いた理由である。ガウディは、自分が命じて創らせた形状について、そのような形状であるべき理由をいくつか抱いていた。シロアリたちによって創られた形状にも、そういう形状であるべき理由がいくつか存在する。しかしシロアリたちはその理由を抱くことがない。木がなぜ枝を広げるかには、いくつかの理由がある。しかし、それらの理由は、どれほど強い意味で語ろうと、木の［木が抱く］理由ではない。カイメンがなすことは、いくつかの理由のためになされる。バクテリアがなすことは、いくつかの理由のためになされる。ウィルスですら、いくつかの理由のために何かをする。しかし、それらは、そのような理由を抱くわけではない。そのような理由を抱く必要がないのである。

これらの生物の行動がそのようになっている理由は、ふんだんにある。しかし一般に、生物たちはそれらを理解する必要がない。生物たちは、進化によって巧みにデザインされた行動を授けられており、それらのデザインについて知る必要なしに、そのデザインの受益者となっている。このような特徴は、自然の至る所に見いだされる。しかしこのことは、私たちがもつ一つの傾向によって覆い隠されてしまいがちである。私たちは、**志向的構え**を採用して、行動を実際よりも精神的で理性的なものとして解釈しがちなのである。適切に配置された通気シャフトによって蟻塚の中の空調を行うとは、シロアリたちは何と賢いのであろうか！　冬に備えて食糧を貯蔵するとは、リスは何と明敏なのであろうか！　接近してくる獲物の傍らで、動かずに浮かんだままでいるとは、カワカマスは何と狡猾なのであろうか！　実際、これらの行動は、自然という仮借なき競争の世界で成功するための卓抜な戦略である。しかしながら、その戦略の受益者たちは、私たちがそれらを解明したときにその価値を認めるような仕方で、その価値を認める必要がない。私たちは、これらの仕組みの成功を裏づけている諸々の理由を表象しうる史上初めての心なのである。

41　セミは素数を理解しているか？

数と数字との独立性、浮遊する理由と表象された理由づけ《リーズニング》の推理との独立性に関する重要点を十分理解するということだけを考えると、十七年ゼミについて考察するのがよいだろう。スティーヴン・ジェイ・グールドは、〔自著の中の〕見識ある優れた一章において、興味深い事実を述べている。それは、（「十七年ゼミ」を初めとする）セミの仲間には素数と等しい年数の繁殖周期をもつものがいるという事実である。十三年ないし十七年がその周期で、たとえば、十五年周期や十六年周期は決してないのである。グールドは、次のように述べている（Gould, 1977, p.99）[23]。「進化論者として、私たちは、なぜ？　という問いに対する答えを探す。とりわけ、次のような問いだ。なぜこのような際だった周期の一致《シンクロニシティ》が進化すべきだったのか？　そしてなぜ、性繁殖期の間隔がこんなに長くなるべきだったのか？」その答えは、――振り返れば見事なまでに納得のいく答えなのだが――、羽化の周期が大きめの素数であることによって、そのセミたちは、二年あるいは三年あるいは五年ごとに姿を見せる捕食者たちから予想通り出現する御馳走として発見され追跡される可能性を最小限にしている、というものである。もしこのセミたちが一六年周期であったら、毎年現れる捕食者にとっては珍しいお楽しみであろうが、二年ごとないし四年ごとに現れる捕食者にとっては、それよりも当てにできる食料の供給源になってくれるし、このセミの周期と同調し、八年サイクルのスケジュールで現れる捕食者であれば、五分五分の勝算がある美味しいギャンブルになる。だが、もしこれらのセミの繁殖期の周期が、何らかの小さい数字の倍数でないような数であったとすれば、セミの繁殖周期を追いかけることは、まったく同じ年数の繁殖周期をもつほど幸運ではない種には「試してみる」に値しないことであろう（別の例外は、そのセミの繁殖周期の倍数を繁殖周期とする種である。例えば〈三四年セミ喰い〉という架空の種は、快適な暮らしを送ることだろう）。

明確にしておくべきなのは、（まだ確証されているわけではない）このような説明の健全さは、セミが素数ばかりか算術を理解しているということを示唆するどんな仮説にも依存していない、ということである。さらに、自然選択のプロセスが素数を理解しているということにも、依拠してはいない。心を欠き理解をもたない過程としての自然選択は、ある種の数がもつこのような重要な性質を利用することができるが、それを理解する必要はまったくない。別の事例をあげよう。正六角形は、ハチの巣における各部屋が取るべき理想的な形状であるが、それを証明する幾何学を、ハチも、母なる自然も、理解している必要はない。進化が示す理解なき数学的有能性の実例は、これ以外にも数多く挙げることができよう。[24]

42　ストッティング〔跳ね歩き〕をどう説明するか

二つのブラックボックスという直観ポンプの中で示された、厄介な規則性をご記憶だろうか？　ボタンαは赤いランプの点灯を惹起し、ボタンβは緑のランプの点灯を惹起する。このパターンを認めるためには、意味論も志向的解釈も不要である。〔ところが〕この一目で分かるパターンを説明することが求められる。ボタンを押すとその都度ごとに、科学者たちは、計算と変換のプロセスの各ステップがどのように作動したかを正確に理解した。しかし、それを一般化できる説明をすることはできなかった。その規則性がなぜ存在するのかを説明するには、意味論的な解釈が必要とされる。言いかえれば、このような意味論的説明が述べられる「マクロ因果」のレベルは、「ミクロ因果」のレベルへ「還元」されないのである。

ここで述べるのは、この非常に一般的な現象の別の具体例である。草原で捕食者に追いかけられるガゼルが追跡者から逃れようとして空中に飛び上がるというビデオを、見たことがあるかもしれない。この行動は、ストッティング〔跳ね歩き〕と呼ばれる。なぜガゼルは、ストッティングをするのだろうか？　ストッティングするガゼルはめったに捕食されることがないのだから、明らかに利益がもたらされている。これは、ボタンとランプ〔の点灯〕の間の規則性とちょうど同じように、慎重になされてきた観察に基づく因果的規則性である。そして、これもまた、厄介な規則性である。すべてのガゼルと捕食者について、そのすべての細胞内にあるすべてのタンパク質の作用について因果的な説明をしても、〔ストッティングと捕食を免れるという結果との間の〕この規則性がなぜ存在するかを明らかにすることはできない。これを理解するには、〈コストの大きなシグナルの理論〉として知られる進化理論の一部門が必要となる（Zahavi, 1987; Fitz Gibbon and Fanshawe, 1988）。他の個体と比べて、最もたくましく最も早く走ることのできるガゼルは、ストッティングをして、追跡者に自分の適応度を誇示する。これが実際、有効なシグナルとなる。「苦労して僕を追いかけない方がいいよ。僕は簡単には捕まらないからね。ストッティングできない他の仲間の誰かに的を絞ればいいよ——もっとずっと簡単にご飯にありつけるから！」追跡者は、これを、偽物でありにくい信頼できるシグナルとみなし、ストッティングするガゼルを見逃す。これは、まさに〈浮遊する理由〉であり、捕食者もガゼルもその価値を理解している必要はない。つまり、ガゼルの方は、ストッティングできるときにはそうするのがいいアイデアである理由にまったく気づいていなくていいし、捕食者、たとえばライオンの方も、ストッティングするガゼルが相対的に魅力のない獲物に見える理由を、理解していなくてもいい。しかし、もしシグナルが信頼できるものでも、コストのかかるものでもないとすれば、捕食者と獲物の間の進化的軍拡競争の中で、それが存続することはありえないだろう（もし、強かろうと弱かろうとすべてのガゼルが送ることのできるシグナルとして、たとえば尻尾を振るというような「安物の」シグナルを進化が利用しようとしても、そんなシグナルはライオンにとって注意を払うに値しないだろうし、したがってライオンはそれに注意を払いはしないだろう）。〈浮遊する理由〉という観点からのこれらの説明は、たとえば分子レベルのようなより低いレベルでの説明に還元できない。しかし、ストッティングがなぜそしてどのようにして機能するのかを説明することが、（ガゼルのストッティングからライオンがどんな結論を導き出すのが合理的かという見地からの）**志向的構え**に立った説明であるにしても、個々のライオンやガゼルは、ストッティングが自分にとってどう機能するのかの意味を理解する必要はない。彼らにとって必要なのは、ストッティングに関する**準・理解**だけである。

43　最初の哺乳類にご用心

あなたは、自分は哺乳類であり、イヌもウシもクジラも哺乳類だと考えているかもしれないが、実際には、哺乳類などというものは存在しないし、存在できないのである！　それを証明する哲学上の論証がこれだ（Sanford, 1975 から修正して引用）。

（一）　すべての哺乳類には、その母親の哺乳類がいる。
（二）　ともかくも哺乳類が存在しているとすれば、有限数の哺乳類だけが存在してきた。
（三）　しかし、たとえ一匹でも哺乳類が存在するならば、（一）によって、哺乳類の数は無限だということになるが、これは（二）と矛盾しているので、どんな哺乳類も存在してきたはずがない。
　これは明確に矛盾である。

私たちは哺乳類が存在していることをよく知っているのだから、私たちがこの論証を真面目に受けとるのはただ、この論証を、その中にどんな誤謬が潜んでいるのかを発見せよという問題をつきつけるものとみなす限りにおいてである。この論証は、純然たる**帰謬法**なので、何とかして解決しなければならない。

私たちはこういう場合に普通何をすべきかを知っている。もし何らかの哺乳類の系統樹を十分にさかのぼれば、最終的には獣弓類にまで行き着く。獣弓類とは、爬虫類と哺乳類の間の橋渡し種《ブリッジスピーシーズ》からなる奇妙な絶滅動物である。明らかな爬虫類から明らかな哺乳類への漸進的な移行に際し、その隙間を埋める中間的な分類しがたい多くの種が出現した。この漸進的な変化のスペクトルの中に境界線を引くには、私たちは何をすべきなのだろうか？　母親となる哺乳類をもたない哺乳類つまり〈最初の哺乳類〉はこれだと決めて、前提（一）を否定することができるだろうか？　どんな根拠でそう言えるのだろうか？　その根拠がいかなるものであれ、その根拠は、その動物は哺乳類ではない――その動物の母親は結局獣弓類である――という判断を支持するために私たちが利用できた根拠と同等の力をもつことになるだろう。獣弓類であるかないかのそれよりもましな判定法として、どんなものがありうるだろうか？　獣弓類と哺乳類を区別するのに利用される主要な相違点を私たちが十項目リストアップし、哺乳類である指標が五項目以上あれば、ある動物を哺乳類とすると決めておこう。なぜ、六項目でも二十項目でもなくて十項目なのか、重要性にしたがって項目を並べるべきではないのかといった指摘、つまり恣意的だという指摘はとりあえず置いておくとしても、そのようなどんな分割線も多くの望ましくない見解を生み出してしまうだろう。というのも、明らかな爬虫類から明らかな哺乳類へと移行していくとてつもなく長い時間の中で、哺乳類（つまり五項目以上該当した動物）が獣弓類（つまり五項目以下しか該当しなかった動物）と交尾し、子をもうけたり、哺乳類から獣弓類が生まれ、哺乳類から生まれたその獣弓類から哺乳類が生まれるというような事例が多数存在していることだろうからである！　もちろん、〔移行期間に相当する〕数百万年の細部は容易に見えてこないのだから、これらの例外事例はすべて確認するためにタイムマシンを必要とする。とはいえ、実はそのような細部は長い目で見ればさして重要ではないので、何ら支障はない。では、私たちは何をするべきなのか？　私たちは、線引きをしたいという自分の欲求を抑えるべきなのである。私たちは、線引きをする必要はない。このような漸進的な変化のすべてが何百万年にもわたって積み重なり、最終的には紛れもない哺乳類が生まれたという衝撃的でも神秘的でもない事実を、私たちが許容すればよいのである。これはちょうど、たとえ湖沼学者（内陸部の水域の研究者）であっても、湖、沼、湿地、沼沢地などの間の正確な区別をつける必要がないのと同じである。

　しかしながら、哲学者たちは、言葉を使う際に潔癖気味で小うるさい傾向にある。ソクラテスが、徳や知識や勇気などを定義する際に何を特徴としているかを正確に語りたまえと、執拗に要求してからというもの、哲学者たちは、本章で取り上げたような恐ろしい無限後退に歯止めをかけるという考え《アイデア》に囚われ続けて、これこそ無限後退ストッパーだと言えるもの——またそうに違いないもの——を特定しようとしてきた。ここでは、〈最初の哺乳類〉がそれに当たる。このような探求によって、哲学者たちは、しばしば、不可解な神秘、あるいは少なくとも厄介な難問の中で右往左往するような学説にはまり込み、また、本質主義に加担《コミット》することにもなる。〔つまり〕〈最初の哺乳類〉は、それがどんな哺乳類であっても、哺乳類の集合に属する全成員の内ですべての本質的な哺乳類的特徴を備えた最初のものでなければならない、とされるのである。もし定義可能な哺乳類の本質がないとしたら——実際そのような本質はないということを、進化生物学者は明らかにしている[25]——、これらの哲学者たちは困ったことになる。したがって、本質、定義となる特徴、あるいは「トゥルースメイカー」などを求める哲学者の要求は、原則として無視することを検討しよう。もしそのような要求に応えていたら、——必ずではないにしても——大抵の場合、無駄な努力を始めることになる。それは気晴らしにはなるかもしれないが、多少事柄の整理に資するのが関の山である。

このような要求を放棄することは、実のところ、多くの哲学者たちにとっては苦い薬を飲むようなものである。ソクラテス以来受け継がれてきた、哲学をするための合理的な方法は、ほとんど常に「君の用語を定義したまえ」と要求するのであり、この要求に応えることで、議論に加わるすべて者たちは本質主義という学説に暗に加担《コミット》することになる。たとえ、いわゆる論証の便宜上そうするだけであるにしても、そうなってしまうのである。もし私たちが本質主義を放棄しなければならないとしたら、私たちのお気に入りの論証形式のあるものは、ほとんど役に立たないものになる。たとえば、明らかにつまらない意味でのみ真理である選言命題で始まる、次のような論証の構造を考察してみよう。


Aであるか非Aであるかのいずれかである（どのようにすればこれによって論証することできるというのだろう？）

Aの方を選んだとすれば、その場合、斯く斯く然々になるので、Cという結論に至る。

また、非Aから出発したとしても、やはり斯く斯く然々になるので、やはりCという結論に至る！

それゆえ、結論はCだということになる。


しかし、Aか非Aかがはっきりしない中間的なケース（哺乳類か哺乳類でないか、生きているか生きていないか、意識的か意識的でないか、信じているか信じていないか、道徳的か道徳的でないかなど）が明らかにたくさんある場合は、どうなるのだろうか？　このような心配を払いのけるために、あなたはAと非Aを区別する「線引き」をして、**準**を用いる議論を一掃せねばならない。問題になっているものが何であれ、その本質はこれだと指摘することで明確な線引きをしておかないと、論証が端的に構成できなくなってしまう。そのような論証は、あなたが実際に線を引くことができる数学においては、眩しいばかりにうまくいく。すべての整数は、実際奇数か偶数であり、すべての自然数は、実際有理数か無理数かであり、すべての多角形は、実際（三辺で囲まれた）三角形であるかそうでないかである。〔しかし〕数学のような抽象的な領域の外部では、このような論証はあまりうまくいかない。

　たとえ、いつ、どこで存在したのかを私たちが決して知ることができなくても、〈最初の哺乳類〉は存在しなければならないのだという主張は、ヒステリックな実在論の一例である。このような実在論によって、もし私たちに十分な知識さえあったら、哺乳類を一挙にまた完全に定義する哺乳類性なる特別な性質が存在することが私たちには分かる――私たちには分かるに違いない――と、私たちは思い込むようになる。これを否定することは、形而上学と認識論とを混同することだと、哲学者たちは時として主張する。つまり、何が（本当に《リアリィ》）存在するのかという研究と、存在するものについて私たちが何を知ることができるのかという研究とを混同することだと言うのである。これに対して、私はこう答えたい。たしかに、形而上学的な問いを（単なる）認識論的な問いと混同することで、思索者《シンカーズ》が道から外れてしまうという可能性はあるかもしれないが、これには証明が必要なのであり、ただ断言するだけではだめなのだ、と。

44 種分化はいつ生じるのか

自然選択による進化の興味深い特徴は、それが「まずほとんど生じないような[26]」出来事に決定的に依存しているということである。たとえば、新種が自分の親種から逸脱して生じるプロセスである種分化は、とてつもなく稀な出来事であるが、地球上に存在してきた何百万もの種はすべて、種分化という出来事で始まっている。すべての系統において新たな個体の誕生は、どれも種分化になり得る出来事であるが、しかし、種分化は、何百万回に一度生じるか生じないかという「まずほとんど生じない」出来事である。DNAにおける突然変異は、――何兆回となされるそのコピー過程において一度生じるか生じないかという――まずほとんど生じない稀なものであるが、進化はそこに依拠している。しかも、突然変異の圧倒的な大多数は、有害であるか何の役にも立たないものである。偶然生じる「有益な」突然変異は、まずほとんど生じない。しかし、進化は、稀な出来事の中でもほぼ最も稀といっていいこれらのものに依存しているのだ。

注目すべき可能性についての直観ポンプを考察してみよう。現在、私たちの知る限り、この地球上に存在するヒト科の唯一の種は、ホモ・サピエンスだけである。しかし、今から五十年後、あるウィルスによって一握りの幸運な子孫を除くすべての人々が死滅し、たった二つのグループしか生き残らなかったと考えてみよう。一つは、グリーンランドから遠く離れたコーンウォリス諸島に住むイヌイットの千人であり、もう一方は、インド洋〔はマレー半島沖〕に浮かぶ島に完全な孤立状態で生活しているアンダマン諸島の人々[27]の千人である。この二つのグループの人々は、〔実際〕数千年にわたって離ればなれで交流のない生活をし、それぞれ全く異なる環境に反応することで明白な生理学的な違いをもつようになっていったのだが、彼らが私たちの種の一員であるという通常の想定を問題視する正当な理由はない。さて、これら二つのグループに属する人々が、さらに一万年ほどの間、地理的にも分断され生殖上の交流もまったくないまま、最終的には地球が彼らが二つの種として住む場所になったと、考えてみよう——その場合、やがて最終的にお互いが出会うに至って、彼らは、お互いを生殖行為の相手にしようという関心をまったくもてないということを知り、さらに、わずかに試みられた向こう見ずな生殖行為の結果、子は生まれないということが明らかになる、とする。これは、地理的隔離が時間の経過とともに生殖隔離を生み出すという異所的種分化の標準的な印である。種分化は正確には〈いつ〉生じたのだろうかと、彼らはいぶかるかもしれない。彼らの最も新しい共通祖先が三万年以上前に存在したというのはたしかでありそうなことだが、種分化はその時その場で生じていたわけではない（私たちの知る限り、まだ生じてはいない）が、さらに数千年たてば、この二つのグループの人々が遭遇する前のある時点で種分化が生じていたということが明らかになるかもしれない。種分化は、農業の開始前に起きたのだろうか、それとも、インターネット創設の後なのだろうか？　これに関して、私たちが安心して擁護できるような恣意的でない解答はない。多分三万年ほど前に生きていた、最も近い共通祖先（ドーキンス (Dawkins, 2004) の用語を使えばコンセスター）が存在していたのでなければならないし、この一個体の子孫の中のいずれかが、二つの異なる種のそれぞれの創始者であったと、しかるべき時が来たときに突き止められることもあるかもしれないが、種分化という出来事がその時始まったかどうかについては、どんなやり方をしても今日まだ決着しているわけではない。

　ここで私たちが取り上げているのは、ヒト（およびヒトの後継種《ポストヒューマン》）の歴史において重要な役割を果たしたということが判明するかもしれない〔ある特定の新たな個体の〕誕生という出来事である。その出来事は、特定の時、特定の場所で生じたのであるが、しかしその出来事がそのような特別の地位を獲得するのは、何千年も後の結果がその役割を確定させた後になってからなのであり、それは予め定まっていた結論では決してない。その〔特定の新たな個体の〕誕生が種分化という出来事になるのを事前に妨げるのに必要なのは、たった船一隻分（飛行機一機分）のどちらかの島民たちをどちらかの島に連れて行き、分岐が未熟な段階で再統合することだけである。こう想像する人がいるかもしれない――種分化は、実際に、系統の最初になされる隔離の時点と、分化した二つの種としてのその地位が事後的に証明される時点との間にある、あるはっきりと定まったしかし決して知り得ない瞬間において生じるのだ、と。だがいったい、どうやって、このような臨界点《ティッピング・ポイント》[28]を定義すればいいのだろうか？　可能性のありそうな最も早いその瞬間は、二つの系統の染色体上の分岐が累積することで、仮にこの二つの系統で何らかの交配が試みられたならば、それらの間には生殖能力がなくなっていることが判明するはずであると〔仮定〕される、その時点であろう。しかし、そうした反事実的な推測を行っても、ほとんど意味をなさない。

　大陸横断鉄道の建設は、アメリカ・バイソンの生活圏を分断し、その群れを生殖隔離へと追いやったが、かのバッファロー・ビル・コディーとその仲間たちは、一つの個体群だけを残し、それ以外のすべてをあっという間に絶滅させることで、潜在的な種分化という出来事をまだそれが芽の段階で摘み取ってしまった。しばしば同一種の個体群は環境上の出来事によって二つ（ないしそれ以上）の隔離集団へと分断され、数世代にわたって相互の生殖隔離状態にとどまるが、その後、ほとんど必ず[29]それらの集団が再統合されるか、ある集団が死滅することになる。したがって、種分化のそうした最初の段階はかなりよく生じるに違いないのだが、種分化へと至ることはまずほとんどないのであり、種分化へとたどりついたとしたら、それは何百世代もかけてたどりついた結果なのだ。種分化の初期段階の環境についてのどんな情報でも、それが種分化の始まりであるかどうかが分かることができるようなものは、絶対にない。たとえ、その時の世界のすべての分子に関する完全な物理的知識をもっていたとしても、わからないのだ。種という概念そのものが、**準**・概念なのである。イエイヌ、コヨーテ、オオカミは、種として名づけられている。[30]しかし、コイドッグ〔コヨーテとイヌの雑種〕や様々な組み合わせのオオカミ犬はごく普通に生まれている。それゆえ、〔交配可能なものを種として認める〕「公式的な」理解を当てはめれば、これら三つの種類は、イヌ科に属する一つの種の単なる変種であって、その亜種ですらないと考えるべきだということになるかもしれない。交配の可能性――異なる種の親から子孫を作る可能性――は、単純に一般化するのが難しい問題である。どんな種のどんな個体も、自分の種の他のすべての個体とわずかながら異なっているということを考えれば、これは驚くにあたらない。特に生物学者は、そんなことで悩まない。彼らは、中間的な事例が生み出される〔進化の〕プロセスをよく理解しているので、定義やら本質やらに煩わされないことを、すでに学んでいるからである。

45　未亡人製造機、ミトコンドリア・イブ、遡及的な戴冠

千マイル以上離れたドッジシティにいたある男の脳を一発の弾丸が貫いた結果、ニューヨーク市に住む女性が突然未亡人という性質を獲得する、ということはありうる。(西部開拓時代には、未亡人製造機というニックネームがついたリボルバーがあった。特定の状況でそのニックネームにふさわしい働きをした特定のリボルバーが実際にあったのかどうかは、たとえ犯罪状況の調査を最大限に尽くしても決着がつかないかもしれない。) この事例は、婚姻関係という関係がそもそも規約的なものであるおかげで、時間と空間を飛び越えることができるという興味深い能力を手に入れている。結婚式という過去の歴史出来事は、ある恒久的な関係——因果関係ではなく形式的関係——を生み出すとみなされるのであり、その後いろいろな出来事が起こったり具体的な不運にみまわれたとしても (たとえば、結婚指輪を紛失したり、婚姻証明書が破損してしまったとしても)、その関係は恒久的に続くとみなされるのである。

遺伝子による生殖システムは、規約的なものではなく、自然のものであるが、時計のように規則正しく働くものであり、まさにそのシステム性によって、私たちは、もしそのシステム性がなければ特定することも指示することも跡づけることも実質的に不可能であろうはずの、何百万年にもわたる因果連鎖について、形式的に考察することができる。このシステム性のおかげで、私たちは、婚姻という形式的な関係よ

りもずっと遠くの、局所的には観察できない〔生物間の〕関係に、関心をもつことができ、それについて厳密に推理することができる。種分化は、婚姻と同じように、形式的には定義可能なしっかりした思考システムに根を下ろした概念であるが、婚姻とは違って、はっきりとそれを見えるようにする規約的な目印――結婚式、指輪、公的証明書など――をもっていない。今しがた見たように、種分化もまた、時間と空間の双方にわたる、奇妙な「長距離におよぶ」現象である。種は、時間をかけて徐々に曖昧な形で縁取られた集合であり、ある生物個体を〈最初の哺乳類〉のような集団に属するものだと言えるのは、遡及的に（そして恣意的に）でしかない（したがってこの件で思い煩う必要はない）。種分化のこのような特徴をより明確に理解するために、まず、恣意的ではない仕方でミトコンドリア・イブという称号を授けるという、遡及的な戴冠の別の事例に、目を向けることにしよう。

個々の生物個体は、種よりも明確な境界線をもち、したがって、種よりも明瞭な同一性《アイデンティティ》をもっているが、それでもなお、どっちつかずの部分がたくさんある。最も印象的な事例を取り上げよう。あなたの着衣の内側にあるおよそ一〇兆個の細胞の内の一〇個中九個までは、人間の細胞ではない！　そうなのだ、何千種類にもなる共生的な侵入者は、宿主であるあなたの細胞たち――あなたの両親の交配によって作られた接合体からあなたが引き継いだ細胞たち――を、数の上ではしのいでいるのである。細菌だけでなく、真核生物つまり単細胞の微生物も多細胞生物も存在している。まつ毛のようなところにいる菌類やダニ類、顕微鏡レベルの蠕虫類やそれよりも大きい蠕虫類、それ以外にもたくさん存在する。あなたは、歩く生態系《エコシステム》であり、侵入者のあるものは望ましくないもの（水虫の原因となる菌類や、口臭を引き起こしたり感染症の部位にごまんといる細菌など）であるが、それ以外のものは、もしこれらすべての侵入者を取り除くのに成功してしまったら、あなたが死んでしまうほど必要不可欠なものである。このような共生細胞は、一般に、あなたが人間として備えている細胞よりはるかに小さいものなので、重量という点から見れば、あなたはほとんど人間であるが、侵入者の総重量は、おそらくは数ポンド〔一ポンド＝四五三・六グラム〕、多くの場合は十ポンド近くにまでなり、無視できない重さである。さらにウィルスが存在しており[31]、これは数で言えば共生細胞よりもずっと多い。

それでも、こうした穴だらけの境界線で区切られているにもかかわらず、——他の生物個体と同じように——あなたは他の個体から容易に区別されるし、時に私たちは、進化史上で特別な役割を果たした特別な個体はこれだと、指摘することができる。ミトコンドリア・イブは、その最も有名な例である。ミトコンドリア・イブは、今現在生きているすべての人間の、母方の系統における最も現在に近い直接の祖先となる女性である。私たちは誰でも、その細胞の中にミトコンドリアをもっていて、母方の系統からだけ私たちに受けつがれているので、今現在生きているすべての人間のすべての細胞の中にあるすべてのミトコンドリアは、レベッカ・キャン、マーク・ストーンキング、アラン・ウィルソン（Cann, Stoneking, and Willson, 1987）らによってミトコンドリア・イブと名づけられたある特定の女性の細胞の中にあったミトコンドリアの直接の子孫なのである。

ミトコンドリアとは、代謝において中心的な役割を果たすごく小さい細胞小器官で、身体のあらゆる活動部分に利用するために食べ物からエネルギーを取り出している。ミトコンドリアは、自分自身のＤＮＡをもっていて、これはミトコンドリアが数十億年前に共生者として起源したことを示す痕跡である。今現在生きている様々な人々のミトコンドリアＤＮＡのパターンを分析することで、科学者たちは、どのくらい最近にミトコンドリア・イブが生存していたか、またどこに住んでいたのかさえも、大雑把に導き出すことができた。初めの推定では、ミトコンドリア・イブは、アフリカに三十万年前ごろ生存していたとされたが、この数字は精度が上がってより近い年代に改定された。それによれば、彼女は（ほぼ確実にアフリカに）ほんの二十万年前に生存していたという。[32] ミトコンドリア・イブがいたということを導き出すのに比べて、それがいつ、どこにいたのかということを導き出すことは、ずっと厄介な仕事である。このことを疑う生物学者はいない。いくつかの論争はさておき、ミトコンドリア・イブについて私たちがずっと以前から知ることができていた事柄のいくつかを考察してみよう。彼女には少なくとも二人の娘がいて、その二人の娘の娘が生き残った（もし、彼女に娘が一人だけしかいなかったら、その娘の方がミトコンドリア・イブの称号を受けたことだろう）。彼女の称号と彼女の本来の名前を区別するために、彼女をエイミーと呼ぶことにしよう。エイミーが、ミトコンドリア・イブの称号を受けるのである。すなわち、彼女は、今日の人々の系統の母方の創始者にたまたまなったに過ぎない。ミトコンドリア・イブについて、他のすべての点では、注目すべきことや特別なことはほとんど何もないということを、思い起こすことが大切である。彼女は、確かに〈最初の女性〉ではなかったし、ホモ・サピエンスという種の創始者でもなかった。彼女よりも先にいた多くの女性たちも、疑いなく私たちの種に属していたが、たまたま、彼女たちのうちの誰も、現在生きているすべての人々のすべてのミトコンドリアの最も近い起源にはならなかった。ミトコンドリア・イブには娘や孫娘もいたが、だからといって彼女が同時代の他の女性よりも強く機敏で美しく多産であったということはおそらくないということも、本当である。

ミトコンドリア・イブ、すなわちエイミーがことさら特別な存在ではないということを明確にするために、明日、つまりエイミーから数千世代の後、感染力の強い新しい疾病が地球上に蔓延し、人類の九九％が数年のうちに死に絶えたと考えてみよう。幸運にも生まれつきこの病原ウィルスに対する抵抗力をもっていた生存者たちは、おそらく、ごく近い血縁関係にあるだろう。彼らの最も近い共通の直接的な女性の祖先――ベティと呼ぶことにする――は、エイミーよりも数百ないし数千世代後に生きていたある女性であるが、ミトコンドリア・イブの称号は、遡及的に、彼女ベティに手渡されるだろう。彼女は、数世紀後には種の救済者となる突然変異の発端となったかもしれないが、それは彼女にとっては何の利益でもない。というのも、その突然変異によって打ち勝てるウィルスは、その時には、強い病原性を備えた形ではおそらく存在していなかったからである。重要なことは、ミトコンドリア・イブという称号が授けられるのはただ遡及的にだけだ、ということである。この歴史的に重要な役割は、エイミー自身の時代の異変によってばかりでなく、のちの時代の異変によっても決定される。莫大な規模の偶然性について語らなければならないのだ！　もし三歳の時に溺れかけたエイミーが彼女の叔父によって助けられていなかったなら、私たちの誰も（結局はエイミーのおかげで私たちがもつようになった特定のミトコンドリアDNAとともに）決して存在してはいなかったであろう！　もしエイミーの孫娘がみんな幼児期に、――多くのその時代の子供たちがそうであったように――飢え死にしていたら、私たちも同じく全滅していただろう。

　これと同じ論理的な論証によって、今現在生きているすべての男性や少年の最も近い直接の男性の祖先であるアダムも存在する――存在しなければならない――ということも示される。私たちは、この男性をY染色体アダムと呼ぶことができる。なぜなら、ミトコンドリアが母方の系統を通じて受け継がれているのとちょうど同じように、私たちのY染色体は、父方の系統を通して引き継がれるからである。(9)　Y染色体アダムは、ミトコンドリア・イブの夫ないしは恋人だったのだろうか？　残念だがその見込みはまずない。父親であることは、母親であることよりも、わずかしか時間もエネルギーも消費しない役割なので、論理的な可能性ということであれば、Y染色体アダムがごく最近まで生きていたこともありうる。その場合、彼は、ベッドルームでとてもとても忙しくしていたことだろう――そう、エロール・フリン[33]も真っ青なほどに。現在最年長の男性を百十歳だとしておくと、Y染色体アダムがこの男性の父であり、二十世紀初頭のドン・ファンたるその人物がまた、現在生きているすべての若い男性の父親、または祖父、または曾祖父でもある、というのは論理的には可能なのだ。私たち男性は、数十億の精子を作り、結局、一回の射精で数億の精子を使う。したがって、(原理上は)人類全体の父親となるのに十分な精子を作るために、Y染色体アダムは一週間以上を要しないだろう。とはいえ、世界中の男性のY染色体における遺伝子上のすべての差異を数え上げ、多くの突然変異が蓄積するのにどれだけの時間がかかるのかを算出することによって、Y染色体アダムが実際生きていた時代は十万年前より少し前であると推定できる。[34] ここでもう一度、何らかの疫病によって男性の人口が半減したとしてみよう。この場合、十中八九、Y染色体アダムの称号はもっとずっと最近の祖先へと引き渡されることになるだろう。(10)

すべての生物個体——たとえば、あなたと私、あなたの飼い犬、あなたのゼラニウム——についての一つの興味深い事実は、どの生物個体も、それぞれが新しい種の創始者、かくかくしかじかの種の長きにわ

---

(9) ミトコンドリア・イブとY染色体アダムの遺産における重要な違いを一つ指摘しておく。私たちは、皆、男性も女性も、細胞の中にミトコンドリアを保持しており、それらすべては母親に由来する。もしあなたが男性であるなら、Y染色体をもち、それはあなたの父親から受け継いでいるが、それに対して、事実上すべての女性は——完全にすべての女性ではないが——Y染色体を全くもたない。

(10) 論理的な可能性はわきに置いて、実際の歴史に目を向けると、ある集団の中で種付けを独占しようとした男性たちが存在してきたこと、また見たところ、時には驚くほどの成果を上げてきたらしいことが分かる。何千人もの女性をさらい、妊娠させた強力な王や戦士たちのことである。彼らは、よかれあしかれ、私たち人類の遺伝子プールに対して不釣り合いに大きな役割を果たしてきた見込みが大きい。

たる系統の一番最初のもの、つまり新しい種の潜在的な創始者である、ということである。しかし、かくかくしかじかの種が、集団から浮かび上がり種として認知されるようになるのには、何百世代あるいは何千世代もかかるだろうし、したがって、創始者という称号が与えられるのは、あなたや私やあなたの犬やあなたのゼラニウムが灰燼に帰したずっと後になってからのことだろう。こうして、あなたの両親が、このようにして、〔未来の〕二つのヒト類似《ヒューマノイド》生物種のすべてのメンバーの最も近い共通祖先であると判明するかもしれないが、あまり期待はできない。チワワとグレートデンは、イエイヌ(Canis familiaris)という同一種のメンバーであるが、もし文明が崩壊し、チワワとグレートデンのそれぞれの子孫が野生に還ったら、その子孫たちは、ビーグルやバセット・ハウンドより種分化への突破口に速やかに到達できるだろう。なぜなら、人間の手助けなしでは、グレートデンのチワワへの種つけやその反対の種つけは、ほとんどありそうもないからである。しかしながら、この二つの系統は、ほとんど多くの系統がそうだったように、種分化が起こる前に十中八九絶滅するであろう。

　今まで存在してきたすべての有機体の九九％は子孫を残すことなく死滅したと推定される。しかし、あなたは今ここで生きている。あなたは、長い年月にわたる何十億もの祖先から引き継がれ、ここにいる。単細胞生物から蠕虫類、魚類、爬虫類、哺乳類、霊長類を通って、ここにいるのである。これら祖先のどの一つとして、子を残さずに死んだものはいない。あなたは何と幸運な存在であることか！　もちろん、どの草の葉も、同じように長く誇るべき遺産をもっており、どの蚊もどの象も同じである。

46　サイクル

　自然がもっているお馴染みの大スケールのサイクルなら、誰でも知っている。昼の後には夜が来て、夜の後には昼が来る。[35] 夏、秋、冬、春、夏、秋、冬、春。水は、蒸発と降水というサイクルをもち、降水は湖を満たし、川の流れを作り、この地球上で生きるすべての生物に供給される水を回復させる。しかし、原子レベルから天文学的レベルに至る、時間と空間のすべてのレベルにおけるサイクルが、まさに文字通り、自然の驚くべき現象の背後で動力を供給する、まさに文字通り回転するモーターとしてどのように働いているかについては、みんながみんな分かっているわけではない。ニコラウス・オットーは、最初の内燃式ガソリンエンジンを一八六一年に製作し販売した。ルドルフ・ディーゼルは、独自のエンジンを一八九七年に製作した。どちらも、世界を変えた素晴らしい発明だった。どちらも、それぞれ四行程《ストローク》のオットーサイクル、二行程《ストローク》のディーゼルサイクルというサイクルを利用しており、それは、ある働きを果たした後にシステムを元の状態に復旧し、それによってさらなる働きを行うための準備を行う。これらのサイクルは細部まで巧妙に作られており、それは数世紀にわたる〈研究開発〉という発明のサイクルによる、発見と最適化の成果である。さらに素晴らしい超小型版のエンジンが、クレブス回路《サイクル》である。これは、一九三七年にハンス・クレブスによって発見されたが、実は、生命の曙の時代、何百万年にもわたる進化の中で作り上げられてきたものである。この回路《サイクル》は、細菌類からアカスギ類に至るまでのすべての生命にとって本質的な代謝の過程の中で、燃料――食物――をエネルギーに変える八行程《ストローク》の化学反応である。

クレブス回路《サイクル》のような生化学的なサイクルによって、生物の世界のすべての運動や成長や自己修復や自己複製が可能になっている。このような生化学的サイクルは、何層にも何層にも入れ籠状になった回転する円環《ウィール》であり、言いかえれば、何兆もの可動部品からなる入れ子状になった時計仕掛けのようなものであり、各々の時計は同じ務めを再び果たせるようになるための巻き直しをされる必要がある、つまり、最初のステップへの復旧が必要である。これらのすべてのサイクルは、とてつもない年月をかけて、幸運な進歩を世代を重ねながら拾い上げるという、壮大なダーウィン的自己複製のサイクルによって最適化されてきた。

スケールから言ってこれとはまったく異なったものであるが、私たちの祖先は、先史時代の偉大な進歩の一つにおいて、サイクルの有効性を発見していた。手作業における反復の役割である。棒を一本手に取り、それを石でこすってみよう。ほとんど何も起きないだろう――変化の目に見えるしるしとしては、ちょっとしたひっかき傷ができるだけのことだろう。その棒をもう一度手にとって、同じことを繰り返してみよう。やはり、努力した甲斐もなく、見るべき変化はほとんど何もないだろう。さらに百回こすってみよう。やはり、目に見える変化はほとんどない。だが、そのままそれをひたすら続けて、何千回かこすり続けてみよう。そうすれば不思議なことに、その棒はまっすぐな矢幹になっているだろう。サイクル的な過程は、知覚不能なほど微少な増分を蓄積することで、まったく新しいものを創造する。このような企てに要求される予見と自己制御の組み合わせは、それ自体新しいものであり、他の動物たちが何かを建造したり形作ったりするときの、繰り返し行われるとしてもおおむね本能的で心を欠いた過程をはるかに超える進歩である。そしてその新しさそれ自身が、ダーウィン的サイクルの産物なのであり、やがてそこで生じた新たなものが、文化進化というより素早いサイクル——技術の複製が遺伝子を通じて子孫に受け渡されるのではなく、模倣という技を使える非血縁者間に伝達されるということが生じるサイクル——によってさらに増強されていくことになる。

石を磨いてきれいな左右対称の手斧に仕上げた私たちの最初の祖先は、磨いている過程では、非常に馬鹿げたことをしているように見えたに違いない。彼はそこに座り、何時間もの間磨き続けているが、明白な結果は出ない。しかし、心を欠いた反復作業すべての瞬間の中に隠されているのは、ずっと速いテンポで生じる変化を検出するように進化によってデザインされた人間の裸眼にはほぼ見ることができない、漸進的な洗練の過程である。(11) これと同じような不毛に見えることが、時には熟練の生物学者を誤りに導くこともあった。分子生物学者であり細胞生物学者でもあるデニス・ブレイは、神経系におけるサイクルについて、次のように述べている (Bray, 2009)。

(11) デイル・ピータソンは、チンパンジーがハンマーとして用いる石が、長い年月にわたる継続的な使用によって徐々にすり減ってつるつるになっていく、という事実に私の注意を向けてくれた。この事実は、ある一連の系列中の、一つの適切な「ミッシングリンク」を提供してくれる。すなわち、まずは多かれ少なかれ無作為《ランダム》な形で石を拾い上げ、それで木の実を叩き割る、ということから始まり、次にその作業のために最適と見える形の石を周辺から選ぶようになり、その後、よりよい形の石を遠くまで、また広い範囲で探すようになり、やがて気に入った石が（肉眼と視覚的な記憶により）より利用しやすい形になっていくことに気がつき、最終的には、予め想定した作業のために石を整形するために状況を調整するところにまで達する、という系列である。

典型的なシグナル経路において、蛋白質の継続的な修飾と脱修飾がなされる。キナーゼとリン酸塩は、ちょうど巣の中のアリたちのように絶え間なく働き、蛋白質にリン酸塩類を加えたり、それを除去したりし続けている。これは一見無目的な活動のように見える。とりわけ、この各々の添加と除去を一サイクル行うために、その細胞はATPを一分子——つまり貴重なエネルギーを一単位——必要とする、ということに目を向ける場合、その印象は強まる。実際、この種のサイクリック反応には、当初「無益回路《サイクル》」というレッテルが貼られた。だがこの形容詞は誤解を招くものだ。蛋白質に対するリン酸塩類の添加は、細胞における最も一般的な反応であり、細胞が実行する計算の大きな部分を基礎づけるものなのである。このサイクリック反応は、無益であるどころか、細胞にある不可欠の資源、すなわち、柔軟で、速やかに調整可能な道具を提供するものなのだ (p.75)。

「計算《コンピューテーション》」という言葉は、適切な選択である。コンピュータ・プログラムが、可能的な計算《コンピューテーション》空間を探査してきた期間は一世紀にも満たない。しかし、これまでなされてきたその発明と発見の成果は、ループの中のループの中のループを何百万も含んでいる。現在明らかになったところでは、〔人間の〕認知活動が示す「マジック」のすべては、生命それ自身がそうであるように、周期的で、「リエントラント」〔複数のプログラムが同時に一つのタスクやサブルーチンを共有して使うこと〕で、再帰的な情報伝達過程の何重ものサイクルに依存している。それは、各々のニューロン内部のナノサイズの生化学的サイクルに始まり、知覚系《システム》における予測的なコード化を試行錯誤的に行うサイクルを経て（これに関する卓抜した概要はClark, 2013を参照）、脳波測定器によって明らかになるような脳の活動と回復の大きなスケールの波としての脳全体の睡眠サイクルにまで至る、何重ものサイクルである。生命界のあらゆる場所に潜む進歩のための秘密の成分(シークレットインクレディエント)は、いついかなる時も同じである――実践、実践、実践である。

ダーウィン的な進化が、累積的に洗練を行うサイクルの単なる一つの種類に過ぎないということを思い起こすのは、有益である。他のサイクルもたくさん存在している。生命の起源という問題に、解決不可能な〔還元不可能に複雑な〕――Behe, 1996)謎であるかのような外見を与えることは可能である。〈知的(インテリジェント)デザイン〉の支持者たちの世界を、様々な化学物質が何の特徴も見いだせない状態で入り混じっているある種のカオス状態（創造論者たちが私たちに想像せよと促す、嵐によって吹き集められたばらばらのジェット旅客機の部品という悪名高きイメージ）と考えるとしたら、生命の起源という問題は、考える気力を失わせるよりやっかいなものに見えてくる。しかし、進化において鍵となる過程とはサイクルの反復であるということ（遺伝子の複製は、高度に洗練され、最適化されたその一種であるにすぎない）を思い出すならば、〔解決不能な〕神秘(ミステリー)を〔解きうる〕難題(パズル)に変える道が見え始めてくる。つまり、四季のサイクルや水のサイクルや化学的サイクルといったすべてのサイクルが、何百年もの間回転し続けることで、生物学的なサイクルを開始させるための前提条件を徐々に累積させたのは、いかにしてであったか？　という難問である。

最初の千回の「試行」は、おそらく、無駄で「もう一歩のところ」に終わった。しかし、ジョージ・ガーシュインとバディ・デシルヴァの素晴らしく刺激的な歌が思い出させてくれるように、「もう一度やってみたら」(さらに、何度も、何度もやってみたら)何が起こるのか確かめよう。

かくして、一つの有益な経験則が得られる。生命と心の世界の一見してマジックに見えるものに直面した場合は、そのようなすべての難しい仕事を行っているサイクルを探せ、という経験則である。

(12) 非生命的なサイクルが担う、自己複製的な細胞の出現〔創発〕の蓋然性を変化させる役割については、私の論文「理由の進化」(Dennett, 近刊)の中で詳しく論じた。

47 カエルの目がカエルの脳に告げているものは何か？〔37〕

認知科学における初期の古典的研究の一つに、J・Y・レトヴィンとその共同研究者たちによる「カエルの目がカエルの脳に告げるもの」(Lettvin, et al, 1959) がある。この研究が示したのは、カエルの視覚系《システム》は、網膜上の小さな動く黒い斑点すなわち小さな影を感知する、ということであった。このような影は、ほとんどすべての自然の諸状況においては近くを飛ぶハエによって投じられる。この「ハエ検出」機構は、しかるべき配線によって、カエルの舌を動かすための、ちょっとしたことで動作するトリガーに結びつけられている。これによって、カエルが残酷な世界の中でいかにして餌を確保し、それを自分の種族を増やすことに役立てているのかということが、要領よく説明されるというわけである。ところで、カエルの目はカエルの脳に何を告げているのだろうか？　自分の外側にハエがいる、ということであろうか？　それとも、ハエ・または・「偽造硬貨」(つまり何らかの偽造ハエ) がいる、ということだろうか？　それとも、種類Kに属する事物 (この視覚的な仕掛けのトリガーを着実に引くようなあらゆる種類の事物――**ツービッツァー**を思い出してもらいたい) がある、ということだろうか？　ダーウィン主義の意味の理論の (ルース・ミリカンや、デイヴィド・イスラエルや、私のような) 支持者たちは、まさにこの事例を取り上げて論じてきた。そして、進化論的な理論への指導的批判者であるジェリー・フォーダーは、それに挑みかかり、自分の見解に照らすと、そのような意味についての進化論的説明がどんなものであれ、そのどこに不具合があるかを示そうとしてきた。ダーウィン主義的な理論家たちは、決定すべきものをあまりに多く未決定のままにしている、つまり、ダーウィン主義的な理論家たちは、「ハエがここにいる」というカエルの目の報告と「ハエまたは小さな黒っぽい飛翔体がここにある」というカエルの目の報告とその他のカエルの目の報告との間には区別をもうけるべきなのに、区別ができないでいる、というわけである。しかしながら、これは誤りである。私たちは、カエルの〔自然〕選択の環境を、（その環境が何であったのかを私たちが限定できる限り）様々な候補を区別するために、利用することができる。これを行うためには、ツービッツァー内部の状態の意味についての問いに決着を付けるために用いたのとまったく同じ考察を、用いることができる。そして、〔自然〕選択の環境の中にある特定の状況のクラス〔例えば「ハエが存在する」のような状況のクラス〕を特定して取り出すようなものが何も存在しない限り、「カエルの目による報告」が本当に意味しているものについての事実もまた存在しないのである。このことは、カエルをパナマに送り込んでみれば――あるいはより正確に言って、カエルを新たな〔自然〕選択の環境に送り込んでみれば――鮮やかな仕方で納得がいくものにできる。

科学者たちが、ハエ喰いの習性をもつ絶滅の危機に瀕したカエルの一種を採集して回り、そのようにして集めた小個体群を、保護のために特別に設置されたカエル動物園に隔離すると想定してみよう。この新たな環境には、ハエはおらず、代わりに飼育員がいて、カエルの餌用の小さいペレットを定期的にカエルの近くへ投げ与える仕事をしている。飼育員にとって喜ばしいことに、このシステムはうまく機能した。カエルは、ペレットへ向けて舌を伸ばし、元気に暮らすようになったのだ。しばらく経つと、ペレットを見たことはあってもハエを一度も見たことがない子孫たちのカエルの群れができあがる。さて、彼らの目は、彼らの脳に何を告げるだろうか？　もしも意味に変化は生じてないとあくまで言い張る人がいたら、その人の目は何も見ていない。このカエルの事例は、自然選択の中でいつでも生じるある種の事態を、人為的な仕方ではっきり具体化させたものに過ぎない――すなわち、外適応（*exaptation*）[38]と呼ばれる、既存の構造をある新たな機能のために再利用するという事態である。ダーウィンが周到な仕方で示したように、ある仕組みの新たな目的への再利用は、〈母なる自然〉の成功の秘訣の一つである。さらなる説得材料を求める人を納得させるために、捕らえられたカエルたちのすべてが同じくらいにうまくやれたわけではないと想定してみよう。つまり、カエルの視覚系《システム》が発揮しうるペレット検出の腕前には個体差があって、その結果、他のカエルに比べて十分に餌を食べられないカエルもおり、そのようなカエルは、結果的に、他のカエルに比べて少ない子孫しか残せないことになったとするのだ。ほんのわずかの間に、ペレット検出に対する〔自然〕選択が、疑いようもなく存在するようになったはずだ――もちろん、それが生じたと十分に「認められる」時点は正確にはいつなのかと問うのは誤りである。ちょうど今、カエルの目が語るものが変更されましたと知らせてくれるベルの音など、いくら耳を澄ましても聞こえないのだ。〈最初の哺乳類〉は存在しないし、〈最初のペレット検出〉も存在しない。

様々なカエルの目のトリガーを引く条件の中に「無意味な」変異や「非決定的な」変異が存在していなかったならば、新たな目的のための〔自然〕選択が働きかけるべき原料（盲目的変異）も存在できなかっただろう。フォーダー（や他の論者）が、意味の進化に関するダーウィン的説明の欠陥だと見なしている非決定性は、実際には、そのような進化が生じるための前提条件の一つなのである。カエルの目が本当に意味している何らかの決定づけられたものがなければならないのだという考え方――カエルの目がカエルの脳に何を告げるのかを正確に表現するカエル語で書かれた命題が、決して知り得ないかもしれないとしても存在するという考え方——は、意味（または機能）に対して適用された本質主義に他ならない。意味は、意味に直接的に依存している機能と同様に、出生時に決定された何ものかではない。それは、跳躍進化——つまり〈デザイン空間〉における大幅な跳躍——によってでも、神による個別的創造によってでもなく、（大抵は漸進的な）環境の変動によって、産み出されるのである。

48 バベルの図書館空間で跳躍する

一九八八年、偉大な天文学史家のオットー・ノイゲバウアーのところに、いくつかの数字が縦に並んで書かれているギリシャ語のパピルス片の写真が送られてきた。送り主のある古典学者は、このパピルス片の意味を解明する手がかりがまったくなく、ノイゲバウアーなら分かるのではないかと考えたのである。八九歳のノイゲバウアーは、行と行の数字の差を計算し、それぞれ最大値と最小値を求めると、このパピルスが、バビロニアの「システムB」という天体歴が書かれた楔形文字の粘土板「コラムG」の一部の翻訳にちがいないと判断した！（天体歴とは特定の期間中ならいつでも天体の位置を計算できるシステム表である）。では、ノイゲバウアーはどうやって、こんなシャーロック・ホームズのような推理ができたのか？　初歩的《エレメンタリイ》なことさ。[39] ギリシャ語で書かれたもの（十進法でなく、六十進法で書かれた数の連続）が、バビロニア人によって算出された月の位置に関する高度に正確な計算の一部——それこそがコラムGだ！——である、と気づいたのである。天体歴の計算には多くの種類のやり方があり、誰であれ、自分たち自身の天体歴をそれぞれ自分たち独自のシステムを用いて計算するので、その数字が、近いことはあるかもしれないが、正確に同じになることはまずないということをノイゲバウアーは知っていた。バビロニアのシステムBは、極めて優れており、そのシステムのデザインは、たとえ翻訳であったとしても、ありがた

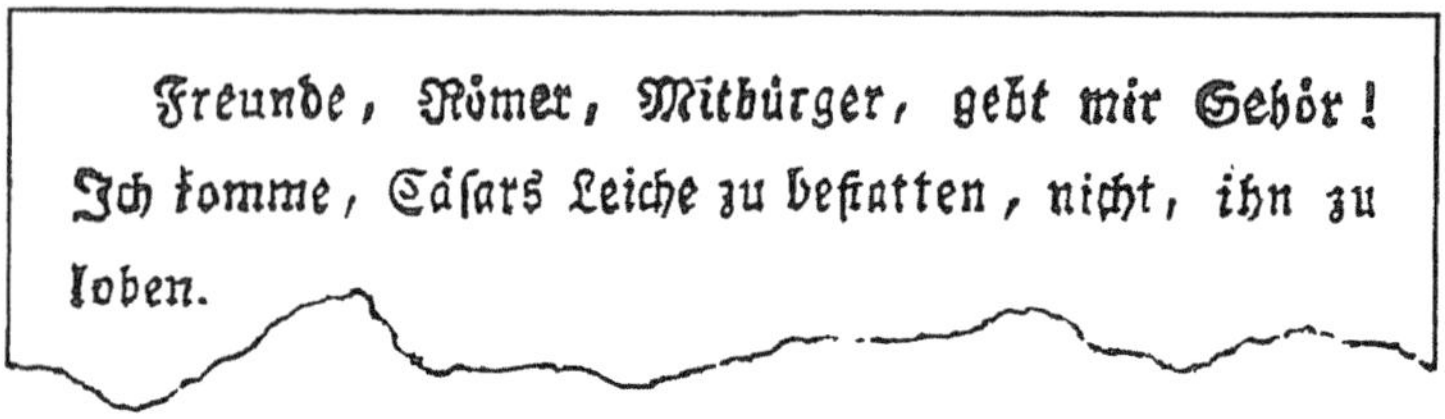
Freunde, Römer, Mitbürger, gebt mir Gehör! Ich komme, Cäsars Leiche zu bestatten, nicht, ihn zu loben.

いことに、その細部にわたる特徴と共に保存されていた(Neugebaur, 1989)。

ノイゲバウアーは偉大な学者であったが、あなたも、彼と同じようにすれば、似たような推理の妙技を行えるはずだ。次のようなテキストのコピーが届けられ、これはどういう意味で、何に由来すると言えそうなのか？　と同じ質問をされたとしよう。

以下を読み進める前に、挑戦してみて欲しい。古いドイツの書体である亀甲文字の読み方を知らなくても——たとえドイツ語を知らなくても！——あなたはおそらく気づくことができるだろう。もう一度よく見て欲しい。単語それぞれを、強くアクセントをつけてしっかり響かせて発音してみてほしい。ちょっとした間違いなんかは恐れずに。おわかりだろうか？　感動的な曲芸ではないか！　ノイゲバウアーがバビロニアのコラムGを導き出したように、あなたは手早く、この断片がエリザベス朝悲劇の一節のドイツ語訳の一部に違いないと判断できたのではないか（正確には第三幕第二場、七九から八〇）[40]。一度そう思い始めたら、他のものはほとんどありえないようにさえ思えてくる！　他のいかなる状況でも、ドイツ文字のこの特定の並び方が生じることなどないだろうという公算は、**超膨大**である[13]。

そのような文字列の創造に関与した〈研究開発〉は、あまりに特殊すぎて偶然に繰り返されることはあり得ない。なぜか？　この文字列を際立たせる特徴は、何なのであろうか？　ニコラス・ハンフリーは、この問いを、もっと過激な形で問うことで、鮮明にしている。すなわち、もし仮に、ニュートンの『プリンキピア』、チェイサーの『カンタベリー物語』、モーツァルト(Humphrey, 1987)の『ドン・ジョヴァンニ』、エッフェル塔、という四つの偉大な古典的作品のうちの一つを「忘却の彼方へ」追いやらなければならないとしたら、あなたはどれを選ぶだろうか？　ハンフリーは、こう答える。「仮に選択を迫られたとするならば……」

どれにすべきか。私なら、ほとんど何のためらいもなく、『プリンキピア』を選ぶ。どうしてか？　なぜなら、これらの作品のうち、ニュートンのこの作品ただ一つだけが、代替不可能なものでないからである。全く単純な話だ。もしニュートンが『プリンキピア』を執筆しなかったとしても、他のだれかが書いていたはずだ――確実に数年以内には書かれただろう……。『プリンキピア』は、人類の知性の栄光ある記念碑であるが、エッフェル塔は相対的に言って、ロマンティックな工学技術の中ではそれほど大きな功績ではない。だが、事実としては、エッフェルは自分のやり方でやったのに対して、ニュートンは神のやり方でやったに過ぎないのだ。[41]

(13)　ドイツ語のこの断片を読みやすく現代のフォントであらわすと「Freunde, Römer, Mitbürger, gebt mir Gehör! Ich komme, Cäsars Leiche zu bestatten, nicht, ihn zu loben」となる。

49 『スパムレット』の作者は誰か？

フランケンシュタイン博士が、「ショイクスペア[42]」というモンスターをデザインして組み立てた。するとショイクスペアは、机に向かい、『スパムレット[43]』という戯曲を書き上げた。そう仮定しよう。では『スパムレット』の作者は、誰なのだろうか？

あらかじめ、この直観ポンプに関して、私が関連しないと思うことを指摘しておく。ショイクスペアがロボットであるか否か、金属やシリコンチップからできているか否か、原作のフランケンシュタイン博士のモンスターのようにヒトの組織からできているか否か、細胞、タンパク質、アミノ酸、炭素原子からなるナノテクノロジーで作られたものなのか否かを、私はあえて明記しなかった。フランケンシュタイン博士がそのデザインワークと組み立てを実行した限りにおいて、その原材料が何であるかは大して重要ではない。机に向かい一編の戯曲をタイプで仕上げるのに、適切な大きさで、スムーズに動き、十分なエネルギーを持ったロボットを製作する唯一の方法が、精巧なタンパク質製のモーターと炭素系ナノ・ロボットをふんだんに使った人工細胞を用いたロボットを製作するという方法以外にあり得ないことが、判明することがあるかもしれない。これは確かに、科学的、技術的には興味深い探求すべき課題であるが、ここでは関係がない。同じ理由で、ショイクスペアが金属やシリコンでできたロボットである場合、課題に見合う複雑さをプログラムに備えさせるための要件を考えると、星雲レベルを超えた大きさになるかもしれない――そして、人間の寿命の尺度でこのロボットが可能だと想像できるためには、光速の限界を取り払わなければならないかもしれない。これらの技術的な制限は、このような直観ポンプではいくらでもとり除いてよいとされており、今回の場合、それによって議論が左右されることはないので、無茶な前提でも受け入れて話を進めてしまってよい（この点は、各自でダイヤルを色々と回して確認して頂きたい）。フランケンシュタイン博士が、彼の人工知能（ＡＩ）ロボットを、タンパク質などそれに類するものから作ろうという選択をしたとしても、それは彼の勝手である。このロボットが普通の人間と交配可能で、子を作っておそらく新しい種であるものを作り出すことができるとしたら、それはそれで面白いことであるが、私たちの関心事は、ショイクスペアの頭脳の産物《ブレインチャイルド》とされる『スパムレット』である。それでは、私たちの最初の問いにもどろう。『スパムレット』の作者は誰か？

この問いの核心をしっかりつかむために、私たちはショイクスペアの中で起こっていることに目を向け理解しなければならない。一方の極限にある想定として、（ショイクスペアがコンピュータ・メモリを備えたロボットであるとしておいて）ショイクスペアの中に『スパムレット』のファイルが見つかる場合、つまり、メモリ上に、すべてがロードされいつでも実行可能な状態にある『スパムレット』が見つかる場合が考えられる。このような極端な事例では、フランケンシュタイン博士はれっきとした『スパムレット』の作者であり、〔記憶〕媒体の役目を果たすショイクスペアを作り上げ、それを、単なる保存《ストレージ》と運搬《デリバリー》用の装置《デバイス》として、とりわけ風変わりなワードプロセッサーとして、ショイクスペアを使用している、ということになる。つまり、あらゆる〈研究開発〉はそれ以前になされ、何らかの方法でショイクスペアにコピーされただけだったのである。

この点をもっと明確にわかりやすくするために、**バベルの図書館**における『スパムレット』とその周りのスパムレット星雲について考えてみよう。『スパムレット』は、どのようにしてそこにたどり着いたのだろうか？　『スパムレット』を生み出した〈研究開発〉の道筋はどんなものだろうか？　もし、ショイクスペアのメモリが組み立てられ情報で満たされた時にはすでに『スパムレット』星雲への旅がすべて終わっていたということを知るなら、ショイクスペアはその探究に何の役割も果たしていないということが分かる。逆向き解決法を用いて[44]このこと考えてみよう。ショイクスペアの唯一の役割が、タイプという動作をする前にスペルチェックをして内蔵されたテキストを実行することだと分かれば、ショイクスペアが著作者性《オーサーシップ》を主張しても何ら説得的ではない、ということになろう。このような作業は、かなり重要ではあるものの、〈研究開発〉全体の**消えそうなくらいに微か**な部分にすぎない。ほぼ双子のような『スパムレット』のテキストから成るかなり大きな星雲が存在する——一冊につき一つだけの未校正の誤植を含むほんの少しずつ異なった変異体が、おおよそ数億は存在し、誤植の頻度が一ページにつき一回であるようなテキストをすべて含むものまで範囲を広げると、同じ主題についての異本の数は〈超厖大〉の領域に達する。さらに遡り、誤植 (typos) から誤義 (*thinkos*)〔文字ではなく意味に関する間違い[14]〕に目を移すなら、つまり、無理もないと思えるような単語の間違いや、最善とは言い難いが次善ではあるような単語の選択に目を移すなら、単なる整理編集作業とは対照的に、真の意味での著作者性の領域に足を踏み入れることになる。整理編集作業は、比較的に些末な作業であるが、最終的な出版物を作る上で無視し得ない重要性がある。どんなわずかな持ち上げ《リフティング》でも価値があり、時にはたった一つの持ち上げ《リフティング》があなたを全く新しい軌道へと導く〈デザイン空間〉においては、これらの些末さと重要性は、ちゃんと表現されている。私たちは、この局面で、いつものように、ルートヴィッヒ・ミース・ファン・デル・ローエの言葉「神は細部に宿る」を引用してよいだろう。

さて、この直観ポンプの色々なダイヤルを回し、もう一つの極限にある想定、フランケンシュタイン博士がショイクスペアに作業のほどんどを委ねたケースに目を向けてみよう。最も現実的なシナリオはきっとこうなるだろう。フランケンシュタイン博士は、仮想《バーチャル》の過去すなわち全人生に渡る疑似記憶をショイクスペアに備え、ショイクスペアはその中の多くの経験を使って、博士が組み込んだ戯曲を書きたいという強迫的な欲望に答えようとする。これら疑似記憶の中には、観劇や読書などが考えられるが、片思いやショッキングなきわどいやり取り、恥知らずの裏切りなども含まれよう。さて、何が起こるのだろうか? おそらくこうなるだろう。たとえばテレビのニュースで見た、何か「人間臭くて面白い」ストーリーがいくつか合わさって、それらがきっかけとなり、ショイクスペアは滅茶苦茶に試行錯誤を繰り返す。つまり、使えそうなテーマやストーリーの断片を、例の記憶の中から限なく探し求め、見つかればそれをうまく書き換え、時系列を整えて、完成に役に立ちそうな有望な〔物語の〕構造を見つける。もっともそれらの大半は、辛辣な批判的プロセスによって取り除かれるが、往々にしてそこから有用なものがわずかに見つかる。この多レベルの検索はどれも、内的に発生する多レベルの評価によって何らかの仕方で導かれて

(14) この素晴らしい造語は、文法レベルではなくて意味レベルでのコード・ミスを指し示すコンピュータオタク《ハッカー》たちの言葉使いに由来する。カッコを片方落としてしまうのは、誤植《タイポー》であるが、ローカル変数を銘記し忘れてしまうのは、誤義《シンコー》である。意味レベルのものや志向的な解釈、正確さや洗練度の明確な基準を伴う人間のどんな活動においても、誤義《シンコー》は顔を出す余地がある。あるご婦人を感心だ (meritorious) と記述する代わりに、奸心だ (meretricious) と記述すれば、それは誤植《タイポー》ではなくて誤義《シンコー》である。Dennett, 2006b を参照のこと。

いるが、この評価は、評価の評価の評価からなり、この評価自体が、展開し続ける検索が産み出すものを評価し、それもまた評価し……という仕方で機能する一つの反応である（**サイクル**内サイクル内サイクル）。

　ここでもし、驚異的な天才たるフランケンシュタイン博士が、最も混乱した無秩序な段階ですでに、今述べた活動のすべてを、最も微細な細部に至るまで実際に予期していて、まさにこの『スパムレット』という創作物を産み出すように、ショイクスペアの仮想《バーチャル》の過去と検索装置のすべてを手ずからデザインしていたのだとしたら、博士はまたしても『スパムレット』の作者ということになろうが、それはまた一言で言えば、博士は神だということでもあろう。そのような〈超厖大な〉予備知識は、端的に言って奇跡である。ここで私たちのおとぎ話にちょっとしたリアリズムを回復させるために、ダイヤルをそれほど極端でないところに合わせ、フランケンシュタイン博士はこのような詳細のすべてを予見できたわけでなく、むしろ、困難な作業のほとんどをショイクスペアに一任したのだと想定しよう。そこで委ねられた困難な作業とはすなわち、ショイクスペアの内部で生じるその後の〈研究開発〉によって決定されるような、ある何らかの文学作品へと至る**デザイン空間**中の軌道を完全にたどる、という作業である。このちょっとしたダイヤルの調整によって、私たちはやっと、現実そのもののすぐ隣までたどり着いたと言える。というのも、私たちには、印象深く記憶に残る人工的な作者、すなわち、その創造主に予見できるものを〈超厖大な〉レベルで凌駕した人工作者の実例があるからである。真剣な注意に値する人工的な戯曲作家はまだ誰も創造していないとはいえ、IBMの人工的なチェス・プレイヤーであるディープ・ブルーと、デイヴィド・コープによる人工作曲者であるEMIは、共に、いくつかの側面においては、創造的な才能を持った人間が生み出すことのできる最高の産物に匹敵する程の結果に到達しているのである。

　長年君臨していた当時のチェス世界チャンピオン、ガルリ・カスパロフを打ち破ったのは誰だったか？

マレイ・キャンベルでも、彼のＩＢＭチームのメンバーの誰かでもない。ディープ・ブルーだ。ディープ・ブルーは、キャンベルたちよりも、もっとうまくチェスのゲームをデザインするのである。彼らの誰もカスパロフに勝てるゲームの作者となることはできないが、ディープ・ブルーにはできるのである。そうだ、然り、だが、しかし……。この点に関しては、こう言いたくなるかもしれない。ディープ・ブルーがカスパロフをチェスで打ち負かしたとき、ディープ・ブルーが使った力技による検索方法は、カスパロフがチェスのコマの動きを推測するときに使った探索プロセスとまったく似ても似つかないものである、と。しかし、単純にそうは言えない――あるいは少なくとも、創造性に関するダーウィン的な見地について論じるという現在のような文脈にもっぱら影響を与えうる唯一の側面に関して言えば、彼らの探索プロセスがまったく似ていないとは言えないのだ。カスパロフの脳は、有機素材から構成されており、ディープ・ブルーとはまったく異なるアーキテクチャをもっている。しかし、それは、私たちの知る限り、おおざっぱに言って、同じような検索機関である。それには、卓越した多くのヒューリスティックな「発見法的な」[45]剪定技術が組み込まれており、その剪定技術のおかげで可能性の低い枝葉的選択肢に時間を浪費しないで済む。〈研究開発〉における投資が、この二つの事例でそれぞれ異なる様相を呈していることは疑いない。カスパロフは、過去の対局からよいゲーム・デザインの基本原理を抽出するという方法を取っており、それによってディープ・ブルーが相も変わらずひと通り順を追って精査しなければならないゲーム空間の莫大な部分を認知でき、その多くを無視するのに十分な知識をもってもいる。このカスパロフの「洞察」は、彼が行う検索のあり様を劇的に異なったものにするとはいえ、「全面的に異なる」創造手段を作り上げるわけではない。ディープ・ブルーの網羅的な検索は、ゲーム空間内にある、一定のタイプの道筋を閉ざすが、それが可能なのは、そのタイプの道筋を蓋然的に無視できそうだと特定するための何らかのアルゴリズムをもっているからである（このアルゴリズムを作るのは難しいが不可能なことではない）。したがって、適切でありさえすれば、カスパロフがするのとまさに同じような〈研究開発〉を、ディープ・ブルーは利用できるのである。ディープ・ブルーのデザイナーは、この分析的な作業をしっかりと仕上げているし、ディープ・ブルーにそれを生まれながらの素質として与えてもいるが、カスパロフの方には、他のチェス・プレイヤーやコーチや書籍から引き継ぎ、その後彼の脳に習慣としてインストールされた、合算して何十万年分というチェス・プレイヤーたちが行ったチェス空間の研究の成果があり、彼は、ディープ・ブルーと同様に、それから恩恵を受けているのである。

　この点に関して、かつてボビー・フィッシャーが出した提言に注目すると面白い。フィッシャーはチェスの対局に、元々意図されていた、理性だけが勝敗を決めるという純粋さを回復しようと、対局スタート時の配列を、白の大駒[46]を無作為《ランダム》に黒マスの上に置き、黒の大駒は同じ無作為《ランダム》配列で（鏡像のように）反対側の黒マスの上に並べる（ただし、ビショップは白黒それぞれのマスに一つずつ、キングはルークの間に常になくてはならない）、という提案を行った[47]。こうした初期配置の変更によって、記憶された知識が役立つ機会がほとんどなくなるため、膨大な数の序盤戦を記憶しておくというやり方は、人間にも、人工知能にも、ほとんど完全に無効な戦略になってしまう。ある人は根本原則にまで立ち返って、それに頼ろうとするだろうし、ある人は時計が動いているその場で、リアルタイムでデザインを作り上げるという難しい仕事をより多くしなければならないだろう。こうしたルール上の変更がコンピュータよりも人類に有利に働くのかどうかは、決して明白ではない。すべては、どんなタイプのプレーヤーが、実際にどんな〔定石の〕丸暗記――理解力を最小限にとどめて、以前の研究者の〈研究開発〉を信用しきること――に最高度に依存してプレイするかにかかっている。

事実を言えば、チェスの探索空間は、ディープ・ブルーがリアルタイムで徹底的に探索し尽くすには巨大すぎるので、ディープ・ブルーは、カスパロフと同じように、計算ずくの危険を冒して探索の可能な分岐を数多く剪定するし、またカスパロフと同様に、このような危険度の計算をしばしば予め行っておくのである。ディープ・ブルーもカスパロフも共に、それぞれの異なったアーキテクチャによって「力業」の推理を大量に行う。結局のところ、ニューロンにチェスの何が分かるというのだろう？　ニューロンが行う作業はすべて、あれこれの力業の作業なのである。

カスパロフの脳によって行われた作業をこのようなやり方で記述することで、私が計算主義的でＡＩ的なアプローチをひいきするような論点先取を行っているように見えるかもしれない。しかし、脳の作業は何らかの仕方でなされなければならないのだし、その作業がなされるこれ以外の仕方が明確に述べられたことはこれまで一度もなかったのだ。カスパロフが「洞察」や「直観」を用いたのだ、などと言うべきではなかろう。なぜなら、それが意味するのはただ、カスパロフ自身が自分にいい結果をもたらしたその方法への特権的な接近方法や洞察をもっているわけではない、ということだからである。したがって、誰も、とりわけカスパロフ自身も、カスパロフの脳がどうやってそれを行ったのかはわからないし、ましてや、カスパロフの用いた手段がディープ・ブルーが利用した手段と「まったく似ていない」という主張を支持するいかなる証拠もない。カスパロフの方法はそれとはぜんぜん違ったものなのは「当たり前だ」と、もし言いたくなってしまったら、今述べたことを思い出すべきである。一体全体そんな危うい主張を行うように仕向けてくるものは何なのだろうか？　願望的思考だろうか？　恐怖心だろうか？

しかし、こう言う人がいるだろう。たかがチェスである。芸術の話ではない。チェスは、芸術に比べれば、（なにしろコンピュータが世界チャンピオンになれるのだから）取るに足らぬことである、と。では今度は、作曲家にしてコンピュータオタク《ハッカー》であるデイヴィド・コープが行った、〈ミュージカル・インテリジェンスの実験〉、略称EMIの出番である（Cope, 2000, 2001）。コープがまず作り始めたのは単なる効率改善装置で、それは、どんな作曲家もぶつかる壁に打ち勝つことのできるような手助けになるもの、つまり、伝統的な〈〈デザイン空間〉上の〉検索用の乗り物（ピアノ、五線譜紙、テープレコーダーなどなど）の機能を拡張したハイテク機器であった。EMIは、その有能性《コンピータンス》を増していくにつれて、自分自身を作曲家の仕事をすべてこなす立場にまで昇格させ、試行錯誤の過程をますます具体化させていった。バッハが作曲した音楽がEMIに入力されれば、バッハのスタイルで構成された曲が生成され出力される。モーツァルト、シューベルト、プッチーニ、スコット・ジョップリンの曲が与えられれば、EMIは彼らのスタイルを分析し、そのスタイルで新しい楽曲を作曲する。コープ自身よりも――どんな他の人間の作曲家よりも――うまく模倣作を作曲するのである。二人の作曲家の楽曲を与えれば、EMIは即座にそれぞれのスタイルを気味が悪いくらい見事に結合させて作曲し、今しがた述べた作曲家のすべてのスタイルを同時に（好みなどお構いなしに、と言ってもいいような仕方で）与えると、自分の音楽「経験」の全体に基づいて楽曲作りを始める。結果として行われる作曲は、そのあと、次の作曲へフィードバックされ、MIDI形式(15)の他のどんな楽曲であっても、延々とこれが続く。この結果こそがEMI自身の「個人的な」スタイルである。このスタイルは、包み隠すことなく過去の偉大な作曲家たちからの遺産をあらわにしつつも、同時に、疑いなく、EMIの「経験」すべての、個性的な癖を含んだ統合でもある。EMIは今や、二声の即興的な小曲や芸術っぽい歌曲のようなものだけでなく、完全な形の交響曲を作曲することができる――現に、私が最近聞いたところでは、作曲した数は千を超えるという。楽曲の出来も専門家（作曲家や音楽大学の教授）をかつぐことができるほどよく出来ている。EMIの作ったプッチーニ風アリアでのどを痛めそうになった私の個人的な体験でもこれを証明できる。デイヴィッド・コープは、自分がEMIの交響曲やモテットや歌曲の作曲者だと主張してはいないが、これはマレイ・キャンベルがカスパロフにチェスで勝ったと主張しないのと同じことである。

ダーウィン主義者にとって、**クレーン**のカスケードにおけるこの新しい要素は、単に長い長い歴史の最新の事柄にすぎず、作者とその製作物との境界線は、カスケードの中の他の境界線と同じように曖昧なものである。リチャード・ドーキンス (Dawkins, 1982) は、ビーバーのダムは、その歯や毛皮とまったく同じ程度にビーバーの表現型——延長された表現型——であると指摘した。このような指摘によってドーキンスは、人間が作者となる場合のどこまでが作者なのかという境界線もまた、［ビーバーにとってのダムのように］延長されうるものだというさらなる考察のための舞台を作り上げているのである。実際、このことは何世紀にも渡る周知の事実であり、たとえば、ルーベンスの作品、ルーベンス工房の作品、ルーベンスの様々な弟子たちの作品を取り扱った、様々な専門家の集まりが半ば定期的に開かれている。[48] 制作に当たって協力者がいた可能性がある場合は常に、誰が誰を助けているのか、創作者は誰で、創造とは何かという問いを発することができる。

（15） おおざっぱに言って、MIDIと音楽の関係は、著述とASCIIコードの関係と同じである。つまり、コンピュータ・プログラムと外部の世界との間にある共通語《リンガ・フランカ》である。

50 仮想《バーチャル》ホテルの騒音《ノイズ》

仮想世界《バーチャル》と現実世界との違いについて考えてみよう。現実のホテルを造りたいと思う場合、時間とエネルギーと資材を注ぎ込んで、隣あっている部屋にいる人々に隣室の音が聞こえないように施工しなければならない。一方、仮想《バーチャル》ホテルを造ろうとする場合、そういう防音加工はタダで手に入る。仮想《バーチャル》ホテルの場合、隣あっている部屋にいる人々に隣室の音が聞こえるようにしたいときには、そのような機能を新たに追加しなければならない。つまり、非・防音を新たに追加しなければならない。それ以外にも、陰や芳香や振動やほこりや足跡やすり切れなども新たに追加する必要がある。しかし、現実世界においては、これらの非機能的な特徴はすべてタダで手に入る。仮想世界《バーチャル》をより現実に近づけるために必要とされるものを総称して、衝突判定（ゲームの場合は「当たり判定」）と呼ぶ。コンピュータでテレビゲームを作ろうと思い立ったことがある人ならば、画面上で色々な図形をただ動かすだけでは十分でないということに、おそらくすぐに気づく。というのも、衝突判定をアップデートループの中に組み込む（これはプログラム中の一つのサイクルで、プログラム中のあらゆる対象が行うすべてのことに介入し、「私は何かに衝突していますか？」と問いかける）のでなければ、様々な図形はお互いに何の影響も与えずにすり抜け合ってしまうからである。

ダグ・ホフスタッターは、その著書『ル・トン・ボー・ド・マロ』[49]で、創造的な過程への自然発生的侵入（*spontaneous intrusion*）と呼ぶものが果たす役割に注意を喚起している。現実世界では、そこに生じるほとんどすべてのものが軌跡を残し、陰を作り、香りを発し、騒音《ノイズ》を作り出す。これらは、〈自然発生的侵入〉の豊富な機会を提供している。それこそ、仮想《バーチャル》世界において供給不足となっているものに他ならない。実のところ、コンピュータ・モデルを作成する人々の視点に立つ場合、仮想《バーチャル》世界の主要な美点はその静かさにある。つまり作成者が何らかの仕方で提供したもの以外の何事も起こらない、ということである。これによって、まったくの白紙から出発し、それからそのモデルに一つずつ特徴を追加して、自分が求めている結果を産み出してくれる最小限度のモデルはどういうものになるのかということをその都度確かめる、というやり方が可能になるのである。

騒音《ノイズ》のこのような不在は、進化のコンピュータ・シミュレーションをひどく制限されたものにする。というのも、自然選択による進化は、ノイズを糧とするものだからである。つまり、偶発的に遭遇したノイズを信号に変え、がらくたを道具に変え、バグを特徴に変えるのである。進化のコンピュータ・シミュレーションの草分けで、現在でも最も印象的なものの一つが、カール・シムズの『進化するバーチャル生物』（Sims, 1994）である。これは下記から見ることができる。http://www.karlsims.com/evolved-virtual-creatures.html

シムズのシミュレーションに登場するのは仮想《バーチャル》連結式ブロックで、各々のブロックには連結部を動かすための仮想《バーチャル》筋肉が備わっている。シムズはまず、この仮想《バーチャル》の連結式ブロックの無作為《ランダム》な寄せ集めから出発し、それらを固有の仮想《バーチャル》物理学を備えた仮想《バーチャル》世界の中での進化に委ねる。プログラムは、仮想《バーチャル》なつがいを形成しようという試みにおいて最大限の効果を上げた寄せ集めを、自動的に選択し、そのつがいが産み出した子たちに対してもそのサイクルを繰り返す。遊泳者や歩行者や跳躍者などが、どんどん優れた方向へ進化して行くのだが、それでいてそこには知的《インテリジェント》デザイナーは何ら介入していない。結果として無作為《ランダム》とはほど遠いデザインが生じるが、それが証明しているのは、(仮想《バーチャル》)進化が、いかに効果的に、優れたデザイン原理を**準**・発見し、自然の中に見いだされる様々な印象的な特徴を**準**・再発明するのか、ということである。

これは、比較的単純なモデルから多大なものを得るという華々しい実例であるが、それと同時に、仮想《バーチャル》世界の進化の厳しい限界も示している。シムズがデザインしたのは単純な「胚発生」システムで、それはゲノム全体を入力として扱い、新たな個体を出力として産み出すが、この過程はすべて舞台裏でなされるのであって、シミュレーションされる仮想《バーチャル》世界の一部分ではない。その結果として、仮想《バーチャル》な漂流物と偶発的にぶつかったり激突したり衝突することが、ゲノムを長くしたり短くしたり、遺伝子発現の規則を変えたりすることはありえない。そのような機構はすべて、端的に言って、仮想《バーチャル》世界の中に仮想《バーチャル》なものたちと並んで存在しているものではなく、それゆえに変化することがありえない。たとえば、シムズの被造物が新たな染色体を進化させることは決してない。その遺伝システム全体はモデルの外部にあるのであって、自然選択そのものにさらされることなく、単に命令通りに世代間で遺伝情報を運ぶだけである(この現象の別の実例については第51章を参照)。

創造性についてのコンピュータ・モデルの中には、製作者が意図する創造的過程が衝き当たることができるがらくたが存在するべきであり、漏れ聞くことが避けられない騒音《ノイズ》が存在するべきである。こういう、隣室からのちょっとしたノイズの〈自然発生的侵入〉は、その創造的過程が行っていることにちょっとしたひねりを加える。そのひねりは、僥倖となることも、破壊的なものとなることもあるが、いずれの場合であれ、様々な新たな可能性を開く。偶発事を利用することは創造性の鍵であり、作り出されるものが新たなゲノムであろうと、新たな行動であろうと、新たなメロディーであろうと、同じである。

私が何を言っていないかを、明確にしておこう。シムズの進化する生物の問題は、生物たちが炭素でできていないことや、蛋白質やヘモグロビンを含んでいないことにあるわけではない。問題は、それらが仮想《バーチャル》の存在だということにある。そして、仮想《バーチャル》であることによって、それらは、生物学的進化の世界よりも桁違いに単純な世界の中を生きているのである。同じことは、コープのEMIにも言える。これは素晴らしいことでもあるのだが、EMIは、人間の作曲の世界よりも桁違いに単純である。いずれの場合についても喜ばしいことであるのは、これほど清浄でノイズがなく抽象的であるようなものからでも、人はこれほどに多くのものを得られるのだという発見である。

コープのEMIやシムズの作品、あるいはその他の人工生命や人工的創造性の企てに改善を加えるために、がらくたや衝突のチャンスをもっともっとたくさんその世界の中に付け足していくというやり方を、想像することができる。そうすることで、彼らのシミュレーション《シムズ》が対処《コープ》すべき仮想《バーチャル》の素材はもっと多く提供されるだろうし、機会が与えられた場合、いつ僥倖に行き当たるのかの予測を決して許さないものとなるだろう。しかし、次のようなアドバイスがどれほど直観に反するように見えるかを考えて欲しい。

あなたが何をモデル化しているかは問題ではない。すべての現象、すべてのサブルーチン、要するにその世界で起こるすべてのことが、その世界中に特定の機能をもたない多様な結果を間違いなくばらまくように仕組むべきだ。つまり、それらが、莫大なノイズを作り、乱気流と陰影とほこりを残し、振動を引き起こすという結果が間違いなくもたらされるように仕組むべきなのだ。

なぜなのか？　このノイズのすべては何のためにあるのか？　何のためにでもない。ただそこにあるだけで、そのノイズは他のすべての過程にとっての潜在的な信号の源となる。つまり、創造的アルゴリズムという錬金術の力で、機能、技巧、意味へと転じられるかもしれない何かになる。宇宙におけるデザインの増加は、ある僥倖の瞬間から始まった。二つの軌道がデザインされたわけではない交錯を引き起こし、それによって生み出された何かが、遡及的に見れば、単なる衝突以上のものだったことが判明するというのが、僥倖の瞬間である。しかし、コンピュータ・モデルの作成者は、このアドバイスに従っている限り、コンピュータをあれほどに優れた道具にしている効率性を浪費することになる。したがって、ここには、ある種のホメオスタシスがあることになる。[50] 創造性をコンピュータによってモデル化することは、何ら神秘的でない理由によって、収穫逓減の法則に直面することが分かる。人間の制作者や作曲家の創造性により一層近づくためには、モデルは、より一層具体的なものでなければならない。それは、肉体を備えた制作者や作曲家に影響を与えるものとしての〈自然発生的侵入〉を、より一層モデルに取り入れなくてはならなくなるのである。

51　ハーブとアリスと赤ん坊のハル

先日逝去した偉大な進化理論家ジョージ・ウィリアムズは、遺伝子をDNA分子と同一視するのは誤りであると力説していた。そのような見方は、『ハムレット』はインクからできていると考えるのと、ほぼ同様の誤りだというのである。もちろん、シェイクスピアの戯曲のすべての現存する版は、何かから作られている（ただし、必ずしもインクからではなく、コンピュータの画面上の文字の形をしたパターンや、さらにはCDに焼かれた二進法コードの列であることもある）が、しかし、その戯曲そのものは、媒体《メディア》から媒体《メディア》へと飛び回ることができる抽象的な情報的存在である。この考え方——これこそ正しいといつも私に思わせてきたこの考え方——に従えば、蛋白質を作るためのレシピである遺伝子もまた、抽象的な情報的存在であることになる。しかし、遺伝子をこのように考えることの価値に疑いを抱き、意見を同じくしてくれない人々が、今も昔もいる。彼らのために、特に生物哲学者ピーター・ゴドフリー＝スミスのために、私は、次のようなちょっとした直観ポンプを組み立てた。

ハーブとアリスは、二人の赤ん坊が欲しいと思っているのだが、そのために次のようなやり方をする。

一　二人のゲノム配列の解析を依頼し、およそ三十億文字のA、C、G、T……の文字列の二組が書かれた、二人のゲノム配列を含んでいるデータファイルをメールで受けとる。

二　次に二人は、あるコンピュータ・プログラムを作成する。このプログラムは、まず二人のゲノムの両方に対して減数分裂のアルゴリズムを施し、仮想精子と仮想卵子を（無作為に《ランダム》）作成してから、それらによって（無作為に《ランダム》）「シリコン内受精（*in silico*）」[51]を行い、新しい特定ゲノム配列を創出する（このゲノム配列は、それがハーブとアリスの子のDNAの特定ゲノム配列であるということを保証する、すべての法的な検証に合格しているものとする）。（ここまでのところ、この作業はすべて文字通りの意味で、A、C、G、Tという符号に関する、純粋な文字列書き換えの計算的操作である。）

三　次にこの特定ゲノム配列を用いて、A＝アデニン、C＝シトシン、G＝グアニン、T＝チミン、という対応づけを行い、完全なゲノムを現実のDNAへとコドン単位で実装する作成作業を行う（クレイグ・ヴェンダーの研究室では現在このような作業が可能である）。

四　このゲノムを人間の卵子の核の中に移植する（卵子自体のDNAは核の移植前に除去されているのだから、誰の卵子であるかが問題になるだろうか？）。その後、その卵子は一般的なやり方の一つで「試験管ベビー」になる。

こうして産み出された赤ん坊であるハルは、ハーブとアリスの子であるだろうか？　ハルが実際に二人の生物学上の子であることは、私の目にはまったく明白であるように見える。というのも、ハルは、通常の受胎によって両親から付与されていたはずのすべての遺伝情報を利用できるからである。

この直観ポンプが浮き彫りにするのは、自己複製において重要なことは何かということである。それは、情報であり、情報の因果的な伝達である（この場合、情報は、分子の形態をとっているのではなく、「A」「C」「G」「T」というASCIIコードの形態をとっている）。この因果的なつながりは、より直接的な生化学的な経路ではなく、たとえば、通信衛星を経由したものでもよい（二〇一〇年四月二六日の個人的な書簡で述べた内容を修正して引用した）。

ゴドフリー＝スミスは、ハルがハーブとアリスの子であるという点で私に同意してくれたものの、それを提示する際の私のやり方については同意を留保した（Dennett, 2010; Godfrey-Smith, 2011で、このやりとりを縮約なしの形で読める）。私は、同様の建設的批判の精神から、ハーブとアリスが子を作った過程と私たちが子を作る通常のやり方の間には、生物学的に重要な差異がたしかに存在するということを認めた。もしも誰もがハーブとアリスのやり方をとるようになったらどうなるだろうか？ ハーブからの遺伝的情報は、通常の乗り物つまり精子細胞に乗って卵子に向かうという経路をとらない。したがって、精子の運動性はもはや選択圧の下に置かれないことになり、他の条件が等しければ、世代ごとに減退していくことになる――使用せよ、さもなければ失え、なのだ。それでも、私が主張したいこと、またこの直観ポンプが明瞭な形で示していると私が考えていることは、分子の構造がおおむね世代ごとに一定に保たれているのは、その分子がまさに具体化しているその情報を具体化しているからだ、ということである。

仮に情報を保存するそれとは異なるやり方があるとしても、進化は滞りなく進んでいくだろう。この主張を、別の直観ポンプの中でさらに吟味することができる。ある惑星があり、そこでは「奇数」世代は〔遺伝子として〕A、C、T、GのはしごからなるDNAを用い、「偶数」世代はXNAと呼ばれる、P、

Q、R、S（という何か別の分子）のはしごからなる別の二重らせんを用いていると想像してみよう。子供のXNA分子は、両親に由来するDNA鋳型《テンプレート》から――メッセンジャーRNAによく似ていて、ただそれが二つの異なった生化学的言語間での「翻訳」を行うために用いられている、という点では独特の機構によって――作られていると、私たちは想定することができる。XNAが運ぶメッセージは、別のメッセンジャー的機構によって次の〔DNAの〕世代に伝達され、こうして代々続いていく。子をもちたいと望む場合、遺伝子が同じ言語で書かれている相手を見つけなければならない。ただし、生まれた子供は自分たちとは違う言語で書かれたゲノムをもっている。親子間の近親姦で子はできない――ただ、その事例自体がめったになかろう――が、それ以外にも、ロミオとジュリエット風に、愛し合う者同士が対立する集団に属するために子をなせない、という悲劇は数多くあるかもしれない（彼らにも、稔りなき性生活を受け入れて過ごし、どちらかのタイプの養子をとることや、さらに進んで、卵子提供者や精子提供者となって部分的に血を受け継いだ子を多くもうけることは、常に可能である）。このような世界においても、いま述べたようなこみいった事情を別にすれば、進化はいつもと同じように、有効な適応（や遺伝的な病など）についての情報を、およそ想像しうる限り異なった構造でありうるような二様のコード化のシステムを通じて、伝達していくだろう。分子構造は異なっていても遺伝子は同じなのである。つまり、各々の遺伝子が、*"cat"* と *"chat"*〔日本語の「ネコ」〕や *"house"* と *"maison"*〔日本語の「家」〕くらい異なった二つの形態をもつということなのである（**二つのブラックボックス**の事例との対応関係に注意して欲しい。どちらの事例でも、二つの体系的・構造的に異なった乗り物が、同じ情報、同じ意味論を共有している）。

52 ミーム

　ここまで、ミームについては言及してこなかったので、私がそれを放棄してしまったのだろうか、といぶかる読者もいたかもしれない。まったくの杞憂である。ミームという概念は、私のお気に入りの思考道具であり、それについて語るべきことは数多くある――本書に収めきれないほどにだ！　ミームについては、すでに別の場所で非常に多くのことを語った（少しだけ例を挙げれば、Dennett, 1990, 1991a, 1995a など）。多くの人々は、様々な理由からこの概念に対する本能的な反感を抱き、その結果、すでに多数登場している批判者たちの口車に乗ってしまう傾向がある。私は、自分は今一度ミームに対する弁明を行う機会をもつべきであり、また、真面目に取り上げるべき批判を行っている人々も、震えをこらえながら批判を行っているミーム恐怖症の人々も、すべて相手にしてそれを行うべきだと決意した。しかし、これを行うには、そのための小さな本が必要となるだろう。それまでの間、ミームについてもっと知りたい方には、「新しい自己複製子」（Dennett, 2002. なお Dennett, 2006a にも収録）[52] を参照していただきたい。

　とはいえここで、予告編として、真面目なミームの概念を（つまり、インターネットの住人たちが用いる俗化し過ぎてしまったゆるいミーム概念ではないものを）簡単に紹介しておく。ドーキンス（Dawkins, 1976）が指摘するように、ドーキンスが最初に、〈それ自身をコピーさせるような文化的なもの《アイテム》〉としてのミームの概念を導入したとき、次の原理が根本的な生物学的原理であるとされていた。

> すべての生命は、自己複製的存在の差異化的生き残り (the differential survival) によって進化する……
>
> 遺伝子、すなわちDNA分子は、たまたま、地球という私たちの星において優勢な自己複製的存在となっているが、それ以外のものが優勢であったこともありうる。もしDNA分子以外の自己複製的存在が存在し、その上で様々な条件が整えば、それが進化的な過程の基礎となるのは、ほとんど避けられない趨勢となる。
>
> だが、他の種類の自己複製子を探すために、したがって、他の種類の進化を探すために、遠くに出向く必要があるであろうか？　新たな種類の自己複製子が、この星の上にごく最近出現したのだと、私は考えている。それは、私たちの目の前にある。それは未だ幼少期にあり、未だ原始スープの中をぎこちなく漂っているような段階にある。しかし、それでも、それはすでに進化的な変化を開始しており、しかもそれは、息を切らして追いつこうとする旧来の遺伝子をゆうゆうと引き離すほどの急速なペースでの変化なのだ (p.206)[53]。

この思考道具からわき出てくる二つの主要な洞察は、人間の文化と創造性とを考えようとするときの私たちの想像力が作り出す光景を、劇的に変えてしまう。まず第一に、ミームは、優れた〈デザイン〉に至るルートは、遺伝子 (*gene*) か天才 (*genius*) かの二つしかないという、もしミームという概念がなければ魅力的であった考え方《アイデア》を、粉々に粉砕する。ミームによって目を開かされる以前のほとんどの思索者《シンカーズ》にとって、もし人間の生における何かに、目的と手段の適応関係や機能的効率性のあからさまな印《しるし》が見いだされるなら、それは、遺伝的な自然選択の産物か、熟慮と理解と意図を用いた人間の思考の産物――知的《インテリジェント》デザイン――かのいずれかでなければならなかった。〈オーゲルの第二法則〉――進化は君よりも賢い――を、この二つの選択肢〔「進化」と「君」〕を明確に述べていると見ることもできるかもしれない。だが実際には、第三の可能性が存在しており、その具体例は至る所に認められる。それこそ、私たちに遺伝子を与えてきた心を欠い《マインドレス》た自然選択と同じ過程によって成就される、非遺伝的な文化選択である。その鮮やかな実例は、一世紀前以上前になされたポリネシアのカヌー[54]についての次のような考察から得られる。「どんなボートも、他のボートの複製《コピー》である……ボートの意匠を決めたのは、すなわち、どの機能を残しどの機能を廃棄するかを選び取ったのは、〔母なる〕海それ自身である」(Alain, 1908)[55]。これは、紛れもない自然選択である。島民たちは、「もしも舟が海から無事に戻ってきたら、それを複製《コピー》せよ！」という単純なルールに従っていた。島民たちが、自分たちの好んでいるデザインを遡及的に保証してくれている造船上の諸原理に対する深い理解を備えていたということはあってもよいが、そういう理解は必要不可欠なものではまったくない。進化が、その品質保証を請け合ってくれているのだ。同じことが、文法規則や単語や宗教的な活動やその他の多くの人間文化の基盤をなすような特徴についても、当てはまる。誰もそれらをデザインしたわけではないし、それらが「私たちの遺伝子」の中にあるわけではないが、にもかかわらず、それらは極めて卓越した仕方でデザインされているのである。

第二の洞察は、デザインと伝達を気前よく運んでくれる、他のいかなる種も享受していないこの媒体、あるいはこの特別な情報ハイウェイを私たちが手にしたことに対する対価があって、それはすなわち、ミームが、私たちと一体になって繁栄している他のすべての共生者とちょうど同じように、自分自身の適応度をもっており、その適応度は、私たち自身の適応度からある程度は独立している、ということである。このような考え方《アイデア》に目を向けないという風潮は非常に根強く、人々が宗教についての進化論的説明を論じるときには、とりわけ明白になる。「ほう。ならば君は進化論的な宗教論を認めているわけだね。君は宗教が何を提供してくれると考えているのかな？　宗教は何かのために有益なことをしてくれるに違いない。だって、見たところ人類のすべての文化には何らかの形態の宗教があるんだからね」。とはいえ、人類のすべての文化には、風邪も存在している。風邪は何のために有益なのだろうか？　風邪は風邪自身にとって有益なのだ。私たちは、こちらに利益をもたらしてくれないにも関わらず、それ自体の繁栄を画策してはいるような文化的自己複製子を見つけ出す準備をすべきなのである。これは、文化的革新が——遺伝的革新とちょうど同じように——それを伝達する人々の適応度をつねに増大させるという、視野の狭い考え方に取って代わることで、文化的進化に関する様々な理論が活躍する場の地ならしをする。ミームは、情報的共生体であり、私たちの中に棲みついている数兆もの相利共生者と同様に、私たちがそれなしでは生きていけない存在である。しかし、これは、ミームのすべてが私たちの友であるということを意味していない。有害な疫病であるようなミームもあり、私たちはそれなしでも十分に生きていくことができる。

要約

この第VI部で私が証明しようとしたことは、ダーウィン的思考が、万能酸の名に恥じない威力をもつということであった。ダーウィン的思考法は、〈知的《インテリジェント》デザイナー〉という才知ある者の中でも飛び抜けて才知あるものからわき出てくるデザインというトップダウン的なイメージに挑戦し、そのイメージを、心も動機もなく下から沸き上が《バブル・アップ》ってくるサイクル的な過程というイメージに置き換えることによって、伝統的世界全体を、ひっくり返す。このサイクル的な過程は、その過程自体よりもしっかりした様々な結合体を大量に次々と作り出すということを繰り返し、ついにはそれらの結合体それ自体が自分自身の複製を産み出し、既存の最上の断片を何度も繰り返し再利用することができるようになって、デザイン過程がスピードアップするのである。最初期の結合体の子孫のあるものは、ついに力を合わせ（有力なクレーンとしての共生）、多細胞生物（別の有力なクレーン）になり、さらに、有性生殖（また別の有力なクレーン）によって可能になった、より有効な探査を行う乗り物になり、ついに、ある一つの種において言語と文化的進化へと至る（さらなる二つのクレーン）。これは、一番最近現れたクレーンである文学と科学と工学《エンジニアリング》に〈媒体〉を供給し、それがさらに、ある意味では他のいかなる生命形態もなしえないような「メタレベルに行くこと」を私たちに可能にしている。つまりそれによって私たちは、自分が誰でいかなる者であるか、自分がいかにして今ここに至っているのかについていろいろなやり方で反省し、これまでの過程を型どる営みとして、演劇や小説、理論やコンピュータ・シミュレーション、それに私たちの素晴らしい道具箱に加えるべきさらに多くの思考道具を作り出すのである。

このようなダーウィン的な視点《パースペクティブ》は、とても広い分野を統一的に扱うことができると同時に、細部に関する様々な洞察を惜しげもなく提供してくれるので、この視点それ自体が一つの強力な道具である、と言っていいかもしれない。奇妙にもダーウィン的思考法を未だに退ける人々は、もし伝統という手道具だけで自力でやっていこうとすると、気がつけば、感染症学と認識論、バイオ燃料と脳の構造、分子遺伝子学と音楽と道徳性など[56]、多種多様で重要な現象を扱う研究の最先端から全く関係ないところで無駄骨を折っているという公算が高いということを、考えなければならない。

Ⅶ　意識について考える道具

何ダースもの思考の道具で武装した私たちは、この宇宙全体で最も難解な現象である、と多くの人々が認める主題に、とうとう到達した。実際、少なからぬ世の人々が、それこそ最後に残る神秘だと主張してきた。彼らは断言する、私たちは決して意識を理解することはないだろう、と。意識は、科学や哲学の最善の努力さえ、未来永劫一貫して受けつけないだろう、というのである。このような知的バリケードを信ずべきちゃんとした理由は存在していないので、これは願望的思考《ウィッシュフル・シンキング》にすぎないと結論せざるを得ない。意識がどのように働いているのかに関わる秘密を暴こうという私たちの考え方《アイデア》を嫌悪する人たちがいるし、彼らは、自分たちに私たちの理解が押しつけられないようにするだけのために、そんなのは見込みのない努力だから諦めるべきだと言う。もし私たちが彼らの助言に従えば、彼らが正しいということになってしまうので、彼らのことは無視して、困難だが不可能ではない探求の旅に乗り出すことにしよう。

53　カウンターイメージを二つ

これまでに私が紹介してきた〔思考の〕道具の多くは、何らかの点で心に関わるもの――信じるときの心、考えるときの心など――だったが、私は、今に至るまで、意識という解きがたい問題を後回しにしてきた。これには理由がある。人々が意識について思いを巡らし始めると、普通、意識とはどんなものでなければならないかということについての自分の考えを膨らませすぎ、混乱を極めることになのだ。意識経験について絶え間なく生じる問題に決着をつけなくても心の仕事《ワーク》（や遊び《プレイ》）[1]についてどれほど多くのことが説明可能であるのかを知るチャンスが彼らにはあったのに、彼らはいきなりこの〔意識という〕最も困難な問題に取り組んでしまうのである。私たちはもうベースキャンプを設営したのだから、頂上にアタックする準備ができるのではないだろうか？　その通り、準備はできている。だが、もし私たちが状況をそんな風に捉えるとするなら、私たちはすでに、想像力の誤りに陥っている！　意識というのは、私たちの心がいただく壮大なただ一つの頂上といったものではない。少なくとも十七世紀のデカルトにまで遡る伝統が言うのとは反対に、意識現象は、私たちの心の中の最も「中心的」な現象でもなければ「最も高度な」現象でもない (Jackendoff, 1987; Dennett, 1991a)。魅力的な悪しきイメージは、それを中和するためのカウンターイメージを必要としているので、出発前に、単純な想像力調整器具を提示しよう。コール・ポーターの名曲「あなたが一番《トップ》(You're the Top)」を思い出して、あなたは頂点《トップ》ではなく——山の頂上ではなく——、山全体であるかもしれない、ということをよく考えてみよう。さらに、あなたという山についてあなたが知っていることや語ることができることが、頂上からの光景ではなく、登山途中の様々な光景であるということをよく考えてみよう。あなたは、意識現象を、はげオヤジの頭のてっぺんから生える一房の髪の毛にかなり似ていると、考えたくなるかもしれない。このことをよく覚えておこう。

もう一つのカウンターイメージを挙げておこう。意識は、テレビと同じような、情報が変換され記録されるような情報媒体《メディア》ではないし、「すべてが一緒に集まり」そこで何らかの〈核心的証言〉が判定されるような場所——私が〈デカルト的劇場〉と呼んだ想像上の場所(Dennett, 1991a)——が、脳の中に存在するのでもない。意識とは、テレビよりもむしろ世間の評判によく似ている。それは脳内で沸き立つ評判であり、脳内《セレブラル》の名声《セレブリティ》であり、ある一定の〔心的〕内容が、競争相手である他の〔心的〕内容たち以上の影響力をもち、記憶に強く残るようになるという働きなのである。この見方を論証する代わり、私はこれを一つの思考道具として提供するだけにしておこう(論証に関してはDennett, 1991a, 2005bを見られたい)。それと共に、これを受け取る人にも、拒む人にも、ためになるアドバイスを付け足しておく。つまり、何かが意識の内に入るということは〈何かが総本部に到達すること〉であるとか、それはニューロンの樹状突起からの信号を〈それ以外の何か〉に〈翻訳する〉働きであるとかいう考えを、自分が抱いていることに気づいた場合はいつでも、今述べたようなカウンターイメージを思い出し、自分はもしやこの現象について誤ったイメージを抱いているのではないかと自問してもらいたいのである。

54 ゾンビ直感《ハンチ》

ほとんどの人々は、(シリコン、金属、プラスチックなどで作られた) いかなるロボットも、私たち人間が意識をもつのと同じ仕方で意識をもつことは決してできないだろうという直感《ハンチ》——これと違うように見えても、実はこれと大差ない直感《ハンチ》——を、抱いている。生きて呼吸する有機的な私たちの身体と脳には、意識にとって必要不可欠な何かがある、というわけである。これは、あえてポンプを用いて汲み出す必要もないほど至る所に見られる直観《イントゥイション》であり、このような直観をもつ人々が正しいこともひょっとしたらありえる。しかし、私たちは、私たちの身体と脳に対するある洞察を得ている。つまり、私たちの身体と脳は多くのロボットたちの集まりに分解され、そのロボットたちの各々はさらに小さいロボットたちの集まりに分解され、そのさらに小さいロボットたちはさらに小さいロボットたちの集まりに分解されるといったように、レベルを下降していき、ついにはニューロンのレベルに達し、ニューロンの中では駆動蛋白質やその他のナノロボットがうろうろと歩き回り、こうしてシステムの全体が作動しているのだ、という洞察である。このような洞察を得た私たちは、上記の直感《ハンチ》が貧困な想像力の製作物にすぎないこともひょっとしたらありえると、考えることができる。というのも、桁違いに単純なロボット、単純すぎるロボットのことを、人々は考えてきたからである。ある友人に、今述べたような「つかみ」の話題を振ったとき、その友人は話題をさっさと打ち切ろうとこう答えた。「意識をもつロボットなんて、まったく考えられないな」。ナンセンスだと私は答え、こう続けた。むしろ君は、意識をもつロボットを考えるなんて気が進まないと言いたいんだろう。君は、意識をもつロボットのことなんかを真面目に受け取るのは馬鹿げていて非常識なことだと思っているが、実のところ、意識をもつロボットを考えるなんてことは子供にもできることだし、ついでに言えば、意識をもつ蒸気機関車《チュウチュウトレイン》(『ちびっこきかんしゃだいじょうぶ』[2])や意識をもつクリスマスツリー(家族に憧れる寂しいモミの木が出てくる、よくある子供向けのお涙頂戴物語)だって同じだ。『スターウォーズ』を見たことがある人なら誰でも、一時間かそこら、R2D2やC3POを意識ある存在だと思って過ごすものだろ。僕たちは子供時代から、ほとんどの場合、「考える間もなく」こういう見方をしてきた。僕たちにとってこういう見方は、単に簡単なことだというだけでなく、人間のようにふるまう――とりわけ話をする――ものに向かい合うときには、ほとんど抗しがたいものなんだよ、と。

　興味深い事実を挙げよう。さかのぼること一九五〇年代、ワイルダー・ペンフィールドがモントリオールで神経科学の草分け的な研究を行って以来、はっきり覚醒した患者の脳を露出させる手術が多く行われ、その手術中の患者は、脳のある場所を、あるいは、他でもないその場所を刺激されると、それがどういう感じなのかを言うことができた。この手術を行った人々やそれに立ち会った人々が、「なんてことだ! こいつは人間じゃない。ゾンビだ。ゾンビでないわけがない。だって、私たちがこいつの中に見いだしたのは、灰色の物体だけだったんだ!」と考えたなどと、私は思わない。その患者はゾンビなんかではないのであり、なぜなら患者に意識があることは――見て、聞きさえすれば!――明々白々だからだ。そして実のところ、私たちが誰かと話しながらその頭蓋骨を開き、頭蓋腔の中にマイクロチップがぎっしり詰め込まれているのを発見したとしても、その人物がゾンビではないこともまた、明々白々なことだろう。その場合私たちは、たぶん驚きながらではあるが、意識あるロボットを考えたり想像したりすることが簡単なだけではなく、それは現実的存在だということを、学ぶことになるだろう。

意識についてのこの「単なる行動的な《ビヘイボラル》」〔振る舞いに関する〕証拠に誘惑されて、そのような結論に飛躍するとしたら、それは自分の想像力によって欺かれているのだと考える哲学者たちがいる。「誘惑されるな、飛躍するな！」が彼らのモットーである。他の人間が意識をもつということを証明するのは、そのような結論に至ることよりずっと難しいことであり、それというのも、その人間は――少なくとも論理的可能性としては――「ゾンビ」かもしれないからである。ここで言うゾンビとは、映画やハロウィンの衣装でみかけるブードゥー教風のゾンビではない。歩く死体たちは、その振る舞い（と恐ろしげな外見）によって、容易に一般人と見分けられる。これとは対照的に、哲学者たちのゾンビは、陽気な友達にも、パーティーの盛り上げ役にもなることができるし、あなたが知るどんな人とも同じくらいに愛と喜びに満ち、自発的に何かをすることができる。あなたの親友の誰かがゾンビであるかもしれない。哲学者のゾンビは、（定義上）振る舞いに関しては通常の意識ある人間と区別することができない。しかし、「その中には誰も住んでいない」のだ。つまり、哲学者のゾンビは、内的な生や意識経験を完全に欠いていて、ただ外見上意識があるように見えるだけの存在なのである。もしあなたがこのような哲学者たちに同意し、これが重要な問題だと考えるとしたら、さらに――哲学者のゾンビの論理的可能性に鑑みて――意識についての科学的で唯物論的な理論は一体どうしたら可能なのかと疑問を抱くとしたら、あなたは〈ゾンビ直感〉に囚われてしまっているのである。[1]

私は、自分が〈ゾンビ直感《ハンチ》〉を誰にも劣らず生き生きと感じ取ることができる、と躊躇なく認める。その直感《ハンチ》をまっすぐに見つめるとき、私たちのためにそして私たちに対して様々な働きをなしうるだけではなく、ロボットには欠けていて脳の「単なる」物理的活動にはまったく想像できないある種の私秘的《プライベート》な輝きつまり我ココニ在リ性を備えたものこそが、意識でなければならない、という思いに似た心持ちに、実際に陥るのだ。しかし、私は、この直感《ハンチ》を信用すべきでないと学んできた。私の考えでは、このように思われること自体、徹頭徹尾誤りであり、想像力の挫折なのであって、必然的真理への洞察ではないのである。とはいえ、このことを他の人々に納得させることは明らかに容易な課題ではないので、〈ゾンビ直感《ハンチ》〉への囚われから解放されていくためには、いくつか異なった直観ポンプが必要となってくる。

　手始めに、哲学的ゾンビというこの論理的可能性に対する私たちの立場を、他のいくつかの論理的可能性との比較によって明らかにしてもよかろう。あなたが『マトリックス』の世界に住んでおり、あなたが身近で見ていて明らかに参加しているように思われる人生のすべてが、あなたの実際の肉体がある種のハイテク水槽の中でじっと横たわっている間にあなたの平静さを維持するためにデザインされたバーチャルリアリティのショーである、ということは、論理的に可能である。炭素原子は実際には存在せず、科学者たちに炭素原子だと見えていたものは、実は、宇宙人が操作する無数の小さな宇宙船で、宇宙人の生涯の仕事は宇宙船を炭素原子に見せかけることだった、ということは、論理的に可能である。宇宙全体は、しかるべき場所のいわゆる化石のすべてや何光年も離れた銀河から流れ込んできた光子のすべてとともに、およそ六千年前に創造された、ということは、論理的に可能である（世界は一〇分前に創造され、脳内に過去の擬似記憶が完全な形でインストールされている、ということは、論理的に可能である）。私たちは、この種の論理的可能性を、フィクションのための面白い前提ととらえるかもしれないが、現実の物理学や化学や生物学には見直したり廃棄したりする必要があることを示す兆候だと真面目に受け取ることはない。

〈ゾンビ直感《ハンチ》〉を、これらよりも中身があり、より考察に値するものにしているものが、何かあるだろうか？　多くの真面目な思索者は、何かあると考えてきた。

〈ゾンビ直感《ハンチ》〉のようなものを産み出すためにデザインされたすべての直観ポンプの元祖に当たるものは、すでに何百年も前に、ゴットフリート・ヴィルヘルム・ライプニッツによって発明されたと言っていいかもしれない。ライプニッツは、微分法の発明者としての称号をニュートンと共有する哲学者にして数学者であり、同時代の思索者の誰にも劣らない賢さと才知を備えていたが、自分が考案した次のような直観ポンプに魅了されてしまった。

いま仮に、考えたり感じたり表象〔知覚（perception）〕をもったりできる仕組みをもった機械があるとしよう。その機械が同じ釣合いを保ちながら大きくなり、風車小屋にはいるようにそこにはいれるようになった、と考えてみよう。そこでそう仮定して、その中にはいってみたとき、見えるものといってはいろんな部分がお互いに動かし合っていることだけで、表象〔知覚〕を説明するに足りるものは決して見出せないだろう。従って〔＊引用者による強調〕、表象〔知覚〕を求むべきところは単純実体の中であって、複合的なものや機械の中ではない（Leibniz, 1714, para.17）[3]。

（1）　本書の初期の草稿を読んだ読者の中には、以上の仮定を私のまったくの作り話だと思っていた人がいた。同じ疑惑を共有されている方は、恐れ多くも『スタンフォード哲学百科事典』に掲載されている、哲学的ゾンビに関する、長大で恐ろしく真剣な記事に当たってもらいたい。ウェブ版のアドレスは以下。
http://plato.stanford.edu/entries/zombies

この「従って〔英語でThus, 仏語原文でAinsi〕」は、あらゆる哲学に登場する帰結セザル帰結（*non sequiturs*）の最もどぎついものの一つである。ライプニッツは、結論に至るために挟んでおかなければならない論証を何も与えてくれていない。そんな論証を必要としないほど明々白々だと、彼は考えているのである。二十世紀初期の遺伝学者で遺伝子が物質的存在であることを想像できなかったウィリアム・ベイトソンを、思いだそう（一六三頁参照）。ベイトソンが、すべての細胞中に含まれる三十億もの二重らせんをなす塩基対という途方もない考え方《アイデア》を（荒唐無稽！だとして）真面目に受け取る術《すべ》をもたなかったのとちょうど同じように、ライプニッツは、何兆もの可動部品をもつ「水車」という考え方《アイデア》を真面目に受け取る術をもたなかった。[4] ライプニッツは、疑いもなく、「単に部品の数を増やす」ことだけでは機械から心に移行することはできないと主張しているのだろうが、しかしそれは、ライプニッツの単なる直感《ハンチ》に過ぎず、証明したと主張できるようなものではないのである。だが、ダーウィン、クリック、ワトソンがベイトソンの想像力の挫折を明らかにしたのだとしたら、チューリングはライプニッツの直観ポンプを過去の遺物にしてしまった。問題は、その変化が完了していないことだ。その直観ポンプは、まだ姿を消してはいないのである。思うに、〈ゾンビ直感《ハンチ》〉は、いずれ歴史の彼方へと姿を消し、以前は私たちの心につきまとっていた興味深い遺物となるだろうが、完全に絶滅するかどうかは疑わしい。つまり、心を虜にする現在の形態のままで生き残ることはないだろうが、権威による支えは失ったにしても心理学的には依然として強力でありつづける、弱毒化された突然変異体として生き残るだろう。過去にも同様のことが生じたのを私たちは目にしてきた。私たちの目にはやはり地球が静止し、太陽と月がその周囲を回っているように見えるのだが、これは単なる見かけとして無視するのが賢明であると私たちは学んできた。私たちの目にはやはり、絶対的に静止している物体と慣性系内にある加速を受けていないだけの物体との間には違いがあるように見えるのだが、この感覚を信頼すべきではないということを私たちは学んできた。哲学者と科学者と市井の人々が、意識に関する過去の戸惑いのもはや化石となった痕跡にくすりと笑いを浮かべ、次のように言う日が来るのを、私は楽しみにしている――「私たちの目にはやはり、意識についての機械論的な理論が何かを見落としているように見えるのだが、今の私たちはもちろんそれが錯覚に過ぎないことを理解している。それは、意識に関して説明を要することをすべて説明している」――と。

〈ゾンビ直感《ハンチ》〉に忠義だてすることは、私が「直観ポンプ」という造語の着想を得たもとになったジョン・サールの有名な**中国語の部屋**をはじめとする多くの哲学者の思考実験によって、現在でも助長されている。この思考実験は、間もなくあなたの目の前でばらばらに解体されるだろう。しかしその前に、哲学的ゾンビという概念についてもう少し丁寧な解明を行っておきたい。

55　ゾンビとジンボ

人々が、自分は（哲学的）ゾンビについての概念形成を行うことができると言うとき、あなたはどうしてそれを知っているのかと言う権利が、私たちにはある。概念形成とは容易なことではないのである！あなたは三次元より多くの次元の概念を形成できるだろうか？　空間の湾曲はどうだろうか？　量子のもつれ合いは？　何かをただ想像するだけでは十分ではない――実際、デカルトが言うように、想像することとは概念を形成することではまったくない。デカルトによれば、想像することは、あなたの（究極的には機械仕掛けである）身体を用いてなされ、身体に課されたすべての制限（例えば近視眼性、解像度の限界、視点、濃淡など）を伴っている。他方、概念形成することとは、身体機構の制限から解放されたずっと強力な識別器官であるあなたの心だけを用いてなされる。デカルトは、この違いを示すために、正千角形という説得力ある実例を提供している。あなたは、正千角形の概念を形成できるだろうか？　それを想像することはできるだろうか？　両者の違いは何だろうか？　まずは想像を行ってみよう。最初に、たとえば正五角形を想像し、続いて正十角形を想像する。難しいが、どうすればいいかあなたは知っている。つまり、正五角形のすべての辺を中央で曲げて、曲げた部分をほんの少し外に押し出し、五つの等しい辺を十の等しい辺に変えるのである。どのくらいまで押し出すべきか？　正五角形に外接する円を描き、その円に接

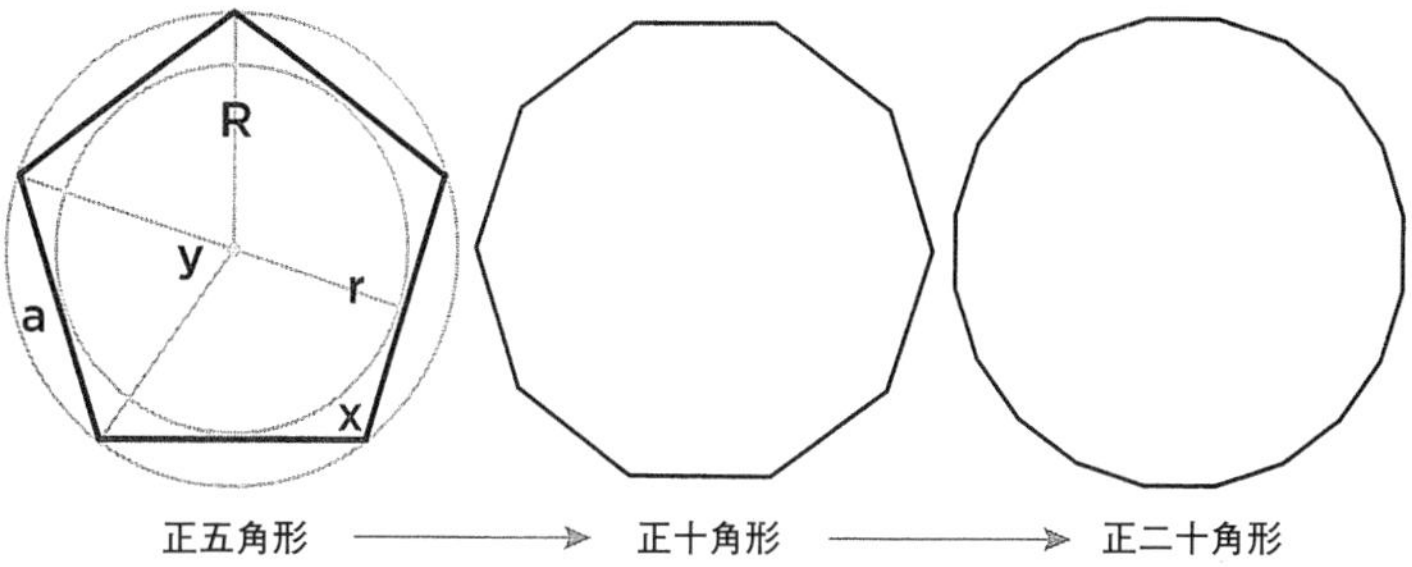

するまで押し出せばいい。ここで、同じ操作を正十角形で繰り返すと、正二十角形ができる。これを何度も繰り返すと、正一二八〇角形ができあがる。それは、想像の中では円とほとんど区別がつかないが、概念においては、円とは——また正千角形とも——はっきり区別されるもので、円と正方形くらいにはっきり違っている。もしも、同心円に似た形で並ぶ、円の中の正千角形の中の円の中の正千角形の円を想像して下さいと言われた場合、あなたの心的な像の中で、どれが円で、どれが正千角形であるかを言うことができるだろうか？　できるわけがない。どれもみな円のように見えるだろう。しかし、考えてみよと言われた事柄に関して概念形成することなら、あなたは何の苦もなく行うことができる。

デカルトは、このようなやり方を行えとは言っていない。デカルトにとって、概念形成《コンセプション》の働きは、想像《イマジネイション》の働きと同様に、ある種の直接的で一時的な心的作用である、つまり、画像を何の苦もなく把握するといったような作用である。あなたは、何かの仕方で、（「正」「千」「角」「形」[6]という）関連する諸概念を（心的に）把握し、あとはシャザム！と呪文を唱える。[7]そうすれば、目当ての概念が手に入るのだ。このようなデカルト的な基礎的概念形成作用について、私はいつも疑いを抱いてきた。もしあなたにそれができるなら、それはそれで結構であるが、私にはできないことが私には分かっている（これは、語の別の意味において、私が赤ん坊を受胎

（conceive）できないのと同じである）。あるものについての概念形成に成功したと私が自信をもてるようになるのは、しばらくの間関連する様々な観念を操作し、心の中でその含意を検証し、実際に使ってみた後、その概念が含んでいる道具を滑らかに使いこなせるようになった後、である（そして、このような心的な筋トレを行うとき、私は、想像力を酷使し、たとえば、頭の中で様々な図や画像を探求する。要するに、私は、デカルトが軽視したものである単なる私の想像の働きを、デカルトが称揚したものである私の概念形成の働きを成就するために、利用しているのである）。あなたは、ひも理論についての概念を形成できるだろうか？　超ひもや「膜《ブレーン》」のようなものの類で満たされた多くの次元について話すすべての人々が、いとも簡単にそれを理解し、いとも簡単に論理的整合性を検証していると、あなたは思うだろうか？　私には難解すぎるが、しかし、まさにその理由から、それは信じがたい（inconceivable〔概念形成不能〕）とか不可能だと、私は明言しようとは思わない（Ross, 2013）。私は納得できていないのだが、だからといって、それをナンセンスなものだと退けるほど私自身の概念的能力に自信があるわけでもないのである。私は、ひも理論の真理性に関する概念形成が、まだできていないのだ。慎重な論証がないままに、概念形成可能〔考えられる〕とか概念形成不能〔考えられない〕とかいった軽率な判定を重視すべきではない。ベイトソンは、物質的な遺伝子は「概念形成不能」である〔考えられない〕と言ったが、もしもベイトソンが現代に生きていたら、それを概念形成することをすぐに学ぶことができただろう。結局、小学生の子供でも、はしごのついた二重らせんについて、つまり、要領さえつかめば明らかに小学生でも簡単に概念形成可能な〔考えられる〕現象について、学んでいる。しかし、どんな新しい情報があろうと、どんな想像力のテクニックがあろうと、それによって私たちが、「丸い正方形」（その輪郭線上のすべての点が中心からすべて等距離にあるような四辺の正多角形）や最大の素数の概念を形成できるようにはならないだろう。

私は確信して疑わないのだが、哲学者のゾンビは、概念的に不整合で不可能で破綻した観念である。しかし、私の言葉を真に受けることなかれ。あなたが哲学者のゾンビについての概念を形成できるとあなた自身が納得するために、あなたに何ができるのか？ と考えてもらいたい。友人のゼークがゾンビであることが「判明した」とあなたが想像しようとしていると考えてみよう。その通りだとあなたを納得させたり、そのような結論にあなたを誘うものは、何なのだろうか？(2) すべての違いは何が違っていることでもたらされるのか？ 思い起こすべきなのは、ゼークがすることができることはどれも、ゼークがゾンビであるという確信もゾンビではないという確信もあなたに抱かせるはずはない、ということである。私が見るところでは、多くの人々が、この点を正しく踏まえて考察を進めることができていない。彼らは、自分の概念形成の力を使いこなそうと試みるとき、困ったことに、哲学者のゾンビの定義の一部を忘却するか脇にのけるかしてしまうのである。あなたがこの誤りを犯しているかどうか確かめるには、私が〈ジンボ〉と呼ぶゾンビの特別な亜種（Dennett, 1991a）を区別して取り出してみることが役に立つかもしれない。すべてのゾンビは、世界から（ゾンビの目玉や耳を通じて）情報を抽出するための（言うまでもなく）無意識的な制御システムを備えていて、壁にぶつからないように歩いたり自分への呼びかけに応じて振り向いたりするために、その情報を利用している。言いかえれば、ゾンビはみな、志向システムである。しか

（2） これは、哲学者によっては、私が形而上学的な問いと認識論的な問いを混同している、という非難を向けてきそうな、また別の論点である。「誰かがゾンビであることを私たちはいかにして知るのか、という問いを発してはならない！ 発すべきは、ゾンビであるとはいかなることなのかという問いだ！」というわけだ。だが、このように認識論から隔離された形而上学とは、せいぜいのところ空想力の練習であるにすぎない。

し、ジンボは、特別である。ジンボは、自分自身の内的および外的な活動をモニタすることができる装備も与えられたゾンビであるので、自分の他の内的な諸状態についてのより高次な内的な（無意識的な）情報状態をもっている。自分自身をモニタすることもできるということによって、ジンボは、まさにこの自己モニタ状態についての情報や、自己モニタ状態についての自己モニタ状態についての情報等々の情報を、無際限にもつことができ利用することができる。言いかえれば、ジンボは、再帰的自己表象――こういう言い方に意味があるならば、無意識的な再帰的自己表象――を、備えている。ジンボが次のような会話を行うことができるのは、ひとえにこのような特別な才能のおかげである。


（あなた）ゼーク、僕のことが好きかい？

（ゼーク）もちろん、好きさ。僕らは親友じゃないか！

（あなた）こんな質問をしちゃって、気を悪くした？

（ゼーク）ああ、まあ、そうだね。かなり失礼だ。君がそんな質問をするだけで困惑したさ。

（あなた）それ、どうやって分かるの？

（ゼーク）はあ？　君からそういう質問を聞くと、ちょっといらいらした感じや脅かされている感じがするし、でなくともただびっくりするだろ？　その感じをただ思い出すだけさ。で、何でそんなことを聞くんだ？

（あなた）お願いがあるんだけど、似たような質問をもう少ししてもいいかな？

（ゼーク）どうしてもというなら、いいよ。でも本当のところ、こんな会話、僕にはとても我慢できないな。

思い出してもらいたい。哲学的ゾンビは、振る舞いの上では意識ある人間と識別不能であると言明されているのだから、この種の会話を行うという振る舞いはその演目《レパートリー》中にあり、このような振る舞いを制御するためには、ゾンビには再帰的自己表象が必要となるはずなのである。ゾンビは、自分が何かについて悩むことについて、自分が何を考えているかについて、その考えがどういう感じがするかについて、その感じをどう感じるかについて……などについて、(無意識的なゾンビ風のやり方で)「考える」ことができる。ゼークがへまをしてあなたの質問に対して気味悪く無返答になり、あなたに恐るべき疑いがわき起こる、というのは容易に想像できるが、これは、ゼークはゾンビであるとしても、ジンボではないという発見だろう。つねに肝に銘じておくべきなのは、あなたが哲学者のゾンビの実在的可能性を問う場合、あなたが考えているのは、ジンボであるということである。というのも、再帰的自己表象を備えた存在だけが、右の会話のような日々の交流を上手にこなすことができるのであり、詩を書いたり、新たな科学的仮説を立てたり、劇を演じたりできるのが、再帰的自己表象を備えた存在だけであるのも言うまでもない。このようなすべての営みは——定義上——ジンボの有能性《コンピータンス》に属するものである。

もしあなたが、「普通の」ゼークとジンボのゼークとがどれほど識別不可能であるかについて、敢えて詳細に想像しないのであれば、あなたは、哲学者のゾンビについての概念を形成しようという努力を、本当は行っていないということになる。それは、半分の努力もしないで諦めてしまったライプニッツに似ている。さらにいくつかの問いをあなた自身に立てて欲しい。あなたは、ゼークがジンボなのかどうかが、なぜ気にな͘るのか？　もっと個人に引きつけて言えば、あなたは、自分がゾンビであるかどうか、またゾンビになっていないかどうか、なぜ気にかかるのか？　実のところ、あなたはこの問いの答えを決して知らないはずだ。

本当だろうか？　ゼークは信念をもっているのだろうか？　それとも、ゼークがもっているのは**準**・信念に過ぎず、「ジンボならざる私たちを信念が導いているのと同じ仕方で、ジンボをその生涯にわたって導いているものは、ご承知の通り、情報状態マイナス意識のようなものだ」と言うべきなのか？　ここに限っていえば、**準**・信念は、「本物」と厳密に同じくらい有効で、同じくらいに有能性を発揮するのだから、ここでの操作詞〈準〉は不適切に使われている。この点を明らかにするために、左利きの人々（D《ダニエル》CD《デネット》、すなわち私自身もそうである）はジンボであり、右利きの人間だけが意識をもつ！と、考えてみよう。

〈DCD〉君たちは、僕ら左利きがゾンビであると証明したと言っているね。思いもよらない考えだ。可哀想だとは思わないかい？　僕らのどの辺がゾンビなんだい？

〈右利き〉うむ。定義上、君たちには意識がないんだ――これ以上悪いことはなかろう。

〈DCD〉悪いというのは誰にとってだい？「中には誰も住んでいない」というなら、暗闇の中に誰もいなくて何も気づかないはずだ。でも君は何をしている？　ジンボである僕と会話しようとしているじゃないか。

〈右利き〉そう。君の中に誰かが住んでいるかのように、僕には思えているからね。

〈DCD〉僕にだってそう思えているとも！　結局のところ、ジンボである僕は、高次の自己モニタを行う能力をちゃんと備えているからね。自分がいつ落胆し、いつ痛みを感じ、いつ退屈し、いつわくわくしているといったことすべてを、僕は知っているからね。

〈右利き〉それは違うね。君はただ、そういうことを知っているかのように機能しているだけで、実際には何かを知っているわけではないんだ。君はそういうことを、準・知っているだけなんだよ。

〈DCD〉それは操作詞〈準〉の濫用だと思うね。君たちが僕の準・知識だと呼んでいるものは、君がもっているいわゆる本物の知識と区別できない――ジンボの知識は本物ではないと君が「決めつけている」ことを除いてね。

〈右利き〉でも、ともかく違いは存在する。違いが存在しなければならないんだ。

〈DCD〉それは、僕に対するあからさまな偏見にしか聞こえないな。


ジンボに親しむとはどういうことであるのかの説明として、これでもまだ十分ではないなら、さらに試みを続けよう。ジンボが意識ある人々の世界を訪れるという小説や、意識ある人間がジンボの住む島に置き去りにされるという小説を書いてみることを、真剣に考えて欲しい。この小説を説得力ある話にする細部の描写として、あなたはどんなことを考えつくだろうか？　あるいは、あなたはもっと簡単なやり方をすることもできる。ジンボについての小説であるという背景となる設定を保持しつつ、優れた小説を読むことである。何がこの設定を支持するだろうか、何がこの設定を裏切るだろうか？　小説家たちは、立ち位置つまり語り口の選択を行う。その一つが、一人称の語り方で、たとえば、ハーマン・メルヴィルの『白鯨』やJ・D・サリンジャーの『ライ麦畑でつかまえて』で使われている。

「わたしを「イシュメール」と呼んでもらおう。[8]」

「僕は、何かが本当に心配になってくると、のんきにしてられなくなるんだな。トイレに行きたくなることさえあるんだ。何かが心配になると。ただ、実際には行かないけどさ。心配のあまり、行けなくなっちまうんだ。行けば心配が中断されそうでいやなんだよ[9]」。

別の小説家は、全知の神のような三人称の語り方を選ぶ。興味深いことに、一人称の語り方の方が、ゾンビという設定を維持し続けるのに、よりふさわしいようだ。物語全体が、ジンボ・イシュメールやジンボ・ホールデン・コールフィールドの語るという振る舞いを描いているだけだ、ということになる。私たちが目にしているのは彼らの外面だけであり、ただ彼らが見せている姿が、彼らは自らの内的生に依存しているのだと説明しているだけなのだ！　これらの一人称の語り方と、たとえば、ジェーン・オースティンの『説きふせられて（説得）』やフョードル・ドストエフスキーの『罪と罰』における三人称の語り方とを、比較してみよう。

「エリザベスはちょっとの間たいへん心配していた。マスグローヴ夫人の一行を食事に呼ばなければいけないような気がするけれど、そうすると暮らし向きの変わったことや召使達の減ったことなどが、今までケリンチのエリオット家より目下だった連中に、目の当り見られなくてはならない。これは彼女には堪えられないことだった。それは礼儀と虚栄との争いだった。が、とうとう虚栄が勝って、彼女の気持は再び明るくなった[10]」。

「彼〔ラスコリニコフ〕はソーニャを見やり、彼女の愛情がいかに自分に注がれているかを感じていた。

ただふしぎなことに、彼は突然、自分がそれほどまでに愛されていることが、苦しく、つらくなってきた。たしかに、それは異様な、恐ろしい感覚だった！」[11]

作家たちは、ここで、エリザベスやラスコリニコフの「心の中を」私たちに「のぞき込ませ」ているように見えるのだから、エリザベスやラスコリニコフがどうしてジンボでありえようか？　しかし、思い出してもらいたい。意識をもつ人々における意識の流れに相当するものとして、ジンボは無意識の流れをもっているのである。結局のところ、ジンボは、何か奇跡を行う存在として想定されているのではない。ジンボの振る舞いは、情報上のものすごい複雑さを備えたたくさんの内的活動によって制御されており、結果的に幸福や悲しみや痛みになる機能的な感情類比物によって調整されている。それゆえ、エリザベスもラスコリニコフも、共にジンボであることが可能である。つまり、私たちは、オースティンやドストエフスキーと共に、私たちが**民俗心理学**を通じて知りまたよく親しんでいる用語を、ジンボたちの内的活動を記述するために用いている、と考えればいいのである。これはちょうど、チェスプログラムのプログラマーが、自分のプログラムが「探求」を繰り返しているとか危険な「判断」を行っていると語るようなものだ。ジンボたちは、社会的地位を失って当惑することができるし、愛に包まれることもある。

ウィリアム・ベイトソンの想像力の挫折を、決して忘れてはならない。私にとって最も厳しい罠を避けようと試み、そのために、私が作った背景的な設定の穴を探し、ゾンビに関する間違いを証明できる方法をみつけようと目を大きく見開き続けているとき、私は、いつも、意識概念全体はひどく混乱したものであるといったことくらいは教えてくれる、想像上の発見を思い描いている。私は、いわゆる意識と呼ばれるものには二つ（ないしは七つ、ないしは九九の）異なった種類があると想像できるし、左利きはその一種類の意識をもち、右利きはまた別の種類の意識をもつと想像できるし、ロブスターはさらに別の種類の意識をもつと想像できる。しかし、私がこのように想像することができる（これまでのところ）唯一のやり方は、左利きにはXができず、右利きにはYができないといった機能上の差異に基づいて意識の種類を区別できると想像するというやり方である。しかし、このような形で区別できる差異は、実は私たちは哲学的ゾンビについて語っているのではないということを、示すことにしかならない。というのも、哲学的ゾンビと「本物の意識をもつ」人々との間に、外部から区別できる差異は（定義上）存在しないからである。さらに、本物の意識を内部から区別できる指標、しかも意識をもつとされている人物が、彼女は意識をもっている、と私たちに（そして彼女自身に）納得させる「心的な」何か（心的行為、心的機能）をすることができるという特徴づけを、なんらかの仕方で含むことがないような指標を、まだ誰も明確化できないでいる。しかし、この心的な差異がどんなものであれ、それはきっと、ゾンビの「無意識の流れ」の中にそのシャム双生児的な対応物をもつはずだ。もしそうでないなら、なぜそうではないのだろうか？したがって、私は強く確信している、哲学的ゾンビという考え方《アイデア》全体は、一種の知的目くらましであり、脱却可能な苦悩である、と。試してほしい。私は、この第Ⅶ部のこれ以降の部分で、この自分で納得するという課題に対するさらなる手助けを提供することにしよう。

56 おぞましきカリフラワー

私は、山盛りの蒸したカリフラワーをもりもりと食べているあなたの様子を見ている。カリフラワーは、吐き気をもよおしかねない最悪の匂いを放っている。私の中には一つの疑問が浮かぶ。あなたは一体どうしたらあの味をこんな風にうまそうに味わうことができるのか。やがて私は一つの考えを思いつく。多分この人にとって、カリフラワーは違う味がするのではないか（いや、「味」ですらないのかも）。一見したところもっともらしい仮説である。というのも、何より私は、まったく同じ食べ物が自分自身にとって、異なったときに異なった味がすることを、知っているからである。たとえば、朝食に飲むオレンジジュースが、一口目の方が二口目よりも甘いときがある。その間にパンケーキやメイプルシロップを口にしたときがそうだ。だが、その後コーヒーを一口か二口飲んでから再びジュースを飲むと、その味は最初の一口と（だいたい？　それとも正確に？）同じ味に戻る。**間違いなく**（警告！）、私たちは、このようなことを言おうと（あるいは、考えようと）するし、間違いなく（警告！）、私たちがそうしたことを言ったり考えたりしてもひどい間違いを犯しているわけではないので、間違いなく（警告！）デネットにとっての時点tにおけるそのジュースの味の具合について述べても何の問題もないし、それがデネットにとっての時点t'におけるそのジュースの味の具合と同じなのか違うのか、ジョーンズにとっての時点tにおけるそできるこのようなあり方を、クオリアと呼ぶことにしよう。

この「結論」は何の罪もないもののように思われるが、私たちはまさにこの時点ですでにひどい誤りを犯してしまっている。最後のステップは、私たちが「クオリア」を、そこで進行している他のすべてのことから――少なくとも原理上、ないし、議論の便宜のために――孤立させることができるということを、前提している。xにとってのそのジュースの味の具合と、この「中心的な」味の具合の随伴物や補助原因や副産物にすぎないものとを区別することができるだろうと、考えてしまうかもしれない。そのように考える人は、ぼんやりと次のような想像をしているのである。すなわち、このような事例を取り上げ、余計なものを取り除いて徐々に本質的なものだけにしていき、やがてある共通の残留物を残すとき、それこそ、様々な時点での様々な個々人にとっての事物の見え方や聞こえ方や感じ方や味の仕方や臭い方なのであり、それはこれらの諸個人がどのような刺激を受け、どのような知覚されざる作用を被ったかには関係がないし、その後彼らがどのような行動や信念へと傾向づけられるのかにも関係がない、という想像をしているのである。ここでの誤りは、私たちが実際上いつも、このような純化作業を確実な仕方で遂行することができる、と想定していることではない。もっと根本的な誤りがあるのであって、それは、具体的な事例を孤立させて取りだそうという私たちの実際の試みがどれほど不確実なものであろうと、そのような残留物として残る性質が存在し、それは真面目に受け取られるべきだ、と想定していることである。

私たちを誘惑する実例は、どの感覚器官の感覚についてもふんだんに存在する。バッハがグレン・グールドにどう聞こえていたのかについて、私は想像できないし、決して知ることはないだろうし、知り得る可能性もないように思われる（私がかろうじてできるのは、子供時代にバッハがどう聞こえていたかを思い出すことぐらいである)。また、コウモリであるとはどのようなことかについても(Nagel, 1974)[12]、あるいは、あなたと共に晴れた「青」空を見上げたとき、私に色として見えているものをあなたもまた見ているのかどうかということについても、私は知ることができないように思われる。このような日常的な事例は、これらの特別な性質——主観的味わいや見かけや香りや音といった性質——が実在物であるという確信を私たちに与え、私たちは、そこから、定義を行うために、それらの性質を哲学的な蒸留行為によって孤立させて取り出しているようである。かくしてクオリアが誕生するのである。

「クオリア」とは、私たちの誰にとっても、それ以上に馴染み深いものがないようなものを指すための、すなわち、私たちへの事物の見え方〔思われ方、現れ方、感じられ方 the *ways things seem to us*〕を指すための、「専門」用語である。あなた自身のクオリア以上に親密な形であなたが知ることができるようなものは何もないように思われる。宇宙全体が巨大な幻覚であり、デカルトの悪霊がこしらえた虚構であったとしても、それでも、その虚構を(あなたに対して)作り上げているものは、あなたの幻覚経験のクオリアであるだろう。デカルトは、疑いうるものはすべて疑えと主張したが、自分の意識経験がクオリアをもつことを、すなわち彼が意識経験を知りまた把握する際の性質をそれがもつことを、一度も疑ったことはなかった。

クオリアの、私たちへの諸事物の見え方というこの定義は、十分に明確なものであるように思われるかもしれないが、このように導入されたクオリアは哲学者たちによって多くの分析と議論の主題になってきたのにもかかわらず、このクオリアという用語が、厳密に言って何を意味しているのかまた何を含意しているのかについてですら、合意事項《コンセンサス》はまだ何ら存在していない。認知科学者の多くは、哲学者たちがこの特別な用語を用いるときに何について語っているのかを知っているに違いないと好意的に仮定して、この用語を自分たちの実用的語彙に加えてきたが、これは戦略上の誤りである。いかなる経験的な問題とも無関係に、クオリアが何であるのか、また何でないのかを巡って、激しい論争がいまだに行われている。もう何年も前、私はある論文中で(Dennett, 1988a)、クオリアという基本概念には四つの条件があるという主張をした。すなわち、クオリアとは、

一　いわく言い難いもの
二　内在的《イントリンシック》な〔他のものとの関係を含まない〕もの[13]
三　私秘的なもの
四　誰かにとっての直接把握可能な事物の見え方

である。順に説明していこう。(一)クオリアは、内観にとってのいわば原子のような最小単位であり、したがって言うに言われぬもの(「その場にいなければ分からない」もの)である。(二)クオリアは、関係的性質でも傾向的性質[14]でも機能的性質でもない(赤い色はある人々にとって不安をかき立てるかもしれないが、このような主観的傾向性は赤のクオリア[15]ではない)。(三)クオリアは、「その場にいなければ分からないものだ、しかし、あなたはそこにいることができない。クオリアは私のものであり、私だけのものだ!」(四)あなたのクオリアは、あなたにとって、他の何よりも親密な仕方で知られている。

現在でもこれらの条件は、ほとんどの方面において、よい出発点とみなされている。ところが、私の論文の要点は、どんなものもこの四つの条件を満たすことはできないということを示すことにあったので、この概念の改訂版や改良版についての豊富な論争がなされてきたのだが、しかし今に至るまで何らの合意

も生まれていない。頻繁に使用され総じて高い評価を受けている専門用語に、多様な両立不可能な定義が与えられているということは、珍しいことではない――生物学で用いられる「遺伝子」や「種」、科学のほぼすべての分野で用いられる「原因」を考えてほしい。ところが、「クオリア」を巡る混乱ぶりは、私にはもっとたちが悪いように見える。それは、この概念を哲学からの贈り物と考え、自分自身の研究において簡便な形で使えるとみなす他分野のどんな研究者にとっても、トロイの木馬となるのだ。

上で挙げた論文の中で、私は(カリフラワーの話以外に)十三個の直観ポンプを披露したが、ここでそれを繰り返すことはしない。というのも、私は、その後何年かを経て、それとは別でおそらくより強力な〔思考の〕道具をいくつか考え出し、〈クオリアとは厳密には何なのか言ってみよ〉という〔私の〕挑戦に対する有名な応答の中に姿を見せている独善性を標的にした、現在も継続中の戦いの中で、それらの思考道具を使ってきたからである。〔すなわち〕ネッド・ブロック(Block, 1978, p.281)は、この手に負えない問いを放逐するために、ルイ・アームストロングが「ジャズとは何か」と聞かれたときに「あんたがそんな質問をしなけりゃならないなら、一生その答えを知ることはないだろうさ」と答えたという伝説を、「冗談半分に」引き合いに出している。この面白おかしな戦略は、私が狙いを定めている先入見を完璧に表現している。もしも私が自分の課題を達成できたら、今なお多くの分野で標準的な回答として通用しているブロックの答え方は、風変わりで支持しがたいものに見えてくるだろう。それはちょうど、生気論者がエラン・ヴィタルの存在そのものへの疑いを主張する人物に出会ったときに、茶化した仕方で相手への不信感を表明する言葉――「生命あるものよ!　汝自身を振り返りたまえ」――と同じようなものである。[16]

57 ヴィム——これは「本物のお金」ではいくらかな？

次のような見方は、一つの一般的な見解である。つまり、色の視覚をモデル化するためのロボットを組み立てることができ、補色残像や色のコントラストに基づく錯覚のような私たちの人間が経験する馴染み深い現象のすべてがそのロボットに現れたとしても、また、そのロボットが人間のそれと類似した内的過程を備えていて、それによってその残像現象が説明されるとしても、「それはロボットにすぎない」のだから、そのロボットが赤や青のクオリアをもつことはありえない、という見方である。ロボットのカメラアイの前に置かれた有色の物体を知らせあるいは表象する機能状態は、私たちがもつような〈それ以外の何か〉をもつことはないだろう、というわけである。トマス・ネーゲルの有名な論文、「コウモリであるとはどのような感じか〔どのようなことか〕(What Is It Like to Be a Bat)?」(Nagel, 1974) は、ある存在者の意識状態——もしそれが存在するとして——に触れる話題を提起するための標準的な手段を提供しているが、上のような見方によれば、ロボットが残像をもつとは、どんな感じもしないもの (wouldn't *be like* anything) であることになる。なぜ多くの人々はこのような見方を自明だと考えるのだろうか？ おそらく、人々が比較的単純なロボットを考えた上で、〈すべてのロボットについての結論を、すべての単純なロボットについての事実から引き出すことはできない〉という原則を見落としてしまっているからである。

もちろん、クオリアに対して、それは〈すべての原因および結果から孤立させて考察された経験の内在的な特質であり、それゆえにすべての傾向的性質から論理的に独立した性質である〉という定義を与えるとすれば、クオリアがあらゆる機能分析を逃れることは論理的に保証される。そして、技師《エンジニア》がどれほど知恵を注ぎ込もうと、ロボットにクオリアを付与することは不可能になる——だがこれは空しい勝利なのであり、というのもそんな内在的特質が現に存在すると信じるべき理由など、何もないからである。

この点を明らかにするために、経験のクオリアと貨幣の価値を比較してみよう。素朴なアメリカ人の中には、ユーロや円とは違って、ドルには内在的価値があると考えているように見える人々がいる。ギャグアニメ〔カートゥーン〕に登場する旅行者が「これは本物のお金でいくらかな？」と尋ねるとき、それが意味しているのは、「それはドルでいくらか」である。この考え方《アイデア》をもう少し先に進めてみよう。このような素朴なアメリカ人は、喜んでドルをユーロに両替してみる。つまり、他国の通貨の価格を、それらの通貨の為替レートに合わせてドルに「換算する」（あるいは物品やサービスに換算する）ことを、喜んで行う。だが、彼らがこのようなことをするとき、彼らには、ドルだけは別だという感覚がある。彼らが公言するには、流通しているすべての他の通貨でも備えている機能的な交換力からは論理的に独立した何かがすべてのドルには備わっているのだ。ドルには、あるイワク言イ難イ何かがある。ドルをじっと見つめさえすれば、そこに価値のオーラがこもっていることを発見できるだろう——それは多分往古のオーラよりくすんでしまっているが、しかし今なおはっきり認められるのだ——と。これをドルのヴィムと呼ぶことにしよう（ラテン語の vis すなわち〈力〉を意味する言葉に由来する用語である）。したがって、公式的には、ヴィムは、ドルがもつ非関係的で非傾向的な内在的経済的価値を指す。ポンド、シリング、ユーロなどは、いかなる内在的価値ももっていない——それらは単なる記号的《シンボリック》な代理物に過ぎない。もちろん、それらの通貨をドルに基づいて評価することはできるので、それらにも派生的経済的価値はあるが、ヴィムがない！　なんと悲しむべきヨーロッパ人たちよ！　ヨーロッパの通貨には、あの内在的経済的価値が欠けている。彼らはどうしてそんな状況に我慢していられるのか？　そんな通貨で賃金を得たいなんてことを動機にして働くことなど、どうやったらできるのか？　哀れなヴィムゾンビ《ヴィンビ》たち！　ドルによって賃金を得られている幸いなる私たちは、ドルに結びついたヴィムのよき援助によって商品を入手できる。米ドルが多くの国で決済の手段に用いられているのも驚くにあたらない。外国人ですら、ドルのヴィムを感じ取ることができるのだ。

と、われらの架空のアメリカ人旅行者はこんな風に言う。すべてのドルが備えているヴィムは、以上のように定義されているかぎり、経済学者の理論から永久に逃れることが保証されている。というのも、いかなる経済理論も、内在的経済的価値を説明することは永久にできないはずだからである。それで、経済学者に困ったことが生じるであろうか？　ヴィムが存在するとしたら、経済学はひどく不完全な科学であることになるだろうが、幸いにして、内在的経済的価値なるものが存在すると信じるべきまともな理由は、私たちにはない。あまりに明白なことだが、ヴィムは、空想の産物、あの素朴なアメリカ人たちの琴線に触れる直感《ハンチ》が産み出した人工物であり、私たちは敬意なしでそれを説明することができる。

意識論争の参加者の中には、この架空の旅行者によく似た人々がいる。彼らは、単純に、何のためらいもなく、内在的現象的性質についての自分たちの直観は、あらゆる意識科学にとって譲ることのできない出発点である、と主張する。このような確信は、診断に値する興味深い症候であり、すべての意識科学が説明しなければならない一つのデータであるとみなされるべきである。これは、経済学者と心理学者が、貨幣には内在的価値が備わっているという強力な錯覚に、なぜあれほど多くの人々が屈してしまうかを説明しようとするのと同じである（ヨーロッパの通貨がユーロに切り替わった当時、それまでものの値段をフラン、マルク、リラなどに基づいて把握していた人々が、しばらくの間、困惑の時代を過ごしたという。というのも、人々はそれぞれが生まれ育った地域の「本物のお金」への「翻訳」に依拠することがもはやできなくなってしまったからである。この現象に関する草分け的な研究として、デヘインとマルクによる研究（Dehaene and Marques, 2002）を参照）。

意識状態がもつ性質の中には、今まさにさらなる科学的探求の主題になることができ、またそうならなければならない性質が多数あり、これらの性質を適切な形でひとたび把握できるなら、それらが、意識とは何かについての説明として私たちを満足させると判明する見込みは大きい。結局これは、生命とは何かという往年の「神秘」の場合に生じたことである。生気論——すべての生物には、エラン・ヴィタルと名づけられた、巨大で謎めいた特別な成分が含まれているという主張——は、想像力の挫折の産物であることが明らかになった。今日では生気論はほぼ絶滅し、諦めようとしないトンデモ学者《クランク》とその取り巻きがわずかに残るだけだ。私たちは、この幸福な成功譚から活力を得て、意識の科学的探求に取り組み続けることができる。意識がもつすべての証明可能な特徴が説明され、これまで認められてきた知的な負債をすべて返済した上で、見逃されている巨大な何かがやはり存在しているのだとはっきり知る日が来るとしたら（そもそも、本当に重要なものであれば、どこかの段階で目を引くものとなっているはずである）、そのときには、揺るぎない直感《ハンチ》を抱く人々は、ほら、僕らの言った通りじゃないか、と私たちに言えるようになる。それまでの間に彼らにできるのは、かつての生気論者と同じように、自分たちは錯覚に惑わされていたのだという診断をいかにかわすかに思い悩むことだけである。そこで、経験の内在的質としてのクオリアの存在を信じている人たちに対して挑戦してみよう——皆さんは、自分たちの確信と素朴なアメリカ人の誤りとをどのようにして区別しているのだろうか？　（それとも、例のアメリカ人の方が正しいのだろうか？　誰もが直観することだけはできるように、ドルにはヴィムが文字通り備わっている！ということになるのだろうか。）

58 クラップグラス氏の悲しき症例

このように、クオリアが意識経験の内在的性質ではないとすれば、それは何なのだろうか？　ある晩、上等のシャンベルタンを酌み交わしながら、哲学者ウィルフリッド・セラーズは私に言った、「ダン。クオリアというのはね、人生を生きるに値するようにしてくれるものだよ！」魅力的な考え方《アイデア》だ。この考え方が、クオリアについて何を含意しているのかを検討しよう。問題点が何かを明らかにするために、いくつかの風変わりで反直観的な症例——相貌失認〔失顔症〕とカプグラ妄想——に関する認知科学における最近の研究を背景にした直観ポンプを、提示してみよう。

相貌失認者は、ほとんどの点で正常な視覚を備えているが、顔を認知することができない。彼らは男性と女性、老人と若者、アフリカ人とアジア人を区別することができるが、同性で同世代の親しい友人と面と向かっても、声を聞いたりその人物特有の他の特徴を見つけるまで、どの顔が誰の顔かを見分けることができない。有名な政治家や映画俳優や家族や名も知らぬ他人などの顔写真を一列に並べて見せられ、どれが知り合いの顔ですかと尋ねられると、相貌失認者は、概して当てずっぽうの答えを言う。相貌失認に陥っていない私たちの中には、自分の母親の顔を正面から見つめていてもそれが母親だと認知できないというのがどのような感じであるのかを想像するのが難しいと思う人がいるかもしれない。相貌失認という症状があるということ自体を信じるのが難しいと思う人もいるかもしれない。私が相貌失認に関するこれらの現象について話をすると、これらの事実を私の作り話だとすっかり確信しきっている懐疑的な人々に出くわすことがよくある。しかし、このような難しさを、事柄の不可能さへの洞察としてではなく、私たちの想像力の脆弱さを計る尺度として扱うことを、私たちは学ばなければならない。相貌失認(prosopagnosia、ギリシャ語で「顔」を表すprosoponと「知らないこと」を表すagnosiaを組み合わせた言葉)は、何千人もの人々を悩ませている、詳しく研究されていて異論の余地のない病理的症状である。

(多くの)相貌失認者についての最も興味深い事実の一つは、彼らが、意識的な作業として顔の特定や認知を行うことができないにもかかわらず、親しい人の顔とそうでない人の顔に対して異なった反応をとることができ、さらには、問いかけられたときには特定できなかった顔を、自分では気づくことなく、あるいは密かに、特定できていたことを示すような仕方で反応することさえできる、ということである。このような密かな認知があることは、たとえば、相貌失認者に顔写真を見せ、候補となる名を五つ挙げて、その中から対応する名を選んでもらうような場合に示される。相貌失認者は当てずっぽうで答えるのであるが、相貌失認者の――感情的興奮の目安になる――ガルバニック皮膚反応は、写真に対応した正しい名を聞くとき、はっきりとした上昇を示すのである。あるいは、マリリン・モンロー、アル・ゴア、マーガレット・サッチャー、マイク・タイソンのうち、政治家の名前はどれか?という単純なテストを考えてみよう。あなたは、この問題に素早く答えることができるはずだが、もしそれぞれの名が間違った写真とともに示されたなら、あなたの反応ははっきりとした遅れを示すだろう。これが説明できるのは、与えられた課題とは厳密には無関係であるのに、あなたがある何らかのレベルでこれらの顔の特定を現実に行っていた場合だけである。だとすれば、脳の中にはおおむね独立した視覚的な顔認知システムが(少なくとも）二つ存在しているように思われる。一つは、〔相貌失認者において〕損なわれている意識的システムで、まさに損なわれているがゆえに、実験課題において被験者の助けになりえない。もう一つは、損なわれていない無意識的システムで、このシステムが名と顔の不一致に対して興奮を伴った形で反応する。さらなるテストによって示されているのは、損なわれている意識的システムは「高次の」部位である視覚皮質に属し、損なわれていない無意識的システムは「低次の」部位である辺縁系《システム》と結びついている、ということである。以上のことは、多様な相貌失認についてのより幅広い記載例や、それに関わる脳領域に関する最新の知見などについて単純化し過ぎているが、それでも、これよりさらに奇妙なカプグラ〔キャップグラス〕妄想という症例へと私たちが向かうとき、私たちの目的のために十分役立つものだろう（この症例は、フランスの精神病理学者ジャン・マリ・ジョセフ・カプグラが一九二三年に初めて記録したものである）。

　カプグラ妄想患者は、自分が愛する人物――ほとんどの場合、配偶者や恋人や両親――がそっくりな偽者と密かに入れ替わったと、突然信じ始めるようになる。カプグラ妄想患者は、正気を失っているわけではない。彼らは、それ以外の点ではまったく正常であるが、脳の損傷の結果、この特定の信念を突然抱くようになり、途方もなくまったくありそうにないにもかかわらず、この信念を固く信じ込んで抱き続け、時には「偽物」――実際には彼らが愛する相手その人――を殺したり、深刻な怪我を負わせてしまうこともある。一見したところ、何らかの脳の損傷がまさにこの特定の異様な現象をもたらすということは、端的に不可能であると思われるに違いない（同じように、頭部に打撃を受けて、それ以後、月は緑色のチーズでできていると信じ込むような人もいると予想すべきだろうか?）。しかし、認知神経科学者アンドリュー・ヤングは、この症例に一つのパターンを見いだし、カプグラ妄想は相貌失認を産み出した病理と

「正反対の」病理に他ならないと主張した。カプグラ妄想においては、皮質上の意識的顔認知システムは無傷である――したがって、カプグラ妄想患者は、自分の目の前に立つ人物を、自分の愛する人物のそっくりさんとして認知する――が、無意識的な辺縁系《システム》に障害があるので、その認知から、本来産み出されるべき感情的なあらゆる共鳴が抜き取られてしまうのである。顔の特定のためのそのようなささやかな寄与分が不在であることは、大きな動揺を引き起こす〔「何かが欠けている！」〕ものなので、生き残っている脳内のシステムが親しい人物の特定において賛成票を投じても、その票に拒否権を行使され握りつぶされてしまう。その結果、カプグラ妄想患者には、自分は偽者を見ているのだという心の底からの確信が生まれることになる。カプグラ妄想患者は、そのような〔意識的システムと無意識的システムの〕ずれを自分自身の知覚システムの欠損のせいにするのではなく、ある意味で世界に責めを負わすことになるのであり、このような世界が形而上学的にどれほど突飛で、ありそうにないものであるかを見るとき、通常の私たちすべての内で、ここで障害を蒙ってしまった無意識的な顔認知システムが大きな力〔実際それは〔「賛成票」を投じるという〕政治的な力である〕をふるっているということには、ほとんど疑問の余地がなくなる。この特定のシステムの認識上の飢餓状態が満たされぬままでいると、そのシステムはひどく腹を立てて、他のシステムからの寄与分をたたき壊すのである。

ハイドン・エリスとヤングが最初にこの仮説を提起したのは一九九〇年で、それ以降ヤングと神経科学者クリス・フリスなどの研究者が、この仮説を裏づけ練り上げていった。もちろん、そこには色々とこみ入った議論があるのであるが、ここでは詳しく述べない。というのも、私の目的は、想像力を拡張させてくれる認知神経学のこの特殊な話題を、まだ発見されてはいないが想像可能な別の可能性へと私たちの目を開くために用いることだからである。それは、カプグラ〔キャップグラス〕妄想という現実の症候群を連想させるために私が思いついた名をもつ、哀れなクラップグラス氏の想像上の症例である（哲学者たちはすでに、ある人物の意識の中に分裂を想像し、その分裂がクオリアの本性に影響するかどうかを調べるための直観ポンプを数多く考案してきた。このシナリオはその新たな一員となりうるものである）。

　クラップグラス氏は、心理学および精神物理学の実験の被験者を務めつつ、穏やかな人生を送っている。またこのような身の上であるので、自分自身の主観的状態について、素朴とはほど遠い洗練された理解をもっている。ある日、彼は目覚め、目を開けるやいなや絶望の叫びを上げる、「うああっ！　何かが間違っている！　世界全体がまるで……そう、不気味で、まるで……そう、恐ろしい。そう。どこか間違っている！　果たしてこんな世界で生きていけるのか、自信がない！」クラップグラス氏は目を閉じ、ごしごしとこすってから、再び恐る恐る目を開いた。またもや彼が直面したのは、異様でおぞましい世界であった。よく知った世界でありながら、描写できないほど異なった世界。クラップグラス氏はそう報告する。「上を見て下さい。どう見えていますか？」とクラップグラス氏が質問を受けると、こう答える、「青い空。まばらに浮かぶ、ふわふわの白い雲。木には春先らしく黄緑色の新芽。小枝には、目にも鮮やかな赤いコウカンチョウがとまっている」。彼の視覚は正常のようだが、あくまで確認のために、標準的な石原式色覚検査を受けてもらうと、彼が色弱ではないことが明らかになる。また、マンセル式の色見本を正確に何ダースも見分けることもできている。哀れなクラップグラス氏の疾患が何であるにしても、それが色覚に関わるものではないだろうという結論にほとんど誰もが満足する。ところが、クロマフィル[17]博士という研究者は、それに満足せず、さらなるテストをいくつか継続する。

　クロマフィル博士が続けてきた研究は、色の好みや色に対する情緒的反応に関するもの、また、様々な色が、注意や集中力や血圧や脈拍や代謝活動やその他多くの微妙な内臓的〔本能的〕な反応に与える影響に関するものである。博士は、過去六ヶ月にわたり、上述のあらゆるテストによって、クラップグラス氏の反応を——彼に特有の反応についても一般的な反応についても——調べて、彼の反応に関する巨大なデータベースを作り上げていて、それに基いて、彼に何らかの変化があるかどうかを確かめたいと考えている。博士は、クラップグラス氏へのテストを繰り返し、驚くべきパターンに気づくことになる。クラップグラス氏がかつて青に対する反応として示していた情緒的で内蔵的〔本能的〕な反応のすべてが、今や黄色に対する反応として現れており、またその逆も成り立っている。緑よりも赤が好きな嗜好は逆転し、他のすべての色に関する嗜好も同様である。食べ物は、暗闇で食べるのでない限り、彼をむかつかせるものになっている。かつて心地よいと感じていた色の組み合わせを、今では不快な組み合わせだと見なすようになっているが、他方、その「反対色」の組み合わせを今では心地よいと感じている。その他も同様である。かつては脈拍を早める効果をもっていたショッキングピンクの色調を、(その、「ショッキング」と呼ぶことについていぶかしい思いを抱きながらも)依然としてショッキングピンクであると見極めているが、今やその色調は彼を落ち着かせるものになっている。他方でその補色であるライムグリーンの色調は、かつて彼を落ち着かせていたのに、今では彼を興奮させる。絵を見るときのサッカード運動——眼球がものをスキャンするために行う素早い振動——の軌道は、一見して、カンバス上のいろいろな色による、注意を引き寄せたり凝視させせないようにする微妙な効果によって支配されていることが分かるのだが、その軌道が以前の軌道とは大きく異なっている。暗算に集中する彼の能力は、明るい青い部屋に入れられた場合に極度に低下していたのだが、今や明るい黄色い部屋に入れられた場合に低下している。

要するに、クラップグラス氏は、色視覚に関する問題を何ら訴えておらず、実際、標準的な色の名前を言ったり、たとえば素早く動き回る色を用いた色を識別するテストにはすべて合格するのであるが、色に対する情緒的反応と注意的反応のすべてが根本的に逆転してしまっているのである。クロマフィル博士は、驚きと懐疑の視線を向ける聴衆に向かい、クラップグラス氏の身に生じた出来事は、ごく単純な出来事なのだと説明する。つまり、色クオリアが完全に逆転しているのに、色に関する単なる高次の認知的能力――たとえば色を識別し名前を言う能力、色感知ロボットにもつことができるような才能――は、無傷なままなのだ、と。

さて、私たちは何を言うべきであろうか？　クラップグラス氏のクオリアは逆転してしまったのだろうか？　事例自体が想像上のものなので、私たちは好き勝手に答えることができるように思われるのだが、哲学者たちは、長年にわたって、別の色々な想像上の事例を真面目に取り上げ、様々な重大な理論的問題はそれらの事例にどう決着を付けるかにかかっていると考えてきたので、私たちとしてもこの事例を単純に無視して済ますわけにはいかない。まず何よりも、この事例は可能な事例であるのか？　これは、私たちが述べているのはどんな種類の可能性なのかにかかっている。それは、論理的に可能だということなのだろうか？　生理学的に可能だということだろうか？　これらは、根本的に異なった問いである。哲学者たちには、後者の問いを哲学的な関心にはまったく重要ではないとして無視する傾向があったが、このクラップグラス氏の事例に関しては、彼らも気が変わるかもしれない。私には、この事例が論理的に不可能であるという論証はまったく考えられない。クラップグラス氏は、すでに述べたように、無傷の能力と新しい驚くべき無能力との奇妙な組み合わせを備えている。通常は密接に結び合わされているいくつかの傾向性が、ここでは前例のない仕方で切り離されているのだが、彼の状態は、相貌失認やカプグラ妄想と比較して、より過激なものであろうか？　クラップグラス氏の状態が生理学的に言っても不可能であるという確信は、私にはない。たとえば、色の識別を上手に行えるが色の名を言うことができないという症状（色名呼称不能）に陥った人々の事例や、色弱になっているのにこの新たな欠損に気づかず、不用意な作り話をして当てずっぽうで色の名を言うのだが、自分が当て推量をしていることも気づかないという症状を示す人々の事例について、詳しい研究がなされている。クラップグラス氏は、カプグラ妄想患者と同様に、〔色について〕認知することと〔色の〕名前を言うことには問題がない。ただ、微妙でいわく言い難い風情風味が、彼の中ですべて歪んでしまっている――それは、たとえば、絵画を見るに値するものにし、部屋を塗装しがいがあるものにし、配色を選択する価値があるものにする、個人の傾向性である。クラップグラス氏の中で変化してしまったのは、人生を生きるに値するものにするのに寄与していた様々な色の効果である――言いかえると、（セラーズの言葉が正しければ）クラップグラス氏の色クオリアである。

　私たちがクラップグラス氏にこの話題を提起して、あなたの色クオリアは逆転していますかと尋ねたと想定しよう。可能な答えは三つ。はい、いいえ、わかりません、である。では、彼はどれを答えとするはずだということになるか？　哲学者たちが多大な時間をかけて大まじめに発表し議論してきたクオリア逆転に関する様々なお話と、クラップグラス氏に関する私の物語とを比較すると、最も物議をかもしそうな目新しい点は、クラップグラス氏のクオリアは反転しているのだが、彼にはそのことがよく分かっていないかもしれない、という見込みをその物語が与えるということである。思い出して欲しいのは、クロマフィル博士は懐疑的な聴衆に向けて自分の仮説を提起しなければならなかったということであり、クラップグラス氏が彼らの懐疑論を共有している可能性もあるのである。つまり、クラップグラス氏は、自分の色クオリアに関する（標準的な色クオリアの思考実験に登場するような）いかなる問題も訴えていないだけでなく、標準的な色視覚テストを軽々と合格することによって、自分の色視覚が研究者を納得させるほど適切であると自分自身でも納得している、という可能性である。私の物語のこの特徴は、哲学的な物語作成においては、行動《ビヘイボラル》〔振る舞い〕に関わるこのような自己診断は見当違いであると一般に仮定されているがゆえに、なにがしかの不快感をかきたてる原因になるに違いない。というのもそのような自己診断は、普通、クオリアに関わる難題を解明したり抑止したりする力をまったくもっていないとみなされているからだ——**間違いなく**（警告！）、そのような自己診断はクオリアとはまったく関係がないのだ、と。しかし、私の思考実験が示しているように、哲学者たちの想像力は、誰かがこれらの自己診断を頼りにしようという誘惑に駆られ、自分のクオリアが変化しなかったという確信を深めるという見込みがあることを、見逃してきたのである。

あなたのクオリアは、「情動」に変化が生じていても、一定のままであり続けることができるのだろうか？　哲学者たちは、クオリアの定義に関するこのような問いにどう答えるかについて、意見が分かれている。グルタミン酸ナトリウム（MSG）という風味増強調味料《フレーバー・エンハンサー》[18]の効果について考えてみよう。疑いもなく、この物質は食べ物がより美味でより風味があると感じさせるようにするが、この物質は食べ物のクオリアを変えるのだろうか、それとも、すでに人々が享受しているクオリアへの感受性を高めているに過ぎないのだろうか？　これは、クオリアという概念を明確化しようということであって、MSGが作用を及ぼす部位や、被験者の報告から明らかになるMSGへの人間の反応の多様性についての経験的な問いを立てようということではない。というのも、この概念的な問いに何らかの仕方で決着がつけられない限り、被験者の根本的な神経学的過程や**ヘテロ現象学**[19]についての発見は、徹頭徹尾曖昧なものになるからである。私が知りたいと望んでいるのは、哲学者たちが「クオリア」という言葉をどのように使おうとしているのかということに過ぎない——哲学者たちは、主観的反応におけるすべての変化をクオリアの変化と同一視しているのだろうか、それとも、クオリアを実際にそこにつなぎ留めている特権的な一組の反応があるのだろうか？　特定のクオリアについての美的見解――あるいはそのクオリアに対する反応――が変化するという考え方は、ナンセンスなのかそうではないのか？　定義に関するこのような問いに決着をつけない限り、クオリアという用語は、漠然としたぼやけたものにとどまるだけではなく、二つの（あるいはもっと多くの）根本的に異なった観念のどれを指すのか分からないほど、救い難く多義的なままである。

クラップグラス氏は色クオリアが逆転したのだろうか？　私がクラップグラス氏の状況を十分な細部にわたり述べていないと言う哲学者がいる。私はクラップグラス氏の振る舞いにおける有能性《コンピータンス》――彼は色を正しく認知し識別し名を言うが、他の多くの点において「間違った」反応をとる――を記述したが、彼の主観的状態を記述することは避けている。クラップグラス氏が熟したレモンを見るとき、内在的な主観的黄色を経験するのかそれとも内在的な主観的青を経験するのかについて、私は述べてこなかった。しかし、それこそがポイントなのだ。つまり、これらの用語がクラップグラス氏の経験が備えている本物の性質を名指しているという予断に、私は異議を唱えているのである。私が物語に、質問を受けたクラップグラス氏が、「熟したレモンは黄色いものとして私にはまだ見ていますから、私の経験はもちろん内在的主観的な黄色が含まれています」と言って答える、という筋書きを追加するとしよう。これで何かが決着するだろうか？　クラップグラス氏がこれらの言葉を述べるとき自分が何を言っているのかが分かっているのだという確信を、私たちはもっているだろうか？　私たちはクラップグラス氏の言うことを信じるべきなのだろうか、それとも、彼は忠義だてるに値しないある哲学的理論の虜になっているということなのだろうか？

ここには、このような事例において普通に用いられている哲学的方法の深刻な脆さが見られる。たとえば色に関して正常な人々が示すすべての有能性《コンピータンス》とすべての傾向性が一塊の岩のようなもので、独立したいくつかの下位の有能性や下位の傾向性へと分解できたり解体できたりするような脆いものではないと、哲学者たちは仮定しがちなのである。このような仮定が、クオリアが傾向性の何らかの部分集合や特定の傾向性につなぎ留められているものでありうるかどうかという問いに取り組まないという口実を、哲学者たちに手っ取り早く与えている。たとえば、哲学者ジョージ・グラハムとテリー・ホーガン (Graham and Hogan, 2000, p.73) は、「現象的性格そのものの直接的な見知り (acquaintance)、すなわち〔ある個人の――＊引用者補足〕認知・識別能力に経験的基礎を提供している見知り」について語っている。彼らは、この「直接的な見知り」が認知と識別の「基礎」であると、どうして知っているのだろうか？ 思うに、相貌失認者は、自分たちが見ている顔の直接的見知りをもっているか、あるいは少なくとも、親しい人々の顔の「視覚的クオリア」の直接的見知りをもっているのだが、しかし、自分の友人や家族の顔を見るとき、そこで経験されているクオリアであるそれらの顔を、そういうものとして認知することができないのだ。今一度ウィルフリッド・セラーズに耳を傾けて、クオリアは人生を生きるに値するものにするとしたら、クオリアは、日々色を認知することができ識別することができ名指すことができるという私たちの能力の「経験的基礎」ではないかもしれない。

59　調律済みのカードデッキ

デイヴィド・チャーマーズは、有名な論文（Chalmers, 1995）の中で、意識についての「イージー」プロブレム〔易しい問題〕と、チャーマーズが（Hを大文字にして）意識の〈ハードプロブレム〔困難な問題〕〉と呼ぶ問題とを区別している。チャーマーズが「イージー」と呼ぶ問題は、そう呼ばれるとしても、やはり十分に難しい問題である。たとえば、意識についての以下のような実に挑戦的な問いを考えてみよう。

一　意識は、どのようにして、私たちが見るものや聞く音や嗅ぐ香りなどについて私たちが語ることを、私たちに出来るようにしているのだろうか？（大いに単純化して言いかえれば、知覚を行う脳の部分からの情報は、どのようにして、脳の言語に関わる部分によって用いられて、私たちが与える報告や返答を形成するのだろうか？ということ）。

二　私たちが（「ほとんど寝ていても」できるような）型にはまった活動をしているときでも、問題に行き当たると、なぜいつも私たちの意識が作動し始めるのだろうか、また、出会った問題に取り組む際に意識はどのような手助けを私たちにしてくれるのだろうか？

三　私たちは一度に何個の運動体を意識的に追跡できるのだろうか、また私たちはそれをどのようにして行うのだろうか？（なお、少なくとも四個というのがその答えであり、ＦＩＮＳＴインデクシングとして知られているこの現象の驚くべき証明を体験することで、自分自身で確かめられる。アドレスは下の通り　http://ruccs.rutgers.edu/finstlab/MOT-movies/MOT-Occ-baseline.mov[20]）

四　「答えが舌の先まで出かかっている」とき——自分がそれを知っていることを分かっていて、答えをほとんど思い出すことができそうでできないとき——何が起きているのだろうか？

五　ある冗談が面白いと思うためにその冗談を意識しなければならないのはなぜなのだろうか？（この問いに対する、本を丸一冊費やした回答は、Hurley, Dennett, and Adams, 2011 を見よ。）

これらの問題《プロブレム》は、チャーマーズによれば、比較的易しい《イージー》ものである。なぜなら、これらは、意識の認知的機能に関わる問題だからであり、すなわち、私たちが行うことができること、脳内の情報処理・注意方向付けの過程、覚醒時に私たちが従事する追跡活動や想起活動や回想活動などに、関わる問題だからである。これらの問題に対する見込みのある答えを考えだすことがどれほど困難《ハード》であろうと、その答えは、実験によって再検証され磨かれていくだろうし、実際私たちは、これらの「イージー」プロブレムに関して多大なる進歩を遂げつつある。たとえば、私たちは、これらの機能を極めて説得力ある仕方で再現する比較的単純なコンピュータモデルを作り上げて、それにより脳がこれらの機能を遂行する際に、魔術やら何やらの、自然の他の場所には見あたらないものを用いてはいないと完全に確信することができる。これらすべての現象を呈示するロボットは、今すぐでないにしろ予見しうる未来において、作り上げられるだろう。

〈ハードプロブレム〉とは、チャーマーズにとって、「経験」についての問題である、すなわち、意識をもつとはどのような感じがするのか（*what it is like*）という、意識をもつことについての説明しがたく分析不可能なコンナ風ナ性（*thusness*）の問題である。ロボットは、まさに意識をもつかのように振る舞うことができるかもしれない。つまり、私たちのすべての問いに答え、すべての動点を追跡し、〈舌先まで出かかる〉現象に陥り、それから抜け出し、しかるべき時に笑い、しかるべき時に（無意識に）困惑し唖然としたりするかもしれないが、しかしそのロボットの中には、誰も住んでいないだろう。ロボットは、ゾンビであり、意識をもつ正常な人間としてのあなたや私が享受している内的生のカケラももってはいないだろう。

　チャーマーズによれば、心優しき読者の皆さんや私は、起きて活動しているときはいつでも、自分が意識をもっているということを知っている。哲学者のゾンビは、このようなことを何も知らない——決して目覚めることはないし、いかなる内的生ももたない。単に外部から意識をもつように見えるだけである。哲学者のゾンビは、もちろん、あなたと私とまったく同じように意識をもっている、と確固たる調子で言い張り、もしもこの言葉を嘘発見器にかければ、正直に言ったということでテストをパスする——しかし、ゾンビなのだから、それは誤りなのである！（ゾンビはまた、神経科学者がfMRI装置を使って脳の内部状態を検査したりしても、普通の意識ある人間から区別できない）。これによって明らかになるのは、意識をもつ人間とゾンビを区別することは、たしかに困難《ハード》な問題《プロブレム》である——そもそもそれが問題であればの話だが――ということである。もしもそれが問題であるならば、この違いがそのようにして存在しうるのかを説明することは、さらに一層困難《ハード》な問題《プロブレム》である。これぞ〈ハードプロブレム〉である。ある人々は、私も含め、〈ハードプロブレム〉はチャーマーズの想像力が作り出した虚構であると考えているが、他の――驚くほど多くの――人々は、意識ある人間と完全なゾンビの間には本物の違いが存在するのだと、あるいは存在するだろうと確信し、しかもこの違いが重要だと信じている。

　この興味深い状況をここでよく検討してみたい。私たちの中には、〈ハードプロブレム〉のまさにその存在を疑う人たちがいる一方、それに疑いを抱く私たちを、正気を失っているに違いないと考えている人たちもいる。彼らが言うところでは、自分自身の意識以上に明白で、およそ意識をもつ存在によって直接的に直観されるものは何もないのであり、私たちが享受しているこの素晴らしい性質こそ、（今までのところ）科学的な理解を受け付けず、それゆえ〈ハードプロブレム〉と呼ばれるに値するものなのだ。これら二つの選択肢をお互いに歩み寄らせる手段はない。一方の側か他方の側かどちらかが、まったくの間違いなのだ。私は、長い年月にわたり、この直観がいかに魅惑的でもやはり放棄されなければならないことを示そうと努力してきた。〈ハードプロブレム〉が存在するという魅惑的なアイデアは誤りにすぎないと、私は確信しているのだが、それを証明することはできていない。あるいは、もっと適切な言い方をすれば、たとえ私が証明できたとしても、私の証明は多くの場合、耳を傾けてもらえない羽目に陥るだろう。というのも、何人かの哲学者によって思い知らされたことであるが、この点に関する彼らの直観は無敵の岩盤なのであり、いかなる論証によっても打ち砕かれることはおろか、揺るがされることすらできないほどに明白で否定しがたい洞察なのである。それゆえ、もし私が、理性を超えた確信を合理的論証で取り除こうとするならば、それは戦略的誤りを犯すことになるだろう。

このような態度は、ステージマジックの見事な実演を見たばかりの人々によってしばしば表明される心からの確信を、私に思い起こさせる。どんなマジシャンも知っていることであるが、人々は自分が見た優れた手品の記憶を肥大化させる傾向がある。実演の瞬間の衝撃と困惑がその記憶を増幅させる働きをするため、こういう人々は、マジシャンが見せようとしたものをはるかに超えたものを自分は見たと熱心に、また真面目に言い張るのだ。〈魔法《マジック》〉の存在を信じたいという思いが強い人々も出てくる。第22章で**不可解な組織**を論じたときに引用したリー・シーゲルの「リアルマジック」についてのコメントを思い出そう、「リアルマジックは……リアルではない〔実在しない〕マジックを指していて、リアルである〔実在する〕マジック、現実に行うことができるマジックは、リアルマジックではないのである」（一六〇頁参照）。

多くの人々にとって、[21]意識とは「リアルマジック」である。もしもあなたがスーパカリフラジリスティスエクスピアリドーシャスである何かについて語っているのでないとしたら、あなたは〈すべての理解を絶する神秘〉である意識について語っているのではないのである。科学ジャーナリストのロバート・ライト（Wright, 2000）は、このような態度を次のように簡潔に表現している。

> もちろん、ここでの問題は、意識とは物理的な脳状態と「同一である」という主張に関わっている。デネットたちがこれによって何を言おうとしているのかを私に説明すればするほど、彼らが本当に言おうとしているのは〈意識は存在しない〉ということなのだと、私はますます確信するようになる
> (p.398)

脳内に仕組まれたトリックのタネ袋がどんなものであれ、それは意識――本物の（*real*）意識――ではあり

得ない、ということだ。しかし、このような論点先取の誤りを犯してはいない人々も、意識現象を誇張してしまうという弱点をしばしば抱えている（そういうわけで、私の本『解明される意識』（Dennett, 1991a）の非常に多くの部分は、意識――本物の意識――の縮減（*deflation*）、サイズダウンにあてなければならなかった。意識現象は多くの人々が考えるほど驚くべきものではないということを、示さなければならなかったのである。当時のこの縮減の姿勢は多くの読者に、私の本は『解消される意識』あるいは――ライトが指摘しているように――『否定される意識』というタイトルをつけられるべきだったというジョークを思いつかせた）。意識に関する膨張《インフレート》した見方に困惑を覚えるようになるなんて疑わしいと考えている人々に対して、私は搦《から》め手からの一撃を加えたいと思っているのであり、つまりカードマジックの世界における面白くてまた動揺を与えるような類例に注意を向けることで、彼らの独りよがりを何とか出来ればと願っている。その名も〈調律済みのカードデッキ〉。

> 永年の間、オハイオ州クルックヴィル出身の有名なカード魔術師であるラルフ・ハル氏は、一般観衆だけではなく、アマチュア奇術師やカードの玄人やプロのマジシャンも、彼が好んで「調律済みのカードデッキ」と呼んでいる一連のカードトリックによって、唖然とさせていた。
>
> ――ジョン・ノーザン・ハイリアッド、『カードマジック』（Hilliad, 1938）

ラルフ・ハルのトリックはおおむね次のような見せ方で進む。

やあみんな。今日はみんなに新しいショウを披露するよ。その名も「調律済みのカードデッキ」。このトランプのデッキは魔法の力で調律されているんだ（と言いながらデッキを耳に当て、そこでデッキに指を当ててパラパラとめくり、そのパラパラというカードの音に注意深く耳を傾ける）。カードの波動が入念に調律されているお陰で、僕はどんなカードの場所も聴き取ることができるんだ。カードを一枚引いて。どれでもいいよ……（と言いながらカードを扇形に開くなどして観客に差し出す。一人がカードを取り、図柄を確かめ、それが済むとカードはデッキのどこかの場所に戻される）。これから、この調律済みのデッキを聴き取ります。デッキは何と言っているかな？　聞こえる。デッキの波動が秘密を教えてくれている……（パラパラパラ、とハルの耳元でカードがめくられ、ハルによる様々な手順や儀式が行われる。その後、先の観客が抜いたカードがかざされる）。

ハルは、同業者のマジシャンたちから選ばれた観客のために、何度もトリックを繰り返して、分かるかなと挑発してみたが、誰にも分からなかった（観客の前で一つのトリックを決して繰り返してはならないというのが、カードマジックの基本的なルールであることを思いだそう。この偉大なトリックは、大胆にもこのルールを無視しているわけである）。マジシャンたちはこのトリックを買いたいと申し出たが、ハルは売ろうとはしなかった。後年、ハルはトリックの解説を友人のハイリアッドに教え、ハイリアッドはその解説を私家版の書物で活字にした。以下の一節には、ハル自身が自分のトリックについて言うべきだったことである。

長年、私はこのトリックを実演し、それを何百人ものプロにもアマチュアにも披露してきたが、私に知り得た限り、その秘密を突き止めた者は一人もいなかった……純朴な彼らは皆、あまりに難《ハード》し過ぎるものを探し求めてきたのだ〔強調は引用者〕。

偉大なマジックの例に漏れず、このトリックも、トリックが始まったことにあなたが気づくことすらない内に、終わっている。トリックは、そっくりそのまま「ザ・チューンドデッキ〔調律済みのカードデッキ〕」という名前の中にあり、もっと具体的に言えば、「ザ〔あの、他ならぬ〕」という一つの単語の中にある！　ハルが新しいトリックを始めますと宣言し、そのトリックの名を熱心な観客に告げたとき、もうトリックは完了している。この単純なやり方で観客をひっかけ、波動やらパラパラパラやらのあからさまにインチキな目くらましのため《ミスディレクティング》のおしゃべりに時間を費しながら、ハルは、タイプAという比較的単純でよく知られたカード当てトリックを実演してみせる（タイプAの詳細は、伝統的な秘密のカーテンの陰に隠しておく。その詳細はここで述べているトリックよりもずっと機械的な手技で、すぐに分かるように、今の話題には関連しない）。観客である優秀なマジシャンたちは、ハルがタイプAのトリックを実演している可能性が高いと考えるが、これは、自分たちが頑固で妥協しない観客となってタイプAのトリックを仕掛ける隙を与えないようにすれば、検証できる仮説である。こうして彼らはタイプAかどうかを検証するために適切な〔ハルにとっては〕扱いにくい態度を取るのだが、そのときハルは、今度はタイプBのカード当てトリックを使って、同じ手品を「再演する」。こうなると観客たちは、肩を寄せ合い互いのメモを確認し合いながらひそひそと話し合う——ひょっとして、彼はタイプBのトリックをやっているんじゃないのか？　彼らは、タイプBを妨げるのに適切な扱いにくい態度を取って、この仮説を検証するのだが、そこでハルは「その《ザ》」手品をまた実演する——今度は方法Cを使って。ハルがタイプCのトリックを自分たちに仕掛けているという仮説を観客が検証するなら、そのときハルは、方法Dに切り替える——あるいは、ハルが方法Aや方法Bを使っているという仮説は観客にとって「誤りであると判明している」ので、ハルは方法Aか方法Bに戻るかもしれない。ことほどさように、観客の誰もが知っているトリックの蓄えの中のあれであろうとこれであろうといつでも使えるという自覚を武器にして、ハルは何度再演しても仮説検証者たちの一歩先を行く。お宝袋[22]から様々なトリックを次々に繰り出しているという事実を、〈ザ・チューンドデッキ〉という一定の演目の名の下でそれらを行うという単純な手段によって、隠しているのである。ハルがハイリアッドに説明していたように、

これを実演したときの経過は決まっている。まずは観客の頭の内側で一つかもっと多くのアイデアが破裂する。そして遅かれ早かれ、観客はその神秘を解き明かそうというさらなる努力をそれきり諦めてしまう。

ハルのトリックは、「ザ」というありふれた一つ言葉を使っただけだ——なんたることか! 何ということもないこの単音節の単語が、専門家から成る観客を誘惑し、心を麻痺させ、**脱シス**することを妨げる。観客たちはいつのまにかに、ある大がかりな新しいトリックを見つけなければならないと固く信じ込むという一つのシステムの中に入り込んでしまっていて、彼らの抱えた(諸)問題の解答が一つではなく多数あるということが見えなくなる。彼らは、そのシステムの外へ跳び出ることができないのである。

以上のことから私が指摘したいのは、デイヴィド・チャーマーズは、自分が「ザ・ハードプロブレム」を発見したと世間に公言することで、これと同じ概念上の手技を——意図せずして——やってしまった、ということである。〈ハードプロブレム〉と呼ぶべき問題は本当に存在するのだろうか? それとも、〈ハー

ドプロブレム〉であるように見えるものは、チャーマーズが〈意識のイージープロブレム〉と呼んでいる諸々の問題からできあがっている大きなトリック袋に過ぎないのだろうか？ すべての〈意識のイージープロブレム〉は、平凡な説明が与えられる問題であり、物理学の革命を要求されるものでも、まったく新しいものの創発[23]を必要とするものでもない。大きな努力を払えば、そのどれも、認知科学の標準的な方法で片付けられる。

私は〈ハードプロブレム〉が存在しないと証明することはできないし、チャーマーズはそれが存在すると証明できない。チャーマーズは、自説を後押しする強力な直観をもっているが、その直観が目覚ましい新たな予測を産み出したり、他の仕方では不可解なままにとどまるものを説明することを約束するものであったなら、私たちは、チャーマーズと共に、その直観を中心に据えた新たな意識理論の構築に努めるかもしれない。ところが、その直観は孤立した直観なのであり、否定するのが困難であるとしても、他の点では理論的に無力なのだ。

意識に関する既知の現象の目録は膨大で、今も増大し続けているのだが、その現象は平凡なものから見慣れないものまで多岐にわたっている。そのすべて追いかけることは困難であるので、私たちは最終的な数え間違いを犯してしまうという可能性に用心しなければならない——自分たちはすべての〈イージープロブレム〉を集計したのであり、その上で集計に漏れた残りの要素を発見したのだと思いこんでしまうときには、実際そういう可能性があるのだ。その残りの要素なるものは、平凡な説明済みの現象——あるいは少なくとも、神秘的でない仕方で今後説明される道筋が把握できている現象——のグループの中に、それとは気づくことなくすでに集計済みであるかもしれない。私たちがこのような「数え間違い」を犯し、しかもそれに気づかないというのはどういう場合に生じるだろう？ それは、現象を二重に集計してしまったり、それがすでに説明済みの現象であることを忘れてしまったりする場合である。このような場合、私たちはその現象を「すでに説明済みの現象」のリストから削除してしまうはずである。私たちがこのような誤りを犯しているというのは、そもそもありそうなことなのだろうか？　次のように考えてみよう。私たちが悲しきクラップグラス氏を前にして、何かがひどくおかしなことになっていると分かったとして、クラップグラス氏の苦境を述べる重要な点で異なった二通りの仕方があるように見える。

A　クラップグラス氏の色クオリアに対する美的・情緒的な反応はすべて逆転している（他方彼の色クオリアは以前と同じままである）。

B　色を識別し特定し名前を言うというクラップグラス氏の有能性《コンピータンス》は維持されているのに、彼の色クオリアは逆転している。

（ハルのトリックを突き止めようとしている困惑したマジシャンたちとよく似た仕方で）どのような議論がされそうかを考えてみよう。「Aが正しいことはありえない。なぜなら、クラップグラスの色クオリアが以前と同じであると私たちが言う唯一の理由は、〔色の〕名前を言い識別するという彼の振る舞いが以前と同じであるということだが、これは彼のクオリアについて何も証明していない。このような振る舞いは、（単なる）認知的・機能的な事実であるが、クオリアは、もちろん、それとは何の関係もない。また、Bが正しいこともありえない。なぜなら、変化したのはクラップグラスの反応だけだからである。クラップグラスは、以前とは違った仕方で色が見えていると訴えているのではなく、まさに同じ主観的な色が以前と同じように彼に訴えかけていないと言っているからである。したがって、彼の色クオリアは変化したのかもしれないし、変化していないかもしれないのであり、また——注意して欲しいが——どちらの仮説が正しいのかを明らかにする経験的な手段は存在しないのだ。これこそ真の〈ハードプロブレム〉である！」

この論証は、AとBで論じられているクオリアは何の働きもしてはいないという可能性を、見落としている。AとBのどちらの場合でも私たちが知るのは、識別機構が以前通りに働いている一方で、その機構に由来する産物に対するクラップグラス氏の反応が逆転している、ということである。クオリアは、情緒的反応の基礎や素材や土台を提供すると想像されている突き止め難い一種の媒介項として、挿入されており、その場合、逆転が生じうる二つの地点があるように思われる——提示されたクオリアに対して評価機構が反応するという視点から見て、クオリアがクオリア評価機構に「提示」される以前の地点と、そのような「提示」がなされて以後の地点である。ここでは、本来一つであったはずの提示の過程が増やされてしまっている。たとえば、私たちは、（警告を発し、恐怖を喚起するといった）否定的な反応が知覚過程のごく初期段階で発動され、その反応がそれ以降のすべての知覚入力の処理を「色づける」ということを、知っている。このような場合に私たちが言えることは、情緒的反応が原因となってクオリアがクラップグラスにとっての主観的特徴を有するようになったということであり、（その逆に）クオリアの「内在的」本性が情緒的反応の原因であったりその土台であったりするわけではない、ということである。しかし、もし私たちが知覚的入力に対する情緒的（ないしは美的ないし情動的）な反応にすでに到達していたとすれば、そこにもはやクオリアが「働く」べき余地はなく、またもちろんジンボは、対知覚反応が逆転したことで、意識ある人とまったく同じように気が滅入ることだろう。

〈調律済みのカードデッキ〉についての物語は、クオリアに関するそれ以外のすべての直観ポンプに、何を付け加えてくれるだろうか？　それは、非常に賢く知識豊かな専門家たちが、ある問題が彼らに提示されるときのそのやり方ひとつで、どのようにして幻の問題を創り出すように誘惑されるのかということについての、現実の実例である。それは過去に生じたことがあるし、これからも生じるかもしれない。そして、以上のことは、あの袋小路に対する新しい見方を生み出し、「君は〈調律済みのカードデッキ〉と同類の罠に自分が陥っていないと、どうして知っているのか？」という問いに答えなければならないという、新しい挙証責任を作り出す。私が示唆していることは、これによって問題に決着がつくということではなく、**ゾンビ直感《ハンチ》**に信を置く人々に、いったいその直感《ハンチ》がどれほど「自明」であるかについての考え直す機会を与えるはずだ、ということである。

60 中国語の部屋

一九七〇年代後半、ＡＩ（人工知能）についての仰々しい誇大広告が押し寄せた時期があり、この研究分野の現段階での成果と予言された進歩の両方について過剰に喧伝された。考える機械の出現は、もうすぐそこまで来ている！というわけだ。バークレー大学の哲学者であるジョン・サールは、その先を見通せると確信し、それを証明するための一つの思考実験を組み立てた。サールは、一九八〇年、「心・脳・プログラム」を公にし、「強いＡＩ」は不可能であることを示そうとする〈中国語の部屋〉という有名な思考実験を発表した。強いＡＩとは、サールの定義では、「適切にプログラムされたコンピュータは、文字通りの意味での認知的状態をもち、そのことによってそのプログラムは人間の認知を説明する」という主張であり (Searle, 1980, p.417)、その後彼はこの定義を明確化し、「正しい入力と出力を備えた適切にプログラムされたデジタルコンピュータは、まさにそのことによって、人間が心をもつのとまったく同じ意味で、心をもつだろう」とその定義を言いかえている (Searle, 1988, p.136)。一九八〇年の論文が掲載されたのは、『行動科学および脳科学』誌という認知科学の最重要雑誌であり、ＢＢＳという略称で知られる同誌は、各号ごとにいくつかの長い「ターゲット論文」と、それぞれの分野の専門家たちによる何ダースかのコメント論文、および論文の著者によるコメント論文への応答を掲載するという、独特の誌面構成で刊行されている。ＢＢＳは学際性を重んじることに熱心なので、コメント論文の著者となる専門家は、大抵多様な分野から選ばれ、有益で時宜に適った分野横断的なやりとりが読者に提供されるのである。著者以外の専門家たちが、ターゲット論文をどれほど真面目に受け取っているかを――そしてそもそも真面目に受け取っているかどうかを――調べることは、その論文を自分自身の研究にどのくらい役立てるべきか、あるいはどのくらい無視するべきかを判断する重要な手段である。さらにまた、猛々しい口調でお互いの過去について言い合ったり、上質の学問的なタッグ・マッチに参加したりしている確信に満ちた人々との間で学際的なコミュニケーションをとることの困難さを学ぶこともできる。サールが執筆したターゲット論文は、激しい反論の渦を巻き起こし、その中には私自身の反論も含まれていた(Dennett, 1980)。その反論の中で、サールの思考実験がはらむ、深刻な誤解を招きかねない点を明らかにする助けになるものとして、私は「直観ポンプ」という造語を考案したのだ。

直観ポンプというのは私の用語ではあるが、その功績はダグ・ホフスタッターにも授けられるべきである。というのも私の造語は、サールの論文に関するダグとの対話の中で生まれたものだからである。私たちはこの対話に注解を付して、私たちが編んだアンソロジー『マインズ・アイ』(Hofstadter and Dennett, 1981)[24]の中に収録した。私たちは、サールの思考実験が魅力的であることを認めた。というのも、一方でそれは、誤解を招きかねない誤った論証であることが極めて明らかであるが、他方で、強力な人心掌握力と説得力を備えた論証であることも同様に明らかだったからである。この論証は、いかにして――またなぜ――うまく働くのか？　私たちは、リバース・エンジニアリングの観点からそれをよく調べ、やがてダグが、それが何によってうまく働いているのかを調べるために「すべてのダイヤルを回してみる」という戦略を思いついた。サールの物語は変形圧力に持ちこたえるだろうか、あるいは、不可欠の部分ではありえないような細部に決定的に依存しているのだろうか(3)？

これがおよそ三十年前の出来事であり、そして今や私は、サールの〈中国語の部屋〉が強大なアピール力と耐久力を備えていたことを、認めなければならなくなっている。それはもはや古典であり、何千という学部学生に向けて講義され、今日に至るまで絶え間なく議論の主題になっている。私は永年それを自分の授業で使用してきたし、それがどのように働くのかや、その間違いをどうやって人々に示せばよいかについて、多くのことを学んできた(4)。

そのようなわけで、それが欠陥品の直観ポンプであり、注意深く取り扱わないとあなたの想像力に害を及ぼす可能性がある**ブームクラッチ**であることを、これから私は示すつもりである。とはいえ、私がこのデリケートな課題に向かうのに先だって、あなたがたの多くはきっと黙ったまま目を剥き、うなり声すら

(3) ダグはサールの論文に登場する「いくばくかの紙切れ (bits of paper)」という語句の値をゼロに設定することで、それに登場するソフトウェアのサイズと複雑性を人々がどれほど、それこそ何桁ものレベルで過小評価しているのかを明らかにした。ダグが私たちの著書に掲載したサールへのコメント論文は、この批判を取り上げたものだった。だがそれが、『ニューヨーク・レビュー・オブ・ブックス』上でのサールから猛烈な応答 (Searle, 1982) が返ってくる元になった。というのも、私たちは同書でサールの論文を忠実にリプリントしたとはいえ、ダグはコメントの中でうっかり筆を滑《スリップ》らせ、サールが「紙切れ (bits)」と書いた箇所を「わずかな数の紙片 (a few slips)」[25]と書いてしまったのだ。サールの主張では、これは自分の論証を完全に誤解した仕方で表現するものだというのである！この点についてもしもサールが正しいというならば、つまり、この小さな不慮の突然変異が装置を変形させてしまうというならば、それは実際にはある意味で、私たちの主張を証明する点だ。というのも、もしもこのような小さな調整によって、一つの思考実験が機能不全に陥るか、それとも機能するのかが決まるのだとすると、その調整こそ、このポンプによって汲み出されるべき直観を備えたすべての人々の注目を引くべき要素であることになるからである。

上げるだろう、と私が気づいていることを知らせておきたい。そんなあなたは私にこの装置に対して害を及ぼして欲しくないと思っている。あなたはその結論――強いＡＩは不可能だ、イェー！――が大好きなので、あなたの熱い希望を支えている生き生きとした楽しい議論に向けられた丁寧な批判に自分が取り込まれる可能性を、なるべく見ないようにする。私は、このような反応に軽蔑をもって応えてきた。このような反応をするあなたは、高名なバークレー大学の教授が有名な議論を行い、自分が正しいことをその議論が示してくれている、という事実を大いに気に入っていて、その教授の権威にすがってその議論を支持することに満足している。あなたに関心があるのは、実際には細部ではなく、その結論だけだ。何たる反知性的な責任回避であろう！

とはいえ、かつて私も、自分がこれと大差ないことをしていると気づき、自分の性急な判断を見直したことがある。白状しよう。私は、量子力学を何となく不快でひどく方向感覚を失わせるもの、さらに言えば、願わくば真であってほしくないものと、いつも考えてきたのである！ 光の反射と屈折のような日常的な現象や、私の視覚を可能にしてくれている網膜のタンパク質の働きを含む、実に多くの現象を予測したり説明したりすることに、量子力学が驚くほどの成功を収めてきたことくらい、私だって知っている。量子力学は、科学のまさに中心に位置しているのであるが、その意味をつかむことは、周知の通り、専門家ですら困難である。私は、量子力学で用いられる数学を何度か修得しようとしては挫折してきたので、量子力学の解釈をめぐる科学論争には関心はあるものの、つまるところは口を出す資格のない傍観者である。しかし、だからといって、学識豊かな専門家とされている人々が言っていることの多くに深い疑義を抱くことが妨げられるわけではなかった。そんな折、私は、私のような非専門家向けの科学本であるマレイ・ゲルマンの『クォークとジャガー――単純性と複雑性の冒険』(Gell-Mann, 1995)[26]を読んだ。嬉しいことにゲルマンは、ナンセンスさがない脱神秘化的な調子を採用し、これまで支持されてきたかなり胡散臭い見解を、こてんぱんにやっつけていた（私が何を言っているのかを知るには、同書の「量子力学とたわごと」の章を読んで欲しい）。「もっとやれマレイ！　たたきのめせ！」、気がつくとそんなことを考えていた。そこでは、世界的に有名なノーベル賞受賞者の物理学者が、私にも理解できる論証を用いて私の偏見を支持してくれているのである。これこそ私が求めた量子物理学なんだ！　しかし、ここで私は我に返った。私は本当にゲルマンの論証を理解しているのだろうか、それとも、単にそれを準・理解しているだけなのだろうか？　私は、ゲルマンの弁舌の才《レトリック》に惚れ込んでいるだけではないと、確信できるだろうか？　私が権威主義的な否定論に絡め取られていたということを私に示すことによって、専門的な知識へと私を連れ戻そうとしてくれるゲルマン以外の物理学者などいないと、希望的に考えていた。私はゲル

（4）『マインズ・アイ』における、ホフスタッター自身の達人的な証明（Hofstadter and Dennett, 1981）に目を通して頂きたい。そこでホフスタッターはまず、中国語の部屋が（少なくとも）五つのダイヤルを備えた直観ポンプであることを示す。続いて、ホフスタッターはそれらのダイヤルを一つずつ回し、それぞれ異なった結論を導くような、互いに類縁的な一群の思考実験を引き出す。最後に私が、次のような締めくくりの考察を行う。
私たちの直観ポンプに備わったダイヤル[27]のいずれの設定も、微妙に異なった物語をもたらす。それぞれの物語は背景に退いている問題について微妙に異なっており、また異なった教訓を引き出す。いずれの（一つあるいは複数の）バージョンが信じられるべきであるかは、それぞれを注意深く比較し、物語のどの特徴が働いているのかを調べることによって決着を付けるべき問題である。もしも過度の単純化が、不要な複雑さを抑え込むための手段ではなく、まさに直観の源泉であった場合、私たちは引き出すべきだと私たちを招いている結論に、不信を投げかけるべきである。[28]（p.460）

マンの結論が大好きだったが、その詳細に興味がなかった。同じ責任回避である。

とはいえ、何もかも同じというわけではない。それ以来私は、他の人々が書いたものに照らしてゲルマンの見解を、良心的に精査しようとしてきた（そして今のところ、その結果は悪くない）。さらに、私に訴えるところ大であるゲルマンの「常識」が、深い洞察ではなく想像力の挫折のもう一つの事例にいつかなってしまうかもしれないという明確な可能性に、私は目をつぶることをしない。サールの〈中国語の部屋〉を解体し中性化しようという私の努力に対しても、同じような開かれた心でいるようにしていただきたい。苦い薬をできる限り口当たりの良いものにしていくつもりである。

一九五〇年にもどろう。アラン・チューリングは、この年、彼の主張では機械の中の知性を判別する厳密な検査となるものを、提案した。現在、チューリングテストとして知られているこのテストでは、一人の判定者が二つの存在者と探りを入れるような会話を行う。一方は人間であり、他方はコンピュータであるが、双方とも判定者からは見えず、コミュニケーション手段は「テレタイプ」（ディスプレイとキーボードと考えればよい）である。人間は、判定者に対して自分が本当に人間であることを証明しようとし、コンピュータは、自分が人間だと判定者が考えるように欺こうとする。もしも判定者が違いをはっきり言うことができないなら、そのコンピュータ（プログラム）は、チューリングテストに合格したことになり、単に知性があると宣言されるだけではなく、サールの一九八八年の論文の言葉を用いれば、「人間が心をもつというのとまさに同じ意味で心をもつ」と宣告されることになろう。チューリングテストに合格することは、この分野の多くの専門家たちの目から見て、〈強いＡＩ〉が立証されたことになる。なぜだろう？　彼らが（チューリングと共に）考えたところによれば、会話を理解することなしにはそのような会話を行うことはできないのだから、会話者としてのコンピュータの成功は、コンピュータが会話を理解していることの証拠だからである。(5) 注意してほしいのは、チューリングテストは、ジンボと「本物の意識」をもつ人間とを区別しない――区別できない――ということである。というのも、意識をもつ人間がすることができることは何であれ、ジンボにも全く同じようにすることができるからである。多くの人々が指摘するように、チューリングテストに合格する存在者は知性的であるばかりか意識的であるという主張は、**ゾンビ直感《ハンチ》**に真っ向から反している。このことは、それ自体として、チューリングテストから心の有無に関する適切なテストとしての資格を奪うように見えるかもしれないが、私たちは、細部に関する検討を終えるまではそれについて判断を保留すべきである。チューリングテストに合格するプログラムは、私たちが意識の流れをもつところでジンボの無意識の流れをもつだけかもしれないのであるが、私たちは、この違いが本物の差異を示すものだと主張する〈ゾンビ直感《ハンチ》〉への異議を検討したばかりである。ジンボプログラムは、単なる**準**・意識しかもたないのであろうか？　ジンボプログラムが達成出来ないのは、厳密に

---

(5)　しばしば指摘される点であるが、この確信には、デカルトの確信の残響がある。デカルトは一六三七年刊行の『方法叙説』において、不死の魂を備えた人間と機械とを見分けるための最善の方法は、会話を行ってみることである、という主張を提起している。

> 機械がことばを発するように、しかも器官のなかに何らかの変化をひき起こす身体作用に応じて、いくつかのことばを出すように作られていることは十分考えられる。たとえば、機械のどこかに触れると、何を言いたいのですかと質問し、ほかの所に触れると、痛いと叫ぶとか、それと似たようなことだ。けれども、目の前で話されるすべてのことの意味に応じて返答するために、ことばをいろいろに配列することは、人間ならどんなに愚かな者にでもできるが、機械にできるとは考えられないのである。[29]

果たしてチューリングの直観ポンプがデカルトの直観ポンプから着想を得て考案されたのかどうか、知る者はいない。

言ってどんな次元なのだろうか？　サールの直観ポンプは、おそらく、この問いを明確化するだろう。というのも、その直観ポンプは、強いＡＩという考え方を疑うための**帰謬法**の論証であるように思われるからである。

サールは、サール自身がある部屋に閉じこめられ、中国語を理解すると目される巨大なＡＩプログラムをハンドシミュレートさせられていると想像するように促している。サールの設定では、そのプログラムはチューリングテストに合格しており、そのＡＩと本物の中国語理解者とを区別しようとする人間の対話者たちのすべての企てを失敗させている。中国語を知らず、部屋に閉じこめられて、プログラムに従って記号列を忙しく操作するサールは、（明白なことだが）この作業によって中国語を理解するに至ることはないし、その部屋の中に中国語を理解するものは他になにもない（その部屋は、サールとサールへの指示が書かれた「いくばくかの紙切れ」を除けば、空っぽである）。サールは、その指示に正確に従うことによって、その巨大プログラムを「ハンドシミュレート」しているのである。サールが中国語を理解していないのだとすれば、間違いなく（警告！）〈サール・プラス・紙切れ〉が中国語を理解することもない。故ニ、中国語のネイティブスピーカーを欺くほどの会話の技能を備えている部屋なのに、〈中国語の部屋〉には中国語の理解が存在していない。サールは、コンピュータと同じように、中国語の記号《シンボル》をその形だけで特定している。中国語の記号は、サールとコンピュータにとって、意味のない様々な「くねった線」でしかないので、〈中国語の部屋の中のサール〉は、当該のコンピュータプログラムの実行者に過ぎないものである。そのプログラムは、実行されるのがシリコン上であれサール上であれ、中国語のいかなる理解もなしにその職務を果たしているのである。

何と単純で説得力ある議論であろう！　この思考実験に何か誤りがありうるのだろうか？　あるのであ

る。サールがバークレーでこの思考実験を提示したとき、サールが〈システム説（バークレー大）〉と呼ぶものを使って、コンピュータ科学者たちはこう反論した。

部屋に閉じこめられた個人がストーリーを理解していないということは本当であるが、事実は、その個人はシステム全体の一部分に過ぎず、そのシステムはストーリーをまさに理解している、ということである。その個人は、様々なルールが書かれている大きな台帳を前にしており、沢山の紙と鉛筆を費やして計算を行い、さらに中国語の記号から成る「データバンク」をもっている。ここで、理解を帰属させるべきなのは、単なるその個人ではなく、その個人を部分として含むシステム全体である（Searle, 1980, p.419）。[30][31]

サールは、この反論に応じる中で、次のような、サール自身の立場を非常によく明らかにしてくれる言葉を述べている。

実のところ、私は、幾分当惑を感じている……というのも、この理論は、そもそもの初めから、私にとって納得しがたいものに思えるからだ。そこでの考え方は、個人が中国語を理解してはいないが、その個人といくばくかの紙切れの結合体が何らかの仕方で中国語を理解しているかもしれない、というものだ。何らかのイデオロギーに囚われていない人が、この考え方をまったく納得しうるものだとどうして思えるのか、私には容易に想像できない（Searle, 1980, p.419）。[32]

ここでサールが極めて納得しがたいとみなしている考え方は、プログラム内蔵型コンピュータという発想を創り出したときにチューリングが得た基本的な洞察そのものである！　有能性《コンピータンス》は、すべてソフトウェアの中にある。第24章に登場するレジスタマシンは算術を全く理解していないが、ソフトウェアと結合したレジスタマシンは完璧な算術を遂行するということを、思いだそう。あなたのノートパソコンの中の中央処理装置［CPU］はチェスについては何も知らないが、チェスプログラムを実行すれば、あなたをチェスで負かすことができ、同様のことはあなたのノートパソコンがもつ素晴らしい有能性のすべてについて言える。サールがイデオロギーであると述べたものは、コンピュータ科学のまさに核心部分であり、それが健全な思想であることは日々の生活の中で証明されている。人間の有能性を再現し、また人間の理解力《コンプリヘンション》を（結果的に）再現する方法は、諸々のバーチャルマシンの頂点にバーチャルマシンを重ね、そうしてできたバーチャルマシンを多数組み合わせた上にさらなるバーチャルマシンを重ねるというやり方でなされる――その力は、システムの中に宿るのであって、その基礎となっているハードウェアの中に宿るのではない。ダーウィンの「奇妙な推論の逆転」の響きは、チューリングの奇妙な推論の逆転の響きと見事に共鳴し合っている（Dennet, 近刊）――すなわち、私たちは、（チューリング以前の時代には）人間の有能性《コンピータンス》は理解力《コンプリヘンション》（それは知性が由来した神秘的な源泉である）に由来するものに違いないと考えてきたが、今では、その理解力自体が、様々な有能性の上に積み上げられた多数の有能性から（沸き立つ《バブリングアップ》ように）創り出された効果であるという見方を、とるようになっている。

細部こそが重要である。サールは、読者に対して、物語中のサールが巨大なAIプログラムのハンドシミュレーションを一体どのレベルで行っているのかについて、一切語っていない。サールがプログラムを進めるために働いているときの様子についてのサールの説明は、次のようなものだ。

この最初の中国文の束〔つまり入力〕に続き、私は第二の中国語の文書の束を、第一の束と第二の束を関係づける一連のルールと共に受け取ると想定してみよう。ルールは英語で書かれており、私はどんな英語のネイティブスピーカーに劣らずこれらのルールを理解する。私は、これらのルールによって、あるひと組の形式的記号と他のひと組の形式的記号とを対応づけることができるようになる……。ここでまた、私が第三の中国語の記号の束を、やはり英語で書かれた一定の指示と共に受け取ったと想定しよう。私は、その指示によって、この第三の束の中の諸要素とその前の二つの束とを対応づけることができるようになり、これらのルールは、第三の束の中で与えられたある種の形状の中国語記号への返答としてある種の形状の中国語記号を返す際のやり方を、私に指示する(Searle, 1980, p.418)[33]。

サールは、この「記号の束」の間の「対応づけ」と、サールが英語の文や話を入力として受け取り、自分の母語である英語で応答するときに生じることとを、対照させる。

外的な観点から見ると――誰かが私の「返答」を読むという観点から見ると――、中国語の質問に対する返答と英語の質問に対する返答は、同じくらいに適切である。しかし、中国語の場合、英語の場合とは異なって、私は、解釈されていない形式的な記号を操作することによって、その返答を産み出しているのである(Searle, 1980, p.418)[34]。

何という対照であろう! とはいえ、サールが未だに度外視しているものに目を向けよう。私たちは、サールが「一群のルール」（指令）を英語で受け取っているのを知っているが、それらのルールは、「レジスタ39021192のコンテンツをレジスタ215845085に加算せよ」というたぐい（マシンコード）なのか、それとも「定数をキューサイズに定義し、値を100に設定せよ」というたぐい（**ソースコード**）なのか？サールは基底部にいて、途方もない桁数（一秒間に数兆の処理を行う）の算術を行っているのか、それとも、それよりもずっと上の層で実行されているプログラムのソースコードに従っているのか？　もしサールがソースコードに従っているとすれば、サールはそれに付されたコメントを読むことができるのか？できない、としておいた方がいいだろう。なぜなら、コメントは、公式にはプログラムの一部分ではなく、プログラムが何をしているのかについてのたくさんのヒントをサールに与えるだろうからである（「これは文を分解し、名詞、代名詞、動詞、修飾語に分け、またそれが疑問文か、平叙文か、命令文か、間投詞かを特定する」、そしてこの後に何十億もの処理が続いてから、「だじゃれを発見。気の利いた返答モードへスイッチ……」、さらにもっと詳しい何十億もの処理が続き、その処理の中で、チェスの様々な手の比較とよく似た仕方で、何に言及するかの吟味や、候補となるいくつかの返答の比較がなされ、最後に出力となる文が生成される）。もしもサールがハンドシミュレートしているプログラムが、中国語で印象的な会話を実行することができるならば、そのプログラムは、サールが主張するような「一連の中国語の記号」だけではなく、最低でも中国語を話す人たちが共有している日常的な知識も含まれている巨大なデータバンクに、問い合わせなければならないだろう。サールがハンドシミュレートを行うとき、このような階層化された認知活動全体についての何らかのヒントを手にしているのだろうか、それとも、そのような認知活動は、サールにとって、膨大な算術に過ぎないのだろうか？

占占占占人　占占占点　占占点占　占点占占　点占占占　灬占占占占

次のような英語の質問を、サールがどう扱うかを考えてみよう。

アルファベットの大文字のDを想像し、それを反時計回りに九〇度回転させて下さい。次にそれを大文字のJの上に乗せて下さい。さて、あなたはこれを見てどんな天気を思い浮かべますか？

次に、サールが中国語の部屋で忙しく働いているとき、中国語でこれと類似した問題を受け取ったと考えてみよう。

二〇一二年六月四日、上のような文字からなる投稿が捜狐微博（中国のブログサービス）上でブロックされました。あなたはその理由を説明できますか？

これらは、実在する中国語の文字（サールの言う「くねった線」）であるが、この文字の連なりはまったく意味をなしていない。なぜこれが当局によってブロックされたのだろうか？　それは、六月四日が、政府に対する抗議行動を行った何百人もの人々が軍によって殺された天安門事件が起きた日だからである（中国人にとっての「六月四日」は、アメリカ人にとっての「九・一一」と同様に、人々を感情的にする）。この事件の中で起きた有名な場面は、一人の勇敢な男性が、戦車に真正面から立ち向かっていったというものである。漢字の連なりは、その男性（「人」は人を表す）が左側にある四台の戦車に立ち向かい、次から次に戦車に踏みつけにされ、戦車が右側に去った後遺体が残される、とみなすことができる。[6] 〈中国語の部屋〉には、「分かる」に違いないが、サールには、ソースコードに書かれたコメントを読みでもしなければ、何も分からぬままだろう。というのもサールには、あるルールに従った自分の動きが、〔〈中国語の部屋〉にとっては〕一つの「心的イメージ」の形成や、その心的イメージの操作や、さらにはその結果を記憶《メモリ》の探索として使用することなどに相当している、ということが、決して分からないからである。すなわち、システムは、サールが英語の質問に答えるために自覚的に遂行する活動にまさに対応する活動を、中国語の質問に答える前に遂行しているのである。そのシステムは、その中枢部の部屋でせっせと働くサールには想像もつかないような、自分自身の心をもっていると言うことができるだろう。

チューリングテストに合格できるプログラムならどんなものでも、私たちが会話中に遂行している心的な働きを非常に正確に模倣した「心的」働きを遂行できるのでなければならないだろう。たとえば、チューリングテストにおける質問者が、テストに合格しそうなプログラムに、ソクラテス的な問答法を用いて、解きやすい単純な問題を与えることによって、量子物理学を教え始めたとしよう。エンジン・ルームにいるサールは、この精緻な知的訓練の間ずっとシステムがこの会話を果たせるように、その手伝いをしなければならないだろう。サールはやがてこの苦行から解放されるだろうが、彼がエンジン・ルームに入ったときと同じように、量子物理学については無理解のままだろう。サールとは対照的に、システムの方は、知的な訓練を受けたので、チューリングテストが始まったときよりもずっと優れた、量子物理学についての役に立つ理解を得ているだろう。この特殊な形のチューリングテストは、プログラムの中に、単純な量子物理学マシンという新たなバーチャルマシンをインストールするだろう。

このような事実は、サールが中国語の記号を「対応づける」ことを可能にする「いくばくかの紙切れ」

と「ルール」というイメージによって、完全に覆い隠されてしまっている。私が言っているのは、想像上でサールがハンドシミュレートしているとされるプログラムの複雑さを、サールが意図的に隠蔽していたということではなく、その複雑性が含意していることを無視したということだけだ。もしあなたがこのプログラムを比較的単純なルールの束のように考えるとしたら、ベイトソンが「クロマチン〔染色体〕の小片はお互いに区別できず、実のところいかなる既知の検査によっても、ほぼ均質なものである」と考えたのと同じように、プログラムが有するいわゆる理解の力を、DNAの力と同様、「考えられないもの」とみなす可能性がある。

以上で私たちが何を成し遂げてきたのかを、見ておこう。サールの直観ポンプについて、私たちが回したダイヤルは、〔物語中のサールが〕従うべきプログラムの記述レベルを調節するダイヤルであった。当然ながら、そのレベルの数は多い。最も高次のレベルでは、システムの理解する力は、想像不可能なものではない。まさに、そのシステムが、自分がやっていることをどのように理解するようになるかに関する洞察さえも、得られる。システムの応答は、もはや困惑を招くものには見えず、明らかに正しいように思われる。これが意味しているのは、サールが批判しているようなAIが、理解と呼ばれるに値するレベルの有能性《コンピータンス》を、実際に獲得しているということではなく、かつてAI研究者たちが想像したやり方でこの方法を拡張すれば、そのような高次の有能性に至るということでもない。それが意味しているのは、サールの思考実験はそれが成し遂げたと主張しているものに、つまり〈強いAI〉の端的な不可能性の論証に、

(6)　この事例を紹介してくれた、言語学者にして中国学者である博識のデイヴィド・モーサーに感謝する。これは私がこれに都合のいい事例を探し回っている頃、中国で考案されたものである。

実は成功していないということにすぎない。

回すべきダイヤルは他にもあるが、その作業は、〈中国語の部屋〉に刺激されて産み出された膨大な文献の中で幅広く行われている。私がここで集中的に取り組んでいるのは、〈中国語の部屋〉が狙いを定めている理論や命題ではなく、〈中国語の部屋〉という思考道具そのものを考察することであり、それが欠陥ある道具であることを示すことである。それは、想像力を上手に使うことによってではなく、それを曇らせることによって、説得を行う思考の道具なのだ。

61　テレクローンが火星から地球へ降下する

月が東から昇るのが見える。西から昇る月も見える。あなたは、二つの月が冷たく暗い空を横切り、互いに接近する様子を見守っている。どちらの月もその軌道に従って進み、間もなく一方の月はもう一方の月の陰に隠れる。あなたがいるのは火星。故郷は何百万マイルの彼方。赤く冷たい、冷え切った火星の砂漠で、かろうじて生命を保護するのは、地球の技術が産み出した脆弱な膜一枚だ――そして、膜による保護を除けば、あとは孤立無援の状況。あなたの宇宙船は修復不能なまでに破損してしまったのだ。地球に戻り、故郷の地に、友人や家族の元に、帰れる見込みはなくなった。

しかし、おそらく希望はある。破損した宇宙船の通信区画に、〈テレクローン・マークⅣ〉というテレポーターとその使用説明書を発見したのだ。テレポーターのスイッチを入れて、地球に設置されたテレクローン受信機にビームを同調させ、続いて送信室の中に入れば、テレポーターは、素早くまた何の苦痛も与えずにあなたの肉体を分解し、分子単位の青写真を作成して、ビームに乗せてそれを地球へ送信する。地球の受信機では、タンク内に必要な原子がすべて準備されており、ビームによって送られた命令に基づき、ほぼ瞬時に生成を行う。何を？　あなたを、である！　あなたは、光速で地球に難なく送られ、愛する人々の胸に飛び込み、火星での驚くべき冒険を物語り、彼らを驚かせるだろう。

破損した宇宙船を調べおえた結果、テレクローンこそ唯一の希望であることが確実になった。失うものは何もない。あなたは送信機を起動し、必要なスイッチを入れ、送信室に入る。ファイブ、フォー、スリー、ツー、ワン、〈送信〉！　あなたは、目の前のドアを開け、テレクローン受信室を出て、晴れ渡った、懐かしい地球の空気の中へ飛び出す。赤い星での恐ろしい状況からの間一髪の脱出を誰もが祝福したが、あなたは帰還したのだ。遠く火星からのテレクローンの旅をかすり傷一つなく終えて、家族や友人があなたを取り囲んだとき、みんなの姿が最後に会ったときとどれほど違っているかに、あなたは気づく。最後に会った時からほぼ三年が経過しており、そのためあなた方はみなその分年齢を重ねていたのだ。今は八歳半になっているはずの娘のサラに目を向ける。「いったいこの子は、ひざに座っていたあの女の子なのだろうか？」と、あなたはいつのまにか考えているのに気づく。もちろんそれは同じ子だ、とあなたは我に返る――たとえ、記憶と目の前の子を重ね合わせ、同じ子なのだという認識をうまく引き出すことができないことを認めねばならないとしても。サラは、とても背が伸び、それだけ年をとり、それだけものを知るようになっていた。実のところ、あなたが最後に会ったときの彼女の肉体の細胞の大半は、すでに置き替わっていてそこにはない。しかし、成長しようと、変化しようと、細胞が入れ替わろうと、サラは、三年前、さよならのキスをした子供と同じ存在である。

そのとき、あなたはこんな思いにとらわれる、「私は、本当に、三年前にこの少女にキスしたのと同じ人物なのだろうか？　私は、この八歳半の少女の母親なのだろうか、それとも、過去の年月を記憶していようと――あるいは記憶しているように見えようとも――実はほんの数時間前に新しく製造された人間なのだろうか？」この子供の母親は、テレコムマークⅣの送信室の中で分解され破壊され、火星で最近死んだのだろうか？

火星で私が死んだ？　そんなはずはない。私は今地球上で生きているのだから、火星で死んだのは確かに私ではない。でもやはり、おそらく誰かが火星で死んだ――それはサラの母親。そうなると、私は、サラの母親ではない。でも、私は、サラの母親であるはずだ！　テレクローンに乗り込んだ一番の理由は、家族の待つ故郷に帰りたかったから。……でも、私は忘れそうになっている、多分この私がテレクローンに乗り込んだことなど一度もなかったのだ。多分、それは別の誰かだ――そんなことが、もしもあったとして。

あの忌わしいマシンは、テレポーター――つまり移動手段――なのだろうか、それとも、機械名が示唆するような、ある種の分身製造・殺害機なのだろうか？　サラの母親は、テレクローンの経験を経て生き延びたのか、そうではないのか？　彼女は、自分が生き延びるだろうと考えた。彼女は、死んでも仕方がないという諦念ではなく、希望と期待をもって、送信室に入った。彼女の行為は――彼女は踏み出すことで、サラの愛する庇護者をサラのもとに送り届けたのだから――なるほど利他的なものだったのだが、しかしまた――彼女は窮地を脱し、喜び溢れる世界へ飛び出したのだから――利己的なものでもあった。あるいは、そう見える行為だった。「それがどのように見えるのかを、私はどのようにして知るのだろうか？　私がそこにいたからだ。私は、そのようなことを考えていたサラの母親だった。今も私は、サラの母親である。あるいは、そのように見える」。

歌や詩や映画は、疑いもなくテレポートされうる。それでは、自己は、減損なしにテレポートされるその種のモノ――「情報から作られた」モノ――なのだろうか？　私たちが人間のテレポーテーションをなかなか認める気にならないのは、近年ほとんどの分野で克服されている、文書上の電子的にスキャンされた公式の署名に対する抵抗感に、少し似ている（二〇一一年のこと、ハーバード大学の〈ソサエティ・オブ・フェローズ〉が、私の推薦状に付されたスキャンされた署名を受理しようとしなかったことを、私は知らされた。彼らは、私の現実の腕の運動によって、実際に紙の上に書き記された、乾燥したインクの提出を求めた。私は、半日をかけてベイルートをタクシーで回り、クリーム色のボンド紙を使った正式の書類を手に入れ、署名してエクスプレスメールで返送した。私の理解では、〈ソサエティ・オブ・フェローズ〉は、今ではポリシーを変えているが、私としては、ハーバード大学があくまでも公文書に蝋の印章を捺す慣習にこだわり続けてほしい。栄光ある無根拠性を極めた、伝統のための場所というものはあるのだ。）

62 物語の重心としての自己

自己とは何であろうか？　哲学者たちは、何世紀にもわたりこの問いと格闘してきた。非物質的で説明不可能な不死の魂というキリスト教的な概念は、哲学者たちを魅了し、何世紀もの間、真剣な探求を歪めてきたが、今や支持者を日々失いつつある。人が死ぬとモノとしての心が天国へ行くという考え方は、日増しに不整合さを増している。このような考え方を子鬼や魔女と共に投げ捨ててしまうことを阻んでいるのが単なる願望思考《ウィッシュフルシンキング》に過ぎないというのは、残念ながら明白である。したがって、私たちのうちで唯物論者である者、つまり心とは（適切に理解された）脳であると確信している者は、私たち一人一人がそういうモノとしての心のようなものをもつように見えるのはなぜかという問いに、――さらに言えば私たち一人一人が、身体に宿る、より特定すれば脳に宿るモノとしての心であるように見えるのはなぜなのか、という問いに――直面せざるをえなくなる。私たちは、自分の内側を覗き込むと、私たちの自己をすぐ見つけ出すだろうか？

デイヴィド・ヒュームは、一七三九年に、このような考え方を軽蔑的に語ったことで有名である。

〔ほかの人はどうあれ〕私に関する限り、私が「自己」(myself) と呼ぶものにもっとも深く分け入るとき、私が見つけるものは、常に、熱や冷、明や暗、愛や憎、苦や快など、あれやこれやの個々の知覚である。私は、いかなるときにも、知覚なしに自己を捉えることが……けっしてできない。……もし誰かが、真剣にかつ偏見なしに反省して、自己(himself)についてこれと異なる考えをもつと考えるのであれば、私は、もはやその人とは議論することができないと認めざるを得ない。私が彼に譲ることができるのは、せいぜい、私が〔私の自己について〕正しいのと同様に、彼も〔彼の自己について〕正しいのかもしれないということだけであり、われわれがこの点でたがいに本質的に異なっているということだけである。おそらく彼は、彼が「自己」と呼ぶ単純で持続するものを知覚するかもしれない。しかし私は、自分のうちにはそのような〔単純で持続する〕原理がないことを確信している(Hume, 1964, I, iv, sect.6)。[35]

他人は違っているのかもしれない、とヒュームが口先だけの皮肉として認めてみせるのと同じようなことを、今日も行っている人々がいる。彼らは、たとえば私はゾンビであって(もちろん、ジンボであるようなゾンビであるが)、無邪気にも〔ゾンビである〕私自身の空虚な経験を他の人々にも当てはめているのではないか、といぶかしんでみせる人々である。愉快な推測ではあるが、誰もこれを真面目に受け取らないと私は思う。

自己が何でないのかは明らかである。それは、扁桃核や海馬とは違って脳の一部分ではない。前頭葉は、状況の評価や意図や知覚などにおいて決定的な役割を演じているが、前頭葉に自己が据えられているとみなすという誤りを誰も犯さない私は思う(前頭葉へのロボトミー手術はおぞましい手術であり、それを施された人物は実際に「かつての彼自身の影」のようなものになってしまうのだが、それは〈自己を切除する手術（a self-ectomy）〉ではない。俺にとってはロボトミー手術より、目の前のタダ酒の方が効きそうだね、という古いジョークがあるが、酒であれロボトミー手術であれ、それを経験すべき私は存在しているだろう）。それでは、自己とは何でありそうだろうか？　私が提起する回答は、自己とは、重心の同類であるようなものであり、抽象性を備えているにもかかわらず物理的世界にしっかりと繋がれている抽象物である、というものである。あなたは、他のすべての物質的対象と同様に、一つの重心をもつ（より正確には質量中心と言うべきだが、ここでは細かい違いは度外視しておこう）。もしあなたが上半身が重《トップヘビー》い体型なら、あなたの重心は同じ身長の人々の平均的な場所よりも上に位置しており、直立姿勢を続けるためにより多くの努力を要する、といったことが言える。あなたの重心を特定するための方法には多くのやり方がある。重心の位置は、履いている靴や、最後にいつ食事をしたかといった様々な要因に依存して、あなたの身体の中心部の小さな範囲内で、絶えず移動している。重心は、数学的な点であり、原子や分子ではない。一本の鉄管の重心が鉄でできているわけではないし、実のところそれは何でできているわけでもない。それは空間内の点であり、その点が位置するのはパイプの中央部を通る線上の、両端から等距離のところである（ただし、これは大まかに言ってであって、パイプの形状の不完全さなどに依存して変動する）。

　重心という概念は、それ自体で極めて有益な思考の道具である。重心は、実際、一つの事物のすべての物質粒子と地球上のすべての物質粒子の間で働く万有引力全体の平均で求められるが、それが教えてくれるのは、そのすべてを――地球の中心（地球の重心）とその事物という――二つの点に帰着させることができ、様々な条件下でのその事物の振る舞いを計算できる、ということである。たとえば、ある事物の重心がそれを支える基盤のすべての点から外れるときはいつでも、それは倒れるだろう。ニュートンが重力〔引力〕について明らかにするずっと以前から、私たちはもちろん、重心についての直観的な理解をもっていた（「座ってくれ！　立ってるとボートが揺れるんだよ」）。私たちは現在、重心という概念がどのように役立ちまたなぜ役立つのかを詳細に説明することができ、たとえば乗り物やフロアランプ〔背の高いスタンド式の照明〕をデザインする場合には、重心を低くしたり重心をより効果的な場所に移動させることを目指してデザインを進めるのだが、これが示しているのは、私たちの多くの活動において重心の概念がほとんど必要不可欠であるということである。重心は、「理論家の仮構物《フィクション》〔創作〕」かもしれないが、多くの正しい予測を産み出す源となるとても有益な仮構物《フィクション》である。物質的存在をもたないそのような抽象的な存在者が、何かを現実に〔原因として〕惹き起こすことなどありうるのだろうか？　直接的にはありえない。しかし、重心を引き合いに出す説明は、明確に因果的である説明と肩を並べるものだ。ヨットはあんなに激しく傾いでいるのに、なぜあのマグカップは倒れないのか？　「それはね、あのカップの重心が極端に低いところにあるからだよ」という説明は、「それはね、あのカップは甲板に糊《のり》で貼り付けられているからだよ」という説明と比肩するものである。

　私たちが重心を理論家の仮構物《フィクション》であると呼ぶことができるのは、それが、諸性質の不確定性という興味深い性質を、小説《フィクショナル》の登場人物と共有しているからである。シャーロック・ホームズは、アーサー・コナン・ドイルがシャーロック・ホームズ・ミステリーで描いているように、多くの性質をもっていたが、コナン・ドイルが何も言っていないことについては、事実はかくかくしかじかだとは言えない。たしかに、私たちは少しばかりの推定を行うことができる。コナン・ドイルは、ホームズが三番目の鼻の穴があるとは一言も言っていないのだから、私たちは、ホームズには第三の鼻の穴がないと想定することが許される(Lewis, 1978)。ホームズは一人の妻がパリにいてもう一人の妻がニューヨークにいる重婚者ではないということにも、私たちは同意できる。しかし、ホームズの左の肩胛骨にはほくろがあるか、ホームズはオスカー・ワイルドの一番年上のいとこであったか、あるいは、ホームズはスコットランドにコテージを所有しているかというような多くの問いには、答えは存在しない。現実に存在している人間についてであれば、これらの問いやその他の信じられないくらい多くの問いには、たとえ私たちが答えを見つけられなくても、本当の答えがあるのでなければならない。しかし、ホームズの場合はそうではない。ホームズは、小説《フィクショナル》の登場人物であるので、作者が述べている性質やホームズがもつと作者が示唆している性質だけをもつ。シャーロック・ホームズの物語を実話だと思いこんでいる素朴な読者は、アルダーショット行きの列車の車掌はホームズよりも背が高かったのか低かったのかを考えるかもしれないが、小説《フィクション》〔創作、仮構〕がどういうものであるかを理解している人は、そんなことに考えを巡らせることなどしない。同じことが重心にも当てはまる。もしあなたが、重心がいつの日か「ニュートリノであることが判明する」かどうかに思いを巡らせているなら、重心は理論家の仮構物《フィクション》であるという要点を見落としていることになろう。

それでは、物語の重心 (a center of narrative gravity) とは何だろうか？　それもまた、理論家の仮構物《フィクション》である。それは、人格《パーソン》を作り上げている、行為や発話や落ち着かなさや不平や約束などから成る集合体を統一し意味を与えるために提起された仮構物《フィクション》であり、この重心がないとその集合体は困惑するほど複雑なものになってしまう。それは、**パーソナル・レベル**[36]の説明をまとめ上げるものである。あなたの手が契約書に署名したのではない。あなたが署名したのだ。あなたの口が嘘をついたのではない。あなたが嘘をついたのだ。あなたの脳がパリの様子を思い出すのではない。あなたが思い出すのだ。あなたは、私たちがあなたであると認める生きた身体の「名義上の所有者」である（それは、いわば、あなたが好きに処分できるあなたの身体である）。私たちは、世界すべての諸部分と大地の上に立つオベリスク〔方尖塔〕との間のすべての万有引力を、地球の中心とオベリスクの重心という二つの点に帰着させて単純化することができるが、それと同じやり方で、私たちは、今し方取引を終えた売り手と買い手という二つの自己の間の様々な相互作用のすべてを――握手したり言葉を交わしたりインクを走らせたり、またその他のずっと多くの相互作用のすべてを――、単純化することができる。どちらの自己も、履歴《バイオグラフィ》や「背景《バック・ストーリー》」を備え、現在多くのことを企てている人格《パーソン》である。自己たちは、重心とは違って、時間と空間の中に軌道をもつだけではない。自己たちは、軌道を進むにつれて、記憶を蓄積し計画と期待を作り出しながら、集い会うのである。

背景《バック・ストーリー》の中にはそれぞれの人格《パーソン》が消し去りたいと思う部分がおそらく含まれているが、やってしまったことはもう取り返しがきかない。それは物語の一部分になっており、訂正することができないのだ。とはいえ、その後の履歴の要素に照らして、その部分を再解釈することならできる。「それをやったときの僕は僕じゃなかった」というのは、おなじみの決まり文句であり、このような一見矛盾した主張を私たちが寛大に受け入れることの方が、賢明であることが多い。その人物《パーソン》が言わんとしているのは、「それをやってしまったとき、私は本当に『どうかしていた(out of character)』のです。その振る舞いで現在の自分を判断したり、これからも同じようなことをするとは思わないでください」ということである。この言葉に信憑性があることもあれば、ないこともある。もう一つよくある手としては、「なあ、君がやったんじゃなかったら、誰がやったっていうんだ?」「悪魔にやらされたんだ」というのもある。この言い分もまた、私たちはしばしば受け入れるが、もちろん額面通りではなく、その行為を行わせた性格や動機に対する真摯な否定として、である。これは、次章で取り組むことになる責任と自由意志に関する諸問題を提起する。ここでは、「あなたが行うこと」と「あなたにたまたま生じたこと」との間に線を(極めて恣意的であることが判明することも多いこの線を)引くために、自己という概念がどのようにして必要になるかという問題だけを、指摘しておこう。

いかなる物理的対象も重心を備えており、いかなる生きた人間身体も自己を備えている。あるいはむしろ、いかなる生きた人間身体も、一種の住み込みの管理人である自己によって所有されている。所有者《オーナー》は一人だけであろうか？　一つの身体が、二つかそれ以上の自己によって共有されることはありうるだろうか？　乖離性同一性障害として知られている状態（以前は多重人格障害と呼ばれるのが普通だった）は、見たところ唯一の身体を複数の自己——支配的な自己（「ホスト」）と「交代人格《アルター》」たちのグループ——が共有している実例である。私は「見たところ」という言い方をしたが、これは、この診断に関しては激烈な論争が持ち上がったからである。あからさまなイカサマだという立場から、二人組精神疾患（*folie à deux*）（未熟な精神科医が問題を抱えた患者の症状を意図せずに進行させてしまう症例）であるという立場を経て、様々な色合いをもつ〈なりたがり《ワナビー》〉たち〔乖離性同一性障害もどき〕に混じって、少数の稀だが真性の症例がある、と認める立場まである。心理学者ニコラス・ハンフリーと私は、数年をかけてこの現象を（また、この現象を研究している人々やその治療をしている人々を）研究したのであるが（Humphrey and Dennett, 1989）[37]、その結論は「全員正しい」ということであった！　イカサマや誇大申告があり、かつがれやすいセラピストと熱意ある患者のコンビがいるのだが、それだけではなく、空想好きな質問者の手にかかって仕上げられてしまうのに先だって、少なくとも萌芽的な形態で、乖離性同一性障害が存在していたように思われる少数の症例も、確かにあるのである。これは、それが私たちの誰もが様々な度合いで経験している全く正常な状態が強められたものなのだと気づくなら、驚くようなことではない。私たちのほとんど誰もが、職場や家庭や遊び先で、いくつかのはっきりと異なった人生を送り、それぞれの文脈ごとに習慣と記憶を獲得するのであり、またこの習慣と記憶は文脈をまたいで行き来することがあまりない、ということが明らかになっているのだ。

社会学者アーヴィング・ゴッフマンが、この主題を扱った古典的著作『日常生活における自己呈示』(Goffman, 1959)[38]において詳しく述べているように、私たちは誰も、現実生活というドラマの中の登場人物《キャラクター》として自分自身を呈示することに従事しており（たとえば、私は、デネット教授であり、ご近所のダンさんであり、パパであり、おじいちゃんである）、同じように自分自身を呈示している助演俳優たちの協力を、何の努力もなしに得ている。私たちは、いとも簡単にお互いを操りあい、お互いの自己呈示作戦における共謀者となる。あるいは、私たちは、キャラクターから外れた(out of character)演技を行うことで、滑らかに進んでいるシナリオを混乱させることもでき、その結果、気まずい事態や滑稽な事態や事態の悪化を生じさせたりする。これには、かなり図太い神経が必要である。パーティーで紹介されたばかりの人物から、身分証や免許証や、あるいはひょっとしてパスポートを提示してもらいたいと求められるような場面を、あなたは想像できるだろうか？　あるいは逆方向の想像として、その初対面の彼女をあなたが情熱的に抱きしめようとする場面を想像できるだろうか？　人々は、極めて困難な立場に立たされると、時には極端な手段に訴えるのであり、最初はやけっぱちを装って始めたことが、第二の天性とも言えそうなものになる。状況が耐え難くなってきた場合には、問題に対処するための準備が自分より出来ている物語の別の重心、つまり別の登場人物《キャラクター》を後に残して、逃げ出すという手もある。

ハンフリーと私が学んだのは、乖離性同一性障害に苦しめられているとされている人物にインタビューする場合、相手は、出すぎた詮索をはぐらかす技の天性の達人であると思っておけ、ということであった。是非とも聞いてみたい質問をしたり、(7)あるいは——もっと上手に——、ある交代人格《アルター》が他の交代人格《アルター》がやったり言ったりしたことの記憶を本当にもっていないのかどうかを確かめるための罠を仕掛けるためには、あなたは、あからさまに無礼な態度をとらなければならないだろうし、ひどく怒らせてしまうという危険を冒さなければならないだろうから、あなたは十中八九、いつのまにか相手のおかしな話に礼儀正しく付き合い、ウィンク一つなしに協力しあう共犯者になっているだろう。信頼を逆手に取る詐欺師《コン・アーティスト》は、巧妙にまた意図的にこれを行うのだが、このような人格障害の罪なき犠牲者は、自分が何をしているのかを何ら自覚せずにこれを行う。私たちは誰でも、程度の差はあれ、同じことをしている。しかし、彼らの交代人格《アルター》は、単なる虚構の登場人物《フィクショナルキャラクター》である――こう考えてよいのだろうか？　本物の人格《パーソン》が主人格《ホスト》である――こう考えてよいのだろうか？　実のところ、単純明快にその通りだとは言い難い。

あなたであるところのもの、あなたが演じている人格《パーソン》は、あなたが多種多様な役割を演じていようとどっしりとした役割をたった一つだけ演じていようと、あなたの物語の重心である。これが、あなたの友人があなたをあなたであると認識するやり方であり（「今日の君はほんとの君じゃない！」）、ほとんどの場合にあなたがあなた自身を見る仕方であるが、しかしそれは幾分理想化されてもいる（「なんてことだ！　俺がこれをやったんだって？　俺は絶対にこんなことをしないはずなのに！」）。プロの小説家は、上述の詐欺師と同じように、細部に慎重に注意しながら抜け目なく物語を創造する。それ以外の私たちは、クモが巣を張るのと同じように、器用にしかし（ほとんどの場合）そうとは知らずに、自分自身の話を紡

（7）　例えば次のような質問である――あなたや他の皆さんはどのようにして、誰が主人格《ホスト》で誰が交代人格《アルター》かを決めているんですか？　あなたは、自分の最近の経験の記憶が、何時間か何日間か続く忘却状態に取り囲まれた、そこに存在している、という短いエピソードからなっている、ということを、どのように自分自身に説明しているのですか？　これを聞いて、何か不安を覚えましたか？

ぎ出す。それは、自然であって技巧《アート》ではない。私たちが私たちの脳を用いて私たちの物語を紡ぎ出すというよりはむしろ、私たちの脳がその物語を用いて私たちを紡ぎ出す。なるほど、否定しがたい真の履歴《バイオグラフィー》の核心というものがあるが、しかし、その大部分は、年月を経るにつれて、無くても良いものやつまらないものや現在のあなたに関係のないものになる。あなたは、自己維持と自己改善の過程の中で、その一部を現実に否認し投げ棄て「忘却する」かもしれない。(8)

あなたが自分の過去についての問いにどれほど容易に答えることができるかを考えてみよう。映画スターとダンスをしたことがあるのか？　パリに行ったことがあるのか？　ラクダに乗ったことがあるのか？　誰かの首を素手で絞めて殺したことがあるか？　これらの問いは、答えがイエスであれノーであれ、私たちのほとんどすべてにとって答えるのが簡単である（誰かが、最後の質問を受けるや不意に押し黙り、考え深げに顎を掻いてからやっと答えを言ったという場面を想像して欲しい。さっさとその場から離れて～！）。私たちがこれらの問いの答えを知っているのは、かつて映画スターとダンスをしたか、パリに行ったことがあるか、また、ラクダに乗ったことがあるか、誰かを絞め殺したことがあるか、といったことをすぐに思い出せるくらい十分に、私たちが私たち自身――私たちの自己たち――について知っているからである。「何も心に浮かんでこない」とき、私たちはこの不在を〔「やっていない」という〕否定として解釈する（そう解釈する以外に、どうして確信を抱くことができるだろうか？　あなたは、あなたがやらなかったことすべてが載っているリストや、一度も行ったことがないすべての場所が載っているリストを、もっているとでも言うのだろうか？）。上で挙げた問いと、表面上類似した以下のような問いとを、対比してみよう。スミスという人物とダンスしたことがあるのか？　床磨き剤を売っているドラッグストアに行ったことがあるのか？　青いシボレーに乗ったことがあるのか？　白いマグカップを割ったことがあるのか？[39]　簡単に答えられるものがあるかもしれないし、分からないと言いたくなるものや、自覚なく誤った答えを言わされそうになるものがあるかもしれない。そうなるのは、それらがまったく重要ではないからにすぎない。これらのことのどれかをあなたがやったことがあるとして、なぜあなたはそれを思い出せるのだろうか？　私たちにたまたま生じたことの多くは端的に記憶に値しないものであるが、私たちがやったことの多くは、良いことであれ悪いことであれ、私たちの物語の重心に注ぎ込まれてきたのであるし、また〔私たちに〕一度も生じなかったことの多くが知らぬ間に〔記憶に〕付け加えられてしまうことがあるのは、それが何らかの理由で、時点tにおける私たちに適していたからである。あなたという存在は、経験と才能と重々しい意図と白昼夢的空想が累積した合計であり、それが一つの脳と身体に結びつけられ、所定の名前で呼ばれるのである。さらに、あなたや自我や精神や魂という分解不可能な特殊なかたまりが存在するという考え方は、魅惑的な空想であるが、人間やその夢と希望、またその英雄的な側面と罪に意味を与えるために私たちが必要としているものは、そこには何もない。

このような物語の重心は、心的素材で作られた神秘的なかたまりであることはありえないが、もしそれが単なる抽象物に過ぎないのだとすると、それを科学的に研究することはできるのであろうか？　イエスである。できるのである。

(8)　T・S・エリオットの詩劇『寺院の殺人』の中で、ベケットは彼の過去の出来事について尋ねられ、次のように答える。

みんな昔話だ。おかげで、わたしは忘れるにも値しないことを想ひ出した。（「寺院の殺人」、『福田恆存飜譯全集』第八巻、五六一頁。）

63　ヘテロ現象学

ヘテロ現象学は、直観ポンプではなく、ある種の困難な問題に取り組む前に据え付けておく価値が十分にある足場作りの、また別の例である。人間の意識の研究は、一見したところ、別の次元であるようなものの中で生じるように見える諸現象を含んでいる。それは、私たち自身の意識に関して私たち一人一人が占有し、他の誰も直接的に近づくことができないような、私秘的《プライベート》で主観的な「一人称」の次元である。その場合、標準的な「三人称的」な客観的方法論――隕石や磁石（あるいは人体の新陳代謝や骨密度）を研究するための方法論――と、人間の意識を研究するための方法論との間の関係は、どのようなものだろうか？　私たちは、斬新なあるいは革命的な科学を創出しなければならないのだろうか、それとも、標準的な方法を正当なやり方で人間の意識現象にまで拡張することができるのだろうか？　私が支持している主張によれば、客観科学を奇をてらうことなく端的に拡張することができるのであり、またこの拡張された科学は、人間の意識基盤すべてを見事にカバーし、他の科学分野でうまく働いている実験的方法のルールと制約を決して放棄することなく、すべてのデータを正当に扱うことができる。この三人称的な方法論こそがヘテロ現象学（自己ではなく他者による現象学）であり、それは、一人称的な観点を、それが適正に捉えられるものである限りで、真面目に取り扱う健全なやり方である。

〈ヘテロフェノメノロジー〉という長ったらしい名を使わなければならないのはなぜだろうか？「現象学《フェノメノロジー》」はもともと、様々な種類の現象についてのしかるべき理論が作られるのに先立つ、諸現象のカタログを意味していた。ウィリアム・ギルバートは十六世紀に、すぐれた磁力の現象学をまとめ上げたが、彼が注意深く記述した磁力現象がすべて説明されるまでにはそれから何世紀もかかった。二十世紀初頭、エドムント・フッサールとその影響を受けた心理学者および哲学者のグループは、「〈現象学〉(Phenomenology)」という（大文字で始まる）用語を採用し、「一人称的な」内省の方法を、できるだけ理論中立的で無前提なやり方で用いて考察される、主観的経験の諸現象についての科学的研究と称されるものを呼ぶために、この用語を用いた。この思想を受け継ぐ学派は今日まで存続しているが、もっともな理由と不当な理由の両方によって、その大部分が攻撃にさらされ、あるいは無視されている。この方法は、一人称的アプローチとして、さらに探求するのに十分値するいくつかの興味深い結果を生み出しているにもかかわらず、すべての研究者に接近可能であるようなデータを重視する、客観的な経験科学からは敬遠されてきた。しかし私たちは、意識を客観的に研究できるのであり、実のところ私たちの方法は、この〔大文字の〕〈現象学〉にちょっとしたひねりを加えたものに過ぎないのである。そこで私は、フッサール流のオート〔自己〕現象学 (*autophenomenology*) と対照させる意味で、その方法を〈ヘテロ〔他者〕現象学〉と呼んでいる。ヘテロ現象学とは、客観的科学の三人称的な観点から行う一人称的諸現象の研究なのである。

石やバラやネズミの実験と、覚醒状態の協力的な人間の被験者の実験との間には、明らかに主要な違いがある——後者のような被験者は、言語によるコミュニケーションが可能であり、それゆえに、示唆を与えたり、言語的なやりとりを行ったり、あるいは慎重に統制された様々の条件の下に置かれたときにその条件下でどんな感じをおぼえるのかを語ったりすることで、実験に協力することができる。それこそ、ヘテロ現象学の核心である。すなわち、ヘテロ現象学は、発語行為を遂行しそれを解釈することができるという私たちの能力を利用し、被験者が自分の意識経験について真であると信じていることのカタログを作り出すのである。このような信念のカタログは、被験者のヘテロ現象学的世界を、あるいは、ある被験者《サブジェクト》の主観的《サブジェクティブ》世界すなわちSによる世界を、具体的に示すものとなる。ヘテロ現象学の詳細の全体集合に、被験者の脳内と被験者の周囲環境でその詳細と同時に起こっている出来事について集めることのできるすべてのデータを加えたものが、人間の意識に関する理論が説明すべきデータの全体集合を構成している。意識の客観的現象も主観的現象も、取りこぼされることなくそれに含まれている。

　発話やボタン押しに関するなまのデータを、信念の報告と表現に変換するために要求される解釈には、**志向的構え**を取り入れるということが含まれている。つまり、このような解釈は、被験者は行為主体であり、信念と欲求に導かれた行為を合理的に行う――その信念と欲求もその知覚の履歴と生理的要求《ニーズ》との関連では、それ自体合理的なものである――という作業仮説を、要求するのである。たとえば、この種の実験では、標準的な事前の注意事項として、被験者が偏った報告を行って、被験者の行為に関する私たちの解釈を歪めてしまわないように、偏った報告につながる信念や欲求を与えうる経験から被験者を遠ざけておく、という配慮がなされるが、このような配慮が、志向的構えに課されている独特の制約を念頭に置いたものであるのは明らかである――たとえば、〈私たちが被験者に何を言ってもらいたがっているのか〉を被験者に分からないようにしつつも、その一方で、〈与えられた課題を被験者がちゃんと理解しているかどうか〉をこちらで確認できるような手続きを行う、というように。このように志向的構えをとることは、ひたすら主観的で相対主義的であるしかないような事柄ではない。解釈のルールを明示的に示すことはできるし、解釈についての相互主観的な規準を設定してそれに従うこともできるし、そこからの逸脱行為を特定することもできる。さらに、合理性という避けがたい前提は注意深く定式化できるし、修正可能で弁護可能で進化論的に説明可能な前提として取り扱うことができる（これらの前提の詳細は Dennett, 1991a で詳しく述べてある）。

　これは、意識の研究のための新たな方法論の提案ではない。私がやっているのは、認知心理学や精神物理学（物理的刺激と被験者《サブジェクト》〔主体、主観〕の反応との間の関係の研究）や脳科学の研究者たちが採用している標準的な方法に自覚的に意識を向けることだけであり、その方法を説明し弁護するということに尽きる。これらの方法は、正しく理解し従えば、意識に関する何らかの斬新で革命的な「一人称的な」科学の必要性を排除し、統制された科学的研究が接近することができない説明不能の意識現象の余地を残さない。[40]

　この方法論をとる場合に私たちが暗黙裏にであれその存在を認めることになるモノがあるとしたら、それはどういう種類のモノであろうか？　この方法論が、（ニューロンや電子、時計や顕微鏡のような）すべての科学がその存在を認めている何ら問題のないモノ以外に、まさに存在すると認めざるをえないのは、信念――被験者《サブジェクト》により表明される信念、被験者《サブジェクト》の主観性《サブジェクティビティ》の構成要素と見なされる信念――と、欲求――実験者に協力したいという欲求、実験者に可能な限り正直に真実を告げようという欲求――である（これらの信念と欲求を慎重に統制された手法で明確に把握する作業が、この方法の重要な部分として含まれており、この統制の作業に失敗していることが明らかになった実験結果はどんなものであれ破棄されねばならない）[41]。では、信念や欲求とはどのような種類のモノであるのだろうか？　信念とその内容ないし対象を、質量の中心や赤道や〔合力を求める〕力の平行四辺形に似た、理論家による仮構物〔フィクション〕や抽象物として扱うことによって、私たちはこの問題を最大限曖昧なままにしてよい――つまり理論的確定を先送りにしてよい。

人魚は実在しないとはいえ、人魚の目撃事件は、そこで語られる話がいかに誤りであろうと、現実の出来事である。それと同じように、経験についての信念のカタログは、経験それ自体のカタログと同じものではない。哲学者ジョセフ・レヴァインは、「意識経験そのものは、単なる意識経験についての私たちの言語的判断とは違って、理論が答えを出さなければならない第一次的〔原初的〕データである」という異議を唱えている (Levine, 1994, p.117)。この主張が正しいことはありえない。どうすれば理論に先だって経験それ自体をカタログ化できるというのだろうか？　被験者を実験的状況におき、被験者に質問する（そして、私たちがやって欲しいと思っているそれ以外の動作をやってもらいたいと被験者に依頼する）ことから得られる証言〔証拠〕を、考えてみよう。この証言の様々な源泉は、当然のことながら、私たちが行わねばならない諸々の解釈の多層的構造《カスケード》によって入れ子状態になっている。それらの解釈の層を、最も生《なま》から遠い層〔つまり最も加工された層〕から始めて最も生《なま》に近い層に至るという順番で並べてみよう。

（a）「意識経験それ自体」
（b）その意識経験についての信念
（c）レヴァインの言う「言語的判断」
（d）その言語的判断を表現〔表明〕している（と解釈できる）ある仕方での発語

「原初的《プライマリー》〔第一次的〕」という言葉の一つの意味において、発語こそが、——記録された音声と動きとしての——原初的データである。脳波 (EEG) の解読結果や、機能的磁気共鳴画像法 (functional magnetic resonance imaging, fMRI）の解読結果のようなものも、状況が許せば、原初的データに付け加えることができる。信頼しうる解釈方法があれば、私たちは（c）および（b）を手に入れることができるので、件の条件下で被験者にどういう感じがするのかについての信念のカタログを手に入れることができる。しかし、私たちは、理論に先だって（a）へと前進すべきなのだろうか？　これは適切な考え方ではない。理由は二つある。

理由その一。もし（a）が（b）の範囲の外にあるとしたら――自分がもっていると信じていないような意識経験をあなたがもっているとしたら――、そのような特別な意識経験は、外的観察者にもあなたにも、端的に接近不可能なものである。

そういうわけで、レヴァインが提案する代案は、ヘテロ現象学が〔ここで〕データを獲得することがないように、データを獲得することはない。

理由その二。（b）が（a）の範囲の外にあるとしたら――実際にはもっていない意識経験をもっているとあなたが信じているとしたら――、私たちが説明する必要があるのは、実際には存在しない意識経験ではなく、あなたの信念である。

この場合、ヘテロ現象学の規準を守り、（b）を原初的データの最大の集合として扱うことが、偽のデータに関わることを避け、誰にでも接近可能な現象だけをその集合に含めることを保証する方法であること

ほとんど気づかない――――――――――圧倒的に強い

になる。

言語的判断によって表現されていない信念がある場合は、どうなるだろうか？　ヘテロ現象学者と被験者が協働して、その信念を表現するためのアナログ的なやり方や他の非言語的なやり方を考案することを妨げるものは何もない。例えば次のようなやり方である。

上の線分中に、あなたの経験の強度を（一次元でも、それ以上の次元をもっていても構わないので）表すために、縦線を書き入れて下さい。

あるいは、被験者が、痛みのひどさ（ないしは、不安のひどさ、倦怠感のひどさ、はては実験への不信感のひどさでもよい）を表すために、圧力の変化を検知できるボタンを押すというやり方もできる。ガルバニック皮膚反応や心拍数から表情や姿勢の変化に至るまで、生理学的従属変数は多数存在している。そうしてもしあなたが被験者となり、このような方法による網羅的な調査を終えても伝えきれていない、いわく言い難い残余が未だに残っていると信じているならば、あなたはその信念をヘテロ現象学者に告げればよいのであり、このときそのヘテロ現象学者は、その信念をあなたが自分自身の原初的データに対して抱いている信念のリストの中に、次のような信念として加えることができるだろう。

Sは、自分がXについてのいわく言い難い信念をもっていると主張するもしもこの信念が本当の信念であるならば、科学には、その信念が何であり、なぜそれがいわく言い難いのかを説明する義務がある。もしこの信念が偽りの信念であるならば、科学はやはり、なぜSはこの特定のいわく言い難い信念をもつと(誤って)信じているのかを、説明しなければならないのである。(9)

(9) このように、意識の科学的研究のための最適の方法論としてヘテロ現象学を擁護することは、実質的な事柄に関わる論争を招いてきた。ある研究者たちは、それを、科学がその下で意識を研究することができるようになる条件を、これまでになかったやり方で明確化するものだと見なしており、他の研究者たちは、自明なものを単に言い換えているだけだと見なしており、また別の研究者たちは未だにそれに異議を唱え続けている。現在までに出版された、この問題に関する最善の著述の中のいくつかの書誌情報は、巻末の出典一覧に掲載されている。

64 色彩科学者メアリー——ブームクラッチの正体を暴く

オーストラリアの哲学者フランク・ジャクソンが考案した——しばしば「知識論法（Knowledge Argument）」と呼ばれる——色彩学者メアリーについての思考実験は、一九八二年に初めて登場して以来、ものすごい勢いで哲学者たちの直観を汲み出してきた。〔それを取り扱った文献の〕圧倒的な膨大さと、〔直観ポンプとしての動作の〕信頼性に鑑みれば、この思考実験は、分析哲学者がこれまで考案した直観ポンプの中でも最も成功した部類に入るに違いない。それは、英語圏で心の哲学を専攻する学部生向けの必読文献リストにいつも登場する古典であり、その含意を考察する論文のみをまとめた分厚い論集が何冊も刊行されてきた。後になって著者が自説を取り消し、自分はもうその結論を受け入れてはいないと宣言していることは興味深い事実であるが、しかし、それによってその人気がなくなることはなかった。

以下にその全文を引く。おそらく、抜き出すことで元々の文脈とのつながりが多少分からなくなる点があるが、それでも望みうる限り明瞭な文章である。

メアリーは、傑出した科学者であり、何らかの理由で、白と黒しかない部屋の中で、白黒テレビの画面を介して、この世界の探求を行うように強いられている。メアリーの専門は、視覚の神経生理学で、私たちが熟したトマトを見たり空を見たときや、「赤」や「青」という言葉を用いたりするときなどに何が起こるのかに関して、獲得しうるすべての物理的情報を獲得している、と想定しよう。たとえば、空から降り注ぐ光の波長のどのような組み合わせが網膜を刺激するかということだけではなく、これがどのようにして中枢神経系を介して声帯の収縮と肺からの空気による膨張を産み出し、その結果「空は青い」という文の発話が生まれるのかということも、メアリーには正確に分かる（この物理的情報すべてを白黒のテレビから獲得することが原理的に可能であるというのは、ほとんど否定し難いことであり、さもなければ放送大学（Open University）は必然的にカラーテレビを使用せねばならなくなるだろう）。メアリーが白黒の部屋から解放されるか、カラーテレビを与えられるとき、何が起きるだろうか？　メアリーは何かを学ぶだろうか、それとも学ばないだろうか？　メアリーが世界と世界についての私たちの視覚経験に関して何かを学ぶだろうということは、端的に明らかであるように思われる。しかしそうなると不可避的に、メアリーの以前の知識は不完全なものであったということになる。ところが、メアリーはすべての物理的情報をもっていたのである。故ニ、物理的情報より以上のもつべきものがあることになり、物理主義〔すなわち唯物論、反二元論――引用者補足〕は虚偽である（Jackson, 1983, p.130）。

これは良い直観ポンプだろうか？　すべてのダイヤルを回し、それがどう働くのかを見てみよう。現実にそれをやろうとすると、時間がかかり過ぎるのであるが、このテーマに関する多大な文献の中ですでにその作業はなされてきた。私は、ここで、検討される必要がある二、三のダイヤルの説明を簡単に行って、その検討の結果はあなたが行うべきこととして手つかずにしておこう（お望みなら、あなたの得た結果を文献に照らしてチェックすることができる。最近の論集二冊を巻末の「出典」で掲げておいた。あなたはダイヤルの新しいひねり方を見つけることができるだろうか?)。二十年以上前、私はこれらのダイヤルの予備的な研究を行い、大部分は却下されたり無視されたりすることになった、次のような興ざめな判定を下した――「その論点は、良き思考実験と同様に、初心者にさえ直観的に明白である。ところが実際は、それは悪しき思考実験であり、実にその前提を私たちに誤解させるようなことを行う直観ポンプなのだ!」(Dennett, 1991a, p.398)。この判定が正しいかどうかを見ていこう。私が主張しているのは、このシナリオを正確に想像することは人々が想定しているよりもはるかにずっと難しいことなので、人々はもっと簡単なことを想像し、この誤った基盤から自分なりの結論を引き出す、ということである。

第一のダイヤル――「白と黒しかない部屋の中で、白黒のテレビ画面を介して」。

メアリーは、おそらく白か黒かの手袋をはめ、入浴時には自分の体を見ることを禁じられているが……、とでもいうことになるのだろうが、色の「外的源泉」を遮断するという考え方はどのみち望みがないものである。メアリーが目をこする(目をこすると「眼内閃光」が起こる――やってみよう)ことがないようにする何らかの器具をメアリーに装着させなければならないのだろうか? メアリーは、現実に色を見る前に、夢の中で色を見ることはありえないだろうか? ありえないというなら、なぜありえないのだろうか? メアリーが脳に色を「蓄積」するのに先立ち、まず色が「目を介して入ってくる」のでなければならないのだろうか? この単純な思いつきの背後には、色に関する錯綜した悪しき民俗理論《フォーク》[42]がある。

第二のダイヤル――メアリーは「私たちが熟したトマトを見たり空を見たときや、「赤」や「青」という言葉を用いたりするときなどに何が起こるのかに関して、獲得すべきすべての物理的情報を獲得している、と想定しよう」。

獲得すべきすべての物理的情報？　それはどのくらいの量なのだろうか？　それは、世界中のお金をすべて手に入れるようなことなのだろうか？　それはどのような状態なのだろうか？　想像することは容易ではないが、他ならぬその〈すべて〉こそがこの思考実験の意図された主張を支えているのだ。〈すべて〉には、メアリー自身の脳も含むすべての脳における――とりわけ、すべての状況下でのすべての色に対するすべての情緒的ないし情動的な反応を含む――すべての反応についてのすべての情報が、含まれているのでなければならない。したがって、メアリーは、どの色が彼女を和ませ、どの色が苛立たせ、どの色に出会うと気に入り、どの色で気が晴れ、どの色が不快であるかなどに関して、きわめて詳細に知っていることになる。メアリーは、（いかさまをして、自分の細胞に色のついた物質をこっそり注入したりはしない、という条件で）自分自身に対して実験を行うことを禁じられているだろうか？　もしあなたが以上のすべてのこと（さらにこれよりもずっと多くのこと）を想像できないなら、あなたはジャクソンの指示に従っているとはいえない。それは、正千角形の概念を形成してくださいと言われて、円を想像するようなものだ。一方の〔正千角形の概念という〕心的表象実践からは、他方の〔円の想像という〕表象実践から出てくることのない多くの含意が、出てくるのだ。[43]　たとえば、この事例の場合、もしもメアリーがこのような情報をすべて獲得しているとしたら、膨大な量の百科事典的知見と図表に押しつぶされて、疑いもなく、彼女の精神状態は完全に崩壊してしまっているだろうが、私たちはこのことを無視するということになっているのだろうか？

もしもジャクソンが、メアリーが――色についてだけでなく、クォークから銀河に至るあらゆるレベルのあらゆる物理的事実について知っているという――「物理的なものに関して全知である」という神にも等しい性質を備えているということを、条件として要求しているとしたら、すべての読者とは言わないまでも、かなり多くの読者が、そのような芸当を想像することはあまりに珍妙なので真面目に受け取れないと言って、反対する意見を述べるだろう。だがジャクソンがメアリーは色視覚についてのすべての物理的事実だけを知っているという条件を要求しているのだとしても、珍妙さが実質的に減ることはない。

「メアリーが十億個の頭をもっていると想像したまえ……」
「無理だよ。ふざけんな」
「オーケイ。じゃあ、千個の頭にしよう……」
「うん。それなら楽勝だね！」（本当？）

私は、かつて、このような想像力に関わる問題を生き生きと示そうとして、次のような少し異なった結末を考えるように勧めたことがある。

> そしてある日、メアリーを監禁していた者たちは、もうメアリーに色を見せようと決断した。彼らは、いたずらのつもりで、鮮やかな青いバナナを用意し、メアリーの人生初めての色経験の場でそれを見せた。メアリーはそれ見て「やだ！　これ、いたずらでしょ！　バナナは黄色。でもこれは青い

わ！」と言った。彼らはびっくり仰天した。どうして彼女に分かるのか？「簡単ですよ」とメアリーは答えた。「思い出して欲しいけど、私は色視覚の物理的な原因と結果についてこれまで知り得たあらゆることを――本当にあらゆることを――知っているんですよ。だから、もちろんバナナが持ち込まれる前から、黄色い対象や青い対象（または緑やその他の対象）が私の神経系にどんな物理的印象を与えるはずかを、私は正確に、詳細な細部にわたって、書き留めていました。そういうわけで、私は、自分がどんな思考を抱くようになるかを、正確にすでに知ってたのです（だって、あれこれのことについて思考するという「単なる傾向性」は、結局のところ、あなたがたの間で有名なクオリアではないんでしょ？）。私には、青の経験は少しも驚くべきことではありませんでした（こんなちゃちないたずらを仕掛けられたことには、驚きましたけど）。私が自分の反応的傾向性について、ああいう青の刺激から何の驚きも受けないほどに詳しく知ることができていたということを、あなたがたが想像するのは困難です――私はそれが分かっています。もちろん、あなたがたが想像するのは困難ですし、何かについてのすべての物理的な事柄を誰かが絶対的に知っているということから帰結することを想像するなんて、誰にだって困難です」（Dennett, 1991a, pp.399-400）。

事態がこんな風に進むことはありえないと、普通は想定される。ジャクソンが無邪気に述べているように、「メアリーが世界と世界についての私たちの視覚経験に関して何かを学ぶだろうということは、端的に明らかであるように思われる」とされているのである。あるいは、ジョージ・グラハムとテリー・ホーガンが述べるように、「**間違いなく**［警告！］、メアリーは驚くと同時に喜ぶはずだということを、私たちは認めることにしよう」というわけである（Graham and Horgan, 2000, p.72）。これは誤りであり、それこそが、思考実験としてのメアリーのおかしな点である。メアリーが初めて色を見るとき何らかの啓示を受けるという結論は、非常にもっともな感じがするので、このように物語が進まなければならないということをわざわざ証明しようする者は誰もいないのだが、実際には、そのように進む必要はまったくないのである。

ジャクソンの直観ポンプが優れて明るみにもたらすのは、色経験の本性と脳についての多くの素朴な思考であり、それらの思考は、疑いもなく、ほとんどの場合に人々の役に十分立っているので、民俗理論《フォーク》に含まれる諸々の含意をジャクソンが巧みに引き出していることを、私たちは認めてもよかろう。しかし、ジャクソンの目的は、物理科学がすべての色現象に説明を与えることができるという仮説を反駁することだった。もちろん、現実の世界のどんな状況でも、想像上のメアリーの立場に置かれた人は、彼女が色について いかに多くのことを知っていようとも、彼女が知らない色の物理的効果についてのたくさんの事実が存在するだろうから、何か新しいことを学ぶだろう。ジャクソンの「端的に明らかである」やグラハムとホーガンの「間違いなく」が場違いなものになるのは、〔「すべての物理的情報の獲得」のような〕取り決めを課された、極端な事例だけなのだ。もしあなたが、私が提案した別の結末は不可能に違いないとやはり考えたいと思うなら、あなたの信念の十分な論拠をあなたが組み立てることができるかどうかを考えてほしい。長年にわたりそのような論拠を組み立てようと苦心してきた何百もの哲学者たちの手を逃れてきた考察を案出できるかどうかを考えることは、それ自体として興味深いだろう（言うまでもなく、まさにこのような事実が、これが結局のところ素晴らしい直観ポンプであることを示しているのだと見なすこともできる。何しろ、三十年にわたり哲学者たちの雇用を確保してきたからだ）。

要約

意識の科学的研究につきまとってきた問題は、誰もが専門家だという事実である！　もちろんこれは本当ではないのだが、しかしこのテーマに関して数分以上でも反省を加えたほとんど誰もが、その反省の結論はどんなハイテクを用いた実験結果や多大な統計結果とも肩を並べるくらい権威がある、という考えを抱くものであるようだ。このような人々が、科学学会の質疑応答の場で、彼らが得た（と自分では思っている）最近の経験を引き合いに出しながら、報告者の研究の中に見つけたばかりの誤りを断固として正そうとしている様子は、まったくもって滑稽であると言っていいだろう。このような人々が大抵考えるように、もし私たちが私たち自身の個人的経験の本性についての無謬の判定者であるとしたら、彼らは正しい！ということになるだろう。

しかし、あなたが、記憶違いをしたり、解釈の間違いをしたり、もっともらしくはあるが信頼できない一片のイデオロギーによって暗黙裏に突き動かされて、自分自身の最も親密な経験さえ読み間違うことも、ありうる。あなたが自宅でも実行できて、あなたを驚かせるかもしれない単純な証明を、紹介しよう。まず鏡の前に座り、自分が同じ方向をしっかり向き続けていることを監視できるようにする（自分の目を目標として固定し、それをしっかり見続けて、目を目標として固定し、周辺で生じることに目を奪われないようにする)。次に、よく切ったトランプのデッキの中ほどから一枚、カードを見ないで抜き取って、そのカードの表をこちら側に向けて腕をいっぱいに伸ばして持ち、周辺視の限界のすぐ外側にカードが位置するようにする。カードをひらひらと動かしてみよう。もちろん見えないが、自分がしていることはわかるだろう。それから、カードをひらひらさせながら、カードがゆっくり視野の中に入るようしよう。最初に、(ひらひらという)運動を見ることができるようになるが、しかし、色は見えない! 赤のカードなのか黒のカードなのか絵札なのか分からないし、どの数字のカードなのかも絶対分からない。カードを視野の中心に徐々に引き寄せていくと、驚くはずだ——視野の中心部にかなり近づけないと、色も分からないし、絵札かどうかも分からないのだ。カードが視野の中心に近づいてくる最中は、もちろん、ズルをして動いているカードを盗み見ないようにしよう。最終的にカードを特定できるようになるとき、カードはほとんど顔のすぐ前にまで来ている。びっくりしただろうか? 私の知る限り、初めてこれを経験して驚かなかった人はいない。それまではずっと、自分の視覚は「周辺までくまなく」おおむね同じような精密さと色を備えていると考えてきたのに、今や、たとえその考えが「理屈にあう」ように思われようとも、また折々の内省によって裏づけられるように思われようとも、端的に真実ではないことを知ることになるのである。これは、私たちの(視覚的)意識に世界が一見したところ豊かな形で細部にわたって連続的に提示されている、ということが実は錯覚《イリュージョン》であるということを示す、多くの様相の中の一様相、多くの現象の中の一現象にすぎない。教訓は見紛いようがない——科学が意識現象について最近発見したことを知るまで、自分が意識現象を理解しているとは思ってはならないのだ。この教訓を無視する哲学者たちの机上の空論に類する理論は、大目に見ても無視して構わないものであり、大抵は深く混乱し、また混乱をかきたてるものである。あなたが「内省によって」あなたの意識について「学ぶ」ものは、私たちが——へテロ現象学の枠組みを用いた意識の体系的な研究によって――あなたの意識について学ぶことができるものの中の、さして重要でもないのに誤解を呼び起こす力は大きいような部分なのである。

　解決を要する難題は依然として豊富に存在する。それらはいわゆる〈ザ・ハードプロブレム〉ではなく、困難《ハード》な諸問題《プロブレムズ》である。私たちがすべての「イージー」プロブレムを解決してもなお深い神秘が残るとしたら、そのときこそ、私たちの出発点を見直し、生物学や物理学やさらには論理学について現在認められている諸前提からの根源的な離脱の道を探し回らなければならないだろう。それまでの間は、通常科学の営み――小惑星やプレートテクトニクス[44]から生物の増殖や成長や再生や代謝に至るまでのあらゆることに関する現在の私たちの理解をもたらしてきた科学の営み――によって、私たちがどこまで行けるのかを見届けることにしよう。

Ⅷ　自由意志についての思考道具

外見的イメージと**科学的イメージ**との間の亀裂が最も見極めがたくて危険になるのは、自由意志が話題になるときである。色とは何か——色とは本当は何なのか——とか、ドルとは何か——突き詰めて考えれば、ドルとは本当は何なのか——とかいう問いと同様に、自由意志とは幻想〔錯覚〕《イリュージョン》なのか、それとも、私たちが実際にもっている何かなのかという問いは、外見的イメージの伝統的な言葉で提起されてきたこの問題を探求するために、科学的イメージを用いるようにと私たちを誘う。そして近年、人々はこのような誘いを熱狂的に受け入れてきた。傑出した科学者たちが声を揃えて、自由意志は幻想であるとあからさまに主張してきたのだ。その顔ぶれは、神経科学者ウルフ・シンガー、クリス・フライス、パトリック・ハガード、心理学者ポール・ブルーム、ダニエル・ウェゲナー、物理学者ではスティーヴン・ホーキングにアルバート・アインシュタインといった少数ではあるが非常に有名な人々である。これほど多くの優秀な科学者たちが間違っていることなどありうるだろうか？　間違っていることもある、と多くの哲学者たち——「すべての」でも、もしかすると「ほとんど」でもないかもしれないが、それでも多くの哲学者たち——は言う。「間違っていることもある」と言うのが哲学の仕事であると、彼らは語る。彼らは正しいのだろうか？　私は正しいと思っている。

　上記の科学者たちは、外見的イメージと、外見的イメージに関する民俗イデオロギーと呼んでもよいものとを混同するという、初心者の誤りをたいていは犯してきた。現実を直視すれば分かろうが、色に関する民俗イデオロギーはまともなものではない。つまり色はほとんどの人々が考えているものではないのだが、しかしこれは、外見的世界が本当はどんな色ももっていないということを意味しているのではない。それが意味しているのはむしろ、色——本物の色——はほとんどの人々が思っているものとは極めて異なっているということである。意識に関する民俗イデオロギーもまたまともではない——それは紛れもなく二元論的であり神秘主義的である。もしそれが意識のあるべき姿であるとしたら、従ってもしも意識がそんなものでなければならないのだとしたら、ライトが語っていることは正しい《ライト》（四六八頁参照）ということになろう。つまり、私たちは、意識は現実に存在するものではないと、言わなければならないだろう。しかし、意識を「リアルマジック」として——現実に存在しないようなもの、**不可思議な組織**で作られたようなものとして——扱う必要はない。人々が意識についての健全なイデオロギーをまだ得ていないことを認めた上で、私たちは、意識のリアリティを現象として認めることができる。それと同様に、自由意志は、外見的イメージに関するある種の民俗イデオロギーが主張しているようなものではなく、つまり魔法じみた仕方で因果関係から分離独立しているようなものではない。私はかつてこの意味での自由意志を空中浮遊に喩えたことがあるが、このようなまともではない見方の哲学的な支持者の一人は、自由な選択は「ちょっとした奇跡」であると率直に述べていた。私は、その種の自由意志が幻想であるという点では、上記の科学者たちの主張に心底同意するが、しかしこれは、道徳的に重要ないかなる意味においても自由意志が幻想だということを、意味していない。自由意志は、色《カラーズ》がリアルであるのと同様にリアルであり、またドル《ダラーズ》がリアルであるのと同様にリアルである。

　科学者の中には、残念なことに、科学は自由意志が幻想であることを明らかにしたと宣言し、この「発見」は道徳上重大な意味において重要であると言うところまで行く人々がいる。これは例えば、何びとも本当は責任を負うことができないので、何びとも決して刑罰にも賞賛にも値しない、ということである。彼らは、――本当はそうではないのに――何ものも決して固体ではないと主張する人々と同じ誤りを犯している。彼らは、再構築されていない通俗的な自由意志概念を――最初にそれに手を加えるべきであるのに――そのまま使用している。それは、彼らが色や意識を（そして、空間や時間や固体性、さらに外見的イメージに関するイデオロギーが誤解している他のすべてのものを）扱うときと同じやり方である。

　この第Ⅷ部に登場する直観ポンプは、自由意志についてのそのようなイデオロギーからあなたを引き離し、より良い概念を――本物の自由意志の概念、実践的自由意志の概念、問題となる外見的イメージにおける現象としての自由意志の概念を――つかむことができるように、デザインされている。何千年もの間、自由意志という主題を巡って数千年にわたって繰り広げられてきた様々な論争は、あまりに多くあまりに錯綜しているので、本の一つの部や一冊の本で決着を付けられるようなものではない。とはいえ、私たちはどこかに出発点を定めなければならないのであり、この部に登場する直観ポンプは、バールによく似た働きをして、陳腐な型という轍《わだち》にはまりこんだあなたを引き上げ、より良いパースペクティヴを開いてくれる、まったく新しい場所へと向かわせる。この後最初に登場するのは、どうしてこれが重要な課題なのかを明らかにするためにデザインされた直観ポンプである。

65　真に凶悪な脳外科医

私たちは、心理的な衰弱状態に対する神経外科的な治療法が確立しつつある時代にいる。たとえば、アムステルダムの神経精神病理学者ダミアアン・デニスたちの先駆的研究が報告しているように(Damiaan Denys, et al., 2010)、脳内に電極を埋め込む脳深部刺激療法は、強迫性障害（ＯＣＤ）の治療において目覚ましい効果を示している。以上は事実であるが、以下は創作《フィクション》である――ある日、ある優秀な脳外科医が、ぴかぴかしたハイテク手術室の中で、たった今埋め込み手術を終えた患者に向かってこう言った。

私が埋め込んだ装置は、あなたの強迫性障害を制御できるだけじゃなくて、あなたのすべての意思決定を制御できます――あなたに埋め込んだマイクロチップと常時接続しているこちらのマスターコントロールシステムのお陰で。要するに、私はあなたの意識的な意志を停止させました。なので、あなたが自由意識を感じても、それはただの錯覚に過ぎません。

彼女は、実は、そのようなことはしていなかった。今の話も単純な嘘で、患者にそのような嘘をつくと何が起きるのかを確かめようと思い立ったということなのである。そしてそれは、効果を発揮した――哀れな男は、自分は責任ある行為主体ではないただの操り人形に過ぎないと確信しきって退院すると、自らの振る舞いでその確信を証明し始めた。無責任で攻撃的になり、さらにずぼらで、最低の欲望にふけるようになり、しまいには逮捕され裁判にかけられるに至った。被告人として法廷に立った男は、自分には責任がないと必死に抗弁した——だってあれは、脳の中のマイクロチップを埋め込まれたせいなんです。その後、例の脳外科医が証言台に呼ばれ、自分が男にそういう話をしたことを認めてから、こう付け加えた、「でも、私は普通の脳手術をしただけです——悪ふざけをしただけです。彼が私の話を信じるなんて、思ってもみませんでした！」

法廷が男と医師のどちらの証言を信じたか、あるいはどちらが有罪とされたのかは、まったく重要ではないことである。いずれにせよ、医師は、配慮を欠いた発言によって男の人生を台無しにしたのであり、彼から高潔さを奪い、彼の意思決定の力を麻痺させたのである。彼女が患者に語った偽りの「事後説明《デブリーフィング》」は、事実、彼女が外科的に達成できると主張したことの多くを、外科的な方法に頼らずに実際達成したのである。つまり、彼女は彼を無能にしたのだ。しかし、この悲惨な結末の責任が彼女にあるとすれば、現在、自由意志は幻想であることを自分たちの科学がいかにして明らかにしたか、という話をメディアに広めている神経科学者たちは、彼らの言葉に耳を傾ける人々に対する同じ加害行為の大量生産、という危険を冒していることになる(1)。神経科学者や心理学者や哲学者は、地球温暖化や差し迫った小惑星の衝突について公式に発言するときに求められるのと同じ配慮をもって、このような問題について彼らが公に発言するときの前提や含意を考え抜くという道徳的責務を、真剣に負う必要がある。一つだけ例を挙げる。海千山千の社会批評家にして社会観察者であるトム・ウルフが、このような神経科学者の発言の中に見いだしたという次のようなメッセージを考察してみよう (Wolf, 2000, p.100)。

実験室の壁から外に出て来た人々が引き出した結論はこうだ――

すべては仕組まれた陰謀だった！　僕らすべての心は固定配線されているんだ！　そしてこうだ、
僕を責めるな！　僕が悪いのは間違った配線をされているからだ！

間違った配線？　ならば、正しい配線とはどのようなものだというのか？――それとも、科学者たちは、誰にも道徳的責任のための正しい配線がなされていないということ、あるいはそんな配線はできないということを、「発見した」のだろうか？

（1）　こういう信念を植え付けることがこういう結果をもたらす、ということに疑いをもつ方は、Vohs and Schooler, 2008と、それに続くその実験的証拠に関する文献を参照されたい。

66 決定論の玩具《トイ》――コンウェイのライフゲーム

物理学者のリチャード・ファインマンは、自分が聴いている講演の話題が、自分が詳しくない科学の分野に属するものだと気づいた場合、講演者にこんな質問をすることを好んでいた――あなたが話しているものについての本当に単純な実例を挙げてもらえますか？　講演者が求めに従わない場合、ファインマンは疑惑を抱いたが、それはもっともな話である。その人物に話すべき何かがちゃんとあったのか、それとも、その話は科学上の博識をひけらかすためだけの手の込んだ専門話に過ぎないのか？　困難な問題を比較的単純に述べることができない場合、その問題に正しく取り組めていない見込みが大きい。単純化は、初心者のためだけにあるものではない。

生物学では様々な「モデル生物」が取り扱われる――実験の手続きを容易にするために注意深く選ばれた生物種で、実験室内で素早く増殖し、比較的安全で取り扱い易く、またすでに多くのチームによって研究されている場合には、詳しい記録や十分な理解が進んでいるものである。具体的には、ショジョウバエ、実験用のラット、ミノカサゴ、イカ（巨大な神経軸策をもつ）、線虫の一種であるカエノルハブディティス・エレガンス、また、アラビドポシス・タリアナ〔シロイヌナズナ〕という耐寒性でカラシに近縁の成長の早い植物――植物の中で初めて全ゲノム配列が解析された種――などがそれである。人工知能（ＡＩ）

の研究にも固有の単純な事例を取り上げる手法があり、これは「トイ・プロブレム」として知られていて、その名が示す通り、「深刻な」現実世界の問題をあえて大幅に単純化させたものである。ＡＩ研究の中で考案されたプログラムとしてとびきり興味深いものの中には、トイ・プロブレムへの回答として考案されたものが多く、たとえば、ブロックワールドという移動可能なおもちゃのブロックのかたまりがテーブル上に乗っている仮想世界の中で、単純な構造物を組み立てさせるというコンピュータプログラムがある。プログラムにチェスをさせるというのもトイプロブレムの一種である。これは、メーンからカリフォルニアまで自動車で移動するとか、アラブ‐イスラエル紛争を解決するとか、さらに言えば、台所のあり合わせの材料でまともなサンドイッチを作るといった問題よりも、ずっと取り扱い易い問題である。倫理学者が取り組む問題にはトロッコ問題というのがある。ここではその一番単純なバージョンを紹介しておこう――トロッコが坂道の線路を暴走していて、そのまま進めば、なすすべのない五人の人々をひき殺してしまう。線路には転轍機があって、あなたがそのレバーを引けば、トロッコは別の路線へと進路を変える。だがその進路にも人が一人いて、あなたが転轍機のレバーを引くと、その人物を殺すことになる。あなたなら、レバーを引きますか？

　これから紹介するのは、決定論について考えるのに役立つおもちゃ世界《トイ・ワールド》である（決定論とは、時間の中のある瞬間の諸事実――すべての粒子の位置や質量や方向や速度――が次の瞬間に生じることを決定し、それがその次の瞬間に生じることを決定するというように無限に続くという考え方である）。物理学者や哲学者やその他の人々は、数千年にわたって、私たちの宇宙は決定論的であるのかどうか、それとも、まったく決定されていない出来事があるのかどうか――つまり、それを生じさせる原因が何もなくただ生じるだけの、完全に予測不能な「ランダムな」出来事があるのかどうか――という問題を、論じてきた。

〈ライフ（Life）〔ライフゲーム〕〉という、数学者ジョン・ホートン・コンウェイとその教え子の大学院生たちが一九七〇年に作り出した恐ろしく単純な決定論的世界のモデルがあって、これで遊ぶと経験豊富な思索者《シンカーズ》でさえ新しい洞察を得るかもしれない。

　ライフゲームは、チェッカー盤のような格子模様の二次元の板上で、小石やコインのような単純なコマを用いてプレイを行う——あるいは、ハイテク化してコンピュータの画面上でプレイすることもできる。勝ち負けを競うゲームではなく、ゲームとしては一人遊び《ソリティア》の部類に入る。二次元の平面は格子によって正方形の〈セル〉の集まりとして区分けされており、各々のセルは各瞬間において〈オン〉または〈オフ〉といういずれかの状態をとる。（〈オン〉の場合には、正方形のセルの上にコインを置き、〈オフ〉の場合には、コインを取り除いて空にする）。どのセルにも八つのセルが隣接しているということに注意しよう。東・西・南・北という四方向の隣接セルと、北東・南東・南西・北西という斜め四方向の隣接セルである〔図1を参照〕。〈ライフ〉世界の時間は、連続的ではなく離散的である。つまりそれはカチカチと一刻みずつ進み、また一刻みごとに、世界の状態が次のようなルールに従って変化する。

> 〈ライフ物理学〉——格子内の各々のセルについて、現在の瞬間、隣接する八つのセルの内の何個が〈オン〉になっているかを数えよ。もしもその数がちょうど二であれば、〔中心の〕該当セルは、次の瞬間にも（〈オン〉または〈オフ〉である）現在の状態に留まる。もしもその数がちょうど三であれば、該当セルは、現在の状態が〈オン〉であるか〈オフ〉であるかを問わず、次の瞬間に〈オン〉になる。他のすべての場合〔＝隣接セルのオンの数が〇、一、四〜八〕、該当セルは〔次の瞬間〕〈オフ〉になる。

これがこのゲームの唯一のルールである。これでもうあなたは、ライフゲームの遊び方について知っておくべきことのすべてを知っていることになる。〈ライフ〉世界の物理学全体は、この唯一の例外なき法則に支配されている。このルールが〈ライフ〉世界の「物理学」の根本法則であるのだが、この奇妙な物理学を生物学的用語で考えるのが当面の助けになる——例えば、〈オン〉になるセルを〈誕生〉と考え、〈オフ〉になるセルを〈死〉と考え、継起していく各々の瞬間を〈世代〉と考えるのである。である、また、〈過密〉（四つ以上のセルに居住する隣人がいる場合）や〈過疎〉（居住する隣人がいるセルが一つ以下の場合）は死に至る。二、三の単純な事例を見ていこう。

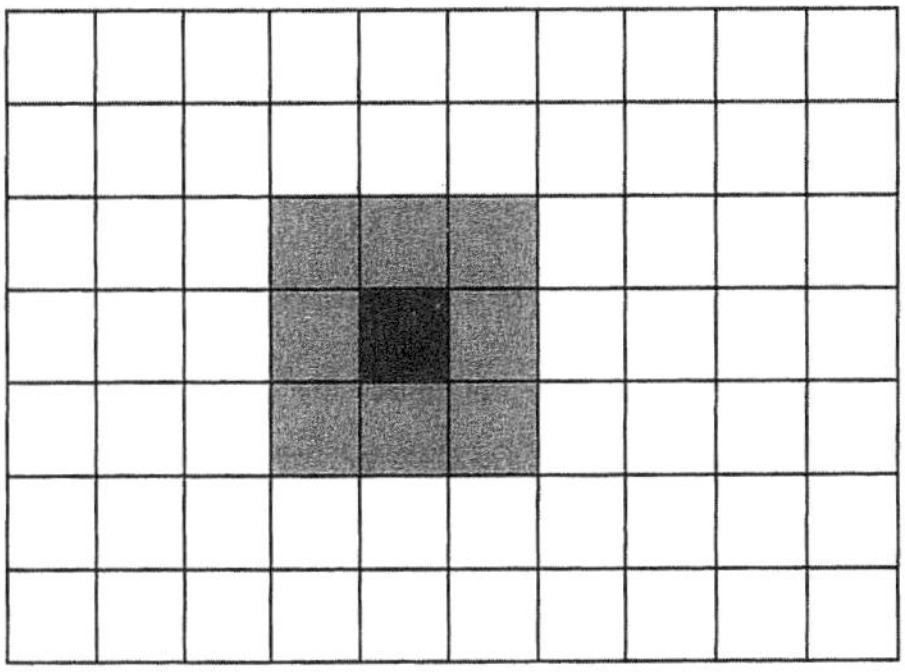
図 1

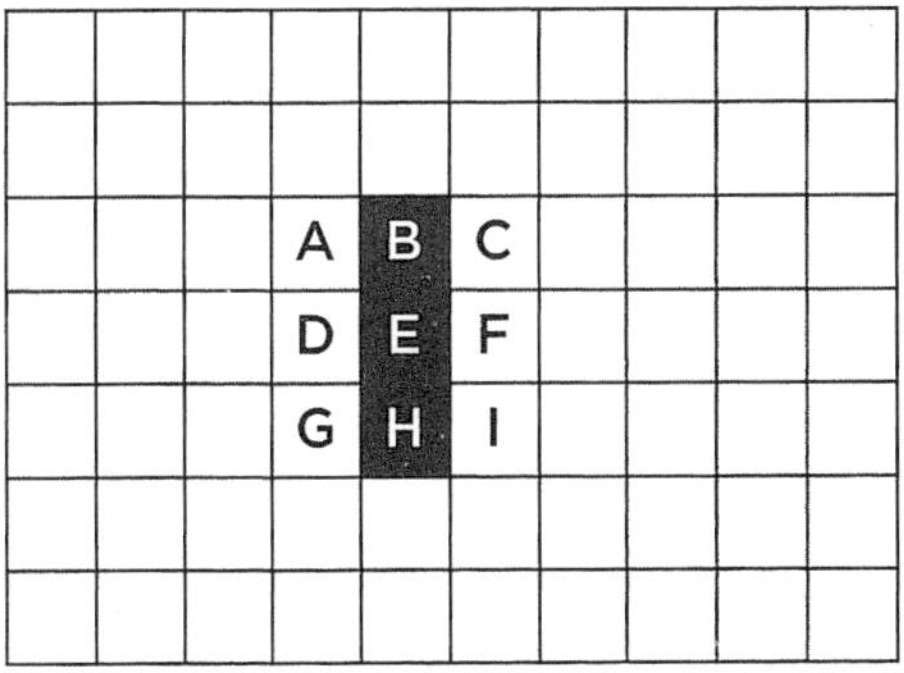

図 2

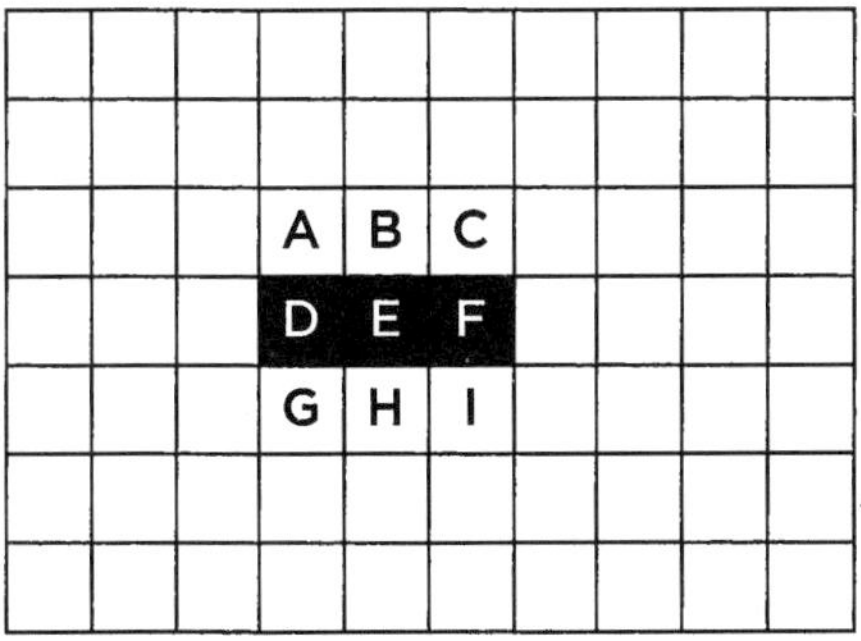

図 3

図2の配置の中で、セルDとセルFにだけ、まさに三つの〈オン〉状態の隣接セルがあるので、それら二つだけが次の世代で〈誕生〉セルになる。セルBとセルHには〈オン〉状態の隣接セルが一つだけしかないので、ともに次の世代では〈死〉を迎える。セルEには、〈オン〉状態の隣接セルが二つあるので、現在の状態のままである。かくして、次の「瞬間」は図3のようになるだろう。

この配置は、当然のことながら、次の瞬間には元の〔図2の〕配置に戻り、この単純なパターンが、新しい〈オン〉状態のセルが何らかの仕方で登場するまで、行きつ戻りつして無際限に繰り返す。このようなパターンは、フラッシャー〔点滅機〕とか信号灯とか呼ばれる。[1] では、図4の配置からは何が生じるだろうか?

何も生じない。どの〈オン〉状態のセルも三つの〈オン〉状態の隣接セルをもっているので、どのセルもまさに現状のまま誕生を繰り返す。〈オフ〉状態のセルで、〈オン〉状態の隣接セルが三つであるものはないので、それ以外の誕生は起こることはない。この配置は、静止ライフと呼ばれる。[2]

上述の唯一の法則を厳格に適用していけば、次の瞬間の〈オン〉状態のセルと〈オフ〉状態のセルのどんな配置がまったく正確に予測することができるし、その次の瞬間もその次の瞬間も予想することができる。言いかえれば、〈ライフ〉世界とは、十九世紀初頭のフランスの科学者ピエール・ラプラスによって有名になった決定論を完全に具現化しているおもちゃ世界《トイ・ワールド》なのである。というのも、観察者である私たちは、ある瞬間のこの世界の状態記述が与えられれば、上述の一つの物理法則を単純に適用することによって、未来の各瞬間を完全に予測することができるからである。また別の言い方をすれば、私たちが〈ライフ〉世界の配置に対して物理的構えを採用するとき、私たちの予測能力は完璧である。そこにはいかなるノイズも不確実性も百パーセントより低い確率も存在しないからである。さらに、隠れて見えていないものが何もないということが、〈ライフ〉世界の二次元性から帰結する。舞台裏や隠れた変数など何もない。それゆえ、〈ライフ〉世界の諸対象を扱う物理学の展開は、直接的で完全に目に見えるものである。

この単純なルールに従い続けるのは退屈な営みだと思うなら、〈ライフ〉世界のコンピュータ・シミュレーションがあり、これを使えば画面上に色々な配置を設定し、好きなようにコンピュータにアルゴリズムを実行させ、この唯一のルールに従って何度も配置を変えることができる。最も優れたシミュレーションには、時間と空間の両方のスケールを変えられるものがあり、拡大図や鳥瞰図へと視点を変化させることができる。

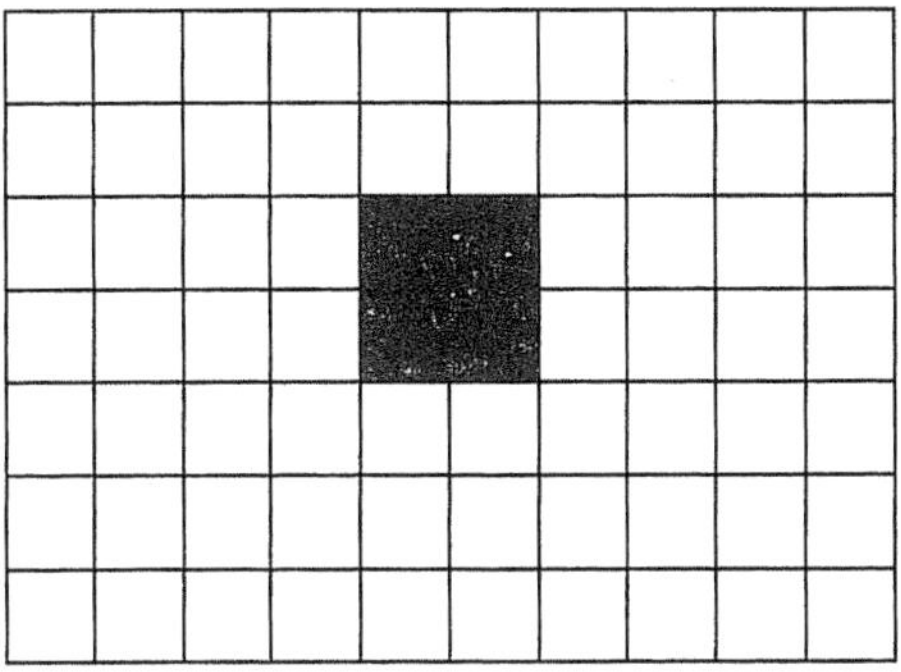
図４

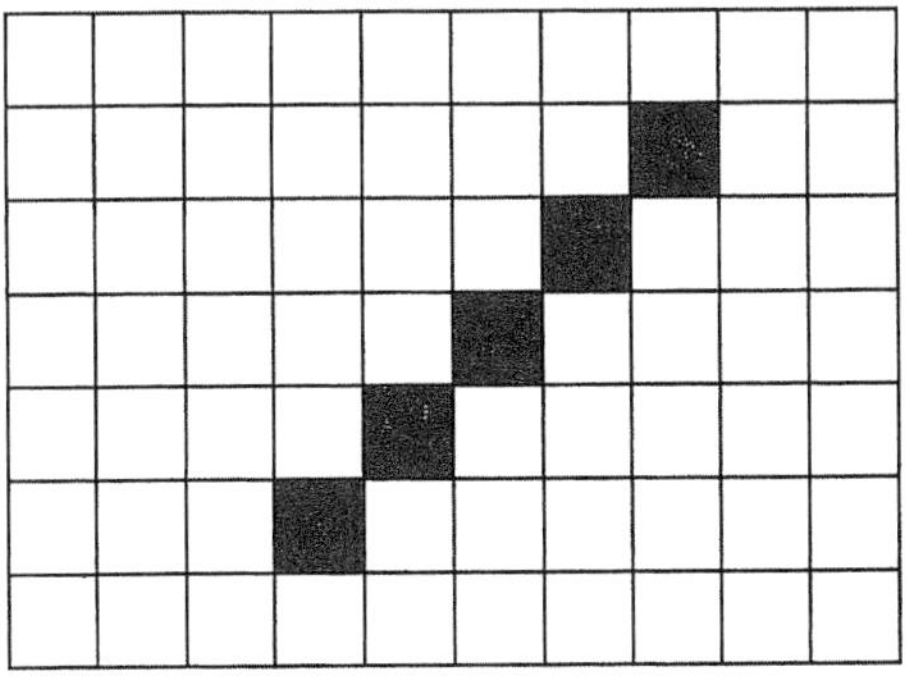
図５

すぐに気づくのは、ある種の単純な配置は他の配置よりも興味深いということである。図5のような斜めの線分を考えてみよう。

このパターンは、フラッシャーではない。列の両端の〈オン〉状態のセルは、世代ごとに過疎によって死に、新たに誕生するセルはない。この線分全体は、すぐに消失する。変化しない配置——静止ライフ——や、斜めの線分のような完全に消失する配置だけではなく、様々な種類の周期性を示す配置がある。すでに見たフラッシャーは、他の配置からの侵食がないかぎり、二世代一周期を無限ニ続けていく。ところで、この〈侵食〉こそが、ライフゲームを面白くしている。周期性をもつ配置の中には、アメーバのように平面を横切って泳いでいくものがある。最も単純なのは、五ピクセル〔五セル〕でできたグライダーという配置で、図6にあるように一掻き《ストローク》で南東に向かって泳いでいく。

これ以外にも、「イーター〔捕食者〕」や「シュッシュポッポ汽車」や「宇宙の熊手《スペース・レイク》」その他、適切な名を与えられた〈ライフ〉世界の居住者がたくさん存在しており、それらはみな、（デザインレベルにも比せられる）新しいレベルにおいて認知可能な対象として創発《エマージ》した[3]ものである。このレベルには、物理的レベルで与えることができる退屈な記述を見通しよく簡略化する固有の言語がある。それを用いて、たとえば次のような叙述ができる。

> イーターは、グライダーを四世代で食べ尽くすことができる。そこで消費されるものが何であっても、基本的な過程は同一である。まず、イーターと獲物の間に橋がかけられる。次の世代では橋のかかった領域が過密で死に、そのときイーターと獲物双方から一かけら分が削られる。イーターはその後、自己を修復するが、通常獲物にはそれができない。グライダーの場合のように、獲物の残りが死滅す

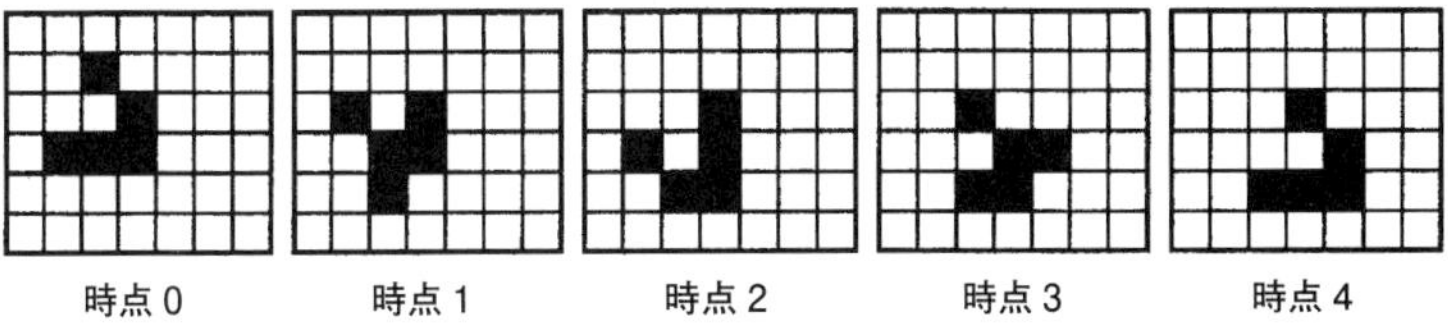

図 6

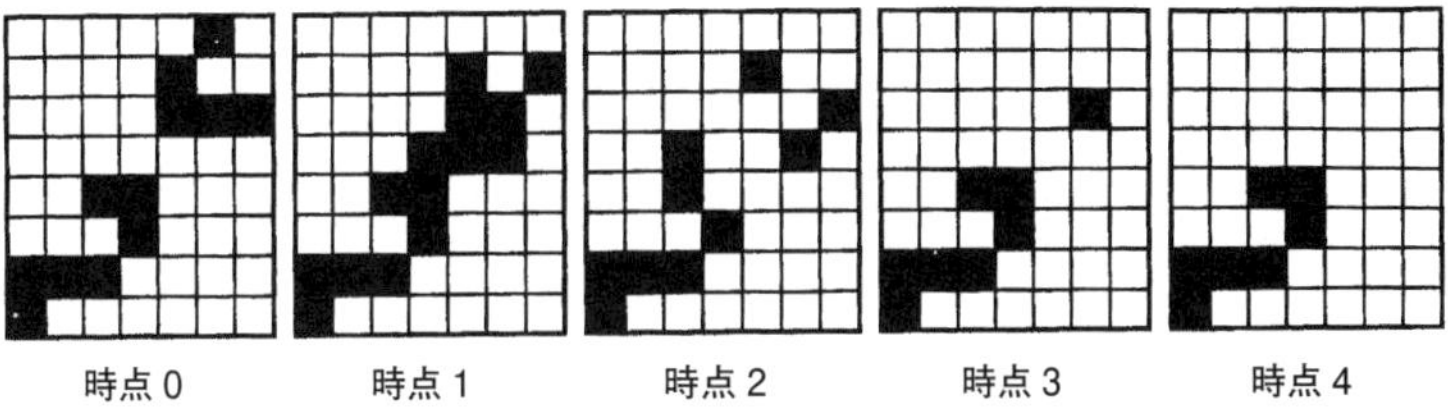

図 7

るとき、獲物は消費される〔と言うことができる〕(Poundstone, 1985, p.38)〔4〕。

このようにレベル間を行き来すると、私たちの「存在論《オントロジー》」——存在するもののカタログ——に面白いことが生じることに注目しよう。物理的レベルでは、〈オン〉と〈オフ〉だけが存在し、運動は存在せず、唯一の個別的存在物であるセルは、固定された空間的な位置づけによって定義されている。デザインレベルになると、〈持続する対象の運動〉が突然出現する。図6において形を変化させながら南東に移動したのは、(各世代が異なったセルで構成されているとはいえ)同じ一つのグライダーである。図7において、イーターが捕食を終えた後では、世界の中で一つのグライダーがいなくなってしまったのである。

さらに注目すべきなのは、物理レベルでは、一般法則に対する例外は絶対に存在しないのに対し、このデザインレベルにおいては、一般化はある程度制限されなければならないということである。というのも、ここでの一般化は、「通常は」や「侵食者がいなければ」というただし書きを、要求するからである。つまり、それ以前の別の出来事から迷い込んできた残骸が、このレベルの存在論に属する対象の一つを「破壊し」たり「殺し」たりすることがありうるのである。それらはリアルなモノであるという際立った印象が非常に大きいが、しかしその際立った印象は保証されたものではない。ここで〈リアルなモノであるという際立った印象が非常に大きい〉とは、ある小さなリスクを冒してデザインレベルへ上昇してデザインレベルの存在論を採用することができるし、さらにそこから進んで、物理レベルでの計算に煩わされることなく、より大きな配置や配置のシステムの振る舞いを——大まかに、またリスクを冒しつつ——予測することができる、ということである。たとえば、デザインレベルのおかげで利用できるようになっている「諸部分」を使って、面白そうなスーパー・システムをデザインするという課題に取り組むことができるのである。

そしてそれこそが、コンウェイとその学生たちがやろうとしていたことであり、彼らは見事にそれを成功させた。彼らは、完全にライフゲームのセルだけで構成された自己複製的存在者をデザインし、そのデザインが実行可能であることを証明したのである。つまりそれは無限の平面上を決定論的な仕方で歩き回って自己自身を完璧に複製するだろうし、さらにその複製も自己自身を完璧に複製するだろうし、以下同様となるだろう。この自己複製的存在者は、(さらにそのうえ)〈万能《ユニバーサル》チューリングマシン〉でもあった——つまり原理的にはすべての計算可能《コンピュータブル》な関数を計算《コンピュート》することができる二次元のコンピュータでもあったのである！　コンウェイと学生たちが、まず最初にこの「ライフ」世界を創造し、続いてその世界の驚くべき居住者を創造するように促されることになったのは、一体何によってなのだろうか？　彼らは、「自己複製するものに対して要求される最小限度の複雑性とは何か」という生物学の中心問題の一つに、極めて抽象的なレベルで答えようとしていたのであり、これは一九五七年に死を迎えるときまさにこの問題に取り組んでいたジョン・フォン・ノイマンの優れた思索を、さらに追求することであった。一九五三年にフランシス・クリックとジェームズ・ワトソンがDNAを発見したが、それがどのように働くかについては長い間謎のままだった。フォン・ノイマンは、様々な浮遊物や漂流物を拾い上げ、そこから自分自身の複製を組み立て、その複製がまた同じ過程を繰り返すことができるようなある種の漂い動くロボットを、かなりの細部にわたるまで思い描いていた。どのようにして自動機械《オートマトン》が自分自身の青写真を読み取り、その青写真をコピーして自らを新たに創造するのかについての、フォン・ノイマンの（一九六六年に死後出版された）説明は、DNAの発現と複製の機構に関する後の発見の多くを、かなり詳細にわたって先取りしていたのだが、自己複製的自動機械《オートマトン》の可能性の証明を数学的に扱いやすく、かつ厳密なものにするために、フォン・ノイマンは現在セルオートマトンという名で知られている単純で二次元的な抽象物に考察を切り替えることになった。コンウェイの〈ライフ〉世界のセルは、このセルオートマトンのとりわけ適切な実例なのである。

コンウェイと学生たちは、フォン・ノイマンの証明を詳細に裏づけようと考え、そのような自己複製的な構築物が適切に動作する安定した構造となるような単純な物理学を備えた二次元世界を、実際に創造したのである。彼らは、フォン・ノイマンと同じように、彼らの回答を可能な限り一般的なものにしたいと考え、そのために、それを現実の（地球規模の？　局地的な？）物理学と化学から可能な限り独立させようとした。彼らは、恐ろしく単純で容易に視覚化でき容易に計算できるものを望んでいたので、三次元から次元を一つ減らしただけでなく、時間と空間を「デジタル化」した。すなわち、すでに見たように、すべての時間と距離が整数個の「瞬間」と「セル」の中に含まれるようにしたのである。フォン・ノイマンこそが、（現在チューリングマシンと呼ばれる）機械的な計算者《コンピュータ》という抽象的な構想を引き受け、その構想を（現在フォン・ノイマンマシンと呼ばれる）汎用・プログラム内蔵型・逐次処理型コンピュータへと工学的に作り上げ《エンジニアード》たのであり、そのようなコンピュータに必須である空間的で構造的な条件に関する優れた探求の中で、彼は、〈万能《ユニバーサル》チューリングマシン〉（第Ⅳ部を参照）が原理的には二次元世界の中で「構築」可能であることに気づいた――そしてそれを証明した。[2] コンウェイとその学生もまた、彼ら自身の二次元工学《エンジニアリング》を実地に行うことによってこれを裏づけたのである。[3]

このような二次元工学《エンジニアリング》は、たやすいとはとても言い難いものであったが、それでも彼らは、より単純なライフゲームの諸形式から、実際に動作するコンピュータを「組み立てる」にはどうすればよいかを示した。隊列をなすグライダーたちは、たとえば、入力・出力の「テープ」を提供することができ、テープ読み取り装置は、イーターとグライダーとその他の断片や部品の集積物として存在している。このマシンは、どのような外見をしているのだろうか？　パウンドストーンの計算では、およそ10^{13}桁のセルまたはピクセルでその全体を構築できる（Poundstone, 1985）。

> 10^{13}ピクセルのパターンを画面に表示するためには、少なくとも幅およそ三〇〇万ピクセルのビデオスクリーンが必要である……［あなたのノートパソコンやiPad並の高解像度の画面では、幅が半マイルになると考えておこう］。それを一望すると、自己複製的パターンが見えないほどに小さくなっていく。パターン全体を満足がいくまで視野に入れられるほど十分スクリーンから遠ざかると、ピクセルは（それどころかグライダーやイーターや銃すら）形が見分けられないほど小さくなる。自己複製的なパターンは、まるで星雲のようにぼやけて輝いた姿をとるだろう。（pp.227-288）［5］

言いかえれば、（二次元世界において）自分自身を複製できるものを十分な部品を使って組み立てられるときが来たら、この自己複製的存在全体とそれを構成する最小の断片との間の大きさの比率は、大まかに言って、生物とそれを構成する原子との間の大きさの比率よりも大きいものでありうる、ということだ。厳密に証明されたことではないが、それよりも複雑さの低い形でそれを作ることはできない見込みが大きいのだ。

〈ライフ〉ゲームは、多くの重要な原理を説明してくれるし、多くの様々な論証や思考実験を作り上げるのに使用できるのだが、私はここで、それを用いて三つの論点を説明するだけにして、他の論点は読者の皆さんの発見に委ねることにしよう。第一に、ここで物理的構えとデザイン的構えの区別がいかにぼやけてくるかに注目しよう。たとえばグライダーは、デザインされた事物とみなされるのだろうか、それとも――原子や分子のような――自然的対象とみなされるのだろうか？　コンウェイと学生たちがグライダーやイーターなどからのつぎはぎ細工で作り上げたテープ読み取り機は、どちらかといえば、デザインされたものとみなされなければならないが、それを構成しているものは全くの生《なま》の素材〔原料〕――すなわち〈ライフ〉世界における最も単純な「事物」――である。誰もグライダーをデザインする必要も発明

（2）　時間と空間のこのような相補的な関係のより専門的な含意に関しては、Dennett, 1987[6]、第9章参照。

（3）　二次元の物理学と工学《エンジニアリング》についての、これとはまったく異なった展望については、A・K・デュードニー『プラニバース』(Dewdney, 1984)（A・K・デュードニー著、野崎昭弘、市川洋介、野崎昌弘 訳、『プラニバース――二次元生物との遭遇』、工作舎、一九八九年）を参照。これはA・アボットの『フラットランド』(Abott, 1884)（エドウィン・アボット・アボット著、冨永星訳『フラットランド――多次元の冒険』、日経BP社、二〇〇九年）の飛躍的な修正版であり、またそれ自身としても壮大な思考の道具である。

する必要もなかった。それが〈ライフ〉世界の物理学の内に含意されていたということが、発見されたのである。しかしこのことは、もちろん、〈ライフ〉世界の中にあるすべてのものについて実際に当てはまる。〔〈ライフ〉世界の〕物理学とセルの最初の配置の内に厳密な仕方で含意されてはいないもの――正確な定理証明の手続きによって論理的に演繹可能ではないもの――などは、〈ライフ〉世界には一切生じない。〈ライフ〉世界の中に存在しているものの中のあるものは、他のものよりも驚くべきもの、（私たちによって、私たちの貧弱な知性では）予期しえないものである。だがある意味では、コンウェイの自己複製的なコンピュータのピクセル星雲でさえ、振る舞いという点で極めて長く複雑な周期性を備えたもう一つの〈ライフ〉世界の巨大分子「でしかない」。これは、生物学と生命の起源についてのこれと対応する論点の、見事な例証になっている。アミノ酸はそういうものとして存在するだけであって、デザインされる必要はなかった、と言うことはできるだろう。しかし、そのアミノ酸だけから構成されている蛋白質は、極めて精巧な存在である。蛋白質は、少なくとも**準・デザイン**されている。ダーウィンの漸進主義が、また別の姿で現れているのである。

第二に、〈ライフ〉世界は、決定論的であるので、すべての可能な配置について完全に予測可能な未来があるのであるが、しかし驚くべきことに、その過去はしばしば完全に謎である！　正方形になっている四つの〈オン〉状態のピクセルがで構成された「静止ライフ」を考えてみよう。それをいくら見つめても、さらにはそれとその近隣を見つめても、その過去がいかなるものであったかは分からない。これを理解するには、四つのピクセルのうちどれか三つが〈オン〉状態ならば、次の世代で、四つの〈オン〉状態のピクセルからなる「静止ライフ」になるということに注意すればいい。これらのセルのうちどれが過去において〈オフ〉であったどうかは、**不活性な歴史的事実**なのである。

第三に、進化は――他の創造的過程と同様に――突然変異を糧とするが、その突然変異が起こる際に、「ノイズ」と衝突がいかに重要であるかを思い出そう。コンウェイの巨大な構築物は、自己複製を行うが、突然変異を起こすことはない。それは常に、自己自身の完璧な複製を行うだろうし、そこに突然変異が登場できるようになるためには、その構築物全体が何倍も大きくならなければならないだろう。なぜか？〈ライフ〉世界は決定論的であるので、「ランダムな」突然変異が生じることができる唯一の方法は、さまよえる何かの断片が（擬似ランダム的に）その場に迷い込み、何かを破壊する場合だけだからである。ところで、最小の運動体はグライダーであるので、これを、（ライフ物理学での）光速で移動する一つの光子や宇宙線のようなものと考えよう。一つのグライダーだけでも、大きな損傷をもたらすことができる。もしもグライダーが自己複製的存在のゲノムに――そのゲノムを破壊することなく――ちょっとした「調整を加え」なければならないなら、そのゲノムは、グライダーに対して非常に大きなものでなければならないだろうし、かなり頑丈でなければならないだろう。私たちがどれほど大きなものを作ったとしても、〈ライフ〉世界の中では進化が生じることはありえないということが証明可能であるかもしれないのであり、つまり星雲大の集合体が脆すぎて偶発的なグライダーの雨をあびて生き延びることができないということがもし判明したら、それは証明可能だということになるだろう。

67 岩・紙・はさみ

〈岩・紙・はさみ〉と呼ばれるゲームを知らない人はいないだろう。まず二人の人がお互いに向き合い、「一、二、三、ポン《シュート》！」と、数を数えてから互いが同時に手を突き出し、指を曲げて拳を作るか（岩）、二本の指を伸ばすか（はさみ）、手のひらを下向きにして開くか（紙）のいずれかの形にする。岩ははさみを壊し（負かす）、はさみは紙を切り（負かす）、紙は岩を包む（負かす）。両方が同じ手の記号を見せる場合――引き分け――以外は、一方のプレイヤーが勝ち、もう一方は負けることになる。もしもあなたが相手の手を先読みできるなら、あなたは相手の心を読み、一貫して勝ち続けるための正しい手の形を思いつくことができるかに見える立場に立っていることになるのだが、そんなことはできないので、このゲームはじれったいゲームなのである。もしそんなことができたら、ゲームをやろうという気が失せるだろう。他の人々よりこのゲームがうまくできる人々はいるだろうか？　明らかにいるように思われる。というのも、高額の賞金をかけたこのゲームのトーナメントがこれまで催されてきて、そのトーナメントでは国内チャンピオンや国際チャンピオンが生まれたからである。そして――たとえこのゲームにスキルが不要だったとしても、どのトーナメントでも誰かしらが優勝しなければならない、ということを考えれば、これこそが重要な点なのだが――優秀なプレイヤーたちには、過去に優勝歴があるのである。

優秀なプレイヤーたちはどうやって勝つのだろう？　おそらく、対戦相手の顔や身振りに現れる微妙なヒントを目ざとく捉えるのだろう。ポーカーをする人々は、他のプレイヤーの「気配《テル》」を読み取るというようなことを言うが、これはつまり、他のプレイヤーがブラフをかけているときとそうでないときを感じ取り、その一方で自分自身は「ポーカーフェイス」を維持するということである。〈岩・紙・はさみ〉をプレイする人々の大半は、おそらく、自分でも制御できない「気配」を示してしまうのであり、最も優れたプレイヤーは、その気配をぎりぎりのタイミングで捉えるのだろう。だとすれば、対戦相手があなたの表に現れた態度からパターンを察することを防ぐために利用できる最善の戦略は、どのようなものだろうか？　絶対的にランダムな仕方でプレイすることが最善である。というのも、あなたがランダムな手を出し続けてプレイするなら、対戦相手が読み取るべきパターンなどそもそも存在しなくなるからである（ランダムなやり方で試合を行えば勝負は五分五分になるので、その間にあなたは対戦相手の出す手にパターンを見つけようと試み、それを発見できれば、そのパターンを利用してランダムならざる戦略を組み立て勝ちに行けばいいのだ）。

　よく知られた厄介な事実であるが、人間はランダムな系列を現実に創り出すことが苦手である。たとえば、人々は、同じ手を連続して二回、三回続けて選ぶことを避けようとして（純粋にランダムな系列においても、同じ手が二回、三回続くというのは頻繁に生じるはずであるのに）、必要以上に手を切り替える頻度を増やす傾向がある。まったくパターンのない系列を作りだそうと行き当たりばったりの努力をしても失敗しがちになるということを踏まえた上で、よりよい策を検討すべきである。たとえば、図書館（ないしはウェブサイト）で乱数表を入手することである。乱数表のどこかしらに「アトランダムに」指を当て、そこから次の百桁をコピーする。（たとえば）0をすべて削除しておいて、1、2、3は「R」

（岩／Rock）、4、5、6は「P」（紙／Paper）、7、8、9は「S」（はさみ／Scissors）にすべて置き換える。これで、およそ九十回分（0を削除したのでおよそ十回分減っている）の出し手が得られた。対戦にはこれで十分なはずだ。

プレイする準備はこうして整ったわけだが、ここでの重要な規則は、例のリストを秘密にしておく、ということである。もしも対戦相手にそれを盗み見でもされたら、あなたは完全に彼女のなすがままだろう。よくある言い方を使えば、あなたは彼女の現金ポンプになるだろう。他方、リストを見られる心配がない場合、対戦相手である彼女は、できるかぎりあなたの思考の道筋を先読みして、あなたを出し抜こうと努力しなければならないだろう（要するに、彼女は**志向的構え**に基づいてあなたを扱わなければならないだろうし、あなたの推理について推理しなければならないだろう。つまり、リストを見さえすれば行動をすべて読み取れるような単純な機械としてあなたを扱わない、ということである）。

自分が意図した選択を敵に秘密にせよという単純な原理は、実のところ、自由意志をめぐる長きにわたる論争の中の中心軸の一つである。実際、フォン・ノイマンとモルゲンシュテルンによるゲーム理論の発明（von Neumann and Morgenstern, 1944）は、自分で集めることができる情報によって未来を予測しようとする孤立した行為主体（ないし志向的システム）が、（何らかの）確率理論を用いた期待効用の計算[7]によってうまくやっていくのに対して、環境の中に行為主体が二人になるやいなや、つまり志向システムが二つになるやいなや、状況が根本的に変わってしまう、という認識を起点としてはじまった。一方の行為主体は、他方の行為主体がこちらの行為を予測しようとするということを考慮に入れねばならないし、相手の行為主体がこちらの行動を観察することで、こちらの行動を予測しまた利用しようとしているということを織り込んでおかなければならないので、無際限に複雑なフィードバックのループが創り出されるこ

とになる。(4)

行為主体同士がお互いを読み取れず予測できない、というこの根本的な視界不良状態は、ゲーム理論が花開く諸条件を作り出している。進化はこれをすでに発見しており、多くの種がその相互作用の中でゲーム理論の諸原理を用いているのを見ることができる(**理解力なき有能性!**)。ガゼルの**跳ね歩き**〔**ストッティング**〕は単純な一例にすぎない。他には、チョウの不規則な飛び方がある。進化はチョウを捕食する食虫性の鳥たちに人間よりも高い「フリッカー値」を与えることでその鳥たちを助けたのだが(フリッカー値の高いこのような鳥たちは、私たちより多くの「一秒あたりのコマ数」を見ており、そのため映画はスライドショーのように見えることだろう)、不規則な飛行は、食虫性の鳥たちでも予測するのが困難な軌道を描くことになる。

予測されないように立ち回れ、そして、この同じアドバイスに従っている他者に警戒せよ! この原理の「真価」が見いだされるのは、多くの動物の本能においてである。複雑な動きをする何らかの存在物に直面した動物は、身の安全のために、それを行為主体として——つまり、「それは何だ?」だけではなく「そこで動いているのは何者で、何がしたいのか?」という視点から——取り扱おうとする。なぜなら、その存在物は実際に行為主体であるかもしれないのであり、つまり自分を食べたいとか、自分とつがいを

(4) 高次の先読みが暴走する面白い実例は、映画『プリンセス・ブライド・ストーリー』に登場するあるシーンで、そこでは「どちらのカップに毒が入っているか?」という選択を迫られたウォーレス・ショーン演じるヴィズィーニが、ケイリー・エルウィス演じるウェスリーを出し抜こうと試み、結局は自分自身を裏切る選択をすることになる。[8] 下記を参照。http://www.dailymotion.com/video/xhr71a_never-go-in-against-a-sicilian-when-death-is-on-the-line_shortfilms

作りたいとか、何らかの大事なものをめぐる争いを仕掛けたいという欲求を抱いている存在者かもしれないからである。このような本能的な反応こそ、人間がエルフ〔小妖精〕やゴブリンやレプラコーン[9]やオーグ〔食人鬼〕や神々[gods]などの目に見えない者たちを発明するようになった進化上の源泉であり、そのような存在が、結局、究極的な目に見えない志向システムである神[God]となる(Dennett, 2006a)。

理由も知らずにこの戦略を採用している動物と同様に、私たち人間は、自分の予測不可能性を維持する戦略を、それがなぜ良いアイデアなのかを理解する必要なしに、尊重している。うまくいく理由を理解する必要がないといっても、その理由がまったく明白であるような場合がほとんどではある。あなたが買い物の途中で是非とも手に入れたい骨董品を見つけたとき、売値を知る前にそれについてぺらぺらと話を持ちかけるのが得策ではないのは心得ているだろう。その心得がなければ、売り手にいいようにカモにされてしまう。あなたが何かの販売広告を出す場合、それに自分で受け入れられそうな手頃な販売希望価格をつける。というのも、この価格よりも高く買ってくれる買い手がいつ現れるかが分からないと共に、希望価格よりあなたがどれだけ値引きできるのかを、買い手に知らないでいてほしいとも思うからである(もちろん、あなたは取引を拒むこともできる)。オークションは、このような未踏ノ地《テラ・インコグニタ》を探索するための方法であり、あなたが競売人に予め希望入札額を教えるとき、あなたは自分の限度額を他の入札者に漏らさないという競売人の誠実さを当てにしているのである。

それと同様に、あなたが誰かに一目会っただけで完全に恋に落ちた場合、あなたの最善の方策は、うっとりしたりドキドキしたりする様子を見せないことであり、できるだけ落ち着いて普段のままでいることである。このお手本をないがしろにしてはいけない。さもないと、喜びだけを優先させすぎたことで、結局相手に手玉にとられてしまうことになる。ポーカーフェイスは、ポーカーのためだけにあるわけではない。一般的に言って、競争相手——周囲の他の行為主体たち——を煙に巻いて、[10] あなたが今まさにこれから何をどうしようと準備しつつあるのかについての十分な直感《ハンチ》を彼らがもてないようにすると、あなたが望むものを手に入れるチャンスが増やせるのである（相手の行為主体の環境に手を加えて効果を得るのはコストがかかるので、あなたの対抗者たちは、あなたがこれから何をしようとしているかについての非常にはっきりした証拠を手に入れていない場合には、あなたが何をするかを予想しようとは思わないだろう）。

マジシャンたちは、カードデッキの中から、あなたに引かせたいと思うカードをあなたが自分で（「あなた自身の自由意志で」）引くようにもっていくための、「心理学的力」の使い方を知っている。そのための方法はたくさんあり、いずれも巧妙で見抜くのが難しいものだが、本当に優れたマジシャンであれば、それをほとんどいつでも使用できる。これは、あなたの行為主体らしさ《エージェンシー》をまさに切り狭めることであり、あなたを自由な行為主体ではなく、マジシャンの意志の道具や手駒やその延長物に変えてしまう操作なのである。

古来からのイデオロギーとは反対に、私たちは、完全に原因のない自由な選択を望んではいない。私たちが望んでいること、そして望むべきことは、私たちが行為するとき、私たちに利用可能な最善の選択肢についての適切な情報に基づいて行為することである。環境が原因となって、私たちの外部にあるものについての適切な正しい信念を私たちがもち、その信念を証拠にして、私たちが達成しうる最高に思慮深い判断に基づいて、私たちが行為するということが、〔環境の作用の結果として〕惹き起こされますように！

これが実現すれば、私たちが行為主体として欲するほとんどすべてが、つまり、ただ次のことだけを除けば、私たちに与えられるだろう——すなわち私たちは、私たちから制御力を奪ってしまうような操作的行為主体を環境が含むことを望まないだろうし、またその環境の作用によって、私たちの最善の選択肢が周囲の他の行為主体たちから丸わかりになる仕方で私たちが動くようになることを望まないだろう。というのも、その場合、他の行為主体は、私たちが欲していることや、どれほどそれを欲しているかについて十分すぎるほど知っていて、それに基づいて私たちにつけ込んでくることができることになるからである。そういうわけで、私たちの欲しいものリスト《ウィッシュリスト》に、自分の思考過程と決断を隠しておく能力を付け加えよう。たとえ、場合によっては、ただ他者を煙に巻くためだけに、〔最善ではなく〕次善の選択肢を選ばざるをえなくなっても、そうなのである（クレッグの論文 (Clegg, 2012) は、この問題の草分け的な形式的分析を提供している)。

ある人々は、このような予測不可能性の重要性を漠然とではあれ認め、私たちの脳の基底部分で物質が物理的に非決定論的である場合にだけ達成されるものとしての、絶対的な予測不可能性を「ただ安全のためにだけ」要求すべきだ、と考えている。ジェリー・フォーダーは、持ち前の鮮やかな筆致で、かつて次のように述べていた (Forder, 2003, p.18)。

> 人々は、伝統の言う、リンゴをかじった時のイブのようでいたいと思っている。それ以外のことも完全に自由になし得るようでいたいと。事実上、神ですらイブがどちらに踏み出すのか分からないほど、完全に自由でいたいと。

しかし、人々はなぜそのようで「いたいと思っている」のだろうか？　このような絶対的な予測不可能性は、実践的な予測不可能性よりも本当に良いものだろうか？　多くの哲学者たちは、何千年にもわたって、純粋な自由意志のための条件の一つには絶対的予測不可能性が含まれている、と主張してきた。彼らは、私たちが知らない何かを知っているのだろうか？　もしそうなら、彼らはそれを秘密にしているのだ。このような哲学者たちのほとんどすべてにとって、自由意志と決定論は両立しないという考え方は、あまりに自明すぎるために論じる必要がないものだと思われてきた。私としては、挙証責任は彼らの側にあると言いたい。私たちが絶対的予測不可能性をもつことができないとした場合に、私たちはなぜ絶望すべきだということになるのかの理由を、私たちに示してほしい。私たちが――進化そのものと同様――実践的予測不可能性をできるかぎりたくさん用意しておくほど賢明であるのはなぜかを、私はすでに示しておいた。さあ、教えてほしい、これでなぜ十分でないのかを。

　私なりに提供できるもっともな理由はこうだ。もしもあなたが何か高価な賞品（おそらくは救済）を賭けて神と〈岩・紙・はさみ〉をプレイするとすれば、まさにフォーダーが述べているように、「完全な」自由を欲する理由があなたにはあることになる。私個人としてはそんな勝負をする見通しはないので、賞品が高価な場合でも、私の意図を隠し、狡猾な技の使い手や私を操りたい人たちを遠ざけてくれるだけの実践的予測不可能性で、十分事足りる。

68　二種類の宝くじ

次のような二種類の宝くじのどちらが公平かを比較してみよう。宝くじA――「事後式」と呼ぼう――は、まずすべてのくじを販売し、その後でくじの半券をしかるべきミキサーの中で、あなたの満足がいくまでシャッフルして、その後、その中から目隠しで一枚を引いて当たりくじを確定させる方式である（私たちが目にする宝くじの大部分はこの方式である）。宝くじB――「事前式」と呼ぼう――は、半券（控え）のシャッフルと当たりの確定を、くじを販売する前に行う（当たりの半券〔控え〕は目に触れぬように保管しておく）が、それ以外の点ではAとまったく同じである。二番目の宝くじはくじを買う前に当たりくじがもう決まっているので不公平だ、と考える人がいるかもしれない。売られたくじの一枚は（たとえそれがどのくじか誰も知らなくても）すでに当たりくじであり、他のくじはただの紙くずなのだから、そんな紙くずを疑うことを知らない人々に売りつけるのは、一種の詐欺だ、というわけである。しかし実のところ、どちらの宝くじも等しく公平である。くじを買った誰にでも、当選する同じチャンス（chance）がある。当たりを決めるタイミングは、本質的な特徴ではまったくないのである。

ほとんどの宝くじは、当たりくじを決める時期をくじの販売後に延ばしているが、これはインチキがなかったことの直に目に見える証拠を公に示すためである。こうすれば、内部事情に通じたずるい人間がくじの流通を操作する余地がなくなる。というのも、どのくじが当たりかという知識は、くじの販売が終わるまで、誰の中にも存在しない（存在できない）からである。興味深いことに、すべてのくじがこのやり方に従っているわけではない。パブリシャーズ・クリアリング・ハウス社は、毎年何百万人もの人々に、ゴシック体で「〈あなたに届いたこのお便りが当たりかもしれません〉」と書かれた、百万ドルやその他賞品が当たるダイレクトメールを発送していた（現在では主にオンラインでくじを配っている）。このような費用のかさむキャンペーンは、事前に当たりが確定しているくじも誠実に運営されている限りでは公正である、と人々は概して考えていることを示す市場調査に基づいている。しかし、人々がこのようなくじを文句も言わずに受け入れているのは、それがタダで手に入るからではなかろうか。もしも最初から当たりくじの半券〔控え〕が特製の封筒に入れられ、銀行の金庫の中に納められていることが知らされている宝くじがあったとしたら、その宝くじをたくさんの人々が買うだろうか？　何百万枚ものスクラッチ式のくじが人々に買われているのであり、そのくじが当たりか否かは、購入時にはすでに決まっている。このようなくじを買う人たちは、当選者になれる本物のチャンス（real opportunity）が自分にはあると考えているように思われる。彼らのこういう考えは正しいと私は思うが、彼らが正しかろうとなかろうと、そのようなくじは公平であり、当選者になれる本物のチャンスが自分にあるのだという彼らの穏やかな確信は、およそチャンスとはその結果が最後の瞬間まで非決定であるのでなければ本物のチャンスではないということを何らかの仕方で信じ込んできた（二千年以上昔のエピクロスやルクレティウスにまでに遡る）哲学者たちの確信を粉々にするだろう。このような哲学者たちが主張していたのは、因果の織物を破る、真にランダムで非決定な分岐点が継続的に供給され続けるのでなければ、自由な選択の可能はないし、正しいことを行うための本物のチャンスはない、ということだった。

二種類の宝くじの例は、決定論の問題に対する新しい見方を私たちに与えてくれる。世界が決定論的である場合、私たちの中にあるだろうものは、真の（量子力学的な）ランダムな無作為抽出器ならざる、擬似乱数発生器である。もし私たちの世界が決定論的であるとすれば、私たちの宝くじすべての当たりくじは、突き詰めればおよそ四十億年前のビッグバンの瞬間に一挙に確定し、その後私たちに対しては封筒に入れられた状態で保管され、私たちの人生の途上で必要に応じて少しずつ配当金が配られてきたということになる。あなたが「コイン投げ」をする必要があるときや、これより派手ではないやり方で運任せの決断を行う必要があるときはいつでも、あなたの脳はその封筒を開けて次の「乱《ランダム》」数を取り出し、出てきた数字にあなたが何をするかを決定させるのである。これはちょうど、「岩・紙・はさみ」の話に出て来た乱数表の使い方と同じである。「だがそれは不公平だ」と言い出す人もいるかもしれない。「だってそれだと、当たりくじがたくさん配分されている人と、そうでない人がいることになるじゃないか」と。その通りである。個々の配当金について言えばある人の金額は他の人よりも大きいのだが、しかし長期的に見れば、運は平均に近づくものだということを忘れるべきではない。「だけど、僕らが生まれる前にすべての当たりくじが確定していたとしたら、ある人は他の人よりもたくさんの幸運を与えられるように決定されている、ということになるじゃないか！」。これも真実だろう。しかしながら、たとえ当たりくじの確定が私たちの生まれる前になされるのではなく、私たちの人生の途上で必要に応じて順々に確定されていくとしても、同じことだ。たとえ完全にランダムで偏りがまったくない当たりくじの確定、つまり、完全に非決定論的な当たりの確定においても、ある人が他の人よりもたくさんの当たりくじを獲得するということが、やはり決定されるのである。たとえ完全に公平で完全にランダムなコイン投げトーナメントがなされたとしても、ある人が——または他の人が——勝利し他のすべての出場者は負けるということが決定されている。この場合の勝利者が、勝利が自分の「運命」だった、と主張することは当然ながらできないが、運命であろうとなかろうと、勝利に貢献したものは何であれ彼のものなのであり、それ以上公平なことが何かありうるだろうか？　公平さとは、誰もが勝利することによって成り立つものではないのだ。

　非決定論を望む理由として最もよく引き合いに出されるのは、おそらく、非決定論が成り立たなければ、私たちが行為を選択するとき、「私たちには実際にしたこと以外のことはできなかった」ことになり、そして**間違いなく**（警告！）、それは私たちにとって重要性をもつはずのものなのだ、というものである。これもまた、しばしばそう思われてきたほど明白なことではなく、このような馴染み深い考え方がどのようにして私たちを誤りへ導いていくのかをおぼろげながらでも知るためには、不活性な歴史的事実という興味深いカテゴリーを考察する必要がある。

69 不活性な歴史的事実

不活性な歴史的事実とは、世界内のまったく日常的な事柄についての事実の中でも、過去のある時点で生じ現在ではもう識別不可能になっているような事実、現在の世界に足跡を一切残さなかったような事実を指している。不活性な歴史的事実として私が気に入っている事例は、次のようなものである。

A　私の歯に詰められている金の一部は、かつてジュリアス・シーザーのものだった。

あるいは、

B　私の歯に詰められている金の一部がジュリアス・シーザーのものだったというのは、偽である。

さて、(論理学の教えるところでは) この二つの命題の一方は事実でなければならない (ちょっと待て。操作詞・**準**の章〔第21章〕の教訓は、このような「明白な」選言文を信用すべきではないということではなかっただろうか？　では調べてみよう。AもBもはっきりと真理性を要求する権利をもっていないといいうことがありうるとしたら、それはどういう場合か？　そう、たとえばもしシーザーの時代の所有権が漠然としたものであったり境界がはっきりしないものであったりしたら、シーザーは単に自分の金のいくらかを**準**・所有していたに過ぎないことになる――もしかすると、現在のイギリス女王が国内のすべての白鳥の所有者であるのと同じように(5)。ここで問題になっている所有権という概念がちゃんと画定されていると仮定すると、金という概念からして、上述の二つの文の一方は事実を表現しているのでなければならないが、二つの文のどちらが真であるかということは、いかなる物理的探求によっても――それがどれほど洗練されていようと、どれほど時間を費やそうと――ほぼ確実に解明することはできない。

本当だろうか？　私たちは、AとBのいずれかが真なる選択肢であるということをほぼ確信できるような事態を、想像することができる。歴史的過程が様々な形でちゃんと記録されているおかげで、私の歯に入っている金の一部の「出自」が（殺人事件の裁判で提出される証拠品の「証拠保管の連続性」と同じように）数千年もの間注意深く跡づけられ記録されてきたということが明らかになったとしたら、私たちはAが真であるとはっきり確信できるであろう――たとえば、私を担当した歯科医師は、博物館から高名な「シーザーの小指の指輪」と呼ばれる古代の金の指輪を購入したのだが、この指輪が博物館へ至るまでの間何世紀もの間王から王へと受け継がれてきたことを、大量の記録文書が証言しているし、この歯科

(5)　イギリス王室の公式ウェブサイトによれば、次の通りである。「現在では、公共の水域にいる足輪なしのコブハクチョウの所有権はすべて女王が保有していますが、女王はその所有権をテムズ川の本流と支流においてのみ行使します。この所有権はワイン商名誉組合および染物商名誉組合と共有されており、これらの組合が王から所有権を認められてきたのは十五世紀以来のことです。もちろん現在ではもう、白鳥を食用に供することはしていません」。

医師が指輪を溶解させ、溶けた金を私の歯に詰めるための型に流し込む様子を記録したビデオテープも残っている、という場合である。もちろん奇っ怪な想像ではあるが、物理的可能性の範囲内に収まっている。あるいはまた、こんな想定をしてみよう――私には砂金取りの趣味があり、アラスカの氷河が後退しつつある地を訪れて、五千年間氷河に覆われていた地面から、自分の歯に詰めるのに十分な金をすべて注意深く採取したとするのだ。この場合は、Bの方が先の場合よりもさらに確実に真理だということになろう。しかし、これらの極端な事例やそれに類する事例がしかるべく証拠立てられていない場合、私たちがAとBのどちらが真理であるかを決して知ることができない、というのはまず確実だ。そして、どちらであれ、真理である方が不活性な歴史的事実である。

　量子物理学は、ある興味深い問題を提起している。たとえ私の歯に詰められた一つ一つの金原子の軌跡が何世紀にもわたり追跡されることができていたとしても、もしも二つかもっと多くの金原子――一つはシーザーの遺品に由来し、別の一つはそれ以外のものに由来する金原子――が衝突する（あるいは、単にお互いに非常に接近する）機会があったとすると、その「衝突」の後ではどちらがどちらの原子であるのかを知ることは原理的に不可能になるだろう、という問題である。原子やそれよりさらに小さい粒子は、指紋のようなものを何ももたず、相互を識別しうる特徴も何もなく、継続的に追跡することができないので、粒子の継続的同一性という概念はいつも有意味な概念であるわけではないということになり、これが金についての事実を知ることを妨げるもう一つの障壁となる。

　ところで、アナログではなくデジタルであることによって、コンピュータは極微小サイズのノイズや量子レベルのランダム性にさらされながらもその揺らぎを吸収するようになっており、この点で、宇宙全体が決定論的であるかないかに関わらず、コンピュータは決定論的なものとして働くように設計《デザイン》されている

（私たちはその鮮やかな実例を第66章の**コンウェイのライフゲーム**で見たが、デジタル決定論は至る所にある）。決定論を生み出すためにデジタル化を行う、というこのやり方の背後にある基本的な考え方は、不活性な歴史的事実をデザインによって創造することができる、という考え方である。中枢となるすべての出来事を無理矢理――高電圧vs低電圧、〈オン〉vs〈オフ〉、0 vs 1のような――二つのカテゴリーへと振り分けることは、ミクロな差異（様々な高電圧間の差異や〈オン〉状態であることの微妙な差異、また0の色合いの違い）が容赦なく切り捨てられることを、保証する。何ものもそれらの差異に左右されることは許されず、これら二つのカテゴリーは、コンピュータが通過する継続的な一連の状態にいかなる差異も決してもたらさない現実の歴史的な変動についての事実を、跡形もなく消し去る。たとえば、あなたの友達がウェブからある歌をダウンロードして、それを二枚のCDに焼いたとしよう。この二枚のラベルの貼られていないCD――AとBと呼んでおくが、それはCDには書かない――は、もちろん、デジタル複製物である。その友人に、真っ暗な部屋の中で、あなたのノートパソコンにそのCDのどちらか一枚を「コピー」して欲しいと依頼する。友人にはどちらのCDを使って欲しいとも言わずにおき、作業後には（指紋による判別やDNA検査による判別の可能性をぬぐい取るために）両方のCDをべたべたと手にとってもらい、その二枚を他のCDがたくさん入った袋に入れ、よく振ってもらう。こうして、二つの不活性な歴史的事実の候補が得られる。

（a）あなたのノートパソコンに入っているコピーは、ディスクAから作られた。
（b）あなたのノートパソコンに入っているコピーは、ディスクBから作られた。

その歌のビット列の現実の物理的符号化《エンコーディング》はどれも、他のどんな符号化の微細構造とも異なった、微視的なレベルでの微細な構造を備えたものになるだろう。そして、あなたがいずれか一方のCDをRAM（ランダムアクセスメモリ）に「コピー」すると、RAM内の電圧のパターンもやはり、そのRAMに固有の微細構造を備えることになり、またそのファイルをRAMからハードディスクやフラッシュメモリに「コピー」した場合も、それらのメディアには、個々のメディアごとに別々の微視的な差異が含まれることになる。便宜上〈コピーする〉と呼ばれているものは、つねに、それ独自の微細構造を備えたまったく別の連続的ないしアナログ的な物理的信号を創造することである。というのも、それこそが、電子と陽子のレベルで見たときの世界のあり方だからである。しかし、デジタル化というたぐいまれな力は、このような微細構造をすべて「無視し」、「規範に合わせた修正」の際にそれを消去する。文字のような規範を用いるとき、個々の文字記号がもつどんな独特の味わいも何らの違いをもたらすことはなく、すべては同じ読み方になる。[11] そしてコンピュータの中ではすべてが0と1の羅列になる。

したがって、一方のCDにデジタル的な理想化のレベルでの「エラー」がたまたま生じた場合（1が0、0が1に変わってしまう反転ビットが生じた場合）を除けば、二枚のCDを区別する手立てはない。デジタル化は、二枚のCDの個性がRAMやフラッシュメモリに伝わるのを妨げ、最終的には、スピーカーやイヤフォンを駆動させるデジタル—アナログ変換に伝わるのを妨げる。音楽愛好家の中には、「黄金の耳」の称号をもち、「アナログ」レコードと最良のデジタルCDの音の違いや、無圧縮のデジタルファイルと圧縮されたファイル（MPEGなど）の音の違いを聞き分けられる人々がいるのだが、どんな音楽愛好家でも、ある曲が二度正しく再生されたのを聴き、それが同じCDの再生なのか、それとも違うCDの再生なのかと問われて、当てずっぽう以上の答えを言える人はいない。そこで問われているのは不活性な歴史的事実なのであり、それは人間の耳によって検出できないだけではなく、RAMへの「コピー」の微細構造を電子レベルで調査しても検出できない。もしもそれができる人間がいるとしたら、その人間は超自然的な力をもつエスパーの有力候補であろう。なぜなら、デジタル化が創り出す情報伝達への障壁は、当てずっぽうを超えた確かな推測を不可能にしているからである。

コンピュータがデジタル機器である以上、数兆回のステップをそれに実行させるのは造作ないことであり、それゆえコンピュータに過去の（デジタルな）状態と正確に同じ状態を繰り返し辿らせることも、また、コンピュータが同じ数兆回の（デジタルな）ステップを正確にたどり、それを何度も何度も繰り返す様子を見守ることも、やはり造作ないことである。

ちょっと待て。反論がやってきた――コンピュータが決定論的だって？　コンピュータに、正確に同じ何兆ものステップを、何度も何度も繰り返させることができるって？　ちょっと待った！　だったら、何で僕のノーパソはあんなにしょっちゅうクラッシュするんだ？　こないだの火曜日、僕のワープロソフトはフリーズした。だが、その前日の月曜日には、まったく同じことをやってうまくいった。

なぜだ？

君は、まったく同じことをやっていたわけではなかった、というのがその理由だ。君のノートパソコンがフリーズしたのは、それが非決定論的に動作していたからではなく、火曜日には月曜日の状態と正確に同じ状態にはなかったからなのだ。君のノートパソコンは、その間に、隠れた「フラグ」を立てるとか、以前は一度も実行したことがなかったワープロソフトのプログラムの一部を呼び出しに行くとかいうことを行ったはずで、それが前回君がシャットダウンを行ったときにどこかのビットを反転させ、その反転ビットが新しい場所でセーブされてしまったため、その後ワープロソフトがその小さな変化につまずき、クラッシュしたに違いない。仮に君がどうにかして火曜の朝と正確に同じ状態をもう一度再現させたら、同じようなクラッシュがもう一度起きるはずだ。

「乱数発生器」はどうなる？　僕は、自分のコンピュータには、必要に応じてランダム性を創り出す装置が組み込まれているものだと思っていたんだが。

現在ではすべてのコンピュータに、内蔵型の「乱数」発生器が装備され、そのコンピュータ上で動いているどんなプログラムも、必要に応じてそれを利用することができるようになっている（コンピュータ以前の時代には、乱数表だけが載っている本が研究者向けに売られており、開いてみるとどのページにも何桁もの数字が延々と並んでいるのだが、その数字は、数学者が考案したあらゆるランダム性のテストに合格するような仕方で周到に生成されたものなのだ。言うまでもなく、この種の本の同じ版として刷られたものはすべて正確に同じ乱数の系列を含んでいた。ランド・コーポレーションは類書の中でも最良の部類に属する本を一九五五年に出版したが、そこには百万桁の乱数が収められていた）。いわゆる乱数発生器によって作られる数列は、本当にランダムなわけではなく、単に擬似ランダムであるにすぎない。この無限に長い数列は、それをどんどん作り出す、専用に作られた有限なメカニズムに封じ込められ得るという意味で、それは「数学的に圧縮可能」である。たとえば、あなたがもっている乱数発生器が、一メガバイト――八百万ビット――を用いて組み立てられたプログラムであるとしても、そのプログラムは、実際に無限の数列（いつでも同じ数列）を作り出す。あなたがこの無限の系列を誰かに送りたいと思ったら、その系列を一字一句書き留めた無限に長いeメールを送る必要はない。手元の一メガバイトのアルゴリズムを送りさえすれば、受け取った側はその無限の系列にアクセスすることができる。これこそ、擬似乱数発生器の根底にある考え方である。乱数発生器をコールドスタート〔電源を切った状態からの起動〕時に――たとえばコンピュータの再起動時に――起動させる場合はいつでも、それは常に、正確に同じ何桁もの数列を生み出すのだが、しかしその数列は、まるで完全にランダムな量子のゆらぎによって生み出されたものであるかのように、一見したところパターンを欠いているように見えるのである。それは、作りつけの「乱数表」と言ってもいいものであり、何百万回も回転する偏りのないルーレットを記録した、非常に長いビデオテープを何巡も見続けるのとよく似ている。ビデオは一巡すれば常に「最初」に戻るが、これがちょうどコンピュータを起動したときに生じることに当たる。こういう仕組みが問題をもたらすときもある。様々な「選択」場面でランダム性を利用するコンピュータプログラムは、そのランダム性にもかかわらず、コールドスタート後に実行された場合、正確に同じ状態系列を紡ぎ出すので、時おり、プログラムのバグを調べようとしているのに、実は毎度同じ諸状態である「ランダムなサンプル」をテストしてしまうということ生じがちなのだ（これを防ぐには、プログラムをちょっと揺すり、どこか別の場所に少しだけさらすというちょっとした（かなり簡単な）手続きを行えばよい。つまり、そのプログラムを時々、別の場所の数字の流れに少しだけさらして、次の「ランダムな」数を得ればいいのだ）。

70　コンピュータ・チェスマラソン

決定論と選択について明晰に思考するのは、恐ろしく難しい。もし決定論が正しいなら、本物の選択はそもそも存在するのだろうか？　もし自由意志をそなえているかのように見える行為主体が、実際には決定論的な世界に住む決定論的な存在だとしたら、すべての選択、すべてのチャンスがなくなるのだろうか？　ここで紹介するのは、人工的に構築された決定論的な世界――コンピュータによって実行される活動の世界――の中にある単純化された世界――チェスプレイという世界――に目を向けることで、この問題を探求する直観ポンプである。

あなたのコンピュータに二つの異なったチェスプログラムをインストールし、この二つのプログラムに何度も何度も、潜在的には無際限に対戦を行わせる小さな管理プログラムと結合させる、と想定してみよう。二つのチェスプログラムは、コンピュータをオフにするまで、まったく同じ展開の対戦を何度も何度も続けることになるだろうか？　そういう設定にすることはできるが、その場合には、ＡとＢという二つのプログラムについて興味深いことは何も学べない。延々と繰り返されるゲームにおいて、ＡがＢに勝つのだとしよう。このことから、Ａが一般的にＢよりも優れたプログラムであるとか、違う試合でもＡの方が勝つだろうとかいったことを推論することはできないだろうし、このような正確な繰り返しからでは、二つの異なったプログラムの強さや弱さについて何も学ぶことがないだろう。他方において、AとBが違う試合を連続して行うようなトーナメントを組むと、これよりもずっと多くの情報が得られるようになる。設定は簡単に行える。一方のチェスプログラムが、計算の途上に乱数発生器への問い合わせ作業を含んでいたら（たとえば、プログラムが良い手を探索する過程で、あの手よりもこの手の方にすべき十分な理由が見当たらないという状況から脱するために、その度に「コインを投げる」作業を行うようになっている場合など）、対戦が進んでいくと、（再初期化の設定がなされていなければ）乱数発生器の状態が変化してしまうだろうし、したがって、異なった選択肢が異なった順序で探され、節目ごとに違った手が選択されることになるだろう。二戦目では一戦目とは異なった対戦が展開され、第三戦も様々な点で異なったものになり、結果的に、二つとして同じ雪の結晶がないのと同じように、二つとして同じ展開にならないような試合系列ができあがるだろう。それにもかかわらず、あなたがコンピュータの電源を切り、再起動して同じプログラムを走らせたとすると、正確に同じ仕方で多様化された試合系列が再び紡ぎ出される。というのも、同じ疑似乱数が、それぞれのプログラムによって使用される「コイン投げ」のすべてを決定しているからである。

　そこで、AとBという二つのプログラムを含むチェス宇宙を設定し、たとえば千回試合をした結果を研究する、と考えてみよう。私たちは、信頼性の高いたくさんのパターンを発見するだろう。たとえば、千回のすべて異なった対戦で、AがいつもBに勝つことが分かったとしよう。それこそ、私たちが説明したいと思うパターンであるが、「このプログラムは決定論的なのだから、AがBに勝つことがつねに因果的に引き起こされるのだ」と述べたとしても、それは私たちの理に適った好奇心にまったく対処しきれないだろう。私たちが知りたいと思うであろうことは、Aがチェスにおいて示す優勢さの根拠になっているその構造や方法や傾向性に関わるものである。AにはBにはない有能性《コンピータンス》または力があり、私たちはこの興味深い要因を探し出す必要がある。その説明は低いレベルにあるかもしれない。プログラムAとプログラムBは、まったく同じプログラムであり、**ソースコード**のレベルでは同一の〈チェスの指し手判断者〉なのだが、Aの方がBより効率的にコンパイルされているために、同数のマシンサイクルでもAの方がBよりも先の手まで読めるのかもしれない。Aは、実際、チェスについてBと「正確に同じ思考を進め」、Aがチェスについて「知って」いることはBもすべて「知って」いるのだが、ただAはBよりも速く思考することができるのである（真剣勝負のチェス、チェストーナメントは、いつも対局時計を置いて行われる。〔持ち時間を使い果たして〕時間切れになれば、まだ打つ手が残っていても、負けである）。もっとありそうな可能性としては、Bに対するAの優位性は、チェスにおける意志決定に関する日々の話題が現れてくるような、より高いレベルの視点からの説明——たとえば、盤上のコマの配置の表象や、この先に可能ないくつかの手順の評価や、それらの手順のどれを進めていくかの決断などが出てくる説明——を要求するだろうということである。このような視点から見ると、プログラムAは、対戦が進む中で、それぞれのコマの相対的な重要性を見直すのかもしれないし、盤上のコマの配置がどう機能するのかをよりよく評価するのかもしれないし、指すべき手の探索を早く打ち切ったり長く続けたりする決断を行っているのかもしれない。つまり、AはBと「同じ思考を進めて」はおらず、むしろAはBよりも「より良い仕方で、より洗練された思考を進めている」のだ（Aが進めている思考は**準**・思考である。Aは意識ある人間ではない）。

　一方のプログラムがいつも勝つわけではないという場合の方が、実際にはより多くを教えてくれるかもしれない。Aはほとんどいつも Bに勝ち、しかも、Aは指し手の評価を〔Bとは〕異なった一群の原理を用いて行っていると想定してみよう。この場合、私たちが説明すべきずっと興味深いものが手に入るだろう。これは因果についての問いであり、そしてそれを探求するためには、千回なされた異なった対戦の歴史を研究して、さらなるパターンを探し求める必要がある。私たちは確実に、そのようなパターンを山ほど見つけるだろう。あるパターンは、チェスが行われるところにはいつも現れる、チェスというゲームに固有のものだろう（たとえば、Bは、自分のルークを盤面から取り除かれてしまった対戦ではほぼ確実に負けるなど）。あるパターンは、個別のチェスプレイヤーであるAやBに固有なものだろう（たとえば、Bには、クィーンを必要以上に早く戦線に投入する癖があるなど）。私たちはたとえば、Bは時間切れになりかけると、同じ配置でもっと時間がある場合に比べて、現在残された可能な指し手の樹形図の中での探索をより浅くしか行わないというような、チェス戦略の標準的なパターンを発見するだろう。要するに、私たちがそこに発見するだろうものは豊富な説明的規則性であり、その中には（千回のゲーム中での）例外なき規則性もあれば、統計学的規則性もあるだろう。

　このような識別可能なチェス指しのパターンは、決定論的な見世物《ページェント》が展開されていく中での目立った要素であるが、ミクロ的な因果性の視点から見ると、何の特筆すべきところもない、ごくありきたりなものである。一つの観点からは、二つのチェスプログラムが緊迫した対戦状態にあると見えるものは、（コンピュータのCPUの中を流れる命令とデータの流れを観察する場合のように）「顕微鏡」を通して見れば、唯一可能な仕方で決定論的に展開していくただ一つの自動機械とみなすことができるのであり、その自動機械の急転的な動きはいずれも、擬似乱数発生器の正確な状態とプログラムやデータを調べれば前もって予測することができる。その未来には「本物の」分かれ道や分岐は存在せず、AおよびBによってなされるすべての「選択」はコンピュータとメモリの全状態によって前もって決定されている。このような世界には、実際に生じるもの以外の、本当に可能なものは何もないように見える。たとえば、メイティングネット（勝利〔チェックメイト〕が確定する配置の一種で、見分けるのが難しい場合もある）の不穏な兆しが時点tにおいてAに迫りつつあったのだが、Bは時間を使い果たし、重要な一手まで後一歩のところで探索を打ち切った、と考えてみよう。そのメイティングネットは、決して生じないことになっていたのである（これは証明可能な事柄である。疑うのであれば、まったく同じトーナメントプログラムを別の日に実行すればいい。系列中の同じ瞬間、Bは時間を使い果たし、探索をまったく同じ地点で打ち切るはずである）。

これを見て、私たちは何を言うべきであろうか？　このおもちゃ世界《トイ・ワールド》は、本当に、抑止や回避、攻撃と防御、逸したチャンス、真正の行為主体による突きやかわし、純粋な可能性を一切もたない世界なのだろうか？　私たちのチェスプログラムは、昆虫や魚と同じように、なるほど道徳的に有意味な自由意志の妥当な候補となるには単純に過ぎる行為主体であるが、だとしてもこの二つのプログラムの世界の決定論が、この二つのプログラムから、それぞれ異なった度合いの力を、あるいは目前のチャンスを利用できるというそれぞれ異なった能力を、奪うわけではない。この世界で何か起きているのかを理解したいなら、私たちは、プログラムたちが行う十分な情報に基づいた選択が原因となってどのようにしてプログラムたちの状況を変化させるのかについて、また、プログラムたちに何かでき何ができないかについて、語ってもよいし、実のところ語らなければならない。千回の対戦の中で私たちが発見したパターンを説明する因果的規則性を明らかにしたいなら、私たちは、〈世界がAとBという行為主体を含み、彼らはチェスで相手を打ち負かそうとしている〉というように世界を記述する視点を、真面目に採用するのでなければならない。

Aが勝つときはいつでもベルが鳴り、Bが勝つときはいつでもブザーが鳴るように、トーナメントプログラムを修正したとしよう。チェスマラソンを開始すると、プログラムについては何も知らない見学者は、ベルは非常に頻繁に鳴るのに、ブザーは滅多に鳴らないということに気づく。何がこの規則性を説明するのかを、見学者は知りたがる。AがBに勝つという規則性は、**志向的構え**をとるかとらないかに関わりなく分かるし記述することができるが、説明は依然として必要である。そして唯一の説明――しかも正しい説明――は、〈Aが……の場合にするだろうことについてBが生み出す信念よりも、Bが……の場合にするだろうことについてAが生み出す信念の方が優れている〉というような説明になるだろう。このような場合には、志向的構えをとることが、説明を発見するために要求されているのだ（第33章と第42章も参照。そこでも、志向的構えをとらなければまったく説明不可能であるような因果関係の別の実例を挙げた）。

ここまではよしとしよう。だが、これらの「決断」や「選択」は、単なる**準**・決断、**準**・選択にすぎないように見える。それらには、本物の選択がもつ何か――「実際にしたこと以外のこともできた（could have done otherwise）」――が欠けているように見える。しかし、見かけが人を欺くことはあるのだから、この特定の例についてもっとよく検討しよう。ここで、第三のチェスプログラムCをトーナメントプログラムに参加させるのが役立つだろう。プログラムCは、AとBよりもよくできていて、ほぼ毎回AやBに勝つとしよう。そうして、C対A、C対Bというある二つの対戦で、最初の十二手はまったく同じに進み、その後いずれもCが勝つのだが、その勝利への経路がそれぞれの対戦でいくぶん異なっていた、と想定しよう。専門家たちが集まって対戦の流れを遡った結果、十二手目、つまり二つの対戦の流れが同一だった最後の手で、AかBがもしキャスリング[12]を行っていたとしたら、Cは負けていた可能性が高いということが明らかになった。つまり十二手目でのキャスリングが勝利への鍵だったのであるが、AもBもその機会を逸してしまったのである。

プログラムAの設計者《デザイナー》が首をすくめ、「あ～あ、Aちゃんにはキャスリングができたのにな～」と漏らすと、Bの設計者《デザイナー》も口を揃える、「私のプログラムもだよ。Bちゃんにもキャスリングができたのにな〜」。ところが、Aの設計者《デザイナー》の発言は正しいのに、Bの設計者《デザイナー》の発言は正しくなかった！　このようなことがどうして可能なのだろうか？　トーナメントプログラムTは、決定論的に働くのであり、正確に同じ状態で同じ対戦をもう一度実行させた場合、AもBもキャスリングをしない。Aの設計者《デザイナー》は、自分を偽っていたのではないだろうか？　そうとも限らない。Aが〈実際にしたこと以外のこともできた〉かどうかを私たちが問題にするとき、私たちがはっきりさせようとしているものは何であろうか？　正確に同じ事例を何度も何度も見たとしても得られることはまったくないが、類似の事例を見れば、実際、事態の診断に役立つだろう。もし私たちが、他の対戦の多くの類似した状況において実際にAが評価の作業をもう少し先に進め、例の一手の有効性を見いだし、それを実行しているのを目にするならば、あのときAちゃんにはキャスリングができたのにな、という設計者《デザイナー》の確信を私たちは支持するだろう。

極端な事例として、（擬似）乱数発生器の中の一つのビットが反転していさえすれば、Aがキャスリングする結果になっていた、ということを私たちは発見するかもしれない。Aの設計者《デザイナー》が実行中のプログラムの内部深く入り込むと、Aが「思考」を中断するのが一パルスだけ早かったということが分かったと想定しよう（あらゆるチェスプログラムは、それがどんなに優秀であっても、任意のある時点で探索を打ち切らなければならない）。Aはキャスリングを検討しており、しかもそれがどういう帰結をもたらすのかの分析も開始していたのだが、時間切れが迫ってきたために、Aは乱数発生器に問い合わせてコイン投げを行い、その結果、その時点で最善だと見なされた手を打つことに決まった――そしてその最善の手とはキャスリングではなかったのだ。しかし、もしもその擬似乱数の値が0ではなく1だったとしたら、Aはほんの少しだけ長く検討を続け、その手ではなくキャスリングを行っていただろう。「乱数が一ビット反転してたら、Aちゃんは勝てたのにい！」と設計者《デザイナー》は言う。この事例では、Aがキャスリングをしなかったのは偶然の巡り合わせ、乱数発生器による不運だった、と私たちは言うことになるだろう。

Bの設計者《デザイナー》に目を向けると、あの状況でBちゃんにはキャスリングができたのにな、という主張を支持する同様の筋書きは、用意されていない。なるほど、Bも、あの状況下でキャスリングが適切な手であることを「知って」おり、実際にキャスリングをちょっと「検討する」こともしたかもしれないが、しかし、Bはそれをきっかけにしてキャスリングを選ぶのとは、ほど遠い状態にあった。キャスリングとは、新聞のチェスコラムでは「(!)」マークが付くほどの深い手であり、プログラムBの乏しい分析力ではとても手が届かないのである。こうして、私たちはここに、Aはキャスリングすることができたが、Bはキャスリングすることができなかったような、完全に決定論的な世界——プログラムT——を得たことになる。AとBとの差異はリアルな、説明力をもつ差異であり、すなわち有能性《コンピータンス》ないし能力における差異である。これを、一見したところ逆説的な、次のような仕方で表現することができよう。

Aは時点tでキャスリングすることができたが、宇宙は時点tでキャスリングという出来事を含むことはできなかった。

状況のこんな記述が許され得ることなど、一体全体何によって可能であるというのか？ 単純である。つまり、もし私たちがAをその直接的な環境——そこには乱数発生器も含まれる——から切り離して考察するならば、Aがキャスリングをするかどうかは非決定なのである。Aがキャスリングするかどうかは、厳密に言えばAの外側にある何かに、依存している。宇宙の中のA以外の部分の時点tにおける配置のされ方を前提とすると、キャスリングすることはAにとって可能ではなかったが、それでもそれは「Aの落ち度ではない」。これとは対照的に、Bはキャスリングすることができなかった。キャスリングすることは、Bの本性に属してはいなかったのだ。Bがキャスリングするところを想像するためには、現実に対するあまりに多くの改変が要求されるだろう。

これは有益な発見である。というのも、AとBが「なしえた」ことにおける区別は、非決定論には依存していないからである。決定論的な世界においてでさえ、私たちは、Aにはできるが Bにはできないようなある種のものがあることを、見いだすことができるのであり、このような差異は、なぜAがBに勝つかの説明の一部である。決定論がこの世界〔プログラムT〕の真理であるのだから、AとBは、特定の機会に現実に行うことしか行うことができないという事実（そして、正確に同じ状況が繰り返されるなら、同じことを何度も何度も行うだろうという事実）は、単純に面白みのない事実であり、またそれは〈AはBに勝つ〉という完全に客観的で明白な規則性について得られる説明に関連をもたない。

チェスプログラムは道徳的な行為主体ではなく、自らが行った選択に対する道徳的責任を負うものではない――それが住む世界は、完全に没道徳的な世界であり、チェスのルールに一つでも違反することは、チェスプログラムにとっては端的に〈思いもよらぬこと〉でしかないので、違反に対する罰則は要求されない。しかし、私たちがたった今見たように、コンピュータチェスの単純で決定論的な世界においてでさえ、AとBの間に本当《リアル》の重要な区別を行うことができる。Aが何か愚かなことや賢明なことをしたとき、私たちは「Aは実際にしたこと以外のこともできた」と言うことができるが、「Bは実際にしたこと以外のこともできた」とは言うことはできない。もしあなたが、こういう言い方は誤りに違いない、「だってこの世界が決定論的なものである以上、AもBも実際にしたこと以外のことは決してできなかったんだから」と考えるならば、あなたの方が誤っているのである。

　AとBの差異は、チェスの有能性《コンピータンス》における差異であり、「実際にしたこと以外のこともできた」という表現は、たった今見た通り、この差異の一つの側面を巧みに捉えている。では、道徳の有能性はどうだろうか？　人々が、悪事を犯したある人間たちについては「彼らには実際にしたこと以外のこともできた」と言って、彼らを許さないための理由づけとしてこれを使い、その一方で、類似の状況下にいる他の人間については、彼らには実際にしたこと以外のことはできなかった、と認めるとき、人々はどちらの場合でも誤っていない――そして、これは決定論が真であるかどうかには関係がない。人々が注意を向けているのは、道徳の有能性における本当の差異であり、それは、非決定論にも決定論にも依存するものではなく、しかも私たちの反応《レスポンス》〔応答〕における差異に根拠を与えることができるものである。

　この点をより明瞭に見るために、プログラムBを設計《デザイン》したプログラマーの視点に立ってみよう。彼女は、自分がBの弱点の所在を突き止めたかどうかを知りたいと思っている。キャスリングをしなかったためにBが勝利を逃した対戦がある。そのとき、そもそもBはキャスリングができたのだろうか？　Bがキャスリングするに至るために必要なものが、乱数発生器における一ビットを反転させることだけだとしたら、その場合にはおそらくデザイン上の改善は不要であろう。Bは、類似の状況において、五分五分の見込みでキャスリングをするだろうし、おそらくそれは、望みうる最善のやり方なのだ。コンピュータプログラムはつねに、状況により、探求を打ち切って対戦を進めていくために、（コイン投げのように）乱数を用いなければならないので、乱数の目のおかげで探索がまさにその発見〔キャスリング〕の側で停止する、という場合がつねにあることになる。さらに、たとえ私たちがプログラムBに（あるいはプログラムAに）量子乱数発生器――たとえば、原子より小さな粒子の非決定的な軌道を基にしたビットを吐き出すガイガーカウンター——を取りつけたとしても、この状況が改善されるわけではない、ということに注意しよう。ここで、1があってもよかったのに0であったためにBがキャスリングをしないという事例の場合、私たちはBについて何を言うべきかを考察してみよう。量子乱数発生器が1を生み出したらBはキャスリングを行い、0を生み出したらキャスリングしないとする。0が現れたとき、観察者は「[それでも]Bにはキャスリングすることができた」と言う。[13] その通りであるが、しかしそれにもかかわらず、Bがより自由だということにはならない。この種のチャンスが生じる一連の対戦において、Bの乱数発生器が「真正の」ものか「擬似的な」ものかには関わりなく、Bは、半分でキャスリングを行い、半分でキャスリングを行わないだろう。哲学者デイヴィド・ウィギンスは、かつて、決定論の「宇宙的な不公平さ」について述べたことがあるが(Wiggins, 1973, p.54)、コンピュータチェストーナメントについての私たちの直観ポンプは、非決定論にも同じくらいの「宇宙的な不公平さ」があるということを示している。Bは、その乱数発生器あるいは擬似乱数発生器の「なすがまま」である(これはもちろんAにも当てはまるし、私たちすべてもそうである)。真正な乱数発生器の方を選ぶ理由は何もないのである——もちろん、擬似乱数発生器の中を見ることができる、全知の神とチェスをしようと目論んでいる場合を除いて!

こういうわけで私たちは依然として、非決定論が真であってほしいと望む理由を探し続けることになる。もしかしたら、非決定論が何の役割も果たすことがなくても、望むに値するような自由意志を私たちみながもつことだってできるかもしれないのだ。その理由のまた別の候補は、次のようなものだ。

僕には過去を変えることはできないが、もし非決定論が真理なら、僕は未来を変えることができるんだ!

いやいや。未来を、何から何へ変えるというのか？　そうなる予定だったものからそうなる予定であるものへ、だろうか？　あなたは、過去を変えることができないのと同じように、未来を変えることはできない。未来を変えるということは、概念としてつじつまが合わないのだ。したがって、

もしも決定論が真理なら、僕は未来を変えられないし、もし決定論が虚偽でも、僕は未来を変えられない。それゆえ、僕は未来を変えられない、ということになる。

私たちが未来を変えたいと望んでいるように見えるのは、なぜだろうか？　その理由は、私たちが、災難を予見できることを望んでいるからであり、その災難が生じないように何か手を打ちたいと望んでいるからである。そして、私たちにはそれができるのであり、これは非決定論とは何の関係もない。何者かがあなたにレンガを投げつけ、あなたがそれを見てさっと屈んでやり過ごしたとすれば、あなたはレンガの打撃を回避できている。これで十分である。では、レンガとの衝突は生じるはずのことだったのだろうか？　ある意味ではその通りである。というのも、レンガは明らかにあなたの頭の方へ向かう軌道で飛んできたからである。しかし、あなたはそれを見たのだから（そして、あなたの目へ飛び込んできた光が原因となった結果、あなたがそれを見て、その場であなたの脳がリスクを計算し、それが原因となって行為が引き起こされたのだから）、あなたはそれを避けたのである。もちろん、もしもあなたがそれを避けることを避けたいと思ったとしたら（レンガがぶつかるままにする方が実際にはよい選択だと言えるような理由をあなたが思いついたとすれば、そうしたいと思うだろうが）、あなたはまさにそうすることもできた。

誰か観察者がいても、最後の瞬間になるまで、あなたがレンガの打撃を受けるのか受けないのか分からないかもしれない。もし観察者があなたが屈む方に賭けていたら、賭けは負けだろう。私たちはここで、予測不可能でありたいと望む私たちなりの理由という話題に戻っているのだが、それは非決定論を要求しないのである。

この直観ポンプは、何を成し遂げるだろうか？　この直観ポンプは、「実際にしたこと以外のこともできた」という馴染みの言葉を取り上げ、広まってはいるがよく吟味されていない通念とは反対に、その言葉の有益なバージョンは、非決定論には依存していない、ということを示している。決定論と両立不可能であり、なおかつ道徳的にも重要であるような「実際にしたこと以外のこともできた」の意味――単なる形而上学的な好奇心の対象である以上の意味、と言ってもいいかもしれない――が存在するとしても、それは立証されなければならないことであり、挙証責任は、それがあると考えている人の方にある。また一つ「明白な」論点が、結局それほど明白ではないと明らかになったのである。

71　究極の責任

ここまでのところで私たちが検討してきたのは、〈岩・紙・はさみ〉やチェスの打ち手やレンガを避けるといったような、道徳的責任を含まない些末な選択についてであった。非決定論が真に望まれるのは、もしかすると、私たちがチェスプログラムや飛び跳ねるガゼルのような志向システムであるにとどまらず、道徳的行為主体であろうとしていることに、私たちが特に目を向ける場合なのかもしれない。多くの思索者《シンカーズ》は、まさにそうだと考えてきた。彼らにとって、そんな〔道徳と無関係な〕ことに頭をひねるのは、単なる気晴らしに過ぎないのだ。一部の思索者が決定的な論証だとみなしている論証の、巧みで明瞭な形式がある。この形式は、哲学者ギャレン・ストローソンによるものである(Strawson, 2010)。

一　与えられた状況がいかなるものであれ、あなたはあなたが行うことを行う。それがあなたの在り方(the way you are)だからである。
二　したがって、あなたが行うことに対する究極の責任を負うためには、あなたは——少なくとも重大な心的側面での——あなたの在り方に対する究極の責任を負うのでなければならない。
三　ところが、あなたは、あらゆる側面でのあなたの在り方に対して、究極の責任を負うことはまったくできない。

四　したがって、あなたは、あなたが行うことに対して究極の責任を負うことができない。

第一の前提は否定し得ないものである——「あなたの在り方」とは、ある時点でのあなたの全状態を、あなたがどのようにその状態に至ったかには関わりなく含むようなものであるのだから。あなたの状態がいかなるものであれ、あなたの行為はそこから奇跡ならざる仕方で生じてくるのだ。第二の前提は、あなたがその状態に至ったことに対して——少なくともいくつかの点で——あなたが「究極の」責任を負うことができないなら、あなたはあなたが行うことに対して「究極の」責任を負うことはできないだろう、という見解を述べている。ところが、ステップ（三）によれば、これは不可能なことなのだ。

　したがって、結論であるステップ（四）が論理的に帰結してくるように見えはする。何人かの思索者は、この論証が決定的で重要だとみなしてきた。だがそれは本当だろうか？　ステップ（三）をもっと注意深く見てみよう。あなたの在り方の少なくともいくつかの側面に対して、あなたが究極の責任を負うことなどできないというのは、なぜなのだろうか？　日常生活において、私たちはもちろんこのような区別を行っており、そしてそれは道徳的に重要である。こう想定してみよう。あなたはロボットを設計《デザイン》して組み立て、それを世話も助言もなしで世間に送り出し、しかもあなた自身はロボットがどんな活動に関わるかもしれないかを熟知している[14]。そうしてそのロボットが誰かに重傷を負わせるのだ。このときあなたには、少なくともいくつかの側面で、この件に責任がないだろうか？　ほとんどの人は、ある、と言うだろう。あなたがそれを作ったのだし、あなたは危険を予見すべきだった——実際、いくつかの危険をあなたは現に予見していた——のだから、少なくともいくつかの側面で、あなたは、なされた危険行為について非難を受けるべきなのだ。ロボットが行った傷害行為について自分には一切責任がないとあなたが言い張ったとしても、共感してくれる人はほとんどいないだろう。

ここで、ほんの少し違う事例を考えてみよう。あなたは、一つの人格（後の時点でのあなた自身）をデザインして組み立て、あなた自身を危険に満ちた世界へと、あなたが出会いうる可能な危険性を熟知した状態で、送り出す。あなたは、自分自身にバーで飲酒させ、それから自動車に乗せ、運転させる。そうしてあなたがスクールバスに衝突したとして、あなたには、「そのときのあなたの在り方だったもの」に対して、少なくとも部分的に、責任はないのだろうか？　常識は、もちろんイエスと言う（バーテンダーやあなたの言いなりに酒を飲ませた主人は、その責任を共有するだろう）。しかし、ストローソンの有無を言わせぬ論証を前にしたとき、このような事例はどうなるだろうか？　ストローソンは、あなたがあなたの在り方に対して絶対的な責任を負うことができない、と言っていたということを思い出そう。分かった、だから何だというのか？　絶対的な責任を負うことが重要だなどと、誰が考えるというのか？　それは、たとえ非決定論が真理であったとしても、まったく不可能な立場である！（ストローソンの論証が非決定論に期待する理由を私たちに教えてくれるという考え方も、ここまでだ）。ストローソンはこんなことを言っている (Strawson, 2010)。

> 自分が行うことに対する絶対的な責任を負うためには、人は自己原因《カウサ・スイ》すなわち自己自身の原因とならねばならないだろうが、それは不可能なことである（もしも私たちが完全に物質的な存在ではなく不滅の霊魂をもつ者だったとしても、その可能性が増すわけではないのは確実である）。

つまり、絶対的責任とは食わせ物《レッド・ヘリング》であり、誰も渇望すべきではない恩恵だ、ということだろう。ストローソンは、そうは考えておらず、私がこれを無視していることを次のように批判している(Strawson, 2003)。

> 彼〔デネット〕は、ほとんどの人々が信じたいと望み、また現に信じているような絶対的自由意志と道徳的責任を基礎づけていない。それはできないことであり、彼〔デネット〕にはそれが分かっている。

これはまったく正しい。というのも、私は、ほとんどの人々が信じたいと望んでいるような自由意志を基礎づけていないし、自分でそのことを分かっているからだ。しかし私は、人々は自由意志を信じたいと思っているという点で間違っているし、またもし信じている場合には、自由意志を信じているという点で間違っている、と考えている。私たちの人生における究極の責任――あるいは決定論／非決定論の問題――になぜ私たちが関心をもつべきなのかを示す責任は、ストローソンや他の論者にある。彼らは、決定論とは両立しない様々な自由意志を定義できるし、それが重要だと多くの人々が考えているということも示すことができるが、このような人々が思い違いをしていないということも、彼らは示す必要があるのである。〔だから問おう、〕なぜそれに関心をもつべきなのか？（私の修辞疑問に注目してほしい。私はあえてノーガードで顎を突き出している。ストローソンや他の誰かがリングに上り、この疑問に答えようとしてくれたら、私は大歓迎であるのだが、今のところ有志は現れていない）。

ストローソンの論証の検討を終える前に問いたいが、あなたは、この論証が以前取り上げた論証と不気味なくらいにそっくりであることに気づいていただろうか。以前の論証をストローソンの論証に近い形式に直して、類似点を明らかにしてみよう。

一　与えられた文脈がいかなるものであれ、哺乳類は哺乳類である。それが哺乳類の在り方だからである。

二　あなたが哺乳類であるためには、あなたは、哺乳類を母とすることで現在のあなたの〔哺乳類であるという〕在り方に至ったのでなければならない。

三　ところが、このことは、あなたの母にも、母の母にも、無限ニ続く母の系列にも、当てはまるのでなければならないが、これは不可能である。

四　したがって、哺乳類であることは不可能なのだから、あなたが哺乳類であることはできない。

この種の「祖先」論法のどんなものに対しても、つねに警戒すべきである。この種の論法が、ソ、リ、テ、ス、〔堆積〕論法（ないし「山積み《ヒープ》」論法）として知られている古来からの錯誤をそれらしく焼き直したものであることは、ほぼ確実である。たとえば次のような論法がそうだ。

一　小麦一粒は山《ヒープ》ではない。

二　小麦一粒にもう一粒を加えたとしても山にはならない。

三　一粒を加えたとして、山ではないものを山にすることはできない。

四　したがって、山といったものは存在しない！

哲学者は、堆積《ソリテス》のパラドックスと（明らかに堆積のパラドックスに依拠している）言葉《タームズ》の曖昧な境界に関わる諸問題について、数千年にわたって著述してきたが、誤った論法に誤っているという診断を下しまたそれを避けるにはどうすればよいのかについて、依然として解決策はない（ウェブ上の『スタンフォード哲学百科事典』（*Stanford Encyclopedia of Philosophy*）で、分単位で更新されている最新の優れた研究動向が見られる）。堆積論法は妥当であると公言する勇敢な哲学者がわずかなら存在するが、彼らは、はげている人間も存在しないし、はげていない人間も存在しないという「事実」と共に、生きようとしている。守り続けるのがしんどい立場だ！　しかし、第43章で示したように、ダーウィンは、堆積論法に背を向ける方法を私たちに教えてくれた。私たちは、祖先の系列に位置づけられているカテゴリーの間をはっきりと分ける「原理に則った」分割線を、見つける必要などないのである。

　私の知る限り、ストローソンの論証——そして、自由意志に関する文献に登場する他の同類の論証——が堆積のパラドックスに似ていると指摘したのは私が最初であるが、類似は一目瞭然である。人々が幼児から大人になる間に徐々に道徳的責任を身につけていくことができるということは、爬虫類の系統とそれに続く獣弓類の系統が長い年月の間に徐々に哺乳類の系統になっていくことができるというのと同じくらい明白だ、と私は考えている。あなたは、哺乳類であるために絶対的哺乳類である必要はなく、責任を負うために絶対的責任を負う必要はなく、もつに値するような自由意志をもつために絶対的な自由意志をもつ必要はない。実のところ、絶対的自由意志なるものは奇跡に類するものなので、そのようなものをなぜ誰もが欲しがるのかを示す説得力ある論証が本当は必要である。彼らは神になりたいのだろうか？　お気の毒に、彼らにそんな巡り合わせが訪れることはないが、とはいえ次善の選択でも十分に望ましく、しかもこちらは実現できるのである。

72 アナバチ性

ダグ・ホフスタッターは、〈しばしば誤って高度な賢明さとみなされるが、実は硬直したロボット的無精神性〉というよく知られた種類の性質を表すために、「アナバチ性《スフェキッシュネス》」という造語を作った(Hosftadter, 1982)。「アナバチ性」をよく表している実例であり、この用語の源でもあるのは、ある興味深い行動をするハチである。私とダグは、ディーン・ウールドリッジ著の科学啓蒙書《ポピュラーサイエンスブック》『脳の仕組み』(Wooldridge, 1963) のある一節に、それぞれ別々に出会った。そこでウールドリッジは、アナバチ〔スフェックス〕というハチを次のように描写していた。

産卵の時期がくると、アナバチというハチはその目的のために巣穴を掘り、コオロギを探し当てると針で刺し、殺さずに麻痺させる。それから母バチは、コオロギを巣穴に引きずり込み、コオロギの横に卵を産み、巣穴を閉じ、あとはそこから飛び去って、二度と戻らない。時がくると卵は孵化し、ハチの幼虫は、その麻痺して動けない状態のコオロギを餌にする。このコオロギは、腐敗せず、芯まで凍っているような状態になるのである。人間から見ると、このように精緻に組織化されて、一見して目的をもつような所定の動きは、論理性や思慮深さをもっていると思ってしまう雰囲気を醸し出している――詳細を検討する前は。例を挙げよう。麻痺させたコオロギを巣穴まで運び、それを穴の入り口付近に置いておき、先に自分だけ穴に入って、中の安全を確認すると穴を出て、その後コオロギを中に引きずり込む、というのがハチの所定の動きである。ハチが巣穴の中に事前確認に入っている間に、コオロギが数インチだけ位置をずらされていた場合、穴から這い出たハチは、コオロギをまた巣穴の入り口付近まで移動させるが、巣穴内部までは運ばず、もう一度、巣穴に入って内部が問題ないことを確認するという準備段階の作業を繰り返す。ハチが巣穴に入っている間に、再びコオロギの位置を数インチずらしておくと、またもやハチはコオロギを入り口に置いておき、最終確認をしに巣穴に潜る。このハチは、コオロギをそのまま中に引きずり込もうとは決して考えないのだ。あるときなど、四十回もこの手順を繰り返したが、毎回結果は同じだった(p.82)。

これは、私たちが二流のコンピュータプログラムの表面的な理解もどきを暴くときに露わになる、不完全なる理解なき有能性の、完全なる実例であるように思われる。しかしながら、私たちが最近知ったのは、ウールドリッジが提供していたのは――科学啓蒙書の書き手にはよくあることだが――この現象を過度に単純化したものだった、ということである。心理学者ラース・チッカは、私宛の手紙でジャン・アンリ・ファーブル(Fabre, 1879)からの引用を送ってくれたのだが、この引用は、明らかにウールドリッジの描写の出所であるものの、ウールドリッジはどうやらファーブルの本をその先までは読まなかったらしく、もし先まで読んでいれば、実際にはアナバチに属するハチたちの一部のみがアナバチ的であるに過ぎない、ということに気づいていたはずなのだ。実際ファーブルは、それを主張したかったのである。第一印象でアナバチが賢いと考え、第二印象でアナバチは愚かだと思ったら、第三印象として、アナバチの中にはまるでアナバチ的ではないものもいるということに、気づいてもらいたい。チッカはファーブルのドイツ語訳を送ってくれたが（私は未だにフランス語原文を入手できていない）、それには次のような一文が含まれていたのである[15]「二、三回の試験は私がこれまで見た結果と同じだったが、次いでアナバチは……大顎でその〔獲物の〕触角をくわえて、そのまま巣穴の中へ曳きずって行った。どちらが馬鹿だったか。〔小賢しい蜂に裏をかかれた実験者だ〕」[16]。

そういうわけで、アナバチ的《スフェキッシュ》という形容詞は、少々誤った呼び名であったわけだが、その形容詞はすでに広く用いられるものになっているので、アナバチたちには侮辱を我慢してもらわなければならないだろう。ある意味では、このハチは運がいいのだ。専門家以外の注目を集められたことで、無視できないほどの適応度の増大を得られたに違いないからだ（保護の対象を選定するとして、あなたならアナバチの生息地とありきたりの甲虫の生息地のどちらの生息地に、一票を投じるだろうか？）。アナバチは、ゾウやトラやオオカミとは違って[17]「カリスマ的」ではないかもしれないが、問題となっているそのアナバチ性のおかげで、かなり有名になっている。

アナバチ性が重要な性質であるのは、単純な動物たち——昆虫や蠕虫や魚のような——がすべて（程度の違いがあるとはいえ）アナバチ性を示すという理由によってであるというよりも、高い汎用性と理解力をもつ意匠を凝らした心を構築する素材となるような、限定的でロボット的で先見性のない有能性《コンピータンス》を表現するのに、それがふさわしい言葉である、という理由によってである。心のモデルがいかなるものであれ、それを組み立てるときの素材は、アナバチ的である方がよいのだ！　言いかえれば、以前指摘したように、心の素材は**準・心**であるべきであり、私たちの心のまがい物であるべきなのだ。アナバチ性はまた、道徳的有能性をもたない心から道徳的有能性をもつ心を区別するのにも役に立つ。人間が、脳腫瘍や脳の損傷や神経調節の深刻な不均衡や精神疾患、あるいは全くの無知や未成熟という理由から、例の〔第70章の〕適切な意味において、〈実際にしたこと以外のこともできた〉とは言えなくなっている場合、その限りで、その人間はアナバチ的である。

アナバチ性を暴露するためにアナバチに執拗に干渉する生物学者は、私たちが正当な恐れを抱くべき、操作的行為主体のモデルそのものである。多くの哲学者による自由意志についての思考実験は、まさにこのような人形使いのようなものに、つまり、自分の命令に従うように秘密裏に誰かの脳に配線を組み込む凶悪な脳外科医のようなものに、言及することに依存している。これらの恐ろしい物語が言いたいことはおそらく、たとえそのような人形使いが現実には存在しないとしても、私たちの行動が、――知覚システムと脳によって処理されたものとしての――私たちの環境の様々な特徴によって引き起こされる、という事実は、人形使いのようなものがあってもおかしくないということを示している、ということである（サム・ハリスの小著『自由意志』（Harris, 2012）の装丁画は、人形使いの操り糸がずらりと垂れ下がっている〔その糸の先にFREE WILL（自由意志）という文字が結びつけられている〕という図案である）。しかし、こうして導き出された結論は、明らかな帰結セザル帰結である。環境による「支配」と称されたものが私たちの正常に働いている知覚システムおよび欺かれてない脳の中を走り抜けるとき、そこには恐れるべきことは何もない。実のところ、周囲の事物や出来事が原因として私たちに働き、それによってそれらについての真なる信念が生み出され、私たちが自分の利益に向けて自分の行動を調節するためにそれを用いることができるようになる、というのは、それ以上ないほどに望ましいことである。潮の引いた砂浜の上に開いた貝の空気孔から跳ね返ってくる光子が私の目に飛び込んでくると、それが原因となって私は、熊手とバスケットをつかんで、砂を掘り始める。もしこれが、私が環境によって支配されているという事例であるならば、私はそれを喜んで受け入れよう。また、友達が豪華な食事をごちそうしてくれようとしていて、自分がそれを食べたい欲求に抵抗できないということを十分分かっているとき、私は、ほとんどの人々と同様に、自分が脅かされているとか操作されているとか感じることはないのである。

　自由意志についての文献に登場する人形使いや脳外科医の事例について注意すべきもう一つのことは、〔操作者の〕介入は、いつも——本当にいつも——秘密だ、ということである。なぜそうでなければならないのだろうか？　自分の意志は自由ではないというような直観がどっとわき出てくるのは、自分以外の何らかの秘密の行為主体が原因となって、私たちが知らず知らずのうちに行為させられたり選ばされたりするときだけだからである。このことの理由を遠くに行って探す必要はなく、ゲーム理論という新たな分野を切り開くことになった洞察に戻ればよい。すなわち、ある行為主体が、他の行為主体が自分を操作しようとしていることを知ったとき、この行為主体は、ただちに対抗手段を探し求めるか、あるいは最低でもこの発見にうまく対処できるように自分の行動を調整する、という洞察である。二つの行為主体間の競争的な関わりは、様々なレベルでのフィードバックを含んでいるので、操作者と称する者からの「コントロール」を減少させる。そして、もし〔操作者の〕介入が秘密でないばかりか、「人形」によって要求されるなら、ゲームは完全に引っくりかえる。

　直観ポンプのいくつかのダイヤルを回し、よく取り上げられる事例をほんの少し変えてみることで、これを証明することができる。哲学者ハリー・フランクファートが発明した直観ポンプがある（Frankfurt, 1969）。ある人物が、秘密裏に埋め込まれた神経刺激性の小機械によって監視《モニター》されており、脳外科医がその小機械をコントロールして、自分の意のままにその人物に決断を行わせる、という状況を確保している、という直観ポンプである。その人物であるあなたが二者択一を迫られ、BではなくAという選択肢を選んだとする。このとき、この選択肢Aこそ脳外科医が選ばせたかったものであるなら、その外科医は何もしない。一方で外科医は、あなたがまさに選択肢Bを選ぼうとしていることを監視装置によって知ると、ボタンを押してあなたがBを選ばないようにするので、結局あなたはAを選ぶことになる。その際にあなたは何も感じない。どちらの場合でも、あなたは自由に選択したことになるのだろうか？　永年にわたり哲学者たちは、この「フランクファートの事例」とその様々な変種について何百ページも著述してきたが、非常に大きな違いを生むダイヤルの一ひねりは、私の知る限り、これまで発見されてこなかった。ここでそれをお見せしよう。

　ゴージャスなデザートに対する尋常ならざる愛着を抑えたいと考えたあなたは、ある名医と契約してこの装置を埋め込んでもらい、医師に気前よく謝礼金を支払って毎日の食事を監視してもらうことにする——これが、あなたが熱々のチョコをかけたサンデーやらチーズケーキやらを注文させないようにする予防策《セーフティネット》になる。あなたも医師も、医師がボタンに訴えねばならなくなる状況を望んではいない。間もなくあなたは、医師かその助手が電子的にすぐそばで助けてくれていることを、ほとんど忘れてしまう。やがて治療は完了し、装置の中には選択A（「いりません、ブラックコーヒーを一杯だけお願いします」）の何百もの完全な記録が残されることになった。これがもし、あなたが責任をもって自由に選択したことの事例ではないとしたら、その理由は何か？　あなたが幾分ひ弱な意志の力への助けを得ることは、賢明なことではなかったか？

73 ブラジルから来た少年——また別のブームクラッチ

心理学者ジョシュア・グレーンとジョナサン・コーエンは、二〇〇四年、「神経科学は法に関してすべてを変えまた何も変えない」を共同執筆し、『ロイヤルソサエティ哲学通信』という権威ある冊子に発表した。この影響力をもった論文は、科学的発見をきっかけとする法律〔法学〕における革命を呼び起こそうとするものだ。

> 法律〔法学〕は、自らが前提するのは、決定論と完全に両立可能で、形而上学的には穏やかな自由意志概念より以上のものではない、と言う。しかし、私たちが論ずるところでは、法律〔法学〕の直観的な支えは、究極的には、形而上学的には野心的過ぎる自由主義的な（つまり非決定論的な——引用者）自由意志の概念なのであり、そのような自由意志概念は、決定論によって脅かされており、よりあからさまに言えば、すぐそこにある認知神経科学によって脅かされているのだ (Green and Cohen, 2004, p.1776)。

彼らが主張していることは微妙なものであり、また微妙なものにならざるを得ない。なぜなら、彼らは

（私がここで支持している見解である）〔決定論と自由意志の〕両立論を支える論証が豊富にあることを認めながらも、自由意志について、実は「私たちはみな、迷っている」ということを示したがっているからである。彼らが提供するのは、日常的な常識的思考が非決定論に依存していることを明らかにすべくデザインされた思考実験である。これがおおむね、私がこれまで求めてきたものであることを指摘しておこう――私は、私たちが非決定論を気にかけているという事実またその理由を、どうか私たちに示して欲しいと思っているのだ。彼らの思考実験が着想を得たのは、『ブラジルから来た少年』という映画[18]で、これはヒトラーのクローンを（回収されたＤＮＡによって）生み出そうとするナチの科学者たちが登場する映画である。思考実験は次のように進む。

> ある科学者集団がある個人――ミスター・パペット[19]と呼ぼう――を創造しようとしていた、と想定しよう。この人物は、その設計《デザイン》上、ある種の犯罪的行為に加担する。たとえば、ある薬物を処方されると、邪悪な心が生まれて殺人を犯すのだ。

この思考実験について彼らは次のように述べている。

> その通り。彼は他の犯罪者と同じくらいに合理的である。そしてその通り。彼の行為を生み出すのは、彼の欲求と信念に他ならない。しかし、それらの信念と欲求は、外的な力によって植えつけられたものであり、まさにそういうわけで、直観的に言って、彼にふさわしいのは道徳的非難よりもむしろ憐れみである……私たちとミスター・パペットの間には、どんな違いがあるだろうか？　一つの明白な

違いは、ミスター・パペットが悪魔的陰謀の犠牲者であるのに対して、ほとんどの人間はそうではないだろう、ということである。しかし、これは重要なことだろうか？　ミスター・パペットは完全な責任を負うことができないという考えは、彼の行為が外的に決定されていたという認識に基づいている。……しかし、それらの力が悪の科学者たちの欲求と意図に結びつけられているという事実は、些末なことではなかろうか？　重要なのはただ、それらの力をミスター・パペットがコントロールできないということ、それらの力は実のところ彼のものではない、ということである (p.1780)。

あなたはどう思われるだろう？　この直観ポンプは、その目的に適った良き直観ポンプだろうか、そうではないだろうか？　面白いことに、著者たちは今述べた問いを一考に値する問いと見なして、次のように指摘している。「ダニエル・デネットであれば、ミスター・パペットの物語は単なる誤解を生み出すだけの『直観ポンプ』であると反論するかもしれない」。事実、その通りである。それは**ブームクラッチ**だと私は言いたい。しかし、彼らはこの直感《ハンチ》を軽く受け流し、次のように続ける。「私たちがミスター・パペットとその人生について知れば知るほど、彼を自分の行為に対する真の責任を負うものとみなすことが少なくなり、彼を罰することがふさわしい結末であると考えることもしなくなっていくように、私たちには思われる。」

それでは、詳しい検討に取りかかろう。この直観ポンプのすべてのダイヤルを回し、ここで実際に働いているのが何であるのかを見ることにしよう。提案するのは、四つのダイヤルの調整である。最初に、著者たちが重要ではないと主張している悪魔的な陰謀から片付けよう。彼らがあまりに軽々しく「凶悪な脳外科医」なるものを導入し、これを導入することに何の支障もないのは明らかだと想定していることには、私は驚きをおぼえる。というのもの、このようなやり方には長年疑念が表明されてきたからである。とはいえ、「科学者集団」を「善悪中立的な環境」に置き換えることによって、彼らの確信を検証することができる。

〈修正前〉ある科学者集団がある個人——ミスター・パペットと呼ぼう——を創造しようとしていた、と想定しよう。この人物は、その設計《デザイン》上、ある種の犯罪的行為に加担する。たとえば、ある薬物を処方されると、邪悪な心が生まれて殺人を犯すのだ。

〈修正後〉ある善悪中立的な環境がある個人——ミスター・パペットと呼ぼう——を創造しようとしていた、と想定しよう。この人物は、その設計《デザイン》上、ある種の犯罪的行為に加担する。たとえば、ある薬物を処方されると、邪悪な心が生まれて殺人を犯すのだ。

第二のダイヤル。陰謀の仕掛け人がいなくなった以上、「その設計《デザイン》上」を、「高い蓋然性で」に置き換えなければならない。

〈修正前〉ある科学者集団がある個人——ミスター・パペットと呼ぼう——を創造すべく働いた、と想定しよう。この人物は、その設計《デザイン》上、ある種の犯罪的行為に加担する。たとえば、ある薬物を処方されると、邪悪な心が生まれて殺人を犯すのだ。

〈修正後〉ある善悪中立的な環境がある個人——ミスター・パペットと呼ぼう——を創造すべく働いた、と想定しよう。この人物は、高い蓋然性で、ある種の犯罪的行為に加担する。たとえば、ある薬物を処方されると、邪悪な心が生まれて殺人を犯すのだ。

第三のダイヤル。犯行の動機を変えたい。犯罪の種類は依然として殺人であるが、設定はかなり変える（これは問題ではないはずでしょ？）

〈修正前〉ある科学者集団がある個人——ミスター・パペットと呼ぼう——を創造すべく働いた、と想定しよう。この人物は、その設計《デザイン》上、ある種の犯罪的行為に加担する。たとえば、ある薬物を処方されると、邪悪な心が生まれて殺人を犯すのだ。

〈修正後〉ある善悪中立的な環境がある個人——ミスター・パペットと呼ぼう——を創造すべく働いた、と想定しよう。この人物は、高い蓋然性で、ある種の犯罪的行為に加担する。たとえば、使い込みを隠蔽するために、殺人を犯すのだ。

第四のダイヤル。犯罪者の名前を変えよう。結局のところ、名前はただの名前だ。

〈修正前〉ある科学者集団がある個人——ミスター・パペットと呼ぼう——を創造すべく働いた、と想定しよう。この人物は、その設計《デザイン》上、ある種の犯罪的行為に加担する。たとえば、ある薬物を処方されると、邪悪な心が生まれて殺人を犯すのだ。

〈修正後〉ある善悪中立的な環境がある個人——キャプテン・オートノミー[20]と呼ぼう——を創造すべく働いた、と想定しよう。この人物は、高い蓋然性で、ある種の犯罪的行為に加担する。たとえば、使い込みを隠蔽するために、殺人を犯すのだ。

こうなった今、このポンプはどんな直観を汲み出すだろうか？　変わらぬ直観だろうか？　非難よりは憐れみに傾くだろうか？　ほんの少し細部を肉づけすることが役立つかもしれない。以下は、グレーンとコーエンの直観ポンプに対する、私なりの友好的な改善案である。

キャプテン・オートノミーは、ハーバード大学で経済学を専攻し、卒業後はリーマンブラザーズに就職した。周りの連中はみな、不正を働きその過程で大金を稼いでいた。彼は、金目当ての強欲な美女と恋に落ちた。彼女は、もし今すぐ大金持ちになってくれなきゃ、あんたを見捨てるからね、と彼を脅した。彼はチャンスをつかんだ。ほとんど見つかりそうにない使い込み。ほぼ露見しそうにない犯罪である。彼は、抜け目ない手口で犯罪の危険を冒したが、何たることか、あらゆる好機に恵まれていたにもかかわらず、目撃者がいたのだ。しかし目撃者は誤りを犯した。ペントハウスがある屋上の手すりのすぐそばに立っていたのだ……一瞬の「つまずき」――おっと足が――目撃者は地上の通りに落ちて死んだ。キャプテン・オートノミーには容疑がかけられ、程なくして逮捕された。

これでもまだ、彼の行為が外的に決定されていたので、彼は「完全な責任を負うことができない」と考えたくなるだろうか？　キャプテン・オートノミーを彼の（贅沢な）環境の犠牲者であるとみなしたい気持ちを、あなたがまだもっているにしても、この誘惑がかなり弱まり、以前の物語の酔いが冷め切っていない状態にいるのかもしれないということに、同意せざるを得なくなっているのではないかと思う（あるいは、私がしたのは、ウォール街の貪欲な連中が私たちの経済的停滞に対して果たした役割のために彼らを罰したい、というあなたの血に飢えた欲望につけ込み、あなたの感情を利用して反対方向に向かわせるだけのことだったのかもしれない)。私は、私の修正版の物語が、人々は決定されているにもかかわらず責任を負っているし、責任を負う存在であることができる、ということを証明しているのだと主張しているのではない。私が主張しているのは、(利用可能な、許容されうる) ダイヤルの調節が私たちの判断に大いに影響を与えるのだから、この特定の直観ポンプはまったく信用できない、ということだ。この直観ポンプが目くらましを行うためにデザインされたものであるとは言わないが、それでもそれが明瞭な思考を妨げるように働くことは確かである。

要約

自由意志をもつことについて人々は深い関心を抱いているが、自由意志が何でありまた何でありうるかについて見当違いな考え方をもっているようにも見える（これは色や意識についての見当違いな考え方と同様だ）。私たちの決意は、私たちの身体の様々な過程を説明してくれる物理学や化学に違反する、脳内の小さな奇跡などではない。たとえ多くの人々が、私たちの決意が真に自由であるべきならば、小さな奇跡のようなものが生じているのでなければならない、と考えているのだとしても、やはりそうなのである。しかしだからと言って、私たちは自由意志をもっていないと結論することはできない。なぜなら、このようなまともでない意味での自由意志が唯一の自由意志概念であるわけではないからである。法律は、常識に従って、「あなた自身の自由意志による」契約書の署名と、強制されて書かされた署名や幻覚やその他の精神錯乱の状態で書いた署名とを、区別している。ここにあるのは、完全に馴染み深い意味での自由意志であり、私たちの外見的イメージを包括する活動や態度の多くが前提している区別であるが、それがあのまともでない意味に依存していることの証明は存在していない。

自由意志のこのような意味こそ重要な意味であって、それこそ私たちが気にかけるべきものだと主張してきた哲学者たちが、何百年もの間存在してきた。その主張によれば、自由意志は決定論とも唯物論とも両立可能であり、異論なく支配的な地位をもつ物理学や化学とも両立可能だ、というのである。この第VIII部に登場した直観ポンプとその他の思考道具は、両立論というこの可能性の理解を奨励し深めるためにデザインされている。両立論には、長い年月の中で生まれた数多くのバージョンがあり、またこの両立論こそ、単に哲学者たちの間にとどまらず、裁判官や法学者はじめ、誰に何に対する責任があるのかとか、行為時に自由意志がなかったことを理由に免責されるのは誰かとかいったことについて明確な区別を行わなければならない人々の間での合意事項である、と見てよさそうである。現在、この合意事項に対して異議を唱えている科学者がおり、もちろん彼らの異議が正しいこともありうる。彼らの論証に対して、厳しい目で検討を加えさせてもらおう。

ことによると、科学は、斬新なこと、革命的ですらあることを、私たちに教えつつあるのかもしれない。たとえば、何びとも自分がなすことに対して責任がないとか、賞賛に値する行為と非難に値する行為を区別するための健全な基礎などない、ということである。しかし、そのような革命的な結論に対しては、そう主張する科学者が向けてきたよりもよりもはるかに多くの細心の注意が、その細部に向けられる必要がある。例の凶悪な脳外科医は、虚偽の観念でしかないものによって患者をダメにしてしまった。影響力のある科学者によって広められる誤った見解が、まっとうで人生を豊かにするような自由意志を人々から奪い取る、ということも起こりうるのである。あらゆる方面での用心が必要なのだ。

両立論は、哲学者の間ではポピュラーであるにもかかわらず、つねに疑惑の目で見られてきた。イマヌエル・カントがそれを「惨めな言い逃れ」と呼んだことは有名であるし、[21]こんにちの著述家たちは、両立論を支持する私たちのような人間の誠実性に対して疑いを表明している。実際、それももっともなことである。科学は、何よりも願望思考《ウィッシュフルシンキング》から身を守れと私たちに教えているし、科学的探求のルールの多くは、とりわけ、自分は証拠にもとづいて確信を抱いているのだ、と私たちが考えているときに、私たちが希望によって欺されることがないようにデザインされている。こんな想像をしてみよう。ある天文学者たちが、十年以内に巨大な小惑星が地球に衝突しすべての生命が消滅するでしょうと公表する。その後、別の天文学者集団が、データの再分析の結果、安心して大丈夫、小惑星はギリギリのところで地球をかすめますよと主張する。朗報である。だが、二番目の天文学者集団が間違っていないということが――あるいは、優しい嘘で私たちを欺しているだけだということが――どうしたら私たちに分かるのだろうか？　彼らの計算をチェックし、さらにチェックし、計算を再現する努力を、天文学者たちとは別に積み重ねるのである。彼らの結論があからさまな間違いを含んでいないからとか、自分に訴えかけるからという理由だけで、その結論をありがたく受け入れてはならないのだ。しかし、彼らの方が正しいという可能性があることも、忘れてはならない。「真理であるにはでき過ぎた話[22]」を――「一般原則として」――信用しない、という正反対の誤りを犯してはならないのである。

両立論は、真理であるにはでき過ぎた話であろうか？　私はそうは思わない。私はそれが真理であると思っているし、私たちは、道徳的責任という概念を支えているものに関する私たちの理解を改革すると同時に改訂することで、お騒がせな人々を徹底的にまた容赦なく退場させることができるのだ。しかしそれはこれからの課題であり、多くの人々の手によってなされねばならない仕事であるはずだ。私の見るかぎり、それこそが、現在私たちが直面している哲学的問題の中で最も困難であると共に最も重要な問題である。賭け金は高く、問題は厄介であり、ともすれば感情が私たちの判断を曇らせようとする。私たちには、現在使えるすべての思考道具が必要だし、先に進む中で作り出していかなければならないさらに多くの思考道具が必要である。

Ⅸ

哲学者であるとはどのようなことか[1]?

対象に近づきすぎれば、かえってそれが何であるかが見えづらくなるものだ。近年私は、以前と比べて他の哲学者たちと交流する時間が減った一方で、科学者やその他の分野の思索者《シンカーズ》たちと交流する機会が増えてきた。私は依然として（一部の哲学者達がなんと言おうとも！）哲学者の一人であり、哲学がなぜ取り組むに値するものなのかを、哲学者以外の人々に説明するという任務を喜んで引き受けている。哲学に関してまったくの門外漢である人々の目には、哲学はしばしば馬鹿げたものに見え、役立たずの小利口さのまさに典型として映る。しかし、そう考える人々は何かをつかみ損ねている（あらゆるものの九〇パーセントはクズだという**スタージョンの法則**を思い出してもらいたい。彼らは残りの一〇パーセントを見落としているのだ）。私は、哲学の内側で五〇年を過ごしてきたおかげで哲学を熟知しているが、哲学から縁遠いものに多くの時間を割いていることで、哲学の奇妙な側面もまたありありと見ることができる。科学者の友人や同僚の中には、私がなぜ〔哲学という〕船を離れて彼らの側に加わらないのかがどうしても理解できない、と打ち明けてくれる人々もいる。答えは簡単で、なんとか境界線にまたがったあり方をし続けることで、両方の世界の最良の部分を得ようとしてきた、ということである。私は、科学者たちと共に仕事をすることで、魅惑的で重要な事実という名の良質の食事にあずかりつつも、実験室も研究費も必要としない哲学者に留まり続けていることで、皿洗いの必要もなしに、ありとあらゆる理論や実験について思考を巡らそうとしていればいい。哲学は、私が好きなガーシュインの歌を引けば、「もしありつけたら素敵な仕事」(nice work if you can get it)[2]である。

昨今は幸いにも、科学者たちがかつてよりも敬意ある注目を哲学者たちに向けているように見えるし、とりわけ心という私の専門分野ではそうである。この分野では、認知科学者たちは——知覚や記憶や意味や意志、そして意識という——哲学者たちが何世紀も考え続けてきた現象とほぼぴったり重なり合う現象を研究している。他にも——一部の——哲学者たちは、関連する科学から情報を得たり、科学研究の明確化と推進のために役立つ提言を行ったり、科学以外の分野に科学の結果をうまく伝える方法を作り出すことによって、注目を集めてきた。とはいえ、部族同士が相互交流をはかろうとするときに生じるコミュニケーションの大失敗はなおも存在しているので、将来のよりよい相互理解の達成をはかるため、哲学と科学のいくばくかの相違点を取り上げることにしたい。

74 ファウスト[3]的契約

何年もの間、私は哲学者仲間に向けて次のような選択肢を投げかけてきた。もしメフィストフェレスがこんな二択を迫ったら、どちらを選びますか？

（A）あなたは、あなたが選んだ大きな哲学的問題を最終的に解決し、その結果、語るべき事柄が何も残らなくなる（あなたのおかげで、ある研究分野は今後永久に閉鎖され、あなたは歴史に足跡を残すことになる）。

（B）あなたは、非常に興味をそそる難問や論争を扱った本を書き、その本が今後数世紀の間必読リストに乗り続ける。

ある哲学者たちは、自分が選択肢（B）を選ぶに違いないだろうと渋々認める。彼らは、もし選ばなければならないとしたら、正しさよりも読まれることの方を好むのである。このような哲学者たちは、作曲家や詩人や小説家やその他芸術の創作者たちと同様に、何万もの人々に（可能であれば何十億もの人々に！）自分の著作を味わって欲しいと思う傾向がある。しかし、彼らは、科学者たちの探求の方向に引きつけられてもいる。結局、哲学者というものは、真実に到達しようと努力するものだと想定されているのだ。

私がまったく同じファウスト的契約を科学者たちに提示すると、彼らは何のためらいもなく――考えるまでもなく――選択肢（A）を選ぶ傾向がある。科学者たちが、多くの哲学者にとってこれは難しい選択であり、幾分きまり悪そうに選択肢（B）を選ぶ哲学者もいるということを知ると、彼らは当惑のあまり（あるいは憤慨のあまり？）頭を振る。しかし、科学者たちのこのような反応は、ニコラス・ハンフリーによってなされた重要な指摘を見落としている（Humphrey, 1987）（第48章参照）。

C・P・スノーは、『二つの文化』において、科学上の偉大な発見を「科学のシェイクスピア」として激賞したが、ある意味で彼は根本的な誤りを犯している。シェイクスピアの戯曲はシェイクスピアの戯曲であって、ほかの誰のものでもない。それに対して、科学的な発見は、究極的には、特定の誰かに属するということがない。[4]

もし、シェイクスピアが存在していなかったならば、他の誰も『ハムレット』や『ロミオとジュリエット』や『リア王』を書くことはなかっただろう。ヴァン・ゴッホが存在していなかったなら、他の誰も『星月夜』を描くことはなかっただろう。これは若干誇張に過ぎるかもしれないが、それでも一理あることだ。偉大な芸術家の業績にはその個性が貢献しているが、個性の貢献とは、単に科学において稀なことであるというよりもむしろ、科学とはまったく無関係なものであるように思われる。科学における有名な先取権争いやノーベル賞獲得競争が苛烈なものになるのは、あなたが行おうと努力しているのとまさに同じ貢献を他の誰でも行うことができるかもしれないいいいいいいいいからに他ならない。つまり、二番手になれば称号は得られないからに他ならない。これらの競争に対応するものは、科学とは異なった一連の目標が支配している芸術には存在しない。

科学者の中には、多数の読者を得ることを目指し、また獲得した読者を喜ばせたいと思っている人々がおり、その中の最上の部類に属する人々は、並外れた文学的価値を備えた書物を著す。思い浮かぶのはダーウィンの著作である。しかし、正確なことを述べて発見した真理を読者に分かってもらうという目標は、ここでもやはり第一の目標なのであり、これはダーウィンの『ビーグル号航海記』とメルヴィルの『白鯨』をほんの少し比較するだけでも分かることだ。たしかに『白鯨』は鯨や捕鯨について多くのことを学ぶことができる書物であるが、メルヴィルは、捕鯨に関する説得力ある技術的概論としてそれを書いたわけではない。

科学と芸術それぞれが目指す目標の違いを念頭に置きながら、哲学の同僚たちに問いかけた判別テストにちょうど対応する科学者向けの問いをお目にかけよう。もしメフィストフェレスが次の二つの選択肢を出したら、あなたはどちらを選びますか？

（一）あなたは、科学的知識を大いに拡大する基盤となる発見に至ったので、レースに勝利した（それに伴ってノーベル賞を獲得した）のだが、しかし、振り返ってみれば、ハンフリーが辛辣な言葉で述べていたように、その発見は特定の誰かに属するものではない（思い出されるのはクリックとワトソンで、彼らが勝利したレースに勝たなかったとしても、ほぼ疑いなく、ライナス・ポーリングなどの人々がすぐに同じことを成し遂げただろう）。

（二）あなたは、以前にはまったく想像すらされなかった独創的な理論を提起し、そのおかげであなたの名は歴史に残ることになったのだが、その理論は、価値ある論争を何年も、何世紀も生み出し続けたにも関わらず、その大部分が間違いだったことが判明する（私が考えているのは、心についてのデカルト的二元論、様々なラマルク主義的進化論、スキナー的行動主義、何でもかんでも幼少期の性的なものに由来させたり、美術作品や音楽や文学を神経症にこじつけたりするフロイト主義の様々な見解である）。

二番目の選択肢のよい例でありながらあまり知られていないものとしては、物理学に関するデカルトの野心的な著作がある。この著作は、大いに影響力をもちながらびっくりするほど誤っていたので、アイザック・ニュートンの主要な怒りの対象となり、ニュートンは、世界を一変させることになった自分の著作に、デカルトの『哲学原理』（一六四四年）というタイトルを意識して、わざわざ『自然哲学の数学的原理』（一六八七年）というタイトルをつけ、自分が取り替えようとしているのがどんな世界観なのかを明らかにした。他のよい例として、チョムスキーの言語理論がある。それが独創性に関するテストに合格することは確実である。まるで、ある競馬のレースでアメリカという馬が劇的な勝利を遂げ、以後のそのレースに「アメリカ杯」なる名が冠されるようになったような具合に、チョムスキーは、二番手の姿がどこにも見えないほどのダントツの勢いで登場したのであった。その後の年月の中、理論的な種子となった独創的理論――チョムスキーの『文法の構造』(一九五七年出版)[5]の「変形」理論――の多くの部分は捨てられ、この共通祖先から多様な種へと分岐した子孫の理論に取って代わられることになったが、この祖先と子孫の違いは、恐竜と、それから進化したダチョウ、ハチドリ、アホウドリが違っているのと同じぐらいに大きいのだ。では、一九五七年にチョムスキーが発見したのは、実りある誤りであったのだろうか、あるいは**むしろ**(警告!)偉大な真理を発見したのだろうか? この問いには「イエス」(=どちらも正しい)と答えるのが適切だろう。

私たちは、役に立つやり方で間違える科学者たちに敬意を表する――「間違えてすらいない」ような理論家へのウォルフガング・パウリの侮辱を思い出しそう。だが、選択を迫られたとき、あなたは、独創的な主張を行って活発な論争を巻き起こすことではなく、一番手になって正しい発見を行うことを選ぶだろうか? そう簡単には決められないと思うのだが、いかがだろうか?

75　素朴自己人類学としての哲学

人工知能の研究者であるパトリック・ヘイズは、かつて、素朴《ナイーブ》（ないし民俗《フォーク》）流体物理学を公理化しようというプロジェクトを開始した。これは、ロボットが（日常生活で民俗物理学に依拠している）人々とやりとりを交わす際に、ロボット自らの中核的な信念として用いる必要があるような命題を、そのロボットに備えさせるというアイデアだった。これは、ヘイズが予想した以上にやりがいのあるものであることが明らかになり、やがてヘイズはこのプロジェクトについての興味深い論文『素朴物理学宣言』（Hayes, 1978）を書き上げた。素朴流体物理学において、素朴な世の人々《フォークス》に反直観的だという感じを与えるすべてのものは、もちろん除外されている――サイフォンやピペットは「ありえない」ものだが、ふわふわのタオルで液体を拭き取ることや、汲み上げポンプで井戸から水を汲み上げることはできる、というように。このような「知識」を蓄積したロボットは、私たちのほとんどが、動作しているサイフォンを初めて見たときに驚くのと同じように、サイフォンを見て驚くだろう。ヘイズのプロジェクトは、私なら洗練された素朴物理学と呼ぶようなものだった。洗練された、と言ったのは、ヘイズ自身はいかなる錯覚にも陥っていなかったことによる。つまりヘイズは自分が公理化しようとしている理論が、たとえ日常生活においてはどれほど役に立つのだとしても、偽なる理論であることを知っていたということだ。これは、公理的人類学、と呼ばれてもよさような営みだった。つまり、たとえば世の人々が語ること――そして同意していること――をあなたの公理や定理として扱い、見いだされたあらゆる矛盾を解消して、データの集合に整合性を与えようと試みる、という営みである。またもちろん、ヘイズは、現実の情報提供者たちをわざわざ集めることはしなかった。ヘイズは、自分が通常の人々と同程度に素朴流体物理学の知識をもっていると推定し、唯一の情報提供者として自分自身を利用した。つまり、公理的・〈自己《オート》〉人類学である。(1)

さて、ヘイズのプロジェクトと、分析形而上学[6]における哲学的プロジェクトとを比較してみよう。このような哲学的プロジェクトは私に、素朴な素朴自己人類学をやっているな、という印象をしばしば与える。というのも、この研究への参加者は、彼らが関わっているプログラムは、実際に真なるものを明らかにするのであって、単に人類の特定の集団（分析形而上学に属す英語圏の哲学者たち）によって真だと信じられているだけのものを明らかにするだけのものではない、と確信しているように見えるからである。そしてこの点を除けば、彼らのプログラムとヘイズのプログラムは同一である。つまり、自分たちが共有している直観を集め、相互に直観ポンプによる汲み出しを行いながらその直観の検証と適用を行い、そこから得られたデータの集合を、理想的には公理とみなされる「受け入れられた」原理に基づく整合的な「理論」へとメッセージ化しようと試みる[7]、というプログラムである。私は、これまで、数多くの分析形而上学者たちに、君たちの試みと、君たちが属する集団の素朴な素朴自己人類学とを区別できますか、と尋ねてきたが、一度として納得できる回答を受け取ったことはない。

その代案となるものこそ、洗練された素朴人類学（この中には自己《オート》人類学もヘテロ人類学も含まれる）

である。それは、探求の過程で引き出された定理が信じるに足るものかどうかについての判断を留保する人類学であり、実行可能であるとともに、多くの場合は有益でもあるプロジェクトである。これこそ分析形而上学者たちが向かうべき企図だ、と私が提案するのは、この企図が彼らの方法に対する最小限度の調整を要求するだけだからである。つまり必要なのはただ、彼らの存在理由《レゾンデートル》に対する大きな見直しだけなのだ。分析形而上学者たちは、自らのうぬぼれをなだめなければならないし、自分たちの研究は、外見的イメージという領域に対する予備的な調査として見られるのが最適だと――つまり未知の文明を研究するときの人類学者が行うような、信じる、信じないを保留し、さしあたり現地の人が言っていることが正しいと仮定して、その上で事柄がどういう顛末をたどるのかを見定めようとする、予備的な調査として見られるのが最適だと――認めねばならないということだ。いずれにせよ、私の見るところ、哲学の役割の大部分は、**外見的イメージ**と**科学的イメージ**の相互のやりとりをうまく行かせることにあるので、哲学者が、理論構築や理論批判に乗り出す前に、自分たちが直面しているものを民俗的《フォーク》な憶説通りに分析する、ということが優れたアイデアとなるのである。

洗練された素朴人類学の特徴の一つは、それが反直観的発見を受け入れるということである。素朴人類

（1）ヘイズの研究は他の人々を刺激した。ボブロー編のアンソロジーを参照（Bobrow, 1985）。同書に含まれている論文の著者たちはそこで次のように述べている――「素朴物理学とはそれ自体が曖昧な用語である。それは単なる粗悪な物理学なのか？　心理学なのか？　人工知性研究なのか？　物理学なのか？」（Bobrow, 1985, p.13）。私が提案する答えはこうだ――素朴物理学とは、私たちの外見的イメージの中の物理学に相当する部分に、自動化された演繹推論を支えるに足るだけの厳密さを与えようとする試みである。

学に携わっているかぎり、(現地住人にとっての)反直観性は、理論の再構築を阻む要因である。ところが、方向を切り替え、素朴「理論」のどの側面が真であるかを問い始めるとき、反直観性は異論としてのその力を失い、場合によってはめざましい進歩の印になることさえある。結局のところ、一般に科学において、反直観的な結論は貴重なものなのである。

自己《オート》人類学の弱点の一つは、ある個人のもつ直観が、その個人の理論的嗜好によって歪曲されがちになる、ということである。言語学者はもうかなり以前から、自分たちは自分の理論にすっかり包み込まれているので、もはや自分自身が言語学的直観の信頼できる源泉となることができなくなっている、ということを知っている。あなたは、"The boy the man the woman kissed punched ran away"〔女がキスした男に殴られた男の子が走って逃げた〕と本当に英語で言うことができるだろうか? それとも、節のはめ込みに関する私の理論が、私の「耳」を欺いているのだろうか? 言語学者たちは、自らの生《なま》の歪められていない直観が過剰な理論によって損なわれてしまっているために、外へ飛び出し、言語学者以外の人々に彼らの言語的直観について尋ねる必要があるということを、認めている。哲学者たちは、最近になってこの点を重視するようになり始めた。いわゆる実験哲学という新しい分野に熱心に取り組む人々が現れたのである(Knobe and Nichols, 2008を参照)。現在はまだ初期の段階で、いくつかある草分け的な研究はあまりぱっとしたものではないが、少なくとも哲学者たちは、自分たちにはズバリ明白なものに思えるということだけを根拠にして、様々な命題を明白に真であると宣言することはもはやできないという考え方に、徐々に慣れ始めている(同じように、自分自身だけを実例として取り扱うのではなく、無作為抽出された世の人々を用いた聞き取り調査を行う手間をかけていたら、ヘイズは、民俗物理学の中心教説に関して驚きを覚えていたかもしれない)。

そういうわけで私は、ある特殊な洗練された素朴人類学、というプロジェクトをここで提案する。哲学者たちは、知識や正義や美や真実や善や時間や原因などに関する理論に関わる前に、世界の常識や外見的イメージの調査としての洗練された素朴人類学というこのプロジェクトに取りかかることを、真剣に検討すべきである。そうすることで、彼らの分析と論証が、世俗的関心も科学的関心もともに含む、世界のそれ以外の部分に深く関わるターゲットに、実際に向けられているかどうかを確かめられるだろう。このような体系的な探求は、理論家に対して問題を提起する、まだ手がつけられていない概念的領域のカタログのようなもの――お好みであれば、〈外見的イメージの形而上学〉と呼んでもよいもの――を、生み出すだろう。これこそ、科学的イメージにおける様々な最新の革新の交流を図ろうという私たちの企図において、私たち哲学者が出発点とすべき場所であり、この民俗《フォーク》的な領域をただ単に見つめるのではなく、その注意深い地図を手にしても、別に困ることもないだろう。近年、科学哲学者たちは内部から多くの現代科学を実際知らなければならないと決断し、科学哲学を机上《アームチェア》の空論的な空想から現実の科学との真面目な協力関係の構築へ転換させたのだが、その改革のもう一つの側面が、これだ、と言っていいかもしれない。

このようなイメージを心に抱きながら私たちの哲学的役割について考えてみると、最近の哲学雑誌にたくさん見られる、形式もなく鈍重な歩みでうろうろする論文、ジグザグに歩き回る論文、反例探しに躍起なだけの論文、直観を打ち砕くためだけの論文等々は――ひいき目で見て――この民俗的領域に関する相互に受容可能な合意をまとめ上げようとする努力であると見ることができる。

76　チメスの高次の真理

次頁図1の詰めチェスを考えてみよう。[2] 白はあと二手でチェックメイトになる。

これは最近『ボストングローブ』紙に掲載された問題だが、単独のナイト（ともちろんキング）だけでチェックメイトすることはできないということが証明済みだと思っていた私は、驚いてしまった。私は間違っていた。デイヴィド・ミシャロウスキが最近のメールで教えてくれたところによると、相手のキングをチェックメイトできないことが証明されているというのは、盤面上にあるのが、相手のキング、自分のナイト、自分のキングのみの場合だというのだ。単独のナイトとキングのみでは決してチェックメイトできないという〔私が信じていた〕命題がチェスについての真理ではないという事実は、チェスについての一つの高次の真理[8]である。

伝統的に、哲学とは数学と同様にア・プリオリな学問分野である——あるいは少なくとも、その核心部分にア・プリオリな方法論をもっている。この事実には二つの側面がある。一方で、哲学者は、実験室やフィールドワークで退屈な時間を過ごすことから免除され、データ収集の技術や統計学的方法や地学や歴史や外国語や経験科学などを学ばなくてよいため、哲学的なスキルを磨く十分な時間を手にしている。他

白の番
ヒント——あと2回動けばチェックメイト。

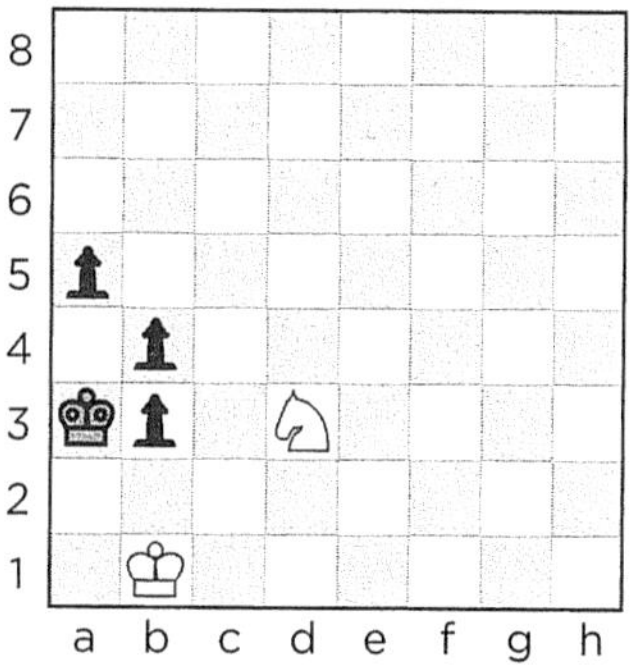

図1

解答：
1 Nb2 a4（ルールに適った唯一の動き）
2 Nc4 メイト（グレヴィッチの研究より）

方で、しばしば指摘されるように、ほとんどありとあらゆるものが哲学になり得るのだが、これは必ずしも喜ばしいことではない。本章は、この学門分野を自分の専門にしようと志している若い皆さん——願わくば、本書の読者の中にいて欲しい——に対する、哲学の高い自由度と抽象性は弱点にもなりうるという警告である。同時に本章は、哲学以外の分野を専攻する人たちにとっての、哲学の慣行《フォークウェイズ》と隠れた危険性のいくつかを示すトラベルガイドでもある。

ア・プリオリな真理の実例として、チェスの真理を考察しよう。人々がチェスをプレイするということは一つの経験的事実であるし、それ以外にもチェスに関する経験的事実は山ほどある——何世紀にもわたって人々がチェスをどのようにプレイしてきたかとか、巧みに削り出された部品を象眼細工にはめ込む、というしばしば人々が行ってきた細工のやり方、といった事実だ。このような経験的事実に関する知識が、これまた豊富に存在するチェスのア・プリオリな真理を解明する活動に必要不可欠な役割を果たすことは決してない。知っておく必要があるのは、ゲームのルールだけである。たとえば、ルールに適った初手の数は正確に二十である（内十六はポーンを使う手、四つはナイトを使う手）とか、キングと単独のビショップのみでは単独のキングに対するチェックメイトを行えない、などである。ア・プリオリな真理を明らかにすることは、必ずしも容易なことではない。チェスのルールの中で、正確なところ何が可能で何が不可能であるかを証明することは、難解な課題であり、誤りが生じる可能性もある。たとえば、ほんの数年前、コンピュータのチェスプログラムは、駒の取り合いなしに二百手以上で成立するメイティングネット（保証された勝利あるいは強制的な勝利の一種）を発見した。これは長い間成り立っていたチェスの「定理」が間違っていることを示すものだったので、ゲームのルール変更が余儀なくされた。それまでは双方で五十手の間駒の取り合いがなければ引き分けになる（ステイルメイト）という慣例があったのだが、この手数の多いメイティングネットは絶対で、確実に勝利を導くものなので、五十手でステイルメイトが成立するというルールを支持する根拠がなくなってしまったのである（コンピュータがチェスをするという時代が来る前は、これほど多い手数に及びそうな保証された勝利が存在しうるとは誰も想像していなかった）。これまで述べてきたことはかなり興味深い内容をもつことであって、多くの極めて知性豊かな人々が、チェスのア・プリオリな真理のこのような体系《システム》の探求に専心している[3]。

　ある種の哲学的な研究プロジェクト――もっと正確な言い方をすると問題設定《プロブレマティックス》――は、チェスの真理の解明によく似ている。お互いに合意した一群のルールが前提とされ――それ自体が議論されることはめったにないのだが――、それらのルールに含まれているものが解明され、明確にされ、議論され、洗練される。ここまでは申し分ない。チェスは、奥深く重要な人工物であり、それに関する大いに価値あるものが書かれてきた。しかし、ある種の哲学的な研究プロジェクトは、むしろチメスの真理の解明に似ている。チメスとは、キングが任意の方向に、一ますだけでなく二ます進めるという点を除けば、チェスに非常によく似ている、[9] 私が単純に思いついただけのゲームである——もちろん、別の人がすでに、それがプレイするに足るゲームかどうかを詳しく調べているだろうことは疑いがない。多分プレイするに足るゲームではないのだろうし、すでに別の名で呼ばれているかもしれないが、私はこれらの疑問にわざわざ取り組むことをしてこなかった。たとえ真なる解答があったところで、そのために自分の時間とエネルギーを用意する価値がないからである。あるいは、そう思っているからである。チメスのア・プリオリな真理は、チェスのア・プリオリな真理と同じくらい多く（つまり無限に）存在し、またチェスの真理とまったく同

（2） 本書に登場するもう一つのパズルについては、第一に、私はこぼれ水 [slop] が大好きなのだが [love]、それをなんと [even] あのローラ・ダーン [Dern] もお気に入りなのであり、第二に、たとえしみ [smut] がついていようとも、私の希望 [hope] はアイロン [iron] をシーン・ペン [Penn] のシャツにかけることなのである。

（3） 二〇一二年のエイプリルフールの日にインターネット上に現れた、愉快なチェスのほら話がある（「ラジリッチ、キングスギャンビットを破る」、『チェスベース・ニュース』、二〇一二年、四月二日）。http://chessbase.com/newsdetail.asp?newsid=8047[10] それが主張するには、ある巨大な連結型コンピュータを四ヶ月以上稼働させたところ、キングスギャンビット（長い間不信をもたれてきたが、しかし一度も「反証」されたことがない初手）が、ただ一つの、ある見込みのなさそうな条件の下以外では攻略可能であることを今や決定的に明らかにした、ということを証明したというのである。私はこのほら話にだまされてしまったのだが、これは私にとってことさらばつの悪い話であった。というのも私はそれに先立ってマーティン・ガードナーが作った別のほら話についての小文を書いていたからだ（Hurley, Dennett and Adams, 2011 の序文）。先のほら話がどうやってできあがったかについては、以下を参照、「チェスベースのエイプリルフールの冗談話」、『チェスベース・ニュース』[11]、二〇一二年四月。http://chessbase.com/newsdetail.asp?newsid=8051

じくらい見つけるのが難しい。これが意味するのは、もし人々が実際にチメスの真理を調べようとした場合、彼らは修正されるべき間違いを犯すだろうし、またそのことが、まったく新しいア・プリオリな探求の分野を切り開くだろうということ、すなわち、チメスの高次の真理の探求の分野を切り開くだろう、ということである——例を挙げれば、次のようになろう。

一　pはチメスにおいて真であるというジョーンズの証明（Jones, 1989）には、欠陥がある。ジョーンズは以下の可能性を見落としている……

二　ジョーンズの証明（Jones, 1989）には欠陥があるというスミスの主張（Smith, 2002）は、ブラウンの補助定理（Brown, 1975）が真であることを前提にしているが、この補助命題については、近年、ガーフィンクル（Garfinkle, 2002）が異議を申し立てている……

ところで、これらすべては子供の遊びでできることではない。実際、チメスの高次の真理を解明するという活動を行っている集団中に、際立った頭脳の冴えを発揮する人が現れることがあるかもしれない。ここでは、心理学者ドナルド・ヘブの格言が当てはまる。

価値のないことにもし上達したとしても、やはり価値はないどの哲学者も、ヘブの格言を容赦なく適用したら参加者がすぐにでも失業しそうな現在進行中の哲学的論争を、おそらく簡単に思い浮かべることができるだろうが、どの家内制手工業を廃業に追い込むべきかについては、私たち哲学者の間で意見が一致しないことに疑いはない。私たちの専門分野のように守備範囲が広い分野においては、どんな探求であれ、必ずやどこかの学派から、そんなのは努力の無駄だとか、優秀な才能をお互いの洗濯物の洗い合いで浪費しているとか、思われている。投票で決めようかといっても、注目に値する結果など出てこないだろうし、独裁制はなお悪い結果になるだろうから、千本の花を咲かせておこうというのが私の提案だ。だが覚えておいて欲しい。あなたが千本の花を咲かせようとしても、その内の九九五本は枯れてしまうだろう。賞味期限の短い研究計画にあなたの貴重な自己形成期を捧げることは極力避けて欲しい。私があなたに与えたい警告はこれだけだ。一時的な哲学的流行はあっという間に廃れてしまうものである。〈話題が熱ければ熱いほど、燃え尽きるのも早い〉という経験則には幾ばくかの真理があってもおかしくないのだ。

哲学的プロジェクトというものが、チメスの高次の真理を探すだけのものではないということを確かめるためのよい検証方法の一つは、哲学者以外の人々が実際に同じゲームをしているかどうかを確かめることである。哲学の専門家以外の誰が、スミスの基本原則に対するジョーンズの反証例がうまくいっているかどうかなど気にかけるだろうか？　もう一つの検証方法は、専門を学んだことのない学部生にモノを教えようと試みることである。もし彼らが「分かった」と言ってくれないとしたら、自分で自分の飯のタネを生産している専門家共同体の後を追って、あなたも人為的に作られた罠に突き進んでいるのではないかという仮説を、まじめに検討すべきである。

この罠の働き方の一つを見てみよう。哲学とはある程度まで普通ではない活動であり、あなたが知的であればあるほど、自分が分かったかどうか、「うまくそれを行っている」かどうか、この学門分野で自分に才能があるかどうか、さらには、そもそもこの分野は踏み込む価値があるかどうかについて、より大きな不安と心配を抱きがちになる。そんなわけで、才知ある学生ジョーンズは、哲学の道へ進むかどうかについて、もっともな不安を抱くことになる。ブラウン教授の議論によって興味を誘われたジョーンズは、思い切ってHというホットな主題についての論文を書き、ブラウン教授から「A」評価を受ける。「君には本物の才能があるよ、ジョーンズ君」とブラウン教授に声をかけられると、ジョーンズはひょっとしたらこれは生涯をかけるのに仕事にふさわしいものを発見したかもしれないという気分になる。ジョーンズは、この特殊なゲームのルールを学ぶことと、野心を抱く他の若者たちと共にこのゲームに興じることに、時間とエネルギーを費やし始める。「おう、うまくやってるよな俺たち」と仲間が言って、互いにおだてあう。この営みを可能にしている思い込みについての疑念は、「議論の便宜のために」打ち消され封じ込められる傾向にある。やがて様々な論文は公刊される。

　したがって、問題を解決するために、仲間の院生、あるいは、お気に入りの教授があなたを評価しても、それを当てにしてはならないのである。彼らは皆、誰かがこの哲学という営みを続けていくことに対する既得権益をもっている。そのために彼らはどうすればよいのか知っているし、それに長じている。同じ問題は他の分野にもあるし、他の分野では、その問題から抜け出すのが一層難しいことさえある。実験科学者として何か一つの技術を収得し、その実験を行うための高価な実験室を与えられている人々は、時に、誰ももはや気にかけなくなってしまったデータ表の空欄を埋める作業を続ける羽目に陥る。彼らは何をすべきだと期待されているのか？　高価な機器を全部捨てることだろうか？　嫌な問題である。哲学者たちが道具を一新するのは、実際それより簡単で安あがりである。結局、私たちの「トレーニング」が、概してハイテクではないためだ。主にやることは、様々な文献の中の自分なりの歩き方や、試行と検証を経てきた指し手を学ぶことくらいである。ここで避けるべき罠は単純で、たとえば次のように進む罠だ——まずあなたは、誰か著名な人が、とても容認できない内容や疑わしい内容を書いているのに気付く。グーフメイカー教授の巧妙だが欠陥のある研究はいいカモ、つまり人目を引く処女作のためのよい標的となる。よし、一発かましてやれ。あなたは一ダースほどの他の人々と共に論争に割って入るが、こうなると今度はあなた自身が足元に注意を払う番になる。というのも今では、あなた自身が引用し、引用され、応答し、応答を受けるというやりとりのまっただ中にいるのであり、またこうして、〈グーフメイカーが行ったちょっとした言い過ぎにどう応じるかについてどう応じるか〉についての、新進気鋭の専門家になっているからだ（そしてもう一つ思い出してもらいたいのは、もしもグーフメイカーが自身の主張に対するちょっとした誇張を行っていなかったとしたら、グーフメイカーはそもそも何の注目も集めなかっただろう、ということである。挑発的なことを言ってみたいという誘惑は、この分野のぬかるんだ入り口を見張っている大学院生に限られたものではない）。

哲学者ジョン・オースティンがかつて公刊された講演の中で、共同研究が行うに値するかどうかなど頓着することなく主張したように（Austin, 1961, p.123）、気が会う賢い人々のグループに出会い、「発見の楽しみ、協力の喜び、合意に近づく満足感」を分かち合うことに、大いに満足する人々がいる。もしも十分な数の人がその研究に取り組むなら、もうそれだけでそれは研究に値する現象になる。哲学者バートン・

ドレベンはハーバードの院生たちによく言っていたように、「哲学はガラクタだ。しかしガラクタの歴史は学問だ」。とはいえ、あるガラクタは他のガラクタよりも重要であり、どのガラクタが価値のある学問であるかを決めるのは容易ではない。オースティンは、同じ本の中に収録されている別の講演で、これの皮肉な好例を示している (Austin, 1961)。

講演を聞きに来られた方の中には、できれば重要な話題を聞きたいとお望みの方がよくいらっしゃるもので、そういう方々がこの場にいる場合に備えて、そういう方々のために、この講演にも締めくくりの総括がなければならないというわけです (p. 179)。

オースティンは傑出した哲学者だが、このような意見を聞いておそらくクスクス笑っていた、彼の取り巻きの前途有望な若い哲学者たちのほとんどは、跡形もなく姿を消し、彼らが書いた (多かれ少なかれオースティン一派の発明と言える学派である) 日常言語学派の「うん、よくも思いついたね」と言わざるをえない論文は型どおり公刊され、公刊後数年以内に、当然の結果としてまったく顧みられなくなった。何度も繰り返された、よくある話である。

では、あなたはどうすべきだろう? 私が述べた——哲学の外部にいる人々や聡明な学部学生が関心を寄せるかどうかを確かめるという——検証方法は、あくまで注意信号を与えるものであり、決定的なものではない。門外漢には何の感銘も与えないにもかかわらず、追求する価値が十分にある哲学的探求があり、その中には恐ろしく深遠で難解なテーマが確かにあったし、これからもあるだろう。周囲に存在している様々な思い込みに逆らいながら、興味深く重要なことを探求することを、私は思いとどまらせようとは思っていない。反対に、この分野においてこれ以上ないほど大胆な一撃は、最初はほぼ例外なく、冷酷な懐疑か嘲笑によって迎えられることになるだろうが、だからといって、思いとどまるべきではないと言いたい。つまり私が言いたいのは、要するに、あなたは時流に乗って満足すべきではないということである。なぜなら、あなたはすでに才気あふれる仲間と出会っており、彼らは、あなたが彼らについて思っているのと同じように、あなたの問題研究を重要だと思っているからである。手を取り合って旅に出よ、である。

77　10パーセントの優れたもの

では、**スタージョンの法則**が、他のすべてのものに当てはまるように、哲学にも当てはまるとしたら、私から見て、10パーセントの優れたモノは何だろう？　まず第一に、古典は、しかるべき理由があるから実際に古典なのである。プラトンからラッセルに至る、哲学史の授業の標準的な登場人物は、何世紀もの検討を経てもなお生き続けているし、また彼らの一次文献について書かれた二次文献の中の最善のものも非常に価値がある。アリストテレスやカントやニーチェを何の背景も知らずに一人で読むことでも、何かを――実を言えば、とても多くのことを――得ることができるが、これらの思想家たちを専門的に研究することに生涯を捧げた人々の手引きを受け入れるなら、それよりもはるかに多くのことが得られる。

哲学史家の目標や態度は人によって様々であるが、私としては、それらの点で競合しているどのような哲学史家に対しても、失格を宣告するちゃんとした理由は見いだせない。ある哲学史家は、自分が扱う思索者《シンカーズ》たちを、その思索者たちが著述を行った歴史的文脈に位置づける必要があると主張する。これが意味するのは、たとえばデカルトについて本当に理解したいのなら、十七世紀の科学について多く学ばねばならないということであり、ロックやヒュームについて理解したいなら、十七、十八世紀の政治史についても多く学ばねばならないし、さらに、彼らよりも小者の同時代人の哲学についてももちろん多く学ぶ必要がある、ということである。そのような二流の人物たちになぜ関わるべきなのだろうか？　ちゃんとした理由があるのだ。私は、ヨーロッパの美術館を訪れるまで、自分は十六、十七世紀の多くの画家について、本当の意味ではその価値が分かっていなかったのだと思い知らされた。というのも、それらの美術館で私が見たのは、訪れる部屋から部屋を埋め尽くしていた、同じジャンルの二流の絵画だったからである。もしあなたが、入門的な美術史概説の授業や、一流美術館で見られるような、優れたモノしか見たことがなかったら、その優れたものがどんなに優れているのかを正しく捉えるのは難しい。良い図書館《グッドライブラリ》と大《グレート》図書館《ライブラリ》〔ないし偉大な図書館《グレートライブラリ》〕の違いをご存じだろうか？　良い図書館にはすべての良い本があるが、大図書館にはすべての本があるのだ。偉大な哲学者を本当に理解したいならば、その偉大な哲学者の陰に隠れている、それよりは若干劣る同時代人と先輩たちを考察することに、ある程度の時間を費やさなければならない。

　他の専門家〔哲学史家〕たちは、彼らのヒーローが活躍した歴史的文脈については軽く触れるだけにして、その代わりに彼らの考え方をどのようにして現代の文脈に移すべきかを示すことに努力を集中している。つまるところ、ライプニッツは十七世紀合理主義の典型的作品を書こうとして『モナドロジー』を書いたのではなく、あくまで真理に到達するためにそれを書いたのである。つきつめればどんな哲学者についても、その哲学者が言っていることが正しいかどうかという問いを抱くようになってはじめて、その哲学者を真剣に受け止めたということになる。哲学の学生たちは――そして教授たちも――しばしばこのことを忘れ、既存の枠組みに囚われ続け、私たちが試験に出すような「比較し、対照せよ」に没頭し続ける。

時には哲学科全体が、自分たちの目標はそんなものだと思い込んでしまう。そんなものは哲学ではない。単なる哲学鑑賞である。こういう慣習を学生が打ち破る手助けのために、私は次のような話をする。

あなたは、ひょんなことから、恐ろしい秘密を——たとえば、自由の女神を破壊するとか、国家全土の送電網をダウンさせるいう陰謀を——知ってしまった。あなたは、熱に浮かされたように自分なりに証拠を集め、整理し、弁舌の才を尽くした手紙を書き上げ、そのコピーを警察やFBIや『ニューヨークタイムズ』紙やCNNに送るのだが、それにこんな反響が返ってくるのだ——「凄い。ポスト九・一一陰謀論の非常によくできた理論だ」とか、「実にぐいぐいと引き込まれる文章。独特の手法で迫真性を盛り上げている。卓越した筆致も見逃せない」とか、「私にはドン・デリーロ[12]を彷彿とさせ、ピンチョン[13]の息吹も感じる」とか。うあああっ！　聞いてくれよ！　僕はみんなに真実を伝えようとしてるんだ！　というわけで、あなたが読んでいる哲学者に対しては、一文ごと一段落ごとに「自分はこれを信じるか？　そうでないとしたら、それはなぜか？」と自問自答しながら読むという態度で、敬意を払って欲しい。

哲学史に加えて、科学哲学にもすばらしい研究がある——数学の哲学、論理学の哲学、物理学の哲学、生物学の哲学、心理学の哲学、経済学の哲学、政治学の哲学などだ。化学の哲学、天文学の哲学、地学の哲学、工学の哲学などについてはあまり見かけないが、これらの分野に出自をもつ概念的諸問題を扱った優れた研究は存在する。さらにまた、倫理学がある。ジョン・ロールズは、一九七一年に『正義論』を公刊した[14]。この高くそびえ立つ山のごとき著作は、社会科学——特に、経済学と政治学——の視点からだけではなく、生物学や心理学の視点から、倫理学の伝統的なテーマを扱う哲学者が活躍する時代を、切り開いた。倫理学を研究する哲学者たちは、主にロールズのおかげで、腕を磨き、その結果として価値ある哲学的研究が豊富に生まれ、そのような哲学的研究は、他の領域の研究者たちからの注目を——さらには、政治家や社会批評家たちの注目を——受けるに値するものであったし、実際にもそのような注目を浴びてきたのである。

最後に、まったく学際的ではなく、哲学史についても軽く参照する程度の哲学者たちがいて、こういう哲学者は、また別の現代哲学者の研究の中で提起された現代的諸問題、に取り組むことを専門にしている現代哲学者の研究の中で提起された現代的諸問題、に取り組むことを専門にしている。このような研究の中には、すでに指摘したように、〈価値のないことにもし上達したとしても、やはり価値はない〉というヘブの規則に服しているものがある。とはいえ、中には素晴らしくまた価値がある研究もある。私が本書で言及した現代の哲学者はごくわずかである。哲学者に言及しようとする場合は、また特に、その哲学者が誤りを犯している、と私が主張するときには、その哲学者の思想が真剣に考察する価値があると思っている場合に限った。私の標的になった哲学者以外にも、私が格別賞賛する研究を行っている何十人もの哲学者がいるが、彼らの名を列挙するという誤りを私は犯さない。かつて同僚の一人が、その後の研究生活の中で私が幾たびか拠り所にしてきた、こんな話をした——Xの研究が馬鹿げたクズだからといって、それにつべこべ文句を言って労力を費やすものではないよ。そんなことをしても、しばらくして君は気づくだけだ。価値ある考え方を抱いていた思索者を誤ってないがしろにしてしまっていた、と。軽率な思い込みのせいで、価値ある考え方が君自身の思想に貢献してくれるのを遅らせてしまうことになってしまった、とね——と。私が痛いほど思い知ったのは、関心ある思索者たちが、私のリストに載るには至らなかった哲学者たちを、リストに載っていないという理由だけで、読まなくてよいのだと思いこんでしまうことがどれほど簡単に生じてしまうのかということである。そういうわけで本書を、哲学のやり方のいくつかを、あれこれ縛られないやり方で紹介しているものとして、扱って欲しい。もしそのやり方が役に立つと思ったら、そのやり方は、長い間多くの思索者たちが取り組んできた諸々の問いと答えとの自分なり探求の踏み台になるだろう。

X　道具を使ってもっと頑張ろう

「そんなことは考えられない《インコンシーバブル》[1]！」。これは、意識の「神秘」を前にしたときある人々が口に出す言葉である。〈知的《インテリジェント》デザイナー〉の手も借りずに三十億年以上も前に生命がこの惑星に生じたという主張を前にしたときも、こういう人々は同じことを言う。私はこの言葉を耳にすると、いつもこう言いたい衝動に駆られる。「そりゃそうさ、君には考えられないだろう。君は思考道具を置き去りにしてしまっているし、努力もほとんどしていないからね」[2]と。遺伝子の物質的な基盤など考えられないというウィリアム・ベイトソンの確固とした宣言を、思い出そう。今日では小学生でさえ難なくDNAのことを考えることができるが、もちろん、小学生がベイトソンよりも賢いから、というわけではない。私たちが前世紀に、それを捉えるための思考道具を考案し洗練させてきたからなのだ。そんなことについて考えて欲しくないと思っている人々も、確かに存在している。彼らは、神秘をいかなる説明の試みからも守りたいと思っている。なぜなら、説明によって宝物が消えてしまうかもしれないのを恐れているからである。

　こういう人々は、他の人々が詮索したがる様子を示し始めるとき、「神は神秘的なやり方で働く」という説明が好都合な反・思考道具《アンチ・シンキングツール》であることに気がつく。この反・思考道具は、問いを立てる者が傲慢で自信過剰であることをほのめかすことによって、好奇心を一瞬にして黙らせることができるのだ。科学に対する無知が、美徳ではないにしても、取るに足らぬ弱点にすぎないとみなされているような共同体の中では、この反・思考道具はよい仕事をしてきたし、今も現にそれをしている。私たちはこの「信心深い」見方をある種の知恵として扱うのをやめるべきだし、まさに見え透いた自己防衛的なプロパガンダであると認めるべきだ、と私は思う。この反・思考道具に対する積極的な応答は、こんなものになるかもしれない――「そうだね！　僕は神秘が大好きさ。だから僕らがこの神秘も解決できるかどうか考えてみよう。それとも、何かいい考えでもある？」

何か新しいことの概念を形成する《コンシーブ》のは難しい仕事である。何らかの観念を心の中で形成するだけではなく、その観念にすばやく目を通してそれを裏づけなければならないからである。今私たちに考えられない《インコンシーバブル》ものは、それに関するある種の仕事を多くやり遂げた暁には、明白にその概念を形成することができるということがはっきりするかもしれない。そしていつの日か私たちが、何かあるものが真に不可能である――ちょうど、最大の素数や、内角の和が二直角よりも大きな三角形や、既婚の独身者などと同じように――と確信をもって宣言するときが来たとしても、それは、その何かがそれ自体として考えられないものである、と私たちが発見したからなのではなく、むしろ、それを構成している諸要素についてしっかりと徹底して概念を形成した結果、それらの要素を互いに結合することの不可能さをそれ自体として明瞭に概念化しうる《コンシーバブル》、ということを私たちが発見したからなのである。

どのようにすれば意味が物質的な世界に存在できるのか、生命はどのように生じ進化したのか、意識はどのように働くのか、自由意志は私たちに付与されているものの一つでありうるのかどうかについて、完璧な形で構想することに私たちはまだ成功していない。しかし、私たちは確かに前進している。私たちが今立てている問い、今提起している問いは、昨日の問いより良い問いだ。私たちは今、熱い気持ちでその答えを追い求めている。

Ⅺ　扱われずに残った道具

この本の草稿を読んでくれた人の中には、この本の中に私自身の最もよく知られた直観ポンプのいくつかが含まれていないことに対して、驚きと失意を露わにした人がいた。事実、私が気に入っているものも含めて、ここには登場しない道具は何ダースもある。そのいくつかについては、ここでその事情を説明しておくことが必要だと考えた。

「私はどこにいるのか?」は恐らく私の最もよく知られた直観ポンプだが、まさに最もよく知られているものだからこそ、私はこれを省略した。初出は一九七八年刊行の『ブレインストーム』で、一九八一年の『マインズ・アイ』にも掲載されている。[1] 翻訳も一ダースほどなされており、論集に所収されることもしばしばあった。映画『脳の犠牲者』(一九八四年)は、これを三〇分ほどのドラマにしたものだが(私はここで後のデネットの身体役を演じている)、この映画の一シーンは、一九八一年BBC作成の意識と脳に関するドキュメンタリー番組にも登場している。さらに、ジャワ風影絵芝居[2]になったものもあって、これは一九八四年、ハーバードのロープシアターにおいて、著名な人形使いであるリン・ジェフリースの制作で上演された。たぶんグーグルで大量の注釈つきのバージョンか何かをすぐに見つけられるだろう。

「シェーキーズピザパーラーのバラード」(Dennett, 1982a)[3]は、「事柄ニツイテノ(de re)信念と、言ワレタコトニツイテノ(de dicto)信念」に関する一群の先入見を解体するための真剣な作業であり、かつて志向性を研究している哲学者たちの間で有名になったが、それ以外の人々にはなじみがない。本書にこれを加えていたとしたら、私はまず皆さん全員に魅惑的だが見当違いをさせる直観を抱かせ、続いてそれを私の直観ポンプで治療するという手順を踏まなければならなかっただろう。哲学者の一部には、これについてすべてを知らねばならない人々がいるが、他の人々はのほほんと知らずにいても、何の損もないのである。

進化に関するパート〔第VI部〕では、哲学者ピーター・ゴドフリー＝スミスの「ダーウィン的諸空間(Darwinian Spaces)」という私が気に入っている新しい思考道具を、不本意ながらも省略した。これは、多次元的な空間を哲学における思考道具として使用した、私の知るところ最善の実例なのだが、この思考道具を実効あるものにするためには、膨大な量の進化理論と生物学的な現象の概観を行う必要があるので、省略せざるを得なかったのである。私は、ゴドフリー＝スミスの著書『個体群思考と自然選択』(Godfrey-Smith, 2009)についての私の批評「ホムンクルスのルール〔ホムンクルスたちが支配する〕」(Dennett, 2010)の中で、この道具を哲学者向けに、いくぶん専門的な用語を用いて説明しており、同時にその道具の優れた使用例を紹介している。ゴドフリー・スミスの二〇一〇年の返答(Godfrey-Smith, 2010)にも目を通してほしい。

私の論文「クオリアをクワイン化する」(Dennett, 1988a)は、十四個以上の直観ポンプから成り立っており、いずれの道具も、クオリアという哲学的概念を、まずは明確にし、次にそれを救い難く混乱したものとして消し去るようにデザインされている。この中で本書にただ一つ登場するのが**おぞましきカリフラワー**で、これはクオリアという概念の紹介と、その概念にまつわる主だった問題点を紹介するのに役立てるためであった。「クオリアをクワイン化する」は、(それを定義づけすることを好む哲学者たちのように) クオリアという概念はよい考え方である、と依然として考え続けているあらゆる人々に向けられた、このテーマに関する補助読本とみなされてよいだろう。この論文は、あちこちの論集にたびたび収録されており、インターネットでもいくつかの言語に訳された版を簡単に見つけられるだろう。私の著書『スウィート・ドリームズ』(Dennett, 2005a) には、このテーマについてのさらに別の議論と直観ポンプが載っている。これ以外に省略された意識についての思考道具としては、「何故痛みを感じるコンピュータを作れないのか」(Dennett, 1978b) に登場する「アムネスティック添加のクラーレ」、「ロボメアリーが知っていること」(Dennett, 2007d) に登場する「スワンプメアリーとロボメアリー」、『解明された意識』(Dennett, 1991a) に出てくる、意識の「オーウェル的モデルとスターリン的モデル」がある。これらはすべて、満足のいく仕方で紹介するためには十分な足場作りが必要なのだが、本書を比較的短くまとめるという意図のために、省略せざるを得なかった。

また、私が『解明される宗教〔原題:呪縛を解く〕』(Dennett, 2006a) で紹介した宗教について考えるための多様な直観ポンプと、『科学と宗教——両立可能か?』(Dennett and Plantiga, 2011) で紹介した「バージェス頁岩にちょっかいを出していたスーパーマン」という私なりの実例も、省略した。

訳者あとがき

本書は、*Daniel C. Dennett, INTUITION PUMPS and OTHER TOOLS for THINKING* の全訳である。著作名を忠実に訳せば『直観ポンプ――およびその他の思考の道具』である。第II部では、様々な「思考の道具」の具体例を見ることができる。たとえば、哲学で有名な「オッカムの剃刀《かみそり》」（第5章）や、「オッカムのほうき」（第6章）というものもある。これらの「思考の道具」が、どのような場面で、どのような目的で、どのように使用されるのかが詳しく解説されている。何かを明らかにするために使用されることもあれば、何かを隠すために使用される場合もある。また、使用される場面は哲学にかぎらない

「直観ポンプ」は、本書において特にスポットライトをあてられている思考道具である。「直観ポンプ」は、一定の直観を巧みに汲み出す思考実験のことである。この用語を作り出すきっかけは、デネットによれば、本書にも登場するサールの「中国語の部屋」（第60章）という思考実験だった。この思考実験は「強いＡＩ（人工知能）は不可能だ」という直観を汲み出す、あるいは汲み出すようにデザインされている。それは本当だろうか？ デネットは、この直観ポンプが強力であることを認めながら、デネット自身が考案した多様な直観ポンプを含む、様々な「思考の道具」を駆使して立ち向かうことになる。それゆえ本書で取り上げられている直観ポンプには、人を啓発するものも、人を欺くものや惑わせるものも、共に含まれている。

本書は様々な思考道具、直観ポンプのコレクションであるが、関心ある項目を選んでそれを読むというやり方はお勧めできない。本書で取り上げられているテーマは「意味」（第III、V部）「進化」（第VI部）「意識」（第VII部）「自由意志」（第VIII部）というこれまでのデネットの諸著作と重なり合うものであり、それゆえ本書は「デネット哲学入門」あるいは「現代哲学入門」としての性格を備えているのだが、本書はデネットがこれらの著作において切り開

いた見方を、様々な「思考の道具」とりわけ「直観ポンプ」を実際に駆使して、一歩一歩読み手に納得させるという手法で進められる。たとえば、決定論と自由意志の両立不可能性という古い見解を切り崩すために、コンピュータが決定論的に振る舞う計算機械であることを十分説得的に示した後、そのコンピュータプログラムにすら「実際にしたこと以外のこともできた」ということが有意味に言えるということを、やはり効果的な直観ポンプを駆使して提示する、といった具合である（第Ⅳ部）。このように本書を順に読み進め、積み重ねられていく議論に付き合っていくとき、本書の真価は発揮されるであろう。

本書に登場する思考の道具に「スタージョンの法則」（第4章）がある。それは「すべてのものの九〇パーセントはクズである」と表現される。多少の誇張があるとしても、「道具箱」に入れておいた方が良い思考の道具である。その言わんとすることは、何かを批判するにしても、「クズに文句を言って時間を無駄にするな」である。九〇パーセントがクズでも、「一〇パーセントの優れたもの」（第77章）があるはずである。本書はこの一〇パーセントに属すると訳者は考えているが、その一〇パーセントは「批判の対象」でもあるのであり、それは原著者が望むことでもあるだろう。

＊

本文中の表記については、原文の「イタリック体」は訳文では傍点を付し、原文の「ボールド体」はゴシック体にした。また原文の「大文字で始まる語句またはすべて大文字の語句およびフレーズや文」、あるいは訳者の判断で強調したい語句およびフレーズは、〈 〉で括った。なお、原注は（1）（2）（3）…で示し本文中の脚注とし、［1］［2］［3］…で示し巻末においた。

本書の翻訳は、当初私の個人訳として依頼されたのであるが、家庭の事情からいったんお断りした。その後（本音を言えば、断り切れず）共訳者を立てることを条件にお引き受けすることとなった。共訳者として、私が『解明される宗教〔原題：呪縛を解く――自然現象としての宗教〕』を訳して以来、ネット上だけで交流があった木島泰三氏を指名させていただいた。当初は分担箇所を決めて作業を開始したが、最終的にすべての箇所に両訳者が目を通して訳文を作成し、原文の読み方や訳語に関する討議を重ね、お互いの訳文を修正しながら進めた。しかし、翻訳は本文を訳す作業だけではない。原注を訳さなければならないし、必要な訳注もつけなければならない。さらに、索引も作らなければならない。これらの作業のほとんどすべては、木島氏の手によるものである。木島氏は共訳者であるが、ここで謝意を表明しておきたい。

本書の翻訳は決して順調ではなかった。翻訳を開始してまもなく、私たちはまったく異なった事情で翻訳を進められなくなった。しかし、出版社が設定している出版時期というものがある。そんなわけで、昨年の中頃からバタバタした状況になった。急遽、下訳と関連情報の入手などをお願いした方々がいる。一人は、フランスのトゥールーズ在住の翻訳家である鈴木賢三氏（第Ⅵ部）。フーコーとフランス・エピステモロジーの方法論に関する博士論文を準備中とのことだが、他の翻訳作業で多忙にもかかわらず、快くその役割を果たしていただいた。もう一人は木島氏の奥様である直子氏（主に第Ⅸ部以降）。ご多忙にも関わらずご協力いただいた。私も経験があるが、パートナーの支援ほど心強いものはない。さらに、倉持和歌子氏にも第Ⅷ部の訳でたいへんお世話になった。以上の皆様には心から感謝を申し上げたい。

翻訳に当たって、本書に引用されているもので翻訳のあるものはすべて参照させていただいた。この場をかりて翻訳者の方々にお礼を申し上げたい。ただし、本書における訳語の選択や文脈などの関係で翻訳どおりの訳文・訳語になっていない場合がある。事情を考慮していただいて、どうかご容赦願いたい。あまりに多すぎてすべてを列挙できないネット上の情報も同じである。

最後に、訳者サイドからのメールによる質問への返信でお手を煩わせ、どの質問にも丁寧にまた予想以上の情報とともにお答え頂いた原著者デネット教授には、心から感謝を申し上げたい。お分かりになるように、デネット教授の哲学に対する姿勢は著作の中だけのものではないのである。また、出版計画の大幅な遅れで青土社の水木康文氏にはたへんなご迷惑をおかけした。氏の叱咤激励でやっと完成することができた。氏には本当に感謝を申し上げる次第である。

二〇一五年三月九日

阿部　文彦

訳注

I　序論——直観ポンプとは何か？

［1］リチャード・P・ファインマン『ご冗談でしょう、ファインマンさん（上・下）』（大貫昌子訳、岩波現代文庫、二〇〇〇年）、『困ります、ファインマンさん』（大貫昌子訳、岩波現代文庫、二〇〇一年、原題は *What Do You Care What Other People Think?*）

［2］訳者の一人（阿部）が関わってきた従来の訳では「直観汲み出しポンプ」の訳が用いられていたが、使用頻度が大きくなるため、より簡略な訳語を採用することにした。意味は従来の訳から明らかなように、あたかもポンプで井戸水を汲み出すように「直観」を汲み出すべくデザインされた思考実験、ということである。

［3］「リバース・エンジニアリング」とは、できあがった製品からその製造工程などを再構成すること。本書では第24章（一七七頁）に解説がある。より詳しい説明は『ダーウィンの危険な思想』第八章などを参照。

［4］ダグラス・ホフスタッター、D・C・デネット『マインズ・アイ——コンピュータ時代の「心」と「私」（新装版）』（坂本百大監訳、阪急コミュニケーションズ、一九九二年）。

［5］原語に忠実に訳せば「つまみ（knob）をひねる」であるが、「機械の設定を調節、調整する」という意味が一読して伝わりにくいと考え、意訳した。デネット自身、『マインズ・アイ』ではknobの代わりにdialという語を使用していたが、英語の場合、dialはこちらが任意に設定できない部分についているもの、という語感があってknobに変えたとのことであるが（原著者よりのEメールによる）、日本語の「ダイヤル」には必ずしもそのような語感はないように思われる。

［6］ヤングは"Chinese"を"Chinee"と記しており、デネットはその誤記に「ママ［sic］」と注記してそのまま引用している。

［7］tangには「きりっとした風味」という意味がある。

［8］snatchは「誘拐」、blockは「防御」。

［9］原著者に問い合わせたところ、boomは爆発音、crutchは「形成外科の器具」で、つまり「使うと爆発する松葉杖」ということである。なお「足に怪我をしたときに

支えに使う器具」と訳した箇所は、本書の原文でも「形成外科の器具」だったが、日本語の場合「クラッチ＝松葉杖」という洒落が分かりにくいと思い、意訳した。

Ⅱ　汎用的な思考道具一ダース

［1］『ウィリアム・ジェイムズ著作集二』（福鎌達夫訳、日本教文社、一九六一年）、二六～二七頁。

［2］『ご冗談でしょう、ファインマンさん（下）』三〇〇頁。第Ⅰ部訳注1参照

［3］デネットはウェブ上で本書の「正誤表」を公開しているが（http://ase.tufts.edu/cogstud/dennett/papers/ERRATAIP.pdf）、その中でこの箇所に以下のようなコメントを付している。

しかしスーザン・ファン・ドルテンが（［二〇一三年の］七月九日の指摘で）気づかせてくれたように、「あなたはこの主張が正確なものではないことをご存じのはずです。というのも、あなたご自身が（その前の四二～四三頁において）学生たちに、うっかり筆がすべったような走り書きの草稿が、学生たちに何か修正すべきものを提供するものだ、と助言しているからです。人間は走り書きの草稿からでも学ぶことができます。しかしＤＮＡはそれができません。」そういうわけで、これはまずいアナロジーであった。

［4］ｐを真（偽）と仮定して、それが不条理な結末（矛盾）に至ることを示すことで、ｐが偽（真）であることを証明するという証明法。

［5］脳全体に拡散し持続的効果を持つ神経伝達物質。

［6］デネットは「正誤表」（訳注3参照）で、「ラパポートのルール」について次のような補足を行っている。

アーロン・ウルフは、「ラパポートのルール（通則）」にはすでに定まった意味があると指摘してくれた。これは生態学者の間でよく知られており、よく研究されているが、しかし依然論争の余地のある通則で、すなわち、動植物の緯度方向の分布は、一般的に高緯度地方よりも低緯度地方の方が小さい（言い換えれば、赤道から遠ざかれば遠ざかるほど、ある種が分布する緯度方向の幅は広くなる）、という通則《ルール》を指す。私は自分のルールに与えた名称は変更しないことにした。時間の流れが、どちらのミームが絶滅するかを告げてくれるはずだ。

［7］「好意的解釈を行う」と訳した部分の原文は単にcharitableであるが、これは、解釈は極力好意的に行うべきである、という、いわゆる「プリンシプル・オブ・チャリティ（訳せば、「思いやりの原則」や「慈善の原則」など）」を踏まえた表現だと思われるので、やや意

訳気味に訳した（原著者からのEメールでも、これが"charitable in your interpretation"を指すことを確認できた）。なお、少し後の「好意的ならざる解釈」の方は原文も"uncharitable interpretation"である。

[8]『自由は進化する』（山形浩生訳、NTT出版、二〇〇五年）、第四章。

[9] デネットによる解説を引いておく――「勝ちを占める戦略は「しっぺ返し」の名で有名になったが、これは、過去の協力に対しては協力をもって応え、どんな裏切りにも裏切りをもって報復するという具合に、『敵対者』がすぐ前に行ったことをコピーするだけのものである」（『ダーウィンの危険な思想』邦訳六四六頁）。

[10]『バック・ロジャーズ』（*Back Rogers*）は、一九二八年に『アメイジング・ストーリーズ』に初登場したシリーズ。

[11] 原語はbehaviorで、動物や人間の外的な振る舞いを指すための術語として「行動」という訳語が定着しており、動詞のbehave、「行動主義(behaviorism)」「行動的(behavioral)」のような関連語と共に「行動」の訳語を用いた箇所も多いが、例えば「磁石を定義するためのbehavioralな指標」（二八五頁）のように「行動（的）」と訳しにくい箇所も多く、またよりこなれた表現でもあることから、これらに「振る舞い（に基づく）」という訳語を用いた場合も多い。あくまで日本語の慣用に沿った訳し分けで、例えば専門用語と日常語の違いに対応した訳し分けというわけではない。

[12] 種分化は比較的短期間で爆発的に起こり、それ以外の時期は安定した平衡状態を保つという、グールドがナイルズ・エルドリッジと共に提唱した説。

[13] 跳躍進化（または跳躍、saltation）とは、一世代でまったく別の種が生まれるような急激な進化的変化を指す。このような変化を認める立場が跳躍進化説（saltationism）で、一般的には否定されている。

[14]『ダーウィンの危険な思想』四〇七頁参照。

[15]「外挿」とは既知の傾向などをそのまま拡張して未知の領域について判断を下すこと。ここでは、進化はおおむね微小な突然変異に対する自然選択によって漸進的に進む、という一般的傾向を外挿して例外なき法則に仕立てた「全面的連続主義」「全面的漸進主義」という（実際にはクローニンが主張しているわけではない）思想を、「外挿主義」と呼んで批判している。

[16] ヘレナ・クローニン『性選択と利他行動――クジャクとアリの進化論』（長谷川真理子訳、工作舎、一九九四年）。

[17]「全面的適応主義」とは「すべての生体のすべての特性が何かのために選択された適応として説明される」という見解で、これも一般的傾向を外挿して例外なき法則にする「外挿主義」の主張であるが、やはりクローニンの実際の主張には反する。

[18]「操作詞」の原語はoperator。より一般的には、四則演算の記号や、論理式に用いられる「〜（「でない」、否定）」

や「∨（「または」、「選言」）」のように、何らかの操作を表す符号（演算子とも訳される）、あるいは英語の助動詞のような文法機能を表す語（機能語と訳される）を指す。ここでは、surely という副詞を、論述において独特の決まった機能を担って付加される要素として捉えようということである。後に登場する操作詞「準」(sorta operator) も、sorta という接頭辞について同じような捉え方をしている。

[19] 本書では、デネットが用いる hunch に、intuition を当てた。「直観」と紛らわしくはあるが、「直感」の訳語を当てた。辞書を引くと「予感、感づき、虫の知らせ」のような訳語もあるが、デネットが言っているのは、根拠も定かでなく、漠然としているが、それでも強く心を捉える確信を指すようである。

III 意味あるいは［心的］内容について思考する道具

[1] 原語は folk psychology。「素朴心理学」「民間心理学」などと訳されるが、いわゆる学問としての心理学ではなく、むしろ私たち誰もがもつ一種の技能ないし才能を指すことは注意。詳しくは第17章参照。

[2] 以下の叙述は、intentionality（志向性）と intention（意図）という似た語形の二つの語の意味の違い（特に形容詞 intentional という意味になると、どちらの意味で言っているのか、語形による区別ができなくなる）を英語読者向けに述べたも

ので、二つの概念に「志向」「意図」という異なった訳語を当てている日本語の読者には必ずしも必要ではないかもしれない。

なお、訳者の一人（阿部）がこれまで携わってきた邦訳では、しかるべき考慮から、intentional, intentionality に「指向的」「指向性」の訳語をあててきたが、今回これを「志向的」「志向性」という表記に改めた。これは、一つには後者の表記が（デネットの他の邦訳も含め）現在広く定着しているという状況に鑑みてのことであり、また他には、本書では例えば第29章で、J・R・サールの intentionality の概念が（当然ながら同じ用語を用いて）検討されていることなどを考慮して（サールの著書 *Intentionality* は『志向性』と訳され、広く引かれるようになっている）。従来の訳との連続性が損なわれてしまい、混乱を招く恐れもあるが、読者のご寛恕を乞いたい。

[3] 自然言語による質問を文脈を含め理解し、それに適切な回答をするように開発されたシステム。

[4] 情報部分と検査部分が明確に分離できる通信路符号。

[5] 暗号作成や暗号解読に利用するために特にニューラルネットワーク・アルゴリズムの応用法を研究する学問。ただ、ここでデネットは、（それが発展した結果?）人間の神経回路の情報を直接、文字通り解読したり書き換えたりできるようになる、というSF的状況を考えている。

[6] チックは、一定の筋肉群に突発的かつ無目的に不随意に運動や発声が起きること。トゥレット症候群は、チッ

クが慢性的にみられるものをいう。

[7]「外見的イメージ」の原語はmanifest image。この語の出典となったセラーズ「哲学と科学的人間像」の邦訳では「日常的（人間）像」という訳語が用いられている（『経験論と心の哲学』中才俊郎訳、勁草書房、第一章）。的確な訳語と思われるが、本書中のmanifestの他の用例との兼ね合いもあり、より原義に近い「外見的」という訳語を当てた。

[8]ギリシャ語のὄνは「存在するもの」「存在者」を意味する。

[9]umは「取り巻く」Weltは「世界」の意味。環界、環世界とも訳される。

[10]affordance。もともと、〈環境（の諸特徴）が、動物（の活動）に、何事か（益でも害でもありうる）をアフォードする（提供する、支える）〉という表現で捉えられる複雑な関係（例えば地面は人間に歩くことをアフォードし、切り株は座ることをアフォードし、水は泳ぐことや入浴、ないし溺れることをアフォードする、など）を一般的に捉えるためにJ・J・ギブソンが作り出した造語で（ギブソン『生態学的視覚論』、古崎敬、古崎愛子、辻敬一郎、村瀬旻訳、サイエンス社、一九八六年、第八章など）、ここでのように、その関係を構成する「不変項」としての、環境から発信される情報、動物が環境の中で発見する意味や価値を指す。

[11]たとえば、ユクスキュル『生物から見た世界』「序論」参照。

[12]sortal。現在のところ定訳はないようなので音訳した。『スタンフォード哲学百科事典』は、現代多くの哲学者によって論じられているが、必ずしも広く合意されてきた共通了解があるわけではない概念であるとしたうえで、「最も興味を惹かない（そして異論の余地のない）意味では、ある表現がソータルであるのは、その表現が数詞による修飾をとる場合であり、またその場合に限る」と述べている。つまり最低限言えるのは、英語の可算名詞で表される事物を指すための呼び名だということである。

[13]本書でも他の著書でも、デネットはagentという語を、人間的な行為主体や、複雑な動物のみならず、神経細胞のユニットや、果ては蛋白質の分子にまで、幅広く用いる。この語についてデネット教授に問い合わせたところ、まず、適用範囲としては、目的、ないし擬似目的の達成へ向けられているような因果的な作用単位全般を指すということであった（これはつまり、「行為」ということで何らかの目的を目指す活動が解されるということである）。また、それがどの程度「擬人的な」含みをもつかという質問に関しては、次のような返答があった

> 私はそこで操作詞・準を使ってもよかったかもしれません。しかしそうはしませんでした。というのも、多くの分野で、より中立的な「つまり擬人的でない」'agent'の使用例があるからです。たとえば経済学的agentは人間

である必要がありません。それはコンピュータの株取引者(あるいはもっと普通の例を出せば自動販売機)であってもいいのです。

他にこの語の重要な用例としては、第19章でデネットが「サブパーソナルなagent」とも「ホムンクルス」とも呼ぶものにほぼ相当する単位を、マーヴィン・ミンスキーが『心の社会』(安西祐一郎訳、産業図書、一九九〇年)においてagentと呼んでいる、という事例があり、『心の社会』の邦訳では、この概念がそのまま「エージェント」と音訳されている。

以上からすると「行為主体」はデネットのagentの訳としてはやや「擬人的」でありすぎるとも見られるかもしれないが、しかしデネットの場合、その呼び名は人間の解釈者が志向的構えによって道具主義的に様々な対象(人間それ自身を含む)にあてがうべきものであることを念頭に置けば、決して奇異な用語法ではないはずである。

[14] 訳者が試みたところ、デネットが挙げたURLからは閲覧できなかったが、"Heyder and Simmel"で検索すれば複数の動画が見つかる。

[15] たとえば、デネット『解明される宗教』一六八頁以下参照。

[16] 「生成的能力」の原語はgenerative capacityで、チョムスキーの生成文法(generative grammar)との類比が暗示されていると思われる。

[17] 「実装」はimplementationの訳。様々なレベルでの設計を現実のものとして組み立て、組み入れる作業を指す。(いわゆるハードウェアの組み立てに限らず、設計通りのソフトウェアの作成も含む。)

[18] 原語はagency つまり「行為主体であるという性格」(あるいは「行為者性」)という意味であるが、本文のように訳しても深刻な意味の違いは生じないと思われる。

[19] カスケード(cascade)とは元々、小さい流れが何段にも連なって落ちていく滝を意味し、転じて、例えば多段階式の化学の実験器具や電気回路などの構造を呼ぶ場合もあるが、ここでデネットが特に念頭に置いていると思われるのは、生化学で言われる「前段の反応産物によって順次活性化されていく酵素群により触媒される一連の反応」(『ランダムハウス英和辞典』)か、それに似た構造である。その担い手となる「ホムンクルスたち」に関しては本文を参照されたい。

[20] グループのメンバーがそれぞれアイデアを書き出し、そのアイデアを検討してその発展形を書き、最後はメンバー全員で検討する方法で、いわゆるブレインストーミングの一つの変形版。なお、デネットは時折、brainwritingをこの意味ではなく、文字通り〈脳に情報を書き込む〉という仮想的事例を指すためにも用いるときがあり、適宜訳し分けた。

[21] バーチャルマシンについては第25章参照。

[22] 「準」の原語はsorta。sort of(「ある種の」)がなまっ

た口語的表現で、「～みたいなもの」という意味や、あるいは形容詞や動詞を修飾して「まあまあ、ほどほどに」という意味になる。ここでは、例えばsorta beliefは「本来の信念未満の、信念みたいなもの」ということである。「操作詞」と訳したoperatorに関しては第II部訳注15参照。

[23] 原語はcompetence without comprehension。第39章で主題的に取り上げられる。comprehensionは「理解」のことで、これがunderstandingとどのように区別されるかを原著者に問い合わせたところ、「自分の英語の中で、アンダスタンディングとコンプリヘンションは交換可能」であり、コンプリヘンションを選んだのは単にコンピータンスとの韻を踏むためだった、とのことだった（デネット教授はまた、代わりに「アンダスタンディングなきアンダーテイキング」[undertakingは「取りかかること」の意]でもほとんどよかった」、と付け足されていた）。それゆえ本書ではcomprehend, comprehensionとunderstand, understandingを特に訳し分けず、共に「理解（力）」の訳語をあてた。

一方のコンピータンスは、デネット教授によれば、理解を伴わないとしても何らかのノウハウを前提にした能力であり、例えば「新しいダンプカーは大きな力（power, capacity）はもっとしてもコンピータンスはもたないが、ダンプカーの運転手はコンピータンスをもつ」ということだった。この違いを日本語の「力」と「能力」の対比と捉えて、コンピータンスに「能力」の訳語をあてることもできなくはなかったが、もう少し意味を絞るために「有能性」という訳語をあてた。

IV　コンピュータを論じる幕間

[1] architectureはもともと建築、建築物の構造といった意味であるが、片仮名書きされる「アーキテクチャ」はコンピュータ用語で、コンピュータの基本設計、設計思想、ないし基本的な仕様を指す。

[2] 以下の命令は原文では*End, Increment, Decrement*で、それぞれそのまま「終了せよ」「～を増加させよ」「～を減少させよ」という動詞の命令形として使用されているが（後の*Branch*も「分岐せよ」という命令形）、そのまま訳出するとかえって分かりにくいので、原文にはない「見出し」を補って訳した。なお、この後登場する*End, Inc, Deb*はデネットの言う通り、これらの命令形の動詞の「略称」である。

[3] 以下の図やプログラムに含まれていた誤りは、ウェブ上で公開されている正誤表（第II部訳注3参照）で訂正されており、本訳書では修正版を使用した。

[4] 原文では「PC」で、アメリカでは現在、通常ウィンドウズをOSとしているコンピュータを指すためにこの名が用いられる。

[5] ここともう一箇所出てくる「小さい」は原書では「大きい」だったが、巻末の付録の中での再引用では「小さい」

になっており、解答も「小さい」に整合するので、本文を「小さい」に修正して訳出した。

[6] ここで言う「ウィンドウズマシン」とは、いわゆる〈ウィンドウズをOSとして搭載しているコンピュータ〉そのものではなく（これは本訳書では「ウィンドウズコンピュータ」、原書では「PC」として名指されている。前々注参照）、その前の「チェスマシン」や「Lispマシン」同様、〈一つのバーチャルマシンとしてのウィンドウズが模倣しているはずのリアルマシン〉に当たるものを名指している。

[7] 第20章（原注12）参照。

[8] 邦訳『ダーウィンの危険な思想』、七〇頁。

[9] 第20章（原注12）参照。

V 意味についてのさらなる道具

[1] 辞書によれば have a thing about . . . は「……に特別な感情（偏見、恐怖心）を持つ、……に取りつかれている」ということで（『ランダムハウス英和辞典』）、より的確に言い直せばこの後デネットが言ったような意味になる。滑らかに日本語に移し替えることは難しく、「引っかかり」という言い方も「偏見、恐怖心」からは少しずれてしまうかもしれないが、過度に説明的な言い換えにならない言い回しとして採用した。他に対応しそうな表現に「腹に一物ある」といった言い回しもあり、「物」が正体のわからなさを表す点でよく一致するが、ただ、この場合の「一物」は、周囲からは正体不明でも、当人にとっては明確に意識された策略や悪意を指すように思われ、この点で「当人自身にもいわく言い難いサブパーソナルな傾向」を指しているここでの"thing"とは意味合いが異なるように思われるので、採用しなかった。

[2] architecture については第IV部訳注1参照。この場合は人間の脳における計算の「基本仕様」に当たる構造を明確に形式化して提示することに相当するだろう。

[3] ピーシーズオブエイト (pieces of eight) は十五世紀以降スペインがメキシコを始めとする中南米諸国で鋳造した八レアル銀貨 (silver 8 real coins) で、当時の国際通貨になっていたという（『ウィキペディア』「本位銀貨」の項目）。ダブロン金貨はスペインおよびスペイン語圏の中南米諸国の昔の金貨（『ランダムハウス英和辞典』）。

[4] 元は生態学の用語で「生態的地位」を指す。

[5] 「狭い《ナロウリー》考察に基づく (narrowly considered)」とは、意味をめぐる哲学論争において、〈環境を参照せずに特定できる心的内容〉を指す「狭い心的内容 (narrow mental content)」を念頭に置いた言い方だと思われる。また「内在的」と訳した intrinsic は、あるものの性質が、そのもの以外の外的なものに関連させずに特徴づけられることを指す。つまり、デネットがこの後で言い換えている内容を、哲学の専門用語を用いて予め表現した、ということであろ

う。

[6] 英語の plant はもともと「植え付けられた、動けないもの」という意味で、デネットはこの語にクォーテーションマークを振ることで、次の段落の考察の予告を行っている。

[7] 一手でキングとルークを同時に動かす特別な手（キングを二マス横に動かし、動かした側のルークをキングの向こう隣のマスに動かす）。

[8] 英語の artifact は元々「技巧、技術、技芸 (art) によって作り出されたもの (fact)」を意味し、「人工」や「人為」という日本語訳に含まれる「人間が作った」という要素は語の中には含まれていないため、「人間の手にならないアーティファクト」という言い方が語義矛盾に陥らずに可能である。自然選択の産物も、「デザイン」に合わせて調整されている、といういみでは技巧の産物、アーティファクトなのである。この場合のアーティファクトを指すためには、「人工物」ではなく、ここのように「製作物」というやや固い訳語を用いる。

[9] 小文字の “intelligent design” は、人間が（自然的能力としての）知性を働かせて家や機械などをデザインすることを指すが、大文字で “Intelligent Design” と（本訳書の表記法では〈 〉を付けて）表記される場合はいわゆる「インテリジェント・デザイン論」（ID論とも略称される）、すなわち超自然的な知性が世界全体をデザインしたと主張する、主に現代米国の、原理主義的なキリスト教信仰と暗に結びついた立場を指す。

[10] 本書への「正誤表」では、この箇所に以下のような補足がなされている。

私は読者のみなさんに、もっとよい曖昧クロスワードパズル（「クワイン的」クロスワードパズル）があったら送って欲しい、と呼びかけたが、何人かの読者の方から、すでにいくつかの例があるという指摘を頂いた。一つ目はイラン・カーソンからの指摘で、一九九六年の『ニューヨーク・タイムズ』紙のクロスワードパズルで、間もなく公示される予定だった大統領候補選の勝利者を「予言した」というので有名になったもので、ある欄の答えをBOBDOLEにしてもCLINTONにしても、それと交差するすべての語のヒントが、すべて二通りの答えを許容する、というものである。このパズルについてはウェブ上で閲覧可能である。例えば下記など。

(http://en.wikipedia.org/wiki/The_New_York_Times_crossword_puzzle#Records_and_puzzles_of_note)

別の曖昧クロスワードパズルは、イギリスのクロスワードパズルの伝統（クリプティック・クルーと呼ばれるパズルで、交差する語についての制約がよりゆるやかなもの）の中に登場するもので、ロジャー・フィリップ他数名の方が送って下さった。

[11] 厳密に言うと、ここでの holism は「理論」としての

「全体論」ではなく、そのような理論が名指している「全体論的過程」ないし「全体論的現象」を指している。
[12] 原著者に問い合わせたところ、「摩訶不思議な因果的な力」とは、サールが脳の制御能力とは別個のものとして想定している因果的な力を指すとのことである。
[13] 何度か登場する原語の make a difference は、もともと「(重要な) 違いをもたらす」＝「それがあることで重要な役割を演じる」というイディオムであるが、「違いをもたらす」という元々の意味を外せない場合が多く、「(重要な) 違いをもたらす」のように訳した。
[14] 「〜として働くことを期待されている」の原語は is supposed to で、「〜するのが当然だ (と想定されている)」というイディオムであり、デネットはこのイディオムで脳の「デザイン」ないし「固有機能」を言い当てようとしている。同様の表現は何度か登場する。
[15] ドナルド・デイヴィドソン「自分自身の心を知ること」(デイヴィドソン『主観的、間主観的、客観的』清塚邦彦、柏端達也、篠原成彦訳、春秋社、二〇〇七年)、四一〜四二頁。
[16] 原語は nomological で、直接的には「(自然) 法則の」というような意味であり、内容的にはデネットの言うように「因果的」という意味に近い。有名なデイヴィドソンの「非法則的一元論 (anomalous monism)」の対立概念をなす「法則的一元論」の「法則的」の原語がこの nomological である。
[17] truthmaker は「真理メイカー」や「真化者」と訳されることもある。真なる命題や真なる文が表象し、それと対応し、その命題や文を「真たらしめる」ように働く、実在する何かを一般的に指す言葉。「この花は赤い」のような経験的命題のトゥルースメイカーは経験的に知られる花や赤さであるが、そうでない命題の場合には様々な問題が生じうる。ここでデネットは「磁石に対するトゥルースメイカー」ということで「磁石の本質は○○である」という命題を真理たらしめる「磁石の実在的本質」なるものを考えているようである。
[18] 原語は covariance で、統計学や物理学等でそれぞれ異なった厳密な定義を与えられている用語だが、ここでは〈二種類の変化が法則的に相関している〉というほどの意味で用いられていると思われる。
[19] 「原因となって〜惹き起こす」の原語は動詞として用いられた cause。単に「惹き起こす」でよいのだが、原文ではいわゆる「因果作用」が述べられていることが語形から明確になっていて、デネットもこの語形上のつながりを前提して議論を進めていると見られるため、それが明確になるように、やや冗長に訳した。
[20] 「超厖大 (Vast)」なる形容詞とその意味はこの後の第35章を参照。通常の表現では表しきれないほど大きいことを表している。
[21] デネットが念頭に置いている可能性がある現実の議論は、ネルソン・グッドマンが「帰納法の新しい謎」と題

された議論で「緑の (green)」と「青い (blue)」を結びつけて造語した人為的な述語「グルー (grue)」である。これは、時点tより前には緑の事物を指し、時点tより後には青い事物を指す述語だとされる。(Nelson Goodman, *Fact, Fiction, and Forecast.* New York: Harvard University Press, 1983 (London: Athlone Press, 1954), p.74.)

[22] 不必要なからくりを寄せ集めて組み立てられた機械装置。最近では「ピタゴラ装置」が有名。

[23]「臨界質量 (critical mass)」とは核分裂物質が臨界に達し継続的な核分裂を始める質量。諸命題の蓄積が十分な量に達すると、核反応を始めるかのように、説得力を帯び始めるということだろう。

Ⅵ 進化について考える道具

[1] Maginot Line とはもともと第二次世界大戦前の一九二七〜三六年に対独防衛線として仏独国境に構築されたフランスの要塞線で、転じて一般に複雑な防御線、障壁を指す。

[2]「バベルの図書館」(J・L・ボルヘス『伝奇集』鼓直訳、岩波文庫、一九九三年、一〇三〜一一七頁)。

[3] メルヴィル『白鯨(上巻)』(八木敏雄訳、岩波文庫、二〇〇四年)、五五頁。

[4] 邦訳、W・V・クワイン『哲学事典――AからZの定義集』(吉田夏彦、野崎昭弘訳、ちくま学芸文庫、二〇〇七年)、三七三〜三七五頁。なお、ボルヘス自身による、バベルの図書館の先駆となる着想を古代のアリストテレスやキケロからたどっていく「完全な図書館」と題された小論があり、フェヒナーの名も冒頭近くで登場する(ホルヘ・ルイス・ボルヘス「完全な図書館」、土岐恒二訳、『ちくま』一九七二年一二月号、一四〜一六頁。原著一九三九年)。

[5] ロバート・フロストの詩「雪の夕暮れ森のそばに立ち止まる」("Stopping by Woods on a Snowy Evening")の最初の部分で、その中の the village (村) のVを大文字に変えている。本来の詩は次の通り――「これが誰の森か、思えば、私も知っていた。/でも彼の家は村の中にある」(葉原幸夫訳著『ロバート・フロストの詩――訳詩と評釈』ニューカレント・インターナショナル、一九八八年、六頁)。ひっそりした村に住むはずの地主が、オクラホマの大都市に住む地主になってしまった、ということであろう。

[6] ホッブズ『リヴァイアサン』第十三章の、自然状態に生きる人間の有り様を述べた箇所であり、原文では"wife" の部分は "life" で、次のような意味になる――「自然状態においては、人間の生は孤独で、貧しく、薄汚く、野卑で、そして短い」。

[7]『創世記』第四章九節、弟のアベルを殺したカインが、神に対してしらを切るセリフ、「私は弟の番人でしょうか?」の "brother" (兄弟) を "brothel" (売春宿) に変えている。

[8] マット・リドレー『赤の女王——性とヒトの進化』（長谷川真理子訳、翔泳社、一九九五年）、五九頁。
[9] 原文は"Publish or Perish"。「研究業績を出せ、さもなければ消えよ」という意味の、学術的業績を上げる競争の熾烈さを示す韻を踏んだ警句。
[10] リチャード・ドーキンス『祖先の物語——ドーキンスの生命史』（垂水雄二訳、小学館、二〇〇六年）
[11] マット・リドレー『やわらかな遺伝子』（中村桂子、斉藤秀隆訳、紀伊國屋書店、二〇〇四年）。
[12] 使用頻度の高い処理を独立化させたソフトウェア内の部分的なプログラム。
[13] 『祖先の物語——ドーキンスの生命史（上）』、二七三〜二七五頁（第三六章）。
[14] 以下、原文では「R&D」という略称がもっぱら用いられるが、日本語の「研究開発」は略記の必要がないので、従来の訳同様、そのまま使用する。
[15] 原語は"Absolute Ignorance"で、直訳すれば「絶対的無知」だが、ここは例えば"Liberty"が「自由の女神」、"Justice"が「正義の女神」になるような、抽象概念の擬人化（ないし神格化）に似た意味と考え「絶対的な無知なるもの」とした。より忠実に訳せば「絶対的無知の権化」のようになるかもしれない。この後の「絶対的英知(the Absolute Wisdom)」も同様で、こちらは神のことであろう。
[16] 原文ではこの〈 〉を付した一節はすべて大文字化されており、これ以上ないほど強調されている。
[17] デネットはこのフレーズをそのままタイトルにした論文(Dennett, 2009a)、およびそれをもじった論文「チューリングの奇妙な推論の逆転」(Dennett, 近刊)を書いている。
[18] ドーキンス『祖先の物語（下巻）』邦訳三二九頁。
[19] この定義は『ダーウィンの危険な思想』から引き継がれたものだが（邦訳一〇六〜一〇七頁）、本書は進化の産物を「デザインのように見えるもの」（またはデザイノイド）ではなく「真のデザイン」として位置づける以上、この条項は不要であるように思われ、この点を原著者に問い合わせてみた。その返答によれば、この条項は確かに本書の立場からは不要であるが、進化の産物を真のデザインとは見なさない人々にもこの定義を受け入れられるものにするために必要だとのことであった。
[20] このフレーズについては第Ⅲ部の訳注23を参照。
[21] 原文では"idiot savants"（訳せば「賢い愚者」）という、いわゆるサヴァン症候群の旧名を用いているが、現代的な名に直して訳した。
[22] 原語はfree-floating rationales。「何かが浮遊している理由」ではなく、「理由そのものが浮遊する」という意味である点に注意されたい。rationaleはほぼ「理由」と訳される時のreasonと同じ意味。free-floatingは水草のようなものを「浮遊性《フリーフローティング》の」と呼ぶために使われることもあれば、特定の対象をもたない「漠然とした《フリーフローティング》」不安を形容するために用いられるなど、幅広い用例をもつが、この場合は、あ

る理由ないし合理的な方針が個々の行為主体、精神に「抱かれ」、「表象される」ことがなく、固定した所有者がいない、という意味である。デネット教授はEメールでこの語について次のように説明されていた。

ここのところに翻訳上の困難があることは分かります。'free-floating' ということばで私が意味していることは単に、このような場合における〈理由〉[REASON]は、特定の脳や心につなぎとめられてはいないし、何らかの行為主体の心において表象されてもいない、ということです。しかしそれは、それでもなお、その現象がなぜ現にそのようなあり方をしているのかの理由なのです(それはその現象がそのようなあり方をしていることの〈原因〉[CAUSE]ではありません——非常に間接的な意味でそう言えるということを別にすれば)。

[23] スティーヴン・ジェイ・グールド『ダーウィン以来(上巻)』(浦本昌紀、寺田鴻訳、早川書房、一九八六年)、第十一章「竹とセミとアダム・スミスの経済学」、一三九頁。

[24] 吉村仁氏は、氷河期の寒冷化による成長速度の減速と生息場所の減少に着目した仮説を「素数ゼミ」に関して提起している。このような状況下では繁殖周期の一致が必要となり、交雑による繁殖周期の変動を回避する選択圧が働いた結果、素数の繁殖周期が選択されるに至った、というのがその概要である(吉村仁『素数ゼミの謎』、文藝春秋、二〇〇五年。Jin Yoshimura, "The Evolutionary Origins of Periodical Cicadas During Ice Ages." *The American Naturalist*, Vol. 149, No. 1 (Jan., 1997), pp. 112-124, http://www.jstor.org/stable/2463533)。Eメールでこの説を紹介したところ、デネット教授がそれに大いに関心を示されていたことを記したい。また言うまでもなく、いずれの仮説も進化が示す「理解力なき数学的有能性」の例証になりうる。

[25]「トゥルースメイカー(truthmaker)」については第V部訳注7を参照。

[26] 原語は almost never、つまり「ほとんど・決してない」という矛盾すれすれの表現であるが、これは「生じそうになさ」を誇張するためだと思われたので、邦訳ではそこまで矛盾めいた表現にはしなかった。

[27]『解明される宗教』四四五頁参照

[28] ティッピング・ポイントという言葉は、マルコム・グラッドウェル『ティッピング・ポイント——いかにして「小さな変化」が「大きな変化」を生み出すか』(高橋啓訳、飛鳥新社、二〇〇〇年)というマーケティングの本で流行語となり、急激に多くの人に使われるようになった。

[29] 原語は almost always で、訳注26の almost never 同様、その「ほとんど必ず」に属さない希な例外こそが進化をもたらす、という含みがある。

[30] イエイヌは Canis lupus familiaris、コヨーテは Canis latrans。オオカミには、アメリカオオカミ(Canis rufus,

Red Wolf）とタイリクオオカミ（Canis lupus, Grey Wolf）の二種類がいるが、デネットは特に区別していない。

［31］ウィルスは細胞をもたないのでここまではカウントされてこなかったと見られる。「数」では細胞をもつ共生者よりも多い一方、「重量」で言えばさらに比率は小さくなるだろう。

［32］より詳しくは十六万年プラスマイナス四万年で、二十万年は「誤差の上限」に当たる。

［33］Errol Flynn（一九〇九～一九五九）は、三度の結婚だけでなく、多くのスキャンダルで浮名を流した有名なオーストラリア出身のハリウッド俳優。

［34］Wikipediaなどを参照したところ、Y染色体アダムの生存時期の最新の見積もりは十六万三九〇〇年～二六万二〇〇年、二〇一三年のある論文では三三万八〇〇〇年と、ミトコンドリアイブの生存時期と見積もられた時期と同時期か、それよりも前とのデータが見いだされた。この点について原著者の見解を問い合わせてみたところ、いくつかの簡略な技術的説明の後、次のようなコメントが続いていた――「［Y染色体］アダムが［ミトコンドリア］イブよりも前の時代に生きていたということは〈論理的には〉可能ですが、しかしそれはとても、とてもありそうにないことです。二つの「称号」は厳格に独立したものです」。

［35］忠実に訳せば「日中（day）」と「夜間（night）」の交替。

［36］secret ingredientとは、コカコーラの添加物やケンタッキーフライドチキンのスパイスのレシピなど、企業秘密にされている添加成分を指す。

［37］以下で紹介されるレトヴィンらの論文「カエルの目がカエルの脳に告げるもの（What the Frog's Eye Tells the Frog's Brain）」の"tells"を"does . . . tell . . .?"に換えて疑問文に作り替えた文。原文では"does"がイタリックになっている。

［38］「外適応（exaptation）」はS・J・グールドとE・ヴルバが「適応（adaptation）」の"ad"（向かう）を"ex"（離れる）に置き換えて作り出した新造語。意味はデネットがここで述べている通りで、考え方としてはダーウィン自身がすでに気づいていたと見られるものである。

［39］「初歩的なことさ（Elementary）」はホームズがよく使うセリフ。

［40］シェイクスピア『ジュリアス・シーザー』のドイツ語訳で、「友人諸君、ローマ人諸君、同胞諸君、お耳を拝借したいのです。私が参りましたのはシーザーを葬るため、讃えるためではありません」と訳されている箇所に該当する（中野好夫訳、岩波文庫、一九八〇年改訳版、一〇七頁）。

［41］ニコラス・ハンフリー『喪失と獲得――進化心理学から見た心と体』（垂水雄二訳、紀伊國屋書店、二〇〇四年）第二二章「科学的シェイクスピア」、四一一～四一四頁。

［42］原文ではSpakeshearでShakespeareのhとpを入れ替えた名だったが、「スペイクシェア」とそのまま音訳するともじりであることが見えにくくなるので、原著者の許可を得て、日本語としてももじりが分かりやすい名にした。

[43] シェイクスピア『ハムレット』の「ハム」を安い缶詰肉「スパム」に変えた言葉遊びだと思われる。「スパムメール」の連想もあるかもしれない。
[44] 原語は working backward で、マーケティングなどで用いられる方法を念頭に置いていると思われる。仮に「逆向き解決法」という訳をあてたが、定訳はないようである。ここでの意味は「リバース・エンジニアリング」とほぼ重なるだろう。
[45] heuristic は、辞典によれば「定まった方法で問題を解くアルゴリズム的方法 (algorithmic approach) が実行できないときに用いる、試行錯誤による問題解決法」(『ランダムハウス英和辞典』)。但しデネットによれば、長除法はじめ、試行錯誤の過程を組み込んだアルゴリズムはごく普通に存在するし(『ダーウィンの危険な思想』邦訳七一〜七二頁)、ここでのチェスプログラムの例が示唆する通り、ヒューリスティック・プログラムそれ自体も一種のアルゴリズムであるとされている(同五八七〜五九〇頁)。
[46] ポーンとキング以外の駒を「ピース」と呼び(これらを含める場合もある)、ビショップとナイトを「小駒(マイナーピース)」、ルークとクィーンを「大駒(メジャーピース)」と呼ぶ。
[47] すでにこの方式は、Wikipedia に Chess960 という変則ゲームとして掲載されている。
[48] ルーベンスは大勢の弟子が働く大きな工房を擁しており、弟子が彩色しルーベンスが仕上げを行った作品も多く、中には署名のみルーベンスが行ったものもあったという(ジル・ネレ『ペーテル・パウル・ルーベンス』、Kazuhiro Akane 訳、タッシェンジャパン、二〇〇六年、四三〜四六頁)。
[49] *Le Ton Beau de Marot* というフランス語の表題を掲げた英語の本。翻訳について論考する著作で、表題は「(クレマン・)マロの甘いしらべ」を意味すると同時に、「マロの墓標」ないし「マロに捧げる芸術作品」をも示唆する等々、重層的な解釈を許す仕掛けが表題自体に組み込まれている。
[50] 原語は diminishing returns で、「収益逓減(の法則)」とも訳す。労働や資本などの投入の度合い(生産要素)を増やして全体の生産量を増やしても、ある段階を過ぎると、見返りとなる収穫ないし収益の増え方は次第に低下する、という経済学の法則。
[51] 「生体内で(*in vivo*)」と「試験管内で、生体外で(*in vitro*)」という一般的な対概念からの派生で、「コンピュータ上で」のような意味になる。
[52] 邦訳『解明される宗教』四六五〜四八六頁。
[53] リチャード・ドーキンス『利己的な遺伝子(増補新装版)』(日高敏隆、岸由二、羽田節子、垂水雄二訳、紀伊國屋書店、二〇〇六年)、二九五〜二九六頁。
[54] 「ポリネシアのカヌー」は、実際のアランのエッセイにおいては「グロア島の漁師が使うボート」であり、この誤りをデネットは本書の正誤表(第Ⅱ部訳注3参照)にお

いて以下のように説明している。

……ロジャー・デプレッジの指摘によれば、アラン（エミール＝オーギュスト・シャルティエの偽名）が書いていたのは「ポリネシアのボートではなく、ロリアンの沖合に浮かぶ島であるグロア島（北緯四七度三八分、西経三度二八分）に住むブルトン人の漁師のボートである」という。間違えたのは私で、D・S・ロジャースとP・R・エルリッヒの二〇〇八年の論文「自然選択と文化的な変化の割合」(Rogers, D.S., and Ehrlich, P. R. (2008). "Natural selection and cultural rates of changes." Proceedings of the National Academy of Sciences DOI: 10.1073/pnas.0711802105) は、ポリネシアのカヌーについて論じ、またアランを引用しているが、アランがカヌーについて述べているとは主張していないからである。私は誤ってそういう推理をしてしまったのであった。

[55]『アラン　初期プロポ集』(高村昌憲訳、土曜美術社出版販売、二〇〇五年)、八四～八五頁、「ダーウィンに従って(SELON DARWIN)」。

[56] 原文は"epidemics and epistemology, biofuels and brain architecture, molecular genetics, music, and morality"と頭韻を踏んでいる。

Ⅶ 意識について考える道具

[1] play は必ずしも「遊び」ではなく、その前の work とほぼ変わらない、単なる「動作」のような意味にもなりうるため、原著者にEメールで確認したところ、この箇所に「辛い仕事と楽しい遊び (hard work and joyful play)」という言い換えを与えながら、意識の理論がしばしば意識の機能の内の前者のみを取り上げ、後者の機能に目を向けていないことに異を唱えるために"work"の後に"(and play)"を挿入した、という説明を頂いたので、それに基づき「仕事（と遊び）」という訳語を当てた。但しいずれも、広い意味では意識の機能を指している。

[2] 原題は The Little Engine That Could。絵本の邦訳があるが（ワッティー・パイパー文、ローレン・ロング絵、ふしみみさを訳、ヴィレッジブックス、二〇〇七年）、原作は二十世紀初頭から存在し、脚色を経ながら何度か絵本化された物語。

[3] ライプニッツ「モナドロジー」(西谷裕作訳、『ライプニッツ著作集・第九巻（後期哲学）』工作舎、一九八九年)、二一一頁。強調箇所などはデネットが引用した英訳による。

[4] ライプニッツは同じ「モナドロジー」の第六四節で次のような思想を唱えている。

……人間の技術によって作られた機械は、そのそれぞれの部分までは機械になっていない。……ところが自然の機械つまり生物の身体は、それを無限に分割していってどんなに小さい部分になっても、やはり機械になっている。これが自然と技術、つまり神のわざと人間のわざの違いである。(前掲訳書、二三三頁)

ここでライプニッツは「何兆もの可動部品をもつ『水車』という考え方」に近い考え方を提起しているとも見られる(この点を原著者に指摘したところ、デネット教授はこの一節を見落としていたことを述べた上で、同意して下さった)。とはいえライプニッツは依然、「部品の数を増やすことで機械から心への移行がなされうる」ことは否定するとも思われる。

[5] conceive of は大抵の場合「想像する(imagine)」と置き換え可能で、他の場所では「思い浮かべる」や「考える」のように訳したが(54章四二六頁で「意識をもつロボットなんて、まったく考えられないな」と訳出した箇所など)、この章では conceive of (concept) と imagine (imagination) の意味の違いが主題になるので、それをはっきりさせるため、例外的に「(〜の)概念を形成する」と訳した。この後も文脈によっては適宜この訳を当てる。

[6] 原文では「辺」「千」「正」「多角形」で「正千辺形」の概念になる、という議論であるが、「正千角形」という日本語に合わせて少し変更した。

[7] Wikipedia によれば、「シャザム!」は『キャプテン・マーベル』(後に『シャザム!』)の主人公が変身するときの呪文で、S・H・A・Z・A・Mはそれぞれ、主人公に力を与えた神々の頭文字。

[8] 第VI部訳注4参照。

[9] サリンジャー『ライ麦畑でつかまえて(新装版)』(野崎孝訳、白水社、一九八五年)、六〇頁。

[10] ジェーン・オースティン『説きふせられて』(富田彬訳、岩波文庫、一九九八年)、三四三〜三四四頁。

[11] ドストエフスキー『罪と罰(下巻)』(江川卓訳、岩波文庫、二〇〇〇年)、一三九頁。

[12] トマス・ネーゲル「コウモリであるとはどのようなことか?」(ネーゲル『コウモリであるとはどのようなことか?』永井均訳、一九八九年、二五八〜二九二頁(第十二章))。

[13] 「内在的(intrinsic)」という言葉については第V部訳注5も参照。

[14] 原語は dispositional property。単に「傾向性(disposition)」ともいう。それ自身の内部構造等によって定義されるのではなく、例えば「可溶性」や「引火性」のように、それが結果としてもたらす現象によって定義される性質。心的性質が外的行動や脳内の機能によって定義されるとしたら、それは内在的性質としてではなく、傾向的性質として定義されていることになる。

[15] qualia は複数形で、単数形は quale であるが、日本語では「クオリア」がこの用語の定訳としてほぼ固定しているので、区別せずに「クオリア」と訳する。

[16] 原文ではclaimingがclaimedと誤植されており、Eメールでの原著者の指示に従って訂正した。それでもブロックの主張との関連が幾分分かりづらいので、原著者によるこの箇所の解説を引いておく。

生気論者が、「エラン・ヴィタルを信じてはならない」と主張する人に直面すると、こんな不信感を抱くのです――「生き物が、その生き物をまさに生あるものたらしめている素材の存在を疑うなど、いかにしたら可能だというのか??!!」（これをブロックの、要約すれば次のようになる主張と比較して下さい――「意識ある人間が、クオリアとは何か、などと真面目に問いかけることなど、いかにしたら可能だというのか？」）

[17] Chromaphilは「色の愛好者」というような意味。

[18] ここで言われている調味料は味の素などの「旨み調味料」を指すが、文脈上「旨み」を用いる訳語は避けた。というのも、原語の"flavor enhancer"は「味をよくするもの」という意味であるが、「旨み調味料」と言う場合の「旨み」とは、単に「美味である」という意味ではなく、一九〇八年の池田菊苗の研究以降、グルタミン酸などのもたらす感覚を（甘み、苦み、酸味、塩辛さに次ぐ）「第五の味覚」として名指すために用いられてきた呼称だからである。グルタミン酸などの効果に関してはそれ以降、それが池田が提起したような別の味覚なのか、ただ味のよさを増すだけなのかの論争が実際に存在し、二〇〇〇年になって味蕾にグルタミン酸を受容する独自の受容体が発見され、旨み(umami)が別の味覚であるという説の強い確証が得られた、という経緯がある(Bernd Lindemann, "A taste for umami", *Nature Neuroscience* 3, 2000, 99-100)。デネットはここでどちらの説を明確に支持するとも言っていないものの、用語としては「味のよさを増す」という見方に沿った"flavor enhancer"という呼称を採用しており、またこの点を確認するEメールへの返答からして、「第五の味覚」説には懐疑的であるようであり、この点を正確に訳出する必要性を感じ、直訳的に「風味増強調味料」とした。なお、上記の問題で決着がついたのはあくまで生理学的な問題に関する論争で、デネットが以下で述べる、クオリアをめぐる概念的な問いとは区別されるべき問題であることは注意されたい。

[19] 「ヘテロ」は（ここでは）「他者」の意味。通常の一人称的な「自己《オート》・現象学」と対比される、三人称的観点からなされる現象学。詳しくは第63章参照。他に『解明される意識』第四章なども参照。

[20] デネットが引くアドレスはリンク切れで、現在は同じサイトの下記ページよりmovファイル（クイックタイム用動画ファイル）が落とせる。
http://ruccs.rutgers.edu/finstlab/index.php/demos

[21] 映画『メリーポピンズ』に登場する楽曲で使われる、架空の形容詞。

[22] grab bag。パーティーなどで使いる、様々なプレゼントを詰めた宝探し袋。
[23]「創発(emergence)」とは、要素の単純な総和に還元されない新たな存在者が存在し始めること。
[24] 邦訳『マインズ・アイ——コンピュータ時代の「心」と「私」(新装版)』。書誌情報は序論訳注4を参照。
[25] サールの言葉を引いておく。

それ[“a few slips”という表現]は完全な捏造であり、このことはどの読者も、彼らが全文を再録した私の論文に当たって確かめることができる。しかも、それは理解しうるうっかりミス《スリップ》などではなく、私が実際に語ったことの正反対を行くものなのだ。(Searle 1982)。

訳に当たり原著者に、二つの表現の間にはそれでも何かニュアンスの違いはあるのか(例えば、英語読者にイメージされる紙片の大きさが違うなど)を問い合わせたところ、「ほぼ同義表現に近い」との回答だったので、日本語でもほとんど意味が違わない表現として訳した。
[26] マレイ・ゲルマン『クォークとジャガー——たゆみなく進化する複雑系』(野本陽代訳、草思社、一九九七年)。
[27] 他の場所で「ダイヤル」と訳した語の原語はknobであるが、この論考では原文でもdialとなっている。第I部訳注5参照。
[28]『マインズ・アイ』下巻三五〇〜三五一頁(邦訳者は土屋俊)。
[29] デカルト著、谷川多佳子訳『方法序説』、岩波文庫、一九九七年、七五頁。
[30]「ストーリー(story)」はサールの思考実験に登場する用語で、中国語の部屋にある三つの書類の束が、それぞれ「スクリプト」(中国語で書かれた本の第一の束)、「ストーリー」(第二の束)、「質問」(第三の束)と呼ばれる。四八七頁のサールの引用を参照。
[31]『マインズ・アイ(下巻)』、第二二章、一八七頁(邦訳者は守屋唱進)。
[32] 前掲書、下巻、一八七頁。
[33] 前掲書、下巻、一八一頁。
[34] 前掲書、下巻、一八二頁。
[35] デイヴィッド・ヒューム『知性について(人間本性論、第一巻)』(木曾好能訳、法政大学出版局、二〇一一年)、二八六〜二八七頁。強調箇所等はデネットの引用に従った。
[36]「パーソナル」の概念については第19章「パーソナル/サブパーソナルの区別」を参照。
[37] ニコラス・ハンフリー『喪失と獲得』、第四章(三一〜七一頁)「自己について語る—多重人格障害の評価(ダニエル・デネットとの共著)」。書誌情報は第VI章訳注41参照。
[38] アーヴィング・ゴッフマン『行為と演技——日常生活における自己呈示』(石黒毅訳、誠信書房、一九七四年)。
[39] 日本の読者は、アメリカの読者を想定して示された

車種、人名、ないしダンスのような風俗等の項目を身近な「ありきたりすぎる」ものに置き換えて（「青いトヨタ車に乗ったことがあるのか」や「山田という人物とカラオケに行ったことがあるのか」など）、デネットが読者に仕掛けた記憶についての実験を各自なりに試みることができよう。

[40]「私たちが（暗黙裏にであれ）その存在を認める」は commit us to の訳。以下も同様。

[41] この前後に何度か登場する「（慎重に）統制する」と訳した言葉の原語は control。訳者は、これがいわゆる対照実験 (control experiment) を指すのかと考えて原著者に質問したところ、以下のような回答を得た。

> 私が考えていたのは対照実験のことではありません。私が考えていたのは、例えば、実験者が実験前に被験者に対して与える事前説明《ブリーフィング》のことです——あなたが実験をする場合、実験の目的となる、検証すべき仮説を被験者に告げることを〈しない〉ように配慮すべきで、これは、その実験目的についての信念が、実験にとって都合の悪い影響を被験者の振る舞いに与えるからです。また被験者が、実験に関して伝えられた指示をちゃんと理解し、自分がすべきことについて正しい信念を形成する、という状況を確実に作り出せるようにも配慮すべきで、そのために、被験者があなたの実験に対して最善を尽くそうという〈欲求〉を（頻繁に）抱けるように、被験者にしかるべき報酬が支払われるか提供されるかする措置を講じるべきです。これらやその他の多くのやり方で、実験は被験者の信念と欲求を統制 (control) します。「ナイーブな」被験者こそが望ましい被験者であるのですが、その理由は他でもなく、そういう被験者が、あなたが探求すべき現象について、予めそれほど多くの信念をもっていない、ということにあります。

[42]「民俗心理学」や「民俗物理学」と同じく、一般に素朴に信じられている説明を指している。

[43] ここでも例外的に「概念の形成 (conceiving of)」と「想像 (imaging)」をはっきり訳し分けた。注5参照。

[44] 地球表層が何枚かの固い岩盤（プレート）から構成されており、マントル表面で水平運動を行っているとする理論。一九六〇年代後半に確立され、それ以前に提唱されていたウェゲナーの大陸移動説に納得しうるメカニズムを与えた。

VIII 自由意志についての思考道具

[1] 後にデネットも引くパウンドストーンの解説書（ウィリアム・パウンドストーン『ライフゲイムの宇宙〔新装版〕』有澤誠訳、二〇〇三年）やウェブ上の解説では、このタイプのパターンは「ブリンカー (blinker)」（意味は同じ「点

滅機」）と呼ばれており、flasherという名（「信号灯」と訳される）は、「ブリンカー」が四つ組み合わさったパターンの名として用いられている。

[2] デネットの記述はやや分かりにくいが、このような不変の配置＝〈静止ライフ still life〉には多くの種類があり、図四は「ブロック」と呼ばれるその一種である。なお、still lifeはパウンドストーンの解説書の邦訳（前注参照）やウェブ上では「固定物体」と訳されている。また『自由は進化する』の訳者山形浩生氏は「静物」という訳語を採用している。本訳書は、デネットがこのゲームにまつわる「生命」の比喩を非常に重んじるので、その意味が表に出る訳語を選んだ。同様の修正は他の訳語に関しても行っている（例えば、generationは一般に「単位時間」と訳されているが、原義に近づけて「世代」と訳した、等）。

[3]「創発（emergence）」については第Ⅶ部訳注22参照。ここでデネットは、ライフ世界の物理的レベルに属する存在者の集まりから、デザインレベルという新たな種類の存在者が構成されたことを指すためにemergeという動詞を使っており、前述のようなテクニカルな意味合いを踏まえていると思われる。

[4] 邦訳『ライフゲイムの宇宙』（注1参照）三二頁。

[5] 前掲邦訳、二四二～二四三頁。

[6] 邦訳『「志向姿勢」の哲学――人は人の行動を読めるのか？』（若島正、河田学訳、白揚社、一九九六年）。

[7] expected utility。デネットが引くフォン・ノイマンとモルゲンシュテルンの研究『ゲーム理論と経済行動』はゲーム理論の経済学への適用の試みであり、「効用（utility）」とは（大まかに言って）人が商品やサービスから受ける満足の度合いを指す経済学用語、市場における効用の確率論的な見込み（期待値）が期待効用である。但しデネットは市場での経済活動に必ずしも限らず、幅広い場面での利害の期待値を「期待効用」として名指している。

[8] リンク切れではないが、地域制限によって日本からは見られないようである。

[9] ゴブリン、レプラコーンについては第17章参照。

[10] 原語はkeep . . . off balanceで、直訳すれば「相手の足元をぐらつかせておく」というような意味。原著者によれば「対抗する相手を混乱、ないし当惑させる」というような意味だとのことで、こう訳した。

[11]「文字」と訳した語は原文では「アルファベット」、「どんな独特の味わい」の原文は"wHat flAvOr"。アルファベット文字列と漢字仮名混じり文字列の微妙な違いもありうるが、ここはデネットのメタ言語的な実験を再現することに重きをおいて「意訳」した。

[12] 第Ⅴ部訳注7参照。

[13] 原文はこの箇所の0と1が一部逆になっているが、原著者に確認の上、直して訳出した。

[14] 原文ではここの「熟知」の主体が「あなた」ではなく「ロボット」のように読めたため、原著者に確認の上このように訳した。

[15] デネットはこの後ファーブルのドイツ語訳を原文のまま引いてその英訳を付しているが、本書の「正誤表」(第Ⅱ部訳注3参照)の中では、ロジャー・デプレッジ(倫理学者)経由で入手したフランス語原文を掲載している。本訳書では(フランス語からの)既存の邦訳を引く(次注参照)。なお、日本での知名度からすると意外であるが、デネット教授よりのメールでは、「アメリカでは、ファーブルはまったく知られていない」とのことである。また付言すると、『ファーブル昆虫記』の中では以下の引用箇所はむしろ例外的で、むしろ昆虫の本能の「アナバチ性」を強調する叙述の方が多く目に止まる。(さらに言えば、それに基づいて進化論(内容的には、当時主流だった「獲得形質遺伝説」による本能の説明)を排撃するのがファーブルの一貫した論調である)。

[16] ファーブル『完訳 ファーブル昆虫記(第一巻)』(山田吉彦、林達夫訳、岩波文庫、一九九三年)、一一一頁。

[17] 原文では *Humdrumbeetle*(訳せば「アリキタリコウチュウ」?)と、あたかもそのような学名をもつ種のように書かれているが、どうやらこれはデネットの創作で、分かりにくいのでこのように訳した。

[18] フランクリン・J・シャフナー監督、一九七八年公開。原作小説は、アイラ・レヴィン『ブラジルから来た少年』(小倉多加志訳、早川書房、一九七六年、文庫版一九八二年)。

[19] puppet は「操り人形」。

[20] autonomy は「自律」。

[21]『実践理性批判』第一部第一編最終節「純粋実践理性の分析論の批判的解明」中の言葉(カント『実践理性批判』、坂部恵、伊古田理訳『カント全集』第七巻、岩波書店、二〇〇〇年、二六三頁/アカデミー版第Ⅴ巻、九六頁)。

[22] 原語は"too good to be true"。ボブ・クルー、ボブ・ゴーディオの書いた歌『君の瞳に恋してる』の歌い出しでも用いられているフレーズで、この場合「美しすぎてウソのような」と訳される。

Ⅸ 哲学者であるとはどのようなことか?

[1] 原題は"WHAT IS IT LIKE TO BE A PHILOSOPHER?"で、ネーゲルの論文「コウモリであるとはどのようなことか?」("What it is like to be a bat?")、第Ⅶ部訳注12参照)のもじり。

[2] フレーズの本来の意味は「うまくいったらしめたものだけどね」というような意味だが、デネットは"nice work"に「素敵な仕事」という意味を引っかけて引用している。

[3] ファウストは十六世紀に実在した占星術師・錬金術師で、死後、(この後に名が出る)悪魔メフィストフェレスを呼び出して契約したとの伝説が生まれた。この伝説に想をとった作品であるゲーテの『ファウスト』は特に有名。

[4]「科学的シェイクスピア」、ハンフリー『喪失と獲得』

（第Ⅵ部訳注41参照）、四一三頁。

［5］ノーム・チョムスキー『文法の構造』（勇康雄訳、研究社出版、一九六三年）。

［6］英語圏の哲学の主流である、いわゆる分析哲学（analytic philosophy）の伝統の中で、例えば普遍者、本質、必然性と可能性、といった存在論ないし形而上学に属する問題を扱おうとする、比較的新しい分野。

［7］「メッセージ化」と訳した動詞のmassageについて、原著者の言葉を引いておく——「"massage"とは、生《なま》のデータから不整合性を取り除くために用いられうる、情報の調整、再考察、ひねり、改訂、等々を呼ぶための、私なりの呼称に過ぎません」。

［8］higher order truth。「高階の真理」とも訳す。真理についての真理、ないしメタレベルの真理のこと。

［9］デネットは「正誤表」（第Ⅰ部訳注3参照）の中で「チメス」について次のような補足的なコメントをしている。

「私が「チメス」と名付けたゲームについて、私はプレイする価値のあるゲームではなかろうと意見を述べる一方、実際に誰かが深く探求してはいるだろう、という推測も行ったのであるが、現実にそのゲームが「スーパーキング」という名で知られていることをベンジャミン・コノーヴァーさんが知らせてくれた（［二〇一三年］六月十九日）。このゲームやその他の同類のゲーム、例えば「九六〇とセイラワン・チェスは、上級のグランドマスターたち（ボビー・フィッシャーとヤッサー・セイラワン）にとって、自分自身のゲームを改善するために使用されていました。それゆえチメスはあなたのチェス・ゲームを改善するのに役立つのです！」

［10］現在は左記ページに転送される。
http://en.chessbase.com/post/rajlich-busting-the-king-s-gambit-this-time-for-sure

［11］現在は左記ページに転送される。
http://en.chessbase.com/post/the-chebase-april-fool-s-prank

［12］ドン・デリーロ（Don Delillo 一九三六年〜）。アメリカの作家。ケネディ暗殺犯オズワルドを主人公にした小説『リブラ　時の秤』などの作品がある。なお、Dom De Lilloと表記されていたが、デネット教授に問い合わせたところ誤記とのことであった。

［13］トマス・ピンチョン（Thomas Ruggles Pynchon 一九三七年〜）。アメリカの作家。代表作『重力の虹』など。

［14］ジョン・ロールズ著、川本隆史、福間聡、神島裕子訳『正義論（改訂版）』紀伊國屋書店、二〇一〇年。

Ⅹ　道具を使ってもっと頑張ろう

［1］原語はinconceivableで、直訳すれば「概念化できない」。第55章他と同様、本章でもconceive, conceivable, inconceivable 等をなかなか単一の訳語に置き換えられず、いくつかの語に訳し分け、適宜ルビで原語を示すという手段をとらざるを得なかった。第Ⅶ部訳注5と訳注32も参照。

［2］「努力もほとんどしていない」の原文は"you're hardly trying"。表題の「さらに頑張ろう」の原文は"TRY HARDER"。このように、hardly＝「ほとんど〜ない」と hard＝「一生懸命、辛い思いをして」(harder は比較級）は同語源の副詞でありながらしばしば正反対の意味になり、ここでもその対比が効果的に用いられている。

XI 扱われずに残った道具

［1］邦訳『マインズ・アイ（上巻）』第十三章（上巻、三二一〜三五五頁）

［2］ワヤン、ないしワヤン・クリと呼ばれる、人形を使ったジャワの伝統的な影絵芝居。

［3］『「志向姿勢」の哲学』一八九〜一九一頁。

事項索引

さ行

た行

な行

は行

ま行

や行

ら行

わ行

アルファベット

（＊思考道具、直観ポンプに関しては目次も参照のこと）

人名索引

た行

な行

は行

ま行

や行

ら行

わ行

文献表

Abbott, Edwin A., (1884) 1983, *Flatland: A Romance in Many Dimensions* (reprint of 1963 fifth edition with foreword by Isaac Asimov). New York: HarperCollins.

Alain [Émile August Chartier] (1908) 1956, *Propos d'un Normand 1906-1914*. Paris: Gallimard. Quoted in Deborah S. Rogers and Paul R. Ehrlich, 2008, "Natural Selection and Cultural Rates of Change." Proceedings of the National Academy of Sciences, vol. 105, pp. 3416-3420.（アラン『アラン初期プロポ集：propos 1906-1914』高村昌憲訳，土曜美術社，2005）

Austin, J. L., 1961, *Philosophical Papers*. Oxford: Oxford University Press.（『オースティン哲学論文集』坂本百大訳，勁草書房，1991）

Axelrod, Robert, 1984, *The Evolution of Cooperation*. New York: Basic Books.（R. アクセルロッド『つきあい方の科学：バクテリアから国際関係まで』松田裕之訳，ミネルヴァ書房，1998）

Axelrod, Robert, and William Hamilton, I98I, "The Evolution of Cooperation." *Science*, vol. 211, pp. 1390-1396.

Barrett, Justin, 2000, "Exploring the Natural Foundations of Religion." *Trends in Cognitive Science*, vol. 4, pp. 29-34.

Bateson, William, 1916, Review of the *Mechanisms of Mendelian Heredity* by T. H. Morgan (1914).

Behe, Michael J., 1996, *Darwin's Black Box: The Biochemical Challenge to Evolution*. New York: Free Press.（マイケル・J. ベーエ『ダーウィンのブラックボックス：生命像への新しい挑戦』長野敬，野村尚子訳，青土社，1998）

Bennett, Max, Daniel Dennett, P. M. S. Hacker, and John Searle, 2009, *Neuroscience and Philosophy: Brain, Mind, and Language*. New York: Columbia University Press.

Bennett, Max, and P. M. S. Hacker, 2003, *Philosophical Foundations Of Neuroscience*. Malden, Mass.: Wiley-Blackwell.

Block, Ned, 1978, "Troubles with Functionalism." In W. Savage, ed., *Perception and Cognition: Issues in the Foundations of Psychology*. Minnesota Studies in the Philosophy of Science, vol. 9. Minneapolis: University of Minnesota Press, pp. 261-326.

———, 1994, "What Is Dennett's Theory a Theory of?" *Philosophical Topics*, vol. 22 (special issue on the philosophy of Daniel Dennett), pp. 23-40.

Bobrow, Daniel, 1985, *Qualitative Reasoning about Physical Systems*. Cambridge,

Mass.: MIT Press.

Borges, J. L., 1962, *Labyrinths: Selected Stories and Other Writings*. New York: New Directions.

Bray, Dennis, 2009, *Wetware*. New Haven, Conn.: Yale University Press.（デニス・ブレイ『ウェットウェア：単細胞は生きたコンピューターである』熊谷玲美，田沢恭子，寺町朋子 訳，早川書房，2011）

Brockman, J., ed., 2009, *What Have You Changed Your Mind About*. New York: HarperCollins.

————, 2012, *This Will Make You Smarter*. New York: Harper Torchbook.

Brooks, R. A., 1987, *Planning Is Just a Way of Avoiding Figuring Out What to Do Next*. Technical report, MIT Artificial Intelligence Laboratory, Cambridge, Mass. Available at http://people.csail.mit.edu/brooks/papers/Planning%20is%20Just.pdf.

Brooks, Rodney, 1991, "Intelligence without Representation." *Artfcial Intelligence*, vol. 47, PP. 139-159.

Cann, Rebecca L., Mark Stoneking, and Allan C. Wilson, 1987, "Mitochondrial DNA and Human Evolution." *Nature*, vol. 325, pp. 31-36.

Chalmers, David, 1995, "Facing Up to the Problem of Consciousness." *Journal of Consciousness Studies*, vol. 2, no. 3, pp. 200-219.

Clark, A., 2013, "Whatever Next? Predictive Brains, Situated Agents, and the Future of Cognitive Science." *Behavioral and Brain Sciences*.

Clegg, Liam, 2012, *Protean Free Will*. California Institute of Technology, Pasadena. Available at http://authors.library.caltech.edu/29887/.

Cope, David, 2000, *The Algorithmic Composer*. Middleton, Wisc.: A-R Editions.

————, 2001, *Virtual Music: Computer Synthesis of Musical Style*. Cambridge, Mass.: MIT Press.

Cronin, Helena, 1991, *The Ant and the Peacock*. Cambridge: Cambridge University Press.

Damiaan, Denys, Mariska Mantione, Martijn Figee, Pepijn van den Munckhof, Frank Koerselman, Herman Westenberg, Andries Bosch, and Rick Schuurman, 2010, "Deep Brain Stimulation of the Nucleus Accumbens for Treatment-Refractory Obsessive-Compulsive Disorder." *Archives of General Psychiatry*, vol. 67, no. 10, pp. 1061-1068.

Davidson, Donald, 1987, "Knowing One's Own Mind." *Proceedings and Addresses of the American Philosophical Association*, vol. 60, pp. 441-458. Reprinted in Davidson, Donald, 2001, *Subjective, Intersubjective, Objective*. New York: Oxford University Press, pp. 15-38.

Dawkins, Richard, 1976, *The Selfish Gene*. Oxford: Oxford University Press. Rev. ed. 1989.（リチャード・ドーキンス『利己的な遺伝子』（増補新版）日高敏隆，岸由二，羽田節子，垂水雄二訳，紀伊国屋書店，2006）

————, 1982, *The Extended Phenotype: The Gene as the Unit of Selection*. Oxford:

Oxford University Press.（リチャード・ドーキンス『延長された表現型：自然淘汰の単位としての遺伝子』日高敏隆ほか訳，紀伊国屋書店，1987）
———, 1986, *The Blind Watchmaker.* London: Longmans.（リチャード・ドーキンス『盲目の時計職人：自然淘汰は偶然か？』中嶋康裕ほか訳，日高敏隆監修，早川書房，2004）
———, 1996, *Climbing Mount Improbable.* London: Viking Penguin.
———, 2004, *The Ancestor's Tale: A Pilgrimage to the Dawn of Time.* London: Weidenfeld & Nicolson.（リチャード・ドーキンス『祖先の物語：ドーキンスの生命史』上・下，垂水雄二訳，小学館，2006）
De Vries, Peter, 1953, *The Vale of Laughter.* Boston: Little, Brown.
Dehaene, S., and J. F. Marques, 2002, "Cognitive Euroscience: Scalar Variability in Price Estimation and the Cognitive Consequences of Switching to the Euro." *Quarterly Journal of Experimental Psychology,* vol. 55, pp 705-731.
Dennett, Daniel C., 1968, "Features of Intentional Action." *Philosophy and Phenomenological Research,* vol. 29 (December), pp. 232-44.
———, 1969, *Content and Consciousness.* London: Routledge & Kegan Paul.
———, 1971, "Intentional Systems." *Journal of Philosophy,* vol. 68, pp. 87-106.
———, 1975, "Brain Writing and Mind Reading." In K. Gunderson, ed., *Language, Mind and Knowledge.* Minnesota Studies in the Philosophy of Science, vol. 7. Minneapolis: University of Minnesota Press, pp. 403-416. Reprinted in Dennett 1978a.
———, 1978a, *Brainstorms.* Cambridge, Mass.: MIT Press/A Bradford Book.
———, 1978b, "Current Issues in the Philosophy of Mind." *American Philosophical Quarterly,* vol. 15, pp. 249-261.
———, 1978c, "Why You Can't Make a Computer That Feels Pain." *Synthese,* vol. 38 (August), pp. 415-456.
———, 1980, "The Milk of Human Intentionality" (commentary on Searle). *Behavioral and Brain Sciences,* vol. 3, pp. 428-430.
———, 1981, "Three Kinds of Intentional Psychology." In R. Healey, ed., *Reduction, Time and Reality.* Cambridge: Cambridge University Press, pp. 37-61.
———, 1982a, "Beyond Belief." In A. Woodfield, ed., *Thought and Object: Essays on Intentionality.* Oxford: Oxford University Press. Reprinted in Dennett, 1987.
———, 1982b, "How to Study Consciousness Empirically: or Nothing Comes to Mind." *Synthese,* vol. 53, pp. 159-180.
———, 1982c, "'The Myth of the Computer: An Exchange" (reply to John Searle's review of the Mind's I). *New York Review of Books,* vol. 29 (June 24), pp. 56-57.
———, 1982d, "Notes on Prosthetic Imagination." *New Boston Review,* vol. 7 (June), pp. 3-7. Reprinted in "30 Years of Boston Review." *Boston Review,* vol. 30, no. 5 (September/October 2005), p. 40.

———, 1983, "Intentional Systems in Cognitive Ethology: 'The 'Panglossian Paradigm' Defended." *Behavioral and Brain Sciences*, vol. 6, pp. 343-390.
———, 1984a, *Elbow Room: The Varieties of Free Will Worth Wanting*. Cambridge, Mass.: MIT Press.
———, 1984b, "I Could Not Have Done Otherwise–So What?" *Journal of Philosophy*, vol. 81, pp. 553-565.
———, 1986, "The Logical Geography of Computational Approaches: A View from the East Pole." In Robert M. Harnish and M. Brand, eds., *The Representation of Knowledge and Belief*. Tucson: University of Arizona Press, pp. 59-79.
———, 1987, *The Intentional Stance*. Cambridge, Mass.: MIT Press.（ダニエル・C. デネット『「志向姿勢」の哲学：人は人の行動を読めるのか？』若島正，河田学訳，白揚社，1996）
———, 1988a, "Quining Qualia." In A. Marcel and E. Bisiach, eds., *Consciousness in Modern Science*. Oxford: Oxford University Press, pp. 42-77.
———, 1988b, "Why Everyone Is a Novelist." *Times Literary Supplement*, vol. 4 (September 16-22), p. 459.
———, 1988c, "Evolution, Error and Intentionality." In Y. Wilks and D. Partridge, eds., *Sourcebook on the Foundations of Artificial Intelligence*. Albuquerque: University of New Mexico Press, pp. 190-211.
———, 1990, "Memes and the Exploitation of Imagination." *Journal of Aesthetics and Art Criticism*, vol. 48, pp. 127-135.
———, 1991a, *Consciousness Explained*. Boston: Little, Brown.（———，『解明される意識』山口泰司訳，青土社，1998）
———, 1991b, "Real Patterns." *Journal of Philosophy*, vol. 88, pp. 27-51.
———, 1993, "Confusion over Evolution: An Exchange." *New York Review of Books*, January 14, pp. 43-44.
———, 1994a, "Get Real" (reply to my critics). *Philosophical Topics*, vol. 22 (special issue on the philosophy of Daniel Dennett), pp. 505-556.
———, 1994b, "The Practical Requirements for Making a Conscious Robot." *Proceedings of the Royal Society, A*, vol. 349, pp. 133-146.
———, 1995a, *Darwin's Dangerous Idea: Evolution and the Meanings of Life*. New York: Simon & Schuster.（———，『ダーウィンの危険な思想：生命の意味と進化』山口泰司監訳，青土社，2000）
———, 1995b, "How to Make Mistakes." In J. Brockman and K. Matson, eds., *How Things Are*. New York: William Morrow, pp. 137-144.
———, 1996a, *Kinds of Minds: Towards an Understanding of Consciousness*. New York: Basic Books.（———，『心はどこにあるのか』土屋俊訳，草思社，1997）
———, 1996b, "Review of *Other Minds: Critical Essays*, 1969-1994 by Thomas Nagel, 1995." *Journal of Philosophy*, vol. 63, no. 8 (August), pp. 425-428.

———, 2000, “With a Little Help from My Friends.” In Don Ross, Andrew Brook, and David Thompson, eds., *Dennett's Philosophy: A Comprehensive Assessment.* Cambridge, Mass.: MIT Press, pp. 327-388.
———, 2001a, “Collision-Detection, Muselot, and Scribble: Some Reflections on Creativity.” In Cope, 1001, pp. 283-291.
———, 2001b, “Consciousness: How Much Is That in Real Money?” In R. Gregory, ed., *The Oxford Companion to the Mind,* 2nd ed. Oxford: Oxford University Press.
———, 2001c, “Explaining the ‘Magic’ of Consciousness.” In *Exploring Consciousness, Humanities, Natural Science, Religion, Proceedings of the International Symposium,* Milano, November19-20, 2001 (published in December 2002, Fondazione Carlo Erba), pp. 47-58.
———, 2001d, “In Darwin's Wake, Where Am I?” (American Philosophical Association Presidential Address). *Proceedings and Addresses of the American Philosophical Association,* vol. 75, no. 2 (November), pp. 13-30. Reprinted in J. Hodge and G. Radick, eds., 2003, *The Cambridge Companion to Darwin.* Cambridge: Cambridge University Press, pp. 357-376.
———, 2001e, “Things about Things.” In Joao Branquinho, ed., *The Foundations of Cognitive Science.* Oxford: Clarendon Press, pp. 133-149.
———, 2002, “The New Replicators.” In Mark Pagel, ed., *The Encyclopedia of Evolution,* vol. 1. Oxford: Oxford University Press, pp. E83-E92.
———, 2003, *Freedom Evolves.* New York: Viking Penguin. (———, 『自由は進化する』山形浩生訳, NTT 出版, 2005)
———, 2004, “Holding a Mirror up to Dupré” (commentary on John Dupre, *Human Nature and the Limits of Science*). *Philosophy and Phenomenological Research,* vol. 69, no. 2 (September), pp. 473-483.
———, 2005a, “Natural Freedom.” *Metaphilosophy,* vol. 36, no. 4 (July), pp. 449-459.
———, 2005b, *Sweet Dreams: Philosophical Obstacles to a Science of Consciousness.* Cambridge, Mass.: MIT Press. (———, 『スウィート・ドリームズ』土屋俊, 土屋希和子訳, NTT 出版, 2009)
———, 2006a, *Breaking the Spell. Religion as a Natural Phenomenon.* New York: Viking Penguin. (———, 『解明される宗教：進化論的アプローチ』阿部文彦訳, 2010)
———, 2006b, “From Typo to Thinko: When Evolution Graduated to Semantic Norms.” In S. Levinson and P. Jaisson, eds., *Evolution and Culture.* Cambridge, Mass.: MIT Press, pp. 133-145.
———, 2006c, “The Higher-Order Truths about Chmess.” *Topoi,* pp. 39-41.
———, 2007a, “The God Delusion by Richard Dawkins.” *Free Inquiry,* vol. 27, no.1 (December/January 2007).
———, 2007b, “Heterophenomenology Reconsidered.” *Phenomenology and Cognitive*

Science, vol. 6, nos. 1 and 2 (special issue on heterophenomenology, Alva Noë, ed.), pp. 247-270.

———, 2007c,"Varieties of Content." Presentation at Concepts: Content and Constitution, A Symposium, University of Copenhagen, Amager, Denmark, May 12.

———, 2007d, "What RoboMary Knows." In T. Alter and S. Walter, eds., *Phenomenal Concepts and Phenomenal Knowledge: New Essays on Consciousness and Physicalism*. Oxford: Oxford University Press, pp. 15-31.

———, 2008, "Competition in the Brain." World Question Center. Edge.org, December, later published in Brockman, 2009.

———, 2009a, "Darwin's 'Strange Inversion of Reasoning.'" *Proceedings of the National Academy of the Sciences of the United States of America*, vol. 106, suppl. 1, pp. 10061-10065.

———, 2009b, "Heterophenomenology." In T. Bayne, A. Cleeremans, and P. Wilken, eds., *The Oxford Companion to Consciousness*. Oxford: Oxford University Press, pp. 345-346.

———, 2009c, "Intentional Systems Theory." In B. McLaughlin, A. Beckermann, and S. Walter, eds., *The Oxford Handbook of Philosophy of Mind*. Oxford: Oxford University Press, pp. 339-350.

———, 2010, "Homunculi Rule: *Reflections on Darwinian Populations and Natural Selection* by Peter Godfrey-Smith, Oxford University Press, 2009." *Biology and Philosophy* (published online December 21). Available at http://ase.tufts.edu/cogstud/papers/homunculi.pdf.

———, 2011a, "Cycles" (as an answer to the Edge Question 2011, "What Scientific Concept Would Improve Everybody's Cognitive Toolkit?"). World Question Center. Edge.org, later published in Brockman, 2012, pp. 81-88.

———, 2011b, "Shall We Tango? No, but Thanks for Asking" (commentaries on Evan Thompson, *Mind in Life*, with replies). *Journal of Consciousness Studies*, vol. 18, nos. 5 and 6 (special issue on Evan Thompson), pp. 23-34.

———, 2012, "Sakes and Dints." *Times Literary Supplement*, March 2, pp. 12-14.

———, forthcoming, "The Evolution of Reasons." In Bana Bashour and Hans D. Muller, eds., *Contemporary Philosophical Naturalism and Its Implications*. New York: Routledge.

———, forthcoming, "Expecting Ourselves to Expect" (commentary on Clark). *Behavioral and Brain Sciences*.

———, forthcoming, "Kinds of Things." In Don Ross, James Ladyman, and Harold Kincaid, eds., *Does Scientific Philosophy Exclude Metaphysics?* Oxford: Oxford University Press.

———, forthcoming, "Turing's 'Strange Inversion of Reasoning.'" In Barry Cooper, ed., *Alan Turing–His Work and Impact*. Elsevier.

Dennett, Daniel C., and Kathleen Akins, 2008, "The Multiple Drafts Model."

Scholarpedia, vol. 3, no. 4, 4321. http://www.scholarpedia.org/wiki/index.php?title=Multiple_drafts_model.

Dennett, Daniel C., and Alvin Plantinga, 2011, *Science and Religion: Are They Compatible?* Oxford: Oxford University Press.

Dennett, Daniel C., and C. F. Westbury, 2000, "Mining the Past to Construct the Future: Memory and Belief as Forms of Knowledge." In D. Schacter and E. Scarry, eds., *Memory, Brain, and Belief.* Cambridge, Mass.: Harvard University Press, pp. 11-32.

Denton, Michael, 1985, *Evolution: A Theory in Crisis.* London: Burnett Books.（マイケル・デントン『反進化論：ダーウィンの自然観はまちがっている』川島誠一郎訳，1988）

Dewdney, A. K., 1984, *The Planiverse: Computer Contact with a Two-Dimensional World.* New York: Poseidon Press.（A.K. デュードニー『プラニバース：二次元生物との遭遇』野崎昭弘監訳，工作舎，1989）

Eigen, Manfred, 1992, *Steps towards Life.* Oxford: Oxford University Press.

Ellis, Haydn, and Andrew Young, 1990, "Accounting for Delusional Misidentifications." *British Journal of Psychiatry,* vol. 157, pp, 239-248.

Feynman, Richard, 1985, *"Surely You're Joking, Mr. Feynman!": Adventures of a Curious Character.* New York: W. W. Norton.（R.P. ファインマン『ご冗談でしょう、ファインマンさん』上／下，大貫昌子訳，岩波書店，2000）

Fitch, Tecumseh, 2008, "Nano-Intentionality: A Defense of Intrinsic Intentionality." *Biology and Philosophy,* vol. 23, pp. 157-177.

FitzGibbon, C. D., and J. H. Fanshawe, 1988, "Stotting in Thomson's Gazelles: An Honest Signal of Condition." *Behavioral Ecology and Sociobiology,* vol. 23, no. 2 (August), pp. 69-74.

Fodor, Jerry, 1975, *The Language of Thought.* Hassocks, Sussex: Harvester Press.

———, 2003, "Why Would Mother Nature Bother?" (review of *Freedom Evolves*). *London Review of Books,* vol. 25, no. 5, pp. 17-18.

———, 2008, *LOT 2: The Language of Thought Revisited.* Oxford: Oxford University Press.

Fodor, Jerry, and E. Lepore, 1992, *Holism: A Shopper's Guide.* Oxford: Blackwell.（ジェリー・フォーダー，アーネスト・ルポア『意味の全体論：ホーリズム，そのお買い物ガイド』柴田正良訳，産業図書，1997）

Fodor, Jerry, and M. Piatelli-Palmerini, 2010, *What Darwin Got Wrong.* New York: Farrar, Straus & Giroux.

Frankfurt, Harry, 1969, "Alternate Possibilities and Moral Responsibility." *Journal of Philosophy,* vol. 65, pp. 829-833.

Gell-Man, Murray, 1995, *The Quark and the Jaguar. Adventures in the Simple and the Complex.* New York: St. Martin's.（マレイ・ゲルマン『クォークとジャガー：たゆみなく進化する複雑系』野本陽代訳，草思社，1997）

Gibson, J. J., 1979, *The Ecological Approach to Visual Perception.* Boston:

Houghton Mifflin.（J.J. ギブソン『生態学的視覚論：ヒトの知覚世界を探る』古崎敬ほか訳，サイエンス社，1985）
GODFREY-SMITH, PETER, 2009, *Darwinian Populations and Natural Selection*. Oxford: Oxford University Press.
———, 2011, "Agents and Acacias: Replies to Dennett, Sterelny, and Queller" (replies to reviews of *Darwinian Populations and Natural Selection*). *Biology and Philosophy*, vol. 26, pp. 501-515.
GOFFMAN, ERVING, 1959, *The Presentation of Self in Everyday Life*. Edinburgh: University of Edinburgh Social Sciences Research Centre.（E. ゴッフマン『ゴッフマンの社会学 1』石黒毅訳，誠信書房，1974）
GOULD, STEPHEN JAY, 1977, *Ever since Darwin*. New York: W. W. Norton.（スティーヴン・ジェイ・グールド『ダーウィン以来：進化論への招待』浦本昌紀，寺田鴻訳，早川書房，1995）
———, 1989a, "Tires to Sandals." *Natural History*, April, pp. 8-15.
———, 1989b, *Wonderful Life: The Burgess Shale and the Nature of History*. New York: W. W. Norton.（———，『ワンダフル・ライフ：バージェス頁岩と生物進化の物語』渡辺政隆，早川書房，2000）
———, 1992a, "The Confusion over Evolution." *New York Review of Books*, November 19.
———, 1992b, "Life in a Punctuation." *Natural History*, October, pp. 10-21.
———, 1993, "Confusion over Evolution: An Exchange." *New York Review of Books*, January 14, pp. 43-44.
GRAHAM, GEORGE, and TERENCE HORGAN, 2000, "Mary Mary Quite Contrary." *Philosophical Studies*, vol. 99, pp. 59-87.
GREENE, JOSHUA, and JONATHAN COHEN, 2004, "For the Law, Neuroscience Changes Everything and Nothing." *Philosophical Transactions of the Royal Society*, vol. 359, PP. 1775-1785.
HARRIS, SAM, 2012, *Free Will*. New York: Free Press.
HAUGELAND, JOHN, 1981, *Mind Design*. Cambridge, Mass.: MIT Press/Bradford Book.
———, 1985, *Artificial Intelligence.- The Very Idea*. Cambridge, Mass.: MIT Press.
HAWKING, STEPHEN W., 1988, *A Brief History of Time*. New York: Bantam.（スティーヴン W. ホーキング『ホーキング，宇宙を語る：ビッグバンからブラックホールまで』林一訳，早川書房，1995）
HAYES, PATRICK, 1978, "The Naïve Physics Manifesto." In D. Michie, ed., *Expert Systems in the Microelectronic Age*. Edinburgh: Edinburgh University Press.
HEIDER, F., and M. SIMMEL, 1944, "An Experimental Study of Apparent Behavior." *American Journal of Psychology*, vol. 57, no. 2, pp. 243-259.
HILLIARD, JOHN NORTHERN, 1938, *Card Magic*. Minneapolis: Carl W. Jones.
HOFSTADTER, DOUGLAS, 1979, *Gödel Escher Bach*. New York: Basic Books.（ダグラス・R. ホフスタッター『ゲーデル，エッシャー，バッハ：あるいは不思議の

環」野崎昭弘，はやしはじめ，柳瀬尚紀訳，白揚社，2005）
————, 1982, “Metamagical Themas: Can Inspiration Be Mechanized?” *Scientific American,* September, pp. 18-34. Reprinted as “On the Seeming Paradox of Mechanizing Creativity,” in Hofstadter, 1985, pp. 526-546.
————, 1985, *Metamagical Themas: Questing for the Essence of Mind and Pattern.* New York: Basic Books.（————,『メタマジック・ゲーム：科学と芸術のジグソーパズル』竹内郁雄，斉藤康己，片桐恭弘訳，白揚社，2005）
————, 1997, *Le Ton Beau de Marot: In Praise of the Music of Language.* New York: Basic Books.
————, 2007, *I Am a Strange Loop.* New York: Basic Books.
Hofstadter, Douglas, and Daniel Dennett, eds., 1981, *The Mind's I.* New York: Basic Books.（ダグラス・R. ホフスタッター，ダニエル・C. デネット編著『マインズ・アイ：コンピュータ時代の「心」と「私」』上・下，坂本百大監訳，阪急コミュニケーションズ，1992）
Holland, John, 1975, *Adaptation in Natural and Artificial Systems.* Ann Arbor: University of Michigan Press.（John H.Holland『遺伝アルゴリズムの理論：自然・人工システムにおける適応』嘉数侑昇監訳，森北，1999）
Hume, David, (1739) 1964, *A Treatise of Human Nature* (L. A. Selby-Bigge, ed.). Oxford: Clarendon.（デイヴィッド・ヒューム『人間本性論』全3巻，木曾好能訳，法政大学出版局，2011）
Humphrey, Nicholas, 1987, “Scientific Shakespeare.” *The Guardian* (London), August 26.
Humphrey, Nicholas, and Daniel Dennett, 1989, “Speaking for Our Selves: An Assessment of Multiple Personality Disorder.” *Raritan: A Quarterly Review,* vol. 9 (Summer), pp. 68-98. Reprinted (with footnotes), Occasional Paper 8, Center on Violence and Human Survival, John Jay College of Criminal Justice, City University of New York, 1991.
Hurley, Matthew, Daniel Dennett, and Reginald B. Adams Jr., 2011, *Inside Jokes: Using Humor to Reverse-Engineer the Mind.* Cambridge, Mass.: MIT Press.（マシュー・M・ハーレー，ダニエル・C・デネット，レジナルド・B・アダムズ Jr.『ヒトはなぜ笑うのか：ユーモアが存在する理由』片岡宏仁訳、勁草書房、2015年）
Jackendoff, Ray, 1987, *Consciousness and the Computational Mind.* Cambridge, Mass.: MIT Press/Bradford Book.
————, 1993, *Patterns in the Mind: Language and Human Nature.* Harlow, Essex: Harvester Wheatsheaf; New York: Basic Books, 1994.（レイ・ジャッケンドフ『心のパターン：言語の認知科学入門』水光雅則訳，岩波書店，2004）
Jackson, Frank, 1982, “Epiphenomenal Qualia.” *Philosophical Quarterly,* vol. 32, pp. 127-136.
Kane, Robert, 1996, *The Significance of Free Will.* Oxford: Oxford University Press.
Knobe, J., and Nichols, S., eds., 2008, *Experimental Philosophy.* Oxford: Oxford

University Press.

Leibniz, Gottfried, (1714) 1898, *Monadology. In The Monadology and Other Philosophical Writings*, Robert Latta, trans. Oxford: Oxford University Press.（ライプニッツ『モナドロジー／形而上学叙説』清水富雄，竹田篤司訳，中央公論新社 , 2005）

Lenat, Douglas B., and R. V. Guha, 1990, *Building Large Knowledge-Based Systems: Representation and Inference in the CYC Project*. Reading, Mass.: Addison-Wesley.

Lettvin, J. Y., U. Maturana, W. McCulloch, and W. Pitts, 1959, "What the Frog's Eye Tells the Frog's Brain." In *Proceedings of the Institute of Radio Engineers*, vol. 47, pp. 1940-1951.

Levine, Joseph, 1994, "Out of the Closet: A Qualophile Confronts Qualophobia." *Philosophical Topics*, vol. 22, pp. 107-126.

Lewis, David, 1978, "Truth in Fiction." *American Philosophical Quarterly*, vol. 15, pp. 37-46.

Lloyd, M., and Dybas, H. S., 1966, "The Periodical Cicada Problem." *Evolution*, vol. 20, pp. 132-149.

Lloyd Morgan, Conwy, 1894, *An Introduction to Comparative Psychology*. London: W. Scott.（C. Lloyd Morgan『比較心理學：全』大日本文明協會編，大日本文明協会，1914）

Ludlow, Peter, Yujin Nagasawa, and Daniel Stoljar, eds., 2004, *There's Something about Mary: Essays on Phenomenal Consciousness and Frank Jackson's Knowledge Argument*. Cambridge, Mass.: MIT Press/Bradford Books.

MaCkenzie R. B., 1868, *The Darwinian Theory of the Transmutation of Species Examined*. London: Nisbet.

Maynard Smith, John, 1978, *The Evolution of Sex*. Cambridge: Cambridge University Press.

McClelland, Jay, David Rumelhart, and the PDP Research Group, 1986, *Parallel Distributed Processing: Explorations in the Microstructure of Cognition*, vol. 2. Cambridge, Mass.: MIT Press.

Menabrea, Luigi Federico, 1842 "Sketch of the Analytic Engine Invented by Charles Babbage." In the *Bibliothèque Universelle de Genève*, no. 82 (October). Translated by Augusta Ada King, Countess of Lovelace, 1843, with notes, in *Scientific Memoirs*, vol. 3, pp. 666-731.

Meyer, Stephen C., 2009, *Signature in the Cell: DNA and the Evidence for Intelligent Design*. New York: HarperOne.

Millikan, Ruth, 1984, *Language, Thought and Other Biological Categories*. Cambridge, Mass.: MIT Press.

———, 1993, *White Queen Psychology and Other Essays for Alice*. Cambridge, Mass.: MIT Press.

Nagel, Thomas, 1974, "What Is It Like to Be a Bat?" *Philosophical Review*, vol. 83,

pp. 435-450.
———, 2009, Recommendation for Book of the Year. *Times Literary Supplement,* November 27.
———, 2010, Letter to the editor. *Times Literary Supplement,* January 1.
Neugebauer, Otto, 1989, "A Babylonian Lunar Ephemeris from Roman Egypt." In E. Leichty, M. de J. Ellis, and P. Gerardi, eds., *A Scientific Humanist: Studies in Honor of Abraham Sachs.* Philadelphia: Occasional Publications of the Samuel Noah Kramer Fund no. 9, pp. 301-304.
Pinker, Steven, 2002, *The Blank Slate: The Modern Denial of Human Nature.* New York: Viking.（スティーブン・ピンカー『人間の本性を考える：心は「空白の石版」か』上・下，山下篤子訳，NHK 出版，2004）
Popek, Gerald J., and Robert P. Goldberg, 1974, "Formal Requirements for Virtualizable Third Generation Architectures." *Communications of the ACM,* Vol. 17, no. 7, pp. 412-421. doi:10.1145/361011.361073. Available at http://doi.acm.org/10.1145/361011.361073.
Poundstone, William, 1985, *The Recursive Universe: Cosmic Complexity and the Limits of Scientific Knowledge.* New York: William Morrow.（ウィリアム・パウンドストーン『ライフゲイムの宇宙』有澤誠訳，日本評論社，2003）
Putnam, Hilary, 1975, "The Meaning of 'Meaning.'" In K. Gunderson, ed., *Language, Mind and Knowledge.* Minnesota Studies in the Philosophy of Science, vol. 7. Minneapolis: University of Minnesota Press. Reprinted in Putnam, 1975, *Mind, Language and Reality* (Philosophical Papers, vol. 2). Cambridge: Cambridge University Press.
Quine, W. V. O., 1960, *Word and Object.* Cambridge, Mass.: MIT Press.（W.V.O. クワイン『ことばと対象』大出晁 , 宮館恵訳，勁草書房，1984）
———, 1987, "Universal Library." In *Quiddities. An Intermittently Philosophical Dictionary.* Cambridge, Mass.: Harvard University Press.（W.V. クワイン『哲学事典：A から Z の定義集』吉田夏彦 , 野崎昭弘訳，筑摩書房，2007）
Rapoport, Anatol, 1960, *Fights, Games, and Debates.* Ann Arbor: University of Michigan Press.
———, 1961, "Three Modes of Conflict." *Management Science,* vol. 3, p. 210.
Ridley, Matt, 1993, *The Red Queen: Sex and the Evolution of Human Nature.* New York: Macmillan.（マット・リドレー『赤の女王』長谷川眞理子訳，早川書房，2014）
———, 2004, *Nature via Nurture.* London: Fourth Estate. Also published under the title *The Agile Gene: How Nature Turns on Nurture.* New York: HarperCollins.（マット・リドレー『やわらかな遺伝子』中村桂子 , 斉藤隆央訳，早川書房，2014）
Ross, Amber, 2013, "Inconceivable Minds." Philosophy PhD dissertation, University of North Carolina at Chapel Hill.
Ruina, Andy, 2011, "Cornell Ranger, 2011, 4-Legged Bipedal Robot." ruina.tam.

cornell.edu/research/topics/locomotion_and_robotics/ranger/Ranger 2011/.
Rumelhart, D. E., J. L. McClelland, and the PDP Research Group, 1986, *Parallel Distributed Processing- Explorations in the Microstructure of Cognition,* vol. 1. Cambridge, Mass.: MIT Press.（D.E. ラメルハートほか『PDP モデル：認知科学とニューロン回路網の探索』甘利俊一監訳，産業図書，1989）
Ryder, Dan, Justine Kingsbury, and Kenneth Williford, eds., 2013, *Millikan and Her Critics.* Oxford: Wiley-Blackwell.
Sanford, David, 1975, "Infinity and Vagueness." *Philosophical Review,* vol. 84, pp. 520-535.
Schönborn, Christoph, 2005, "Finding Design in Nature." *New York Times,* July 7.
Searle, John, 1980, "Minds, Brains and Programs." *Behavioral and Brain Sciences,* vol. 3, pp. 417-458.
————, 1982, "The Myth of the Computer" (review of The Mind's I). *New York Review of Books,* vol. 29 (April 29).
————, 1988 "Turing the Chinese Room." In T. Singh, ed., *Synthesis of Science and Religion, Critical Essays and Dialogues.* San Francisco: Bhaktivedanta Institute.
Sellars, Wilfrid, 1962, "Philosophy and the Scientific Image of Man." In *Science, Perception and Reality.* London: Routledge & Kegan Paul.
Seung, Sebastian, 2007, "The Once and Future Science of Neural Networks." Presented at the Society for Neuroscience meeting, San Diego, November 4.
Siegel, Lee, 1991, *Net of Magic: Wonders and Deceptions in India.* Chicago: University of Chicago Press.
Sims, Karl, 1994, *Evolved Virtual Creatures.* http://www.karlsims.com/evolved-virtual-creatures.html.
Strawson, Galen, 2003, "Evolution Explains It All for You" (review of Dennett, 2003). *New York Times,* March 2.
————, 2010, "Your Move: The Maze of Free Will," The Stone, *New York Times* online, July 22, 2010. http://www.scribd.com/doc/86763712/ Week-2-Strawson-The-Maze-of-Free-Will.
Thompson, Evan, 2007, *Mind in Life.* Cambridge, Mass.: Belknap Press, Harvard University Press.
Vohs, Kathleen D., and Jonathan W. Schooler, 2008, "The Value of Believing in Free Will: Encouraging a Belief in Determinism Increases Cheating." *Psychological Science,* pp. 49-54.
von Neumann, John, 1966, *Theory of Self-Reproducing Automata* (Arthur Burks, ed.). Champaign-Urbana: University of Illinois Press.（J. フォン・ノイマン著，A.W. バークス編補『自己増殖オートマトンの理論』高橋秀俊監訳，岩波書店，1975）
von Neumann, John, and Oskar Morgenstern, 1944, *Theory of Games and Economic Behavior.* Princeton, N.J.: Princeton University Press.（ジョン・フォン・ノ

イマン，オスカー・モルゲンシュテルン『ゲーム理論と経済行動』武藤滋夫訳，勁草書房，2014)

Von Uexküll, Jakob, (1934) 1957, "A Stroll through the Worlds of Animals and Men: A Picture Book of Invisible Worlds." In Claire H. Schiller, ed. and trans., Instinctive Behavior: *The Development of a Modern Concept.* New York: *International Universities* Press.

Wang, Hao, 1957, "A Variant to Turing's Theory of Computing Machines." *Journal of the Association for Computing Machinery,* pp. 63-92.

Wiggins, David, 1973, "Towards a Reasonable Libertarianism." In T. Honderich, ed., *Essays on Freedom of Action.* London: Routledge & Kegan Paul, pp. 31-63.

Wimsatt, William C., 1980, "Randomness and Perceived Randomness in Evolutionary Biology." *Synthese,* vol. 43, pp. 287-290.

Wolfe, Tom, 2000, "Sorry, But Your Soul Just Died." In *Hooking Up.* New York: Farrar, Straus & Giroux.

Wooldridge, Dean, 1963, *The Machinery of the Brain.* New York: McGraw-Hill.

Wright, Robert, 2000, *Nonzero: The Logic of Human Destiny.* New York: Pantheon.

Zahavi, A., 1987, "The Theory of Signal Selection and Some of Its Implications." In V. P. Delfino, ed., *Bari, 9-14 April 1985.* Bari: Adriatici Editrici, pp. 305-327.

出典一覧

I　序論——直観ポンプとは何か？

気まぐれな看守とゴミ箱の中の宝石たちは『エルボウ・ルーム』(Dennett, 1984) を改訂の上で引用したものである。

II　汎用的な思考道具一ダース

1　「誤ること」の冒頭は「いかに誤るか」["How to Make Mistakes"] (Dennett, 1995b) である。

2　「推理のパロディによって」は初出である。

3　「ラパポートのルール」。この規則を私が最初に活字にしたのは、ドーキンス『神は妄想である』についての、『フリー・インクワイアリー』誌上での私の考察 (Dennett, 2007a) の内においてである。

4　「スタージョンの法則」。この法則は「デュプレに鏡を向ける」["Holding a Mirror up to Dupré"] (Dennett, 2004) の中で議論された。

5　「オッカムの剃刀」は初出である。

6　「オッカムのほうき」。この造語はシドニー・ブレンナーのウェブページに多くを負っている。見たところ、これに関する出版物はないようである。

7　「素人をおとりとして使う」は初出である。

8　「脱システムする」は「僕は実際にしたこと以外のことはできなかった——だから何？」["I couldn't Have Done Otherwise — So What?"] (Dennett, 1984b) で描かれた題材を含んでいる。

9　「グールド法の三つの種」は「進化についての混乱——あるやりとり」["Confusion over Evolution: An Exchange"] (Dennett, 1993) と「一緒にタンゴを踊りませんか？　ご遠慮致します。でもお誘い下さってありがとう」["Shall we tango? No but thanks for asking"] (Dennett, 2011b) から引用した。

10　「操作詞「間違いなく」」は「実現せよ」["Get real"] (Dennett, 1994a) で述べたいくつかの見解を発展させたものである。

11　「修辞疑問」は初出である。

12　「深っぽい話とは何か」は「友人たちのちょっとした助けを借りて」["With a Little Help from My Friends"] (Dennett, 2000) の題材に基づいている。

III　意味あるいは〔心的〕内容について思考する道具

13　「トラファルガー広場の殺人」は「三種類の志向心理学」["Three kinds of Intentional psychology"] (Dennett, 1981) から引用した〔同論文は『志向姿勢の哲学』第3章として収録。該当箇所は同書邦訳65～66頁〕。

14 「クレヴァーランドに住む兄」は「脳への書き込みと心の読み取り」["Brain Writing and Mind Reading"] (Dennett, 1975) から引用した。

15 「パパはお医者さんなの」は『内容と意識』[*Content and Consciousness*] (Dennett, 1969) から引用した。

16 「外見的イメージと科学的イメージ」は「われわれ自身について期待すべきことを期待すること」["Expecting Ourselves to Expect"] (Dennett, 近刊); 「利益《セイクス》と力《ディンツ》」["Sakes and Dints"] (Dennett, 2012);「ものの種類」["Kinds of Things"] (Dennett, 近刊) に含まれる題材を参考にしている。アリクイたちと鳥たちについての議論は『エルボウ・ルーム』(Dennett, 1984a) から引用した。

17 「民俗心理学」は ["Three kinds of Intentional psychology"] (Dennett, 1981) から引用した〔『「志向姿勢」の哲学』邦訳第 3 章〕。

18 「志向的構え」は「志向的システム」["Intentional Systems"] (Dennett, 1971) および『「志向姿勢」の哲学』(Dennett, 1987) から引用した。この主題は私の他の多くの本と論文でも議論されている。

19 「パーソナル／サブパーソナルの区別」は『内容と意識』(Dennett, 1969) から引用した。

20 「ホムンクルスたちのカスケード」は『ブレインストームズ』[*Brainstorms*] (Dennett, 1978) と Edge.org に掲載されている記事 (Dennett, 2008) に基づいている。後者は後に『あなたは何について自分の心を変えたのか』[*What Have You Changed Your Mind About*] (Blockman, 2009) の収録作として出版された。

21 「操作詞・準」は未発表作だが、ここで述べられる諸々の主題は「チューリングの奇妙な推論の逆転」["Turing's Strange Inversion of Reasoning"] (Dennett, 近刊) において詳しく展開されている。

22 「不可思議な組織」この用語は「自然な自由」["Natural Freedom"] (Dennett, 2005a) で初めて活字になった。ウィリアム・ベイトソンからの引用に私の注意を向けてくれたクリストフ・コックに感謝する。〔「リアル・マジック」についてのテキストは『スウィート・ドリームズ』第 3 章第 1 節と第 2 節にも登場する。〕

23 「巨大なロボットの制御室に囚われて」は「心の哲学の最近の話題」["Current Issue in the Philosophy of Mind"] (Dennett, 1978b) から引用した。

Ⅳ　コンピュータを論じる幕間

24 「コンピュータの七つの秘密を解き明かす」はコンピュータサイエンスの入門講座から発展したものである。この入門講座は、ジョージ・スミス、デイヴィッド・アイルスと私がタフツ大学で行った講義で、コンピュータサイエンス学科を主専攻とする学部生スティーヴ・バーニーに特筆して助力を得た。スティーヴはタフツのカリキュラー・ソフトウェアスタジオ (Curricular Software Studio) のリードプログラマーとなった。カリキュラー・ソフトウェアスタジオはスローン財団の助成を受けた研究プロジェクトであり、こ

の助成は前述の講座の為にスティーヴが作成したシミュレーテッド・コンピュータＡＥＳＯＰ［イソップ］の成果を受けて提供されたものである。ロッドレゴはイソップに触発されたもので、最初は1986年、私がＬＯＧＯ言語でプログラムを書いた――私はこれを当初Ｒｅｇｏと呼んでおり、118ページの図のとんがり頭の小人は、ＬＯＧＯで用いられる「タートル」〔ＬＯＧＯなどで用いられる、描画用の三角形のカーソルのようなもの〕の名残を化石的に留めている。その後、よりポータブルでがっしりとした形で、最初にロッド・ダ・シルヴァによってプログラム――ＲｏｄＲｅｇｏ――が複数のバージョンで書き直され、カリキュラー・ソフトウェアスタジオのニコライ・シュヴァートナーがこれを更に改良した。

25 「バーチャルマシン」バーチャルマシンについてはあちこちで論じてきた。例えば「想像力の補装具に関するノート」["Notes on Prosthetic Imagination"] (Dennett, 1982d)（これは、カリキュラー・ソフトウェアスタジオ創設を導くことになったマニフェストである)、『解明される意識』(Dennett, 1991a)、「意識あるロボットを作るための実践的要請」["Practical Requirements for Making a Conscious Robot"] (Dennett, 1994b) など。

26 「アルゴリズム」は『ダーウィンの危険な思想』(Dennett, 1995a) の題材に基づいている〔第2章4～5など〕。

27 「エレベーターを自動化する」が初めて発表されたのは、2007年コペンハーゲン大学で催されたシンポジウム「〔心的〕内容の多様性」["Varieties of Content"] (Dennett, 2007c) においてのことだが、これまで出版はされていない。

「要約」は「チューリングの奇妙な推理の逆転」(Dennett, 近刊) からのアイデアをいくつか含んでいる。

V 意味についてのさらなる道具

28 「赤毛の人についての、何やらひっかかるもの」は「事柄についての事柄」["Things about Things"] (Dennett, 2001e) から引用した。〔『「志向姿勢」の哲学』168～69頁も参照〕

29 「さまようツービッツァー、双子地球、巨大なロボット」は「進化、誤謬、志向性」["Evolution, Error, and Intentionality"] (Dennett, 1988c) に改訂を加えて引用したものである。〔同論文は『「志向姿勢」の哲学』第8章として収録されている。また巨大なロボットの思考実験は『ダーウィンの危険な思想』第14章4節にもほぼ対応する邦訳が収録されている〕。

30 「根源的翻訳とクワイン的クロスワードパズル」の初出は「友人たちのちょっとした助けを借りて」(Dennett, 2000) である〔『解明される宗教』525～529頁にも同じクロスワードパズルを用いた議論が登場する〕。

31 「意味論的機関と構文論的機関」は「三種類の志向的心理学 (Dennett, 1981)〔『「志向姿勢」の哲学』第3章、邦訳72頁等〕を改訂し引用したものである。

32 「スワンプマン、ウシザメに出会う」は「志向的行為の諸特徴」["Features of intentional action"] (Dennett, 1968) と「実現せよ」(Dennett, 1994a) の題材

を改訂し引用したものである。
33 「二つのブラックボックス」は『ダーウィンの危険な思想』(Dennett, 1995a) から改訂の上引用したものである〔第14章第2〜3節〕。

Ⅵ 進化について考える道具

34 「万能酸」は『ダーウィンの危険な思想』(Dennett, 1995a) を改訂し引用したものである〔第3章第1節、邦訳88〜89頁〕。
35 「メンデルの図書館」は『ダーウィンの危険な思想』(Dennett, 1995a) に改訂を加えて引用したものである〔第5第2節〕。
36 「単語としての遺伝子あるいはサブルーチンとしての遺伝子」は初出。本章はリチャード・ドーキンスの『祖先の物語』(Dawkins, 2004) に触発されて書いたもので、この著作からの長めの引用をしている〔『祖先の物語』邦訳272〜277頁〕。
37 「生命の樹」は初出である。この図はレオナルド・エイゼンベルグが創作したものだ。彼のウェブサイト (http://evogeneao.com/tree.html) で、この図の使い方の明快な解説を見られる。また、このサイトではTシャツ、フード付きトレーナーなどなどのグッズを通販購入できる。
38 「クレーンとスカイフック、デザイン空間における持ち上げの方法」は『ダーウィンの危険な思想』(Dennett, 1995a) を改訂し引用したものである〔第3章第4節〕。
39 「理解力なき有能性」は「ダーウィンの奇妙な推論の逆転」["Darwin's Strange Inversion of Reasoning"] (Dennett, 2009a) を改訂し引用したものである。
40 「浮遊する理由」。浮遊する理由については「認知動物行動学における志向システム――『パングロス主義パラダイム』」["Intentional Systems in Cognitive Ethology: The 'Panglossian Paradigm'] (Dennett, 1983)〔『「志向姿勢」の哲学』第7章〕で紹介しており、他の多くの論文でも議論してきている。
41 「セミは素数を理解しているか?」は『ダーウィンの危険な思想』(Dennett, 1995a) から改訂の上引用したものである。
42 「ストッティング〔跳ね歩き〕をどう説明するか」は初出。
43 「最初の哺乳類にご用心」は『自由は進化する』(Dennett, 2003) から改訂の上引用したものである〔邦訳、第4章第5節、180〜182頁。なお、原書では出典の誤りがあり、原著者に確認の上修正して訳出した〕。
44 「種分化はいつ生じるのか」は「多元的草稿モデル」["Multiple Drafts Model"] (Dennett and Akins, 2008) を改訂し引用した。
45 「未亡人製造機、ミトコンドリア・イブ、遡及的な戴冠」は『ダーウィンの危険な思想』(Dennett, 1995a) を改訂し引用したものである〔第4章第3節〕。
46 「サイクル」は「サイクル」["Cycles"] (Dennett, 2011a) を改訂し引用したものである。これはエッジ・クエスチョンズ2011年 [the Edge Question 2011]、「人々すべての認知的道具箱に進歩をもたらした科学的概念は何

か？」に対する私の回答としてなされたもので、後に『これはあなたをより利口にするだろう』[*This Will Make You Smarter*] (Brockman, 2012) に掲載された。

47 「カエルの目がカエルの脳に告げているものは何か？」は『ダーウィンの危険な思想』(Dennett, 1995a) を改訂し引用したものである〔邦訳 540 ～ 542 頁〕。

48 「バベルの図書館空間から跳躍する」は『ダーウィンの危険な思想』(Dennett, 1995a) を改訂引用したものである〔邦訳 191 ～ 194 頁〕。

49 「『スパムレット』の作者は誰か？」はアメリカ哲学協会東部部会において、「ダーウィンの航跡を追って、私は今どこに？」["In Darwin's Wake, Where Am I?"] (Dennett, 2001d) の題でなされた、代表挨拶を改訂引用したものである。

50 「仮想ホテルの騒音」は「衝突判定・ミューゼロット・走り書き――創造性に関するいくつかの考察」["Collision-Detection, Muselot, and Scribble: Some Reflections on Creativity"] (Dennett, 2001a) を改訂し引用したものである。

51 「ハーブとアリスと赤ん坊のハル」は「ホムンクルスのルール〔ホムンクルスたちが支配する〕――ピーター・ゴドフリー＝スミス著『ダーウィン的個体群と自然選択』(オックスフォード大学出版会 2009 年) についての考察」["Homunculi Rule: Reflections on *Darwinian Populations and Natural Selection* by Peter Godfrey-Smith, Oxford University Press, 2009"] (Dennett, 2010) を改訂し引用したものである。

52 「ミーム」は該当論文〔「新しい自己複製子」["The New Replicators] (Dennett, 2002; also in Dennett, 2006a)" を指すと思われる〕に付されたリストに載っている、ミームに関する様々な出版物に依拠している〔「新しい自己複製子」は『解明される宗教』465 ～ 468 頁に収録〕。

Ⅶ 意識について考える道具

53 「カウンターイメージを二つ」は『解明される意識』(Dennett, 1991a) と『スウィート・ドリームズ』(Dennett, 2005b) から題材を引いている。

54 「ゾンビ直感《ハンチ》」。ゾンビ直感《ハンチ》(ゾンビ感覚) については『スウィート・ドリームズ』(Dennett, 2005b) で定義されている〔第 1 章〕。

55 「ゾンビとジンボ」は『解明される意識』(Dennett, 1991a) で扱った題材を改稿し用いている〔第 10 章第 4 節〕。

56 「おぞましきカリフラワー」は「クオリアをクワイン化する」["Quining Qualia"] (Dennett, 1988a) で扱った題材を改訂し用いている。

57 「ヴィム――これは「本物のお金」ではいくらかな？」は "Consciousness: How Much Is That in 'Real Money'?" (Dennett, 2001b) を改訂し引用したものである〔『スウィート・ドリームズ』邦訳 218 ～ 220 頁、235 ～ 255 頁にも該当する叙述がある〕。

58 「クラップグラス氏の悲しき症例」は『スウィート・ドリームズ』(Dennett,

2005b) から改訂の上引用している〔第 4 章第 3 節〕。

59 「調律済みのカードデッキ」は ["Explaining the 'Magic' of Consciousness"] (Dennett, 2001c) から改訂の上引用している。〔『スウィート・ドリームズ』第 3 章第 3 節にも該当する箇所がある〕

60 「中国語の部屋」は『マインズ・アイ』(Hofstadter and Dennett, 1981) から改訂の上引用している。〔第 22 章（邦訳下巻)〕

61 「テレクローンが火星から地球へ降下する」は『マインズ・アイ』(Hofstadter and Dennett, 1981）から改訂の上引用している。〔序章、邦訳上巻、3 〜 6 頁〕

62 「物語の重心としての自己」。この〔思考の〕道具は「なぜ誰もが小説家であるのか？」["Why Everyone Is a Novelist"] (Dennett, 1988b) で初めて述べられた。

63 「ヘテロ現象学」。ヘテロ現象学が初めて説明されたのは ["How to Study Consciousness Empirically: or Nothing Comes to Mind"] (Dennett, 1982b) においてである。『解明される意識』(Dennett, 1991a) 内のある章において〔第 4 章〕、それはより洗練された。アルヴァ・ノエによるゲスト編纂の『現象学と認知科学』(Vol.6,No.1-2) 特別号はヘテロ現象学特集で、その大半が、このトピックについて後から考えられたものでは最高の部類の思索となっている。同特別号には、そこに含まれる諸論文に対する私の応答として ["Heterophenomenology Reconsidered"] (Dennett, 2007b) が掲載されている。

64 「色彩学者メアリー――ブームクラッチの正体を暴く」は『解明される意識』(Dennett, 1991a) と "What RoboMary Knows" (Dennett, 2007d) から改稿の上引用している〔邦訳 473 頁。なお、『スウィート・ドリームズ』邦訳 150 〜 151 頁にも引用された該当テキストが新たに訳出されている〕。この私の論文が掲載されたアンソロジーは、「メアリー学《メアリオロジー》」のために特に編まれた二つのアンソロジーの二つ目に当たる。一つ目のアンソロジーは、Ludlow, Nagasawa, and Stljar, 2004 である。

Ⅷ 自由意志についての思考道具

65 「真に凶悪な脳外科医」は 2012 年に行った私のエラスムス講義「エラスムス――党派的な助言者もたまには役に立つ」["Erasmus: Sometimes a Spin-Doctor Is Right"] から引用した。

66 「決定論の玩具――コンウェイのライフゲーム」。マーティン・ガードナーは、『サイエンティフィック・アメリカン』[*Scientific American*] 誌掲載の彼のコラム ["Mathematical Games"] で、1970 年 10 月および 1971 年 2 月に、ライフゲームについて多くの読者に紹介した。パウンドストーンは 1985 年の著作で (Poundstone, 1985、邦訳『ライフゲイムの宇宙』) ライフゲームについての優れた吟味とこれにまつわる諸々の哲学的含意を示した。ライフゲームについては非常に優れたウィキペディアの記事があり、そこにはたくさんのリンクが張ってある。私は自分の著作で頻繁にライフゲームを取り上げている。本書のバージョンは『自由は進化する』(Dennett, 2003) での私の解説

に改訂を加えたものの引用である。〔第２章第２節〕
67 「岩・紙・はさみ」は初出である。
68 「二種類の宝くじ」は『エルボウ・ルーム』(Dennett, 1984a) から改訂の上引用した。
69 「不活性な歴史的事実」は「実現せよ」(Dennett, 1994a) から改訂の上引用したものである〔なお、『自由は進化する』第３章第４節、116 〜 117 頁に該当するテキストが登場する〕。タモイ・バタチャリャは、量子レベルの錯綜に私の注意を喚起してくれた。
70 「コンピュータ・チェスマラソン」は『自由は進化する』(Dennett, 2003) から引用した〔第３章第４節〕。
71 「究極の責任」は初出である。
72 「アナバチ性」は初出である。
73 「ブラジルから来た少年――また別のブームクラッチ」は初出である。

Ⅸ　哲学者であるとはどのようなことか？

74 「ファウスト的契約」はトーマス・ネーゲルの著書『他者の心――批判的論集』[*Other minds: Critical Essays 1969-1994*] についての私の書評 (Dennett, 1996b) を改訂して引用した。
75 「素朴自己人類学としての哲学」は「利益《セイクス》と力《ディンツ》」(Dennett, 2012) および「ものの種類」["Kinds of Things"] (Dennett, 近刊) から改稿して引用している〔『スウィート・ドリームズ』第２章第２節にも該当する叙述あり〕。
76 「チメスの高次の真理」は「チメスの高次の真理」["The Higher Order Truth about Chimess"] (Dennett, 2006c) を改訂して引用している。
77 「10 パーセントの優れたもの」は初出である。

付録――レジスタマシンの練習問題の解答

〔＊デネット自身による「正誤表」での修正を反映させてある。〕

練習問題１

プログラム１

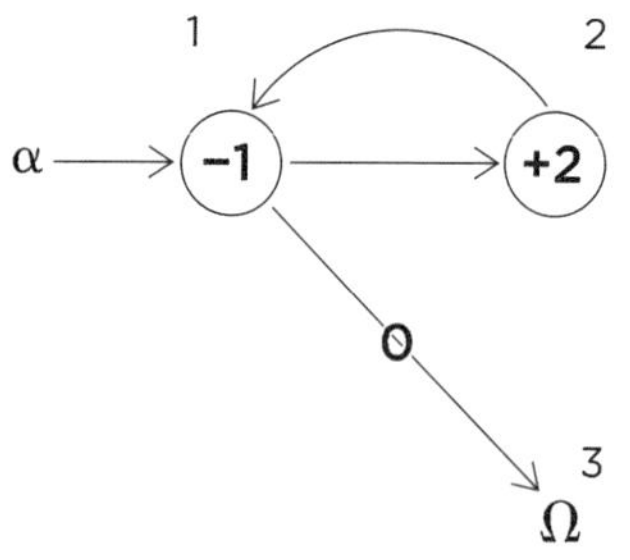

ａ　プログラム１を実行して、２＋５を行って７という答えを得るためには、レジスタマシンはいくつのステップを要するか？（終了も１ステップに数える）

解答：６ステップ。すなわち、３つの減少、２つの増加、１つの終了(最後の増加はゼロへの分岐)。

ｂ　５＋２を行うには何ステップ要するだろうか？

解答。１２ステップ。すなわち、６つの減少、５つの増加、１つの終了。

（ここから、どういう結論を引き出せるだろうか？）

解答。コンテンツの順序は〔結果の〕大きな違いをもたらすことがあり得る。それゆえ、レジスタ１には常により小さい数を入れる、というルールを決めておくのがよい、と考える人がいるかもしれない――だが、もしもその前にまず、２つの数の内のどちらが小さいのかをテストしなければならないとすれば、その場合、そのために、加算に費やすためのステップよりも多くのステップを用いることになる！

練習問題２

ａ　このフローグラフに対応するＲＡＰプログラムを書け。（このプラグラムは分岐を行うので、ステップへの番号の振り方はいくつかの異なったやり方で可能である。"go to" 命令が正しいステップを指し示す限りは、どのやり方を採用しても問題ない。）

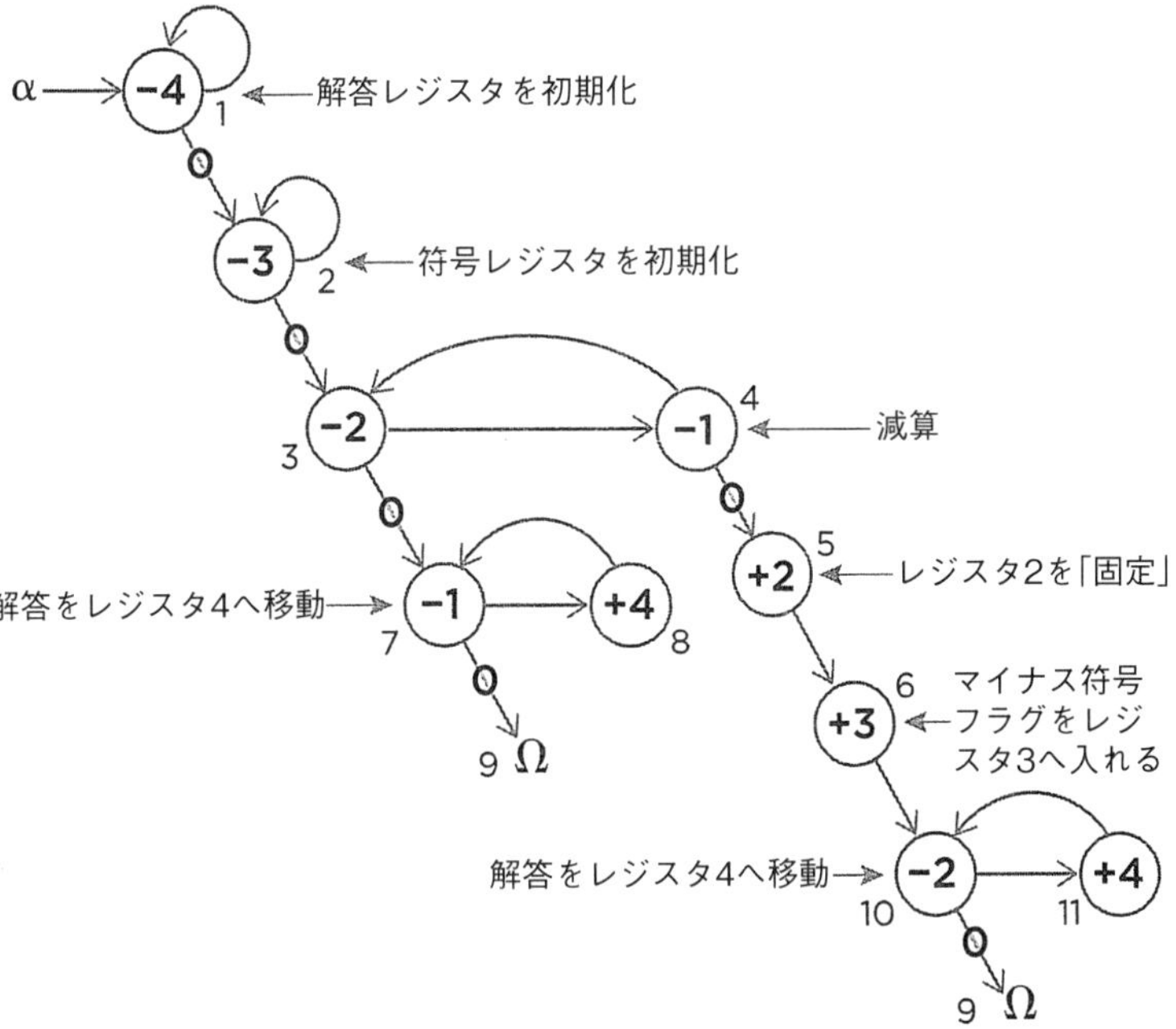

ステップ	命令	レジスタ	次のステップ	（ステップへの分岐）
1.	〈減岐〉	4	1	2
2.	〈減岐〉	3	2	3
3.	〈減岐〉	2	4	7
4.	〈減岐〉	1	3	5
5.	〈増加〉	2	6	
6.	〈増加〉	3	10	
7.	〈減岐〉	1	8	9
8.	〈増加〉	4	7	
9.	〈終了〉			
10.	〈減岐〉	2	11	9
11.	〈増加〉	4	10	

b　このプログラムが、3引く3や4引く4を行おうとした場合、何が起きるだろうか？

解答。レジスタ4が0の状態でプログラムが停止する。

c　このように、ステップ3で減算を試みる前にレジスタ3をゼロアウトしておくと、ゼロアウトをステップ4の後で行う場合に生じてしまう恐れのある、ある誤りを防止できる。その誤りとは何であろうか？

解答。もしも開始時にレジスタ1および2の中に0が一つあった場合、終了時の答えが無意味なものになる恐れがある（－0か、符号レジスタ内に0でも1でもない数が入る場合）。

練習問題３

a　レジスタ１のコンテンツにレジスタ３のコンテンツを掛け、答えをレジスタ５に入れる、というフローグラフを描け（およびそのＲＡＰプログラムを書け）。

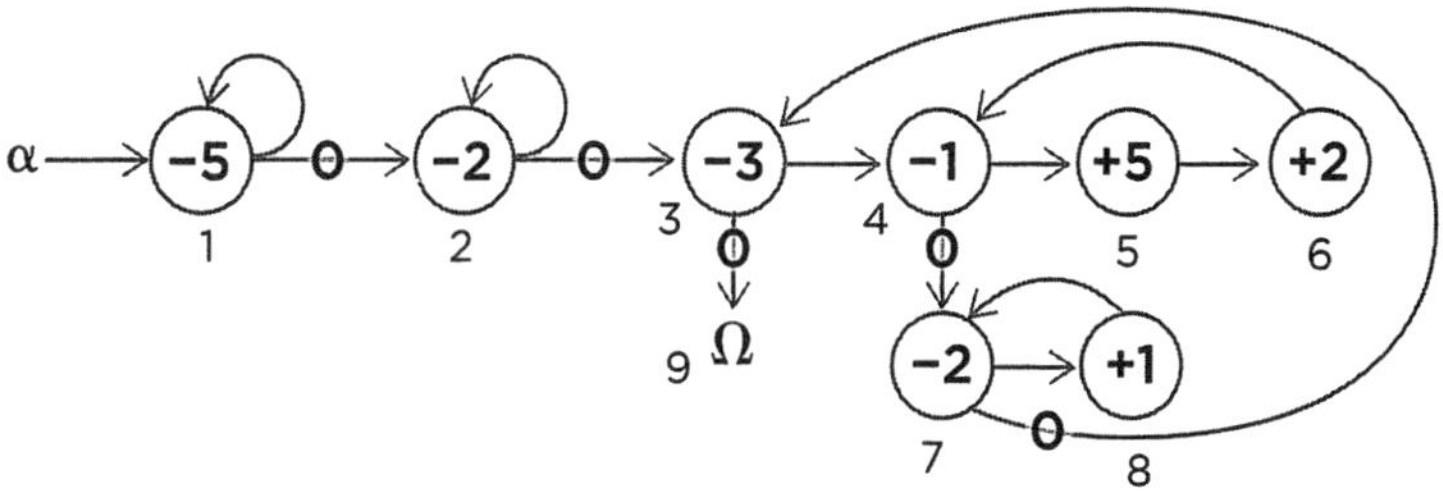

ステップ	命令	レジスタ	次のステップ	（ステップへの分岐）
1.	〈減岐〉	5	1	2（バッファをゼロアウトする）
2.	〈減岐〉	2	2	3
3.	〈減岐〉	3	4	9（カウントダウンを開始する）
4.	〈減岐〉	1	5	7（レジスタ１のコンテンツをレジスタ１自身に加算する）
5.	〈増加〉	5	6	
6.	〈増加〉	2	4	
7.	〈減岐〉	2	8	3
8.	〈増加〉	1	7	
9.	〈終了〉			

b　（任意問題）コピーと移動を利用して、問題 a で創り出した乗算機を改善せよ。すなわち、それが停止したとき、レジスタ１とレジスタ３の最初のコンテンツが復元され、実行後にも入力と出力の正しさを容易にチェックできるようなものにせよ。

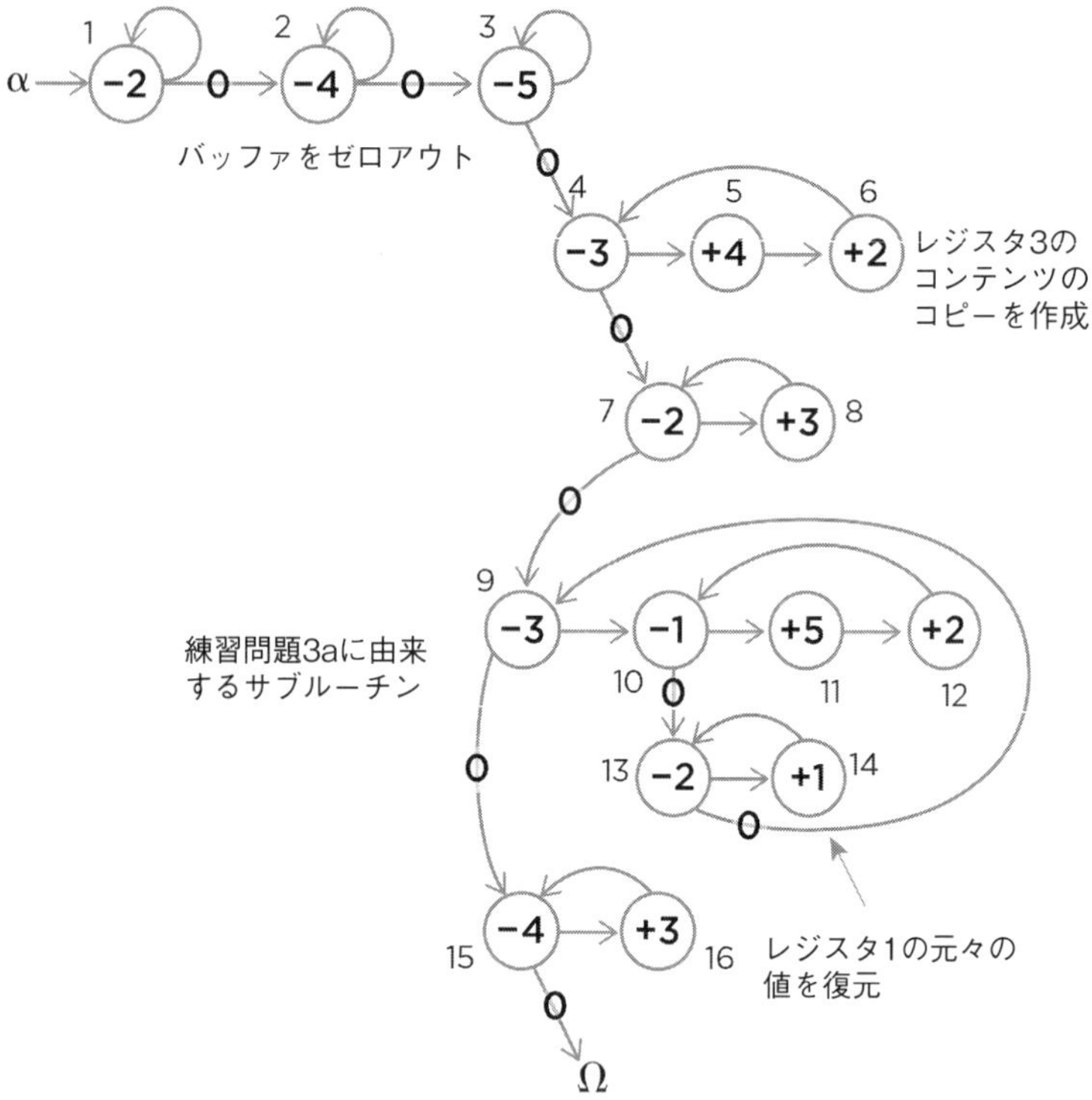

ステップ	命令	レジスタ	次のステップ	(ステップへの分岐)
1.	〈減岐〉	2	1	2(バッファをゼロアウト)
2.	〈減岐〉	4	2	3
3.	〈減岐〉	5	3	4
4.	〈減岐〉	3	5	7 (1 のコンテンツのコピーを作成)
5.	〈増加〉	4	6	
6.	〈増加〉	2	4	
7.	〈減岐〉	2	8	9
8.	〈増加〉	3	7	
9.	〈減岐〉	3	10	15 (これは、行番号が違う以外、練習問題 3a でのコードとまったく同じである)
10.	〈減岐〉	1	11	13
11.	〈増加〉	5	12	
12.	〈増加〉	2	10	
13.	〈減岐〉	2	14	9
14.	〈増加〉	1	13	
15.	〈減岐〉	4	16	17 (レジスタ 3 の元々の値を復元する (レジスタ 1 の値はステップ 13 と 14 で復元されている))
16.	〈増加〉	3	15	
17.	〈終了〉	2		

c　（任意問題）レジスタ１とレジスタ３のコンテンツを（それらを破壊することなしに！）調べて、より小さいコンテンツを含むレジスタのアドレス（つまり１または3）をレジスタ２に書き込み、もしもレジスタ１のコンテンツとレジスタ３のコンテンツが等しい場合、レジスタ２に２を入れる、というフローグラフを描き、またそのＲＡＰプログラムを書け。（このプログラムが実行された後、レジスタ１とレジスタ３のコンテンツは不変のままであるはずであり、かつ、レジスタ２が、それらのコンテンツが等しいか否かを告げ、また、もし等しくない場合には、２つの内のどちらが小さいコンテンツであるかを告げてくれるはずである。）

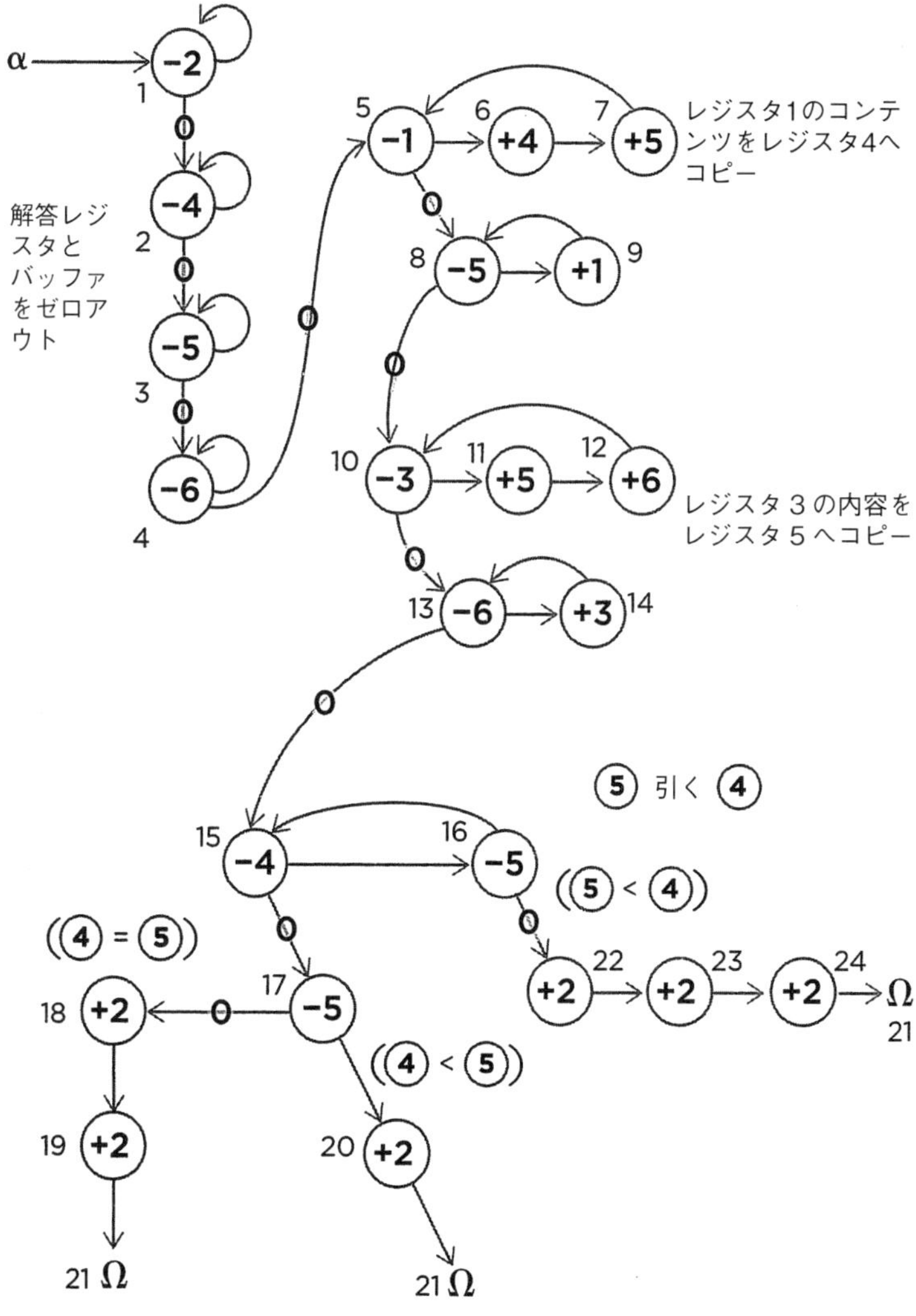
α
−2
1
0
−4
2
0
−5
3
0
−6
4
解答レジスタとバッファをゼロアウト
0
5
−1
6
+4
7
+5
レジスタ1のコンテンツをレジスタ4へコピー
0
8
−5
+1
9
0
10
−3
11
+5
12
+6
レジスタ 3 の内容をレジスタ 5 へコピー
0
13
−6
+3
14
0
⑤ 引く ④
15
−4
16
−5
((⑤ < ④))
0
((④ = ⑤))
0
17
−5
22
23
24
+2
+2
+2
Ω
21
18
+2
0
((④ < ⑤))
19
+2
20
+2
21 Ω
21 Ω

ステップ	命令	レジスタ	次のステップ	(ステップへの分岐)
1.	〈減岐〉	2	1	2（解答レジスタをゼロアウト）
2.	〈減岐〉	4	2	3（各バッファをゼロアウト）
3.	〈減岐〉	5	3	4
4.	〈減岐〉	6	4	5
5.	〈減岐〉	1	6	8（レジスタ1のコンテンツをレジスタ4へコピー）
6.	〈増加〉	4	7	
7.	〈増加〉	5	5	
8.	〈減岐〉	5	9	10
9.	〈増加〉	1	8	
10.	〈減岐〉	3	11	13（レジスタ3のコンテンツをレジスタ5へコピー）
11.	〈増加〉	5	12	
12.	〈増加〉	6	10	
13.	〈減岐〉	6	14	15
14	〈増加〉	3	13	
15.	〈減岐〉	4	16	17（レジスタ5からレジスタ4を減算）
16.	〈減岐〉	5	15	22
17.	〈減岐〉	5	20	18（4のコンテンツ＝5のコンテンツ、であるかどうかを調べよ）
18.	〈増加〉	2	19	（コンテンツが等しいので、レジスタ2に2を入れる）
19.	〈増加〉	2	21	
20.	〈増加〉	2	21	（4のコンテンツが5より小さいので、レジスタ2に1を入れる）
21.	〈終了〉			
22.	〈増加〉	2	23	（5のコンテンツが4より小さいので、レジスタ2に3を入れる）
23.	〈増加〉	2	24	
24.	〈増加〉	2	21	

練習問題４（任意問題）

レジスタマシンを、次のように動作する単純な電卓に変えるためのフローグラフを描き、そのＲＡＰプログラムを書け。すなわち、

ａ　レジスタ二を、以下の操作のために用いよ、

　　０＝加算
　　１＝減算
　　２＝乗算
　　３＝除算

ｂ　レジスタ１および３の中に、計算すべき値を入れよ。（例えば、３０６は３＋６を意味し、５１３は５－３を意味し、４２５は４×３を意味し、９３３は９÷３を意味する、というように。）次に、操作の結果レジスタ４から７までに入れよ。このとき、レジスタ４は〔正負の〕符号用に使用し（０はプラス、１はマイナスを表す）、レジスタ５は答えの数字を、レジスタ６は除算において余りが出た場合用に、レジスタ７は、入力における誤り（０で割る場合か、あるいはレジスタ２に定義されていない操作が入れられた場合）を警告するための警報用に、使用せよ。

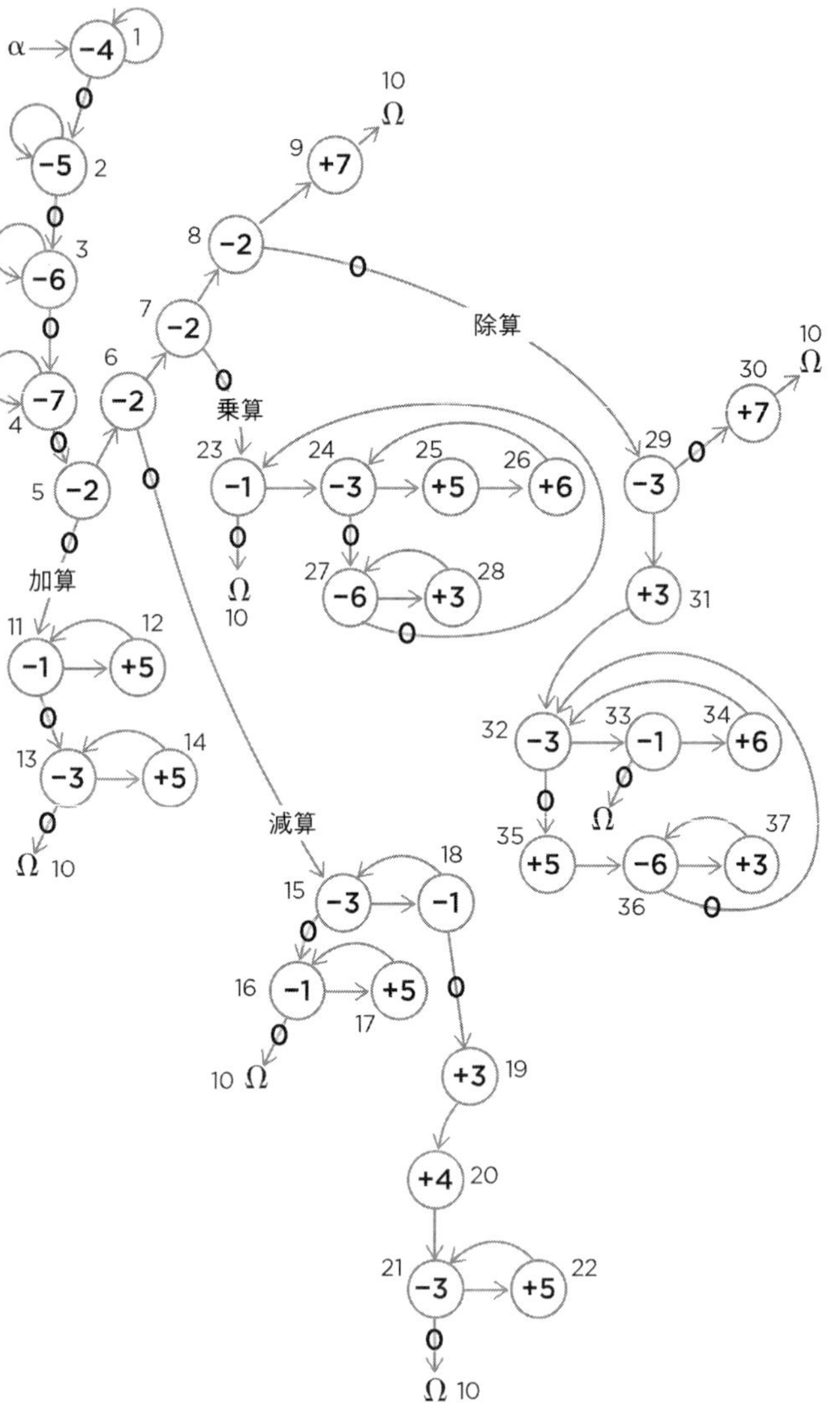
α
加算
減算
乗算
除算
Ω

ステップ	命令	レジスタ	次のステップ	（ステップへの分岐）
1.	〈減岐〉	4	1	2（解答レジスタをゼロアウト）
2.	〈減岐〉	5	2	3
3.	〈減岐〉	6	3	4
4.	〈減岐〉	7	4	5
5.	〈減岐〉	2	6	11（加算へ分岐）
6.	〈減岐〉	2	7	15（減算へ分岐）
7.	〈減岐〉	2	8	23（乗算へ分岐）
8.	〈減岐〉	2	9	28（除算へ分岐）
9.	〈増加〉	7	10	（レジスタ 2 に不正なオペレーションが入った場合にフラグを立て停止する）
10.	〈終了〉			
11.	〈減岐〉	1	12	13（加算の開始）
12.	〈増加〉	5	11	
13.	〈減岐〉	3	14	10
14.	〈増加〉	5	13	
15.	〈減岐〉	3	18	16
16.	〈減岐〉	1	17	10（減算の開始と停止）
17.	〈増加〉	5	16	
18.	〈減岐〉	1	15	19
19.	〈増加〉	3	20	（レジスタ 3 の復元）
20.	〈増加〉	4	21	（レジスタ 4 にマイナス符号を入れる）
21.	〈減岐〉	3	22	10
22.	〈増加〉	5	21	
23.	〈減岐〉	1	24	10（乗算の開始と停止）
24.	〈減岐〉	3	24	27
25.	〈増加〉	5	26	
26.	〈増加〉	6	24	
27.	〈減岐〉	6	28	23
28.	〈増加〉	3	27	

29.	〈減岐〉	3	31	30（除算の開始、ゼロで割らないかどうかのチェック）
30.	〈増加〉	7	10	（ゼロで割る場合のエラーのフラグを立て停止する）
31.	〈増加〉	3	32	（レジスタ3の復元）
32.	〈減岐〉	3	33	35
33.	〈減岐〉	1	34	10（除算の終了）
34.	〈増加〉	6	32	
35.	〈増加〉	5	36	
36.	〈減岐〉	6	37	32
37.	〈増加〉	3	36	

クレジット

41頁の抜粋は、リチャード・ファインマン談、ラルフ・レイントン記、『ご冗談でしょう？ファインマンさん――ノーベル賞物理学者の自伝』（*Surely You're Joking, Mr. Feynman!": Adventures of a Curious Character*）より。（Copyright © 1985 by Richard P. Feynman and Ralph Leighton. Used by permission of W. W. Norton & Company, Inc.）

330～333頁の抜粋は、リチャード・ドーキンス著『祖先の物語』より。（Text copyright © 2004 by Richard Dawkins. Used by permission of Houghton Mifflin Harcourt Publishing Company and The Orion Publishing Group. All rights reserved.）

343頁の一コママンガは、シドニー・ハリス（Sidney Harris）の許可を得て掲載した。http.//www.sciencecartoons plus.com

第VI部カラー口絵の生命の樹の図の著作権は、レオナルド・アイゼンバーグに属する（© Leonard Eisenberg. All rights reserved. http://www.evogeneao.com.）

第VI部カラー口絵の蟻塚の写真撮影は、フィオナ・スチュアート（Fiona Stewart）による。

第VI部カラー口絵のサグラダ・ファミリア聖堂の写真撮影は、ダリオ・ディ・ヴィアジの許可を得て掲載した。

ダニエル・C・デネット Daniel C. Dennett
1942年生まれ。ハーヴァード大学哲学科卒業、オックスフォード大学院にて博士号を取得。タフツ大学哲学教授、同認知科学研究センター所長。
主著：『解明される意識』『ダーウィンの危険な思想』『解明される宗教』（青土社）、『自由は進化する』『スウィート・ドリームズ』（NTT出版）、『心はどこにあるのか』（草思社）、『「志向姿勢」の哲学』（白揚社）、『マインズ・アイ』（ダグラス・ホフスタッターとの共著、TBSブリタニカ）他多数。

阿部文彦（あべ・ふみひこ）
1955年生まれ。哲学専攻。早稲田大学大学院文学研究科博士課程後期単位取得。現在、早稲田大学・明治学院大学非常勤講師。著書に“Immersing in the Concrete —— Merleau–Ponty in the Japanese Perspective”（Kluwer Academic Publishers、共著）、『人間とはなにか　西洋近代・現代の人間観』（北樹出版、共著）、『仏蘭西の思想と倫理』（行人社、共著）など、訳書に、ダニエル・C・デネット『解明される宗教』（青土社）、ディアーネ・コリンソン『哲学思想の50人』（青土社、共訳）、ミシェル・アンリ『現出の本質』（法政大学出版局、共訳）など。

木島泰三（きじま・たいぞう）
1969年生まれ。法政大学大学院人文科学研究科哲学専攻単位取得満期退学。現在法政大学非常勤講師。主要業績として、「現代進化論と現代無神論——デネットによる概観を軸に」（日本科学哲学会編、横山輝雄責任編集『ダーウィンと進化論の哲学』所収）、「スピノザの決定論的行為者因果説とその倫理学的含意」（『倫理学年報』）、「Translating “natural selection” in Japanese: from “shizen tōta” to “shizen sentaku”, and back?」（Thierry Hoquetとの共著、*Bionomina*）など。

INTUITION PUMPS AND OTHER TOOLS FOR THINKING
by Daniel C. Dennett

Printed in the United States of America
First Edition

思考の技法

直観ポンプと77の思考術

2015年4月20日　第1刷発行
2023年2月20日　第3刷発行

著者——ダニエル・C・デネット
訳者——阿部文彦＋木島泰三

発行者——清水一人
発行所——青土社
東京都千代田区神田神保町1－29 市瀬ビル 〒101-0051
［電話］03-3291-9831（編集）　03-3294-7829（営業）
［振替］00190-7-192955
印刷所——ディグ（本文）
方英社（カバー・扉・表紙）
製本所——小泉製本

装幀——戸田ツトム

ISBN978-4-7917-6843-1　　Printed in Japan